Helmut Maurer

DER HERZOG VON SCHWABEN

Helmut Maurer

DER HERZOG VON SCHWABEN

Grundlagen, Wirkungen und Wesen seiner Herrschaft
in ottonischer, salischer und staufischer Zeit

Jan Thorbecke Verlag Sigmaringen
1978

CIP-Kurztitelaufnahme der Deutschen Bibliothek

Maurer, Helmut:
Der Herzog von Schwaben: Grundlagen, Wirkungen u. Wesen seiner Herrschaft in otton., sal. u. stauf. Zeit / Helmut Maurer.
– Sigmaringen: Thorbecke, 1978.
ISBN 3-7995-7007-1

© 1978 by Jan Thorbecke Verlag KG, Sigmaringen

Alle Rechte vorbehalten. Ohne schriftliche Genehmigung des Verlages ist es nicht gestattet, das Werk unter Verwendung mechanischer, elektronischer und anderer Systeme in irgendeiner Weise zu verarbeiten und zu verbreiten. Insbesondere vorbehalten sind die Rechte der Vervielfältigung – auch von Teilen des Werkes – auf photomechanischem oder ähnlichem Wege, der tontechnischen Wiedergabe, des Vortrags, der Funk- und Fernsehsendung, der Speicherung in Datenverarbeitungsanlagen, der Übersetzung und der literarischen oder anderweitigen Bearbeitung.

Buchgestaltung: Ulrich Ulrichs, Sigmaringen
Gesamtherstellung: M. Liehners Hofbuchdruckerei KG, Sigmaringen
Printed in Germany · ISBN 3-7995-7007-1

INHALTSÜBERSICHT

Vorwort 9
Thesen und Fragen. Eine historiographische Einführung 13
Liste der Herzöge 30

I. DIE »VORORTE« DES HERZOGS 33

Einleitung 33 – Bodman, Wahlwies und der Hohentwiel 36 – Zürich 57 – Breisach 75 – Esslingen und Stuttgart 82 – Straßburg 87 – Ulm 91 – Rottweil 104 – Rottenacker 112 – Königsstuhl 117 – Zusammenfassung: Die Grundlagen der Herzogsherrschaft im Spiegel herzoglicher »Vororte« 124

II. GRUNDLAGEN UND WIRKUNGEN DER HERZOGSHERRSCHAFT

Von der Herrschaft des Herzogs in Schwaben zum Herzogtum Schwaben . . 129

1. DIE OTTONISCH-SALISCHE ZEIT 129

Der Herzog zwischen König und »Stamm« 129

Wahl oder Einsetzung 129 – Die Herzogsherrschaft als königliches »Amt« 135 – Das »Herzogsamt« als Lehen des Reiches 137 – Die »Amtsausstattung« des Herzogs 139: die »Vororte« 140, Reichsgut in Schwaben 141, königliche Münzstätten 143, Grafschaften 143, Vasallen des Königs in Schwaben = ihre Mediatisierung durch den Herzog 145

Der Herzog und die Reichskirche in Schwaben 153

Die Bistümer Konstanz, Chur, Augsburg und Straßburg = Aufgebot von Bischöfen zu Herzogslandtagen und zur Heerfolge 153, die Konstanzer Bischofskirche als Herzogsgrablege 155, Interventionen zugunsten von Bischöfen 156, Einwirkungen auf die Besetzung des Augsburger Bischofsstuhles 157, Servitialpflicht der Augsburger Bischöfe 157, Weiterleihe von Augsburger Bischofsgut 158, Ausgestaltung des Bischofssitzes Straßburg zu einem Vorort der Herzogsherrschaft 159, Enges Miteinander von Herzogsherrschaft und Konstanzer Bischofskirche im »Investiturstreit« 160

Herzogsherrschaft und Klöster 161: Herzogliche »Hausklöster« (Waldkirch, Hohentwiel, Einsiedeln, Marchtal, St. Blasien) 163 und Reichsklöster (Zürich, Zurzach, Reichenau, St. Gallen) 168 = feierliche Einholungen der Herzöge 172, Interventionen der Herzöge 173, Schenkungen der Herzöge 174, Gebetsverbrüderungen 175, Seelgerätsstiftungen 175, Herzogsnamen in Nekrologen 176, Eingriffe in die Besetzung der Abtsstühle 179, Aneignung von Klosterbesitz 179, Belehnungen von Herzögen mit Reichsklöstern (Ottobeuren u. Kempten) 181, herzoglicher Schutz für die »Reformklöster« = Sorge für den Landfrieden 182

Raum und Grenzen der Herzogsherrschaft 184

Die provincia Schwaben = die Grenzen der herzoglichen provincia als politisch-rechtliche Grenzen 184, Umschreibung der provincia 187, die provincia Alemannorum als Geltungsbereich der Lex Alemannorum 190, der Wandel des herzoglichen Herrschaftsbereichs 191: Rätien 191, Ostschwaben 192, Oberrhein 193, Oberitalien 194, Hochburgund 196, Elsaß 198, Mittlerer Neckarraum 201

Der Herzog und seine Mitlandleute 204

Ständische Zugehörigkeit der conprovinciales principes 204 – Anerkennung des Herzogs durch seine Mitlandleute 205 – Herzogslandtage und Fürstentage 209 – Wahrung des Friedens zwischen den Mitlandleuten 211 – Das Herzogsgericht 211 – Landfriedenswahrung 213

2. DIE STAUFISCHE ZEIT 218

Der Wandel von Grundlagen und Wirkungen schwäbischer Herzogsherrschaft vom Investiturstreit bis zur Mitte des 12. Jahrhunderts 218

Veränderungen der Grundlagen der Herzogsherrschaft im »Investiturstreit« 218 – Spaltung der einen Herzogsherrschaft über die provincia Schwaben in zwei Herzogsherrschaften: Zürich, der Kompromiß des Jahres 1098 und die Schaffung einer zähringischen Herzogsherrschaft in Schwaben 219, Exemtion der zähringischen Vasallen von der Herrschaft des Herzogs von Schwaben = Spaltung des schwäbischen Adels in zwei voneinander unabhängige herzogliche Vasallitäten 223, Ende der provincia Schwaben und der Geltung des schwäbischen Volksrechts als Grundlagen der Herzogsherrschaft 226, Sieg des Lehnrechts über das Volksrecht 226 – Räumliche Grundlagen staufischer Herzogsherrschaft 228 – Einsetzung der Herzöge 230 – Amtscharakter staufischer Herzogsherrschaft 232 – Herzogsherrschaft als Reichslehen 234 – Die Amtsausstattung 235 – Das Ende der Herrschaft über die Reichskirche 236 – Herzogslandtage als Lehentage 237 – Mediatisierung der Grafen und des schwäbischen Pfalzgrafen 239 – Einzugsbereich der Herzogslandtage 241 – Anspruch der Welfen auf Exemtion ihrer Herzogsherrschaft 246 – Herzogliches Aufgebot zur Reichsheerfahrt 252 – Landfriedensschutz: herzogliches Geleitsrecht und Kirchenschutz 253 – Das »Herzogtum Schwaben« als »transpersonale Institution« 258 – Die »Fürsten« Schwabens als Träger des »Herzogtums« 264 –

Das staufische Herzogtum Schwaben seit der Mitte des 12. Jahrhunderts . . 268

Die Bindung des Herzogtums an das staufische Haus 268 – Trennung von Königswürde und Herzogswürde bis 1198 272 – Vereinigung von Königswürde und Herzogswürde seit 1198 = Vermischung von Rechten und Besitzungen des Herzogtums mit denen des Reichs und des staufischen Hauses 273 – Verbindung des Landschaftsbegriffes »Schwaben« mit dem staufischen Herzogtum 282 – Inneres Gefüge des staufischen »Herzogtums Schwaben« 284: Kirchenlehen 284, Ministerialität 285, Städte 286, Nutzungsrechte 286 – Das Herzogtum als »Sondervermögen« 287 – Das Herzogtum als »Fürstentum« = Fortsetzung des welfischen »Fürstentums« 287 – Das »Herzogtum Schwaben« auf dem Weg zu einem Territorium des Reichs 291 – »Zwischengewalt« zwischen Adel und Königtum als bleibendes Charakteristikum der Herzogsherrschaft bis zu deren Ende und nach deren Ende 296

III. DAS WESEN DER HERZOGSHERRSCHAFT

Zusammenfassung und Würdigung 301

Die Herzogsherrschaft als königliche Beauftragung, als königliches Amt, als Zwischengewalt, als Stellvertretung des Königs 301 – Selbstverständnis und Repräsentation des »Herzogs von Schwaben«: Die Herzogsherrschaft als »Fürstentum«, als königsgleiche Amtsausübung 307

Abbildungen 313

Erläuternder Katalog zu den Abbildungen 337

Abbildungsnachweis 348

Verzeichnis der Abkürzungen 349

Register der Personen- und Ortsnamen 351

BERENT SCHWINEKÖPER

in gemeinsamer Freude
an einer heiter und fröhlich betriebenen Wissenschaft
vom Mittelalter

VORWORT

Dieses Buch ist der wichtigsten Institution, ist der vornehmsten Würde gewidmet, die das hochmittelalterliche Schwaben aufzuweisen hatte.

Daß der »Herzog von Schwaben«, daß das »Herzogtum Schwaben« schon lange eine monographische Behandlung verdient haben würden, ist jedem, der sich mit Themen der mittelalterlichen Landes-, Verfassungs- und Sozialgeschichte des deutschen Südwestens und der Schweiz, ja auch des Elsaß zu befassen hat, ohne weiteres einsichtig und wird gewiß auch dem, der dem Problem fernersteht, deutlich werden, wenn er die historiographische Einführung liest, die diesem Vorwort unmittelbar nachgestellt ist. Zwar sieht sich der Leser dort einer Fülle von Thesen und Fragen konfrontiert; eine grundsätzliche Behandlung aller mit der Institution des »Herzogs von Schwaben« verbundenen Probleme wird er nach der Lektüre dieser Einführung jedoch um so mehr vermissen, als sich viele der bislang von der Forschung vorgebrachten Meinungen geradezu diametral gegenüberstehen.

Es bedeutet demnach gewiß keine Übertreibung, wenn ich mir die Feststellung erlaube, daß der »Herzog« bis zum heutigen Tage eine weithin unbekannte Größe innerhalb der hochmittelalterlichen Geschichte Schwabens geblieben ist. Zwar weiß man, daß die Kämpfe der sogenannten Kammerboten Erchanger und Berthold zu Beginn des 10. Jahrhunderts der Erlangung dieser Würde galten; hat man Kenntnis von der tragischen Gestalt eines Herzogs Ernst; weiß man sehr wohl, daß etwa die Staufer ihren imposanten Aufstieg letztlich der Betrauung mit der schwäbischen Herzogswürde zu verdanken hatten, und vermag man durchaus das Ende der Herzogsherrschaft mit dem furchtbaren Ende Herzog Konradins von »Hohenstaufen« zu verbinden.

Aber Wesen und Eigenart dieser Herzogswürde zu bestimmen und den Wandel ihrer Idee und ihrer Erscheinung durch mehr als drei Jahrhunderte zu verfolgen, hat die Forschung trotz zahlreicher Einzelstudien bislang nicht oder allenfalls für kurze Zeitabschnitte unternommen. Dies endlich für die gesamte Dauer der Existenz schwäbischer Herzogsherrschaft zu tun, ist diesem Buch zur Aufgabe gestellt. Indem es verfassungs- und vornehmlich rechtsgeschichtliche mit landes- und ideengeschichtlichen Fragestellungen verbindet, mag das, was Grundlagen, Wirkungen und Wesen des »Herzogs von Schwaben« und des »Herzogtums Schwaben« während dreieinhalb Jahrhunderten ausmachten, deutlicher hervortreten, als dies bislang der Fall gewesen ist.

Diese Hinweise auf Fragestellung und Methode der Untersuchung mögen im übrigen bereits zur Genüge erkennen lassen, was dieses Buch nicht will: Es ist nicht seine Absicht, Biographien der einzelnen Herzöge zu liefern, und es ist auch keineswegs sein Ziel, die Stellung der Herzöge zu König und Reich außerhalb ihres Landes herauszuarbeiten. Darüber hinaus versucht es, der ständig präsenten Verlockung zu entgehen, zugleich eine Verfassungs- und Sozialgeschichte Schwabens vom beginnenden 10. bis zum endenden 13. Jahrhundert und eine neuerliche Darstellung der Geschichte des schwäbischen »Stammes« in diesem Zeitraum zu bieten oder etwa für das 12. und 13. Jahrhundert die Geschichte der Staufer in Schwaben und vor allem die der staufischen Territorialpolitik im deutschen Südwesten aufs neue auszubreiten.

Ja, obgleich sich diese Arbeit – über ihr eigentliches Anliegen hinaus – auch als ein Beitrag zur Kenntnis der Institution des »Herzogtums« in Deutschland versteht, verzichte ich dennoch darauf, ihre Ergebnisse mit den Resultaten der in den letzten Jahren so sehr geförderten allgemeinen Herzogsforschung[1] zu vergleichen. Ich habe mir diese Beschränkung bewußt auferlegt, weil ich der Meinung bin, daß, um mit gutem Gewissen vergleichen zu können, nicht allgemeine, ohne Rücksicht auf die Individualität der einzelnen deutschen Länder, der einzelnen deutschen »Herzogtümer« gewonnene Erkenntnisse als Vergleichsmaterial dienen können, sondern nur Ergebnisse, die für jede einzelne Herzogsherrschaft mit landesgeschichtlichen Fragestellungen in umfassender und grundsätzlicher Weise erarbeitet worden sind[2]. Vergleichbare Studien liegen jedoch bisher für keines der deutschen »Herzogtümer« vor.

Nach den Aussagen über das, was dieses Buch nicht will, sei endlich ebenso deutlich gesagt, was dieses Buch tatsächlich zu geben beabsichtigt. Wie die bewußte Wahl des Titels »Der Herzog von Schwaben« statt des mißverständlichen, weil auf das Gebiet zu beziehenden Titels »Das Herzogtum[3] Schwaben« zeigt, habe ich im Grunde das im Auge, was den einzelnen Herzog mit seinem Vorgänger und Nachfolger »zusammenschließt«[4], was also Nachfolger und Vorgänger in der Herzogswürde geradezu identisch werden und was sie – alle zusammen – »im Hinblick auf ihre Amtseigenschaften als eine einzige Person« erscheinen lassen[5].

Kurzum, es geht mir um die Erkenntnis der »Rechtsgestalt«, der »Verfassungsfigur«, der Idee eines »Herzogs von Schwaben«, und es geht mir vor allem darum, auf dem Hintergrund der allgemeinen Verfassungs- und Sozialgeschichte Schwabens im Hochmittelalter die Stellung des Herzogs in seinem Herzogtum, in seinem Lande, zu klären. Mein Interesse gilt dem, was am Tun eines jeden Herzogs als spezifisch »herzoglich« angesehen werden kann, gilt somit den Funktionen, die mit dem Herzogtitel verbunden sind, gilt den geistigen und rechtlichen Grundlagen der Herzogsherrschaft, gilt den Wir-

---

[1] Erinnert sei etwa an die Arbeiten von E. HOCHENBICHLER (1965), W. KIENAST (1968), K. BRUNNER (1973), H. STINGL (1974) und H.-W. GOETZ (1977) sowie an die Zusammenschau von H. WERLE, Artikel »Herzog, Herzogtum«, in: HRG II/1972, Sp. 119-127.

[2] Dies entsprechend der von K. JORDAN bereits 1937 (in seiner Rezension des Buches von RUTH HILDEBRANDT, Der sächsische »Staat« Heinrichs des Löwen, 1937, DA I/1937, S. 573) erhobenen Forderung, »daß einmal der Versuch gemacht würde, zunächst für jedes Herzogtum das gesamte Quellenmaterial bis zum 12. Jahrhundert zusammenzustellen. Erst auf einer solchen Erfassung der gesamten Überlieferung kann sich eine Darstellung aufbauen, welche das Herzogsamt in seinen stammesmäßigen Unterschieden, aber auch in seinen gemeinsamen Zügen behandeln will.«

[3] Zum Begriff »Herzog t u m« vgl. die grundsätzliche Bemerkung von E. ROSENSTOCK, Königshaus und Stämme in Deutschland zwischen 911 und 1250, 1914, S. 99: »... wie denn die Endsilbe tum auch hier zunächst – wie in Königtum, Fürstentum – nur die persönliche Stellung des Herzogs, nicht das Gebiet, in dem er Herzog ist, bezeichnet.«

[4] So in Anlehnung an eine Formulierung P. E. SCHRAMMS (in: DERS., Beiträge zur allgemeinen Geschichte = Kaiser, Könige und Päpste IV/2, 1971, S. 684).

[5] Dies in Anlehnung an E. H. KANTOROWICZ, Christus – Fiscus, in: Synopsis. Festgabe für Alfred Weber, hg. von E. Salin, 1948, S. 225–235, hier 226 f.

kungen, die von der Herrschaft des Herzogs auf das Land und seine Bewohner ausgegangen sind. Indessen darf bei solchem Fragen die zeitliche Dimension keineswegs außer acht gelassen werden. Es kommt mir vielmehr gerade darauf an zu klären, ob bei stets gleichbleibendem Herzogstitel auch eben diese Grundlagen und Wirkungen, ob insgesamt auch das Wesen der Herzogsherrschaft die gleichen geblieben sind oder ob sie etwa im Laufe von dreieinhalb Jahrhunderten einem Wandel unterworfen gewesen sein mochten.

Die Methode, mit deren Hilfe diesen Fragen im folgenden nachgegangen werden soll, ist – wie bereits betont – eine verfassungs-, rechts-, ideen- und landesgeschichtliche zugleich. Vor allem aber versucht sich diese Arbeit einen Zugang zur Lösung all dieser Probleme zu bahnen, indem sie von der verfassungstopographischen Betrachtung der einzelnen »Vororte« der Herzogsherrschaft in Schwaben ihren Ausgang nimmt und diese »Vororte« – ähnlich wie man dies mit der Einbeziehung der Königspfalzen in die Erforschung des mittelalterlichen Königtums seit langem zu tun gewohnt ist – als »Herrschaftszeichen« des Herzogs auffaßt und indem sie sich darüber hinaus auch die Aussagen bildlicher und gegenständlicher Quellen, d. h. aller übrigen »Denkmale« und »Herrschaftszeichen« der Herzogsherrschaft – nicht zuletzt unter konsequenter Heranziehung der Münzen als vorzüglicher, von den Historikern viel zu oft vernachlässigter Quellengattung [6] – zunutze macht.

Und solchen Zielen entspricht denn auch die Gliederung dieses Buches, das sich als Untersuchung und Darstellung zugleich versteht: Der Leser sieht sich – bei der Lektüre der historiographischen Einführung – zunächst mit den wichtigsten der von der Forschung bisher vertretenen Thesen und Fragen konfrontiert. Danach vermag er sich anhand einer Liste der Herzöge die Chronologie und damit die zeitliche Dimension schwäbischer Herzogsherrschaft sowie – wenigstens im kurzen Abriß – die in dieser Darstellung bewußt hintangestellte Personen- und »Haus«-Geschichte der einzelnen Herzöge zu vergegenwärtigen, um dann endlich auf das erste Kapitel über die »Vororte« der Herzogsherrschaft hingeführt zu werden, das ihm gewissermaßen die räumlichen Dimensionen, aber zugleich auch schon die rechtlichen Grundlagen schwäbischer Herzogsherrschaft sichtbar zu machen versucht. Im Mittelpunkt des Buches steht dann aber das zweite Kapitel, das nun ganz den Fragen nach Grundlagen und Wirkungen der Herzogsherrschaft gewidmet ist.

Der einschneidende Wandel, den das Jahr 1098 für ebendiese Grundlagen und Wirkungen bedeutet, legt es nahe, dieses zentrale zweite Kapitel in zwei Teile zu gliedern, von denen der eine die ottonisch-salische Zeit, der andere aber die staufische Epoche behandelt. Bedingt durch die unterschiedliche Lage der Quellen, bedingt vielleicht aber auch durch eine größere Statik, die das Erscheinungsbild schwäbischer Herzogsherrschaft in der ottonisch-salischen Epoche gegenüber demjenigen der Herzogsherrschaft in der staufischen Epoche zu charakterisieren scheint, läßt sich jener erste Teil dieses zweiten Kapitels am zweckmäßigsten nach sachlichen Gesichtspunkten gliedern, während

---

6 Vgl. dazu die grundsätzliche Bemerkung bei W. HÄVERNICK, Numismatik – Aufgabe und Erlebnis, 1920–1973, 1975, S. 16: »Trotz aller Erfolge blieb ein Wunsch teilweise unerfüllt: der mittelalterlichen Numismatik bei uns in der Bundesrepublik unter den Historikern zu einer Stellung als anerkannter Partner zu verhelfen. Die meisten Historiker klammern unbewußt an der Vorstellung, daß man Geschichte nur anhand schriftlicher Nachrichten betreiben könne, und daß die Numismatik eben nur zu den ›Hilfwissenschaften‹ zu rechnen sei.«

sein zweiter Teil – wegen der deutlicher werdenden Dynamik der Verfassungsentwicklung in staufischer Zeit – viel eher auf die zeitliche Dimension Rücksicht zu nehmen vermag.

Das dritte, wesentlich kürzere Kapitel endlich faßt die Erkenntnisse, die im ersten und zweiten Kapitel gewonnen werden konnten, zusammen, um auf dieser Grundlage das Wesen schwäbischer Herzogsherrschaft, das Wesen des »Herzogs von Schwaben« so präzise wie möglich zu bestimmen. Hier wird sich dann auch zeigen, daß zwar nicht alle Fragen, die die Forschung bislang aufgeworfen hat, eine Antwort erfahren können, daß man aber doch wesentlich mehr auszusagen vermag, als man bislang über das Wesen des »Herzogs von Schwaben« aussagen zu können vermeinte.

Nachdem dieses Werk, das zu schreiben bereits der Student als notwendig erachtete, nun endlich abgeschlossen vorliegt, bleibt mir noch die angenehme Pflicht des Dankens. Ich habe zu danken für mancherlei Hilfe und vor allem für zahlreiche Auskünfte über neue Befunde und noch unveröffentlichte Forschungsergebnisse den Herren Dr. Helmut Bender von der Kommission zur archäologischen Erforschung des spätrömischen Rätien bei der Bayerischen Akademie der Wissenschaften in München, Oberarchivrat Dr. Walter Bernhardt, Stadtarchiv Esslingen (früher Sigmaringen), Wolfgang Erdmann, Amt für Vor- und Frühgeschichte der Hansestadt Lübeck, Dr. Hans-Werner Goetz, Universität Bochum, Prof. Dr. Walter Hävernick, Hamburg, von der Numismatischen Kommission der Länder in der Bundesrepublik Deutschland, Prof. Dr. Wolfgang Haubrichs, Universität des Saarlandes, Stadtarchivar Dr. Winfried Hecht, Stadtarchiv Rottweil, und Bernd Kluge, Münzkabinett der Staatlichen Museen zu Berlin (DDR), sodann Frau Dr. Maren Kuhn-Rehfus, Staatsarchiv Sigmaringen, Herrn Staatsarchivar Dr. Bruno Meyer, Staatsarchiv des Kantons Thurgau/Frauenfeld, Frau Dr. Elisabeth Nau, Münzkabinett des Württembergischen Landesmuseums in Stuttgart, sowie den Herren Dr. Helmut Naumann, Tecklenburg, Prof. Dr. Hugo Ott, Universität Freiburg, und Prof. Dr. Hans Rudolf Sennhauser, Zurzach/Universität Zürich. Zu großem Dank verpflichtet bin ich sodann dem Verleger, Herrn Georg Bensch, für das andauernde Interesse, das er dieser Arbeit entgegengebracht, und für die Sorgfalt, die er ihrer Gestaltung hat angedeihen lassen.

Herzlich danken aber möchte ich schließlich meiner Frau für das tiefe Verständnis und die große Geduld, mit der sie mein Arbeiten an diesem Buch Jahre hindurch begleitet hat.

Gewidmet jedoch sei das Werk dem älteren Kollegen und Freunde, der – als Historiker und Archivar – dem Verfasser stets Vorbild gewesen ist. Die Widmung gilt zugleich dem Gefährten ungezählter, vom Wein und von heiterer Wechselrede geprägter nächtlicher Stunden in froher Runde.

Konstanz, im Mai 1978　　　　　　　　　　　　　　　　　　　　　　　　*Helmut Maurer*

THESEN UND FRAGEN
Eine historiographische Einführung

Der Stuttgarter Bibliothekar und Verfasser einer der ersten bedeutenden wissenschaftlichen Landesgeschichten Deutschlands, Christoph Friedrich Stälin, sah sich – vor der Mitte des 19. Jahrhunderts – noch in der glücklichen Lage, ein überraschend klares und abgerundetes Bild von der Rechtsgestalt des Herzogs von Schwaben mit sicheren Strichen zeichnen zu können. »Diese Herzoge«, so weiß er zu berichten, »waren die ersten Vorstände der einzelnen Provinzen, und zwar in ihrem ganzen Umfange – wenn nicht eigene Schwäche sie beschränkte –, Stellvertreter der Könige, gegenüber von welchen sie die Mittelspersonen machten; sie boten die kriegspflichtigen Lehnsleute und Freien ihres Bezirks zur Reichsheerfahrt auf, führten sie dem Kaiser zu, und befehligten sie in der Schlacht; ihnen lag ob die Überwachung der allgemeinen Sicherheit und die Vertretung der obersten Gerichtsbarkeit, wie sie denn auch in den allgemeinen Landesversammlungen den Vorsitz führten. Neben der Amtsgewalt über den Fürstensprengel besaßen die Herzöge auch selbst einzelne Grafschaften, worin sie das Grafenamt verwalteten;... Übertragen wurden die herzoglichen Rechte durch einen Speer, woran eine Fahne hing (daher der Name Fahnlehen). Ehrentitel, welche die Herzoge in kaiserlichen Urkunden bekommen, sind: honorandi duces Suevorum, nobilissimi duces Alemannorum«[1]. Und weiter:

»Zu den Rechten, welche sich die Herzoge auswirkten, gehörte auch das Münzrecht. Sie übten es gleichzeitig mit den Ausprägungen, die unmittelbar für den König durch den Fiscus veranstaltet wurden. Daß dieses Recht den alemannischen Herzogen durch königliche Verleihung zukam, sollte, wie bereits bemerkt, der auf den herzoglichen Denaren zugleich ausgedrückte Name des Kaisers bezeugen, wiewohl mehrere Herzoge denselben auch wegließen«[2].

»Feste Residenzen hatten die Herzoge so wenig als die Könige; unter ihren Aufenthaltsorten scheint indeß Hohentwiel zu den beliebtesten gehört zu haben, wenigstens für die früheren Herzöge unserer Periode. In der Nähe lagen viele Güter des burkhardischen Herzogshauses, und daß in jenen obern Gegenden, welche fast den Mittelpunkt Alemanniens bildeten, der Kernsitz der herzoglichen Hoheit war, beweist auch der Umstand, daß Reichenau oder Constanz die Begräbnißstätte für alle alemannischen Herzoge dieser Periode wurde,...«[3].

---

[1] C. F. Stälin, Wirtembergische Geschichte I/1841, S. 526/527.
[2] Ebenda, S. 528.
[3] Ebd., S. 531 f.

Und die Kennzeichnung von Wesen und Gestalt der schwäbischen Herzogswürde für die staufische Epoche klingt zunächst nicht anders: »Der Könige Statthalter und Vertreter in den Provinzen waren die Herzoge; sie hatten die Oberaufsicht über das Kriegswesen, hielten die großen Landgerichte, um die Klagen, welche die Landstände einer Provinz gegen ihresgleichen führten, mit den Mitlandständen zu untersuchen, den Landfrieden zu handhaben, öffentliches Unrecht und Gewaltthat, wo die Grafen (deren Oberrichter die Herzoge keineswegs waren) nicht ausreichten, zu rügen, die Kirche zu beschützen, sicheres Geleite zu gewähren, überhaupt allgemeine Anordnungen zum Besten des Landes zu beschließen. Das Amt der Herzoge war somit von dem der Grafen, welche an Rang unter ihnen standen, verschieden; indeß waren die Herzoge doch immer auch nebenbei unmittelbare Besitzer von Grafschaften« 4.

»Daß am Schlusse des 11. Jahrhunderts neben dem schwäbischen Hauptherzogthume, dem hohenstaufischen, die Herzogssprengel der Welfen und Zäringer förmlich als solche anerkannt wurden, ist oben erzählt. Der That nach bestund auch früher kein ungetheiltes Herzogthum, welches ganz Schwaben begriffen hätte und die herzoglichen Ahnen der Zäringer und die herzoglichen Welfen bewegten sich wohl neben dem Herzogthume Schwaben, demselben nicht eigentlich untergeordnet, mit bald stärker, bald weniger hervortretenden Ansprüchen. Herzoge von Schwaben, von ganz Schwaben, im hervorstechenden Sinne und mit diesem ausschließenden Titel waren übrigens in dieser Periode blos die Hohenstaufen, in deren Hause, nachdem es königlich geworden war, das Herzogthum Schwaben zur Ausstattung der Söhne diente. Diese waren mit solcher Würde fortwährend bekleidet, auch noch Konradin, wenn Letzterer gleich Mühe hatte, seinen gerechten Anspruch hierauf durchzusetzen, da im Jahre 1262 König Richard von dem Herzogthum Schwaben als einer längst dem Reiche einverleibten Provinz zu sprechen sich herausnahm. – Zum Herzogthum Schwaben gehörte auch der Elsaß, weshalb hohenstaufische Herzoge zuweilen auch diese Landschaft ihrem Titel beifügen, in seltenen Fällen sich auch blos Herzoge des Elsaßes nennen. Die Südgränze des schwäbischen Herzogthums umschloß noch die Grafschaft Chiavenna, welche, als sie abgetrennt zu werden schien, durch Kaiser Friederich I. dem Herzogthume wieder förmlich einverleibt wurde« 5.

Für Zweifel an diesem Bilde oder wenigstens für Fragezeichen gegenüber einzelnen seiner Aussagen sah der erste Historiker, der Wesen und Wirkungen der schwäbischen Herzogsherrschaft zu beschreiben unternahm, offenbar keinen Anlaß; zumindest schienen sie ihm nicht wert zu sein, in seine Darstellung aufgenommen zu werden.

Und nicht viel anders verhielt sich vierzig Jahre später der Archivar Paul Friedrich Stälin, der Sohn des Bibliothekars, als er – wiederum im Rahmen einer »Geschichte Württembergs« – Wesen und Eigenart schwäbischer Herzogsherrschaft zu charakterisieren hatte. Auch er scheute sich nicht, klare Aussagen zu treffen, wenn er schrieb: »Das in dieser Periode auch in Schwaben wiedererstandene Herzogtum war, wie die Erhebung des ersten schwäbischen Herzogs gezeigt hat, ähnlich dem Verhältnis in den anderen Ländern, eine territoriale Gewalt, in der sich das Sonderbewußtsein der einzelnen Stämme wieder politisch geltend machte. Es ordnete sich zwar der königlichen Gewalt

4 Ebd. II/1847, S. 645.
5 Ebd., S. 645–647.

unter und diese letztere wußte sich in der Folge das Recht der Einsetzung der Herzoge zu bewahren, allein die Einwirkung des Königs auf dem betreffenden Gebiete wurde eben doch durch diese, von ihm anerkannte, Gewalt beschränkt. Insbesondere Kaiser Otto I. war bemüht gewesen, dem Herzogtum den Charakter eines Amtes zu geben, so daß die Herzoge nunmehr im Auftrag des Königs handelnd erscheinen, allein lange vermochte eine solche Auffassung sich nicht in praktischer Geltung zu behaupten, und die Verleihung des Herzogtums in der Form der Belehnung, welche die Herzoge zu Vasallen des Königs machte und ihnen die hiermit verbundenen Pflichten auferlegte, wirkte gleichfalls wesentlich auf die Stellung derselben ein. Sie hatten Hof- und Heerdienst, das Aufgebot und die Führung der kriegerischen Macht ihrer Provinz, hielten als oberste Richter Gerichtstage ab, besaßen, wohl zum Teil wenigstens, neben bedeutendem Familiengute ansehnlichen Grundbesitz als Zubehörde des Herzogtums zu Lehen, verwalteten meistens selbst auch Grafschaften, wie namentlich diejenige in Churwalchen im Besitz einiger Herzoge genannt wird u. s. w. Die Könige beanspruchten übrigens die oberste Gerichtsbarkeit über sie selbst und (nicht ohne Mitwirkung der Großen des Reiches oder wenigstens des Landes) wurden einige schwäbische Herzoge von ihnen abgesetzt. Übertragen wurde die herzogliche Würde durch einen Speer, daran eine Fahne hing (daher der Name Fahnlehen)« [6].

»Feste Residenzen hatten die Herzoge so wenig wie die Könige; unter ihren Aufenthaltsorten scheint indes der Hohentwiel wenigstens für die frühesten Herzoge zu den beliebtesten gehört zu haben. In seiner Nähe lagen viele Güter der burchardischen Familie, und Reichenau und Konstanz erscheinen für diejenigen Herzoge, welche nicht im Ausland starben oder unter Berücksichtigung besonderer Familien- und anderer Verhältnisse anderswo beerdigt wurden, als Begräbnisstätten« [7].

Und auch ihm war es selbstverständlich, eine ältere Periode der Herzogsherrschaft von einer jüngeren, einer staufischen, zu trennen. Für diese Epoche wußte der jüngere Stälin über die Rechtsstellung der Herzöge dies mitzuteilen: »An der Spitze Schwabens, welcher Name der Landschaft fortan dauernd verblieb, standen in der Regel wie früher Herzoge; sie gehörten nach den schweren Kämpfen im Anfange der Periode stets dem staufischen Hause an, und die deutschen Herrscher aus dieser Familie statteten mit solchem Herzogtume Söhne oder sonstige nahe Verwandte aus. Zwar nur kürzere Zeit, jedoch mehrere Male, war die oberste Verwaltung des Landes unmittelbar in der Hand des Reichsoberhauptes, und der letzte Staufer, Konradin, hatte Mühe, sein Erbrecht zur Geltung zu bringen. Die Herzoge waren die Statthalter und Vertreter des Königs im Lande; es stand ihnen vor allem die Heeresgewalt zu, sodann die Fürsorge für die Aufrechterhaltung des Landfriedens, in welcher Hinsicht sie Versammlungen mit den Großen des Landes hielten, z. B. zu Ulm, Rottweil, Rottenacker, die Pflege des Rechts, besonders in Fällen, wo die Gerichtsbarkeit der Grafen nicht ausreiche, überhaupt aber allgemeine Anordnungen zum Besten des Landes. Die für Württemberg allein in Betracht kommende Nordgrenze des Herzogtums Schwaben, zu welchem noch das Elsaß gehörte, dürfte sich um die Mitte des 12. Jahrhunderts noch nicht verändert haben, am Schluß desselben und im 13ten aber rückten die politischen Grenzen Schwabens, ohne

---

6 P. F. STÄLIN, Geschichte Württembergs I/1882, S. 227–228.
7 Ebd., S. 229.

daß hierüber etwas Genaueres bekannt wäre, bis unter Heilbronn und Hall vor. Anderseits wußten sicherlich im Verlaufe der Zeit wenigstens die Welfen und Zähringer sich der herzoglichen Gewalt der Staufer zu entziehen« [8].

Die hier durch Vater und Sohn vertretene Auffassung von Grundlagen, Wesen und Wirkungen schwäbischer Herzogsherrschaft vom 10. bis 13. Jahrhundert ist fortan für die landesgeschichtliche Forschung in Schwaben verbindlich geworden und bis zum heutigen Tage im Grunde verbindlich geblieben. Noch immer sieht sich ein jeder, der auf das schwäbische »Herzogtum« zu sprechen kommt, zur ersten Orientierung auf die geradezu klassisch gewordene Behandlung der mit dieser Institution verbundenen Probleme durch den älteren und den jüngeren Stälin verwiesen.

Daß indessen das Bild von Idee und Gestalt des Herzogs von Schwaben, das Christoph Friedrich Stälin entworfen und sein Sohn im wesentlichen übernommen hat, bereits zu eben der Zeit, da der jüngere Stälin seine Beurteilung niederschrieb, nicht mehr als ganz so gesichert gegolten hat, wie es durch seine Nachzeichnung erscheinen mochte, zeigen die – freilich auf eine Einzellandschaft Schwabens bezogenen – Bemerkungen eines anderen bedeutenden schwäbischen Landeshistorikers, des fürstenbergischen Archivars Franz Ludwig Baumann in seiner 1881 erschienenen »Geschichte des Allgäus«. »Über die Gewalt des Herzogs«, so muß er bekennen, »sind wir übrigens nur ganz ungenügend unterrichtet; namentlich hat sich auch nicht eine Kunde erhalten, die von einer Amtsthätigkeit desselben in unserer Landschaft Zeugniß ablegte. Wir wissen nur ganz allgemein, daß der Herzog den Heerbann seines Stammes befehligte, daß er für den Landfrieden in seinem Herzogthume sorgte, daß er gemeinsame Stammesangelegenheiten ordnete, zu diesem Zwecke Versammlungen der weltlichen und geistlichen Großen je nach Bedürfniß einberief und auf diesen Versammlungen allgemein im Lande bindende Beschlüsse beraten und fassen ließ. Auch eine besondere herzogliche Richtergewalt läßt sich durch einige Beispiele nachweisen, aber deren Wesen bleibt dunkel. Wir wissen nicht, wie sie sich zur Gerichtsbarkeit der Grafen und des königlichen Hofgerichts stellte« [9].

Aber auch Baumann, der dazu wie kein anderer befähigt gewesen wäre, hat darauf verzichtet, dem von ihm zum Ausdruck gebrachten Ungenügen an der Forschungssituation mit einer neuerlichen Untersuchung und Darstellung der schwäbischen Herzogsgewalt zu begegnen. Und so blieb es letztlich auch noch in den letzten Jahrzehnten des 19. und in den ersten Jahrzehnten des 20. Jahrhunderts im wesentlichen bei Christoph Friedrich Stälins abgerundetem, jeglicher Zweifel entbehrendem Urteil.

Im Jahre 1931 aber sah sich ein so profunder Kenner wie Karl Weller, als er sich über die Aufgaben der landesgeschichtlichen Forschung in Württemberg Gedanken machte, zu der Bemerkung veranlaßt: »Das rechtliche Verhältnis des im 10. Jahrhundert neugebildeten Herzogtums Schwaben zum deutschen König ist ebenfalls noch wenig bestimmt« [10]. Und nicht viel anders klingt Wellers Urteil dreizehn Jahre später, als er sich – in seiner umfassenden »Geschichte des schwäbischen Stammes« – gezwungen sah,

---

8 Ebd., S. 316 f.
9 F. L. BAUMANN, Geschichte des Allgäus I/1881, S. 273 f.
10 K. WELLER, Die Aufgaben der landesgeschichtlichen Forschung in Württemberg, in: Wttbg. Vjh. XXXVII/1931, S. 1-15, hier 7.

auch zur Rechtsgestalt des schwäbischen »Herzogtums« Stellung zu nehmen. Wiederum gelangt er zu der Feststellung: »Die Rechtsverhältnisse des schwäbischen Herzogtums, dessen Stellung zu den Königen, den Bistümern und Reichsabteien, zu den Grafen und Hundertschaftsführern, sind im einzelnen noch nicht gründlich untersucht«[11]. Dennoch konnte er nicht umhin, in wenigen Sätzen seine Sicht der Dinge niederzuschreiben: »Das Herzogtum«, so meinte er, »konnte sich nicht zu irgendwelcher Macht entfalten: der rasche Wechsel der Herzöge wie der Dynastien ließ es nicht erstarken, die Herzöge waren oft ganz junge Leute, die nur kurz regierten und ohne männliche Nachkommen starben; auch die durch die Familienverhältnisse des Königshauses verursachten Aufstände verliefen jedesmal unglücklich und lähmten die Kraft des Stammes. So blieb die Herzogswürde in Schwaben seit der Zeit König Heinrichs I. mittelbar meist zur Verfügung des Königs, dem ja sowieso die Bischöfe und Reichsäbte wie die Reichsgüter unmittelbar unterstanden; ein Unglück war dies weder für Schwaben noch für das Reich.

Der Herzog hielt mit den Großen des Stammes die Landtage ab. Das Stammesrecht galt nach wie vor; noch 1077 urteilte König Heinrich IV. über seine Widersacher Rudolf von Rheinfelden und Welf nach schwäbischem Recht. Im Felde wurde das Heer vom Herzog geführt. Das Herzogtum wie auch die Grafschaften galten als Lehen; die Grafschaften wurden mehr und mehr als erblich betrachtet. Die Grafen standen wohl unter dem Herzog als dem Stellvertreter des Königs, dürften aber bei der Schwäche des Herzogtums starke Selbständigkeit gehabt haben«[12]. Man sieht deutlich: Karl Weller wußte nicht mehr ganz soviel wie die beiden Stälin; ihm war vieles an dem im 19. Jahrhundert entworfenen Bild unsicher geworden. Etwas gesprächiger zeigt er sich dann aber bei der Schilderung der »Herzogsgewalt« in staufischer Zeit, wenn er schreibt: »Dem König waren die Herzöge in der losen Form der Lehensabhängigkeit untergeben: sie hatten ihm Treue zu halten und Dienste zu leisten, wenn er es um des Reiches willen forderte. Aber das Treuband gegen dessen Beherrscher war von Anfang an nicht stark und wurde erst recht schwach zu dieser Zeit, da der Papst sich das Recht anmaßte, von jedem Treueid entbinden zu können, und dieses rücksichtslos für seine Politik ausübte. Natürlich war der Einfluß eines Herzogs auf das Reich zum guten Teil auch von seinem Charakter, seinem Hausbesitz, vom persönlichen Verhältnis zum Könige abhängig. Übrigens gewannen durch die Zeitumstände die Fürsten einen wachsenden Anteil an der Reichsregierung auf Kosten der Selbständigkeit des Reichsbeherrschers; beim Kirchenfrieden 1122 traten sie fast selbständig über diesen hervor. Auf die Pfalzgrafen konnte sich der König wenig verlassen; das damals durch die Grafen von Dillingen verwaltete Amt mußte während des Investiturkampfes in Schwaben seine Bedeutung verlieren, da die Dillinger aus kirchlichen Gründen Gegner Heinrichs IV. waren. Die schwäbische Herzogsgewalt war freilich von Anfang an durch die Rechte des Königs über die Reichskirche und den königlichen Besitz innerhalb des Landes ausgehöhlt; solche Minderung schritt während des Investiturstreites durch die den Zähringern eingeräumten Sonderrechte weiter. Herzog Friedrich II. hat öfters den Hochadel zu Landtagen zusammenberufen, um die allgemeinen Angelegenheiten zu ordnen und den Landfrieden, vor allem auch bei Streitigkeiten unter den Großen selbst, aufrecht zu erhalten«[13]. Dem fügt

---

11 K. WELLER, Geschichte des schwäbischen Stammes, 1944, S. 434.
12 Ebd., S. 211 f.
13 Ebd., S. 265 f.

Weller die Bemerkung bei: »Innerhalb Schwabens galt das schwäbische Recht. Das alte Gesetz der Alamannen war zwar nie förmlich aufgehoben worden, man lebte aber tatsächlich nach einem mündlich überlieferten Rechte, das nur im Bewußtsein des Schwabenvolkes und besonders in der Kenntnis der das Recht Pflegenden bestand; diese waren die Grafen und Freien Herren, die dem Herzoge im öffentlichen Rechte, nicht als Vasallen untergeordnet waren...«[14]. Für die Herzogsherrschaft in spätstaufischer Zeit findet er dann den Satz: »Die Stammesherzogtümer waren durch das Reichsgut und die Reichskirchen zersetzt und geschwächt worden; weil aber in Schwaben der Reichsbesitz zur Zeit der Staufer mit dem eigenen Hausgut zusammen als Krongut verwaltet und andauernd gemehrt wurde, so wirkte sich der Prozeß der Zersetzung nicht weiter aus«[15].

Zwischen 1931 und 1944, den beiden Jahren also, da Weller offen auf eine wesentliche Forschungslücke hingewiesen hatte, war jedoch eine mit neuen Methoden arbeitende Landesgeschichtsforschung auch im deutschen Südwesten aktiv geworden und hatte – angeregt vor allem durch Theodor Mayer – von Freiburg aus die mittelalterliche Verfassungsgeschichte des Oberrheins und Schwabens einer neuen Bewertung unterzogen. Schon im Jahre 1938 konnte Theodor Mayer selbst es wagen, ein Gesamturteil wenigstens für die dem Sturz Herzog Ernsts folgende Epoche schwäbischer Herzogsgeschichte zu fällen: »Nicht weniger wichtig aber war der Umstand, daß mit dem Sturz des Herzogs Ernst auch das schwäbische Herzogtum überhaupt sehr stark geschwächt, ja machtmäßig fast vernichtet worden ist. Es stellte in Zukunft kaum noch viel mehr als einen Anspruch auf Macht und Vorrang dar und konnte von da ab nicht mehr eine den deutschen Südwesten ausfüllende Funktion ausüben. Der Investiturstreit hat diese Entwicklung noch besonders gefördert, das Gebiet des Herzogtums Schwaben zerschlagen und das Herzogtum als politisches Instrument aufgelöst. An seine Stelle trat das Landesfürstentum, das hier besonders früh und in besonderer Weise in Erscheinung trat. Das schwäbische Herzogtum kam an die Staufer, nachdem es vorher vom Gegenkönig den Zähringern gegeben worden war. Bei der Austragung dieses Gegensatzes wurde aus dem Herzogtum die Reichsvogtei Zürich und das rechte Oberrheinufer herausgenommen und den Zähringern als vom schwäbischen Herzog unabhängiger Besitz gegeben. Viele große Dynasten, wie die Welfen und die Pfullendorfer, wurden so gut wie selbständig gegenüber dem Herzog, und diesem blieb nur der nicht sehr bedeutende Besitz des staufischen Hauses im nördlichen Schwaben und in Franken. Das Schicksal des schwäbischen Herzogtums bestimmte die weiteren Geschicke der Oberrheinlande, deren linksrheinischer Teil ohnehin mit dem Herzogtum Schwaben kaum in Verbindung gestanden war, während nun auch die rechtsrheinischen Gebiete von dieser Verbindung gelöst wurden. Die territoriale Staatenwelt des Oberrheingebietes wurde selbständig und unabhängig von anderen staatlichen Bildungen regionaler Art, wie sie das Herzogtum darstellte«[16]. Das klang nun freilich ganz anders als die Wertungen, die die beiden Stälin im vorhergehenden Jahrhundert abgegeben hatten.

Und beinahe zur gleichen Zeit gelangte der damals dem Freiburger Kreis um Theo-

---

14 Ebd., S. 266.
15 Ebd., S. 398.
16 TH. MAYER, Die historisch-politischen Kräfte im Oberrheingebiet im Mittelalter, jetzt in: DERS., Mittelalterliche Studien, 1958, S. 387–403, hier 396.

dor Mayer nahestehende Rechtshistoriker Karl Siegfried Bader für die nämliche Epoche
– zumindest im Hinblick auf das Verhältnis von schwäbischer Herzogsherrschaft und
Landfriedensschutz – zu einer ähnlichen Bewertung. Er mußte feststellen, »daß das
Herzogtum nicht der Ausgangspunkt der Friedenswahrung war« [17]. »Das schwäbische
Herzogtum wurde zur ›Sekundogenitur‹ des staufischen Herrscherhauses. Es bildete das
Rückgrat der staufischen Reichsgestaltung, wurde dadurch aber in alle Schwankungen
und Erschütterungen hineingezogen, die der tragische Entwicklungsgang der Hohenstaufer mit sich brachte« [18].

»Der schwäbische Landfrieden der staufischen Zeit ist aus diesen naheliegenden und
zwingenden Gründen nicht in gleichem Maße wie anderwärts von der herzoglichen
Gewalt getragen. Von Anfang an stand er, wie wir sahen, unter dem Eindruck des
Kampfes zwischen Kaiser und Papst in viel stärkerem Maße als in Bayern, im
Elsaß, am Rhein oder sonstwo im Reich. Das schwäbische Herzogtum, im Osten von
welfischer, im Westen von Zähringerseite zwiefach bedrängt, vermochte seine Landfriedensgesetzgebung nicht zu einem festen System der Landesgesetzgebung, zu einem tatkräftigen Unterbau der landesherrlichen Gewalt zu machen. Als dieses Herzogtum
schließlich mit dem unglücklichen Konradin auf dem Schafott zu Neapel endete, war in
schwäbischen Landen nichts da, was eine feste Rechtsgrundlage für die künftige Entwicklung gegeben hätte. Das schwäbische Herzogtum ist nicht wieder errichtet worden.
Nicht nur deswegen, weil dies den Habsburgern aus Gründen der Machtpolitik und der
Kräfteverteilung nicht gelang, sondern nicht zuletzt auch, weil kein festgefügtes
schwäbisches Recht da war, auf dem eine neue herzogliche Gewalt hätte fußen
können« [18a].

»Die allzu starke Inanspruchnahme des Herzogtums durch die Reichspolitik trug
dazu bei, die Bildung eines südwestdeutschen, den schwäbisch-alemannischen Raum umfassenden, dauerhaften herzoglichen Territoriums zu verhindern.« »Das starke Auseinanderklaffen der Rechtsentwicklung in der im 13. Jahrhundert sich ausbildenden Eidgenossenschaft der inneren Schweiz und in Schwaben (im engeren späteren Sinne) ist nicht
zuletzt eine Folge des Fehlens einer festen rechtlichen Grundlage des Herzogtums, wie
sie ein kräftig entwickeltes Landfriedensrecht für andere deutsche Landschaften zu bilden vermochte.« »So betrachtet ist das spätere Schicksal des schwäbischen Stammes und
Raumes nicht zum mindesten auch bestimmt worden durch das Versagen einer einheitlichen Rechtsidee, deren einziger Träger ein kräftiges Herzogtum hätte sein können.
Schwaben ist das Opfer des alten Reiches geworden« [19].

Mit diesen Sätzen hat Karl Siegfried Bader eine wesentlich differenziertere Sicht von
der Spätphase der staufischen Herzogsherrschaft vermittelt. Zugleich aber hat er – wie
kein anderer vor ihm und nach ihm – die noch immer ungenügende Forschungssituation
zu umreißen vermocht: »Unter den deutschen Herzogtümern der salischen und staufischen Periode ist das Herzogtum Schwaben zweifellos die merkwürdigste, zugleich aber

---

17 K. S. BADER, Probleme des Landfriedensschutzes im mittelalterlichen Schwaben, in: ZWLG
III/1939, S. 1–56, hier 36.
18 Ebd., S. 37.
18a Ebd., S. 38 f.
19 Ebd., S. 40.

auch die am schwersten zu erfassende Erscheinung. Das jüngere deutsche Herzogtum hat in den letzten Jahren verschiedene Bearbeitungen erfahren. Am Herzogtum Schwaben sind diese Arbeiten vorbeigegangen. Und doch sind wichtige Fragen der Entstehung und Bedeutung der herzoglichen Gewalt ohne eine Behandlung des Herzogtums des schwäbischen Stammes nicht zu lösen. Seit dem bedeutenden Werke von Christoph Friedrich Stälin über Wirtembergische Geschichte hat kein schwäbischer Geschichtsforscher die Fragen des schwäbischen Herzogtums für sich und grundsätzlich behandelt. In Karl Wellers Arbeiten zur staufischen Geschichte, die das bleibende Verdienst haben, die staufische Reichsidee unserer Zeit und zumal dem schwäbischen Volke nahegebracht zu haben, sind die Probleme der Entstehung und Aufgaben des schwäbischen Herzogtums zwar vielfach gestreift, doch aber eingehender nur in ihrer stärksten Auswirkung im Rahmen der hohenstaufischen Politik behandelt. Einzelheiten der Geschichte des schwäbischen Herzogtums sind in zahlreichen Arbeiten erörtert worden. Für unsere Darstellung macht sich das Fehlen einer zusammenfassenden Untersuchung dieses schwäbischen Herzogtums recht erschwerend bemerkbar«[20].

Dennoch haben auch diese deutlichen Hinweise auf eine echte Forschungslücke niemanden dazu zu verlocken vermocht, sich an die schwierige Aufgabe zu machen. Der Ausbruch des Krieges hat sicherlich mit dazu beigetragen, daß sich an der von Weller und Bader aufgezeigten Forschungssituation kaum etwas änderte. Denn die höchst anregenden Überlegungen, die der als Nachfolger Theodor Mayers in Freiburg lehrende Hans-Walter Klewitz im Jahre 1942 unter dem Titel »Das alemannische Herzogtum bis zur staufischen Epoche« veröffentlichte, galten – entgegen der Formulierung des Titels – nur zu einem geringen Teil der Herzogsherrschaft selbst. Immerhin finden sich darunter doch auch einige grundsätzliche Äußerungen über die Stellung des Herzogs in Schwaben. So heißt es etwa an einer Stelle, daß die alemannischen Herzöge des 10. Jahrhunderts »niemals Träger eines echten Stammespartikularismus« gewesen seien. »Alles, was wir von ihnen wissen (und es ist leider wenig genug), zeigt sie als getreue Helfer ihres Königs im Dienst für das Reich, in dessen Auftrag sie das Herzogtum verwalten.«

»Diese Feststellung, daß die alemannischen Herzöge des 10. Jahrhunderts niemals Träger eines echten Stammespartikularismus gewesen sind, führt auf die Frage, warum sie es nicht wurden. Zeigt doch die vom Königtum in der gleichen Weise gelenkte gleichzeitige Entwicklung in Bayern ein ganz anderes Bild. Denn auch die Herzöge aus dem liudolfingischen Hause sind echte Bayernherzöge geworden und in die Bahnen der Arnulfinger zurückgelenkt, deren Blut sie seit der Ehe von Otto des Großen Bruder Heinrich mit der Arnulfingerin Judith in sich trugen. Wenn bei den Alemannen Ähnliches nicht geschah, so kann das nur daran liegen, daß diesem Stamm ein so einheitlich geformtes politisches Zusammengehörigkeitsgefühl fehlte.«

»Eine Bestätigung dafür läßt sich schon äußerlich an der Tatsache ablesen, daß es im Alemannenland im 10. Jahrhundert keinen Platz gibt, an dem sich die politische Kraft des ganzen Stammes so zusammendrängt wie in der herzoglichen Residenz Regensburg, der Hauptstadt Bayerns. Und weil es kein alemannisches Regensburg gibt, vermögen wir auch über die herzoglichen Wohnstätten des 10. Jahrhunderts nur wenig auszusagen.«

20 Ebd., S. 35 f.

»Denn das, was wir von der Tätigkeit der einzelnen Herzöge erfahren, zeigt sie nur verhältnismäßig selten in unmittelbarer Beziehung zu dem politischen Eigenleben des Stammes, von dem wir auch aus anderen Quellen nahezu nichts wissen. Daß der Herzog für den Friedensschutz sorgte und den Heerbann führte, ist nach dem allgemeinen Inhalt seines Amtes ohne weiteres vorauszusetzen. Ob jedoch regelmäßige, vom Herzog geleitete Stammesversammlungen stattgefunden haben, wie es auch im 10. Jahrhundert noch im sächsischen Werla der Fall war, darüber läßt sich so wenig Sicheres ausmachen, daß man es für unwahrscheinlich halten darf. Ein alemannisches Werla hat es jedenfalls ebensowenig gegeben wie ein alemannisches Regensburg«[21].

Mit der Sicherheit, die noch den beiden Stälin bei der Beschreibung der schwäbischen »Herzogsgewalt« zu eigen gewesen war, war es nun endgültig vorbei. Ein Gesamturteil über Wesen und Wirkungen der schwäbischen Herzogsherrschaft aber wagte Klewitz noch nicht abzugeben. Der Tod hat bereits ein Jahr später seine Weiterbeschäftigung mit dem Problem des »Herzogtums« Schwaben zunichte gemacht[22]. Und so sah sich denn Karl Weller in seiner Kritik an Klewitz' Ausführungen erneut zu der Feststellung veranlaßt: »...auf die rechtsgeschichtlichen Fragen des schwäbischen Herzogtums geht der Verfasser nicht ein«[23], und an anderer Stelle – frühere Bemerkungen wieder aufgreifend – gelangt er zu dem Ergebnis: »Die wirklichen Probleme der schwäbischen Herzogsgeschichte liegen im rechtlichen Verhältnis der Herzöge zum deutschen König und zu der Reichskirche, ferner zu den Hundertschaftsführern mit ihrem eigenständig ererbten Rechte und zu den aus diesen genommenen Grafen; diesen Fragen ist Klewitz gar nicht nachgegangen«[24].

Aber immerhin, die Diskussion schien eröffnet zu sein. Heinrich Büttner meldete sich zu Wort, indem er zu bedenken gab: »...es bleibt jedoch noch zu untersuchen, ob nicht der Einfluß des alemannischen Herzogtums sowohl für das Gebiet der heutigen Schweiz wie für das Elsaß und den rechtsufrigen Teil der Oberrheinlande doch stärker und nachhaltiger war, als es zunächst scheinen möchte«[25]. Und in gleicher Weise stellte Franz Beyerle die Frage: »War überhaupt das jüngere Stammesherzogtum so machtlos, wie es Klewitz sieht?...Daß einige der Grafenhäuser nördlich des Bodensees auf das ältere Herzogshaus zurückgehen, ist möglich...Ganz unbewiesen aber ist die Annahme von Klewitz, als sei vor 1057 von diesen Häusern ein politischer Widerstand gegen das jüngere Stammesherzogtum ausgegangen oder ein Anspruch auf den Herzoghut erhoben worden. Ich sehe keinen Anhaltspunkt für diese ganze These...«[26]. All diese kritischen Äußerungen können jedoch nicht daran zweifeln lassen, daß Klewitz zahlreiche neue Anstöße gegeben hatte. Daß sie von der Forschung nicht sogleich aufgegriffen worden

---

21 H.-W. KLEWITZ, Das alemannische Herzogtum bis zur staufischen Epoche, jetzt in: DERS., Ausgewählte Aufsätze zur Kirchen und Geistesgeschichte des Mittelalters, 1971, S. 231–262, hier 235 f.
22 Vgl. die weitergehenden Überlegungen in Klewitz' Briefen an Karl Brandi, bei K. BRANDI, Hans-Walter Klewitz, in: AUF XVIII/1944, S. 1–22, insbes. 17 ff.
23 K. WELLER, Geschichte des schwäbischen Stammes, 1944, S. 435.
24 K. WELLER (Rezension Klewitz), in: HZ 169/1949, S. 598.
25 H. BÜTTNER (Rezension Klewitz), in: DA 6/1943, S. 595.
26 F. BEYERLE (Rezension Klewitz), in: ZRG/GA 64/1944, S. 461.

sind, lag gewiß daran, daß sein Aufsatz in den letzten Jahren des Krieges und überdies in einem nach dem Kriege nur noch sehr schwer erreichbaren Sammelband erschienen war.

Kurz vor Ende des Krieges meldet sich dann auch Theodor Mayer noch einmal zu Wort. Sein im Jahre 1944 abgegebenes Urteil über die schwäbische Herzogsherrschaft und über die staufische zumal lautete jetzt keineswegs günstiger als 1938: »Das Herzogtum Schwaben läßt sich nicht mit ganz einfachen Linien zeichnen. Schon der schwäbische Raum ist uneinheitlich, der Schwarzwald teilte ihn in zwei Teile; H. W. Klewitz spricht von drei Räumen, indem er das östlich des Schwarzwaldes gelegene Gebiet noch in ein Bodensee- und ein Quell- und Stromgebiet des Neckars und der oberen Donau scheidet. Neben anderen historischen Gründen, die vielfach auch wieder durch die geographischen Voraussetzungen verursacht waren, hat sicher auch diese geographische Uneinheitlichkeit dazu beigetragen, daß sich der schwäbische Stamm trotz seiner stammlichen Einheitlichkeit in einen schwäbischen und einen alamannischen Teil spaltete, die sich mundartlich unterscheiden und politisch auseinandergelebt haben. In Schwaben ereigneten sich schon frühzeitig politische Katastrophen, wie der Aufstand Hg. Liudolfs 953, im 11. Jahrhundert aber besonders der Untergang des Hgs. Ernst, durch den die herzogliche Gewalt selbst schwersten Schaden erlitt. Die Herzogsfamilien wechselten häufig, so daß auch die vom Herzog ausgehende Festigung nicht zur vollen Auswirkung gelangte« [27].

»Der Einflußbereich der Staufer reichte kaum viel weiter als ihre Hausgüter, und es war die Frage, ob und inwieweit sie sich nach dem Süden auszudehnen vermochten. Sie hatten damit große Erfolge, sie erwarben Vogteien und Herrschaften, das Mittel dazu war häufig ein Heimfallsrecht, das von Friedrich I. als König und nicht vom schwäbischen Herzog ausgeübt wurde. Das Herzogtum wurde in der staufischen Zeit wiederholt jugendlichen Angehörigen des staufischen Hauses verliehen und so gleichsam dem königlichen Hause inkorporiert und mit dessen Schicksal verbunden. Durch alle diese Umstände verlor der schwäbische Stammes- und Landesgedanke an Kraft, an seine Stelle rückte die staufische Tradition, aber sie vermochte ihn nach dem Untergang des staufischen Hauses nicht zu ersetzen« [28].

Nach all diesen Versuchen, Skizzen und Neubewertungen schien es hoch an der Zeit zu sein, das Problem in grundsätzlicher Weise anzugehen und die von Karl Weller geforderte Verfassungs- und Rechtsgeschichte des »Herzogtums« Schwaben von Grund auf neu zu bearbeiten. Die Möglichkeit, das Thema endlich einer umfassenden Behandlung zuzuführen, schien gegeben, als einige Jahre nach dem Kriege zunächst in Freiburg und dann in Tübingen Universitätsinstitute für geschichtliche Landeskunde eine fruchtbare Forschungstätigkeit zu entfalten begannen. Wenn es auch erklärte Absicht des von Gerd Tellenbach in Freiburg initiierten Programms zur Erforschung des Mittelalterlichen Adels, des schwäbischen zumal, gewesen ist, auch den Institutionen vermehrte Aufmerksamkeit zu widmen und wenn aus den Forschungen des »Freiburger Arbeitskreises« in

---

27 Th. Mayer, Friedrich I. und Heinrich der Löwe, in: Kaisertum und Herzogsgewalt im Zeitalter Friedrichs I., von Th. Mayer, K. Heilig und C. Erdmann (= Schriften der MGH 9) 1944, S. 367–444, hier 406.
28 Ebd., S. 407.

der Tat eine Fülle wertvoller Einzelbeiträge hervorgegangen ist, die letztlich auch einer Verfassungsgeschichte der schwäbischen Herzogsherrschaft zugute kommen mußten, – ausdrücklich war die Erforschung von Grundlagen und Wirkungen und des Wesens der schwäbischen »Herzogsgewalt« in Freiburg nie in das Forschungsprogramm aufgenommen worden [29]. Sowohl in Freiburg wie nicht anders in Tübingen wandte man sich vielmehr – mit überaus großem Erfolg – letztlich der Erforschung von »Personen und Gemeinschaften« im früh- und hochmittelalterlichen Schwaben zu.

Institutionengeschichte dagegen wurde damals nicht so sehr an den Universitäten, sondern vielmehr an »neutralem« Ort, nämlich im Rahmen des von Theodor Mayer 1951 in Konstanz begründeten »Instituts für geschichtliche Landesforschung des Bodenseegebietes« betrieben, das sich bald in »Konstanzer Arbeitskreis für mittelalterliche Geschichte« umbenannte. In diesem Kreise wurden die Probleme schwäbischer Herzogsherrschaft immer wieder von neuem diskutiert, und hier hat man denn auch im Laufe der Jahre wesentlich weiterführende Fragen gestellt und – teilweise wenigstens – beantwortet [30].

Die Diskussion wurde eröffnet, als Theodor Mayer im Jahre 1956 zu einem Vortrag über »Das schwäbische Herzogtum« das Wort nahm und sich in folgender Weise äußerte: »Die Grundlagen des Herzogtums waren ungefähr im 12. Jahrhundert natürlich ganz anders als die in der früheren Zeit des Stammesherzogtums; das jüngere Herzogtum war auf Hoheitsrechten, Vogteien und Grafschaften aufgebaut; es ist der Standpunkt vertreten worden, daß das Herzogtum aus Grafschaften zusammengesetzt war und eine Reihe von Grafschaften ein Herzogtum ausmachte. Diese Auffassung geht zu weit und ist nicht richtig; außerdem waren die Verhältnisse in den einzelnen Landschaften sehr verschieden. Die Verwaltung des jüngeren Herzogtums führte der Herzog unmittelbar mit den von ihm bestellten Organen, die meist Ministerialen waren, durch. Er hat die Grafschaften nicht mehr zu Lehen weiter gegeben, um sie nicht später tatsächlich aus der Hand zu verlieren; eine Grafschaft, die einmal zu Lehen ausgegeben worden war, hatte nicht mehr viel Wert. Wesentlich war beim jüngeren Herzogtum, daß der Herzog mit seinen Behörden, mit seinen Institutionen das Herzogtum regierte, dazu brauchte er auch unmittelbare Machtmittel. In diesem Sinne haben die Staufer ihr Herzogtum im 12. Jahrhundert aufgebaut, im 13. Jahrhundert ging es zu Grunde« [31].

Und ein Jahr später fügte er dieser Aussage einige weitere Bemerkungen und Fragen grundsätzlicher Art an, indem er schrieb: »Es ist kaum festzustellen, ob es einen Schwerpunkt dieses Stammesherzogtums gab, wo der Mittelpunkt des Herzogtums lag, wo seine Machtmittel konzentriert waren, ob und wo der Herzog eine ständige Residenz hatte.« »In Schwaben und Baiern kam es zur Errichtung des jüngeren Herzogtums erst, als das

---

29 Vgl. G. TELLENBACHS »Einführung« zu dem von ihm herausgegebenen Sammelband »Studien und Vorarbeiten zur Geschichte des Großfränkischen und frühdeutschen Adels« (= FOLG IV) 1957, S. 1–7; DERS., Zur Bedeutung der Personenforschung für die Erkenntnis des früheren Mittelalters (= Freiburger Universitätsreden, NF 25) 1957, und jetzt die Bilanz bei K. SCHMID, Der »Freiburger Arbeitskreis«. Gerd Tellenbach zum 70. Geburtstag, in: ZGO 121/1974, S. 331–347.
30 Vgl. dazu die Übersicht bei H. MAURER, Die Arbeitssitzungen und Tagungen des Konstanzer Arbeitskreises für mittelalterliche Geschichte, in: Theodor Mayer zum Gedenken, 1974, S. 28 ff.
31 Protokoll des Konstanzer Arbeitskreises Nr. 41 vom 23. VI. 1956, S. 6.

alte Stammesherzogtum ausgeschaltet war; nicht aus dem Stammesherzogtum, sondern auf seinen Trümmern ist der Territorialstaat entstanden, aber in Baiern lebte eine Stammestradition als aktives Element der Staatsbildung fort. In Schwaben ist diese Tradition mit dem Untergang des staufischen Herzogtums ausgehöhlt und vernichtet worden, die dortigen Territorialstaaten entstanden aus Adelsherrschaften, die Grafen sowie geistliche und weltliche Herren stiegen zu Landesfürsten auf, weil es keinen über ihnen stehenden Herzog gab« [32].

Wie sehr ihn die mit der schwäbischen Herzogsherrschaft verbundenen Probleme weiter beschäftigten, beweist auch sein Diskussionsbeitrag zu dem von Bruno Meyer 1959 in Konstanz gehaltenen Vortrag über den »Streit um das Kiburgererbe; das Ende des Herzogtums Schwaben auf dem linksrheinischen Gebiet«, in dessen Verlaufe Bruno Meyer die Bemerkung hatte fallen lassen: »Leider fehlt bis heute eine gründliche Untersuchung über das schwäbische Herzogtum der letzten Staufer. Dies ist nicht leicht, aber aufgrund der Rückschlüsse aus dem Interregnum möglich« [33]. Th. Mayer aber fand im Hinblick auf eben diese Spätzeit des Herzogtums die Frage interessant, »ob und was das schwäbische Herzogtum eigentlich noch bedeutet hat, nachdem Richard von Cornwall erklärt hat, das Herzogtum sei inkorporiert; das steht in einer großen Urkunde, die im Züricher Staatsarchiv liegt. Einen unmittelbaren Machtzuwachs hat das Herzogtum nicht bedeutet, es waren ja keine eigentlichen Machtmittel da.« »Aber ich möchte doch einen Faktor höher einschätzen, nämlich die Bedeutung des rechtlichen Anspruches auf Herrschaft. Diese Bedeutung hatte das Herzogtum, wenn irgendeiner diese Möglichkeit aufgriff und vielleicht als Prätendent für ein Herzogtum auftrat, so tat er es doch auch deshalb, daß er annehmen konnte, daß wenn er ein Herzogtum irgendwie erreichte, alle seine Herrschaftsansprüche in weitgehendem Maße legitimiert wären. Es kam also darauf an, ob er die Ansprüche zu verwirklichen, was er aus ihnen zu machen vermochte« [34]. »Wenn wir hier über das Herzogtum sprechen und irgendwie in ein Detail kommen, wie das eigentlich war, dann bewegen wir uns leicht im luftleeren Raum.« »Im schwäbischen Herzogtum sind wir uns darüber klar geworden, daß eine reale Macht kaum vorhanden war« [35].

Den Kern des Problems – zumindest im Blick auf die staufische Herzogsherrschaft des 12. Jahrhunderts – traf indessen mit seinen Konstanzer Diskussionsbemerkungen der Tübinger Verfassungshistoriker Heinrich Dannenbauer. 1956 ging es ihm um den »Inhalt des Herzogtums«: »Das ist die Frage, an der Ficker in seinem Reichsfürstenstand ja so viel herummikroskopiert hat, ohne durchwegs zu rechter Sicherheit zu gelangen. Was wissen wir eigentlich über den Inhalt des staufischen Herzogtums in Schwaben, rund zwischen 1080 und 1200, darüber hinaus wollen wir nicht gehen, weil da die herzoglichen und die königlichen Rechte sich nicht mehr klar genug scheiden lassen. In welchem Verhältnis stehen die Grafen im Land zum Herzog im 12. Jahrhundert, die Zollern, die Veringer, die Berger (bei Ehingen) usw.? Sind sie vom Herzog lehensabhängig oder sind sie lehensabhängig vom König? Wir wissen es nicht, und ob wir es herausbringen wer-

---

32 Th. Mayer, Das österreichische Privilegium minus, jetzt in: Ders., Mittelalterliche Studien, 1958, S. 202–246, hier 241.
33 Protokoll des Konstanzer Arbeitskreises Nr. 74 vom 12. XII. 1959, S. f.
34 Ebd., S. e.
35 Ebd., S. f.

den, ist mir auch unsicher. Ich glaube die Urkunden einigermaßen vollständig und genau zu kennen, aber greifbare Anhaltspunkte habe ich nicht gefunden. Fickers Indizien, aus denen er seine Schlüsse zieht, übrigens sehr vorsichtig, sind nicht unanfechtbar, und eine andere Möglichkeit, mit der wir heute zu rechnen anfangen, ist ihm nur gelegentlich aufgetaucht, nämlich daß eine Grafschaft allodial sein könnte«[36].

Und ähnlich klang es noch 1958 aus seinem Munde: »Vor allem wissen wir fast gar nichts über das Verhältnis von Herzog und Grafschaft. Verleihung der Grafschaft durch den Herzog wird für das Gebiet Heinrichs d. Löwen und wohl auch für einige Teile Sachsens in früheren Zeiten gelten. Dagegen wissen wir eigentlich gar nichts über die schwäbischen Verhältnisse. Wurden die Calwer, Zollern, Veringer, Nellenburger usw. vom Herzog oder vom König belehnt? Ich weiß keine Antwort. Wurden sie überhaupt belehnt oder hatten sie allodiale Grafschaften?«[37]

Diese Fragen allein zeigen bereits, wie sehr sich die Forschung von Christoph Friedrich Stälins um die Mitte des 19. Jahrhunderts entworfenem geschlossenem Bilde entfernt hatte. Beinahe alles schien fragwürdig geworden zu sein.

Und was man dann doch noch von Grundlagen und Wesen schwäbischer Herzogsherrschaft glaubte sagen zu können, faßte Otto Feger in mehreren seiner im Verlaufe von Konstanzer Arbeitssitzungen vorgebrachten Äußerungen zusammen. 1959 schien ihm mit Herzog Burchards III. Tode [im Jahre 973] ein entscheidender Einschnitt gegeben: »Es ist damit schließlich dem Königtum gelungen, dem Herzogtum machtmäßig den Garaus zu machen. Das schwäbische Herzogtum gewährt einen schönen Rang, einen wunderbaren Titel, der weit vorne in den Zeugenlisten rangiert, ist aber machtmäßig an keiner Stelle faßbar. Die Herzöge haben nirgends erkennbaren Besitz, erscheinen nirgends in irgendeiner Funktion, nicht einmal als Heerführer, diese Aufgabe erfüllt der Bischof.« »Das schwäbische Herzogtum ist seit dem Ende des 10. Jahrhunderts als Machtfaktor erledigt...«[38]. Nicht viel anders klang, was er wenig später ausführte: »Die Amtsherzöge des 11. Jahrhunderts in Alemannien sind m. E. zwar noch Titel, aber schon keine Ämter mehr. Sie sind in ihrer Funktion hierzulande nicht mehr erkennbar und erscheinen praktisch nur in den Zeugenreihen der Königsurkunden; ein Amt haben sie offenbar nicht, und trotzdem werden sie nicht frei vom König ernannt, sondern die Würde wird nach Erbrecht übertragen.« »Von einer freien Einsetzung dieser Amtsherzöge kann man da wohl nicht sprechen, außer wenn die Familie ausgestorben ist und die Würde ohne erkennbaren Inhalt als Lehen an den König heimfiel.« »Daß Purchard II. ohne unmittelbare Erben gestorben ist und dadurch dem Königtum die Möglichkeit gegeben hat, das, was noch an herzoglicher Gewalt verblieb, innerlich auszuhöhlen und zur reinen Formalität zu machen, scheint die eigentliche Ursache für den Zerfall des Herzogtums gewesen zu sein«[39].

Und das gleiche Bild von einer schwachen und weitgehend bedeutungslosen Institution zeichnet Feger im Jahre 1960: »Daß die Machtbefugnisse des Schwabenherzogs seit dem Aussterben der Burkharde im 10. Jahrhundert gering waren, daß die Autorität des

---

36 Protokoll des Konstanzer Arbeitskreises Nr. 41 vom 23. VI. 1956, S. 4.
37 Ebd., Nr. 57 vom 1. III. 1958, S. 7.
38 Ebd., Nr. 71 vom 16.–19. III. 1959, S. 41.
39 Ebd., Nr. 72 vom 25. VII. 1959, S. 5 f.

Herzogs über den Adel des Landes kaum etwas besagte, ist bekannt.« »Der Investiturstreit vollends zerschlug, was noch an realer herzoglicher Macht vorhanden gewesen sein mochte; auf jeden Fall blieben von da an sowohl das welfische wie das zähringische Interessengebiet außerhalb aller Einflußnahme des Schwabenherzogs«[40]. Und an der gleichen Stelle bemerkte er zu Herzog Friedrich I. aus staufischem Hause: »Dazu kamen die herzoglichen Rechte, die herzlich wenig bedeuteten.« Ja, er sah die Staufer »mit... einer wenig mehr als nominellen Herzogsgewalt in Schwaben« begabt[41]. Seine Ansichten zusammenfassend, meinte er endlich im Jahre 1963: »Das schwäbische Stammesherzogtum, das nach einer turbulenten Genesis mit Burchard I. entsteht und dann mit Burchard II. ein halbes Jahrhundert später noch einmal reaktiviert wird, ist doch in der Basis eine außerordentlich schwache Institution. Wir haben diese Schwäche schon bei früheren Anlässen in diesem Kreise festgestellt; wie schwach Herzog Burchards Stellung war, ergibt sich eben aus dem völligen Zerfall seiner Machtposition bei seinem plötzlichen Tode. Auch das in der gleichen Zeit wie das schwäbische Herzogtum entstandene ostfränkische Königtum ist institutionell schwach.« »Aber das Königtum umgibt doch eine Art von sakraler Aura, die dem Herzogtum von Anfang an fehlt«[42].

Theodor Mayer gab sich mit dem, was in Konstanz in Vorträgen und Diskussionen zur Beurteilung der schwäbischen Herzogsherrschaft erarbeitet worden war, indessen keineswegs zufrieden. Er richtete im Jahre 1961 an seinen einstigen Schüler Heinrich Büttner, der in der Tat dazu wie kaum ein anderer berufen gewesen wäre, die ausdrückliche Bitte: »Schreiben Sie uns doch eine Geschichte des schwäbischen Herzogtums, es wird so viel davon gesprochen, und wir wissen eigentlich nicht so recht, was es jeweils gewesen ist. Es war wirklich so, daß das schwäbische Herzogtum durch den Kampf zwischen den Zähringern und den Staufern und durch die Auseinandersetzungen, die mit dem Investiturstreit zusammenhingen, in vielen Belangen aufgelöst worden ist, doch kommt es, wie man sieht, unter den Staufern wieder zur Geltung, tritt wieder hervor, weil nun Barbarossa im schwäbischen Herzogtum, in seiner symbolhaften Tradition eine Möglichkeit für seine Politik sieht und weil er auf dieses Herzogtum Rechte aufbaut, die einer völlig anderen Einstellung zur staatlichen Verfassung überhaupt entsprechen, als etwa dem Herzogtum des 10. Jahrhunderts, als es unter den Ottonen damals wieder aufgebaut und ins Leben gerufen wurde. Dieser Übergang des Herzogtums wäre nämlich, wie ich aus Ihrem Vortrag entnommen habe, für das schwäbische Gebiet am ehesten und exaktesten durchzuführen. Es ist in gewisser Hinsicht allenthalben ähnlich oder gleich, wenn wir auch vom Herzogtum in Bayern oder Sachsen sprechen, immer sind es gewisse Prinzipien und gewisse Faktoren, die eine Rolle spielen, die je nach der politischen Lage sehr wechselnd sind, denn das Herzogtum war keine feste Gestalt mehr; aber wir müßten doch einmal wissen, wie die Einrichtung überhaupt gewesen ist, bis das Herzogtum in der frühen Art überhaupt zugrunde gegangen ist und durch etwas ganz anderes ersetzt worden ist. Das wäre die Bitte, die ich an Sie richten möchte, weil ich niemanden kenne, der imstande wäre, gerade hier, an der Geschichte des schwäbischen Herzogtums, diese Entwicklung in so sinnfälliger und drastischer Weise darzustellen«[43].

40 Ebd., Nr. 80 vom 28.–31. III. 1960, S. 100.
41 Ebd., S. 96.
42 Ebd., Nr. 112 vom 16. XI. 1963, S. 7.
43 Ebd., Nr. 92 vom 4. XI. 1961, S. 15 f.

Doch auch Heinrich Büttner hat sich dem Ansinnen, Grundlagen, Wesen und Wirkungen der schwäbischen Herzogsherrschaft zu erforschen, versagt. Ihm ging es in seinen Arbeiten auch weiterhin viel eher um die politische Geschichte, um das »Spiel der Kräfte« im früh- und hochmittelalterlichen Schwaben [44].

Einen neuen, sehr wesentlichen Versuch, die Rolle des »alemannischen Herzogtums« – wenigstens aus der Sicht e i n e r südwestdeutschen Landschaft – für das 10. und beginnende 11. Jahrhundert zu bestimmen, unternahm dann im Grunde erst Thomas L. Zotz mit seiner jüngst erschienenen Freiburger Dissertation über den »Breisgau und das alemannische Herzogtum«. Wenn auch sein Interesse letztlich wiederum eher der politischen Geschichte und einzelnen Herzogsfamilien innerhalb des Kräftespiels am Oberrhein und in den angrenzenden Landschaften gilt als der Rechtsgestalt des »Herzogs von Schwaben« oder – wenn man so will – des »Schwäbischen Herzogtums«, so hat seine Arbeit dennoch auch für ein spezifisch verfassungs- und rechtsgeschichtliches Forschungsanliegen eine Fülle von weiterführenden Ergebnissen gezeigt [45].

In etwa zur gleichen Zeit trat dann aber – mit wachsendem Interesse an der Geschichte des staufischen Hauses – auch die staufische Herzogsherrschaft in Schwaben wieder in das Blickfeld der Historiker. Schon im Jahre 1951 hatte Franz Xaver Vollmer in seiner Freiburger Dissertation über die »Reichs- und Territorialpolitik Kaiser Friedrichs I.« festgestellt: »Was Friedrich Barbarossa mit diesem ›ducatus Sweviae‹ wirklich an Rechten zuwächst, ist schwer zu beantworten. Herzogsgut, wie in Bayern, ist für das 12. Jahrhundert in Schwaben bislang nicht bekannt geworden. Gegenüber Bayern muß die Stellung des schwäbischen Herzogs als ungleich schwächer bezeichnet werden« [46]. Und Hans Werle meinte in seiner etwa gleichzeitig entstandenen Mainzer Dissertation über das »Salische Erbe« lapidar: »Denn um das staufische Herzogtum in Schwaben war es schlecht bestellt« [47].

Eine eingehende Behandlung der hier für die Stauferzeit angeschnittenen Fragen brachten zwar auch die fünfziger, sechziger und siebziger Jahre unseres Jahrhunderts nicht. Aber die mit der Geschichte der Staufer befaßten Historiker sahen sich – nicht zuletzt aus Anlaß der Stuttgarter Stauferausstellung des Jahres 1977 – doch immerhin veranlaßt, neben anderem auch ihre Meinungen zu Grundlagen und Wesen staufischer Herzogsherrschaft abzugeben.

Odilo Engels fand im Jahre 1972: »Welchen Vorteil die Übertragung der Herzogswürde dem Staufer einbrachte, liegt nicht ohne weiteres auf der Hand. Rein machtpolitisch gesehen, mußte Friedrich seine Herzogsgewalt mit dem Zähringer teilen, denn der Rivale führte keineswegs ein Schattendasein; er war sogar in der Lage, eigene Landtage im südlichen Schwaben einzuberufen und unbehelligt abzuhalten. Aber auch 1097, als sich Herzog Berthold mit dem Kaiser wieder aussöhnte, wurde eine geschlossene Einheit des schwäbischen Stammes nicht wiederhergestellt. Das Amtsherzogtum verblieb zwar seit 1098 durch kaiserlichen Schiedsspruch ungeteilt beim Staufer, aber der Zähringer

---

44 Vgl. dazu H. BÜTTNER, Schwaben und Schweiz im frühen und hohen Mittelalter (= VuF XV) 1972 (= Gesammelte Aufsätze).
45 TH. L. ZOTZ, Der Breisgau und das alemannische Herzogtum (= VuF, Sonderband 15) 1974.
46 F. X. VOLLMER, Reichs- und Territorialpolitik Kaiser Friedrichs I. Diss. phil. Masch., Freiburg i. Br., 1951, S. 102.
47 H. WERLE, Das Erbe des salischen Hauses. Diss. phil. Masch. Mainz, 1952, S. 2.

durfte seinen Herzogstitel weiterführen und erhielt zum Zeichen dieser Würde die Reichsvogtei Zürich, das heißt die Gewalt, welche die Schwabenherzöge hier auszuüben berechtigt gewesen waren. Gerade dieser Ausgang der schwäbischen Auseinandersetzung macht die Annahme unwahrscheinlich, der Staufer habe in seiner Herzogswürde einen Auftrag oder ein Mittel gesehen, das Stammesherzogtum in seiner alten Bedeutung zu restaurieren. Friedrich selbst gab nach anfänglichem Bemühen in der Gegend von Ulm und Augsburg jeden Versuch auf, eine ungeteilte Anerkennung in Schwaben zu erzwingen. Das besagt natürlich nicht, der Staufer hätte Vorrechte eines Amtsherzogs – wie oberste Heerführung, oberste Gerichtsbarkeit über den Stammesadel, Verfügungsrecht über herrenloses Gut ausgestorbener Adelsfamilien – nicht wahrgenommen. Aber er konnte sie im wesentlichen nur im nördlichen Schwaben zur Anwendung bringen, zumal auch die Welfen im eigenen oberschwäbischen Besitztum herzogliche Funktionen ausübten. Diese Einschränkung mußte die staufische Herzogsgewalt auf die neuen, in Umrissen sich bereits abzeichnenden Herrschaftsgrundlagen verweisen. Und die Vorrechte eines Amtsherzogs, soweit sie sich noch realisieren ließen, boten dazu eine vorteilhafte Ausgangsposition« [48].

Und Hansmartin Schwarzmaier sah das »Instrument«, »das König Heinrich IV. 1079 dem Staufer Friedrich in die Hand gab«, an als »eine Ansehen und hohen Rang verleihende Stellung von großer geschichtlicher Tradition« [49]. Und an anderer Stelle genauer: »Was blieb, war eine verfassungsrechtliche Konstruktion: ein Stammesrecht, das sicher zur Erhaltung eines einheitlichen Stammesgebietes beigetragen hat, und der Herzog selbst, der als militärischer Führer den Heerbann befehligte und der als Richter höchste Autorität war« [50]. Und als Ergebnis der Entwicklung in staufischer Zeit glaubte er feststellen zu können: »Das staufische Herzogtum Schwaben blieb durchlöchert, denn Welfen und Zähringer, die ihre Herzogstitel nicht wieder ablegten, konnten die herzogliche Gewalt des Staufers in ihrem eigenen Herrschaftsbereich abstreifen. Im Breisgau, der Schweiz, in der Baar und in Oberschwaben bildeten sich Sondergewalten, die zu immer geschlosseneren ›Territorien‹ zusammenwuchsen, und dort übernahm der ›Titelherzog‹ als Fürst seines eigenen Landes die immer ausschließlicher werdende staatliche Gewalt.« »Friedrich hat sich und seinen Nachkommen das schwäbische Herzogtum erhalten, und es ist fast 200 Jahre lang in den Händen der Staufer geblieben. Und doch war dieses, das zu sehr an überkommene staatliche Formen gebunden war, bis zu einem gewissen Grade ein überholtes, sicher aber altmodisches und schwerfälliges Instrumentarium der Herrschaft« [51].

Klaus Schreiner endlich, der den »Staufern als Herzögen von Schwaben« jüngst eine eigene – freilich nur in Teilen verfassungsgeschichtlich orientierte – Studie gewidmet hat, stellte sich die Frage: »Welchen Machtzuwachs brachte aber für Friedrich das neue herzogliche Amt als solches? An das Herzogsamt knüpften sich Vorrechte innerhalb des schwäbischen Stammes – die militärische Führung des Stammesaufgebotes, die Wahrung des Landfriedens, die Berufung der adligen Großen zu Landtagen, landrechtliche Gerichtsbefugnisse über Freie, Verfügungsrechte über herrenloses Gut ausgestorbener Adels-

---

48 O. ENGELS, Die Staufer, 1972, S. 13.
49 H. SCHWARZMAIER, Die Heimat der Staufer, 1976, S. 14.
50 Ebd.
51 Ebd., S. 28.

familien –; es vermittelte aber keine unmittelbaren realpolitischen Vorteile.« »Nur im staufischen Kerngebiet Nordschwabens ist es Herzog Friedrich gelungen, seine herzogliche Gewalt zur Anerkennung zu bringen« [52]. Und zu den Folgen des im Jahre 1098 getroffenen Ausgleichs meint Schreiner: »Schwaben zerfiel seitdem gleichsam in ›drei Herzogtümer‹, deren verfassungsrechtliches Wesen nicht mehr in der Führung eines Personenverbandes bestand, sondern in der flächenmäßigen Beherrschung eines abgegrenzten Raumes. Als Aktivposten dieser Ausgleichsverhandlungen konnte Herzog Friedrich die Tatsache verbuchen, daß Zähringer, Welfen und die übrigen schwäbischen Großen sein vom Kaiser verliehenes Herzogtum anerkannten. Den Zähringern und Welfen wurde jedoch das Recht eingeräumt, in ihren Herrschaftsbereichen, unabhängig vom Stauferherzog, herzogliche Rechte auszuüben« [53].

Die Rolle des »Herzogtums Schwaben« zur Zeit Friedrich Barbarossas aber möchte Schreiner in der Weise einschätzen: »Dennoch ist es den schwäbischen Herzögen auch in den Zeiten Barbarossas nicht gelungen, Institutionen auszubilden, die das schwäbische Herzogtum als eigenständiges Herrschaftsgebilde gefestigt hätten. In Schwaben gab es weder einen Herzogshof, der sich mit dem der Welfen in Ravensburg hätte vergleichen lassen, noch eine eigene Herzogskanzlei. Auch unter Barbarossa drohte das Herzogtum Schwaben – trotz mannigfacher Strukturverbesserungen und Stabilisierungsversuche – zu einem Instrument staufischer Königsland-Politik herabzusinken. Die latenten Trends, die die Grenzen zwischen staufischem Herzogtum und staufischem Königtum verwischten, haben sich in der Folgezeit noch erheblich verstärkt« [54].

Wir sehen: Statt einer monographischen Behandlung des »Herzogs von Schwaben« oder des »Herzogtums Schwaben«, deren Fehlen freilich immer wieder bedauernd vermerkt worden ist, hat sich die verfassungsgeschichtliche Forschung auch im 20. Jahrhundert stets von neuem dazu veranlaßt gesehen, in teilweise sehr bestimmter, teilweise aber auch das Nicht-Wissen deutlich hervorkehrender Weise Ansichten und Thesen zu äußern und Fragen zu stellen. Und so ist denn im Laufe von Jahren und Jahrzehnten eine Fülle von Aussagen und Fragen zusammengekommen, die mich der Aufgabe entheben, nun selbst noch des langen und breiten die einzelnen Probleme, die einer Lösung bedürften, zu formulieren. Der – selbstverständlich keineswegs Vollständigkeit anstrebende – historiographische Überblick dürfte vielmehr deutlich genug gezeigt haben, worum es bei einer monographischen Behandlung des »Herzogs von Schwaben« letztlich gehen muß, wo Fragen offen sind, wo kontroverse Aussagen, wo echte Wissenslücken vorliegen.

Wenn ich nun im folgenden – möglichst unbeeinflußt von den bislang vorgebrachten Ansichten und Thesen – ans Werk gehe, dann in dem klaren Bewußtsein, nicht alle, aber doch wenigstens einige der seit langem erwarteten Antworten finden zu können.

---

52 K. SCHREINER, Die Staufer als Herzöge von Schwaben, in: Die Zeit der Staufer. Katalog der Ausstellung, Stuttgart 1977, Bd. III/1977, S. 7–19, hier 8.
53 Ebd., S. 9.
54 Ebd., S. 14.

LISTE DER HERZÖGE

[† 911	Burchard I.[1]	Hunfridinger]
915[–917]	Erchanger	
917–926	Burchard II.	Hunfridinger
926–949	Hermann I.	Konradiner
(948)[2] 949–953	Liutolf	Liudolfinger
954–973	Burchard III.	Hunfridinger
[973–994	⚭Hadwig[3]]	
973–982	Otto I.	Liudolfinger
982–997	Konrad I.	Konradiner
(996)[4] 997–1003	Hermann II.	Konradiner
1003–1012	Hermann III.	Konradiner
1012–1015	Ernst I.	Haus Österreich/Babenberger
1015–1030	Ernst II.	Haus Österreich/Babenberger
1030–1038	Hermann IV.	Haus Österreich/Babenberger
1038–1045	Heinrich (= Kaiser Heinrich III.)	Salier
1045–1047	Otto II.	Ezzone
1048–1057	Otto III.	Haus Schweinfurt/Babenberger
1057–1079	Rudolf	Rheinfeldener
1079–1105	Friedrich I.	Staufer

Hinweis: Der hier gegebenen Übersicht über die Herzöge von Schwaben liegen die Listen zugrunde, die G. TELLENBACH, Vom Karolingischen Reichsadel zum deutschen Reichsfürstenstand, in: Adel und Bauern im deutschen Staat des Mittelalters, hg. von Th. Mayer, 1943, S. 22–73, hier 39–41, und E. HOCHENBICHLER, Die Besetzung der Herzogtümer Bayern, Kärnten und Schwaben in ottonischer und salischer Zeit, Diss. phil. Masch. Wien, 1965, S. 117, sowie – ergänzend für die späte Stauferzeit – H. MÜLLER, in: TH. SCHIEFFER, Die deutsche Kaiserzeit (= Ullstein – Deutsche Geschichte) 1973, S. 136–137, gegeben haben. Ihre Angaben wurden überdies noch einmal anhand der in der NDB sowie bei K. BOSL, G. FRANZ, H. H. HOFMANN, Biographisches Wörterbuch zur deutschen Geschichte I–III, 1973 ff., und im »Lexikon der deutschen Geschichte«, hg. von G. TADDEY, 1977, enthaltenen Herzogsbiographien überprüft. Herangezogen wurde außerdem die Übersicht von J. MEYER, Herzoge von Schwaben und Landgrafen im Thurgau, in: Thurg. Beitrr. zur vaterländ. Geschichte 56/1916, S. 44–93, hier 51–73.

1 Die hier vorgenommene, vom bisherigen Gebrauch abweichende Zählung dieses Burchard als B. I. und die dadurch notwendig werdende Bezeichnung Burchards I. als B. II. und Burchards II. als B. III. übernimmt die eindeutigere, jüngst in dem von H. BERNER hg. Sammelband »Bodman«, Bd. I/1977, angewandte Vergabe der Ordnungsziffern an die drei Burcharde.
2 Zum Regierungsantritt Liutolfs vgl. im Text unten S. 171 ff.
3 Über Hadwig als »Herzog« von Schwaben vgl. im Text unten S. 55 f.
4 Zum Regierungsantritt Hermanns vgl. E. HOCHENBICHLER, Besetzung der Herzogtümer, S. 91 ff.

»GEGENHERZÖGE«

1079–1090	Berthold I.	Rheinfeldener
1092–1098	Berthold II.	Zähringer
1105–1147	Friedrich II.	Staufer
1147–1152	Friedrich III. (= Kaiser Friedrich I. Barbarossa)	Staufer
1152/53[5]–1167	Friedrich IV. von Rothenburg	Staufer
1167/68–ca.1171	Friedrich V. [6]	Staufer
ca. 1171–1191	Friedrich VI. [7] (Konrad)	Staufer
1192–1196	Konrad II.	Staufer
1196–1208	Philipp (= König Philipp)	Staufer
1208–1212	Schwaben unmittelbar unter König Otto IV. [8]	
1212–1216	Schwaben unmittelbar unter König Friedrich II. [9]	
1217–1235	Heinrich (= König Heinrich (VII.))	Staufer

[ca. 1220–ca. 1228 Schwaben unter Verwaltung von Reichshofbeamten als Prokuratoren [10]]

1235–1237	Schwaben unmittelbar unter Kaiser Friedrich II. [11]	
1237–1254	Konrad III. (= König Konrad IV.)	Staufer

[bis 1243 Schwaben unter Verwaltung von Reichshofbeamten als Prokuratoren [12]]

[1254–1268	Konradin (= König von Jerusalem und Sizilien)]	Staufer
1255	Wilhelm von Holland [13] (= König Wilhelm von Holland)	
1257	Alfons von Kastilien [14] (= König Alfons)	

---

5 Zum Regierungsantritt Friedrichs IV. vgl. W. SCHLESINGER, Gedanken zur Datierung des Verzeichnisses der Höfe, die zur Tafel des Königs der Römer gehören, in: Jb. für fränkische Landesforschung 34/35, 1975 = FS für G. Pfeifer, S. 184–203, hier 191.
6 und 7 Zur Aufspaltung des bisher als Friedrich V. bezeichneten Herzogs in zwei Personen, Friedrich V. und Friedrich VI. (Konrad), vgl. jetzt G. BAAKEN, Die Altersfolge der Söhne Friedrich Barbarossas und die Königserhebung Heinrichs VI., in: DA 24/1968, S. 46–78, insbes. 57 ff., 77 ff.
8 Vgl. J. MEYER, Herzoge von Schwaben, S. 67 f.
9 Ebd., S. 68, und F. SCHNEIDER, Kaiser Friedrich II. und seine Bedeutung für das Elsaß, jetzt in: DERS., Ausgewählte Aufsätze zur Geschichte und Diplomatik des Mittelalters, 1974, S. 431–458, hier 437 mit Anm. 24.
10 Vgl. H. NIESE, Die Verwaltung des Reichsgutes im 13. Jahrhundert, 1905, S. 269 f., und dazu K. WELLER, in: Wttbg. Vjh. NF 36/1930, S. 160.
11 Vgl. J. MEYER, Herzoge von Schwaben, S. 70.
12 H. NIESE, Reichsgut, S. 270 f., und K. WELLER, in: Wttbg. Vjh. NF 36/1930, S. 237.
13 Vgl. RI 5219.
14 *dux Suevie* zu 1257 Sept. 22 (RI 5492).

I

DIE »VORORTE« DES HERZOGS

Wer beinahe 140 Jahre nach Christoph Friedrich Stälins erster – und bis heute einziger – Gesamtwürdigung[1] neuerlich versucht, den Herzog von Schwaben oder das Herzogtum Schwaben als Institution der mittelalterlichen Verfassung zu begreifen und zu kennzeichnen, wird, um über die gegen die Mitte des 19. Jahrhunderts gewonnenen Erkenntnisse hinauszugelangen, gut daran tun, sich eines neuen Zugangs zu bedienen. Solch ein neuer Zugang zum Verständnis von Wesen und Eigenart des Herzogs von Schwaben kann, da diese Institution, wie schon ihr Name sagt, auf ein Land und seine Bewohner bezogen ist, nur ein landesgeschichtlicher sein. Er bietet sich uns geradezu an, wenn wir von der schon verschiedentlich gelungenen, jedoch – für Schwaben – nie in grundsätzlicher Weise weiterverfolgten Beobachtung ausgehen, daß sich die Herrschaft des Herzogs an einigen wenigen Orten für längere Zeit in besonderem Maße manifestiert und konzentriert hat[2]. Diese Orte (TA 1), an denen sich zuzeiten Herzogsherrschaft lokal verdichtete, wird man demnach ganz allgemein als die »zentralen Orte«[3] der Herrschaft des Herzogs betrachten dürfen. Ja, man wird sie, die, wie wir sehen werden, »nicht unbedingt mit zentralen Siedlungen gleichzusetzen« sind[4] und die allenfalls in staufischer Zeit als Städte charakterisiert werden können, in Anlehnung an den Begriff

---

[1] Vgl. dazu oben S. 13 ff.
[2] Für Schwaben vgl. bisher etwa E. ROSENSTOCK, Königshaus und Stämme in Deutschland zwischen 911 und 1250, 1914, insbes. Abschn. 16, S. 337 ff.: »Werla-Goslar und Zürich«; G. TELLENBACH, Königtum und Stämme in der Werdezeit des deutschen Reiches, 1939, S. 93 ff.; H. J. RIEKKENBERG, Königsstraße und Königsgut in liudolfingischer und frühsalischer Zeit (919–1056), in: AUF 17/1942, S. 32–154; H. W. KLEWITZ, Das alemannische Herzogtum bis zur staufischen Epoche, jetzt in: DERS., Ausgewählte Aufsätze zur Kirchen- und Geistesgeschichte des Mittelalters, 1971, S. 231–262, hier insbes. 236, 246, und zuletzt grundsätzlich H. MAURER, Rottweil und die Herzöge von Schwaben, in: ZRG/GA 85/1968, S. 59–77, insbes. 72 ff.; DERS., Der Bischofssitz Konstanz als Hauptstadt in Schwaben, in: SVG Bodensee 91/1973, S. 1–15, insbes. 1 ff., und jüngst DERS., Bodman, Wahlwies, der Hohentwiel und die Begründung der Herzogsherrschaft in Schwaben, in: Bodman, hg. von H. Berner, Bd. I/1977, S. 287–307.
[3] Zum Begriff der zentralen Orte vgl. jüngst allg. K. FEHN, Die zentralörtlichen Funktionen früher Zentren in Altbayern, 1970, insbes. S. 2 ff., und M. MITTERAUER, Das Problem der zentralen Orte als sozial- und wirtschaftshistorische Forschungsaufgabe, in: VSWG 58/1971, S. 433–467, insbes. 443 f., 454 f.
[4] Dazu M. MITTERAUER, Problem der zentralen Orte, wie Anm. 3, S. 444.

der »Hauptstadt« [5] am ehesten als »Hauptorte« [6] oder als »Vororte« [7], als her v o r ragende, als v o r zügliche, als be v o r zugte, als v o r anderen Örtlichkeiten wichtige Orte der Herzogsherrschaft bezeichnen dürfen. Gegenüber der alle möglichen Eigenschaften und Funktionen einschließenden Bezeichnung als zentrale Orte [8] lassen die Begriffe »Vorort« oder »Hauptort« viel eher an die Bedeutung solcher Örtlichkeiten als herrschaftliche, als politische und rechtliche Zentren denken. Und Zentren dieser Art waren die im folgenden einzeln zu behandelnden Orte des Herzogs von Schwaben denn auch in der Tat.

Wie die Königspfalzen als »Vororte« des Königtums im Lande Herrschaftszeichen und damit »Denkmale« des deutschen Königtums darstellen [9], die als Quellen für die

---

[5] Zum Begriff der Hauptstadt im Mittelalter vgl. noch immer H. HEIMPEL, Hauptstädte Großdeutschlands, in: DERS., Deutsches Mittelalter, 1941, S. 144–159 (mit älterer Literatur); W. BERGES, Das Reich ohne Hauptstadt, in: Das Hauptstadtproblem in der Geschichte. Festgabe zum 90. Geburtstag F. Meineckes, 1952, S. 1–29; E. EWIG, Résidence et Capitale pendant le haut Moyen Age, in: Revue historique 87/1963, Tome CCXXX, S. 25–72; C. BRÜHL, Zum Hauptstadtproblem im frühen Mittelalter, in: Festschrift Harald Keller, 1963, S. 45–70, und DERS., Remarques sur les notions de »Capitale« et de »Résidence« pendant le haut Moyen Age, in: Journal des Savants, 1967, S. 193–215, und dazu die neueren Arbeiten über mittelalterliche Residenzen; H. KOLLER, Die Residenz im Mittelalter, in: Jb. für Geschichte der oberdeutschen Reichsstädte 12/13, 1966/67, S. 9–39; J. SYDOW, Die Residenzstadt in Südwestdeutschland, in: Die Stadt in der europäischen Geschichte. FS Ennen, 1972, S. 771–703, und H. PATZE, Die Bildung der landesherrlichen Residenz im Reich während des 14. Jhs., in: Stadt und Stadtherr im 14. Jh. (= Beitrr. zur Geschichte der Städte Mitteleuropas II), hg. von W. RAUSCH, 1972, S. 1–54. – Zum Begriff des *caput* vgl. auch E. E. STENGEL, Land- und lehnrechtliche Grundlagen des Reichsfürstenstandes, jetzt in: DERS., Abhandlungen und Untersuchungen zur mittelalterlichen Geschichte, 1960, S. 133–173, hier 167/168.

[6] Zum Begriff »Hauptstadt« vgl. schon G. WAITZ, Deutsche Verfassungsgeschichte VI, ³1896, S. 422, und J. FICKER, Reichsfürstenstand II/2, S. 97, sowie H. HEIMPEL, Hauptstädte, wie Anm. 5, S. 152, 154; W. BERGES, Reich, wie Anm. 5, S. 5, u. E. E. STENGEL, Grundlagen, wie Anm. 5, S. 168.

[7] Der Begriff des »Vororts« als »Stammesvorort« wurde für das Mittelalter vor allem von E. ROSENSTOCK, Königshaus, wie Anm. 2, S. 337 ff. in die Forschung eingeführt; (hier S. 337 auch die Bemerkung: »Die Stellung der Stammesvororte ist bisher in ihrem verfassungsgeschichtlichen Zusammenhang kaum beachtet, geschweige denn behandelt worden.«) Ihm schlossen sich an G. TELLENBACH, Königtum, wie Anm. 2, S. 95 mit Anm. 3, H. J. RIECKENBERG, Königsstraße, wie Anm. 2, S. 65, 69 (für Schwaben); H. W. KLEWITZ, Alemannisches Herzogtum, wie Anm. 2, S. 246 (für Schwaben); W. BERGES, Reich, wie Anm. 5, S. 4, 28; H. HELBIG, Das Vorortproblem in der Frühzeit des Städtewesens im Gebiet der deutschen Ostkolonisation, in: Das Hauptstadtproblem, wie Anm. 5, S. 31–64, insbes. 32 f., und H. MAURER, Rottweil, wie Anm. 2, S. 72 ff. (für Schwaben). Neuerdings gebraucht M. MITTERAUER, Zentrale Orte, wie Anm. 3, S. 447, den Ausdruck »Vorort« offenbar gleichbedeutend mit »zentraler Ort« und bringt ihn in Zusammenhang mit »Hauptstadt«.

[8] Vgl. die Literatur oben Anm. 3.

[9] Zu den Begriffen »Herrschaftszeichen« und »Denkmal« vgl. P. E. SCHRAMM/F. MÜTHERICH, Denkmale der deutschen Könige und Kaiser, 1962, Einleitung von P. E. S., insbes. S. 13. Hier werden Baulichkeiten und Pfalzen ausdrücklich den »Denkmalen« des Königtums zugezählt und wird, S. 14, als Ergänzung des Buches über die Denkmale ein Band gefordert, »... in dem Pläne und Photographien der Pfalzen mit Abbildungen der Kirchen vereinigt sind, die einmal von den deutschen Herrschern gestiftet oder doch durch sie spürbar gefördert wurden.« Über Pfalzen als Herrschaftszeichen vgl. auch H. HEIMPEL, Bisherige und künftige Erforschung deutscher Königspfalzen, in: GWU 16/1965, S. 461–487, hier 486.

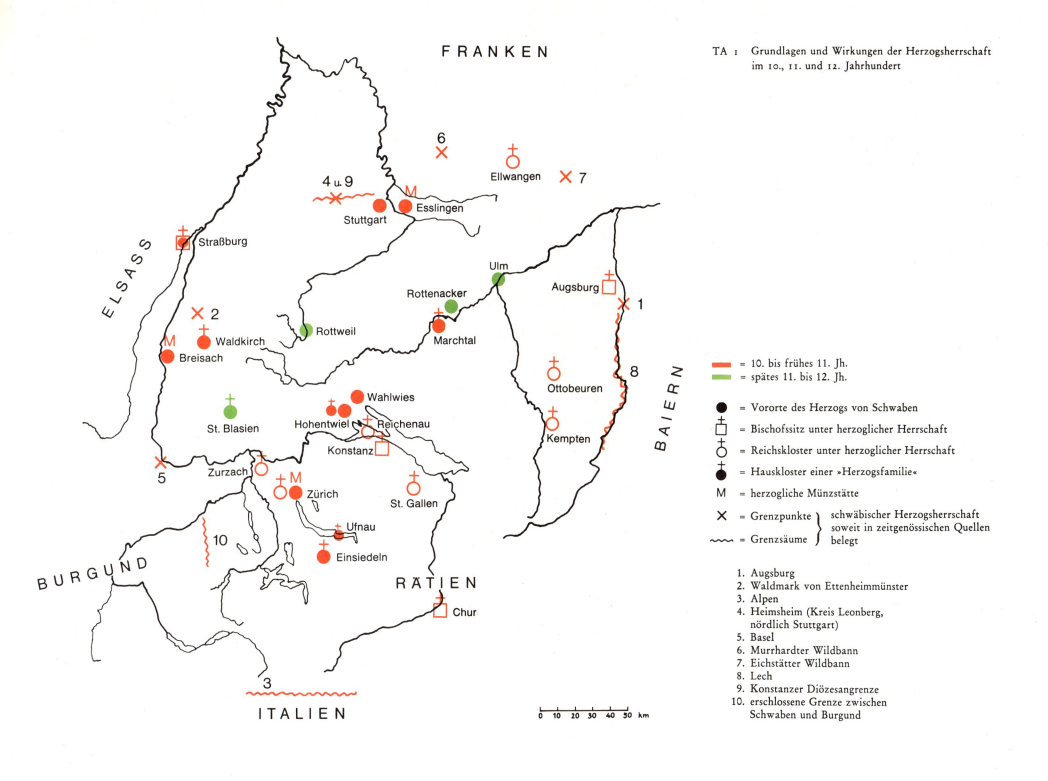

Erkenntnis von Wesen und Funktionen des Königtums befragt werden können, so stellen auch die dem Herzog vom König überlassenen Pfalzen und Königshöfe, die herzoglichen Burgen, Märkte und Münzen, die herzoglichen Gerichts- und Versammlungsorte als »Vororte« der Herzogsherrschaft Herrschaftszeichen und Denkmale des »Herzogtums« dar. Und ebenso wie die Königspfalzen für die Erkenntnis des Königtums dürfen die »Vororte« des Herzogs von Schwaben in Schwaben dann aber auch als Quellen nach ihren Aussagen über Grundlagen, Wirkungen und Wesen der Herzogsherrschaft befragt werden. Wir tun dies im folgenden, indem wir uns P. E. Schramms – im Hinblick auf die »Denkmale«, auf die Herrschaftszeichen des deutschen Königtums angestellte – Überlegung vor Augen halten, »... daß ein Ding, das wir mit unseren Sinnen erfassen, an den einstigen Besitzer und die Welt, in der er lebte, so denken läßt, daß er und mit ihm auch sie deutlich vor unserem geistigen Auge stehen« [10].

BODMAN, WAHLWIES UND DER HOHENTWIEL [10a]

Im Jahre 915 ist der schwäbische Adelige Erchanger nach siegreich beendeter Schlacht nahe Wahlwies im Hegau von seinen Anhängern zum Herzog erhoben worden [11]. Damit schien – nach dem Mißerfolg des rätischen Grafen Burchard [12] – der zweite Versuch, in Schwaben eine Herzogsherrschaft zu errichten, zunächst einmal glücklich gelungen zu sein. Wahlwies, dessen Fluren wir nicht nur als Schauplatz des Kampfes, sondern zugleich als Stätte einer sich anschließenden Herzogserhebung ansehen dürfen [13], liegt nur sechs Kilometer von Bodman entfernt. Es ist deswegen nicht allein diese räumliche Nähe, die bei einer genaueren Betrachtung der Ereignisse von Wahlwies auf Bodman und seine bis zum Jahre 912 immer wieder von Königen besuchte Pfalz [14] verweist, sondern es ist weit mehr noch die Tatsache, daß Wahlwies im 9. Jahrhundert ausdrücklich zu dem mit der Pfalz Bodman verbundenen Fiskus gezählt wurde [15] und zugleich im Sprengel der großräumigen Pfarrei Bodman [16] gelegen war. Bei solch engen Bindungen ist ohne weiteres zu vermuten, daß die Herzogserhebung zu Wahlwies gleichfalls aufs engste mit dem Schicksal der nahen Pfalz Bodman zusammenhing.

---

10 P. E. SCHRAMM, Denkmale, wie Anm. 9, S. 11.
10a Der hier folgende Abschnitt stellt die überarbeitete – einerseits gekürzte, andererseits erweiterte – Fassung meines in Anm. 2 genannten Aufsatzes über »Bodman, Wahlwies, der Hohentwiel und die Begründung der Herzogsherrschaft in Schwaben« dar.
11 Vgl. dazu ausführlich unten S. 43 ff.
12 Zu Burchards Streben nach der Herzogswürde vgl. etwa E. MEYER-MARTHALER, Rätien im frühen Mittelalter, 1948, S. 87 f.
13 Vgl. dazu unten S. 43 ff.
14 Zur Pfalz Bodman vgl. TH. MAYER, Die Pfalz Bodman, in: Deutsche Königspfalzen (= Veröff. des Max-Planck-Instituts für Geschichte (11/1) 1963, S. 97–112, und jetzt A. BORST in: Bodman, hg. von H. Berner, Bd. I/1977, S. 169 ff.
15 Zum Fiskus Bodman vgl. O. FEGER, Zur Geschichte des alemannischen Herzogtums, in: ZWLG XVI/1957, S. 41–94, hier S. 67, und im einzelnen jetzt H. G. WALTHER in: Bodman, hg. von H. Berner, Bd. I/1977, S. 231 ff.
16 Über die Pfarrei Bodman vgl. O. FEGER, wie Anm. 15, sowie die Ausführungen von B. DEMANDT in Teilband 2 der Monographie über Bodman.

Unser Interesse sieht sich damit auf zwei eng zusammengehörende Örtlichkeiten gerichtet, zu denen, wie wir sehen werden, überdies noch eine dritte hinzuzunehmen sein wird.

I.

Sieg und Herzogserhebung Erchangers im Jahre 915 bei Wahlwies weisen, wie gesagt, schon der räumlichen Nähe und des rechtlichen Zusammenhangs wegen eindeutig auf die P f a l z B o d m a n zurück. Aber damit nicht genug. Auch die Person Erchangers gibt ganz entscheidende Beziehungen zur Königspfalz Bodman zu erkennen, und deswegen muß diese Pfalz und muß ihre Rolle im Prozeß von Erchangers Streben nach der Herzogswürde am Anfang unserer Betrachtung stehen.

Zu Beginn des 10. Jahrhunderts stellt sich das unten am Seeufer gelegene *palatium* Bodman noch als eine voll funktionierende Königspfalz dar [17]. Nicht nur der letzte Karolinger, Ludwig IV., sondern auch der erste, nur von den rechtsrheinischen Stämmen gewählte König Konrad I. besuchten auf ihren Reisen durch Schwaben diese Pfalz am See [18]. Konrad I., der sich als letzter königlicher Besucher in ihr aufhielt, war im Jahre 912, also bald nach seiner Wahl, sogar zweimal, zu Jahresbeginn und im Herbst, in ihr zu Gast. Aber in jenen Jahren der letzten Herrscheraufenthalte gibt sich zugleich eine Entwicklung zu erkennen, die unter, ja neben der sich im wesentlichen durch Königsaufenthalte auf der Pfalz bemerkbar machenden königlichen Herrschaftsausübung, freilich mit Billigung, ja wohl sogar auf Geheiß des Königs, eine gleichfalls eng an die Königspfalz gebundene Gewalt entstehen ließ. Sie war anscheinend weitgehend auf Bodman und den zu Bodman gehörenden Fiskus lokalisiert.

Wenn Ekkehart IV. von St. Gallen in seinen gewiß mit Vorsicht zu benützenden Casus [19] Bodman für das beginnende 10. Jahrhundert als *camerae nuntiorum iuris oppidum* [20] bezeichnet und dieselbe Amtsbezeichnung an anderer Stelle einem Erchanger und seinem Bruder Berthold zulegt [21], dann wird man annehmen dürfen, daß der »Kammerbote« Erchanger mit dem Herzog Erchanger des Jahres 915 identisch ist. Die freilich für Erchanger und Berthold singulär vorkommende Bezeichnung *camerae nuntii* bedarf der Erklärung [22], und diese Erklärung wird denn auch in der Tat durch zwei im Jahre 912 auf der Pfalz Bodman ausgestellte Diplome Konrads I. gegeben. In dem einen, am 11. Januar 912 ausgefertigten Diplom wird unter den Intervenienten ein Graf *(comes)*

---

17 Vgl. hierzu A. BORST in: Bodman I, S. 169 ff.
18 Vgl. jetzt die übersichtliche Zusammenstellung bei TH. ZOTZ: Der Breisgau und das alemannische Herzogtum (= Vorträge und Forschungen, Sonderbd. 15) 1974, S. 230.
19 Vgl. die Ausgabe von G. MEYER VON KNONAU in den Mitteilungen zur vaterländischen Geschichte, hg. vom Historischen Verein in St. Gallen 15/16, 1877, S. 1–450, und die deutsche Übersetzung unter dem Titel »Ekkehard IV. Die Geschichten des Klosters St. Gallen« bearb. von H. HELBLING (= Die Geschichtsschreiber der deutschen Vorzeit 102) 1958, mit den jeweiligen Einführungen, und H. F. HAEFELE, Zum Aufbau der casus sancti Galli Ekkehards IV., in: Typologia Litterarum. Festschrift für Max Wehrli, 1969, S. 155–166.
20 Casus ed. MEYER VON KNONAU, wie Anm. 19, S. 48.
21 Ebd., S. 43/44.
22 Vgl. dazu schon MEYER VON KNONAU in seinen Erläuterungen ebenda, S. 43 Anm. 156, S. 49 Anm. 167, S. 66 Anm. 230.

Erchanger genannt [23] und in der am 25. September des gleichen Jahres ebenfalls in Bodman ausgestellten Urkunde Konrads I. dem Namen des gleichen Erchanger gar der Titel eines Pfalzgrafen *(comes palatii)* beigefügt [24]. Damit kennen wir nun die offizielle Titulatur des bzw. der in Bodman waltenden *camerae nuntii*: Erchanger (und vielleicht auch sein Bruder Berthold) war königlicher Pfalzgraf, und zwar offensichtlich ein einzig und allein auf diese Pfalz fixierter Pfalzgraf [25]. Ihn als »schwäbischen«, d. h. doch wohl zugleich für die übrigen »Königspfalzen« Schwabens, also etwa für Ulm, Rottweil, Waiblingen, Kirchen und Neidingen, zuständigen Pfalzgrafen zu bezeichnen [26], geben uns die Quellen allerdings keine Berechtigung. Seine danach freilich über den königlichen Amtsauftrag hinausgehenden Aktivitäten scheinen viel mehr allein auf Bodman und das Königsgut im Umkreis des Sees konzentriert gewesen zu sein [27].

Der Sieger von Wahlwies war demnach drei Jahre vor seinem Sieg über die Anhänger des Königs und vor seiner – gegen das Königtum – gerichteten Erhebung zum Herzog als Pfalzgraf König Konrads I. in der Pfalz Bodman tätig gewesen.

Aber war es erst das Ereignis von Wahlwies im Jahre 915, das den vom König bestellten Pfalzgrafen zu einem von dessen Anhängern erhobenen Herzog hatte werden lassen? Sollten von ihm nicht schon in Bodman, das ja von Ekkehart sogar als *oppidum* Erchangers bezeichnet wird [28], vorbereitende Versuche gemacht worden sein, diese Herzogsherrschaft durchzusetzen? Die Formulierung Hermanns des Lahmen, der gleich nach der Erwähnung des gewaltsamen Todes von Schwabens erstem Herzog Burchard zum Jahre 911 von Erchangers Griff nach der Herzogsgewalt berichtet [29], erhält ihre Unterstreichung durch die Nachricht der Annales Alamannici, daß – nach Burchards Ende – Burchards d. J. Schwiegermutter Gisela auf der Pfalz Bodman als Hochverräterin verurteilt worden sei [30]. Die Tatsache, daß der Annalist in diesem Zusammenhang den König unerwähnt läßt, gibt Anlaß zu der Vermutung, daß es der Pfalzgraf, daß es Erchanger war, der die Verurteilung auf der Pfalz ausgesprochen hat [31], ja, daß von Erchanger die Ausschaltung Burchards im wesentlichen ausgegangen war.

23 MGHDK I 2, S. 2–3.
24 MGHDK I 11, S. 11–12; hierzu und zum folgenden jetzt auch H. Stingl, Die Entstehung der deutschen Stammesherzogtümer (= Untersuchungen zur deutschen Staats- und Rechtsgeschichte, NF 19) 1974, S. 57 ff., 162 ff. u. A. Borst in: Bodman I, S. 213.
25 Über die heftig umstrittene Funktion des Pfalzgrafen vgl. – speziell im Hinblick auf Schwaben – ausführlich H. Jänichen in: Bodman I, S. 309 ff.
26 So etwa bei K. Weller, Geschichte des schwäbischen Stammes, 1944, S. 151.
27 Vgl. beispielsweise die Streitigkeiten zwischen Erchanger und Bischof Salomo III. als Abt von St. Gallen wegen des (einstigen) Königsguts Stammheim. Dazu Ekkehart, Casus, ed. Meyer von Knonau, S. 63 ff.; REC I, Nr. 318, u. A. Farner, Geschichte der Kirchgemeinde Stammheim, 1911, S. 29 ff.
28 Vgl. oben S. 37.
29 Vgl. Herimanni Augiensis Chronicon ed. R. Buchner = Quellen des 9. und 11. Jhs. zur Geschichte der Hamburger Kirche u. des Reiches (= Frhr. vom Stein-Gedächtnisausgabe XI) 1961, S. 630: [zu 911] ... *Burchardus dux Alamanniae in conventu suo orto tumultu occisus est; pro quo Erchanger ducatum invasit.*
30 Vgl. jetzt die Edition bei W. Lendi, Untersuchungen zur frühalemannischen Annalistik (= Scrinium Friburgense 1) 1971, S. 188; vgl. dazu E. Meyer-Marthaler, Rätien, wie Anm. 12, S. 87 mit Anm. 224.
31 Vgl. auch F. L. Baumann, Zur schwäbischen Grafengeschichte, in: Wttbg. Vjh. f. LG. I/1878, S. 25–33, hier S. 29 mit Anm. 3. Dagegen jetzt A. Borst in: Bodman I, S. 212 f.

Wie dem aber auch immer gewesen sein mag –: da wir den Pfalzgrafen Erchanger deutlich in der Pfalz Bodman verankert finden, liegt es nahe anzunehmen, daß eben die ursprünglich in königlichem Auftrag verwaltete Pfalz mit den ihr noch zugehörigen, wenn auch stark dezimierten Fiskalgütern Stütze und Mittelpunkt dieses von Erchanger vielleicht schon seit 911 allmählich und vorsichtig unternommenen Versuches gewesen ist, die noch junge, kaum auf alte Traditionen begründete Herzogsgewalt in Schwaben zu erlangen.

Der Rückhalt an einem von Hause aus königlichen Amt und an Königsgut, nicht zuletzt aber auch eine anfängliche Tolerierung der Bestrebungen Erchangers durch König Konrad I., vor dessen Augen sich der Auf- und Ausbau von Erchangers Vorrangstellung ja im Grunde vollzogen haben muß, scheinen die hauptsächlichsten Voraussetzungen von Erchangers »Griff nach der Macht« gewesen zu sein.

Herzogsherrschaft ist nach all dem zu Beginn des 10. Jahrhunderts in Schwaben dann erst möglich geworden, als sie an eine Örtlichkeit anzuknüpfen vermochte, die bislang ein Mittelpunkt königlichen Regierens gewesen war.

Der neue Herzog hat demnach zunächst zu keiner neuen, spezifischen Form für einen Mittelpunkt seiner Herzogsgewalt gefunden; er hat nicht von einem eigenen Herrschaftszentrum aus agiert, sondern hat das *palatium* des Königs benützt, freilich in anderer Weise als der König. Für den werdenden Herzog diente die Pfalz nicht nur als Stätte sporadischer Aufenthalte; für ihn als Pfalzgrafen, wie er offiziell hieß, galt die Pfalz vielmehr als so etwas wie eine feste »Residenz«. Die Festsetzung Erchangers in der Pfalz Bodman hat die Funktionen dieser Königspfalz zweifellos entscheidend verändert.

Zu fragen bleibt aber noch, weshalb unter den in Betracht kommenden Pfalzen Schwabens gerade Bodman zum bevorzugten Ausgangspunkt für die Errigung der Herzogsgewalt in Schwaben werden konnte. Wenn etwa Ulm[32] oder Waiblingen[33] in diesem Geschehen keine Rolle zu spielen vermochten, dann kann dies kaum an einer etwa zu vermutenden Herkunft Erchangers aus dem Bodenseeraum bzw. seiner Beheimatung im Bodenseeraum liegen. Neuere Forschungen haben im Gegenteil sichtbar gemacht, daß Erchangers Heimat und Erchangers Eigenbesitz am oberen Neckar zu suchen sind[34]. Ausschlaggebend für das Auftreten des Pfalzgrafen gerade in Bodman dürfte vielmehr das – im Gegensatz zu den anderen schwäbischen Pfalzen – stärkere Gewicht gewesen sein, das die Könige gerade Bodman zugebilligt hatten. Und auch diese Bevorzugung konnte nicht von ungefähr kommen. Zum einen war der westliche Bodenseeraum schon für das alemannische Herzogtum des Frühmittelalters eine »zentrale Landschaft« gewesen, deren Traditionen auch im 9. und frühen 10. Jahrhundert noch nachgewirkt haben mochten[35]. Zum anderen aber lag Bodman nicht nur in der nächsten Nähe zweier weit

32 Zu Ulm jetzt W. SCHLESINGER, Pfalz u. Stadt Ulm bis zur Stauferzeit, in: Ulm u. Oberschwaben 38/1967, S. 9–30, u. neuestens U. SCHMITT, Villa Regalis Ulm und Kloster Reichenau (= Veröff. des Max-Planck-Instituts für Geschichte 42) 1974.
33 Zu Waiblingen K. STENZEL, Waiblingen in der deutschen Geschichte, 1936.
34 Vgl. TH. ZOTZ, wie Anm. 18, S. 68 ff., und H. BÜHLER, Richinza von Spitzenberg und ihr Verwandtenkreis, in: Festschrift für Gerd Wunder (= Württemberg. Franken 58) 1974, S. 303–326, hier S. 309 und 319.
35 Darüber vor allem O. FEGER, Zur Geschichte des alemannischen Herzogtums, wie Anm. 15, sowie TH. MAYER, Die Pfalz Bodman, wie Anm. 14, S. 104 ff., und jetzt B. BEHR, Das alemannische Herzogtum bis 750 (= Geist und Werk der Zeiten 41) 1975, S. 154 ff., u. U. MAY: Untersu-

in die schwäbischen Lande hinein wirksamer Reichsabteien. Die Pfalz befand sich vielmehr, was noch viel wichtiger gewesen sein mochte, in allernächster Nachbarschaft zum Bischofssitz Konstanz, dem Sitz eines Bistums, dessen Sprengel das gesamte zentrale schwäbische Stammesgebiet umfaßte und dessen Inhaber zu Erchangers Zeiten, Bischof Salomo III., als rechte Hand der Könige fungierte [36].

Hier, am westlichen Bodensee und im Hegau, dürfen wir also auch noch während des beginnenden 10. Jahrhunderts die für Schwaben zentrale Landschaft sehen. Für ein auf Herrschaftsgewinn in ganz Schwaben abzielendes Ansinnen konnte demnach kein Ausgangspunkt geeigneter erscheinen als eine in eben dieser Zentrallandschaft gelegene Königspfalz. Wir werden sehen, ob die einerseits gegen das Königtum gerichteten und andererseits auf eine Königspfalz gestützten Machenschaften Erchangers Bodmans Rolle und die Rolle der die Pfalz umgebenden »zentralen Landschaft« noch weiter zu unterstreichen, ob sie sie zu verändern oder ob sie sie etwa zu unterminieren vermochten.

Fest steht, daß wir von der Pfalz Bodman nach dem Jahre 912, dem Jahr von König Konrads letztem Aufenthalt am Bodensee, weder im Zusammenhang mit dem Königtum noch im Zusammenhang mit Erchanger oder den späteren schwäbischen Herzögen je wieder irgend etwas hören [37]. Aber es ist anzunehmen, daß die Streitigkeiten, die im Jahre 913 zwischen Erchanger und König Konrad ausgebrochen sind [38], nicht zuletzt wegen Erchangers Anspruch auf die Pfalz Bodman und das ihr zugehörige Reichsgut, ja letztlich auch wohl schon wegen des auf Pfalz und Reichsgut gestützten weiterreichenden Anspruchs auf höhere Würden, entstanden sind, wie ja auch die schließlich zur Gefangennahme Bischof Salomos führenden Kämpfe Erchangers mit dem Konstanzer Kirchenfürsten [39] im Grunde um den Anteil am Reichsgut und um den Anteil an der Vorherrschaft in Schwaben ausgetragen wurden.

Im Jahre 914 hat dann freilich Konrad mit der Ergreifung Erchangers in der Nähe von dessen heimatlicher Burg Oferdingen [40] Erchangers Ansprüchen und Bestrebungen ein vorläufiges Ende bereitet. Der Pfalz Bodman ging Erchanger damit wohl ebenso verlustig wie seiner mit der Innehabung eben dieser Pfalz verbundenen Pfalzgrafenwürde. Aber gerade der »Heimfall« der Pfalz Bodman an den König mußte seine Gegner dazu anspornen, Ersatz zu schaffen. Daß für sie die Pfalz am See immer noch als der Mittelpunkt königlicher Herrschaft in Schwaben Geltung besaß, zeigt sich darin, daß sie – sei es Erchangers Bruder, sei es der jüngere Burchard, der sich nach Erchangers Gefangen-

---

chungen zur frühmittelalterlichen Siedlungs-, Personen- und Besitzgeschichte anhand der St. Galler Urkunden (= Geist und Werk der Zeiten 46) 1976, S. 31 ff., und zuletzt H. KELLER, Fränkische Herrschaft und alemannisches Herzogtum im 6. und 7. Jh., in: ZGO 124/1976, S. 1–30.
36 Über Salomo III. noch immer U. ZELLER, Bischof Salomo III., Abt von St. Gallen (= Beitr. zur Kulturgeschichte des Mittelalters und der Renaissance 10) 1910, und J. FLECKENSTEIN, Die Hofkapelle der deutschen Könige (= Schriften der MGH 16/I) 1959, S. 193 ff.
37 Vgl. dazu auch die Beobachtungen bei J. FLECKENSTEIN, Bemerkungen zum Verhältnis von Königspfalz u. Bischofskirche im Herzogtum Schwaben unter den Ottonen, in: Schauinsland 90/1972, S. 51–59, hier S. 57, u. jetzt TH. ZOTZ, wie Anm. 18, S. 55 f.
38 Dazu Annales Alamannici, ed. W. LENDI, wie Anm. 30, S. 190: [zu 913] *Discordia cepta est inter regem et Erchangerum.*
39 Dazu im einzelnen U. ZELLER, wie Anm. 36, S. 88 ff.
40 Vgl. Annales Alamannici, ed. W. LENDI, wie Anm. 30, S. 190, und die wichtigen Bemerkungen von C. HENKING in: Mitt. zur vaterländ. Geschichte XIX/1884, S. 261 ff., Anm. 173.

nahme gleichfalls gegen den König erhob und für 915 ausdrücklich als Verbündeter Erchangers bezeichnet wird [41] – als des Königs Feinde ausgerechnet die steile Bergkuppe des unmittelbar über der *villa publica* Singen, einem königlichen Ort also [42], gelegenen H o h e n t w i e l befestigen [43]. Denn der Hohentwiel lag, wenn er nicht gar selbst zum Fiskus Bodman gehört hatte [44], im unmittelbaren Vorfeld der Pfalz, und die Wehranlage auf seiner Kuppe, von Gegnern des Königs errichtet, hatte nur Sinn als Gegenstück, als Antipode zum *palatium* am See.

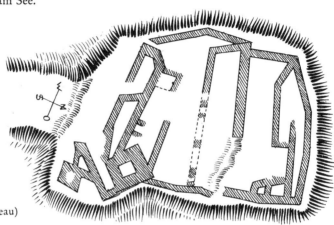

TA 2 Grundriß der Burg Stammheim (2. Plateau)

Die Fehden zwischen dem König und dem schwäbischen Adel hatten somit neben, ja gegenüber der bisher allein das Feld beherrschenden Pfalz des Königs eine Bergburg entstehen lassen [45]. Diese Befestigung auf der Höhe eines Berges war freilich nicht von lan-

---

41 Annales Alamannici, ed. W. LENDI, S. 190 u. Ekkehart, Casus, ed. MEYER VON KNONAU, S. 77 mit Anm. 268.
42 Vgl. die von Bischof Egino von Konstanz u. Abt Werdo von St. Gallen am 15. II 787 in *Sisinga villa publica* ausgestellte Urkunde Wartmann I, Nr. 111, S. 105; dazu E. DOBLER, Der hegauische Besitz des Klosters St. Gallen im 8. Jh. – sein Umfang u. seine Herkunft, in: Hegau 11/1966, S. 7–36, hier S. 7 ff.). – Zur Bedeutung von *Villa publica* als königlicher Ort vgl. etwa P. CLASSEN, Bemerkungen zur Pfalzenforschung am Mittelrhein, in: Deutsche Königspfalzen (= Veröff. des Max-Planck-Instituts f. Geschichte 11/1) 1963, S. 75–96, insbes. S. 81, und vor allem M. GOCKEL, Karolingische Königshöfe am Mittelrhein (= Veröff. des Max-Planck-Instituts für Geschichte 31) 1970, S. 187 ff., sowie W. SCHLESINGER, Der Markt als Frühform der deutschen Stadt, in: Vor- u. Frühformen der europ. Stadt im Mittelalter, Tl. I (= Abhh. der Akademie der Wiss. in Göttingen, Phil.-Hist. Klasse, 3. Folge, Nr. 83) 1973, S. 262–293, hier S. 267.
43 Vgl. hierzu Ekkehart, Casus, ed. MEYER VON KNONAU, wie Anm. 19, S. 72, und zur Sache TH. MAYER, Das schwäbische Herzogtum und der Hohentwiel, in: Hohentwiel, hg. von H. Berner, 1957, S. 88–113.
44 Vgl. E. DOBLER, wie Anm. 42, S. 16, u. TH. ZOTZ, wie Anm. 18, S. 58, 68. Anders jetzt H. G. WALTHER in: Bodman I.
45 Vgl. hierzu H.-M. MAURER, Die Entstehung der hochmittelalterlichen Adelsburg in Südwestdeutschland, in: ZGO 117/1969, S. 295–332, hier S. 304 u. 306; G. P. FEHRING, Kirche u. Burg, Herrensitz und Siedlung, ebenda 120/1972, S. 1–50, hier S. 23; M. MITTERAUER, Herrenburg u. Burgstadt, in: ZBLG 36/1973, S. 470–521, hier S. 494/495, u. – allg. zum Burgenbau des Adels im 10. Jh. – W. STÖRMER, Früher Adel, Teil I (= Monographien zur Geschichte des Mittelalters, Bd. 6/I) 1973, S. 182 ff.

ger Hand geplant worden. Sie erwies sich vielmehr als ein unmittelbares Erzeugnis des Kampfes; aber der aktuelle Anlaß genügte, um aus einem bislang rechtlich und politisch funktionslosen Berg einen weiteren »zentralen Ort«, eine weitere »historische Stätte« entstehen zu lassen, die nun allerdings von ganz anderer Art war als die Pfalz, deren zugehörige, auf dem Berg über Bodman gelegene Wehranlage, die »Bodenburg« [46], neben dem *palatium* nur eine sekundäre Rolle spielte. Auf dem Hohentwiel war eine Bergburg entstanden, hinter der man sich verbarrikadieren und in der man im Notfall auch wohnen konnte. Wir werden kaum fehlgehen, wenn wir uns von ihrer uns durch die vielfachen Überbauungen der folgenden Jahrhunderte leider unbekannt bleibenden frühen Anlage [47] eine ähnliche Vorstellung machen, wie sie uns die Ausgrabungen in der nicht allzuweit vom Hohentwiel entfernten, südlich von Untersee und Hochrhein gelegenen Burg über Stammheim vermittelt haben [48] und künftig wohl noch deutlicher vermitteln werden [49] (TA 2). Hier, auf einem Vorsprung des Stammheimer Berges und auf Grund und Boden, der teils dem Reiche, teils der Abtei St. Gallen gehörte [50], hatten Erchanger und Berthold, eben diese im Mittelpunkt unseres Interesses stehenden alemannischen Pfalzgrafen, widerrechtlich eine Burg *(castellum)* erbaut, deren von vier Quergräben in mehrere Abschnitte gegliederte Baugestalt einen ausgesprochen repräsentativen Eindruck vermittelt [51]. Vor allem die auf dem zweithintersten Plateau gefundenen Mauern lassen mehrere Räume und sogar einen quadratischen Turm am Ostrand dieses Pla-

---

46 Über die »Bodenburg« vgl. W. SCHMIDLE u. W. DEECKE, Über einige prähistorische Refugien im südöstlichen Baden II, in: Bad. Fundberichte, Heft 8/1927, S. 246 f., u. A. BECK, die Bodenburg bei Bodman, eine Höhensiedlung der Spätbronzezeit, in: Vorzeit am Bodensee, Jgg. 1957/58, S. 29–41 (mit freilich fragwürdigen Datierungen).

47 Zur (neuzeitlichen) Baugeschichte des Hohentwiel vgl. P. MOTZ, Baugeschichte der Festung Hohentwiel, in: Hohentwiel, hg. von H. Berner, 1957, S. 170–184.

48 Vgl. dazu die Angaben in den »Verhandlungen der Generalversammlung« der »Schweizerischen Gesellschaft für Erhaltung historischer Denkmäler« vom 5. X. 1897, S. 9, sowie H. ZELLER-WERDMÜLLER, Zürcherische Burgen II/1895 (= Mitt. der Antiquar. Gesellschaft in Zürich XXIV/5), S. 369–370 mit Skizze Nr. 54, und A. FARNER, Geschichte der Kirchgemeinde Stammheim, 1911, insbes. S. 4 mit Figur 3, S. 32–33 sowie S. 35 mit Figur 17, und »Die Kunstdenkmäler des Kantons Zürich«, Bd. I/1938, bearb. von H. FIETZ, S. 383.

49 Seit 1976 finden unter Leitung von Direktor Dr. Hugo Schneider (Schweiz. Landesmuseum Zürich) neuerlich Ausgrabungen auf dem Stammheimer Berg statt, über die jedoch nach freundlicher Auskunft von Staatsarchivar Dr. Bruno Meyer, Frauenfeld, Berichte bisher nicht erschienen sind.

50 Zur Rolle und Bedeutung Stammheims im 9. und 10. Jh. vgl. noch immer G. MEYER VON KNONAU, in: Mitt. zur vaterländ. Geschichte XIII/1872, S. 120 f.; sodann Ekkeharti Casus St. Galli, ed. G. MEYER VON KNONAU (= Mitt. zur vaterländ. Geschichte XV/XVI) 1877, S. 63 mit Anm. 219 u. S. 66 f. mit Anm. 231 sowie S. 68, 79. Neuerdings J. FLECKENSTEIN, Über die Herkunft der Welfen und ihre Anfänge in Süddeutschland, in: Studien und Vorarbeiten zur Geschichte des großfränkischen und frühdeutschen Adels, hg. von G. Tellenbach (= FOLG IV) 1957, S. 71–136, hier 92 mit Anm. 118, und vor allem K. SCHMID, Königtum, Adel und Klöster zwischen Bodensee und Schwarzwald, ebd., S. 225–334, hier 310 mit Anm. 8. Vgl. jetzt auch A. BORST, Die Pfalz Bodman, in: Bodman, hg. von H. BERNER, Bd. I, 1977, S. 169–230, hier 180, 182, 200, 212, 214 und 219, sowie H. G. WALTHER, Der Fiskus Bodman, ebd., S. 230–275, hier 263 f.

51 So auch der Eindruck, der sich sowohl Dr. Bruno Meyer, Frauenfeld, als auch mir bei getrennter Besichtigung der neuesten Ausgrabungen vermittelt hat.

teaus erkennen. Hier wird die »Hauptburg« des *castellum* Stammheim gesucht werden dürfen.

Gerade die überaus großzügige Anlage der Burg ob Stammheim, die König Konrad I. nach der Gefangennahme der »Kammerboten« dem Kloster St. Gallen zur Zerstörung preisgegeben haben soll[52], gibt der Vermutung neue Nahrung, daß der Bau von Burgen – im übrigen nicht nur in Schwaben – für die nach der Herzogswürde strebenden bisherigen königlichen Amtsträger typisch und geradezu als Zeichen und Ausdruck ihres »königsgleichen« Anspruches zu verstehen ist[53]. Und nicht viel anders werden wir Erbauung und Baugestalt der in etwa gleichaltrigen Burg auf dem Hohentwiel zu werten haben. Diese Überlegungen zum Typ der Burg auf dem Hohentwiel sagen freilich – wie das Beispiel Stammheim lehrt – noch gar nichts über die auf dem Burgberg bestehenden Besitzrechte aus. Er dürfte vielmehr – wie seine Nähe zum Fiskus Bodman und seine Lage unmittelbar oberhalb der *villa publica* Singen nahelegen – als usurpiertes Königsgut zu betrachten sein[54]. Wichtig aber war vor allem, daß man künftig im Umkreis der Pfalz Bodman mit dem Hohentwiel als festem, wehrhaftem Platz zu rechnen hatte.

Der erste, der die Wehrhaftigkeit dieser im Kampf um Reichsgut und Vorherrschaft in Schwaben entstandenen Bergburg zu spüren bekam, war der König selbst. Er sah sich im Jahre 915 genötigt, nach Schwaben zu eilen und dort den Hohentwiel, der in der Hand seiner Gegner war, zu belagern[55]. Die Tatsache, daß die Belagerung, die im übrigen keineswegs dem noch in der Verbannung weilenden Erchanger gelten konnte, für den König erfolglos war, erweist die Stärke und Unangreifbarkeit dieser Bergveste.

Wir werden darauf zu achten haben, ob von dieser neu entstandenen »historischen Stätte« auch in Zukunft Wirkungen politischer und rechtlicher Natur auf ihre Umgebung ausgehen sollten.

Hatte sich der wehrhafte Stützpunkt adeliger und doch wohl zugleich auch schon ansatzweise herzoglicher Herrschaft auf dem Hohentwiel in Konkurrenz und Gegnerschaft zur königlichen Pfalz Bodman als neuer »zentraler Ort« im westlichen Bodenseegebiet und im Hegau aufgetan, so sollte im gleichen Jahre 915, da König Konrad den Hohentwiel belagert hatte, eben dieser Antagonismus von »Herzogsburg« und Königspfalz einer gleichfalls im unmittelbaren topographischen Vorfeld der Pfalz Bodman gelegenen zweiten Örtlichkeit zu besonderer Bedeutung verhelfen.

Die Annales Alamannici berichten nämlich für das Jahr 915 in lapidarer Kürze, daß Erchanger aus der Verbannung zurückgekehrt sei, daß er zusammen mit seinem Bruder

---

52 Ekkeharti casus, wie Anm. 50, S. 79: *Rex vero castellum illud odiosum sancto Otmaro causa mali tanti tradidit diruendum...* Diese Nachricht wurde vom Herausgeber, G. MEYER VON KNONAU, ebenda Anm. 270, auf Stammheim, dagegen von U. ZELLER, Bischof Salomo III., Abt von St. Gallen, 1910, S. 84, Anm. 1, auf Bodman bezogen. Dagegen jetzt wieder A. BORST, Pfalz Bodman, wie Anm. 50, S. 219, für Stammheim.
53 Vgl. dazu – unter ausdrücklichem Bezug auf Stammheim – G. WEIN, Burgen des alemannischen Adels im frühen Mittelalter (= Protokoll des Konstanzer Arbeitskreises Nr. 155 über die Sitzung vom 8. XI. 1969), insbes. S. 5, H.-M. MAURER, Die Entstehung der hochmittelalterlichen Adelsburg in Südwestdeutschland, in: ZGO 117/1969, S. 295–332, hier 306 f., 316 ff., sowie M. MITTERAUER, Herrenburg und Burgstadt, in: ZBLG 36/1973, S. 470–521, hier 494 f.
54 Vgl. oben Anm. 44.
55 Vgl. Annales Alamannici, ed. W. LENDI, wie Anm. 30, S. 190.

Berthold und dem jüngeren Burchard gegen andere Landsleute gekämpft, daß er diese bei **Wahlwies** besiegt habe und zu ihrem – und damit auch der Besiegten – Herzog erhoben worden sei [56]. In Wahlwies hat demnach im Jahre 915 ein offener Kampf Erchangers und seiner Getreuen gegen andere Stammesgenossen – doch wohl aus dem königstreuen bzw. bischöflichen Lager – stattgefunden.

Wenn man sich vor Augen hält, daß mittelalterliche Schlachtfelder vor Beginn des im Denken der Zeit als Zweikampf und Gottesurteil verstandenen Treffens zumeist in gemeinsamer Vereinbarung zwischen den beiden streitenden Parteien sorgfältig ausgewählt worden sind [57], dann wird man auch in der Bevorzugung von Wahlwies bzw. seiner unmittelbaren Umgebung als Stätte des Kampfes eine ganz bewußte Absicht vermuten dürfen.

Zum einen war es sicherlich die unmittelbare Nähe sowohl zur Pfalz Bodman als auch zum Hohentwiel, die Erchanger bzw. seine Gegner zur Austragung des Kampfes gerade hier locken mußte. Zum andern spielte wohl auch die Gunst des Geländes, d. h. der weiten, sich von Wahlwies zur Spitze des Überlinger Sees hin erstreckenden, von schützenden Bergen umgebenen, wenn auch sehr feuchten Ebene, die die Umgebung von Wahlwies für eine entscheidende Schlacht als ideal erscheinen lassen konnte [58], bei den Überlegungen der streitenden Parteien eine nicht unerhebliche Rolle. Und schließlich mochten auch der an eine »Kampfwiese«, eine Walstatt [59], erinnernde, freilich doch wohl aus ganz anderen sprachlichen Wurzeln stammende Name Wahlwies [60] oder gar das Wissen um eine in etwa derselben Gegend in der Spätantike ausgetragene Schlacht [61] für die Bevorzugung der Wahlwieser Ebene maßgeblich gewesen sein. Als ausschlagge-

---

[56] Ebd. – Zur Schlacht bei Wahlwies vgl. G. TELLENBACH, Königtum und Stämme in der Werdezeit des Deutschen Reiches (= Quellen u. Studien zur Verfassungsgeschichte des Deutschen Reichs in Mittelalter u. Neuzeit VII/4) 1939, S. 87, sowie E. MEYER-MARTHALER, wie Anm. 12, S. 89, mit Anm. 227; vgl. auch G. FLOHRSCHÜTZ, Zur älteren Geschichte der Herren von Bodman, Diss. phil. München 1951, S. 100 f.

[57] Vgl. hierzu K. WEINHOLD, Beiträge zu den deutschen Kriegsaltertümern (= SB der Preuß. Akad. d. Wiss. II) 1891, S. 550 ff.; W. ERBEN, Die Schlacht bei Mühldorf (= Veröff. des histor. Seminars der Universität Graz 1) 1923, S. 78 ff.; DERS., Kriegsgeschichte des Mittelalters (= Beiheft 16 der HZ) 1929, S. 92 ff., sowie H. CONRAD, Geschichte der deutschen Wehrverfassung, Bd. I/1939, S. 167. – Zur »Abgrenzung des Kampfplatzes« bei der Schlacht vgl. auch C. VON SCHWERIN, Einführung in die Rechtsarchäologie (= Rechtsarchäologie I) 1943, S. 92.

[58] Es drängt sich hier ein Vergleich mit einem berühmten Schlachtfeld des 10. Jhs., dem Lechfeld bei Augsburg, auf. Es war ebenfalls eine »weite und ebene, von Siedlungen zunächst nicht beanspruchte Fläche...«; vgl. B. EBERL, Die Ungarnschlacht auf dem Lechfeld (Gunzenlê) im Jahre 955, 1955, S. 97.

[59] So noch die Deutung von LUDWIG UHLAND, vgl. »Uhlands Schriften zur Geschichte der Dichtung u. Sage«, Bd. 8/1873, S. 413 mit Anm. 3, u. ihm folgend G. FLOHRSCHÜTZ, wie Anm. 56, S. 100/101. – Zu Namen und Begriff Walstatt vgl. K. G. CRAM, Judicium Belli (= Beihefte zum Archiv für Kulturgeschichte 5) 1955, S. 157, 169, sowie K. S. BADER, stat, in: Bll. f. dt. LG 101/1965, S. 8–66, hier S. 47 mit Anm. 47.

[60] Vgl. E. SCHWARZ, Ahd. Wīhs »Dorf« in Ortsnamen, in: ZfO I/1925, S. 51–54, hier S. 52/53 mit der Deutung des Ortsnamens als »Walchendorf«. – Vgl. jedoch die Bemerkung bei L. WEISGERBER, Deutsch als Volksname, 1953, S. 181, Anm. 49: »Die Aussonderung der echten Walchen-Orte gegenüber lautlich benachbarten Grundwörtern (Wall-, Wald- u. ä.) ist nicht immer leicht«.

[61] Vgl. hierzu F. BEYERLE, Der Alamannen-Feldzug des Kaisers Constantius II. von 355 und die Namengebung Constantia (Konstanz), in: ZGO 104/1956, S. 225–239.

bend für die Auswahl des Schlachtfeldes wird man aber viel eher noch den Umstand ansehen dürfen, daß Wahlwies und die Ebene davor eindeutig einen Bestandteil des Fiskus Bodman bildeten bzw. gebildet hatten und damit Reichsboden gewesen waren [62].

Eine Schlacht nahe Wahlwies mußte also über den Besitz von Pfalz und Fiskus Bodman entscheiden, deren Innehabung Erchanger neuerdings von König Konrad bestritten worden war. Die Schlacht bei Wahlwies stellt sich damit dar als ein Kampf auf und um Reichsboden, auf und um zentrales Königsgut in Schwaben, das, wie wir gesehen hatten, zugleich Grundlage und Voraussetzung für Erchangers Anspruch auf die schwäbische Herzogswürde gebildet hatte.

Die Schlacht bei Wahlwies ging für Erchanger und seine Getreuen siegreich aus, und wenn der Annalist sogleich an die Aussage über den Sieg die Mitteilung anschließt, daß Erchanger zum Herzog der Sieger und der Besiegten erhoben worden sei [63], dann wird diese Herzogserhebung doch offenbar in einen unmittelbaren zeitlichen und örtlichen Zusammenhang mit dem Sieg auf dem Schlachtfeld gebracht, so daß es erlaubt sein dürfte, den Vorgang der Herzogserhebung unmittelbar auf dem Schlachtfeld von Wahlwies zu suchen, ähnlich wie – im Beisein Erchangers – im Jahre 913 nach dem Sieg über die Ungarn möglicherweise auch die Erhebung Arnulfs zum Herzog der Baiern noch auf dem Schlachtfeld erfolgt sein mochte [64].

Mit dieser Verbindung von Schlachtensieg und Rangerhöhung läßt das Geschehen bei Wahlwies eine unverkennbare Ähnlichkeit mit jenen Vorgängen erkennen, bei denen im gleichen 10. Jahrhundert – nach Widukinds Bericht – das Heer im Jahre 933 nach der Schlacht bei Riade dem siegreichen Heinrich I. und dann 955 auf dem Lechfeld dem nicht weniger siegreichen Otto I. durch Akklamation einen neuen, höheren Rang zusprechen wollte [65]. Kurzum, die Herzogserhebung auf dem Schlachtfeld nahe Wahlwies bediente sich – darauf haben schon Gerd Tellenbach und Walter Schlesinger hingewiesen [66] – der Rechtsformen, die der Begründung des »Heerkönigtums« [67] zu eigen waren. Und so wird man denn – in Analogie zu anderen vergleichbaren Handlungen – auch die Herzogserhebung Erchangers in eine »triumphale Siegesfeier« [68] auf dem Schlachtfeld zu Wahlwies eingebettet vermuten dürfen.

---

62 Vgl. dazu oben S. 36.
63 Annales Alamannici, ed. W. LENDI, wie Anm. 30, S. 190: *Erchanger de exilio reversus cum Purchardo et Peratoldo cum ceteris patriotis suis pugnavit et eos apud Walawis vicit et dux eorum effectus est.* Zur Sache vgl. jetzt auch H.-W. GOETZ, »Dux« und »Ducatus«, 1977, S. 157, 328 f.
64 Vgl. H. THOMAS (in seiner Besprechung von W. KIENAST, Der Herzogstitel in Frankreich und Deutschland 1968), in: Rh. Vjbll. 33/1969, S. 511 f.
65 Zur Deutung dieser Stelle bei Widukind vgl. vor allem J. O. PLASSMANN, Vom germanischen Kaisertitel, in: Germanien, Jgg. 1942, S. 393–403; H. BEUMANN, Widukind von Korvei, 1950, S. 228 ff.; E. E. STENGEL, Der Heer-Kaiser, in: DERS., Abhandlungen und Untersuchungen zur Geschichte des Kaisergedankens im Mittelalter, 1965, S. 3–169, hier S. 56 ff. u. S. 71 ff.
66 G. TELLENBACH, wie Anm. 56, S. 87, u. W. SCHLESINGER, Über germanisches Heerkönigtum. Seine geistigen und rechtlichen Grundlagen (= Vorträge u. Forschungen III) 1956, S. 105–141, hier S. 138, Anm. 160, und im Anschluß an Schlesinger H. THOMAS, wie Anm. 64.
67 Vgl. W. SCHLESINGER, wie Anm. 66.
68 Dazu vor allem K. HAUCK, Geblütsheiligkeit, in: Liber Floridus. Mittellateinische Studien, Paul Lehmann zum 65. Geburtstag, 1950, S. 187–240, hier S. 227 ff.

Der Sieg auf dem zur Königspfalz Bodman gehörenden und damit Reichsgut bildenden Gelände nahe Wahlwies wurde offenbar von den Stammesgenossen Erchangers als so bedeutsam angesehen, daß sie dem Sieger eine seit mehr als eineinhalb Jahrhunderten in Alemannien nicht mehr gebrauchte Würde verliehen. Dieser Sieg erschien ihnen nicht nur bedeutsam wegen der Erchanger eindeutig zukommenden *fortuna,* sondern doch wohl auch deswegen, weil sich Erchanger damit als Herr eines dem König gebührenden *palatium,* als Herr von Königsgut, ausgewiesen hatte. Der Sieg auf Reichsboden ließ Erchanger nun voll und ganz in die Rechte des Königs nicht nur in Bodman, sondern durch Bodman auch in weiteren Bereichen Schwabens einrücken. Die Herzogswürde war dann nur noch eine selbstverständliche Bekrönung von Erchangers Erfolg.

Neben die Pfalz und die Bergveste der Königsgegner war räumlich zwischen beiden – wiederum als Folge des Kampfes um Vorherrschaft in Schwaben – das Schlachtfeld bei Wahlwies als weitere Örtlichkeit von verfassungstopographischer Bedeutung, als weitere »historische Stätte« hinzugetreten, das Schlachtfeld, das für Erchanger und sein Gefolge zugleich zu einer Stätte des Sieges und zur Stätte einer Herzogserhebung geworden war.

Auch für das derart herausgehobene Wahlwies werden wir auf spätere Wirkungen in der Verfassung des Landes und auf die Verfassung des Landes zu achten haben. Die Frage richtet sich damit zugleich auf die Nachgeschichte der Pfalz Bodman und die Kontinuität herzoglicher Vororte in Schwaben über mehrere Wechsel im Herzogsamt hinweg.

Es wird hauptsächlichste Aufgabe des zweiten Teiles unserer Studie sein zu fragen, ob alle drei zu Beginn des 10. Jahrhunderts in die Neubegründung der Herzogsherrschaft einbezogenen, ja sogar aus diesem Anlaß entstandenen »historischen Stätten« ihre Bedeutung beizubehalten und ob sie gar in dieser und für diese neu begründete Herzogsherrschaft Kontinuität zu wahren vermochten.

II.

Zunächst schien es so, als ob die im Jahre 915 auf dem Schlachtfeld zu Wahlwies begründete Herzogsherrschaft in Schwaben bereits zwei Jahre später – ähnlich wie schon nach Burchards d. Ä. Versuch – gescheitert sei [69]. Denn auf der Synode zu Hohenaltheim im September des Jahres 916 waren Erchanger und seine Anhänger zu lebenslanger Buße in einem Kloster verurteilt worden. Und damit nicht genug: Bald darauf wurden Erchanger, sein Bruder Berchtold und Liutfried durch König Konrad I. ergriffen und am 21. Januar 917 zu Adingen oder Aldingen enthauptet. Die Hinrichtung geschah an einem Ort, der sehr wahrscheinlich im Neckargebiet und damit in der Nähe von Erchangers Heimat gesucht werden muß [70], d. h. aber zugleich, daß die Todesstrafe nicht

---

69 Zu den folgenden Ereignissen vgl. die chronologischen Übersichten bei MEYER VON KNONAU, wie Anm. 19, S. 45, Anm. 158, u. S. 77 u. 78, Anm. 268 u. 269, u. C. HENKING, wie Anm. 40, S. 261/262, Anm. 173, und jetzt TH. ZOTZ, wie Anm. 18, S. 65 ff.
70 Vgl. TH. ZOTZ, wie Anm. 18, S. 67 f.; über eine etwaige Identifizierung mit Ötlingen, einer heutigen Vorstadt von Kirchheim unter Teck, unter Hinweis auf das Vorkommen des Flurnamens »die Pfalz« in Ötlingen vgl. Heimatbuch des Kreises Nürtingen, Bd. II, 1953, S. 405.

dort vollzogen wurde, wo das Zentrum von Erchangers Herzogsherrschaft lag, nämlich im westlichen Bodenseegebiet und im Hegau.

Es ist immerhin daran zu denken, daß sich der König außerstande sah, hier, im Herzen von Erchangers Herrschaftsbereich, gegen den *dux* vorzugehen, da ihm der Zugang zu diesen Landschaften verschlossen gewesen sein mochte.

Dies würde auch erklären, weshalb das zunächst kaum Glaubliche möglich werden konnte: daß sich nämlich sogleich ein neuer Herzog in Schwaben erhob bzw. erhoben wurde [71]. Es war dies jener jüngere Burchard, der im Jahre 915 in Gemeinschaft mit Erchanger zu Wahlwies gegen die Anhänger des Königs gekämpft hatte. Burchard gehörte demnach, ebenso wie Erchanger, zu den Siegern jener Schlacht und mußte dadurch seinen Stammesgenossen für die Übernahme der Herzogsherrschaft vor anderen prädestiniert erscheinen. Der junge »Hunfridinger« war im Jahre 916 ebenfalls nach Hohenaltheim befohlen worden, hatte aber dem Befehl keine Folge geleistet. Und in den Jahren 917 oder 918 war er dann in offener Auflehnung gegen den König und offenbar unter Zustimmung – oder gar durch Wahl – des schwäbischen Adels zur Herzogswürde gelangt [72]. Burchard verstand es, diese Herzogswürde auch gegenüber König Heinrich I. zu bewahren [73] und seine Herzogsgewalt nun über seine Ausgangslandschaft, das Bodenseegebiet und den Hegau hinaus, bis in den Breisgau im Westen und nach Augsburg im Osten wirksam werden zu lassen [74]. Die Schwerpunkte seiner Herrschaft aber lagen – aufs Ganze gesehen – im wesentlichen doch im Süden des schwäbischen Stammesgebietes: Der einstige königliche Fiskus Zürich, die beiden Zürcher Monasterien und das St. Verena-Kloster in Zurzach bildeten ebenso Zentren herzoglicher Herrschaft wie Burchards Eigenkloster St. Margarethen im breisgauischen Waldkirch. Hinzu kamen aber als nicht weniger starke Stützen seines Wirkens die alten Reichsabteien St. Gallen und Reichenau [75]. Auch wenn Burchard das König Rudolf von Hochburgund in der Schlacht bei Winterthur abgenommene Zürich [76] zu d e m weltlichen Vorort seiner Herzogsherrschaft ausgestaltete, so lenkt doch die räumliche Konzentrierung seiner, vom König offenbar nicht zu verhindernden Herrschaftsausübung im weiteren Umkreis des Bodensees unsere Aufmerksamkeit von neuem auf die durch Erchangers – und Burchards – Sieg begründeten »Herzogsorte« im Umkreis der alten Königspfalz Bodman.

Hier ist nun eines gleich von vorneherein festzuhalten: Die Pfalz selbst hat das Königtum in ihren spezifischen Pfalz-Funktionen nie mehr zu reaktivieren vermocht, wenn auch das Wiederauftauchen von Reichsrechten und eines königlichen Hofes in Bodman

---

[71] Vgl. hierzu wiederum die Übersicht bei MEYER VON KNONAU, wie Anm. 69, u. neuestens TH. ZOTZ, wie Anm. 18, S. 65 ff.
[72] Vgl. hierzu E. MEYER-MARTHALER, wie Anm. 12, S. 90 mit Anm. 229.
[73] Vgl. dazu jetzt vor allem H. BÜTTNER, Heinrichs I. Südwest- u. Westpolitik, 1964, S. 7 ff., u. zum rechtlichen Verhältnis zw. Herzog Burchard und König Heinrich I. H. C. FAUSSNER, Die Verfügungsgewalt des deutschen Königs über weltliches Reichsgut im Hochmittelalter, in: DA 29/1973, S. 345–449, hier S. 403 ff. mit der älteren Literatur.
[74] Dazu E. MEYER-MARTHALER, wie Anm. 12, S. 92, Anm. 231, u. TH. ZOTZ, wie Anm. 18, insbes. S. 79 ff.
[75] Darüber zuletzt wiederum ZOTZ, wie Anm. 18, insbes. S. 90/91.
[76] Dazu H. BÜTTNER, wie Anm. 73, S. 8.

unter König Rudolf von Habsburg [77] immerhin beweist, daß Bodman seine Eigenschaft als Reichsgut während der gesamten Epoche des schwäbischen Herzogtums offenbar nie verloren hat. Aber die Wiederbelebung von Bodmans Funktionen als Pfalz des Königs scheint durch Erchangers Herzogserhebung in Bodmans unmittelbarer Nachbarschaft und durch Burchards rasche Nachfolge doch für immer vereitelt worden zu sein.

Um so eher konnte Burchard II. wenigstens an einen der frühen »Herzogsorte« anknüpfen. Daß er dies tat, gibt jenes Diplom König Heinrichs I. vom 30. November 920 zu erkennen, mit dem dieser Herrscher dem Babo, einem Vasallen des dem König nicht gerade besonders eng verbundenen Herzogs Burchard von Schwaben, sein in Singen im Hegau gelegenes königliches Lehengut zu Eigen gab [78].

Das Objekt dieser – angesichts des lockeren Verhältnisses zwischen dem König und dem Schwabenherzog [79] – eminent politischen Handlung war demnach in dem schon für das 8. Jahrhundert als »königlicher Ort« gekennzeichneten Singen [80], unmittelbar unter dem Hohentwiel, gelegen. Wenn aber am Fuße des Hohentwiel ein Lehensmann Herzog Burchards und durch ihn letztlich auch der Herzog selbst – gestützt im übrigen auf Königsgut – Herrschaft auszuüben vermochten, dann liegt es nahe anzunehmen, daß wohl auch der Berg, der von Konrads I. Gegner und damit möglicherweise auch von Burchard befestigt worden war, gleichfalls als Reichsgut [81] der Gewalt Herzog Burchards unterstand.

Die Hinrichtung Erchangers hatte demnach die örtlichen Grundlagen und Voraussetzungen seiner eben begründeten Herzogsherrschaft keineswegs zunichte gemacht; zumindest der Hohentwiel hat vielmehr dem wiederum gegen das Königtum zur Herzogswürde gelangten Burchard aufs neue als Grundlage seiner Herrschaftsausübung gedient [82]. Das ist immerhin ein kleiner Hinweis darauf, daß einer der drei oder genauer zwei frühen schwäbischen »Herzogsorte« Kontinuität erlangte und damit zugleich der von dem Angehörigen einer anderen Adelsfamilie übernommenen Herzogsherrschaft selbst wiederum Kontinuität zu verleihen in der Lage war.

Aus der Regierungszeit der nächsten beiden Herzöge, Hermanns I. (926–949), eines Konradiners, und Liutolfs (949–953), eines Ottonen, besitzen wir nicht die geringsten Hinweise auf eine Verankerung ihrer Herzogsherrschaft am westlichen Bodensee und im Hegau. Die Tatsache, daß beide weder der Familie Erchangers noch derjenigen der sog. Hunfridinger, der Burchard I. entstammte, angehörten, könnte zunächst zu dem Gedan-

---

77 Vgl. hierzu G. FLOHRSCHÜTZ, Zur ältesten Geschichte der Herren von Bodman, Diss. phil. München, 1951, S. 71, 75. Und jetzt H. G. WALTHER in: Bodman I.
78 MGHDH I 12, S. 40; zu dieser oft behandelten Verfügung zuletzt H. C. FAUSSNER, wie Anm. 73, S. 404 ff.; TH. ZOTZ, wie Anm. 18, S. 167, Anm. 276, sowie zuvor noch W. METZ, Heinrich »mit dem goldenen Wagen«, in: Bll. f. dte. Landesgeschichte 107/1971, S. 136–161, hier S. 154 f., und E. DOBLER, Zur mittelalterlichen Geschichte von Singen, in: Hegau 31/1974, S. 99–104. Auch Dobler betont den Zusammenhang des Baboschen Besitzes in Singen mit dem Hohentwiel.
79 Dazu M. LINTZEL, Heinrich I. u. das Herzogtum Schwaben, in: H. Vjs. 24/1927, S. 1–17, hier S. 4.
80 Vgl. oben, Anm. 42.
81 Vgl. dazu oben, S. 43.
82 Zu diesem Problem zuletzt TH. ZOTZ, wie Anm. 18, S. 67.

ken verleiten, daß beide Nachfolger Burchards der Herrschaftsgrundlage, über die dieser offensichtlich noch verfügt hatte, nach dessen Tode beraubt worden seien.

Gegen die Stichhaltigkeit einer solchen Annahme spricht indessen nicht allein die Erkenntnis, daß sowohl Hermann I. – durch die Heirat mit Burchards II. Witwe Reginlinde – als auch Liutolf – durch die Ehe mit Hermanns und Reginlindes Tochter Ita – als vollberechtigte und eindeutig legitimierte Erben Herzog Burchards II. gelten mußten [83] und dementsprechend auch über die gleiche Herrschaftsgrundlage wie Burchard II. verfügt haben dürften. Gegen die Annahme einer stärkeren Zäsur innerhalb der schwäbischen Herzogsherrschaft während der ersten Hälfte des 10. Jahrhunderts spricht aber auch die Beobachtung, daß sich sowohl Hermanns I. als auch Liutolfs Wirkungsbereiche weitgehend mit demjenigen Burchards II. deckten.

Für beide Nachfolge-Herzöge ist, obgleich sich die räumliche Reichweite ihrer Herzogsherrschaft insgesamt wesentlich vergrößert hatte, Zürich von großer Wichtigkeit, und beide stehen wiederum in enger Verbindung zu den alten Reichsabteien St. Gallen und Reichenau und zu der neu gegründeten Abtei Einsiedeln. Hermann I. setzt zudem das schon von Burchard I. eng gestaltete Verhältnis zu dem kleinen Hochrheinkloster Zurzach mit seinem für das Herzogshaus offenbar wichtigen Verena-Kult fort [84].

Angesichts dieses im wesentlichen gleichgebliebenen geographischen Rahmens spricht nichts dagegen, sondern eher alles dafür, daß auch bis hin zu Liutolf die frühen »Herzogsorte« am Westrande des Bodensees und im Hegau, d. h. im Umkreis der einstigen Königspfalz Bodman, und unter ihnen zumindest der Hohentwiel, in diese Herzogsherrschaft Hermanns und Liutolfs eingeschlossen gewesen sind und immer noch eine wesentliche Grundlage für die Ausübung der herzoglichen Rechte abgegeben haben werden.

Was für Hermann und Liutolf nur zu vermuten ist, wird dann aber für Herzog Burchard III. (945–973) zur Gewißheit [85]. Von ihm, der als »Hunfridinger« noch unmittelbarer als seine Vorgänger an Herzog Burchard II. anknüpfen konnte, wissen wir, daß er zusammen mit seiner Gattin Hadwig in seiner Burg auf dem Hohentwiel ein Kloster [86] zu Ehren der Gottesmutter Maria und der heiligen Märtyrer Georg und Cyrillus [87] gegründet hat.

---

83 Dieser Gesichtspunkt vor allem herausgearbeitet von G. WARNKE-ZOLLER, König u. Herzog, Studien zur Politik der Liudolfinger Könige. Diss. phil. Masch. Freiburg/Br., 1947, S. 17, 20 f., 27, 30, 37, 40, 61 und – aus rechtsgeschichtlicher Sicht – von H. C. FAUSSNER, wie Anm. 73, S. 403 ff.

84 Darüber wiederum TH. ZOTZ, wie Anm. 18, passim, und neuestens W. HAUBRICHS, Hero Sancte Gorio. Georgslied und Georgskult im frühen Mittelalter. Studien zu Herkunft, Überlieferung und Rezeption eines spätkarolingischen Heiligenliedes (Manuskript), S. 610 f. und S. 646 f.

85 Über die Herzogsherrschaft Burchards II. vgl. neuestens TH. ZOTZ, wie Anm. 18, S. 149 ff. mit der älteren Literatur.

86 ZOTZ, wie Anm. 18, S. 151, u. vor allem F. BEYERLE, Das Burgkloster auf dem Hohentwiel, in: Hohentwiel, hg. von H. Berner, 1957, S. 125–135.

87 Die Angabe der Patrozinien in MGHDH II 511, S. 654–656, von 1005 X 1, u. in DH II 171, S. 201–203, von 1007 XI 1; zu diesen Urkunden vgl. H.-M. DECKER-HAUFF, Die Ottonen und Schwaben, in ZWLG XIV/1955, S. 233–371, hier S. 236 f., u. TH. MAYER, Das schwäbische Herzogtum u. der Hohentwiel, in: Hohentwiel, hg. von H. Berner, 1957, S. 102 ff., sowie H. JÄNICHEN, Der Besitz des Klosters Stein am Rhein (zuvor Hohentwiel) nördlich der Donau vom 11. bis zum 16. Jh., in: Jahrbücher für Statistik und Landeskunde von Baden-Württemberg IV/1958,

Der Berg, den die schwäbischen Gegner König Konrads I. befestigt hatten und der offensichtlich auch Herzog Burchard II. und seinen Nachfolgern noch zur Verfügung gestanden war [88], wurde fortan nicht nur von der Burg der Herzoge, sondern darüber hinaus auch noch von einer mit der Burg eng verbundenen geistlichen Institution, von einem herzoglichen Kloster, bekrönt [89]. Ähnlich wie die Konradiner im gleichen 10. Jahrhundert unmittelbar neben ihren Burgen an der Lahn Chorherrenstifte erbauen ließen und mit diesen Doppelanlagen von Burg und Kirche so etwas wie »Residenzen« schufen [90], so hat nun auch der Hohentwiel innerhalb der Herzogsherrschaft Burchards III. eine besondere Auszeichnung und Hervorhebung erfahren.

Dieser »Herzogsort«, der im zweiten Jahrzehnt des 10. Jahrhunderts in den Kämpfen um die Vorherrschaft in Schwaben entstanden war, hatte diese seine Vororts-Eigenschaft nicht nur zu wahren, sondern sogar noch zu mehren vermocht. Und dabei war dem Burgkloster von seinen Gründern keineswegs etwa nur eine ergänzende Funktion, sondern durchaus eine eigenständige religiöse Rolle zugedacht worden. Zeugnis dafür legt ein noch vor der Verlegung des Klosters nach Stein am Rhein durch Kaiser Heinrich II., also doch wohl noch zu Lebzeiten der Herzogin Hadwig († 994), entstandener Hymnus auf den heiligen Märtyrer Georg ab [91], ein Hymnus, dessen fünfte Strophe mit den Worten

Cuius sacrata lipsana
felix fovet Germania
in Duellensi vertice
monachili servimine

das Burgkloster auf dem Hohentwiel als Stätte der Georgsverehrung rühmt [92]. Man wird annehmen dürfen, daß dieser Hymnus, den uns lediglich ein aus Kloster Kempten stam-

---

S. 76–86. Der hier genannte Cyrillus wird von E. Munding, Die Kalendarien von St. Gallen, 1951, S. 81, auf den Märtyrer Cyrillus, Bischof von Antiochien († 22 VII zw. 300 u. 304) bezogen. Vgl. auch AASS Julii, T. V, S. 235 ff., u. H. Delehaye in AASS Novembris II/2, 1931, S. 390, zu Juli 22. Cyrillus ist bemerkenswerterweise im Kalender der gleichen aus Kempten bzw. Rheinau stammenden Hs. Rh. 83 der Zentralbibliothek Zürich enthalten, in der sich auch der Hohentwieler Georgshymnus findet. Allerdings ist der Cyrillus-Eintrag erst nachträglich (nach 1010) im Kloster Rheinau in das Kalendar eingefügt worden (vgl. H. Tüchle, Das Kalendar von Kempten, in: St. MGBO 81/1970, S. 7–21, hier S. 16).

88 Vgl. oben S. 41 ff.

89 Zur Verbindung von Burg und Kloster bzw. Burg und Stift vgl. grundsätzlich jetzt U. Lewald, Burg, Kloster, Stift, in: Die Burgen im deutschen Sprachraum. Ihre rechts- und verfassungsgeschichtliche Bedeutung, hg. von H. Patze (= Vorträge und Forschungen XIX) 1976, S. 155–180, über den Hohentwiel hier S. 168. Über den Hohentwiel als Residenz jetzt einläßlich W. Haubrichs, wie Anm. 84, S. 654 ff.

90 Dazu neuestens W.-H. Struck, Die Stiftsgründungen der Konradiner im Gebiet der mittleren Lahn, in: Rh. Vjbll. 36/1972, S. 28–52.

91 Druck des Hymnus *In natale sancti Georgii martyris* bei J. Werner, Die ältesten Hymnensammlungen von Rheinau (= Mitt. der Antiquarischen Gesellschaft in Zürich) Bd. 23/1887–1895, Heft 3, S. 187, Nr. CLXXVII und in Analecta Hymnica LI/1908, S. 180, Nr. 155.

92 Dieser Hymnus ist bislang von der mit Burg u. Burgkloster auf dem Hohentwiel befaßten Forschung unbeachtet gelassen worden. Zu diesem Hymnus jetzt aber vor allem W. Haubrichs, wie Anm. 84, S. 654 ff., und insbes. S. 660 ff.

mendes Hymnar überliefert [93], ursprünglich im Kloster auf dem Hohentwiel selbst entstanden ist.

Durch dieses Zeugnis aber ist das Burgkloster zugleich als ein von Herzog Burchard und seiner Gemahlin Hadwig geschaffenes Zentrum des Heiligenkultes ausgewiesen und die Verehrung des hl. Georg [94] zugleich als ein besonderes Anliegen des schwäbischen Herzogspaares gekennzeichnet. Und zwar war es nicht nur der hl. Georg als Märtyrer, als der er im 10. Jahrhundert noch weitgehend allein verehrt wurde; der Hymnus vom Hohentwiel zeigt vielmehr, indem er auf des hl. Georgs Kriegerstand [95] Gewicht legt, daß im Burgkloster auf dem Hohentwiel der in ottonischer Zeit noch seltene Kult des heiligen Ritters Georg – freilich vorerst noch als eines Streiters Christi in spirituellem Sinne – eine erste Pflege fand [96]. Hier, auf dem Hohentwiel, hatte sich zu Ende des 10. Jahrhunderts der Kult eines heiligen »Ritters« mit der Herzogsherrschaft verbunden [97].

Aber nicht genug mit diesem wichtigen Zeugnis für die Rolle des Hohentwiel als Herzogsvorort, ja als »Herzogspfalz« unter Burchard III. und Hadwig. Vor allem Ekke-

---

[93] Jetzt Hs. Rh. 83 der Zentralbibliothek Zürich, der Hymnus hier fol. 58 (über diese aus Kempten stammende Hs. zuletzt Monumenta Monodica Medii Aevi, Bd. I, hg. von B. Stäblein, 1956, S. 578 ff., u. H. Tüchle, Das Kalendar von Kempten, in: St. MGBO 81/1970, S. 7–21). Zur Überlieferung vgl. W. Haubrichs, wie Anm. 84, S. 655 f.

[94] Da das Nachfolgekloster des Hohentwiel, das Kloster Stein a. Rh., die Arme des hl. Georg als Reliquien verwahrte, wird man die gleichen Reliquien auch schon für das Hohentwiel-Kloster vermuten dürfen; vgl. F. Vetter, Das St. Georgen-Kloster zu Stein am Rhein, in: SVG Bodensee 13/1884, S. 23–109, hier S. 35, Anm. 35.

[95] Vgl. Strophe VII: *Hunc in commune dominum*
regem laudemus martyrum
qui coronatum militem
laureavit Georgium.

[96] Über die relativ späte Hervorhebung des Kriegerstandes bei der Verehrung des hl. Georg vgl. C. Erdmann, Die Entstehung des Kreuzzugsgedankens, 1935, S. 11, S. 79 ff., vor allem S. 257 ff. – Der Georgs-Hymnus vom Hohentwiel aus dem 10. Jh. ist bei Erdmann nicht berücksichtigt. Zum Kult des hl. Georg im Hochmittelalter vgl. auch A. Krefting, St. Michael und St. Georg in ihren geistesgeschichtlichen Beziehungen (= Deutsche Arbeiten der Universität Köln 14) [1937], insbes. S. 58 ff.; E. Klivinyi, Der heilige Georg in Legende, Kunst und religiöser Verehrung des Volkes. Diss. theol. Masch., Graz, 1959, S. 94, und jetzt M. Schwarze, Der heilige Georg – Miles Christi und Drachentöter, Diss. phil. Köln, 1972, insbes. S. 39 ff. mit dem wichtigen Hinweis darauf, daß die Beliebtheit des Märtyrers seit der Mitte des 10. Jhs. in Hochadelskreisen durch die enge Berührung der Herrscher »mit dem in höfischen Kreisen Ostroms gefeierten Heiligen« in Italien einen mächtigen Aufschwung erlebt habe. Vgl. neuestens S. Braunfels-Esche, Sankt Georg. Legende, Verehrung, Symbol, 1976, insbes. S. 86 ff. (über den Hohentwiel, S. 87). Zur Georgsverehrung jetzt ausführlich W. Haubrichs, wie Anm. 84, S. 206 ff.; über St. Georg als Ritter-Heiligen vgl. besonders S. 269 ff., 286 ff., 290 ff., und insbes. 310 f.; über die Hunfridinger-Burchardinger und den Georgskult ebenda S. 275 f.

[97] Der neue Befund über die Georgs-Verehrung auf dem Hohentwiel könnte den Germanisten immerhin zu der Erwägung Anlaß geben, ob das häufig auf der Reichenau lokalisierte althochdeutsche Georgslied (ed. E. von Steinmeyer, Die kleineren althochdeutschen Sprachdenkmäler, 1916, S. 94–101) nicht etwa mit dem St. Georgs-Kloster auf dem Hohentwiel in Zusammenhang zu bringen sein würde. – Diese von einem Historiker gestellte Frage ist – wie ich jetzt sehe – zur gleichen Zeit auch von einem Germanisten aufgeworfen worden; vgl. W. Haubrichs, wie Anm. 84, der insbes. S. 605 ff. und vor allem S. 664 ff. die Frage stellt, ob nicht »die spätere Auf-

harts Casus Sancti Galli berichten uns zahlreiche Einzelheiten aus dem Leben der auf dem Hohentwiel »residierenden« Herzogswitwe [98]. Der Wahrheitsgehalt all dieser Erzählungen mag im einzelnen als fragwürdig gelten; ihr Gesamttenor aber läßt genügend deutlich werden, daß der Hohentwiel bis zu Hadwigs Tode von der Herzogswitwe als feste »Residenz« benützt worden ist [99].

Der in einer aktuellen Notsituation befestigte und sehr wahrscheinlich zunächst nur temporär bewohnte Hohentwiel hatte nach all dem bis gegen Ende des 10. Jahrhunderts über mehrere Wechsel im Herzogsamt hinweg seine Eigenschaft als Herzogsvorort beizubehalten vermocht, hatte als Herzogsvorort Kontinuität bewiesen und hatte umgekehrt dem Amt des Herzogs einen Zug der lokalen Beständigkeit verliehen.

Ja, die in Gegenposition zur Königspfalz Bodman errichtete Adels- bzw. Herzogsburg hatte spätestens unter Burchard III. und Hadwig für den Herzog in gewissem Umfange sogar in etwa die einer Pfalz zukommenden Funktionen übernommen. So war vor allem durch die Verbindung von Burg und Burgkloster unweit der einstigen Königspfalz Bodman, ja anstatt dieser karolingischen Königspfalz, so etwas wie eine »Herzogspfalz« entstanden.

Für diese Pfalz-Eigenschaft des Hohentwiel gibt es keinen untrüglicheren Beweis als die zweimaligen Besuche Kaiser Ottos III. – nach Hadwigs Tode – im Jahre 994 und im Jahre 1000 auf dem Burgberg. Auch für das ottonische Königtum hatte, sobald es die noch verbliebenen Reichsrechte im Umkreis der einstigen Pfalz Bodman wieder an sich zog, der Hohentwiel die karolingische Pfalz am See abgelöst.

Die Jahre der Existenz als Herzogsburg und »Herzogspfalz« waren indessen – wir sahen es eben – gezählt. Nach Hadwigs Tode im Jahre 994 haben Otto III. und vor allem Heinrich II. den Berg Hohentwiel, den sie offenbar – und wohl durchaus mit Recht – als Reichsgut betrachteten, wieder in die Gewalt des Reiches zu bringen gewußt [100]. Die Verlegung des dem hl. Ritter Georg geweihten Burgklosters hinunter nach Stein am Rhein durch Kaiser Heinrich II. hat schließlich einem Weiterwirken der 913 begründeten Herzogstradition auf dem Hegauberg für immer ein Ende bereitet [101].

---

zeichnung des Georgsliedes im Palatinus, der sich vermutlich im Besitz der Hadwig als der Erbin der Hunfridinger und in der Bibliothek ihres Klosters befand, einen Hinweis darauf enthalten [könnte], daß die alemannische Bearbeitung des mittelfränkischen Originals auf dem Boden des von ihr gegründeten Georgsklosters erfolgte, daß sie die inhaltsreiche Ergänzung zu der knappen Georgshymne der Kemptener Sammlung Bischof Udalrichs war«. Vgl. dazu auch S. 672 ff.
98 Vgl. cap. 90 ff., in der Edition von MEYER VON KNONAU, wie Anm. 19, u. in der Übersetzung von HELBLING, wie Anm. 19. Eine Übersicht bei O. FEGER, Herzogin Hadwig von Schwaben in Dichtung und Wirklichkeit, in: Hohentwiel, hg. von H. Berner, 1957, S. 114-124.
99 Vgl. dazu neuerdings TH. ZOTZ, wie Anm. 18, S. 166 f.
100 Zu den damit verbundenen Problemen zuletzt TH. ZOTZ, ebenda.
101 Die Tatsache, daß sich Adelheid, die Gattin König Rudolfs von Rheinfelden, im Jahre 1079 auf den Hohentwiel flüchtete (vgl. Bertholdi Annales, MGSS V, S. 319 mit S. 298) und daß der Berg vor rund 1086 im Besitz Herzog Bertholds II. von Zähringen, des Schwiegersohnes Rudolfs von Rheinfelden, war (vgl. Continuatio casuum sancti Galli, ed. G. Meyer von Knonau = Mitt. zur Vaterländ. Geschichte NF 7/1879, S. 79), genügt nicht, um den Berg und die Burg noch für diese Zeit als Herzogsburg bzw. als Herzogsgut zu bezeichnen (so MEYER VON KNONAU, ebenda, S. 79, Anm. 213, und H. JÄNICHEN, Die Herren von Singen und Twiel und die Geschichte des

Bleibt nach der Würdigung von Burg und Burgkloster auf dem Hohentwiel schließlich noch die dritte Örtlichkeit zu betrachten, der bei der Begründung der Herzogsherrschaft durch Erchanger eine herausragende Rolle zugefallen war: das Schlachtfeld, die Stätte des Sieges und der Ort der Herzogserhebung nahe Wahlwies.

Hier war freilich durch die Geschehnisse des Jahres 915 – im Unterschied zu der Befestigungsanlage auf dem Hohentwiel – keine feste Siedlung entstanden. Ein Weiterwirken des Platzes ist deswegen von vornherein weit weniger wahrscheinlich. Und dennoch hat auch das neben dem Schlachtfeld gelegene Dorf Wahlwies seine Bedeutung als »Herzogsort« auf seine spezifische Weise zu wahren gewußt. Ekkehart IV. weiß in seinen Erzählungen über die Herzogin Hadwig davon zu berichten, daß Hadwig nach Wahlwies ein *colloquium tamen publicum* einberufen und dazu den Bischof von Konstanz und die Äbte von St. Gallen und der Reichenau einbestellt habe, um aufgetretene Streitigkeiten zu schlichten [102]. Das »Kolloquium« zu Wahlwies erweist sich damit als ein echter Herzogslandtag [103], dem, wie stets, zugleich die Funktionen eines Herzogsgerichtes zu eigen waren.

Ganz gleich, ob Wahlwies diese Eigenschaft als Landtags- und Gerichtsstätte bereits seit einigen Jahrzehnten zugekommen sein sollte oder ob es erst unter Hadwig oder Burchard III. diese Rolle übernommen haben mochte, bemerkenswert ist in jedem Falle, daß der Ort der Schlacht, der Ort des Sieges und der Herzogserhebung von 915 viele Jahrzehnte später wieder als wichtige Stätte der schwäbischen Herzogsherrschaft begegnet, und zwar nicht als Ort langen oder gar ständigen Verweilens des Herzogs oder der Herzogin, sondern als bei Bedarf aufgesuchter Landtagsort, als herzogliche Gerichtsstätte.

Nun haben sowohl die rechts- und verfassungshistorische als auch die kriegsgeschichtliche Forschung schon seit langem die Erkenntnis gezeigt, daß im Mittelalter zwischen Schlachtfeld und Gerichtsstätte ein enger funktioneller Zusammenhang bestand. Denn die Stätte des Kampfes wurde ebenso »gehegt« wie die Stätte des Gerichts und überdies der Kampf als Gericht, sein Ausgang als Gottesurteil verstanden [104]. Kurz-

---

Hohentwiel von 1086 bis um 1150, in: Hohentwiel, hg. von H. Berner, 1957, S. 136–147, hier S. 139, 147; dagegen schon H. DECKER-HAUFF, Die Ottonen und Schwaben, in: ZWLG XIV/1955, S. 233–371, hier 242, und TH. MAYER, Das schwäbische Herzogtum und der Hohentwiel, in: Hohentwiel, wie oben, S. 88–113, hier 110 mit Anm. 72, S. 111 f.). Die Nachricht, daß Berthold von Zähringen den Hohentwiel vor 1086, d. h. bereits vor seiner Ernennung zum Herzog von Schwaben (im Jahre 1092), innehatte, zeigt vielmehr deutlich genug, daß der Berg in der zweiten Hälfte des 11. Jhs. nicht mehr als Herzogsgut gegolten hat (so auch K. SCHMID, Burg Twiel als Herrensitz, in: Hohentwiel, wie oben, S. 148–169, hier 156).
102 Vgl. Casus, ed. MEYER VON KNONAU, cap. 95, vor allem S. 347. Zu dieser Nachricht vgl. G. TELLENBACH, wie Anm. 56, S. 96: »Als rechter Herzog alten Stils erweist sich, wie uns scheint, Hadwig, wenn sie 965 ein *colloquium publicum* nach ihrer *villa* in Wahlwies beruft.«
103 Vgl. dazu G. TELLENBACH, ebenda.
104 Dazu schon J. GRIMM, Deutsche Rechtsalterthümer, 4. Ausg. Bd. II/1899, vor allem S. 487 ff.; K. WEINHOLD, wie Anm. 57, S. 550 ff.; W. ERBEN, Mühldorf, wie Anm. 57, S. 79; W. ERBEN, Kriegsgeschichte, wie Anm. 57, S. 92, u. K. S. BADER, stat, wie Anm. 59, S. 47 f., und – am Beispiel von Lechfeld und Gunzenlee – B. EBERL, wie Anm. 58, S. 97, 108 ff.

um, die »Rechtsnatur des Kampffeldes« [105] ist ebenso unübersehbar wie die weitgehende Identität von Heeresversammlung im Kriege und Volksversammlung im Frieden [106].

Einen Herzogslandtag, ein Herzogsgericht in Wahlwies [107] abzuhalten, kommt dann aber einer ganz bewußten Anknüpfung an die Stätte von Erchangers Kampf und Sieg und damit an den Ort der Begründung schwäbischer Herzogsherrschaft gleich. Aus der Stätte des Kampfes um das Herzogtum war ein Gerichtsort der Herzöge geworden, ein Gerichtsort, der zudem durch seine Lage auf (einstigem) Königsgut, auf zur Pfalz, zum Königshof Bodman gehörigem Fiskalland den Zusammenhang herzoglicher Herrschaftsausübung mit dem Königtum, mit dem Reich aufs deutlichste unter Beweis stellt [108].

Wo dieser Landtag, wo dieses Gericht der Herzogin in oder bei Wahlwies tagte, erfahren wir aus Ekkeharts Nachricht leider nicht. Ludwig Uhland [109] wollte sowohl das Schlachtfeld als auch die Gerichtsstätte in die sich zwischen Bodman und Wahlwies erstreckende weite Ebene verlegen, die das »Moos« genannt wird und die – bis in die Neuzeit hinein – bezeichnenderweise als Reichslehen an die Herren von Bodman ausgetan war [110].

Indessen ließe sich auch daran denken, daß Landtagsort und Gerichtsstätte dort lagen, wo heute noch auf einem Hügel über dem Dorf Wahlwies der Flurname »Pfalz« [111]

---

105 K. S. Bader, wie Anm. 59, S. 48; vgl. auch C. G. Cram, wie Anm. 59, S. 181; vgl. auch C. von Schwerin, Rechtsarchäologie, wie Anm. 57, S. 92, sowie zuvor schon H. Meyer, Heerfahne u. Rolandsbild (= Nachrichten der Gesellschaft der Wissenschaften in Göttingen, Phil. Histor. Klasse) 1930, S. 506 ff.
106 Vgl. dazu etwa M. Lintzel, Ausgewählte Schriften, Bd. I/1961, S. 279.
107 An dieser Stelle sei darauf hingewiesen, daß die Einzeichnung des Namens »Walgau« (in der Umgegend von Wahlwies) im »Historischen Atlas von Baden-Württemberg«, Karte IV, 3 »Bezirksnamen des 8.–12. Jhs.«, eine Eintragung, die den »zentralörtlichen« Charakter von Wahlwies zu unterstreichen scheint und auch schon in die Literatur Eingang gefunden hat (vgl. etwa J. C. Tesdorpf, in: ZGO 120/1972, S. 71), auf einem Irrtum des Bearbeiters, Albert Bauer (†) beruht. Er hatte die Nennung eines *Walgoe pagus* in Verbindung mit der Nennung eines Ortes *Naenzingen* in einer zu Rheineck am 25. VIII. 1293 ausgestellten Urkunde (Cod. Sal. II, S. 437/438, Nr. 858) auf Nenzingen bei Stockach, nahe bei Wahlwies, bezogen (freundliche Auskunft von Herrn Dr. Joseph Kerkhoff, Kommission für geschichtliche Landeskunde-Stuttgart). Eine genaue Durchsicht des Stücks zeigt aber, daß es sich um Nenzing in Vorarlberg und dementsprechend um den Walgau im heutigen Vorarlberg handeln muß. Der Bezirksname Walgau ist demnach aus der entsprechenden Karte des Histor. Atlas zu streichen.
108 Zu diesem für das Verständnis der Grundlagen der Herzogsherrschaft entscheidenden Gesichtspunkt vgl. schon H. Maurer, Rottweil und die Herzöge von Schwaben, in: ZRG/GA 85/1968, S. 59–77.
109 Ludwig Uhland, wie Anm. 59, S. 413; außerdem G. Meyer von Knonau, wie Anm. 19, S. 347, Anm. 1171, u. G. Flohrschütz, wie Anm. 56, S. 100 f.
110 Dazu G. Flohrschütz, ebenda; vgl. dazu auch die Klageschriften von 1768 u. 1813 (vgl. Leopold Frhr. von Bodman, Geschichte der Freiherren von Bodman 1894, S. 416, 468).
111 1620 (Urbar A Bodman) S. 101ʳ: »in der Fallendts«; 1776 (Renovation A Bodman) S. 36: »In der Pfalz«. Vgl. den Hinweis bei A. Funk, Zur Geschichte der Frühbesiedlung des Hegaus, in: Aus Verfassungs- und Landesgeschichte, Festschrift zum 70. Geburtstag von Th. Mayer, Bd. II/1955, S. 23–51, hier S. 45, Anm. 212, sowie von F. Beyerle, in: Protokolle des Konstanzer Arbeitskreises 110 v. 6. VII. 1963, S. 6. Bemerkenswert ist der Passus in einer Klageschrift von 1768 (vgl. L. Frhr. von Bodman, wie Anm. 110, S. 416): »Der Ort Wahlwies... ist... nebst dem Schloss Hohentwiel, ein ebenso, wie Bodman, ehemals sehr ansehnliches Palatium Imperiale gewest, wo viele Conventus publici abgehalten worden.«

ruht. Bedenkt man, daß »Pfalz« zugleich das – an den Ort des Herrscheraufenthalts gebundene – Pfalzgericht bzw. Hofgericht bedeuten konnte [112], dann ist eine solche Lokalisierung der Landtagsstätte in der Flur »Pfalz« [113] nicht von vornherein abzulehnen.

So hat denn auch Wahlwies als »Ort« des Herzogs Dauer bewiesen, sind von dem in seiner Nähe gelegenen Schlachtfeld bis zum Ende des 10. Jahrhunderts entscheidende Wirkungen ausgegangen. Daß Hadwig mit der Einberufung eines Landtags in das zwischen dem Hohentwiel und Bodman gelegene Wahlwies in solch bewußter Weise an die zu Beginn des Jahrhunderts begründete Herzogstradition anknüpfte, wirft nun aber zugleich auch neues Licht auf die gerade eben wieder behandelte Frage, ob die Herzogswitwe Hadwig entsprechend dem ihr von der Reichskanzlei zuerkannten *dux*-Titel tatsächlich die Rechte eines Herzogs ausgeübt habe [114]. Diese Frage erscheint um so schwerwiegender, als die 994 gestorbene Hadwig – faßt man die von ihr ausgeübten Rechte wirklich als herzogliche auf – nach dem Tode ihres Mannes Burchard III. neben zwei regulären Herzögen von Schwaben, neben dem Liudolfinger Otto I. (973–982) und dem Konradiner Konrad (982–997), einher regiert hätte [115].

Mit Recht hat Thomas Zotz zur Erklärung dieses auffallenden, nicht leicht wegzudiskutierenden Tatbestandes darauf hingewiesen, daß Hadwigs Stellung nicht mit der Ausübung vormundschaftlicher Rechte in Analogie zu den Herrscherinnen Adelheid und Theophanu begründet werden könne [116]. Bedenken ließe sich aber zum einen, ob nicht auch Hadwig und Burchard III. zur gesamten Hand mit dem Herzogtum und dem dazugehörigen Reichsgut vom König investiert worden wären und Hadwig dadurch auch nach dem Tode ihres Mannes – ähnlich wie ihre Vorgängerin, die Herzogin Reginlinde – zumindest im teilweisen Besitz dieser Rechte verblieben sei [117]. Sie hätte damit entsprechend dem gerade im 10. Jahrhundert so sehr wirksamen Gedanken des *consortium regni*, hier des *consortium ducatus* [118], ihre Ansprüche bis zu ihrem Tode weiterhin auf-

---

112 Vgl. dazu H. HEIMPEL, Bisherige und künftige Erforschung deutscher Königspfalzen, in: GWU 16/1965, S. 461–487, hier S. 475/476.

113 Erwähnung verdienen in diesem Zusammenhang einige Funde, die im Gewann »Pfalz« zu Wahlwies vor dem Zweiten Weltkrieg gemacht werden konnten: 1. eine beigabenlose geostete Bestattung, 2. Römische Terra Nigra, 3. Drei gemörtelte Mauerzüge, 4. Eine 1,35 m tiefe Grube mit Brandresten ohne datierende Funde; vgl. Bad. Fundberichte 15/1939, S. 22, 26, 34.

114 Dazu – um nur die neueste Literatur zu nennen – ablehnend W. KIENAST, Der Herzogstitel in Frankreich und Deutschland, 1968, S. 342 mit Anm. 203, und – mit u. E. überzeugenden Argumenten – TH. ZOTZ, wie Anm. 18, S. 156 ff., 166 ff., sowie G. TELLENBACH, Zur Erforschung des mittelalterlichen Adels (9.–12. Jh.), in: XIIe Congrès international des sciences historiques. Rapports. I: Grands Thèmes. Vienne, 1967, S. 318–337, hier S. 325: »Sie [Hadwig] hat nach dem Tode ihres Gatten neben dessen Nachfolger Herzog Otto I. vielleicht für ihre Hausgüter eine herzogliche Stellung beibehalten, jedenfalls wußte man ihr, der Herzogstochter und Herzogsgattin, keinen anderen Titel als dux zu geben.« Vgl. jetzt in größerem Zusammenhang W. GRAF RÜDT VON COLLENBERG, Zum Auftreten weiblicher Titulaturen im VIII., IX. und X. Jahrhundert. In: Genealogica und Heraldica. 10. Internat. Kongreß für genealogische und heraldische Wissenschaften, Wien 1970, Kongreßberichte I/1972, S. 265–272, insbes. S. 270 f.

115 Zu diesem Problem wiederum ZOTZ, wie Anm. 18, S. 110, 140, 156/57.

116 Ebd., S. 157.

117 Vgl. dazu die wichtigen Bemerkungen bei H. C. FAUSSNER, wie Anm. 73, S. 409 ff.

118 Vgl. dazu grundsätzlich TH. VOGELSANG, Die Frau als Herrscherin im hohen Mittelalter. Studien zur »consors regni«-Formel (= Göttinger Bausteine zur Geschichtswissenschaft 7) 1954, S. 23 ff., u. für die Übertragung dieser Vorstellungen – auf Herzogtümer und Grafschaften – S. 52 ff.

recht erhalten können. Zum andern aber ist die Nachricht Ekkeharts, Hadwig habe sich als *imperii vicaria* bezeichnet [119], nicht einfach von der Hand zu weisen [120]. Hadwig könnte dann – vergleichbar etwa mit Mathilde, der Äbtissin von Quedlinburg und Stellvertreterin Ottos III. in Sachsen [121] – Funktionen als Vertreterin, als Statthalterin des Kaisers in Teilbereichen Schwabens innegehabt haben [122].

Wie dem aber auch im einzelnen gewesen sein mag, sicher ist, daß der von uns deutlich gemachte Rückgriff Hadwigs auf die 915 in Wahlwies begründete Herzogstradition die Rolle der Herzogswitwe als Herzog i n Schwaben noch um ein weiteres unterstreicht.

Burg und Burgkloster auf dem Hohentwiel als »Residenz«, als »Pfalz« des Herzogs bzw. der Herzogin, und der Landtagsort unten in der Ebene nahe Wahlwies als Stätte von Herzogslandtagen und Herzogsgerichten gehörten zusammen. Sie bildeten schließlich gemeinsam den Mittelpunkt einer lokalisierten Herzogsherrschaft, die die Herzogswitwe Hadwig innehatte, einer Herzogsherrschaft, die innerhalb des von nicht eingesessenen Herzögen verwalteten Herzogtums Schwaben mit Zustimmung, ja möglicherweise sogar im Auftrag des Königs ausgeübt worden ist.

Der Tod der Herzogin Hadwig im Jahre 994 bedeutete zugleich das Ende dieser lokalisierten, nur für Teilgebiete Schwabens zuständigen Herzogsgewalt. Der König als Lehensherr nicht nur der offiziellen, regulären Herzöge von Schwaben, sondern auch der Witwe des früheren Herzogs, nahm das Lehensgut wieder zu Handen des Reiches. Otto III. erschien auf dem Hohentwiel und regelte Hadwigs an das Reich gefallenen Nachlaß. Heinrich II. schließlich beendete die Rolle des Hohentwiel als »Pfalz«, als »Residenz«, indem er die beiden Elemente, die den Pfalz- und Residenzcharakter geprägt hatten, indem er Burg und Burgkloster voneinander trennte. Übrig blieb danach auf dem Berg nur noch die Burg. Für die Herrschaft der Herzöge von Schwaben in salischer und staufischer Zeit bedeutete der Hohentwiel, bedeutete Wahlwies und bedeutete erst recht Bodman offenbar nicht mehr das Geringste. Sie stützte sich auf andere, teils neu emporkommende, teils seit längerem bestehende Vororte im Lande.

Nicht ganz ein Jahrhundert hindurch hatten die Stätten, an denen einst die Herzogsherrschaft in Schwaben im Kampf gegen das Königtum begründet worden war, für eben diese Herzogsherrschaft eine Rolle zu spielen vermocht. Sie hatten für Jahrzehnte Kontinuität bewahrt dadurch, daß ungeachtet aller Wechsel im Herzogsamt Herzöge Wert darauf legten, diese Plätze – wenn auch mit sich wandelnden Funktionen – immer wieder von neuem zu benutzen.

---

119 Casus, ed. MEYER VON KNONAU, wie Anm. 19, S. 346.
120 Vgl. dazu K. G. HUGELMANN, Stämme, Nation und Nationalstaat im deutschen Mittelalter, 1955, S. 169; vgl. schon J. G. BÖHM, De Hadvige, Suevorum duce, vicaria imperii, commentatio. Lipsiae, 1754, der S. 13 Hadwig ebenfalls mit Adelheid, Mathilde von Quedlinburg, Agnes usw. vergleicht und S. 17 schreibt: *Itaque posset Hadvigi dicta videri vicaria imperii, quod auspicia caesaris, provonciam suam procurabat.*
121 Darüber zuletzt – unter Angabe der älteren Lit., insbes. von STENGEL u. ERDMANN – TH. VOGELSANG, wie Anm. 118, S. 27 f.
122 Über »Reichsvikare« in ottonisch-salischer Zeit grundsätzlich H. FRICKE, Reichsvikare, Reichsregenten und Reichsstatthalter des deutschen Mittelalters, Diss. phil. Masch., Göttingen, 1949, vor allem S. 24 ff.

Mit dem Ende der Herzogsorte Hohentwiel und Wahlwies hatte aber zugleich auch die Nachgeschichte von Pfalz und Fiskus Bodman ihren endgültigen Abschluß gefunden. Der Boden des einstigen Fiskus Bodman gab künftig für die Vorherrschaft in Schwaben keine Grundlage mehr ab. Die Landschaft im Umkreis der einstigen Königspfalz hatte um die Wende vom ersten zum zweiten Jahrtausend ihre »Zentralität« in und für Schwaben für immer eingebüßt. Neue Vororte und neue bevorzugte Landschaften traten an ihre Stelle.

ZÜRICH

Drei Plätze im Hegau, am Rande des westlichen Bodensees, standen am Beginn erneuerter Herzogsherrschaft in Schwaben: Die ländliche Königspfalz zu Bodman, das Schlachtfeld bei Wahlwies im Vorfeld von Bodman und schließlich die unweit von beiden gelegene Bergfeste auf dem Hohentwiel. Von diesen dreien vermochte – wie wir sahen – allein der Hohentwiel als ein Mittelpunkt herzoglicher Herrschaftsausübung wenigstens für einige Jahrzehnte Kontinuität zu bewahren. War es aber lediglich die Herzogsburg auf dem Berg mit dem später hinzukommenden Kloster, in der die Herzogsherrschaft in Schwaben eine gesicherte örtliche Fixierung finden konnte? Denkbar wäre immerhin, daß die frühen, vom Hegau aus regierenden Herzöge versucht haben könnten, sich des nahegelegenen Bischofssitzes Konstanz mit seiner Bischofspfalz, seinem Markt, seiner Münze und seinen beiden Kirchen, der Bischofskirche und der Stifts- und Pfarrkirche St. Stephan [123], für ihre Zwecke zu bemächtigen. Das wäre schon deswegen naheliegend gewesen, weil sich das Bistum, dessen Mittelpunkt Konstanz bildete, weitgehend mit dem schwäbischen Stammesgebiet deckte. Der vergebliche Kampf gegen Bischof Salomo III., ein Kampf, der nicht zuletzt auch um die Herrschaft über den Bischofssitz geführt worden sein mochte, ließ etwaige Absichten dieser Art freilich schon früh zunichte werden.

Wie wenig sich jedoch bereits Herzog Burchard II. einzig und allein mit den ländlichen Plätzen des Hegaus zufrieden geben wollte, lehrt das Ergebnis der Schlacht bei Winterthur, im südlich des Hegaus und links des Rheins gelegenen Thurgau [124]. Denn der Sieg, den Herzog Burchard dort im Jahre 919 gegen König Rudolf II. von Hochburgund zu erringen vermochte, erlaubte es dem Herzog nicht nur, die Grenze seines Herrschaftsbereiches noch weiter nach Südwesten, in neuerdings von Hochburgund beanspruchte Teile des alemannischen Siedlungsgebietes, vorzuverlegen [125], der Schlachtensieg ermöglichte ihm vielmehr vor allem die Inbesitznahme des weiter westlich, 25 Kilometer vom Kampfplatz bei Winterthur entfernt gelegenen Zürich. Aus der Tatsache, daß Burchard bereits 924, also wenige Jahre nach dem bei Winterthur errungenen Sieg, in Zürich, wo noch etwa ein Jahrzehnt zuvor König Rudolf hatte Münzen prägen

---

123 Dazu ausführlich H. MAURER, Konstanz als ottonischer Bischofssitz (= Veröff. des Max-Planck-Instituts für Geschichte 39) 1973.
124 Zur Schlacht bei Winterthur aus örtlicher Sicht jetzt H. KLÄUI, Geschichte Oberwinterthurs im Mittelalter, 1968, S. 55.
125 Vgl. dazu P. KLÄUI, Der Fraumünsterbesitz in Uri und im Aargau, in: ZSG 22/1942, S. 161–184, hier S. 175 ff.

lassen¹²⁶, einen Landtag abhielt¹²⁷, wird deutlich, was die Schlacht bei Winterthur letztlich bezweckt hatte: Sie war im Grunde eine »Schlacht um Zürich« gewesen.

Wenn dem so war, dann muß der Gewinn von Zürich für Herzog Burchard II. ein besonders erstrebenswertes Ziel gewesen sein. Und das ist, wenn man sich Wesen, Bedeutung und Rechtsqualität dieses Platzes vergegenwärtigt, auch nicht weiter verwunderlich¹²⁸. Denn Zürich hatte, als es Herzog Burchard in seine Hand brachte, – ähnlich wie Bodman – bereits eine große karolingische Tradition aufzuweisen; und königlicher Ort blieb es auch, als sich die Könige von Burgund hier festsetzten.

Zentrum der sich links und rechts der Limmat beim Auslauf des Flusses aus dem See erstreckenden Siedlung bildete die zweifellos von den Karolingern an der Stelle eines spätrömischen Kastells begründete Pfalz auf dem hoch über dem linken Ufer der Limmat ansteigenden »Hof«, heute »Lindenhof« genannt¹²⁹. Der ergrabene Grundriß dieser karolingischen Pfalz, die auch Herzog Burchard zur Verfügung gestanden haben dürfte, gibt eine sehr umfangreiche Anlage¹³⁰ mit einem langgezogenen Haupttrakt und einem viereckigen Anbau auf dessen Ostseite zu erkennen. All dies läßt auf eine Pfalz mit einem großen Saal schließen (TA 4).

Aber anders als Bodman, das nur aus der Pfalz selbst und den notwendigen Wirtschaftsgebäuden bestanden haben dürfte¹³¹, hatte Zürich, als Herzog Burchard seinen Boden betrat, noch eine Vielzahl anderer topographischer Elemente aufzuweisen. Vor allem standen unterhalb des Pfalzhügels bereits seit karolingischer Zeit insgesamt vier Kirchen (TA 3). Die ihrer Funktion nach bedeutendste Kirche lag jenseits der Limmat, der Pfalz schräg gegenüber an der Stelle, da in spätrömischer Zeit die beiden lokalen Märtyrer Felix und Regula begraben worden waren¹³². Da die älteste, aus der

---

126 Vgl. hierzu E. A. STÜCKELBERG, Denkmäler des Königreichs Hochburgund (= Mitt. der Antiquarischen Gesellschaft in Zürich, Bd. XXX, Heft 1) 1925, S. 23, und D. W. H. SCHWARZ, Münz- und Geldgeschichte Zürichs im Mittelalter, 1940, S. 14 f. – Zur historischen Einordnung R. POUPARDIN, Le Royaume de Bourgogne (888–1038), Paris 1907, S. 30 f., dagegen – ohne freilich um diese Münze zu wissen – A. HOFMEISTER, Deutschland und Burgund im frühen Mittelalter, 1914, S. 37, Anm. 3.
127 S. ZUB I Nr. 188.
128 Zum folgenden vgl. grundsätzlich die wohlabgewogene, den neuesten Forschungsstand wiedergebende Darstellung von H. C. PEYER, Zürich im Früh- und Hochmittelalter, in: Zürich von der Urzeit zum Mittelalter, 1971, S. 165-235, auf die ein für allemal verwiesen sei. Eigene, von der dort gebotenen Gesamtschau abweichende Nuancierungen werden nicht eigens hervorgehoben.
129 Zur Zürcher Pfalz grundsätzlich E. VOGT, Der Lindenhof in Zürich, 1948, dazu – von der Seite des Historikers – die Stellungnahme von M. BECK, Die mittelalterliche Pfalz auf dem Lindenhof in Zürich, in: ZSG 29/1949, S. 70–76, sowie die in der NZZ Nr. 84, 93, 96 und 180/1949 zwischen E. VOGT und L. WEISZ geführte Debatte, und außerdem E. EGLOFF, Ein großes Jubiläum: Zürich vor 1100 Jahren, in: Diaspora-Kalender 54/1954, S. 73 ff.
130 E. VOGT, Lindenhof, S. 69.
131 Vgl. dazu jetzt W. ERDMANN, Zur archäologischen Erforschung der Pfalz Bodman, in: Bodman, hg. von H. Berner, Bd. I/1977, S. 69-144.
132 Hierzu nach E. EGLOFF, Der Standort des Monasteriums Ludwigs des Deutschen in Zürich o. J. [1948] L. C. MOHLBERG, in: Katalog der Hss. der Zentralbibliothek Zürich I (1950), »Zur Einführung«, S. VIII f.; P. KLÄUI, Zur Frage des Zürcher Monasterium, in: SZG 2/1952, S. 369-405; D. W. H. SCHWARZ, Die Statutenbücher der Propstei St. Felix u. Regula zu Zürich, 1952, S. XXVIII ff.; H. WICKER, St. Peter in Zürich, 1955, passim, und allerdings mehr verwir-

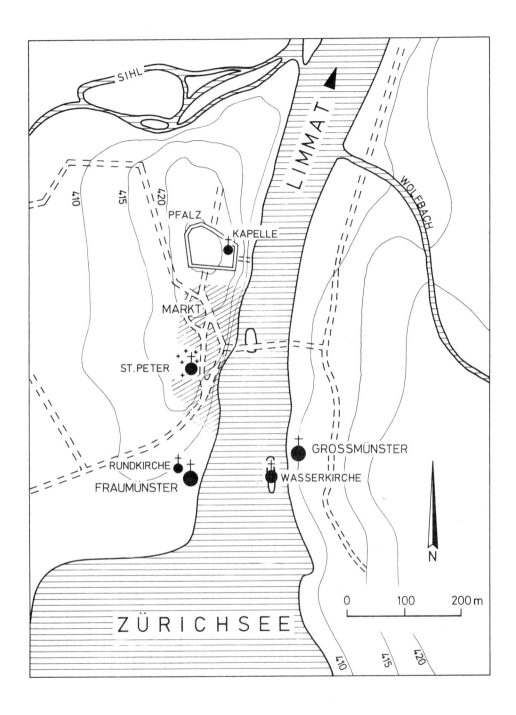

TA 3 Zürich im Hochmittelalter

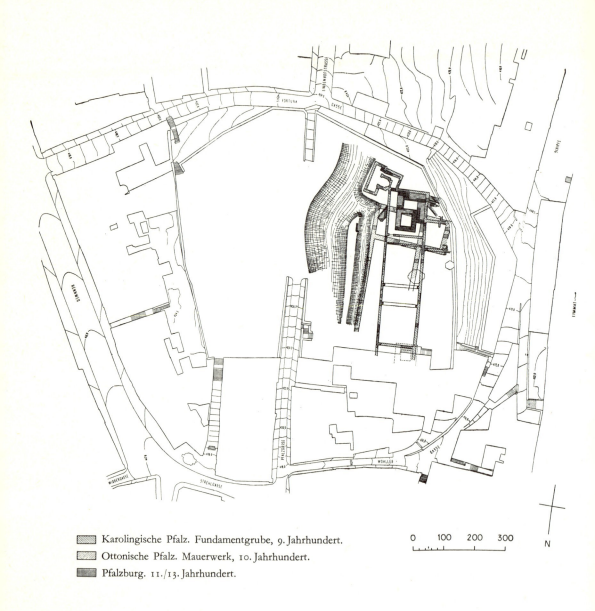

▨ Karolingische Pfalz. Fundamentgrube, 9. Jahrhundert.
▨ Ottonische Pfalz. Mauerwerk, 10. Jahrhundert.
▨ Pfalzburg. 11./13. Jahrhundert.

TA 4   Zürich. Pfalz auf dem Lindenhof

zweiten Hälfte des 8. Jahrhunderts stammende Passio der beiden Zürcher Märtyrer bereits eine Kirche oder Kapelle vorauszusetzen scheint [133], dürfte die Kirche St. Felix und Regula unter den Zürcher Kirchen wohl die längste, sicherlich aber die vornehmste Tradition aufweisen. Denn sie war nicht nur Coemiterial-Kirche, sondern zugleich Mittelpunkt einer weitreichenden Heiligenverehrung und damit Ziel zahlreicher Wallfahrten [134]. Aber die Kirche St. Felix und Regula zeichnete noch eine weitere bedeutsame Tradition vor den anderen Zürcher Kirchen aus: An ihr, die zugleich »Pfarrkirche für den Sprengel zwischen Limmat und Glatt« war [135] und offenbar schon früh von mehreren Klerikern zugleich betreut wurde, hatte sich im 9. Jahrhundert aus eben diesen Klerikern ein Kollegiatkapitel gebildet [136], das seine Gründung auf Karl den Großen zurückführte. Hier war zugleich der erste Ansatz für die Verehrung des heiligen Kaisers geschaffen, die in und für Zürich vor allem vom 13. Jahrhundert an eine große Rolle spielen sollte [137].

Am Grab der beiden Märtyrer, d. h. rechts der Limmat, mag sich im 9. Jahrhundert zunächst auch die Bildung eines Nonnenkonvents vollzogen haben. Dieser wurde im Jahre 843 von Ludwig dem Deutschen mit umfangreichem Fiskalbesitz in und um Zürich und im Tale Uri beschenkt und hat sich wohl noch im gleichen 9. Jahrhundert nach dem Bau einer Kirche auf dem anderen Ufer des Flusses, links der Limmat, gegenüber dem Chorherrenstift, angesiedelt [138].

Das ebenfalls St. Felix und Regula geweihte Frauenkloster blieb fortan zusammen mit dem Chorherrenstift in königlichem Besitz, ein Rechtszustand, der sich schon darin ausdrückte, daß die beiden Töchter Ludwigs des Deutschen, Hildegard und – nach deren Tode – Bertha, dem Konvent als Äbtissinnen vorstanden und daß später Karl der Dicke die Abtei seiner Gemahlin Richardis zu lebenslänglicher Nutznießung übereignete.

Nicht nur die Frauenabtei St. Felix und Regula galt jedoch als Königskloster, auch das Chorherrenstift stand in engsten Beziehungen zum Königtum. Das wird vielleicht

---

rend als klärend J. SIEGWART, Die Chorherren- u. Chorfrauengemeinschaften in der deutschsprachigen Schweiz, 1962, S. 169 ff., und jetzt U. HELFENSTEIN u. C. SOMMER-RAMER, in: Helvetia Sacra II/2, 1977, S. 565 ff.
133 Dazu jetzt I. MÜLLER, Die frühkarolingische Passio der Zürcher Heiligen, in: ZSKG 65/1971, S. 132–187, insbes. S. 175 ff.
134 I. MÜLLER, ebenda.
135 S. D. SCHWARZ, Statutenbücher, S. XXVIII.
136 Vgl. die Anm. 132 zitierte Literatur.
137 Zur Geschichte des Zürcher Karls-Kults – vor der Translation von Karlsreliquien aus Aachen nach Zürich im Jahre 1233 – vgl. immer noch H. VON WYSS, Kaiser Karls des Großen Bild am Münster Zürich (= Neujahrsbl. der Stadtbibliothek Zürich) 1861, insbes. S. 3 ff., u. neuerdings E. EGLOFF, Standort, passim, u. Exkurs I, S. 115 (hier freilich auf Karl III. bezogen); D. W. H. SCHWARZ, Liturgiegeschichtliches und Ikonographisches aus dem alten Zürich, in: Miscellanea Liturgica in honorem L. Cuniberti Mohlberg I, Rom 1948, S. 429–442, insbes. 434 ff.; DERS., Statutenbücher, S. 147 ff.: *De quibusdam gestis Karoli magni imperatoris*, u. jetzt vor allem A. REINLE, Der Reiter am Zürcher Großmünster, in: ZAK 26/1969, S. 21–46, hier 40 ff.
138 Hierzu und zum folgenden wiederum die Anm. 132 zitierte Literatur. Die hier noch allenthalben als Quelle verwerteten, Ratpert von St. Gallen zugeschriebenen Verse über Bau und Weihe von Bertas Fraumünsterkirche hat jüngst P. STOTZ, Ardua spes mundi. Studien zu lateinischen Gedichten aus St. Gallen (= Geist und Werk der Zeiten 32) 1972, S. 217 ff., als spätmittelalterliches Machwerk ohne Quellenwert erwiesen.

nirgendwo deutlicher als in der Beobachtung, daß einer der Zürcher Chorherren in der zweiten Hälfte des 9. Jahrhunderts zugleich königlicher Kapellan gewesen war [139].

Und dieser Hinweis führt nun gleich zur ebenfalls links der Limmat, unmittelbar unterhalb der Pfalz gelegenen dritten Kirche, der Kirche St. Peter [140], die schon 857 der Frauenabtei gehörte und demnach mit in die Schenkung Ludwigs des Deutschen vom Jahre 843 einbeschlossen gewesen sein dürfte. Mit dem Verweis auf die ihr für einen Großteil des linksufrigen Gebietes zustehenden Pfarrechte dürfte ihre Bedeutung kaum zureichend charakterisiert sein. Vielmehr veranlaßt die Tatsache, daß Ludwig der Deutsche im Jahre 857 die dem Frauenkloster gehörende Kapelle St. Peter seinem bzw. seiner Tochter Hildegard zugeordneten Kapellan, dem Presbyter Berold, schenkte [141], zu der Überlegung, ob in dieser, in nächster Nähe der Pfalz gelegenen Kirche nicht etwa die Pfalzkapelle gesucht werden könnte [142], eine Überlegung, die uns um so mehr berechtigt erscheint, als die Ausgrabungen auf dem Lindenhof eine der karolingischen Pfalzanlage zugeordnete Pfalzkapelle – im Gegensatz zur nachfolgenden ottonisch-salischen Pfalz – nicht zum Vorschein gebracht haben [143].

Nicht mit Hilfe schriftlicher Quellen – wie die drei bisher genannten Kirchen –, sondern auf Grund baugeschichtlicher Überlegungen erschließbar ist endlich, zumindest schon für das 9. Jahrhundert, eine vierte Kirche, die durch eine besondere topographische Situation ausgezeichnet ist: Wir meinen die auf einer kleinen Limmatinsel, unmittelbar vor dem »Großmünster« (der Chorherrenkirche) gelegene »Wasserkirche« [144], von der die spätmittelalterliche Überlieferung sagt, sie sei über der aus einem Felsblock bestehenden Hinrichtungsstätte der beiden Zürcher Märtyrer St. Felix und Regula errichtet worden.

Einer der Vorgängerbauten der heutigen Wasserkirche, eine dreijochige Pfeilerbasilika, hatte denn auch eine Unterkirche aufzuweisen, deren Zentrum ein baulich besonders hervorgehobener Findling bildete. Diese Situation läßt auf ein altes Pilgerziel schließen und macht zugleich auch die frühe Existenz eines Sakralbaus auf der Flußinsel höchst wahrscheinlich [145].

So bot sich Zürich Herzog Burchard II. dar als ein auf karolingischer Tradition ruhendes kirchliches Zentrum von großer Vornehmheit, als eine Siedlung, deren »Kirchenfamilie« zu Beginn von Burchards Herrschaft in und über Zürich etwa diejenige des Bi-

---

139 Vgl. J. FLECKENSTEIN, Die Hofkapelle der deutschen Könige, I/1959, S. 195.
140 Zu dieser Kirche H. WICKER, St. Peter in Zürich, 1955, passim, u. jetzt U. RUOFF u. J. SCHNEIDER, Die archäologischen Untersuchungen in der Kirche St. Peter in Zürich, in: ZAK 33/1976, S. 2-19.
141 MGDLD 82 = ZUB I, Nr. 77; hierzu J. FLECKENSTEIN, Hofkapelle I, S. 18 f., und H. WIKKER, St. Peter in Zürich, 1955, S. 50.
142 So auch die Vermutung von M. BECK, Die mittelalterliche Pfalz auf dem Lindenhof, in: ZSG 29/1949, S. 70-76, hier 74.
143 Vgl. E. VOGT, Lindenhof, S. 66 ff., dazu H. R. SENNHAUSER, in: Vorromanische Kirchenbauten, 1966, S. 393 f.
144 Über diese Kirche E. VOGT u. H. HERTER, Wasserkirche und Helmhaus in Zürich, 1943, insbes. S. 46 ff., u. L. HERTIG, Entwicklungsgeschichte der Krypta, Diss. phil. Zürich, 1958, S. 111 ff.
145 Dazu I. MÜLLER, Passio, S. 172 ff.

schofssitzes Konstanz [146] – wenigstens um 920 – durch die Anzahl ihrer Bauten und durch ihre vornehme Tradition bei weitem überragte. Und diese Überlegenheit kam nicht von ungefähr: Denn Zürichs Kirchen waren nicht für den Gottesdienst eines Bischofs, sie waren für weit mehr, sie waren für den herrscherlichen Gottesdienst, für den Gottesdienst des Königs eingerichtet [147].

Herzog Burchard wußte jedoch Zürich nicht nur als Zentrum von hoher kirchlicher Bedeutung zu schätzen. Ihn lockte dieser Platz auch als hervorragender Wirtschaftsmittelpunkt [148], ausgezeichnet durch einen – bei wichtigen Pilgerzielen ohne weiteres zu erwartenden – Markt und durch eine Münze. Deren ältestes bisher bekanntgewordenes karolingisches Erzeugnis stellt ein Denar Ludwigs des Kindes und deren nächstes eben die schon früher erwähnte Münze König Rudolfs II. von Hochburgund dar [149]. Der Markt scheint im übrigen unmittelbar unterhalb der Pfalz, zwischen Peterskirche und Limmat, gelegen zu haben [150].

Damit waren, als Burchard in Zürich seine Herrschaft antrat, links und rechts der Limmat bereits all jene verfassungstopographischen Elemente gegeben, die Zürich als eine werdende Stadt erscheinen lassen konnten. Seine – durch die Existenz einer Königspfalz und königlicher Kirchen verdeutlichte – Geltung als Ort, als Stätte des Königtums im südlichen Schwaben hatte Zürich aber letztlich dem ausgedehnten karolingischen Fiskalbesitz zu verdanken, dessen Herkunft aus altalemannischem Herzogsgut immerhin wahrscheinlich gemacht werden konnte [151]. Mittelpunkt der königlichen Grundherrschaft in Zürich, die auch, entgegen einer oft geäußerten Meinung, keineswegs in ihrer Gänze in die Schenkung Ludwigs des Deutschen an das »Fraumünster« einbeschlossen war [152], bildete als weiteres topographisches Element der auf dem rechten Ufer der Limmat gelegene Stadelhof [153], dessen Name bereits seine Funktion zu erkennen gibt.

Was Herzog Burchard durch das siegreiche Bestehen der Schlacht bei Winterthur in und mit Zürich im äußersten Südwesten seines sich eben erst bildenden Herrschaftsbereiches gewonnen hatte, war demnach mehr als ein zweites Bodman oder ein zweiter Hohentwiel. In und mit Zürich war der Herzog für sich und seine Nachfolger im Herzogs-

---

146 Hierzu wiederum H. MAURER, Konstanz als ottonischer Bischofssitz, 1973, passim.
147 Eine ähnliche Wertung der Funktion der Zürcher Kirchen auch bei M. BECK, Pfalz, S. 74.
148 Hierzu vgl. vor allem H. BÜTTNER, Die Anfänge der Stadt Zürich, jetzt in: DERS., Schwaben und Schweiz im frühen und hohen Mittelalter (= Vorträge und Forschungen XV) 1972, S. 315–326, hier 319 f.
149 Hierzu und zur Münzgeschichte Zürichs insgesamt D. W. H. SCHWARZ, Münz- und Geldgeschichte, S. 13 ff.
150 Vgl. H. C. PEYER, Zürich im Früh- und Hochmittelalter, S. 180, und grundsätzlich immer noch F. VON WYSS, Geschichte der Entstehung und Verfassung der Stadt Zürich, in: DERS., Abhandlungen zur Geschichte des schweizerischen öffentlichen Rechts, 1892, S. 339 ff., hier 342 ff., und neuerdings H. WEIS, Grafen von Lenzburg, wie Anm. 198, S. 52 ff. u. 57 ff., sowie H. WIKKER, St. Peter in Zürich, 1955, S. 11 ff.
151 J. SIEGWART, Zur Frage des alemannischen Herzogsgutes um Zürich, jetzt in: Zur Geschichte der Alemannen, hg. von W. Müller (= Wege der Forschung, Band C), 1975, S. 223–287.
152 Daran möchte ich mit F. VON WYSS, Entstehung und Verfassung, S. 354, gegen H. WICKER, St. Peter in Zürich, 1955, S. 31, festhalten.
153 So H. WICKER, St. Peter in Zürich, 1955, S. 26 ff.

amt in den Besitz einer »Hauptstadt« gelangt, die zu gewinnen ihm anderswo offensichtlich verwehrt worden war. Da ihm vergleichbare Orte innerhalb der Grenzen des Reiches unzugänglich blieben, sah er sich auf das Mittel der gewaltsamen Eroberung eines bedeutsamen Platzes mit karolingischer, d. h. königlicher Tradition verwiesen.

Und für ein solches Streben bot sich allein Zürich an, das – dem Herrschaftsbereich des Schwabenherzogs benachbart – dennoch nicht mehr im Reiche Heinrichs I., sondern im burgundischen Königreich gelegen war. Dieser Umstand erleichterte den freilich nur mit Hilfe kriegerischer Gewaltanwendung möglichen Zugriff.

Was aber machten Herzog Burchard II. und seine Nachfolger im Amte aus und mit der von ihnen eroberten »Stadt« der Karolinger und was bedeutete Zürich für die Herzöge von Schwaben und für die Ausübung ihres Amtes?

Zunächst ist eines von vornherein zu betonen: Zürich stand nicht nur Burchard II. zur Verfügung; es diente vielmehr zumindest auch noch Herzog Ernst II.[154] als Zentrum seiner Herzogsherrschaft und hatte damit über ein ganzes Jahrhundert hinweg kontinuierliche Bedeutung für das Herzogsamt in Schwaben. Zürich stellte damit zweifellos einen stabilisierenden Faktor für dieses »Amt« dar.

Äußeres Zeugnis für die Herrschaft der Herzöge in und über Zürich sind die Münzen, die sie hier – in der Nachfolge Ludwigs des Kindes und Rudolfs II. von Hochburgund – prägen ließen[155]. Zürich war zugleich die erste herzogliche Münzstätte in Schwaben überhaupt, denn im Gegensatz zu den in Breisach geprägten Denaren Herzog Hermanns[156], der als erster Herzog in Zürich prägen ließ, tragen seine Zürcher Münzen noch nicht den Namen des Königs auf der Rückseite, sondern zeigen allein den Namen des Herzogs (Abb. 1). Das könnte darauf schließen lassen, daß die Zürcher Denare zeitlich vor den aus Breisach stammenden geprägt worden sind[157].

Von Hermann I. an hat dann kein Herzog von Schwaben bis einschließlich Herzog Ernst II.[158] auf eine Münzprägung in Zürich verzichtet (Abb. 1–9). Das spricht nicht nur für die herausragende Rolle, die Zürich auch im 10. und frühen 11. Jahrhundert als Wirtschaftsplatz zukam; es spricht zugleich für eine überaus starke Stellung, die den Herzögen in Zürich eignete.

Für die Rechtsgrundlagen dieser herzoglichen Münzprägung in der »Stadt« an der Limmat scheint es indessen der Beachtung wert zu sein, daß zwar Hermann I., Liutolt und Burchard III. in Zürich Münzen prägen ließen, die lediglich ihren eigenen Namen trugen, daß aber schon unter Burchard III. neben bzw. nach seinen »einnamigen« Denaren Zürcher Münzen auftraten, die außer dem Namen des Herzogs auch den Namen Ot-

---

154 Vgl. dazu die bei D. W. H. Schwarz, Münz- und Geldgeschichte, S. 15–23, wiedergegebene Reihe von Herzogsmünzen und die bequemen Überblicke bei H. Hürlimann, Zürcher Münzgeschichte, 1966, S. 151–153, u. (L. Mildenberg) Zürcher Münzen und Medaillen (Ausstellungskatalog), 1969, S. 14 f.
155 S. Anm. 154.
156 Vgl. S. 77 ff.
157 Dazu P. Volz, Königliche Münzhoheit und Münzprivilegien im Karolingischen Reich. Diss. iur., Heidelberg, 1967, S. 62.
158 Über eine mögliche Zürcher Herzogsmünze Heinrichs III., vgl. G. Hatz, Anmerkungen zu einigen deutschen Münzen des 11. Jhs., in: Hamburger Beitrr. zur Numismatik, Bd. 18–19/ 1964–65, S. 49/53, hier S. 50–52.

tos I. aufwiesen. Otto I. ließ im übrigen – das darf nicht übersehen werden – daneben auch allein, auf eigenen Namen in Zürich prägen, dies, nebenbei bemerkt, als einziger deutscher König [159] bis zu Heinrich II.

Wie Burchards III. Name mit demjenigen Ottos I. gemeinsam auf einem Denar erscheint, so begegnen auch der Name Herzog Ottos verbunden mit dem Kaiser Otto II. und der Name Herzog Konrads verbunden mit dem Kaiser Otto III. Doch auch von Herzog Konrad besitzen wir daneben einen Denar, der nur seinen Namen trägt, und für die Herzöge Hermann (II. oder III.) und Ernst (I. oder II.) sind keine den Herzogsnamen mit dem Namen des Königs kombinierenden Zürcher Denare überliefert [160]. Das alles scheint darauf hinzudeuten, daß sich die Herzöge von Schwaben zu Beginn der Herzogsherrschaft in und über Zürich weitgehend unbehindert und ohne allzu starke Bindung an und durch das Königtum ihres – freilich doch letztlich vom Königtum sanktionierten [161] – Münzrechts in Zürich bedienten und dies ähnlich auch wieder um die Wende zum 11. Jahrhundert zu tun pflegten. Dazwischen aber, unter den drei Ottonen-Kaisern, machte sich der Einfluß des Herrschers auf die herzogliche Münztätigkeit in Zürich deutlich spürbar. Allein am Beispiel der herzoglichen Münzen von Zürich erweist sich demnach, wie sehr der Wechsel von relativer Freiheit und Ungebundenheit gegenüber dem Königtum und mehr oder weniger enger Bindung an das Königtum für die Stellung des Herzogs in Zürich charakteristisch ist.

Das zeitweise sehr enge Aufeinanderbezogensein von Königtum und Herzogsherrschaft im Spiegel der Zürcher Münzen und die besondere Stellung Zürichs sowohl im königlichen wie im herzoglichen Münzwesen Schwabens drücken sich im übrigen in der Verwendung jenes »eigenartigen Stabes mit Blättern oder Zweigen« [162] aus, der um die Mitte des 10. Jahrhunderts einzig und allein auf Zürcher Münzen vorkommt. Dieses singuläre Münzbild findet sich sowohl auf Münzen, die nur Ottos I. Namen führen, als auch auf solchen, die nur Herzog Burchards III. Namen nennen (Abb. 4). Man hat in diesem Münzzeichen »eine Art Flabellum oder Caduceus« [163], also so etwas wie ein Herrschaftszeichen sehen wollen. Neuere Beobachtungen, die dieses Münzbild »einwandfrei als Nachprägung eines angelsächsischen Vorbildes« im Rahmen noch weiterreichender »Übereinstimmungen im Bildgut der angelsächsischen und schwäbisch-schweizerischen Münzen« [164] haben erkennen lassen, mahnen indessen zur Vorsicht, aus diesem Münzbild für die Stellung des Königs und des Herzogs zu weitgehende Schlüsse ziehen zu wollen. Und die gleiche Zurückhaltung dürfte auch gegenüber einer allzu extensiven

---

[159] SCHWARZ, Münz- und Geldgeschichte, S. 15, nennt noch Otto II., HÜRLIMANN, S. 152 führt ihn nicht auf, vgl. ebd., S. 25.
[160] Den Königsnamen tragen auch nicht der von G. HATZ, Anmerkungen zu deutschen Münzen des 11. Jhs., in: Hamburger Beitrr. zur Numismatik, 16/1962, S. 266–268, veröffentlichte Zürcher Denar Herzog Hermanns (II. oder III.) und die von G. HATZ, Anmerkungen zu einigen deutschen Münzen des 11. Jhs. ebd., 18–19/1964–65, S. 50 ff., publizierten Denare Herzog Ernsts (I. oder II.).
[161] Über die Rechtsgrundlagen der herzoglichen Münzhoheit neuerdings grundsätzlich P. VOLZ, Königliche Münzhoheit, S. 62, 73 ff.
[162] So D. W. H. SCHWARZ, Münz- u. Geldgeschichte, S. 16.
[163] Ebd., S. 26.
[164] G. HATZ, Anmerkungen zu einigen deutschen Münzen des 11. Jhs., in: Hamburger Beitrr. zur Numismatik, 18–19/1964–65, S. 52.

Ausdeutung des wiederum nur sehr schwer zu erklärenden Bildes auf der Vorderseite eines Denars Ernsts II. geboten sein, bei dem es sich »um ein Gebäude..., wahrscheinlich aber um eine dreiblättrige Pflanze« handeln könnte [165] (Abb. 9).

Wie dem auch immer sein mag, die Zürcher Denare erweisen den Herzog von Schwaben für über ein Jahrhundert als Herrn des Zürcher Marktes und der Zürcher Münze, als Inhaber eines Rechtes, das freilich – zumindest bei Königsaufenthalten – durch die Vorrechte des Königtums mehr oder weniger starke Einschränkungen hinnehmen mußte.

Inwieweit der Herzog zugleich auch über die königliche Pfalz auf dem Lindenhof verfügen konnte und ob für seine 924 und 929 in Zürich vollzogenen Handlungen [166], vor allem für die 929 *in scena Turicine* geschehene [167], tatsächlich die Pfalz als Stätte gesehen werden darf, läßt sich mit Hilfe der wenigen schriftlichen Quellen, die wir besitzen, nicht entscheiden. Dennoch ist es, zumindest für die ersten Jahre schwäbischer Herzogsherrschaft in Zürich, kaum vorstellbar, daß der die Stelle der Karolinger und des Königs von Hochburgund einnehmende Herzog die Pfalz als das Zentrum königlicher Herrschaft in und über Zürich nicht für sich in Anspruch genommen haben mochte. Und wenn die zweite auf dem Lindenhof ergrabene Pfalz mit ihrem langen, sich von Norden nach Süden erstreckenden zweigeschossigen Gebäude, ihren beiden übereinander liegenden repräsentativen Sälen, ihrem Osttrakt mit Wohn- und Wirtschaftsräumen und ihrer, dem Hauptgebäude angefügten Pfalzkapelle tatsächlich ins 10. Jahrhundert gehören sollte [168], dann stellt sich sogar die Frage, ob in eben diesem weitgehend von der herzoglichen Herrschaft geprägten ottonischen Zürich nicht auch an die Herzöge von Schwaben als Bauherren zu denken wäre [169]. Eine solche Annahme liegt um so näher, als wir für das Jahr 1027, d. h. für die Zeit der Auseinandersetzungen Herzog Ernsts mit Kaiser Konrad II., die Nachricht besitzen, daß der Herzog oberhalb Zürichs ein *castrum* befestigt habe [170], eine Nachricht, die sich am sinnvollsten auf die Pfalz über der Limmat beziehen läßt [171]. So wird man denn die Pfalz auf dem Lindenhof, die gewiß auch weiterhin dem König bei seinen Aufenthalten zur Verfügung stand, ebenso wie Münze und Markt auch für die vorausgehenden Jahrzehnte zugleich mit dem Herzog und der Ausübung seines Amtes in Verbindung bringen wollen und müssen.

Die Herzöge von Schwaben haben jedoch nicht nur die Herrschaft über Markt und – zeitweise – über die Pfalz auf dem Lindenhof ausgeübt; sie waren, in gleicher Weise

---

[165] Ebd., S. 50 f.
[166] ZUB I, Nr. 188 u. 192.
[167] ZUB I, Nr. 192; auf die Pfalz bezogen bei Th. von Liebenau, Über die Reichspfalzen der Schweiz, in: Katholische Schweizerbll., NF 17/1901, S. 132-144, 323-379, hier 347.
[168] Vgl. dazu E. Vogt, Lindenhof, S. 75 ff. Zur Datierung ins 10. Jh. zustimmend M. Beck, Pfalz auf dem Lindenhof, S. 75; dagegen – freilich ohne Beibringung von Gründen – für eine Datierung dieses zweiten Pfalzbaus in die Zeit Heinrichs III. H. Keller, Der Gerichtsort in oberitalienischen und toskanischen Städten, in: Qu. FIt AB IL/1969, S. 1-72, hier 65, Anm. 259.
[169] So auch M. Beck, Pfalz auf dem Lindenhof, S. 75.
[170] Wipo, cap. 19 (= Ausgew. Quellen XI), S. 574.
[171] Die Nachricht bei Wipo wurde lange Zeit auf die Kiburg bezogen, dann aber – nach Zweifeln von H. Bresslau, Jbb. Konrad II., I, S. 202, Anm. 1 – neuerdings von M. Beck, Pfalz auf dem Lindenhof, S. 76 – m. E. überzeugend – mit dem Lindenhof in Zusammenhang gebracht.

wie die karolingischen Könige, auch Herren der Zürcher Kirchen [172]. Diese herzogliche Kirchenherrschaft gibt sich am sichtbarsten darin zu erkennen, daß die Chorherren in einer *notitia* des Jahres 968 Herzog Burchard als ihren *senior* bezeichnen [173] und daß ebenso wie die karolingischen Königstöchter Hildegard und Berta und wie Richardis, die Gattin Karls III., auch Reginlinde, die Gattin Herzog Burchards II. und Herzog Hermanns I., als (Laien-)Äbtissin der Frauenabtei – wenn nicht gar zugleich auch dem Chorherrenstift – vorstand [174].

Wie sehr die Herzöge auch in das liturgische Gedenken der Zürcher Kirchen einbezogen waren, lassen vor allem die Einträge von Herzogs-Namen in das Nekrolog des Chorherrenstifts erkennen, wo wir die Herzöge Konrad, die Herzogin Hadwig, die beiden Herzöge Hermann und einen Herzog Ernst verzeichnet finden [175]. Und hierher gehört gewiß auch das liturgische Gedenken an eine freilich noch nicht identifizierte *ducissa nomine Swanila* und ihren Mann *Burchardus dux dictus de Nagelton,* von denen die spätmittelalterliche Überlieferung sagt [176], daß der Herzog dem Stift sein Besitztum und das Patronatsrecht der Kirche des hl. Vinzenz zu Schwenningen am oberen Neckar geschenkt habe.

An die Art und Weise karolingischer Kirchherrschaft in Zürich fühlt man sich auch bei der Feststellung erinnert, daß der Zürcher Presbyter Hartbert, der bis 930 Vorsteher (Propst?) der Zürcher Chorherren gewesen sein dürfte und von Zürich aus im Auftrag Herzog Hermanns St. Felix- und Regula-Reliquien in die neu gegründete Abtei Einsiedeln zu bringen hatte, daß eben dieser Zürcher Kanoniker, wenn auch erst nach seinem Weggang aus Zürich, für 937 in einem Diplom Ottos I. [177] *presbyter* Herzog Hermanns und etwas später, da er wiederum im Auftrag Herzog Hermanns als Überbringer von Florinus-Reliquien nach Koblenz und Lipporn fungiert, gar ausdrücklich *capellanus Heremanni ducis* genannt wird [178]. Bemerkenswert ist an dieser Kennzeichnung nicht nur, daß sich Herzog Hermann – nach dem Vorbild der Könige – des Kapellanats bedient; bemerkenswert ist in unserem Zusammenhang vor allem, daß der Herzog diese höfische Institution mit einer Kirche verbindet, deren Kapitel bereits zu Zeiten Ludwigs des Deutschen schon einmal ein Kapellan eben dieses Königs angehört hatte.

---

172 Vgl. dazu die Anm. 132 zitierte Literatur und F. von Wyss, Entstehung und Verfassung, S. 363 ff., sowie L. C. Mohlberg, Rand – und andere Glossen zum ältesten Schriftwesen in Zürich bis etwa 1300, in: Scriptorum I/1947, S. 17–32, hier S. 20, und Th. L. Zotz, Der Breisgau und das alemannische Herzogtum, 1974, S. 149.
173 ZUB I, Nr. 212, S. 103.
174 Zu dieser Funktion der Reginlinde vgl. E. Egloff, Zürich vor 1100 Jahren, S. 80, u. H. Wicker, St. Peter in Zürich, 1955, S. 54 f.
175 Vgl. MG Necrol. I, S. 547 ff., sowie E. Grunauer, Züricher Todtenbuch, in: M. Büdinger, E. Grunauer, Älteste Denkmale der Züricher Literatur, 1866, S. 68–72, 75 u. den Kommentar S. 92 ff.
176 Vgl. D. W. H. Schwarz, Statutenbücher, S. 145. – Der Eintrag ist – wie ich feststellen konnte – auch in Hs. C 8b (von ca. 1260) der Zentralbibliothek Zürich auf fol. 2ᵃ (nachträglich eingeheftetes Blatt) enthalten. Eine genauere Exegese dieses Eintrags behalte ich mir vor.
177 MGDO I 8.
178 Zu Hartbert vgl. I. Müller, Die Florinusvita des 12. Jhs., in: 88. Jahresbericht der Historisch-Antiquarischen Gesellschaft von Graubünden 1958, S. 1–58, insbes. S. 43 ff.; J. Siegwart, Chorherren- u. Chorfrauengemeinschaften, S. 191 f.; H. Keller, Einsiedeln, S. 19; K. Schmid, Die Thronfolge Ottos des Großen, in: Königswahl und Thronfolge in ottonisch-frühdeutscher

Wie sehr auch hier die Reichskirche und die herzogliche Kirchherrschaft ineinandergreifen, läßt sich an den reichen Schenkungen erkennen, die König Otto I. Hartbert, dem Kapellan des Schwabenherzogs, zukommen läßt, und endlich daran, daß – ähnlich wie bei den Angehörigen der königlichen Kapelle – der ehemalige Kapellan des Herzogs von Schwaben später gar zum Bischof von Chur promoviert wird [179].

Eine weitere, nicht weniger wichtige Heranziehung der Stiftskanoniker für die Zwecke herzoglicher Amtsausübung erhellt daraus, daß sich Herzog Burchard für die Abfassung der ersten von ihm in Zürich ausgestellten Urkunde [180] mit Liutingus eines Schreibers bediente, der – als *Liutingus presbyter* – auch Urkunden der Zürcher Chorherren fertigt [181] und damit wohl auch dem Kollegiat-Stift als Kanoniker angehört haben dürfte (Abb. 20). – Es ist in diesem Zusammenhang zugleich bemerkenswert, daß in der Datierung von Zürcher Urkunden, die von Schreibern der Zürcher Kirchen geschrieben worden sind, neben der – auch in St. Gallen und Rheinau gebräuchlichen – *sub comite*-Formel auch eine *sub duce*-Formel angewendet wird [182]. Auch dies ist ein Hinweis darauf, daß die Zürcher geistlichen Institutionen stets darauf bedacht waren, die Herrschaft des Herzogs über ihre Kirche zu betonen.

Diese Herrschaft des Herzogs über die Zürcher Kirchen drückt sich aber, für alle sichtbar, in der für den Hof der Kirche St. Peter geltenden Bestimmung aus, daß *in adventu ducis*, daß bei Ankunft des Herzogs, die erforderlichen Kissen von eben diesem Hof zu liefern seien [183]. Wenn man bedenkt, daß die Peterskapelle einmal im Besitz eines Mitglieds der karolingischen Hofkapelle war und daß zugleich berechtigter Anlaß besteht, in der Peterskapelle die Kapelle der karolingischen Königspfalz zu erblicken [184], dann wird man in dieser Bestimmung die Nachahmung bzw. Fortführung einer älteren, schon gegenüber den Karolingern bestehenden Pflicht sehen wollen, ja insgesamt

---

Zeit, hg. von E. Hlawitschka (= Wege der Forschung CLXXVIII), 1971, S. 417–508, hier S. 456, Anm. 142; I. MÜLLER, Zur Raetia Curiensis im Frühmittelalter, in: SZG 19/1969, S. 313 ff.; A. DIEDERICH, Das Stift St. Florin zu Koblenz (= Veröff. des Max-Planck-Instituts für Geschichte 16), 1967, S. 22 ff., u. jetzt TH. L. ZOTZ, Breisgau, S. 33 mit Anm. 141 u. öfters. Vgl. jetzt auch den Hinweis von W. HAUBRICHS, wie Anm. 84, Anm. 834 zu Kap. 2.4 auf Ekkeharti Casus Sancti Galli, ed. Meyer von Knonau, cap. 95, wo von Kapellänen der Herzogin (Hadwig) die Rede ist.

179 Vgl. jetzt insgesamt O. P. CLAVADETSCHER, in: Helvetia Sacra I/1972, S. 472.
180 ZUB I, Nr. 188.
181 Vgl. hierzu G. CARO, Zur Gütergeschichte des Fraumünsterstifts Zürich, in: DERS., Beitrr. zur älteren deutschen Wirtschafts- u. Verfassungsgeschichte, 1905, S. 69–77, hier S. 72, u. P. SCHWEIZER, Zürcher Privat- u. Ratsurkunden, in: Nova Turicensia, 1911, S. 1–76, hier S. 14 f.
182 Dazu jetzt H. K. SCHULZE, Die Grafschaftsverfassung der Karolingerzeit in den Gebieten östlich des Rheins (= Schriften zur Verfassungsgeschichte 19), 1973, S. 80.
183 ... *quia de ea in adventu ducis culcite comportari debent*, ZUB I, Nr. 384, S. 269/70 (datiert auf ca. 1200); und dazu S. 269, Anm. 51, wo darauf hingewiesen wird, daß die Erwähnung des *dux* auf den Herzog von Zähringen schließen lasse, »obwohl in derartigen Einkünfteverzeichnissen oft ältere Verhältnisse mit herübergenommen werden.« – Ebenso allgemein verstanden und nicht erst auf die Herzöge von Zähringen bezogen bei TH. VON LIEBENAU, Reichspfalzen in der Schweiz, S. 340. – Diese Stelle ist nicht berücksichtigt bei H. C. PEYER, Der Empfang des Königs im mittelalterlichen Zürich, in: Archivalia et Historica, Festschrift für Anton Largiadèr, 1958, S. 219–223.
184 Vgl. oben S. 62.

den Brauch eines feierlichen *adventus* der Herzöge auf einen älteren Brauch und auf ein älteres, schon von den Königen in Zürich beanspruchtes Recht zurückführen dürfen.

Wie sehr die Herzöge darauf bedacht waren, die kultisch-religiöse Bedeutung der Vier-Kirchen-Stadt noch weiter zu steigern, lehrt die schon vorhin zitierte, auf etwa 926–930 zu datierende, im Martyrolog des Großmünsters enthaltene Notiz, derzufolge Hartbert – vermutlich Propst des Chorherrenstifts und zugleich Kapellan des Herzogs – im Auftrag Herzog Hermanns Reliquien, und zwar zwei Rippen der Zürcher Heiligen Felix und Regula, dem neugegründeten Kloster Einsiedeln überbracht habe [185]. Und ähnliches lehrt – wenn auch nicht gleich ausdrücklich auf eine unmittelbare Beteiligung des Herzogs verweisend – eine zweite Notiz aus dem Jahre 980, die zu berichten weiß, daß Erzbischof Egbert von Trier gleichfalls Reliquien der hl. Felix und Regula aus Zürich nach Trier mit sich geführt habe [186]. Nimmt man hinzu, daß nach 936 der Sarkophag der beiden Heiligen Placidus und Sigisbert aus Disentis in Oberrätien, wo Herzog Hermann zugleich als Graf waltete, vor den Sarazenen nach Zürich in Sicherheit gebracht worden ist und dort im Großmünster zusammen mit dem Kirchenschatz der rätischen Abtei für einige Jahre Zuflucht gefunden hat [187], dann zeigt sich an diesen drei in die Zeit intensivster herzoglicher Kirchherrschaft zu datierenden Nachrichten, wie sehr der Kult der beiden Zürcher Märtyrer – in einem Falle unter entscheidender Mitwirkung des Herzogs – durch Reliquientranslationen gefördert und wie andererseits durch die Bergung eines weiteren bedeutenden Reliquienschatzes in den Mauern der »Stadt« deren Geltung als religiöses Zentrum im südlichen Schwaben noch wesentlich erhöht worden ist.

Mit diesen von den Herzögen zweifellos stark geförderten Bestrebungen korrespondieren, wie nicht anders zu erwarten ist, einige wichtige Baumaßnahmen an Zürcher Kirchen, Baumaßnahmen, die sich archäologisch haben erschließen lassen: So etwa im Fraumünster die Einrichtung einer Krypta in der ersten Hälfte des 10. Jahrhunderts und noch vor 1000 die Errichtung einer Rundkapelle an der Nordseite des Langhauses [188]. Dann aber folgte noch im ausgehenden ersten Jahrtausend ein entscheidender Ausbau der Kirche St. Peter [189], folgte nach der Jahrtausendwende der Neubau einer großen dreischiffigen Kirche für die Chorherren von St. Felix und Regula [189a] und etwa um

---

185 Vgl. MG Necrol. I., S. 549, zu März 14 u. dazu E. GRUNAUER, wie Anm. 175, S. 53, 73 u. Kommentar S. 100 f., sowie zur Datierung H. KELLER, Einsiedeln, S. 19 f.

186 Vgl. E. A. STÜCKELBERG, Geschichte der Reliquien in der Schweiz, I/1902, S. 13, Nr. 68.

187 Vgl. Mittelalterliche Schatzverzeichnisse I, hg. von B. BISCHOFF (= Veröff. des Zentralinstituts für Kunstgeschichte IV), 1967, S. 28, Nr. 18 u. dazu I. MÜLLER, Die Anfänge des Klosters Disentis, in: Jahresbericht der Histor.-Antiquar. Gesellschaft von Graubünden 61/1931, S. 75–89, 110 ff.

188 Vgl. L. HERTIG, Entwicklungsgeschichte der Krypta, S. 99 ff.; E. VOGT, Zur Baugeschichte des Fraumünsters in Zürich, in: ZAK 19/1959, S. 133–163, sowie A. REINLE, Kunstgeschichte der Schweiz I/1968, S. 93, 116 ff., 147; vgl. grundsätzlich auch H. R. SENNHAUSER, in: Romanische Kirchenbauten, 1966, S. 391 ff. und jüngst W. ERDMANN u. A. ZETTLER, Zur Archäologie des Konstanzer Münsterhügels, in: SVG Bodensee 95/1977, S. 19–134, hier 71 ff.

189 Vgl. U. RUOFF u. J. SCHNEIDER, Die archäologischen Untersuchungen an der Kirche St. Peter in Zürich, in: ZAK 33/1976, S. 2–19, insbes. 7 f.

189a Vgl. A. REINLE, Kunstgeschichte, I, S. 84, 364, u. H. C. PEYER, Zürich im Früh- u. Hochmittelalter, S. 174.

die gleiche Zeit die Erbauung einer großen romanischen Kirche über der mutmaßlichen Hinrichtungsstätte von Felix und Regula. Für diesen imposanten, eine dreischiffige Unterkirche aufweisenden Bau, der die gesamte Inselfläche einnahm, hat man schon wiederholt die Herzöge als Bauherren erwogen [190].

Die ganze Fülle und Vielgestaltigkeit der dem Herzog in Zürich zur Verfügung stehenden Herrschaftsrechte aber hat ihren eindrücklichsten Niederschlag in drei Urkunden bzw. Notitien des 10. Jahrhunderts gefunden, die sich sämtlich auf eine der beiden großen Zürcher Kirchen beziehen, in einem Falle sogar gleich beide geistliche Institutionen betreffen [191].

In der ersten, 924 von Herzog Burchard II. zu Zürich für die Nonnen des Fraumünsters ausgestellten Urkunde [192] bestimmt der Herzog mit dem Rat seiner Getreuen, unter denen sich der Bischof von Konstanz und der Bischof von Chur sowie mehrere Grafen befinden, die Einkünfte, die für den Unterhalt der Klosterfrauen dienen sollen. Er nimmt diese Festsetzung, die offensichtlich auf einem herzoglichen Landtag in Zürich getroffen worden ist, vor unter ausdrücklicher Betonung der durch König Heinrich erteilten Genehmigung [193]. Eine Notiz vom Jahre 929 [194], die über den Austausch von Hörigen des Großmünster- und des Fraumünster-Stiftes berichtet, ergänzt dieses Bild von der herzoglichen, jedoch gegenüber dem König zu verantwortenden Herrschaft über die Zürcher Kirchen, verdeutlicht die Art und Weise herzoglicher Rechtsprechung und unterstreicht vor allem die Funktion Zürichs als Ort herzoglicher Landtage.

Die Notiz von 929 zeigt, daß der Austausch der Stifts- bzw. Klosterhörigen auf Befehl Herzog Hermanns geschehen und letztlich durch Herzog Hermann selbst *in scena Turicine civitatis* [195] bekräftigt worden sei, wobei es besonders beachtenswert ist, daß neben den *familiae* des Stifts und der Abtei ausdrücklich auch die *familia ducis* genannt wird, – dies ein ausdrücklicher Hinweis darauf, daß der Herzog über eine eigene, zweifellos auf dem karolingischen Fiskalgut beruhende Grundherrschaft in und um Zürich verfügte.

In der dritten Notiz endlich [196] ist davon die Rede, daß ein Graf Gottfried im Jahre 968 in der Stadt Zürich über die Ansprüche der Chorherren auf ein ihnen geschenktes Gut zu Gericht gesessen habe. Der Urteilsspruch mußte zunächst wegen der Bestechung von Zeugen verschoben und die weitere Entscheidung dem *senior* (der Chorherren), dem Herzog Burchard III., überlassen werden. Der Herzog erscheint zwar nicht selbst, sendet aber seine bevollmächtigten Boten *(nuncii)* zu dem wieder unter Vorsitz des Grafen in Zürich abgehaltenen Gericht, wo nun die Zeugen neuerlich befragt werden.

Ganz gleich, ob der hier fungierende *comes* Gottfried als Graf oder als Vogt über die Zürcher Kirchen und den Zürcher Fiskus (Leute *de fisco* werden in dieser Notitia ausdrücklich genannt) seines Amtes waltet [197], in jedem Falle zeigt sich, daß letztlich der

---

190 Vgl. Anm. 144.
191 Vgl. zum folgenden auch F. von Wyss, Entstehung u. Verfassung, S. 366 ff.
192 ZUB I, Nr. 188. Zu dieser Urkunde jetzt ausführlich W. Haubrichs, wie Anm. 84, S. 644 f.
193 ...*cum licencia Heinrichi regis*...
194 ZUB I, Nr. 192.
195 Vgl. oben S. 66.
196 ZUB I, Nr. 212.
197 Dazu F. v. Wyss, Entstehung u. Verfassung, S. 375 f.

Herzog der Inhaber der hier ausgeübten Gerichtsbarkeit war, daß der Graf in seinem Namen zu Gericht saß und daß die herzogliche Herrschaft und die herzogliche Gerichtsbarkeit in und über Zürich zumindest in der zweiten Hälfte des 10. Jahrhunderts bereits in zwei Stufen gegliedert waren.

Nimmt man alles in allem, dann waren die Herzöge von Schwaben im einst karolingischen Zürich – trotz mehr oder weniger intensiver Bindung an Königtum und Reich – in allen entscheidenden Funktionen ohne jeden Zweifel an die Stelle des Königs getreten. Sie fühlten sich als die eigentlichen Herren der königlichen »Stadt« und konnten mit der Innehabung eines derart qualifizierten Platzes, dem durch die Einberufung herzoglicher Landtage überdies zentrale Funktionen für den gesamten Herrschaftsbereich des Herzogs zukamen, die ideellen, die materiellen und vor allem die rechtlichen Grundlagen ihres Amtes stets sichtbar unter Beweis stellen. Zürich war und blieb für über ein Jahrhundert die vornehmste Stätte herzoglicher Herrschaft in ganz Schwaben[198]; sie versinnbildlichte die zwar dem Reiche integrierte, aber dennoch in vielem königliche Stellung des Herrn dieser »Stadt«, eben des Herzogs von Schwaben.

Der König freilich war, das haben wir immer wieder gesehen, nie voll und ganz aus Zürich verdrängt. Er bediente sich des Palatium auf dem Lindenhof, wann immer er – vorab auf Italienzügen – in den Süden Schwabens kam.

Daß auch ihm – eben wegen Zürichs Geltung als Vorort schwäbischer Herzogsherrschaft – die Stadt an der Limmat am geeignetsten erschien, Maßnahmen zu treffen, die für ganz Schwaben Geltung beanspruchen sollten, gibt sich vor allem darin zu erkennen, daß es Zürich war, wo Heinrich II. im Jahre 1004 einen Frieden für ganz Schwaben verkündete[199]. Mit Heinrich II. beginnt denn auch eine ganze Reihe selbständiger königlicher Münzprägungen in Zürich[200], fortgesetzt ebenso von Konrad II.[201] wie von Heinrich III.[202] Diese Prägungen geben ein verstärktes Wirksamwerden des Königtums in Zürich zu erkennen, das, vollends nach dem Ende Herzog Ernsts II., die bislang noch von der Herzogsherrschaft beanspruchten Rechte in Zürich wieder gänzlich an sich gezogen haben dürfte[203].

---

198 Vgl. schon entsprechende Beobachtungen bei E. ROSENSTOCK, Königshaus und Stämme in Deutschland zwischen 911 u. 1250, 1914, in Abschnitt 16: »Werla-Goslar und Zürich«, insbes. S. 340 ff.; dagegen abschwächend, wenn auch zugestehend, daß »Zürich im 10. Jh. in der Tat ein besonders bedeutsamer Platz des alemannischen Herzogs gewesen ist«, H. W. KLEWITZ, Herzogtum, wie Anm. 2, S. 246; vgl. dazu auch H. WEIS, Die Grafen von Lenzburg in ihren Beziehungen zum Reich und zur adligen Umwelt. Diss. phil. Masch., Freiburg 1959, S. 53 f., über Zürich im 10. Jh.: »Zürich war im Begriffe, die bedeutendste Stadt in Alemannien zu werden...« Dort auch die Wertung Zürichs als »der Mittelpunkt des schwäbischen Herzogtums...«
199 Vgl. dazu J. GERNHUBER, Die Landfriedensbewegung in Deutschland bis zum Mainzer Reichslandfrieden von 1235 (= Bonner Rechtswissenschaftliche Abhandlungen 44), 1952, S. 28 ff.
200 Vgl. dazu jetzt D. W. H. SCHWARZ, Ein Zürcher Denar des 11. Jhs., in: Dona Numismatica, FS Walter Hävernick, 1965, S. 95–97.
201 Dazu E. B. CAHN, Die Münzen des Schatzfundes von Corcelles-près-Payerne, in: Schweizerische Numismatische Rundschau XLVIII/1969, S. 106–226, hier 195 f.
202 Vgl. G. HATZ, Anmerkungen zu einigen deutschen Münzen des 11. Jhs., in: Hamburger Beitrr. zur Numismatik 18/19/1964–65, S. 50 ff.
203 Vgl. D. W. H. SCHWARZ, wie Anm. 200, S. 96 f.

Ernst hatte als letzter schwäbischer Herzog in Zürich noch einmal Münzen mit seinem Namen prägen lassen [204] und in seinem Kampf gegen den König die Pfalz auf dem Lindenhof neu befestigt [205]. Danach aber – bis zu dem großen Ausgleich des Jahres 1098 [206] – sind es allein die salischen Könige, die das Palatium auf dem Lindenhof für ihre vor allem schwäbischen, burgundischen und italienischen Angelegenheiten gewidmeten Hoftage benützt [207] und die Zürcher Kirchen in ihre königlichen Festtagsfeiern, so etwa in die Heinrichs III. an Pfingsten 1052 und an Weihnachten 1055, einbezogen haben [208].

Der herzogliche Vorort Zürich ist wieder in die volle Verfügungsgewalt des Königtums zurückgekehrt. Die hier über ein Jahrhundert herrschende Zwischengewalt ist völlig beseitigt worden. Die salischen Könige haben Zürich zu jener Bedeutung gelangen lassen, die sich in der mit den Worten *O Thuregum, Romae Regum Regale Palatium* beginnenden Sequenz auf die hll. Felix und Regula [209] ebenso ausdrückt wie in der von Otto von Freising überlieferten Mauerinschrift mit den Worten *Nobile Turegum multarum copia rerum* [210] und in der von Otto von Freising selbst getroffenen Kennzeichnung der Stadt als *nobilissimum Sueviae oppidum* [211].

Zürich als »Residenz« der Herzöge von Schwaben wäre indessen nur unzureichend gekennzeichnet, würde man nicht auch noch jene monastische Institution in die Betrachtung mit einbeziehen, die, obgleich 40 Kilometer seeaufwärts in einem einsamen Alpental gelegen, dennoch in ihren Anfängen ohne den Rückhalt am herzoglichen Vorort Zürich kaum lebensfähig geblieben wäre und die zugleich das »geistliche« Zürich auf ihre Weise ergänzt hat: das Kloster Einsiedeln.

Nicht nur daß dieses, eine ältere eremitische Tradition am gleichen Platze wiederaufnehmende Kloster [212] seine Grundausstattung umfangreichen Dotationen Herzog Hermanns und seiner Gattin Reginlinde verdankt [213], einem Herzogspaar also, das wie keines vor und nach ihm Zürich tatsächlich zu so etwas wie seiner Residenz ausgestaltet hatte. Herzog Hermann war es vielmehr auch, der die von ihm entscheidend geförderte Klostergründung mit Zürich, genauer mit dem Chorherrenstift, liturgisch in der Weise

---

204 G. HATZ, wie Anm. 202, S. 50 ff.
205 Vgl. oben S. 66.
206 Vgl. unten S. 220 ff.
207 Für Zürichs Stellung in salischer Zeit, vor allem R. SCHMIDT, Königsumritt, Huldigung und Stämme in ottonisch-salischer Zeit, in: VuF VI/1961, S. 97–233, hier S. 157, 169, 192, 195 ff., u. H. D. KAHL, Die Angliederung Burgunds an das mittelalterliche Imperium, in: Schweizerische Numismatische Rundschau XLVIII/1969, S. 13–105, hier S. 77 ff.; H. WEIS, Grafen von Lenzburg, S. 59 ff., 80 ff.
208 Hierzu H. W. KLEWITZ, Die Festkrönungen der deutschen Könige, in: ZRG/KA XXVIII/1939, S. 48–96, hier S. 95.
209 Vgl. TH. VON LIEBENAU, Reichspfalzen in der Schweiz, S. 346.
210 Otto Fris. Gesta Frid., I, S. 25.
211 Ebd., S. 24.
212 Zu Einsiedeln jetzt grundsätzlich H. KELLER, Kloster Einsiedeln im ottonischen Schwaben (= FOLG XIII), 1964, passim, und neuestens W. HAUBRICHS, wie Anm. 84, S. 644 f.
213 Vgl. P. KLÄUI, Untersuchungen zur Frühgeschichte des Klosters Einsiedeln, in: Festgabe Hans Nabholz zum 70. Geburtstag, 1944, S. 78–120, insbes. S. 87 ff., u. H. KELLER, Einsiedeln, S. 21 ff.

verband, daß er – wir haben schon wiederholt darauf verwiesen – noch vor dem Jahre 930, d. h. noch vor der Bildung eines eigentlichen Konvents[214], den Einsiedler Mönchen, den *Heremitis,* durch den Propst des Zürcher Stiftes Reliquien der beiden Zürcher hll. Felix und Regula überbringen ließ, und zwar unter der ausdrücklichen Bedingung, daß diese Reliquien, sollte das monastische Leben zu Einsiedeln gewaltsam abgebrochen werden, von den Zürcher Chorherren nach Zürich zurückgeführt und dort wiederum in den Reliquienschrein, dem sie entnommen worden waren, zurückgelegt werden müßten[215].

Wenn man bedenkt, daß die Zürcher Reliquien innerhalb der 948 geweihten Einsiedler Klosterkirche im Altar des zweiten Klosterpatrons, des erst um 940 aus St. Maurice hierher transferierten hl. Mauritius[216], und zwar ohne die Beifügung weiterer Reliquien, »in sehr auszeichnender Weise« also, niedergelegt worden sind[217], dann läßt dies erkennen, wie sehr sich das von Herzog Hermann mitbegründete Kloster im einsamen Alpental auch weiterhin mit Zürich, seinen beiden Heiligen und seinen beiden Felix- und Regula-Kirchen verbunden fühlte.

Diese enge Beziehung zwischen der »Stadt« der Herzöge und dem Kloster der Herzöge[218] fand schließlich ihre deutlichste Äußerung darin, daß sich Herzogin Reginlinde, die Gattin Herzog Hermanns und einstige Äbtissin von St. Felix und Regula in Zürich, die Einsiedler Klosterkirche zur Grabstätte erwählte[219]. Sie, die Witwe Herzog Hermanns und (Laien-)Äbtissin von Zürich, hatte durch eigene umfangreiche Dotationen an Einsiedeln das Gründungswerk ihres Mannes wesentlich unterstützt und gefördert[220].

Durch Reginlinde war aber auch, nachdem sie sich, vom Aussatz befallen, aus Zürich auf die Insel Ufnau im Zürichsee zurückgezogen hatte, dort, nicht allzu weit von Einsiedeln entfernt, noch eine zweite kleine, kurzfristig zur Verfügung stehende Residenz geschaffen worden[221] (TA 5). Sie entstand[222], indem Reginlinde hier an die von ihr bereits vorgefundene Martinskirche – eine Pfarrkirche im übrigen – einen stattlichen

---

214 Ebd., S. 19 f.
215 Wie Anm. 185.
216 Vgl. die Übersicht über »Die Altäre und Reliquien der 948 geweihten Kirche« bei H. KELLER, Einsiedeln, S. 33.
217 Dazu die Beobachtungen bei E. WYMANN, Uri-Rheinau. Ein Beitrag zur Geschichte der Felix- u. Regula-Verehrung, in: XI. Histor. Neujahrsbl. hg. vom Verein für Geschichte u. Altertümer von Uri, S. 37–100, hier 39.
218 Zu dieser Wertung – gegen H. KELLER, Einsiedeln, S. 16 – TH. L. ZOTZ, Breisgau, S. 108.
219 Dazu H. KELLER, Einsiedeln, S. 21.
220 Ebd.
221 Zur Ufnau statt der älteren Literatur jetzt allg. zu vgl. »Ufenau – die Klosterinsel im Zürichsee«, hg. von U. GUT u. P. ZIEGLER, 2. Aufl., 1972, passim. Über Reginlinde und die Ufnau jetzt W. HAUBRICHS, wie Anm. 84, S. 620 f.
222 Zum folgenden vgl. L. BIRCHLER, Die Grabungen auf der Ufenau, 1958, in: Ritterhaus-Vereinigung Ürikon-Stäfa, Jahresbericht 1958, S. 7–21; DERS., Grabungen auf der Insel Ufenau im Zürichsee, in: Römische Quartalschrift 57/1962, S. 58–73; P. KLÄUI, Zur Frühgeschichte der Ufenau und der Kirchen am oberen Zürichsee, in: DERS., Ausgewählte Schriften, 1964 (= Mitt. der Antiquarischen Gesellschaft in Zürich, Bd. 43, H. 1), 1965, S. 30–45, hier 40 ff.; H. BÜTTNER/I. MÜLLER, Frühes Christentum im schweizerischen Alpenraum, 1967, S. 117, u. H. R. SENNHAUSER, in: Vorromanische Kirchenbauten, 1966, S. 353 ff.

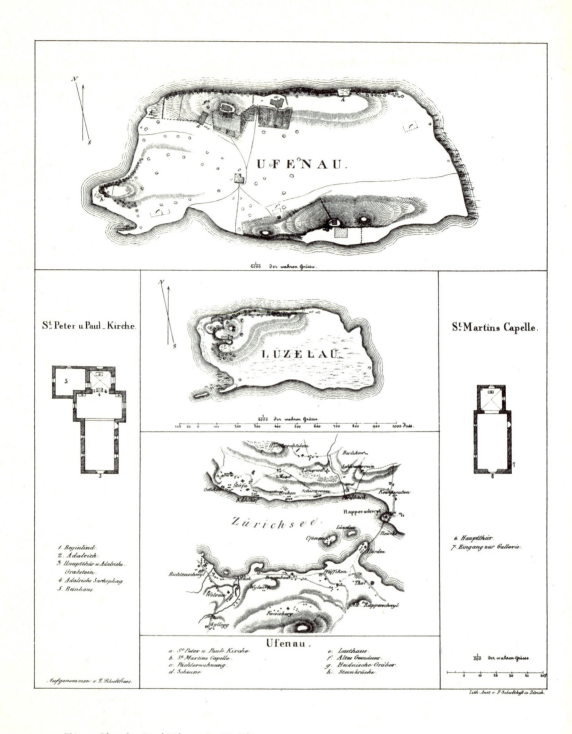

TA 5   Plan der Insel Ufenau im Zürichsee

Wohnbau im Ausmaß von 12,20 mal ca. 8 Metern anbauen ließ, von wo aus sie, wohl über ein hölzerne Brücke, eine für sie eingerichtete Empore in der Kirche erreichen konnte.

Anstelle der einen Kirche schuf Reginlinde auf der Insel eine kleine »Kirchenfamilie«, indem sie in geringer Entfernung von der älteren Martinskirche kurz vor ihrem Tode, der sie im Jahre 958 ereilte, noch eine Peterskirche erbauen ließ [223]. Das Patrozinium dieser Peterskirche weist im übrigen wiederum nach Zürich zurück [224]; denn dort, an der Limmat, stand seit alters eine dem hl. Petrus geweihte Kirche, die dem Kloster, dem Reginlinde als Äbtissin vorgestanden hatte, rechtlich zugeordnet war.

So lag die Ufnau und so lag das »Herzogs«-Kloster Einsiedeln, dem die Insel im übrigen im Jahre 965 von Otto I. geschenkt wurde, zumindest im 10. Jahrhundert weitgehend im Bannkreis der »Herzogs«-Stadt Zürich. Diese hingegen wurde in ihren Funktionen als »Residenz« der Herzöge durch das – im Gegensatz zu den Zürcher Kirchen – nicht auf Fiskalland, sondern auf Eigenbesitz des Herzogs errichtete Benediktinerkloster und den Witwensitz der Herzogin noch um zwei nicht unwesentliche Institutionen, die ihr räumlich vorgelagert waren, ergänzt und bereichert.

Es ist in diesem Zusammenhang gewiß bezeichnend, daß die engen Bindungen der Abtei Einsiedeln an die Herzöge von Schwaben in jener Epoche für immer abbrachen [225], da sich auch in Zürich jeglicher Bezug zur Herzogsherrschaft verflüchtigte: als nämlich Herzog Ernst II. gegen den König rebellierte. Das Miteinander und Zueinander beider Orte wird auch dadurch offenkundig.

BREISACH

War Zürich als der erste residenzähnliche Vorort des Herzogs von Schwaben – neben dem Hohentwiel und neben Wahlwies – nur durch einen an der Grenze des herzoglichen Herrschaftsbereichs gegen Hochburgund erfochtenen militärischen Sieg zu gewinnen gewesen, so verhielt es sich mit dem zeitlich nächstfolgenden, zum Hohentwiel und zu Zürich hinzukommenden dritten Herzogs-Vorort in Schwaben, mit Breisach [226] am Rhein, im äußersten Westen des »Herzogtums«, ähnlich: Denn dem 30 bis 40 Meter über die Rheinniederung hinausragenden, sehr wahrscheinlich damals noch wie eine Insel

---

223 Auf die Überlieferung, daß Adalrich, ein angeblicher Sohn Reginlindes und Herzog Burchards I., als Leutspriester an der Peterskirche gewirkt habe, am 29. IX. 973 auf der Ufnau gestorben und in seiner Kirche begraben worden sei, sei wenigstens hingewiesen, vgl. G. RINGHOLZ, Geschichte der Insel Ufnau im Zürichsee, 1908, S. 27 ff., u. E. A. STÜCKELBERG, Die schweizerischen Heiligen des Mittelalters, 1903, S. 5/6. – Dazu kritisch H. KELLER, Einsiedeln, S. 94 mit Anm. 320.
224 Vgl. P. KLÄUI, Ufenau, wie Anm. 222, S. 41.
225 Vgl. dazu H. KELLER, Einsiedeln, S. 62, 69, 123 u. insbes. 139.
226 Zu Breisach jetzt allg. G. HASELIER, Geschichte der Stadt Breisach am Rhein I/1969, u. DERS., Breisach am Rhein. in: Freiburg im Breisgau. Stadtkreis und Landkreis. Amtliche Kreisbeschreibung II/1, 1972, S. 101-142, und dazu jetzt B. SCHWINEKÖPER, Eine neue Geschichte Breisachs, in: Schau-ins-Land 94/95, 1976/77, S. 363-383, hier 370 ff.; immer noch nützlich die Zusammenstellung der Quellen bei A. KRIEGER, Topographisches Wörterbuch des Großherzogtums Baden I/1904, Sp. 268 ff.

westlich und östlich von Rheinarmen umflossenen Berg waren seit jeher Funktionen einer Grenzfeste zwischen dem rechtsrheinischen Breisgau und dem linksrheinischen Elsaß zugekommen [227]. Das war schon so, als Kaiser Valentinian I. (364–374) auf dem *Mons Brisiacus* [228], der bereits in der Späthallstattzeit einen – der Heuneburg an der oberen Donau vergleichbaren – Fürstensitz getragen und in der Latènezeit einem spätkeltischen *oppidum* Platz geboten hatte, im Zuge der Verteidigungsmaßnahmen gegen die vordringenden Alemannen ein mächtiges, die Südhälfte des Berges einnehmendes Kastell mit einem wuchtigen Hauptbau in seiner Mitte weiter ausbauen ließ (TA 6). Auf dieses bedeutende spätrömische Kastell an der neuen Reichsgrenze [229], das im August 369 Kaiser Valentinian sogar als Aufenthalt diente, beziehen sich denn auch die relativ zahlreichen Nennungen des *Mons Brisiacus* in spätantiken Quellen [230] bis hin zur Erwähnung des Berges unter den von ihm aufgezählten »Städten« beim Geographen von Ravenna und zu der in das 5. Jahrhundert verweisenden Harlungen-Sage, die Breisach Sitz eines Königs sein läßt [231]. Zugleich erhellt die Bedeutung des Platzes für das rechtsrheinische Gebiet aus der Nennung der *Brisgavi*, d. h. der Bewohner des Breisgaus, in der *Notitia dignitatum* [232] vom endenden 4. Jahrhundert; denn der hier erstmals aufscheinende Gauname ist sprachlich eindeutig auf Breisach bezogen und am ehesten mit raumübergreifenden, etwa einer *civitas* zukommenden Rechten der spätrömischen Anlage auf dem Berg über dem Rhein erklärbar.

Die Grenzlage dieses Platzes wird von neuem sichtbar, als er über fünfhundert Jahre später erstmals wieder in den Quellen erscheint: Wissen wir nicht, welche Rolle der Berg in der Zeit des frühen elsässischen Herzogtums der Etichonen bzw. des frühen alemannischen Herzogtums spielte und welche Bedeutung ihm in karolingischer Zeit zukam [233],

---

[227] Zu dem Verhältnis beider Landschaften vgl. grundsätzlich H. Büttner, Breisgau u. Elsaß, jetzt in: Ders., Schwaben und Schweiz im frühen und hohen Mittelalter (= VuF XV), 1972, S. 61–85, passim, und W. Stülpnagel, Der Breisgau im Hochmittelalter, in: Schau-ins-Land 77/1959, S. 3–17.

[228] Zum folgenden vgl. R. Nierhaus, Zur Topographie des Münsterberges von Breisach, in: Bad. Fundberichte 16/1940, S. 94–113; Ders., Grabungen in dem spätrömischen Kastell auf dem Münsterberg von Breisach 1938, in: Germania 24/1940, S. 37–46; G. Fingerlin, Ausgrabungen im spätrömischen Breisach, in: Denkmalpflege in Baden-Württemberg I/1972, S. 7–11, sowie – über die neuesten Entdeckungen – den (hektographierten) »Tätigkeitsbericht des Landesdenkmalamts Baden-Württemberg, Außenstelle Freiburg, Abtlg. II (Bodendenkmalpflege) für das Jahr 1975«, S. 3 f., und jetzt vor allem H. Bender – R. Dehn – I. Stork, Neuere Untersuchungen auf dem Münsterberg in Breisach (1966–1975): 1. Die vorrömische Zeit, in: Archäologisches Korrespondenzbl., Heft 3/1976, S. 213–224, 2. Die römische und nachrömische Zeit, ebenda Heft 4/1976, S. 309–320; sowie G. Fingerlin, in: Die Römer in Baden-Württemberg, hg. von Ph. Filtzinger, D. Planck u. B. Cämmerer, 1976, S. 248 ff.

[229] Für das folgende neben G. Haselier, Geschichte, S. 27 ff., auch H. Büttner, Geschichte des Elsaß I/1939, S. 16 ff.

[230] Vgl. G. J. Wais, Die Alamannen in ihrer Auseinandersetzung mit der römischen Welt, 2. Aufl., 1941, S. 178, 177, Anm. 3.

[231] Vgl. F. Panzer, Deutsche Heldensage im Breisgau, 1904, S. 59 ff.; K. Gutmann, Die Volkssagen von Breisach, 1924, S. 3–7.

[232] Vgl. etwa G. J. Wais, Die Alamannen in ihrer Auseinandersetzung mit der römischen Welt, 2. Aufl., 1941, S. 178, Anm. 3.

[233] Hierzu und zum folgenden vgl. H. Büttner, Franken und Alamannen in Breisgau und Ortenau, jetzt in: Ders., Schwaben und Schweiz im frühen und hohen Mittelalter (= VuF XV),

so lernen wir das ... *castrum, quod dicitur Brisacha supra Rheni* für den August des Jahres 938 überraschend als eine Örtlichkeit kennen, in deren Nähe König Ludwig von Frankreich während seines Einfalls in das noch immer nicht voll und ganz vom deutschen Königtum beherrschte Elsaß eine Urkunde ausstellte [234].

Zeigt dieses plötzliche Wiederauftauchen Breisachs in den Quellen von neuem die dem Zürich von 919 vergleichbare Grenzlage auf, so noch mehr die Rolle des Berges im darauffolgenden Jahre 939 [235], als die Leute des aufständischen Herzogs Eberhard von Franken den wehrhaften Platz gegen König Otto besetzt hielten. Dieser aber, der König Ludwig von Frankreich neuerdings aus dem Elsaß zu vertreiben gezwungen war, belagerte das – wie Liudprand bezeichnenderweise sagt [236] – *in Alsatiae partibus* gelegene Breisach, das vom *Continuator Reginonis* als *castellum munitissimum* bezeichnet wird [237]. Mit Gewalt vermochte der König die starke Befestigung freilich nicht einzunehmen; nur durch die Kapitulation der *Brisacenses castellani* [238] gelang ihm schließlich die Eroberung des Berges.

Wenn nun erstmals von Herzog Hermann von Schwaben (926–949), einem engen Vertrauten Ottos I., dem der König den am 2. X. 939 bei Andernach erfochtenen Sieg über seine herzoglichen Feinde zu verdanken hatte, – wenn nun also erstmals von Herzog Hermann in Breisach geprägte Münzen vorhanden sind [239] (Abb. 10–13), dann kann dieses – im übrigen nur durch numismatische Quellen belegte – Fußfassen des schwäbischen Herzogs auf dem Berg von Breisach am ehesten mit der Einnahme des Berges durch Otto I. und einer Weiterverleihung der »Burg« an Hermann als seinen engsten Vertrauten erklärt werden.

Wiederum war es kein Platz in der Mitte des Herzogtums, den der König dem Herzog als neuen Vorort überließ, sondern eine Örtlichkeit an dessen Grenze, und wiederum war es ein Platz, der erst dem Feinde – diesmal freilich durch den König selbst – mit Gewalt abgerungen werden mußte. Aber nicht nur diese Merkmale verbinden Breisach mit Zürich; ähnlich wie die Rechtsqualität Zürichs ist auch diejenige des Breisacher Berges. Zwar wissen wir nichts von Breisachs Eigenschaft als altes Königsgut [240] und nichts von einer karolingischen Tradition der Bergfeste, wie sie Zürich eindeutig aufzuweisen

---

1972, S. 31–59, hier S. 51 ff.; DERS., Geschichte des Elsaß, S. 180 ff., u. jetzt vor allem TH. L. ZOTZ, Breisgau, S. 111 ff.

234 Vgl. KÖPKE-DÜMMLER, Jbb. Otto I., S. 77, u. dazu RJ II/1, Nr. 78 a u. b; und jetzt W. MOHR, Geschichte des Herzogtums Groß-Lothringen (900–1048), 1974, S. 26 f., sowie – ebenso wie zum folgenden – W. KIENAST, Deutschland und Frankreich in der Kaiserzeit (900–1270) I/1974, S. 59 ff.

235 Dazu H. BÜTTNER, Franken u. Alamannen, S. 52; DERS., Breisgau u. Elsaß, S. 78 ff.; DERS., Geschichte des Elsaß, S. 179 ff., u. jetzt TH. L. ZOTZ, S. 111 ff., sowie W. MOHR, Groß-Lothringen, S. 97, Anm. 179, mit Bezug auf Breisig am Mittelrhein.

236 Liudpr. Lib. IV, (= Ausgew. Quellen VIII, S. 122).

237 Cont. Regin. MGSS I, S. 618.

238 Ebd.

239 Zur frühen Münzgeschichte Breisachs vgl. DANNENBERG, S. 340 ff., 666, 934, 939, u. allg. F. WIELANDT, Breisach, in: Handbuch der Münzkunde von Mittel- und Nordeuropa I/1939–40, S 207–209.

240 Für Breisachs Eigenschaft als Königsgut plädiert jedoch H. BÜTTNER, Franken u. Alamannen, S. 52, u. DERS., Reichsbesitz am nördlichen Kaiserstuhl bis zum 10. Jahrhundert, in: Schauins-Land 67/1941, S. 26–31, hier 31.

hat. Aber spätestens die Einnahme Breisachs durch König Otto I. hatte auch den Berg am Rhein in königlichen Besitz gelangen und damit auch den neuen Herzogsvorort – ebenso wie den Hohentwiel und Zürich – auf Königsgut ruhen lassen. Auch durch diesen neuen Vorort also sah sich der schwäbische Herzog auf das Reich, auf das Königtum bezogen.

Daß Breisach in der Tat die Eigenschaft eines Herzogsortes zukam, lehrt einzig und allein, aber dies deutlich genug, die Prägetätigkeit, die Herzog Hermann in Breisach ausüben ließ. Als Münzstätte des Herzogs kommt Breisach im Range neben Zürich zu stehen, und es behält diese Stellung – sieht man von der kurzfristigen herzoglichen Prägetätigkeit in Esslingen ab – als zweiter Ort einer herzoglichen Münzstätte für mehrere Jahrzehnte bei [241] (Abb. 10–18).

Ist Breisach somit in vielem Zürich vergleichbar, so darf doch nicht übersehen werden, daß seine Bedeutung insgesamt nicht mit derjenigen der »Pfalzstadt« an der Limmat, im Süden Schwabens, konkurrieren kann. Es fehlt in Breisach offensichtlich eine karolingische Tradition, es fehlt – und das bedingt einander gegenseitig – eine alte Pfalz, die zu Königsaufenthalten eingeladen hätte. Es mangelt dementsprechend auch an einer Funktion Breisachs als Zentrum einer ausgedehnten königlichen Grundherrschaft, eines *fiscus,* es fehlt die Vielzahl bedeutsamer Kirchen, Stifte und Klöster, und es gibt in Breisach kein Zentrum weitausstrahlender Heiligenverehrung. Breisach ist vielmehr vor allem anderen eine nur sehr schwer einnehmbare Festung, eine Grenzfestung zumal, deren Mauern und Wälle wohl das ganze, über neun Hektar umfassende Bergplateau abgeschirmt haben dürften [242] und deren Sicherheit durch die Insellage entscheidend gefördert worden ist.

Mag schon – ähnlich wie die zähringische Burg des Hochmittelalters [243] – der Hof oder das wehrhafte Haus des Herzogs auf der nördlichen Zunge des Bergrückens gestanden haben, so wurde die Südspitze des Hügels von der Stephanskirche [244] beherrscht, die bezeichnenderweise auf einem Teil der Mauern des zentralen Kastellgebäudes steht, ja diese Mauern in ihren Unterbau sogar mit einbezogen hat [245]. Die Einrichtung einer – offensichtlich auf keiner karolingischen Tradition beruhenden – Münze läßt zu-

---

241 Vgl. dazu unten S. 82; Elisabeth Nau möchte – laut freundlicher brieflicher Mitteilung vom 30. III. 1976 – die Rolle der herzoglichen Münzstätte Breisach sogar in der folgenden Weise werten: »Vom numismatischen Befund war Breisach z. Zt. der Herzöge Hermann I., Liutolf, Burkhard II. und Otto I. die bei weitem effektivere Münzstätte als Zürich. Erst seit Herzog Konrad scheint sich das Verhältnis umzukehren.«
242 Mit der Möglichkeit der Weiterbenützung des römischen Kastells im 10. Jh. rechnet R. Nierhaus, Zur Topographie des Münsterbergs von Breisach, in: Bad. Fundberichte 16/1940, S. 94–113, hier 112. Die Richtigkeit dieser Vermutung hat mir Herr Dr. Fingerlin am 31. III. 1977 gesprächsweise bestätigt.
243 Vgl. J. Schlippe, Die Burg Breisach, in: Nachrichtenbl. der Denkmalpflege in Baden-Württemberg, Jg. 2/1959, S. 50–53.
244 Zum hohen Alter des Patroziniums vgl. W. Müller, Der Wandel des kirchlichen Lebens vom Mittelalter in die Neuzeit, erörtert am Beispiel Breisach, in: FDA 82/83, 1962/63, S. 227–247, hier 227–228.
245 S. P. Schmidt-Thomé, Das Münster zu Breisach und seine Kunstschätze, in: Bad. Heimat 51/1971, S. 130–152, hier 132, u. Ders., Baugeschichte des Breisacher Münsters, Diss. phil., Freiburg i. Br., 1971.

gleich auf das Bestehen eines Wirtschaftszentrums, eines im übrigen unterhalb des Berges, in der Nähe des Landeplatzes und zwar im Zuge der heutigen Rheintorstraße zu lokalisierenden [246] Marktes und damit zugleich auch auf eine über die rechtlichen und die fortifikatorischen Funktionen hinausgehende »zentralörtliche« Rolle Breisachs im 10. Jahrhundert schließen.

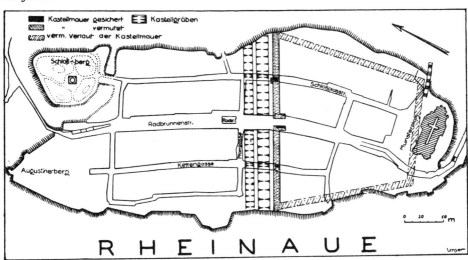

TA 6 Breisach – Münsterberg. Lageplan und schematische Ergänzung des spätrömischen Kastells

Die Aktivität der Münzstätte des Herzogs von Schwaben in Breisach wird schon darin sichtbar, daß allein von Herzog Hermann I. (926–949) für den kurzen Zeitraum von nicht ganz zehn Jahren (ca. 939 bis 949) vier verschiedene Denar-Typen ausgeprägt worden sind [247] (Abb. 10–13), von denen drei den Namen Hermanns mit dem Ottos I. verbinden [248], ja einer sogar das gekrönte Brustbild des Kaisers zeigt [249], der vierte aber den Namen des Herzogs ohne den des Königs trägt [250]. Dieser vierte Denar zeigt im übrigen – wegen des hier wie dort vorkommenden vierstöckigen Turms – eine auffallende Ähnlichkeit mit Basler Denaren König Konrads von Burgund (937–993) [251]. Ob man dem szepterartigen Gebilde, das die Rückseite einer der Breisacher Münzen Hermanns ziert [252], irgendwelche Bedeutung beimessen darf, wird indessen kaum zu entscheiden sein.

Dürfen die Münzen Hermanns in der Mehrzahl ihrer den Königsnamen nennenden Varianten sicherlich als Beweise für das enge Miteinander von Herzogsherrschaft und

246 Vgl. dazu jetzt B. SCHWINEKÖPER, Eine neue Geschichte Breisachs, in: Schau-ins-Land 94/95, 1976/77, S. 363–383, hier 370 ff.
247 Hierzu und zum folgenden H. DANNENBERG, S. 340 ff.
248 Dbg. 890, 891 u. 892, 893.
249 Dbg. 890.
250 Dbg. 894.
251 Vgl. dazu jetzt F. WIELANDT, Die Basler Münzprägung vor der Merowingerzeit bis zur Verpfändung der bischöflichen Münze an die Stadt (= Schweizer Münzkataloge VI), 1971, S. 12 f.
252 Dbg. 891 mit 892.

Königtum gewertet werden²⁵³, so werden die Münzen Herzog Liutolfs (Abb. 14–15), von denen eine Variante den Herzogsnamen allein²⁵⁴, deren zwei andere²⁵⁵ aber den Herzogsnamen mit demjenigen von Liutolfs Vater, Otto I., gemeinsam nennen, in der gleichen Weise zu interpretieren sein. Die eine, keinen Königsnamen aufweisende Münze des stets königstreuen Hermann I. sollte von dem Gedanken abhalten, den einen, ebenfalls keinen Königsnamen tragenden Denar Liutolfs in die letzten beiden, von der Auflehnung gegen den Vater gekennzeichneten Herzogsjahre des Königssohnes zu verlegen.

Dennoch scheint in die offene Empörung des ottonischen Schwabenherzogs, der im übrigen auch die Grafenrechte im Breisgau innehatte²⁵⁶, gerade Breisach nicht unwesentlich miteinbezogen worden zu sein. Denn ohne Liutolfs Zutun wäre es wohl kaum möglich gewesen, daß Erzbischof Friedrich von Mainz, aufs engste mit Liutolf verbunden, den Sommer des Jahres 953 im *castellum* Breisach verbrachte²⁵⁷, das der *Continuator Reginonis* bemerkenswerterweise als einen alten Schlupfwinkel der gegen Gott und den König Rebellierenden anspricht²⁵⁸. Die Herrschaft des Herzogs von Schwaben über Breisach nahm jedoch auch mit der Absetzung Liutolfs im Jahre 954 keineswegs ein Ende.

Vielmehr sehen wir auch Herzog Burchard III. wiederum als Münzherrn in Breisach, wo er Denare in insgesamt zwei, wenn nicht gar drei Varianten prägen läßt (Abb. 16–17), von denen zwei²⁵⁹ den Namen des Herzogs mit dem Ottos I. verbinden, deren zweite²⁶⁰ – auf der Vorderseite nach byzantinischem Vorbild²⁶¹ den thronenden Heiland zeigend – jedoch nur den Namen Burchards enthält.

Mit Burchard III. bricht dann freilich die Reihe der eindeutig in Breisach geprägten schwäbischen Herzogsmünzen ab. Denn die ohne Angabe der Münzstätte geprägten Denare Herzog Ottos I. und Herzog Konrads II. wird man eher Zürich als Breisach zuwei-

253 Dazu P. Volz, Münzhoheit, S. 61 ff., insbes. S. 62, u. jetzt Th. L. Zotz, Breisgau, S. 114, Anm. 21.
254 Dbg. 897.
255 Dbg. 895 u. 896. Von Dbg. 895 ist bei den neuesten Grabungen auf dem Breisacher Berg selbst ein Ex. gefunden worden, vgl. dazu H. Bender, Neuere Untersuchungen, wie Anm. 228, S. 318.
256 Vgl. zuletzt Th. L. Zotz, Breisgau, S. 36 u. öfters.
257 S. dazu H. Büttner, Franken und Alamannen, S. 52, Anm. 102; Ders., Breisgau u. Elsaß, S. 78, u. Ders., Geschichte des Elsaß, S. 188 f.
258 Contin. Regin., MGSS I, S. 622.
259 Dbg. 898 mit 898 a, 898 b u. 899. – Dbg. 900 wird dagegen eher in Zürich geprägt worden sein, vgl. Dannenberg, S. 936. Dagegen – und eher wieder für Breisach plädierend – neuestens E. Nau, Kaiser Otto I. u. Herzog Burkhard II., wie Anm. 261, S. 54 mit Anm. 12. Hinzu kommt mit großer Wahrscheinlichkeit – jüngst von E. Nau, ebd., bekanntgemacht – ein bisher unbekannter Denar mit einem von einer Strahlenkrone bekrönten Kopf und der Umschrift OTTO I[M]P[ERATOR]A[VGVSTVS] auf der Vorderseite und einem kleinen gleicharmigen Kreuz mit der Umschrift † BVR'CHARD DVX auf der Rückseite. Dieser Denar wird von E. Nau mit gewichtigen Argumenten der Münzstätte Breisach zugeschrieben.
260 Dbg. 901.
261 Vgl. A. Suhle, Byzantinischer Einfluß auf Münzen des 10.–12. Jhs., in: Aus der byzantinistischen Arbeit der DDR II (= Berliner Byzantinistische Arbeiten 6, Tl II), 1957, S. 282–292, hier 286, wo diese Breisacher Münze unmittelbar auf das Vorbild von Goldmünzen Kaiser Basileios I. (867–886) zurückgeführt wird, »die Burkhard vielleicht auf seinen Italienzügen kennengelernt haben kann.« Dazu jetzt auch E. Nau, Kaiser Otto I. und Herzog Burkhard II. von Schwaben, in: Beitrr. zur Süddeutschen Münzgeschichte, 1976, S. 53–57, hier 54.

sen müssen ²⁶². Und dennoch hat Breisach seine Rolle als herzogliche Münzstätte und damit auch als einer der Vororte des Herzogtums keineswegs schon mit dem Tode Herzog Burchards III. im Jahre 973 verloren. Allerdings wurde die Breisacher Münzstätte nun nicht mehr von einem rechtmäßig eingesetzten Herzog von Schwaben benützt, sondern von einem Prätendenten auf die schwäbische Herzogswürde, der seine Anrechte offensichtlich darauf gegründet hatte, daß er der Bruder der Herzogswitwe Hadwig war: von Heinrich dem Zänker ²⁶³, dem im Jahre 976 sein bayerisches Herzogtum entzogen worden war.

Der Tod Kaiser Ottos II. im Dezember 983 ließ Heinrichs Ansprüche auf das Reich und auf das Herzogtum Schwaben – hier gegen den erst im Mai 983 eingesetzten Konradiner Konrad – wieder aufleben und ließ ihn außerdem das Bündnis mit dem französischen König suchen. Daß in diesem Ringen Heinrichs des Zänkers dem – in der Tat nun schon zu wiederholten Malen von Gegnern des Königs besetzten – wehrhaften Herzogsvorort an der Westgrenze des Herzogtums ein bedeutender Stellenwert zukam, beweist jener zu PRISAHA geprägte Denar eines HEINRICVS DVX, den man bis vor wenigen Jahren – freilich unter Vorbehalten – Herzog Heinrich von Schwaben (1038–1045), dem späteren Kaiser Heinrich III., zugeschrieben ²⁶⁴, neuerdings aber mit überzeugenden Argumenten auf Heinrich den Zänker bezogen hat ²⁶⁵ (Abb. 18).

Und zu dieser Münzprägung des Bayernherzogs im schwäbischen Breisach, über das zu verfügen für die Durchsetzung des Anspruchs auf das Herzogtum Schwaben offenbar von Wichtigkeit war, passen nun auch jene Nachrichten schriftlicher Quellen auf das beste, die zu berichten wissen, daß Heinrich der Zänker mit König Lothar von Frankreich und dessen Sohn auf den 1. Februar 984 eine Zusammenkunft in Breisach verabredet hatte ²⁶⁶. Zwar erschienen nach einem Zug durch das Elsaß König Lothar und sein Sohn König Ludwig am vereinbarten Platze; Heinrich der Zänker aber hatte es doch vorgezogen, dem Treffen fern zu bleiben. Die französischen Könige wurden schließlich durch Herzog Konrad von Schwaben aus dem Elsaß vertrieben, und damit dürfte auch die Bergfeste am Oberrhein, die von neuem ihre Bedeutung als wehrhafter Ort an der schwäbisch-elsässischen Grenze unter Beweis gestellt hatte, wieder voll und ganz dem rechtmäßigen Herzog von Schwaben, wenn nicht gar unmittelbar dem König zugefallen sein.

Auf eine völlige Eingliederung oder besser Rückgliederung in das Reichsgut und damit zugleich auf einen Verlust der Eigenschaft als Vorort der Herzogsherrschaft könnte nicht allein die Beobachtung schließen lassen, daß die Reihe der in Breisach geprägten Herzogsmünzen nun endgültig nicht mehr fortgesetzt wurde, sondern auch die Tatsache,

---

262 So schon H. DANNENBERG, S. 936, u. jetzt G. HATZ, Anmerkungen zu einigen deutschen Münzen des 11. Jhs., in: Hamburger Beitrr. zur Numismatik, Heft 18/19, 1964/65, S. 51.
263 Dazu jetzt umfassend TH. L. ZOTZ, Breisgau, S. 156 ff.
264 Dbg. 1347.
265 S. TH. L. ZOTZ, Breisgau, S. 60 ff.
266 Dazu und zum folgenden M. UHLIRZ, Jbb., S. 14/15, 26/27 u. S. 432 ff. mit RJ Otto III., Nr. 956 f./1, sowie TH. L. ZOTZ, Breisgau, S. 160 ff., u. W. KIENAST, Deutschland u. Frankreich in der Kaiserzeit I/1974, S. 102 f., u. überdies R. SCHWEIGHÖFER, Die Eigenmächtigkeit der deutschen Fürsten im Spiegel der auswärtigen Politik. Diss. phil. Masch., Frankfurt/M., 1957, S. 328 ff., mit Datierung auf 985, u. jetzt W. MOHR, Groß-Lothringen, S. 57.

daß Kaiser Otto III. – im übrigen als einziger König und Kaiser – in Breisach Denare hat prägen lassen [267]. Es scheint, daß der Kaiser nun wieder allein die Herrschaft über die »Bergstadt« ausübte. Zugleich aber unterstreicht er mit dieser seiner Präsenz in Breisach noch einmal die Bedeutung des Platzes – auch für das Reich.

Und doch war das Interesse des Herzogs von Schwaben an Breisach noch keineswegs erloschen. Denn als im Jahre 1002, während des zwischen Heinrich II. und Hermann von Schwaben hin- und hergehenden Kampfes um die Herrschaft im Reich, auch Breisach von Anhängern Heinrichs II., den Bischöfen von Basel und von Straßburg, besetzt wurde, waren es die Kriegsleute Herzog Hermanns von Schwaben, die die Bergfeste einzunehmen versuchten und schließlich auch durch eine List einzunehmen vermochten [268]. Sollte es den Getreuen des Herzogs gelungen sein, den festen Platz längere Zeit zu halten, so hat sicherlich die Unterwerfung Herzog Hermanns am 1. Oktober 1002 in Bruchsal [269] auch dieser letzten Periode herzoglicher Herrschaft über Breisach ein Ende gesetzt.

Die Rolle der wehrhaften »Bergstadt« am Rhein als Herzogsort, als Vorort der Herzogsherrschaft in Schwaben, war damit für immer ausgespielt. Sie hatte rund 60 Jahre und damit nicht ganz so lange gedauert wie diejenige des vornehmsten Herzogsvorortes, wie diejenige Zürichs. Und wie der Verlust Zürichs war der endgültige Verlust Breisachs für die schwäbische Herzogsherrschaft wiederum die Folge einer schweren Auseinandersetzung zwischen einem Herzog von Schwaben und dem König gewesen, und wie Zürich ist auch Breisach wieder an das Reich gezogen und offenbar im Zuge einer von Heinrich II. vorgenommenen umfassenden politischen Neuordnung am Oberrhein [270] dem Bischof von Basel als Zeichen des Dankes für seine tatkräftige Unterstützung von Heinrichs II. Interessen übereignet worden [271].

ESSLINGEN UND STUTTGART

Wie für den drittältesten schwäbischen Herzogsort, für Breisach, sind es auch für den vierten Vorort schwäbischer Herzogsherrschaft allein Münzen, die uns diese seine uns hier besonders interessierende Eigenschaft überliefern. Seitdem es der numismatischen Forschung gelungen ist, Denare Herzog Liutolfs (949–953), die man bisher der Münzstätte Regensburg zugeschrieben hatte [272], nach Esslingen zu verweisen [273] (Abb. 19), ist dieser an einem alten und wichtigen Neckarübergang gelegene Ort – wenigstens für die

---

267 Vgl. Dbg. 905 u. 905 a–c.
268 Vgl. Thietmar von Merseburg V. (= Ausgew. Quellen IX), S. 214/16, u. dazu grundsätzlich Th. L. Zotz, Breisgau, S. 172 ff. u. insbes. 178.
269 Darüber jetzt H. Schwarzmaier, Bruchsal und Brüssel. Zur geschichtlichen Entwicklung zweier mittelalterlicher Städte, in: Oberrhein. Studien III/1975, S. 209–235, hier 225 ff.
270 Dazu Th. L. Zotz, Breisgau, S. 172 ff.
271 Vgl. H. Büttner, Franken und Alamannen, S. 52; W. Stülpnagel, Der Breisgau im Hochmittelalter, in: Schau-ins-Land 77/1959, S. 3–17, hier S. 8 ff., u. C. Pfaff, Kaiser Heinrich II., sein Nachleben und sein Kult im mittelalterlichen Basel, 1963, S. 17.
272 Vgl. H. Dannenberg, S. 408 = Dbg. 1062 u. 1062 a.
273 Dazu E. Nau, Esslinger Münzen, in: Esslinger Studien 6/1960, S. 58–73, hier S. 60 (vgl. auch E. Nau, Esslinger Münzen, in: Jb. f. Numismatik u. Geldgeschichte XI/1961, 53 ff.).

Mitte des 10. Jahrhunderts – als Münzstätte des Herzogs von Schwaben ausgewiesen. In ihm, dem Herzog, werden wir für diese Zeit auch den Herrn eines bei der Münze zu vermutenden Marktes erblicken dürfen. Und mit der hier angenommenen Existenz eines Marktes gelangen wir denn auch sogleich zu einem entscheidenden Wesensmerkmal dieses Herzogsortes [274]. Denn das Bestehen eines Marktes zu Esslingen ist uns bereits für die Zeit Karls des Großen und Ludwigs des Frommen überliefert, und zwar als Zubehör jener *cella*, die das berühmte Reichskloster Saint Denis bei Paris seit dem letzten Viertel des 8. Jahrhunderts in Esslingen besaß [275]. Die *cella* in Esslingen, von einem alemannischen Adligen wohl vor der Mitte des 8. Jahrhunderts gegründet, war von diesem an Fulrad, den Abt von St. Denis und Kapellan der Karolinger, geschenkt worden. Fulrad hatte selbst – im Zuge einer systematischen »kirchenpolitischen« Erfassung des alemannischen Gebiets – weitere *cellae* in Alemannien gegründet bzw. übernommen und danach testamentarisch seinem Kloster vermacht. Die Kirche dieser ersten Esslinger *cella*, der sehr wahrscheinlich Abt Fulrad mit der Translation des vollständigen Leichnams des hl. Vitalis aus Italien [276] nach Esslingen zu einem eigenen Heiligen verholfen hatte, ist denn auch – durch einen in die erste Hälfte des 8. Jahrhunderts zu datierenden Steinbau von ungewöhnlicher Größe, durch die Ausstattung ihrer Grablege mit gemauerten Gräbern und schließlich durch ihr – wohl erst nachträglich in den Chor eingefügtes – Reliquiengrab vor anderen gleichzeitigen Kirchen ausgezeichnet [277].

Wie sehr der Kult des hl. Vitalis auch noch ein Jahrhundert später in Esslingen blühte, lehrt nicht allein ein Diplom Ludwigs des Deutschen vom Jahre 866, das die *cella* zu Esslingen mit dem Zusatz *ubi sanctus Vitalis confessor corpore requiescit* charakterisiert [277a]. Die kultische Bedeutung der Vitalis-Zelle wird vielmehr auch noch dadurch unterstrichen, daß ihre Kirche spätestens zur Zeit Ludwigs des Frommen (814–840) einen außergewöhnlich großen Neubau mit eingebauter Hallenkrypta erhält und damit zu

---

274 Für Esslingen allg. wichtig jetzt O. BORST, Zur älteren Geschichte Esslingens bis zum Auftreten der Reichsstadt, in: Esslinger Studien 6/1960, S. 7–57; DERS., Esslingen am Neckar, Geschichte und Kunst einer Stadt, ²1967, insbes. S. 9 ff.; DERS., Die Esslinger Pliensaubrücke (= Esslinger Studien. Schriftenreihe, Bd. 3), 1971, insbes. S. 85 ff., u. G. NAGEL, Das mittelalterliche Kaufhaus und seine Stellung in der Stadt, 1971, S. 163–185, mit beiliegendem Plan, und jetzt vor allem O. BORST, Beiwort zu Karte IV/8 = Grundrisse mittelalterlicher Städte III des Historischen Atlas von Baden-Württemberg, 1976, S. 13 ff., und DERS., Geschichte der Stadt Esslingen a. N., ²1977, S. 41 ff. u. insbes. 73 f., 84.
275 Über Saint-Denis u. Esslingen vgl. in großem Rahmen J. FLECKENSTEIN, Fulrad von Saint-Denis und der fränkische Ausgriff in den süddeutschen Raum, in: Studien u. Vorarbeiten zur Geschichte des großfränkischen und frühdeutschen Adels, hg. von G. Tellenbach (= Forschungen zur oberrheinischen Landesgeschichte IV), 1957, S. 9–39, insbes. S. 14, 33 ff., und für die cella zu Esslingen jetzt zusammenfassend U. ZIEGLER, Esslingen, St. Vitalis und Dionysius, in: Germania Benedictina V: Baden-Württemberg, 1975, S. 212–214.
276 Zu den in Frage kommenden Heiligen gleichen Namens vgl. jetzt G. P. FEHRING, Die Ausgrabungen in der Stadtkirche St. Dionysius zu Esslingen a. Neckar. Vorläufiger Abschlußbericht, in: Zeitschrift des Deutschen Vereins für Kunstwissenschaft XIX/1965, S. 1–34, hier 9 f.
277 Vgl. dazu die Grabungsergebnisse von 1960 ff. bei G. P. FEHRING, wie Anm. 276; bei DEMSELBEN, Frühmittelalterliche Kirchenbauten unter St. Dionysius zu Esslingen am Neckar, in: Germania 44/1966, S. 354–374, sowie gleichfalls bei DEMSELBEN, Ev. Stadtpfarrkirche St. Dionysius zu Esslingen, in: Nachrichtenbl. der Denkmalpflege in Baden-Württemberg 13/1970, S. 76–78, u. F. OSWALD, in: Vorromanische Kirchenbauten, 1966, S. 75 f.
277a Vgl. MGD Karol. Germ. 1, Nr. 119.

einer Gesamtanlage wird, »die sie neben die mächtigsten Kirchenbauten karolingischer Zeit in Deutschland stellt« [278]. Das Vorkommen von Esslinger Vitalis-Denaren zur Zeit Kaiser Heinrichs II. [279] vermag die Rolle der Esslinger Kirche, deren Patron durch den Klosterheiligen St. Dionysius allmählich auf den zweiten Platz verwiesen wurde, noch weiter zu unterstreichen.

Aber Esslingen war – ähnlich wie Zürich – für Herzog Liutolf nicht allein und nicht zu allererst als religiöses Kultzentrum erstrebenswert, sondern vor allem wegen des zur *cella* gehörigen Marktes [280], der ursprünglich »sowohl dem Absatz der Produkte der Klostergüter wie der Bedarfsdeckung der Klosterinsassen« [281] gedient haben mochte. Hier, auf Reichskirchengut also und nicht, wie bei Zürich und Breisach, unmittelbar auf Reichsgut, übernahm Herzog Liutolf, der Sohn Ottos I., eine möglicherweise bereits seit längerem bestehende Münzstätte [282] und damit auch den bislang dem Kloster St. Denis gehörenden Markt. Die Denare, die Herzog Liutolf hier prägen ließ, zeigen auf der Vorderseite ein gleichseitiges Kreuz im Perlkreis mit dem Namen LIVTOLFVS und auf der Rückseite ein primitives, kreuzbekröntes, mit zwei Kugeln gefülltes Kirchengebäude und die verderbte Umschrift E S Z E R I E E † [283].

Gesellt sich somit zu Zürich und Breisach als dritte herzogliche Münzstätte des 10. Jahrhunderts Esslingen hinzu, so fragt sich freilich, ob diese herzogliche Münzstätte und dieser herzogliche Markt am mittleren Neckar allein als wirtschaftliches Zentrum, ohne Anlehnung an einen residenzähnlichen Herrschaftsmittelpunkt, wie ihn die Pfalz auf dem Lindenhof zu Zürich und die Befestigungsanlage auf dem Breisacher Berg gebildet hatten, Bestand haben konnten. In Esslingen selbst ließ sich etwas Ähnliches, einer Pfalz oder Burg Vergleichbares bislang nicht feststellen [284].

Doch wird man nicht umhin können, den Blick auf den in nächster Nähe Esslingens, und zwar in einem Seitental des Neckars, gelegenen »Stutgarten«, ein Gestüt also, zu richten, dessen Anlage frühneuzeitliche Überlieferung gleichfalls auf Herzog Liutolf zurückführen möchte [285]. Vor allem H. Decker-Hauff hat mit stichhaltigen Argumenten

---

278 Dazu G. P. Fehring, Ausgrabungen, wie Anm. 276, S. 14.
279 Dazu H. Dannenberg, S. 359 ff.; E. Nau, Esslinger Münzen, in: Esslinger Studien 6/1960, S. 58–73, hier 61 ff., und ergänzend E. B. Cahn, Die Münzen des Schatzfundes von Corcelles-près-Payerne, in: Schweizerische Numismatische Rundschau, Bd. XLVIII/1969, S. 106–226, hier 185–188.
280 Zum Esslinger Markt neben O. Borst, Zur älteren Geschichte Esslingens, in: Esslinger Studien 6/1960, S. 7–57, hier 18 ff., jetzt Ders., Die Esslinger Pliensaubrücke, 1971, S. 95 ff.
281 Vgl. W. Schlesinger, Der Markt als Frühform der deutschen Stadt, in: Vor- und Frühformen der europäischen Stadt im Mittelalter (= Abhh. der Akademie der Wissenschaften in Göttingen, Phil.-Hist. Klasse, 3. Folge, Nr. 83), 1973, S. 262–293, hier 275.
282 So die Vermutung von E. Nau, Esslinger Münzen, wie Anm. 273, S. 59.
283 E. Nau, wie Anm. 273.
284 Vgl. jedoch die Vermutungen bei O. Borst, Geschichte der Stadt Esslingen am Neckar, ²1977, S. 84. Anders W. Schlesinger, Pfalzen und Königshöfe in Württembergisch Franken und angrenzenden Gebieten, in: Jb. des Histor. Vereins für Württbg. Franken 53/1969, S. 3–22, hier 15.
285 Vgl. hierzu und zum folgenden A. Diehl, Die Entstehung Stuttgarts, in: ZWLG VI/1942, S. 262–278, H. Decker-Hauff, Geschichte der Stadt Stuttgart, Bd. I/1966, S. 59 ff., und G. Wein, Die mittelalterlichen Burgen im Gebiet der Stadt Stuttgart Bd. 1 (= Veröff. des Archivs der Stadt Stuttgart, Bd. 20), 1967, S. 2 f., 26 ff.

den Quellenwert dieser Nachricht erhärten und den »Stutgarten« in den noch bis ins 19. und 20. Jahrhundert bestehenden herrschaftlichen Anlagen lokalisieren können, die sich von der Altstadt des heutigen Stuttgart bis zum Neckar erstreckten [286]. Vermochte Decker-Hauff in einem neben der späteren Stiftskirche, der früheren St. Leonhardskapelle, gelegenen Steinturm das ursprüngliche »Stuthaus« zu lokalisieren [287], so konnte Gerhard Wein wahrscheinlich machen, daß »im alten Schloß« als ursprünglichem Kern der Burganlage der Rest einer »Motte«, also eines aus Erde künstlich aufgeschütteten Burghügels, zu stecken scheint, ein Burgtypus, der durchaus ins 10. Jahrhundert weisen könnte [288]. Die Annahme liegt nahe, daß Herzog Liutolf es war, der »im Bereich des Stutgartens zu dessen Schutz und zur Sicherung der hier zusammenlaufenden Straßen eine Wasserburg auf einer Motte angelegt hat« [289].

Mit dieser Kennzeichnung des heutigen Alten Schlosses als herzoglicher Wehrbau des 10. Jahrhunderts wird die – allein durch die Eigenschaft Cannstatts als eines Zentrums alemannischer Herzogsherrschaft des frühen 8. Jahrhunderts [290] nahegelegte – Annahme überflüssig, daß der herzogliche »Stutgarten« des 10. Jahrhunderts nur von einer Zugehörigkeit zu einem – freilich ohne Quellengrundlage auch für diese Zeit postulierten – Herzogsvorort Cannstatt [291] her zu verstehen sei [292]. Da Cannstatt zur schwäbischen Herzogsherrschaft des 10. Jahrhunderts in keine erkennbaren Beziehungen mehr getreten ist, scheint uns viel eher der Burghügel des »Stutgartens« selbst das Zentrum der Herrschaftsausübung Liutolfs im Bereich des mittleren Neckartals gebildet zu haben.

Zusammen mit dem herzoglichen Markt und der herzoglichen Münzstätte im nahen Esslingen haben wir, wenigstens für kurze Zeit in den Quellen entgegentretend, nun auch im Norden des Herzogtums Schwaben so etwas wie einen Vorort der Herzogsherrschaft kennen gelernt, einen »Vorort«, der in seiner einen Position, in Esslingen, eindeutig auf vom Herzog entfremdetem Reichskirchengut, in seiner anderen Position, dem »Stutgarten« aber, auf einer uns unbekannten Rechtsgrundlage beruhte.

Wissen wir von einem Fortdauern des »Stutgartens« als herzoglicher Ort über Liutolf hinaus nicht das geringste und könnte man aus einer freilich wiederum sehr späten Nachricht von Rechten König Konrads II. im Stuttgarter Talkessel [293] allenfalls – dem Beispiel Zürichs folgend – eine während Ernsts II. Rebellion geschehene Eingliederung des »Stutgartens« in Reichsbesitz erschließen wollen [294], so ist demgegenüber die Frage eines Fortdauerns von Esslingens Eigenschaft als herzoglicher Ort nicht so leicht zu verneinen.

---

286 H. Decker-Hauff, wie Anm. 285, S. 79.
287 Ebd., S. 68.
288 G. Wein, wie Anm. 285.
289 G. Wein, wie Anm. 285, S. 3.
290 Vgl. dazu H. Decker-Hauff, wie Anm. 285, S. 37 ff., und G. Wein, Die mittelalterlichen Burgen im Gebiet der Stadt Stuttgart, Bd. 2 (= Veröff. des Archivs der Stadt Stuttgart, Bd. 21), 1971, S. 83 ff.
291 S. H. Decker-Hauff, wie Anm. 285, S. 78.
292 Vgl. schon die Kritik an dieser Theorie bei A. Schäfer, Bemerkungen zu Hansmartin Decker-Hauff, Geschichte der Stadt Stuttgart, Bd. I, von der Frühzeit bis zur Reformation (1966), in: ZGO 115/1967, S. 204–211, hier 208 f.
293 Vgl. dazu H. Decker-Hauff, wie Anm. 285, S. 94 ff., u. G. Wein, wie Anm. 285, S. 3 f.
294 Ähnlich auch schon die Vermutung bei G. Wein, wie Anm. 285, S. 3.

Zunächst scheint es – um die Wende zum 11. Jahrhundert – in der Ausübung herzoglicher Rechte über Kirche, Markt und Münze von Esslingen eindeutig eine längere Unterbrechung gegeben zu haben. Denn das Vorkommen von Denaren, die auf der Vorderseite das »Portrait« des hl. Vitalis mit dessen Namen und auf der Rückseite ein Kreuz mit der Ortsangabe † E Z Z E L I N G A tragen [295], läßt doch wohl am ehesten daran denken, daß die *cella* nun wieder selbst das Münzrecht in Esslingen ausübte [296]. Und der andere, derselben Epoche angehörige Esslinger Denartyp, der auf der Vorderseite das »Portrait« Heinrichs II. mit dessen Namen und Titel trägt und auf der Rückseite »um eine auf einem Kreuz liegende, aus dem Himmelsbogen kommende Hand den Heiligennamen St. V I T A L I S « zeigt, könnte gleichfalls auf ein Wiedererstarken selbständiger Rechte der Vitaliszelle in Esslingen schließen lassen [297].

Ob freilich die für 1077 erhaltene Nachricht von einem in Esslingen abgehaltenen *generale colloquium* König Rudolfs, des bisherigen Herzogs von Schwaben, und die weitere Nachricht von einem letztlich damit zusammenhängenden Zug König Heinrichs aus den Mainlanden über den Neckar und durch Esslingen hindurch nach Ulm [298] für die Behauptung einer Weiterexistenz herzoglicher Anrechte oder besser Ansprüche auf Esslingen herangezogen werden dürfen, scheint mehr als fraglich.

Auffallen aber muß es, wenn Herzog Friedrich I. (oder vielleicht auch erst Friedrich II.) [299] von Schwaben aus staufischem Hause drei Leibeigene der Esslinger Kirche, d. h. der dem hl. Dionysius geweihten Kirche der einstigen Vitalis-Zelle, unter Zustimmung der Geistlichen an den Petersaltar in Worms übergibt, indem er der Esslinger Kirche die gleiche Zahl wieder ersetzt [300], und wenn dann schließlich das Kloster St. Denis im Jahre 1147 mit Hilfe des französischen Königs Ludwig VII. einen letzten Versuch unternimmt, das ihm entfremdete Esslingen von Herzog Friedrich III. von Schwaben zurückzufordern [301].

Beide Nachrichten zusammengenommen zeigen mit aller Deutlichkeit, daß das auf Reichskirchengut ruhende Esslingen mit Kirche (und *cella*?), mit Markt und Münze nach der Übernahme der Herzogsherrschaft durch die Staufer von neuem kirchlicher Herrschaft entfremdet und in herzogliche Herrschaft überführt worden ist.

Von einer besonderen Funktion als Vorort staufischer Herzogsherrschaft in Schwaben, etwa als Landtagsort, hören wir – im Gegensatz zu Ulm und Rottweil – für Esslingen freilich ebensowenig wie für den benachbarten, schon zu Zeiten Herzog Fried-

---

295 Vgl. H. DANNENBERG, S. 360, und E. NAU, Esslinger Münzen, wie Anm. 273, S. 61.
296 S. E. NAU, wie Anm. 273, S. 61. – Dagegen aber und für eine königliche Münzstätte plädierend E. B. CAHN, Corcelles, wie Anm. 279, S. 187.
297 Vgl. die Anm. 279 verzeichnete Literatur.
298 Vgl. dazu G. MEYER VON KNONAU, Jbb. Heinrich IV. und Heinrich V. III, S. 23 mit Anm. 30 auf S. 24 u. S. 25.
299 Zur Datierungsfrage schon K. MÜLLER, Die Esslinger Pfarrkirche im Mittelalter, in: Wttbg. Vjh. XVI/1907, S. 237–326, hier S. 243, Anm. 2.
300 WUB I, S. 412, Nachtrag F; zur Interpretation dieser Urkunde vgl. H. STÄBLER, Geschichte Esslingens bis zur Mitte des 13. Jhs., in: Wttbg. Vjh. NF XXII 1913, S. 131–217, hier S. 167.
301 Vgl. Odo von Deuil, MGSS XXVI, S. 70, und dazu H. HEUERMANN, Die Hausmachtpolitik der Staufer von Herzog Friedrich I. bis König Konrad III. (1079–1152), 1939, S. 48, 147, Anm. 54; H. WERLE, Das Erbe des salischen Hauses. Diss. phil. Masch., Mainz 1952, S. 259, und jetzt O. BORST, Geschichte der Stadt Esslingen am Neckar, ²1977, S. 49.

richs I. von den Staufern gleichfalls einer Reichskirche, nämlich derjenigen von Speyer, entfremdeten einstigen karolingischen und salischen Pfalzort Waiblingen [302]. Und dies, obgleich Waiblingen, ohne je auch zuvor als Herzogsort in Schwaben eine Rolle gespielt zu haben, in den Pöhlder Annalen im Zusammenhang mit dem dort nach Waiblingen benannten Konrad II. als *praecipua munitionum in Suevia* bezeichnet wird [303], eine Benennung, die durchaus auf solche Funktionen schließen lassen könnte.

Das im Unterschied zu Waiblingen mit einer älteren herzoglichen Tradition verbundene Esslingen wächst allmählich zu einer staufischen Stadt heran, der man freilich schon in der zweiten Hälfte des 12. Jahrhunderts – dies wiederum im Unterschied zu Ulm und Rottweil – von der herzoglichen Herkunft der staufischen Anrechte auf Esslingen kaum mehr etwas angemerkt haben dürfte. Der Ort, an dem gegen Ende des 12. Jahrhunderts eine königliche Stadt und im 13. Jahrhundert eine Reichsstadt erwuchs [304], war vielmehr bereits voll und ganz in das staufische Territorium integriert.

Aber unabhängig davon, ob wir das wiederholte Auftreten schwäbischer Herzöge in Esslingen als kontinuierlich oder als zufällig aufeinander folgend werten wollen, es bleibt dennoch an dem Befund nichts zu deuten, daß Esslingen zusammen mit dem nahen »Stutgarten« um die Mitte des 10. Jahrhunderts im Norden Schwabens einen Vorort der Herzogsherrschaft gebildet hatte.

STRASSBURG

Zürich, Breisach und Esslingen hatten wir allein deswegen als Vororte schwäbischer Herzogsherrschaft des 10. und frühen 11. Jahrhunderts bezeichnen können, weil die genaue Betrachtung ihrer Rollen und ihrer Funktionen innerhalb der Herrschaft und für die Herrschaft der Herzöge eine solche Kennzeichnung nahelegten. Anders verhält es sich hingegen mit demjenigen Platz, den wir im folgenden zu besprechen haben, mit dem am linken Oberrheinufer gelegenen Straßburg. Daß dieser Bischofsstadt Hauptstadtfunktionen für die sich über Teile des Elsaß wie über die rechtsrheinische Ortenau erstreckende Diözese [305] eigneten, ist selbstverständlich; und erklärlich ist es – angesichts dieser kirchenrechtlich fundierten Stellung als zentraler Ort – auch ohne weiteres, daß

---

[302] Über Waiblingen immer noch am besten K. STENZEL, Waiblingen in der deutschen Geschichte 1936, passim; zur Entfremdung durch die Staufer, S. 34 f., und dazu die Modifikationen bei H. WERLE, Erbe des salischen Hauses, S. 251 f., 305 f. Vgl. auch W. SCHLESINGER, Pfalzen und Königshöfe, wie Anm. 284, S. 10 f., 12 ff., sowie neuestens – als Zusammenfassung des gegenwärtigen Forschungsstandes – W. GLÄSSNER, Das Königsgut Waiblingen und die mittelalterlichen Kaisergeschlechter der Karolinger, Salier und Staufer, 1977, für dessen auf S. 32 ff. zum Ausdruck gebrachte Annahme, daß Waiblingen im 10. Jh. schwäbisches Herzogsgut gewesen sei, ich freilich nicht den geringsten Beleg finden kann.

[303] Annales Palidenses, MGSS XVI, S. 67; vgl. zu den mit dieser Benennung zusammenhängenden Fragen jetzt K. SCHMID, De regia stirpe Waiblingensium. Bemerkungen zum Selbstverständnis der Staufer, in: ZGO 124/1976, S. 63–73.

[304] Zur »Stadtwerdung« Esslingens vgl. jetzt auch H. RABE, Der Rat der niederschwäbischen Reichsstädte (= Forschungen zur Deutschen Rechtsgeschichte 4), 1966, S. 31 ff.

[305] Zur Diözese Straßburg vgl. jetzt den nützlichen Überblick von A. M. BURG, Die alte Diözese Straßburg von der bonifazischen Reform (ca. 750) bis zum napoleonischen Konkordat (1802), in: FDA 86/1966, S. 220–351, für die uns hier angehende Zeit vor allem S. 226 ff.

eine Quelle des 10. Jahrhunderts Straßburg als Hauptstadt der cis-vogesischen Teile des Elsaß bezeichnet [306]. Daß dieser Bischofsstadt am Oberrhein von Thietmar von Merseburg jedoch ausdrücklich das Prädikat einer Hauptstadt des »Herzogtums« Herzog Hermanns II. von Schwaben beigelegt wird [307], erstaunt nicht nur angesichts der rechtlichen Qualität dieser Stadt als Bischofssitz des Reiches; es erstaunt vielmehr auch deswegen, weil in den Quellen keiner jener Plätze, denen wir die Rolle eines Vororts für Schwaben hatten zusprechen können, eine solche ausdrückliche Kennzeichnung als Hauptstadt der Herzogsherrschaft erfährt.

Und die Verwunderung über eine solche Etikettierung wächst noch mehr, wenn man bedenkt, daß diese Qualifizierung allein auf die Person des lediglich sechs bis sieben Jahre, von 997 bis 1003 regierenden Herzogs Hermann II. von Schwaben bezogen wird, den Thietmar als Herzog von Schwaben und vom Elsaß zugleich bezeichnet [308]. Weder dem Vorgänger noch dem Nachfolger Hermanns sprechen die Quellen der oberrheinischen Bischofsstadt eine solche Bedeutung zu, und weder vorher noch nachher lassen auch die Funktionen der Stadt für die Herzogsherrschaft die Nachricht Thietmars als begründet erscheinen.

Aber wie steht es demgegenüber mit der Regierungszeit Herzog Hermanns selbst? Läßt eine genauere Betrachtung von Herzog Hermanns Verhältnis zu Straßburg Gründe für Thietmars Wertung erkennen? Auf den ersten Blick kaum. Denn was Thietmar außer dieser Wertung Straßburgs über Herzog Hermanns Verhalten gegenüber der Bischofsstadt zu sagen weiß, könnte eher gegen die Rolle Straßburgs als Hauptstadt des Herzogs sprechen: Die Nennung als *caput*, als Hauptstadt, verbindet Thietmar nämlich mit dem Bericht über jene Ereignisse des Jahres 1002, da Hermanns Kriegsleute im Gefolge der Auseinandersetzungen zwischen Herzog Hermann von Schwaben und Herzog Heinrich von Baiern um die deutsche Königskrone [309] in die Stadt des Herzog Heinrich anhängenden Bischofs Werner von Straßburg eindringen, die Stadt plündern und die Bischofskirche ausrauben und niederbrennen [310]. Liest man diesen Bericht, dann ist es nur schwer vorstellbar, Herzog Hermann habe die von seinen Leuten derart heimgesuchte Bischofsstadt je als Hauptstadt seiner Herzogsherrschaft betrachten können.

Und doch gibt es ein entscheidendes Zeugnis dafür, daß Hermann in der Tat innerhalb der Bischofsstadt Straßburg eine besondere, offenbar vom Königtum zunächst sogar gebilligte Stellung eingenommen haben muß. Denn anders wäre es nicht verständlich,

---

306 Vgl. Vita S. Deicoli, MGSS XV/2, S. 676: *Nec incuriose praetereundum videtur cis-Vosagicas Alsatiae partes, quarum caput decus omne civitas Argentina dinoscitur.*
307 *Caput ducatus sui Argentina*, (Th. von Merseburg, cap. V. = Ausgew. Quellen IX, S. 204/06). Zur Sache vgl. zuletzt H. KELLER, Kloster Einsiedeln im ottonischen Schwaben (= FOLG XIII), 1964, S. 120 ff., J. FLECKENSTEIN, Bemerkungen zum Verhältnis von Königspfalz und Bischofskirche im Herzogtum Schwaben unter den Ottonen, in: Schauinsland 90/1972, S. 51-59, hier S. 58 f., und TH. L. ZOTZ, Der Breisgau und das alemannische Herzogtum, 1974, S. 172 ff.
308 Wie Anm. 307, S. 196: *Alamanniae et Alsaciae dux.*
309 Vgl. dazu jetzt W. SCHLESINGER, Erbfolge und Wahl bei der Königserhebung Heinrichs II. 1002, in: FS Hermann Heimpel III/1972, S. 1-36, insbes. S. 1 f., und R. SCHNEIDER, Die Königserhebung Heinrichs II. im Jahre 1002, in: DA 28/1972, S. 74-104, insbes. S. 87 ff., und zuletzt TH. L. ZOTZ, wie Anm. 307.
310 Vgl. Th. von Merseburg, wie Anm. 307, und die weiteren Quellen in RI Heinrich II., Nr. 1487ᵃ, sowie Reg. Bischöfe von Straßburg I, Nr. 218.

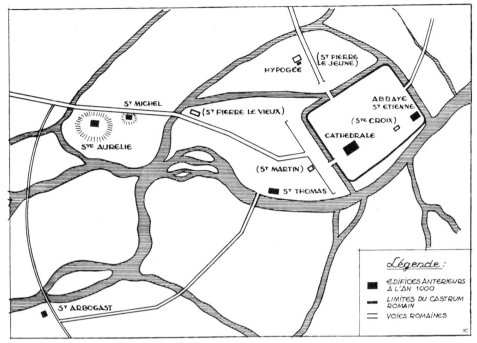

TA 7   Die kirchliche Topographie Straßburgs gegen Ende des 10. Jahrhunderts

daß König Heinrich von dem sich unterwerfenden Herzog Hermann als Vorbedingung für die Annahme dieser Unterwerfung die Schenkung der Frauenabtei St. Stephan in Straßburg an die Straßburger Bischofskirche fordern konnte [311], eine Schenkung, die der König denn auch zu Beginn des Jahres 1003 »mit Zustimmung« des Herzogs *(in primis Herimanni ducis assensu)* vollzogen hat [312].

Deutet schon die Tatsache, daß der Herzog die Schenkung nicht unmittelbar vornehmen konnte, sondern daß sie letztlich vom König getätigt worden ist, darauf hin, daß es sich bei der Abtei St. Stephan um eine Kirche des Reiches gehandelt haben muß, so sprechen für eine solche Rechtsstellung auch frühere, aus karolingischer Zeit stammende Privilegierungen für St. Stephan. Und ebenso spricht dafür vor allem die ausdrückliche Zuweisung der Kirche St. Stephan an Ludwig den Deutschen im Vertrag von Meersen [313]. Das bedeutet dann aber, daß Herzog Hermann von Schwaben – offenbar unter Duldung, wenn nicht gar unter Förderung durch Otto III. – in der Bischofsstadt Straßburg

---

311   Vgl. Adalboldi Vita Heinrici II, MGSS IV, S. 687, und dazu RI Heinrich II., Nr. 1508ª.
312   MGDH II Nr. 34 zu 1003 I 15. Vgl. auch Reg. Bischöfe von Straßburg I, Nr. 221.
313   Vgl. dazu W. WIEGAND, Die ältesten Urkunden für St. Stephan in Straßburg, in: ZGO, NF IX/1894, S. 389–442, insbes. S. 438; vgl. außerdem X. OHRESSER, L'église Saint-Étienne de Strasbourg, 1935, insbes. S. 10, u. den Artikel »St. Stephan« bei M. BARTH, Handbuch der elsässischen Kirchen im Mittelalter, Bd. III, 1962/63, S. 1485 ff., und jetzt vor allem X. OHRESSER, L'Abbaye Saint-Étienne de Strasbourg. Origines et fondation, in: Annuaire de la Société des amis du vieux-Strasbourg II/1971, S. 13–26, hier insbes. S. 15.

auf Reichskirchengut eine Stellung hatte gewinnen können, die es ihm erlaubt, Straßburg neben Zürich, das er gleichfalls als Vorort innehatte, zu einer weiteren Hauptstadt seiner Herzogsherrschaft nicht nur für das Elsaß, sondern für das gesamte Schwaben auszugestalten. Und die Abtei St. Stephan, die ebenso wie die Bischofskirche und der Bischofshof, die bischöfliche Pfalz, innerhalb der *vetus vel inferior urbs*, innerhalb der noch von den römischen Mauern umfaßten Stadt gelegen war [314] (TA 7), wird nicht die einzige Institution gewesen sein, die der Herzog in der Bischofsstadt für sich zu beanspruchen versucht hatte. Ähnlich wie das königliche Zürich mit seiner Pfalz, seinem Markt und seinen Kirchen mußte ihm auch das bischöfliche Straßburg mit seinen in vergleichbarer Weise ausgebildeten Institutionen und topographischen Elementen insgesamt als erstrebenswerter Platz für die Ausgestaltung zu einer Hauptstadt seiner Herzogsherrschaft erscheinen.

Daß Herzog Hermann gerade die Abtei St. Stephan an sich gezogen hatte, mag im übrigen dadurch zu erklären sein, daß sich mit dieser Abtei und ihrer Kirche die Tradition des um die Mitte des 8. Jahrhunderts untergegangenen selbständigen Herzogtums Elsaß [315] in besonderer Weise verband. Denn nicht nur, daß das Kloster in Anlehnung an eine möglicherweise bereits seit spätrömischer Zeit bestehende Kirche [316] von Herzog Adalbert nach 700 gegründet worden ist und daß es dessen Tochter, die später als Heilige verehrte Attala, zur ersten Äbtissin erhielt [317]; die Kirche des Klosters diente der Familie Herzog Adalberts darüber hinaus auch als Grablege [318]. Angesichts einer solchen Bindung an die elsässische Herzogsfamilie wäre es so verwunderlich nicht, wenn Herzog Hermann gerade auf den Besitz dieser elsässische Herzogstraditionen bewahrenden Kirche großen Wert gelegt hätte.

Hatten uns schon die Beispiele von Zürich und Esslingen gelehrt, daß sich die Herzöge von Schwaben des 10. Jahrhunderts zur Bildung von Vororten ihrer Herzogsherrschaft – mit oder ohne Billigung durch das Königtum – auch des Reichskirchenguts bedienten, so kommt der Festsetzung Herzog Hermanns in Straßburg und seinem Vorhaben, aus dieser Stadt eine Hauptstadt seiner Herzogsherrschaft zu gestalten, doch eine

---

314 Zur Topographie des hochmittelalterlichen Straßburg vgl. jüngst PH. DOLLINGER, Le premier statut municipal de Strasbourg (XIIe siècle), in: Annuaire de la société des amis du vieux-Strasbourg III/1972–1973, S. 13–21, insbes. S. 19 ff., und die Skizze auf S. 20 sowie die Skizze: »Topographie religieuse de Strasbourg et environs vers la fin du Xe siècle«, in: Revue d'Alsace 93/1954, Pl. V. Zu Straßburg als Bischofsstadt vgl. vor allem auch L. PFLEGER, Kirchengeschichte der Stadt Straßburg im Mittelalter, 1941, u. hier insbes. S. 28 ff., 44 ff.
315 Zum elsässischen Herzogtum vgl. zuletzt F. VOLLMER, Die Etichonen, in: Studien und Vorarbeiten zur Geschichte des großfränkischen und frühdeutschen Adels, hg. von G. Tellenbach (= FOLG IV), 1957, S. 137–184; A. M. BURG, Le duché d'Alsace au temps de Sainte Odile, 1959, passim, u. DERS., Das elsässische Herzogtum, in: ZGO 117/1969, S. 83–95.
316 Zum frühen Kirchenbau von St. Stephan vgl. jetzt F. OSWALD, in: Vorromanische Kirchenbauten, 1966, S. 324–325.
317 Dazu insbes. X. OHRESSER, 1935 und 1971, wie Anm. 313, sowie zu ATTALA J. M. B. CLAUSS, Die Heiligen des Elsaß, 1935, S. 37 ff., und A. M. BURG, Le duché d'Alsace, wie Anm. 315, S. 65 f.
318 Darüber zuletzt X. OHRESSER, 1971, wie Anm. 313, S. 16. Zur Familie Adalberts vgl. F. VOLLMER, wie Anm. 315, S. 158 ff.

exzeptionelle Bedeutung zu. Denn zum ersten – und freilich auch einzigen – Male hatte ein schwäbischer Herzog es, wenn auch nur für wenige Jahre, vermocht, in einem Bischofssitz Fuß zu fassen, einen Bischofssitz seinen Zwecken dienstbar zu machen.

ULM

Bis in die Regierungszeit Herzog Ernsts II. hinein hatten der Herzogsherrschaft in Schwaben residenzartige »Vororte« feste Bezugspunkte verliehen. Charakteristischste Eigenschaft aller dieser Plätze war es gewesen, daß sie sämtlich auf Königsgut bzw. Reichskirchengut ruhten und daß diese herzoglichen »Residenzen«, zumal wenn sie eine »Pfalz« aufzuweisen hatten, weiterhin mehr oder weniger ausgeprägt auch von den Königen als zeitweilige Aufenthaltsorte besucht worden sind. Wie sehr die Existenz dieser von den Herzögen zweifellos bewußt gesuchten örtlichen Verbindung zwischen Herzogsherrschaft und Königtum von der Gunst und von Stärke oder Schwäche des Königtums abhängig war, zeigt sich deutlich darin, daß sämtliche dieser »Herzogsplätze« als Folge von Auseinandersetzungen zwischen schwäbischen Herzögen und deutschem Königtum durch Verfügungen des Königs ihrer bisherigen Funktionen für die Herzogsherrschaft entkleidet und wieder voll und ganz in das alleinige Recht und in die alleinige Verfügungsgewalt des Reiches zurückgeführt worden sind. Die Herzöge nach Ernsts II. Sturz haben offenbar über keine ähnlichen, ihre Herrschaft örtlich mit derjenigen des Reiches und des Königtums verbindenden »Residenzen« mehr verfügt.

Diese Beobachtung korrespondiert mit der anderen, der Forschung seit langem vertrauten, daß die Herzöge um die Mitte des 11. Jahrhunderts sämtlich Landfremde waren. Für sie dürfte deswegen der regelmäßige Besuch oder gar eine längere Präsenz an bestimmten »Vororten« kaum mehr in Frage gekommen sein.

Das Königtum hatte das »Herzogtum Schwaben« offenbar schon weithin in seine eigene Herrschaft integriert. Und wenn der erste schwäbische Herzog des 11. Jahrhunderts, der wiederum dem Bereich des »Herzogtums« entstammte, erstmals seinem Namen – entsprechend dem in jenem Jahrhundert deutlich werdenden Wandlungsprozeß in adliger Familie und adliger Herrschaft[319] – den Namen seines »Stammsitzes«, seiner »Stammburg« Rheinfelden beifügt, dann ist sehr wohl anzunehmen, daß Herzog Rudolf im wesentlichen von seiner eigenen Herrschaftsbasis aus sein Amt ausgeübt haben dürfte.

Daß der Verzicht auf einen »königlichen Vorort« indessen nicht lange vorhielt, lehren die Ereignisse des Jahres 1079. In diesem Jahre wurden – als späte Folge der Erhebung Rudolfs von Rheinfelden, des bisherigen Herzogs von Schwaben, zum (Gegen-)König der antikaiserlichen Opposition – erstmals in der Geschichte dieser Institution zwei einander bekämpfende Herzöge mit der schwäbischen Herzogsgewalt betraut: Heinrich IV. übertrug die seit zwei Jahren vakante Würde an Friedrich von Staufen, seinen künftigen Schwiegersohn; die antikaiserliche Partei in Schwaben aber erhob dar-

---

[319] Vgl. dazu zuletzt K. Schmid, Adel und Reform in Schwaben, in: Investiturstreit und Reichsverfassung, hg. von J. Fleckenstein (= VuF XVII), 1973, S. 295–319, hier 302 ff.

aufhin Berthold, den Sohn Rudolfs von Rheinfelden, in Nachfolge seines Vaters zum neuen Herzog in Schwaben [320].

Geschah der kaiserliche Einsetzungsakt, wie so oft zuvor, außerhalb Schwabens, auf baierischem Boden, in Regensburg, so wurde demgegenüber die Erhebung und Einsetzung Bertholds von Rheinfelden auf schwäbischem Stammesboden, ja an einem mit dem königlichen Regensburg vergleichbaren Platze, nämlich in Ulm, vollzogen. Und daß Ulm nun, im Jahre 1079, zum Angelpunkt schwäbischer Herzogsherrschaft wurde, erhellt daraus, daß noch an Pfingsten der kaisertreue Herzog Friedrich gleichfalls mit militärischer Gewalt Ulm einzunehmen trachtete. Das gelang ihm denn auch; allerdings wurde er schon bald durch Herzog Welf wieder aus der »Stadt« vertrieben [321].

Was war das jedoch für ein Ort, dessen Besitz nun, in den Wirren des Investiturstreits, einem Herzog von Schwaben mit einem Male als unbedingt erstrebenswert erschien, nachdem Ulm zu der Zeit, als Zürich und Breisach für die Herzogsherrschaft Bedeutung besaßen, nicht den geringsten Bezug zum »Herzogsamt« aufzuweisen hatte [322]? Ein Blick zurück mag die Erklärung erleichtern.

Gleich die ersten sicheren Nachrichten, die wir für Ulm besitzen, weisen den Ort als *palatium regium* oder als *curtis imperialis* aus [323], und dieser Kennzeichnung entspricht es denn auch, wenn wir erstmals von Ludwig dem Deutschen, den wir schon in Zürich aktiv tätig gesehen haben, drei Aufenthalte in Ulm kennen lernen, denen sich noch ein Aufenthalt Karls III., drei Aufenthalte Arnulfs, einer Ludwigs des Kindes und zwei Aufenthalte Konrads I. anschließen [324]. Und ebenso paßt es in dieses Bild, wenn die schriftliche Überlieferung der Abtei Reichenau die Entstehung ihres umfangreichen Besitzes in und um Ulm mit der außerhalb des Ortes, *ennet feldes*, gelegenen Pfarrkirche St. Marien als Mittelpunkt auf eine oder mehrere königliche Schenkungen der Karolingerzeit zurückführt [325].

---

320 Vgl. MEYER VON KNONAU, Jbb. Heinrich IV. u. Heinrich V., III, S. 194, 198 f.
321 Ebd., S. 208.
322 Für das folgende vgl. im allgemeinen jetzt W. SCHLESINGER, Pfalz und Stadt Ulm bis zur Stauferzeit, in: Ulm und Oberschwaben 38/1967, S. 9–30; U. SCHMITT, Villa Regalis Ulm und Kloster Reichenau (= Veröff. des MPI 42), 1974, und dazu die wesentlichen Korrekturen bei W. SCHLESINGER, Bischofssitze, Pfalzen und Städte im deutschen Itinerar Friedrich Barbarossas, in: Aus Stadt- u. Wirtschaftsgeschichte Südwestdeutschlands. FS Erich Maschke, 1975, S. 1–56, hier S. 10 ff.; von der älteren Literatur immer noch wichtig M. ERNST, Zur älteren Geschichte Ulms, in: Ulm und Oberschwaben 30/1937, S. 1–63, u. K. HANNESSCHLÄGER, Die Freie Reichsstadt Ulm. Diss. iur. Masch. Tübingen 1956. Zur Bedeutung Ulms für die Herrschaft der staufischen Könige in Schwaben künftig vor allem G. BAAKEN, Pfalz und Stadt, in: Südwestdeutsche Städte im Zeitalter der Staufer, hg. von E. Maschke u. J. Sydow, 1979. Zum Forschungsstand über das früh- und hochmittelalterliche Ulm, vgl. jetzt auch H. E. SPECKER, Reichsstadt und Stadt Ulm bis 1945, in: Der Stadtkreis Ulm. Amtliche Kreisbeschreibung, 1977, S. 33 ff.
323 Dazu U. SCHMITT, Ulm, S. 23 ff., mit den Korrekturen von W. SCHLESINGER, Bischofssitze, S. 11, Anm. 79, und jetzt G. BAAKEN, Fränkische Königshöfe und Pfalzen in Südwestdeutschland, in: Ulm und Oberschwaben 42/43, 1977.
324 Vgl. die Zusammenstellung bei U. SCHMITT, Ulm, S. 86 ff.
325 Vgl. hierzu W. SCHLESINGER, Pfalz u. Stadt Ulm, S. 18 ff., und U. SCHMITT, Ulm, S. 32 ff., mit freilich sehr fragwürdigen Ergebnissen (vgl. meine Stellungnahme zu diesem Buch, in: ZWLG XXXIII/1974, S. 294–296). Zur Pfarrkirche St. Marien vgl. M. ERNST, Die alte Pfarrkirche über Feld und ihr Sprengel, in: Ulm und Oberschwaben 25/1927, S. 7–22.

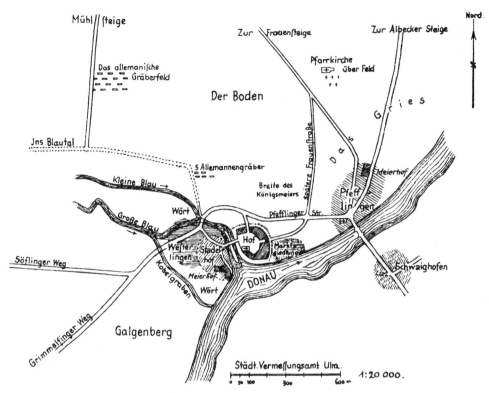

TA 8 Ulm vor der Zerstörung von 1134   Gefertigt nach Angabe von Oberstaatsanwalt a. D. Ernst.

Diese topographische Angabe gibt uns zugleich Anlaß, auf die Gestalt [326] dieses karolingischen Pfalzortes näher einzugehen (TA 8). Seinen Mittelpunkt bildete die königliche Pfalz [327] auf einem in dem Winkel zwischen Blau und Donau gelegenen, wohl schon früh befestigten Hügel, der – entsprechend dem Pfalzhügel von Zürich oder demjenigen von Neidingen auf der Baar – den Namen »Hof«, später »Weinhof«, trug [328]. Hier, ungefähr auf dem Platz des heutigen Schwörhauses, hat denn auch die archäologische Forschung die älteste Pfalzkapelle zu ergraben [329], wenn auch nicht schlüssig zu datieren vermocht [330] (TA 9). Außerhalb des Pfalzhügels aber lagen ge-

---

[326] Zur Topographie Ulms vgl. jetzt allg. G. NAGEL, Das mittelalterliche Kaufhaus und seine Stellung in der Stadt, 1971, S. 141–162.
[327] Vgl. dazu die Anm. 322 genannten Arbeiten von W. SCHLESINGER und U. SCHMITT.
[328] S. G. P. FEHRING, Die Stadtkerngrabung des Staatlichen Amts für Denkmalpflege Stuttgart auf dem Weinhof in Ulm, in: Ulm u. Oberschwaben 38/1967, S. 31–36, u. CH. SEEWALD, Zur Topographie der mittelalterlichen Fundstellen und Funde des Kreises Ulm, in: Aus Archiv u. Bibliothek. Max Huber zum 65. Geburtstag, 1969, S. 11–52, hier 43 ff.
[329] Dazu jetzt A. RIEBER und K. REUTTER, Die Pfalzkapelle in Ulm, Tl. I u. II, 1974, passim (vgl. aber die Rezension von W. EINSINGBACH, in: Nassauische Annalen 88/1977, S. 378 ff.).
[330] Zu den Datierungsproblemen jetzt W. SCHLESINGER, Bischofssitze, S. 11, Anm. 78, u. W. EINSINGBACH, wie Anm. 329.

gen Osten, in freiem Feld, wie bereits erwähnt, die reichenauisch gewordene, aus Königsbesitz stammende Pfarrkirche St. Marien, dann – näherhin zur Pfalz und wie diese gleichfalls unweit der Donau – vielleicht damals schon der Hof des Klosters Reichenau als Zentrum der neu entstehenden klösterlichen Grundherrschaft [331], schließlich südlich, jenseits der Donau, der Schwaighof und nach Westen hin, jenseits der Blau, aber unmittelbar unterhalb des Pfalzhügels, ähnlich wie in Zürich, der Stadelhof [332], – beides topographische Einheiten, deren Namen darauf schließen lassen, daß hier die wirtschaftlichen Zentren des zu vermutenden Fiskus Ulm zu suchen sein werden.

Was in ottonischer Zeit mit Ulm geschah, das wir lediglich für das Jahr 955, vor der Schlacht auf dem Lechfeld, als Sammelplatz von Ottos I. Heer kennen, wissen wir nicht. Erst unter den Saliern spielte die Pfalz wieder eine Rolle, und zwar sogleich eine sehr beachtenswerte. Und nun, in der Regierungszeit Konrads II., der zweimal in Ulm weilte, kommt es dann auch zu einer ersten, wenn auch nur losen Einbeziehung des Platzes in Geschehnisse, die die Herzogsherrschaft ganz entscheidend betreffen. Denn hier geschieht im Jahre 1027, auf einem Gerichtstag Konrads II., eine neuerliche Verurteilung und Unterwerfung des rebellischen Herzogs Ernst und seiner Anhänger [333]. Bemerkenswert dabei ist, daß Ernst II. – parallel zu dem *colloquium* des Königs – in oder wohl eher vor Ulm mit den Seinen ein eigenes, ein herzogliches *colloquium*, einen herzoglichen Hof- oder Landtag also, abhält.

Wollte man in diesem – letztlich allerdings durch den königlichen Gerichtstag – veranlaßten herzoglichen Landtag von Ulm somit zugleich auch den Beginn eines herzoglichen Anspruchs auf Ulm und die Begründung einer sich mit Ulm verbindenden herzoglichen Tradition erblicken [334], so könnte diese Auffassung vielleicht dann noch eine weitere Stütze erfahren, wenn es sich als sicher erweisen ließe, daß die *pugna apud Ulmam*, in der 1019 die beiden salischen Vettern, der »ältere« Konrad (der spätere Kaiser) und Konrad »der Jüngere« den Herzog Adalbero von Kärnten, den Schwager des 1012 verstorbenen Herzogs Hermann III. von Schwaben, besiegten, – daß diese Schlacht bei Ulm tatsächlich des schwäbischen Herzogserbes wegen geschlagen worden ist [335]. Dieser Beweis dürfte freilich nur schwer zu erbringen sein. Dessen ungeachtet läßt jedoch auch das Ereignis von 1019 eine gewisse zentrale Funktion Ulms in Schwaben während des frühen 11. Jahrhunderts – auch außerhalb der Sphäre des Königtums – von neuem deutlich werden.

Eine ganz entscheidende Förderung aber erfährt der Pfalzort an der Donau durch Kaiser Heinrich III., der gar siebenmal zu Aufenthalten in Ulm weilt [336]. Seiner Regierungszeit, wenn nicht schon derjenigen seines Vorgängers Konrad II., dürften die erst vor wenigen Jahren sicher identifizierten Ulmer Denare Konstanzer Schlages – mit

---

331 Darüber jetzt eingehend U. Schmitt, Ulm, passim.
332 Dazu U. Ernst, Zur älteren Geschichte Ulms, S. 20 ff.
333 Vgl. dazu H. Bresslau, Jbb. Konrad II., I, S. 217 ff., u. U. Schmitt, Ulm, S. 53.
334 So etwa U. Schmitt, Ulm, S. 53.
335 Vgl. hierzu zuletzt K.-E. Klaar, Die Herrschaft der Eppensteiner in Kärnten, 1966, S. 86 mit Nr. 30, S. 27; H. Jänichen, Zur Genealogie der älteren Grafen von Veringen, in: ZWLG XXVII/1968, S. 1–30, hier 28; G. Wunder, Beiträge zur Genealogie schwäbischer Herzogshäuser, ebd., XXXI/1972, S. 1–15, hier 4, und U. Schmitt, Ulm, S. 51.
336 Vgl. die Zusammenstellung der Aufenthalte bei U. Schmitt, Ulm, S. 91 ff.

TA 9 Die Pfalzkapelle im ummauerten Ulm nach 1140 ▷

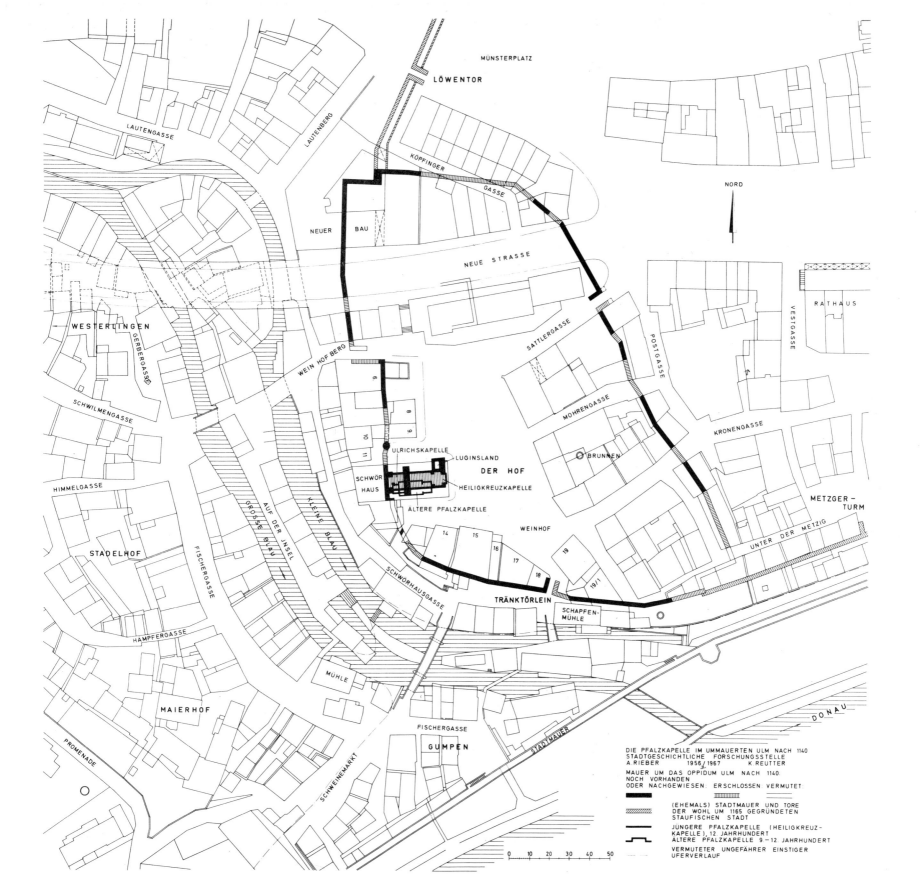

einem kästchenförmigen Gebäude auf der Vorderseite und einem gleicharmigen Kreuz samt einer Kugel auf der Rückseite – entstammen [337]. Ihr Vorkommen beweist nicht nur die Existenz einer – doch wohl königlichen – Münze in Ulm; es läßt zugleich auch auf das Vorhandensein eines (Fernhandels-)Marktes [338] und damit überdies auch auf das Bestehen einer Marktsiedlung im Vorgelände der Pfalz als Ausgangspunkt der bürgerlichen Stadt des Hoch- und Spätmittelalters schließen [339].

Hier, in diesem von Heinrich III. so sehr bevorzugten Ulm, kommt es dann im Jahre 1048 zu einer königlichen Handlung, die die Herzogsherrschaft in Schwaben von neuem auf den Pfalzort an der Donau verweist. Denn in diesem Jahre setzt der König den Markgrafen Otto von Schweinfurt zum Herzog von Schwaben ein [340], ein Akt, an den wir uns werden erinnern müssen, wenn wir nachher wiederum auf die Ereignisse des Jahres 1079 zurückkommen werden.

Und wenn im Jahre 1052 der aus Schwaben stammende Bischof Walter von Verona Reliquien des hl. Zeno [341] nach Ulm – spätmittelalterlicher Überlieferung entsprechend in die dortige Pfalzkapelle [342] – überbringt, wo sie zahlreiche Wunder gewirkt haben sollen, dann fällt dieses Ereignis bezeichnenderweise wiederum in die Zeit Heinrichs III. und verleiht dem königlichen Ort mit Pfalz, königlichen Wirtschaftshöfen, Markt, Münze, reichenauischer Pfarrkirche und Reichenauer Wirtschaftshof nun auch eine ihm bislang fehlende kultisch-religiöse Komponente. Der letzte Ulmer Aufenthalt Heinrichs III. am 14. Dezember 1055 [343], in unmittelbarer zeitlicher Nähe des am 9. Dezember zu feiernden Zeno-Tages [344], läßt das persönliche Interesse des Königs an der Zeno-Verehrung in Ulm, von der wir freilich nach dem 11. Jahrhundert nichts mehr hören, sichtbar hervortreten [345].

Dürfen wir danach für die Mitte des 11. Jahrhunderts zumindest mit zwei, wenn nicht gar schon mit mehreren Kirchen im Umkreis der Pfalz rechnen, so ist ohne weite-

---

337 Vgl. E. B. CAHN, Corcelles, wie Anm. 279, S. 106–226, hier 144, 183–185, und zur genaueren Datierung E. NAU, in: Bll. für deutsche Landesgeschichte 109/1973, S. 429. – Damit ist nun das bei E. NAU, Tübinger Pfennige. Der Fund von Metzingen und andere, in: Bll. für Münzfreunde und Münzforschung 78/1954, S. 145–162, Ausgeführte nicht mehr auf Tübingen, sondern auf Ulm zu beziehen; hierzu E. NAU, in: Bll. für deutsche Landesgeschichte 105/1969, S. 290, Anm. 201, und jetzt vor allem E. NAU, Ulmer Münz- u. Geldgeschichte, in: Der Stadt- und der Landkreis Ulm, Tl. I, 1972, S. 490–501, hier 491 ff.
338 Zum Ulmer Markt und den Ulmer Fernhändlern vgl. K. HANNESSCHLÄGER, Die Freie Reichsstadt Ulm. Diss. iur. Masch. Tübingen 1956, S. 56, und H. BÜTTNER, Staufer und Welfen, in: DERS., Schwaben und Schweiz im frühen und hohen Mittelalter (= VuF XV), 1972, S. 337–392, hier 363.
339 Zur frühstädtischen Siedlung Ulms jetzt W. SCHLESINGER, Bischofssitze, S. 11/12.
340 S. E. STEINDORFF, Jbb. Heinrich III., II/1881, S. 35 f.
341 Vgl. dazu U. SCHMITT, Ulm, S. 54/55, u. vor allem J. ZELLER, Die Übertragung von Reliquien des hl. Zeno von Verona nach Ulm, in: Mitt. des Vereins für Kunst u. Altertum in Ulm 24/1925, S. 113–119; sowie H. TÜCHLE, Dedicationes Constantienses, 1949, S. 146. Vgl. jetzt aber auch die Überlegungen bei H. BÜHLER, Schwäbische Pfalzgrafen, frühe Staufer und ihre Sippengenossen, in: Jb. des Histor. Vereins Dillingen, LXXVII/1975, S. 118–155, hier 144.
342 Vgl. A. RIEBER u. K. REUTTER, Die Pfalzkapelle in Ulm, Tl. I/1974, S. 12 f.
343 S. U. SCHMITT, Ulm, S. 94.
344 Vgl. E. MUNDING, Die Kalendarien von St. Gallen. Untersuchungen. 1951, S. 140 f.
345 Dies gegen U. SCHMITT, Ulm, S. 55.

res verständlich, daß sich Heinrich IV. an Pfingsten 1077[346] zur äußeren Demonstration seiner königlichen Würde und seiner königlichen Rechte im damals bereits von der Fürstenopposition beanspruchten und auch benützten Ulm der Zeremonie des Krone-Tragens, des »Unter-der-Krone-Gehens«[347], ja vielleicht sogar einer Festkrönung[348] bedienen konnte, einer Zeremonie also, die stets mit einer Prozession von einer Kirche zu einer oder mehreren anderen verbunden war[349].

Die Jahre 1076 und 1077, die Ulm als Zentrum der schwäbischen Fürstenopposition und als Aufenthaltsort des (Gegen-)Königs Rudolf von Rheinfelden wie auch als Aufenthaltsort König Heinrichs IV. zwischen den Parteien hin- und hergerissen und zugleich in den Mittelpunkt der Wirren in Schwaben hineingestellt zeigen[350], bereiten nun aber zugleich den Boden für eine engere Verbindung der schwäbischen Herzogsherrschaft mit dem königlichen Pfalzort, und zwar in ganz anderer Weise, als dies etwa in den Jahren 1027 und 1048 geschehen war.

Denn nun macht es die Schwäche des Königtums möglich, daß Ulm, das in den letzten Jahrzehnten zu so etwas wie dem »rechten Ort« des Königs für Schwaben geworden war[351], zu einem neuen Vorort der Herzogsherrschaft in Schwaben heranwächst[352] und damit ähnliche Aufgaben wahrzunehmen beginnt, wie sie bis in das beginnende 11. Jahrhundert hinein Zürich und Breisach für das Amt des Herzogs wahrgenommen hatten.

Wiederum also ist es ein königlicher Pfalzort, an dem sich der Herzog festsetzt, und wiederum scheint ihm eine solche Stätte am ehesten geeignet zu sein, um seine Herrschaft zu legitimieren, örtlich zu fixieren und zu konzentrieren.

Daß Berthold, der Sohn Rudolfs von Rheinfelden, keinen Versuch unternahm, sich eines der ehemaligen herzoglichen Vororte, etwa Zürichs oder Breisachs, zu bemächtigen, sondern auf den Besitz von Ulm Wert legte, wird neben manchem anderen in der überaus zentralen Lage Ulms begründet sein[353], von wo sich das Innere Schwabens weitaus

---

346 Vgl. MEYER VON KNONAU, Jbb. Heinrich IV. u. Heinrich V., III/1900, S. 36 ff.
347 So möchte ich im Anschluß an die Formulierungen K.-U. JÄSCHKES, Frühmittelalterliche Festkrönungen? in: HZ 211/1970, S. 556–588, insbes. S. 567 ff., bzw. C. BRÜHLS, Fränkischer Krönungsbrauch und das Problem der »Festkrönungen«, in: HZ 194/1962, S. 265–326, insbes. 271 ff., die Ulmer Zeremonie am ehesten kennzeichnen.
348 So W. SCHLESINGER, Pfalz und Stadt Ulm, S. 22, u. U. SCHMITT, Ulm, S. 60; vgl. auch H. W. KLEWITZ, Die Festkrönungen der deutschen Könige, in: ZRG/KA XXVIII/1939, S. 48–96, hier 95.
349 Vgl. dazu H. W. KLEWITZ, C. BRÜHL u. K.-U. JÄSCHKE in den Anm. 347 u. 348 genannten Arbeiten; über einen möglicherweise schon ins Hochmittelalter zurückzudatierenden »Kranz« von Kapellen im Umkreis der Pfalz Ulm vgl. G. VEESENMEYER, Ein Gang durch die Kirchen u. Kapellen Ulms, in: Verhandlungen des Vereins für Kunst und Altertum in Ulm und Oberschwaben 1/1869, S. 29–44, P. BECK, Abgegangene Kirchen in Ulm, in: Katholisches Sonntagsblatt, Stuttgart 60/1909, S. 192 ff., und zuletzt G. HOFFMANN, Kirchenheilige in Württemberg, 1932, S. 211–216, sowie A. SCHÄFER, Die Kapellen im mittelalterlichen Ulm, in: DERS., Forschungen über Ulm (hektogr.), 1937, S. 36 ff., 96, 114 ff.
350 Dazu U. SCHMITT, Ulm, S. 60 ff.
351 S. W. SCHLESINGER, Pfalz und Stadt Ulm, S. 22, und künftig vor allem G. BAAKEN, Pfalz u. Stadt, wie Anm. 322.
352 So schon H. J. RIECKENBERG, Königsstraße und Königsgut, wie Anm. 2, S. 108, mit den Modifizierungen bei W. SCHLESINGER, Pfalz und Stadt Ulm, S. 22; U. SCHMITT, Ulm, S. 63 f.
353 S. H. J. RIECKENBERG, ebd.

leichter erfassen und beherrschen ließ als von den Plätzen Zürich oder Breisach aus, die stets am Rande des herzoglichen Amtsbereichs gelegen haben. Ausgelöst durch die Wirren des Investiturstreits und durch den glücklichen Umstand, daß ein Herzog von Schwaben die Königswürde erlangt hatte, konnte jetzt endlich eine in der Mitte des »Herzogtums« gelegene Pfalz zum Stützpunkt des Herzogsamtes ausgestaltet werden. Freilich mußte die Konzentrierung der Herzogsherrschaft in Ulm für die Zukunft zugleich auch einer Verlagerung des Schwergewichts dieser Institution vom Westen und Südwesten in das Innere Schwabens gleichkommen, einer räumlichen Verschiebung, die für die weitere Entwicklung des Herzogtums Schwaben im 12. und 13. Jahrhundert von wesentlicher Bedeutung werden sollte.

Im Unterschied zu Zürich und Breisach wurde Ulm jedoch nicht nur zu einem Ort herzoglicher Landtage und herzoglichen Residierens. Es wurde vielmehr auch und zuallererst zu einer Stätte von Herzogswahlen und Herzogseinsetzungen, von Handlungen also, für die Ulm sehr wohl die Möglichkeit bot, an eine ältere Tradition anzuknüpfen, hatte doch hier Heinrich III. im Jahre 1048 Otto von Schweinfurt die schwäbische Herzogswürde übertragen [354].

Jetzt aber, im Jahre 1079, war es – zum erstenmal seit der Wahl Burchards II. – nicht mehr der König, der den Herzog einsetzte, sondern der Herzog wurde – nach dem Vorbild der Königswahlen – in Ulm gewählt [355]. Dies geschah in der Weise, daß einer der vornehmsten Fürsten Schwabens, Herzog Welf, den jungen Berthold mit seinen Getreuen empfing, ihn nach Ulm geleitete – dies sicherlich im feierlichen, Königsempfängen vergleichbaren Zeremoniell – und daß sich in diesem Pfalzort eben diese Edlen Schwabens zusammen mit den hier erstmals auftretenden Bürgern in gewohnter Weise *(iure solito)* unterwarfen und – ebenfalls nach dem Vorbild der Königswahlen – »durch gemeinsame Stimmabgabe und Zustimmung« [356] Berthold zu ihrem Herzog erkoren.

Diese erste Herzogswahl in Ulm, die für die künftige Rolle des einstigen königlichen Pfalzortes als konstitutiv bezeichnet werden darf, verband dadurch, daß die Bürger der werdenden Stadt in ihre Handlung einbezogen wurden, das Herzogtum erstmals mit einem Element, das in den frühen Herzogsvororten noch keine Rolle gespielt hatte, nämlich mit der Bürgerschaft einer königlichen Stadt.

Der Herzog war künftig vom Wohlwollen dieser Bürger abhängig; andererseits aber hatte Ulm fortan nicht nur als Ort einer Königspfalz, sondern zugleich auch als Stadt für den Herzog Bedeutung. Es ist durchaus denkbar, daß die nächste Wahl eines Herzogs, nämlich diejenige von Berthold von Rheinfeldens Nachfolger, Berthold von Zäh-

---

354 Vgl. dazu G. WAITZ, Deutsche Verfassungsgeschichte ²7, 1876 (1955), der, S. 116, geradezu schreibt: »Fand die feierliche Einsetzung des Bairischen Herzogs in Regensburg statt, so die des Alamannischen in Ulm...«
355 Zum folgenden vgl. MEYER VON KNONAU, Jbb. Heinrich IV. u. Heinrich V., III, S. 199.
356 *Communique suffragio et laudamento* in Bertholdi Ann. ad a. 1079, MGSS V, S. 319; vgl. dazu die Auslegung der vergleichbaren Formulierung für die Wahl Rudolfs von Rheinfelden zum König im Jahre 1077, gleichfalls bei Berthold (Ann. MGSS V, S. 291 f.: *Communi totius populi suffragio et laudamento*) durch W. SCHLESINGER, Die Wahl Rudolfs von Schwaben zum Gegenkönig 1077 in Forchheim, in: Investiturstreit und Reichsverfassung, hg. von J. Fleckenstein (= VuF XVII), 1973, S. 61–85, hier S. 64.

ringen, im Jahre 1092 mit jenem *colloquium* verbunden wurde, das die Herzöge Berthold und Welf im gleichen Jahre in Ulm zusammen mit vielen Grafen und Edlen Schwabens abhielten [357].

Sicher aber ist, daß es ein Jahr später Ulm war, wo Bischof Gebhard von Konstanz – wiederum zusammen mit den Herzögen Welf und Berthold – eine Versammlung abhielt, auf der u. a. der für die Herzogsherrschaft bedeutsame Beschluß gefaßt wurde, daß Herzog Berthold und den Grafen nach der Lex Alemannorum, nach alemannischer Rechtsgewohnheit also, Folge geleistet werden solle [358]. Nimmt man noch hinzu, daß die hier versammelten Großen Schwabens sich zugleich zur Einhaltung eines Landfriedens für ganz Schwaben verpflichteten [359], dann zeigt sich von neuem, daß Ulm in der Tat Vorort nicht nur der Herzogsherrschaft, sondern auch – und das ist etwas Neues – des diese Herzogsherrschaft tragenden »Stammes« geworden war.

Es ist zu erwarten, daß das Jahr 1098, das Jahr des Ausgleichs zwischen den beiden bis dahin gegnerischen schwäbischen Herzögen aus dem zähringischen und aus dem staufischen Hause, auch über die Weiterexistenz Ulms als Vorort der Herzogsherrschaft entscheiden mußte [360]. Denn der Zähringer, dem gewissermaßen als Abfindung für den Verzicht auf das Herzogtum Schwaben der einstige schwäbische Herzogsvorort Zürich als Reichslehen verliehen worden war, mußte 1098 aus Ulm weichen. Zweifellos war es möglich, daß jetzt Ulm wieder ganz an das Königtum gezogen und der von nun an einzige legitime Herzog aus dem staufischen Hause auf einen solchen hervorragenden Vorort würde verzichten müssen. Ein Ereignis, von dem wir für das Jahr 1112 unterrichtet sind, zeigt indessen, daß das Jahr 1098 keinen Bruch in der Rolle Ulms als Vorort des Herzogs in Schwaben brachte [361].

Denn nun hält auch Herzog Friedrich II. von Schwaben [362], der Sohn jenes Friedrich von Staufen, der schon 1079 Ulm zu behaupten versucht und endlich 1098 das staufische Herzogsamt für sein Haus gewonnen hatte, ein Kolloquium, einen Landtag, unter Beisein des schwäbischen Adels und der schwäbischen Freien in Ulm ab. Ulm, das im übrigen von Heinrich IV. bis Konrad III. keinen Königsbesuch mehr in seinen Mauern sah, hatte seine in den Wirren des Investiturstreits gewonnene Funktion für die Herzogsherrschaft in Schwaben ungebrochen zu bewahren vermocht. Und die gleiche starke Stellung des Herzogs im königlichen Ulm zeigt sich wiederum, als Herzog Friedrich im Jahre 1128 eben dort über den Reliquien des hl. Georg mit Graf Rudolf von Bregenz Güter

---

357 Vgl. dazu MEYER VON KNONAU, Jbb. Heinrich IV. u. Heinrich V., IV, S. 383, u. U. SCHMITT, Ulm, S. 63, 129 f.
358 S. MEYER VON KNONAU, Jbb. Heinrich IV. u. Heinrich V., IV, S. 403.
359 Dazu zuletzt E. WADLE, Heinrich IV. und die deutsche Friedensbewegung, in: Investiturstreit und Reichsverfassung, hg. von J. Fleckenstein (= VuF XVII), 1973, S. 141–173, hier 148 ff.
360 Hierzu und zum folgenden MEYER VON KNONAU, Jbb. Heinrich IV. u. Heinrich V., V, S. 22 ff., u. zu Ulm insbes. H. BÜTTNER, Staufer-Welfen, S. 344, sowie U. SCHMITT, Ulm, S. 66 ff.
361 Not. Fund. Sti. Georgii, MGSS 15/2, S. 1014.
362 Zur Geschichte des staufischen Ulm vgl. auch F. X. VOLLMER, Reichs- u. Territorialpolitik, S. 113 ff., u. H. BÜTTNER, Staufer und Welfen, S. 363 ff., 388.

austauscht ³⁶³, und zwar vor Zeugen, zu denen bemerkenswerterweise auch der schwäbische Pfalzgraf aus der Stifterfamilie des Klosters Anhausen gehört ³⁶⁴.

Dann aber gerät der Herzogsvorort Ulm, der, zunächst weitab vom staufischen Hausbesitz gelegen, im Laufe der Jahre zur Brücke staufischen Besitzgewinns und staufischen Herrschaftsausbaus auch nach Süden, ins heutige Oberschwaben hin, geworden war ³⁶⁵, in eine entscheidende Krise. Hatte der Welfe Heinrich der Stolze das Herrschaftsgebiet Herzog Friedrichs einschließlich der *territoria*, der *suburbia* und der *villae* Ulms bereits in den Jahren 1131 und 1132 hart bedrängt und verwüstet, so brachte 1134 der Feldzug Lothars III. gegen die staufischen Brüder in Schwaben der von den Staufern auf Grund ihres Herzogsamtes beherrschten königlichen Stadt Ulm – als Stadt wird man sie nun doch bereits ohne weiteres bezeichnen dürfen ³⁶⁶ – die fast vollständige Zerstörung ³⁶⁷. Der Welfe Heinrich war dem König freilich zuvorgekommen und hatte das *famosum oppidum nomine Olma* in weitestem Umfange mit Ausnahme lediglich der Kirchen vernichtet, von deren Mehrzahl wir bei dieser Gelegenheit erstmals ausdrücklich hören. Die Staufer vermochten die Einnahme und Zerstörung Ulms nicht abzuwehren, obwohl sie die Bürger der Stadt zur Verteidigung aufgerufen und als Unterpfand des bürgerlichen Verteidigungswillens zwölf angesehene Bürger als Geiseln genommen hatten.

Die Übernahme der Königsherrschaft durch Konrad von Staufen erleichterte zweifellos den Wiederaufbau von Pfalz und Stadt ³⁶⁸, den man indessen nicht allein dem König, sondern ebenso sehr Herzog Friedrich II. zuschreiben könnte ³⁶⁹.

Seit Konrad III. tritt nun freilich der Herzog von Schwaben aus staufischem Hause in Ulm – wenigstens nach den uns überkommenen Quellen – ganz zurück, was jedoch

---

363 UUB I, Nr. 8, u. dazu H. BÜTTNER, Staufer und Welfen, S. 351.
364 *Adelbertus palatinus de Luterburch.* – Zum Verhältnis der schwäbischen Pfalzgrafen und Ulm vgl. M. ERNST, Zur älteren Geschichte Ulms, S. 32 ff., A. LAYER, Die Grafen von Dillingen, in: Jb. des Historischen Vereins Dillingen an der Donau, LXXV. JG. 1973, S. 46–101, hier 52 f., 57, und jetzt H. BÜHLER, wie Anm. 365, und H. JÄNICHEN, Die Pfalz Bodman und die schwäbische Pfalzgrafschaft im Hochmittelalter, in: Bodman, hg. von H. Berner, Bd. I/1977, S. 309–316, hier 314.
365 Dazu zuletzt H. BÜTTNER, Staufer u. Welfen, S. 351 ff. Über eine zu vermutende frühe, bereits in die Mitte des 11. Jhs. zurückführende Beziehung der Staufer zu Ulm aufgrund der Innehabung des schwäbischen Pfalzgrafenamtes vgl. H. BÜHLER, Schwäbische Pfalzgrafen, frühe Staufer und ihre Sippengenossen, in: Jb. des Histor. Vereins Dillingen LXXVII/1975, S. 118–156, hier 144, 146 ff., u. DERS., Zur Geschichte der frühen Staufer, in: Hohenstaufen. Staufer-Forschungen im Stauferkreis Göppingen, 1977, S. 1–44, hier 12 f.
366 Dies gegen den zu späten Ansatz bei U. SCHMITT, Ulm, S. 76 f. Ulm als »Reichslandstadt«, schon für das 12. Jh. charakterisiert bei H. STOOB, Formen und Wandel staufischen Verhaltens zum Städtewesen, jetzt in DERS., Forschungen zum Städtewesen in Europa I/1970, S. 51–72, hier 62, und als »Königliche Stadt« bei J. SYDOW, Zur verfassungsgeschichtlichen Stellung von Reichsstadt, freier Stadt und Territorialstadt im 13. und 14. Jh., in: Les libertés urbaines et rurales du XIᵉ au XIVᵉ siècle (= Pro Civitate 19) 1968, S. 281–309, hier 287.
367 Vgl. hierzu jetzt auch E. WADLE, Reichsgut und Königsherrschaft unter Lothar III. (1125–1137) (= Schriften zur Verfassungsgeschichte 12), 1969, S. 93 ff., und K. FELDMANN, Herzog Welf VI. und sein Sohn, Diss. phil., Tübingen 1971, S. 7, 12.
368 Vgl. dazu jetzt W. SCHLESINGER, Bischofssitze, S. 11 f.
369 Dazu A. RIEBER u. K. REUTTER, Die Pfalzkapelle in Ulm, Tl. I/1974, S. 137.

nicht zu bedeuten braucht, daß Ulm für die Herzöge fortan jegliche Vorortfunktion verloren habe. Daß dem in der Tat keineswegs so war, werden wir gleich erfahren.

Bestehen bleibt indessen, daß während des 12. und während der ersten Hälfte des 13. Jahrhunderts die Könige und Kaiser aus dem staufischen Hause Ulm zu d e r königlichen Pfalz und Pfalzstadt für Schwaben ausgestaltet haben, dies wohl am deutlichsten ablesbar an der Anzahl der Königsaufenthalte [370], von denen wir für Konrad III. vier (?), für Friedrich I. dreizehn, für Heinrich IV. einen, für Philipp von Schwaben vier, für Otto IV. zwei, für Friedrich II. zehn, für Heinrich (VII.) vierzehn und für Konrad IV. vier Aufenthalte kennen.

Daß jedoch auch um die Mitte des 12. Jahrhunderts Königtum und schwäbische Herzogsherrschaft in Ulm aufs engste miteinander verbunden blieben, lehrt vor allem der wesentlichste Verhandlungsgegenstand von Friedrich Barbarossas Ulmer Hoftag im Februar 1157 oder 1158 [371]. Hier in Ulm galt es über den *status totius ducatus Suevie* im allgemeinen zu beraten. Im besonderen aber war über die Klage der *comites et barones Suevorum* zu entscheiden, daß der *honor ducatus Suevie* durch die Entfremdung der Grafschaft Chiavenna vom Herzogtum gemindert worden sei.

Im Mittelpunkt jenes Ulmer Hoftags standen demnach die Beratungen von Fragen, die Bestand und Rechte der Herzogsherrschaft in Schwaben ganz entscheidend betrafen.

Ulm hatte nach all dem seine spezifische Rolle innerhalb des Herzogtums und für das Herzogtum keineswegs verloren, sondern durch die enge Verbindung von staufischer Königsherrschaft und staufischer Herzogsherrschaft eher noch zu vermehren gewußt. Und wenn in jener Urkunde, die uns von den Ulmer Beratungen berichtet, ausdrücklich die hier in Ulm zusammengekommenen Grafen und Edlen Schwabens erwähnt werden [372], dann läßt dies zugleich auch auf die besondere Eigenart der zahlreichen, von Friedrich Barbarossa in Ulm abgehaltenen Hoftage schließen, auf die Eigenart nämlich, daß diese Ulmer Hoftage durch die regelmäßige Teilnahme der Grafen und Edlen aus dem Inneren Schwabens als d i e »Landeshoftage« des Königs für Schwaben gegolten haben [373]. Auch mit diesem ihrem ausgesprochen »schwäbischen« Hoftagssprengel knüpfen die Ulmer Hoftage demnach unmittelbar an die Landtage der Herzöge von Schwaben in Ulm mit ihrem vergleichbaren Sprengel an. Von eigenständigen Handlungen des Herzogs in Ulm hören wir dagegen für lange Zeit nichts mehr.

Immerhin ist schon häufig erwogen worden, Brakteaten des 12. Jahrhunderts, deren Münzbilder eindeutig auf einen Herzog als Münzherrn schließen lassen, der Ulmer königlichen Münzstätte, die wir während der staufischen Zeit in großer Blüte sehen [374],

---

370 Vgl. die Zusammenstellung bei U. SCHMITT, Ulm, S. 96 ff., mit den Korrekturen bei W. SCHLESINGER, Bischofssitze, S. 10 mit Anm. 67, u. außerdem künftig G. BAAKEN, Pfalz und Stadt, wie Anm. 322.
371 Dazu MGDDF I. 157 und zur Sache jetzt H. MAURER, Chiavenna und die »Ehre« des Herzogtums Schwaben, in: Festschrift Friedrich Hausmann, hg. von H. Ebner, 1977, S. 339–353, und überdies unten S. 258 ff.
372 *Omnes comites et barones Suevorum.*
373 Dazu schon J. FICKER, Reichsfürstenstand II/2, S. 124 ff., und danach K. SCHMID, Graf Rudolf von Pfullendorf, S. 72.
374 Vgl. N. KAMP, Moneta Regis, Diss. phil. Masch., Göttingen 1957, S. 286, 288 f., und jetzt E. NAU, in: Die Zeit der Staufer, Bd. I/1977, S. 169 f.

zuzuweisen [375]. Gewißheit für diese Zuweisung gibt es indessen kaum. Doch dürfen wir, wie uns das häufige Auftreten von Söhnen Friedrichs I., die den schwäbischen Herzogstitel trugen, in Begleitung des Vaters in Ulm lehrt [376], grundsätzlich auch für die Zeit Friedrich Barbarossas mit einem Weiterdauern herzoglicher Präsenz in Ulm rechnen, und dies um so mehr, als neuerdings mit guten Gründen das Fehlen der Pfalz Ulm in dem offenbar zu Beginn von Friedrich Barbarossas Regierungszeit angelegten sogenannten Tafelgüterverzeichnis darauf zurückgeführt worden ist, daß Ulm und das übrige Reichsgut in Schwaben Friedrich Barbarossas Vetter, Herzog Friedrich IV., zugewiesen worden war [377].

Und so überrascht es nicht, wenn in einem 1255, in spätstaufischer Zeit also, zwischen Ammann, Rat und Bürgergemeinde der Stadt Ulm und Graf Albert von Dillingen – bezeichnenderweise auf dem »Hof« *(super curiam)*, bei der Pfalzkapelle zum Hl. Kreuz – abgeschlossenen Vertrag über die Wahrnehmung der Vogtei zu Ulm durch diesen Grafen [378] die Bestimmung enthalten ist, daß der Vogt, wann immer der Kaiser, der König oder der Herzog von Schwaben einen Hoftag in Ulm abhalten würde *(quando imperator rex vel dux Swevie curiam Ulme celebraturus est)*, seine Unterkunft in Schwaighofen, also vor den Toren der Stadt, beanspruchen dürfe, wie denn im gleichen Vertrag auch die Rede davon ist, daß die Rechtsprechung über Fehlhandlungen des Ammanns – im Falle des Aufenthalts des Kaisers, des Königs oder des Herzogs von Schwaben in der Stadt – einem von diesen zufallen solle und daß während eines solchen Kaiser-, Königs- oder Herzogsaufenthalts Geächtete 14 Tage lang in der Vorstadt Söflingen ein Asyl finden dürften.

Bedenkt man, daß 1255, ein Jahr nach dem Tode Konrads IV., während der Unmündigkeit des kleinen Konradin die Herzogsgewalt in Schwaben völlig unwirksam darniederlag und demnach also weder für die Vertreter der Stadt Ulm noch für den Grafen von Dillingen der geringste Anlaß bestand, die Rechte des Herzogs von Schwaben, vor allem dessen Recht auf Abhaltung von Hoftagen in Ulm ausdrücklich zu erwähnen, dann kann man diese Berücksichtigung herzoglicher Rechte nur mit dem Bestehen einer alten, ungebrochenen, selbstverständlichen Gewohnheit erklären.

Aber aus dem Vertrag vom Jahre 1255 ergibt sich uns für die Beurteilung Ulms als eines stets beibehaltenen Vororts der Herzogsherrschaft in Schwaben noch wesentlich mehr. Wieder einmal erweist sich die enge Verzahnung königlicher und herzoglicher Rechte und Funktionen in Ulm auf das eindrücklichste, zeigt sich uns darüber hinaus,

---

375 Vgl. etwa H. Buchenau, Brakteatenfund von Holzburg, in: Mitt. der Bayer. Numismat. Gesellschaft XXVII/1909, S. 141–146, hier 142, u. E. Nau, Münzstätten des frühen und hohen Mittelalters im südwestdeutschen Raum, in: Westfäl. Forschungen 15/1962, S. 62–65, hier S. 64.
376 Vgl. dazu die Anwesenheitslisten der Regesten Nr. 33, 34, 37, 38, 42 bei U. Schmitt, Ulm.
377 S. dazu W. Schlesinger, Gedanken zur Datierung des Verzeichnisses der Höfe, die zur Tafel des Königs der Römer gehörten, in: Festschrift für G. Pfeiffer = Jb. für fränk. Landesforschung 34/35, 1975, S. 185–203, hier S. 192/193.
378 UUB I, Nr. LXXIII; vgl. dazu hier u. zum folgenden außer U. Schmitt, Ulm, S. 79 f., noch immer M. Fehl, Die Ernennung des Grafen Albert IV. von Dillingen zum Vogt der Stadt Ulm auf Grund des Vertrags vom 21. VIII. 1255. Diss. iur. Masch., Tübingen 1924, u. M. Ernst, Zur älteren Geschichte Ulms, S. 40 ff., u. jetzt A. Layer, Die Grafen von Dillingen, in: Jb. des Histor. Vereins Dillingen, LXXV/1973, S. 46–101, hier 80 ff.

daß die künftige »Reichsstadt« [379] Ulm bis zum Tode Konradins, des letzten Herzogs von Schwaben, nicht nur als königliche, sondern zugleich auch als herzogliche Stadt angesprochen werden darf und daß neben der Pfalz Ulm die Bürgerstadt Ulm für den Herzog vermehrte Bedeutung gewonnen hatte [380].

Dann aber ist es überdies des Bemerkens wert, daß der herzogliche Landtag, daß das herzogliche *colloquium*, wie wir es in Ulm für das späte 11. und das frühe 12. Jahrhundert kennengelernt haben, ebenso wie die Hoftage des Kaisers oder Königs als *curia* begriffen und dem kaiserlichen oder königlichen Hoftag damit völlig gleichgestellt wird. Wir sind danach zweifellos berechtigt, den herzoglichen Hoftag in ein ähnliches Zeremoniell eingebunden zu sehen, wie es bei den königlichen Hoftagen üblich gewesen war [381].

Vergleichbare, auf die Präsenz des Herzogs in der Stadt zielende Bestimmungen, wie wir sie hier im Ulmer Vogt-Vertrag von 1255 kennengelernt haben, sind uns im übrigen aus der schriftlichen Überlieferung all der zahlreichen staufischen Städte Schwabens, die im 12. Jahrhundert und in der ersten Hälfte des 13. Jahrhunderts gegründet worden und teilweise den staufischen Herzögen von Schwaben als Stadtherren unterstellt geblieben sind, nicht bekannt. Auch dies deutet auf die noch um die Mitte des 13. Jahrhunderts bestehende exceptionelle Rolle Ulms innerhalb des zum Territorium gewordenen staufischen Herrschaftskomplexes in Schwaben hin, auf eine Rolle, die nur aus der jahrzehntelangen Funktion Ulms als Vorort der Herzogsherrschaft, als Bezugspunkt eines noch immer im Reiche wurzelnden Amtes zu verstehen ist.

Und aus dieser von neuem zu beobachtenden Verklammerung von Herzogsamt und Reichsrechten in Ulm wird denn auch verständlich, daß Herzog Konradin im Jahre 1259 die durch den Tod des Grafen von Dillingen freigewordene Vogtei über Ulm [382] und das Gericht in der Pirs [383], d. h. über den noch immer im Umkreis Ulms bestehenden Reichsgut-Komplex, für sich beanspruchte [384] und diese möglicherweise schon im 12. Jahrhundert entstandenen Institutionen, ohne der Rechte des Königs oder des Reiches zu gedenken, zusammen mit dem zum Herzogtum gehörigen Marschallamt für ganz Schwaben dem Grafen Ulrich von Württemberg verlieh [385]. Ulm bildete danach auch

---

379 Zur Problematik dieses Begriffes vgl. J. Sydow, Zur verfassungsgeschichtlichen Stellung von Reichsstadt, freier Stadt und Territorialstadt im 13. und 14. Jh., in: Les Libertés urbaines et rurales du XIe au XIVe siècle, 1968, S. 281–309, insbes. 299.
380 Zu diesem Problem grundsätzlich J. Sydow, ebd., S. 287 f., u. H. Stoob, Formen und Wandel staufischen Verhaltens zum Städtewesen, jetzt in: Ders., Forschungen zum Städtewesen in Europa I/1970, S. 51–72, zu Ulm hier 62.
381 Zum Reichshoftag vgl. P. Guba, Der deutsche Reichstag in den Jahren 911–1125 (= Histor. Studien 12), 1884, u. C. Wacker, Der Reichstag unter den Hohenstaufen (= Histor. Studien 6), 1882.
382 Zur Ulmer Vogtei vgl. M. Ernst, Zur älteren Geschichte Ulms, S. 36 ff., und M. Meier, Die Reichsvogtei Ulm, Diss. iur. Masch., Tübingen 1949.
383 Zur Ulmer Pirs zuletzt M. Ernst, Zur älteren Geschichte Ulms, S. 54 ff., und neuerdings R. Kiess, Zur Frage der Freien Pürsch, in: ZWLG XXIII/1963, S. 57–90, hier 75 ff.
384 Die Vogtei Ulm als Reichslehen der staufischen Herzöge gewertet bei H. Werle, Erbe, wie Anm. 301, S. 264.
385 UUB I, Nr. LXXXVII, dazu M. Ernst, Zur älteren Geschichte Ulms, S. 61 ff. und vor allem unten S. 293 f.

für Konradins Herzogsherrschaft in Schwaben den vornehmsten Platz. Und hier in Ulm hielt Konradin denn auch bei der Übernahme der Herzogsgewalt in Schwaben an Pfingsten 1262 seinen ersten Hoftag ab [386], bevor er nach Rottweil weiterzog, wohin er seinen zweiten Hoftag einberufen hatte.

ROTTWEIL

Ulm war nun freilich keineswegs die einzige Örtlichkeit, in der sich die Herzogsherrschaft des zähringischen (Gegen-)Herzogs von Schwaben festzusetzen vermochte. Ein zweiter Ort, an dem – neben Ulm – Herzog Berthold II. seines Amtes waltete, ist Rottweil am oberen Neckar [387], in unmittelbarer Nachbarschaft seines umfangreichen Allodes mit den Mittelpunkten Villingen und Aasen [388]. Daß er als Stätte für seine herzoglichen Handlungen nicht Villingen, sondern das unweit von Villingen gelegene Rottweil ausgewählt hat, wird verständlich, wenn man die »Vorgeschichte« dieses zweiten, im 11. Jahrhundert östlich des Schwarzwaldes entstehenden »Herzogsortes« betrachtet.

Ganz anders als Ulm hat Rottweil eine bedeutende römische Vergangenheit aufzuweisen, die durch die noch längst nicht abgeschlossenen Grabungen im Vorfeld der mittelalterlichen Stadt fortschreitend erhellt wird [389]. Bis heute sind links und rechts des Neckars insgesamt vier sich von ca. 72/73 n. Chr. bis etwa 120 n. Chr. einander ablösende römische Kastelle und zudem die Überreste der bei den Kastellen III und IV rechts des Neckars, im heutigen Gewann »Hochmauren«, gelegenen Zivilstadt »Arae Flaviae« zum Vorschein gekommen, eines Municipium, mit dessen Ende etwa um das Jahr 259/60 gerechnet werden muß.

Besaß die römische Siedlung bei Rottweil als eine der wenigen Siedlungen im rechtsrheinischen Gebiet römisches Stadtrecht, so kam auch dem Rottweil des frühen Mittelalters auf seine Weise überörtliche Bedeutung zu. Denn wenn bereits die der Vita vetustissima des hl. Gallus angefügten, wohl noch vor 800 verfaßten Wunderberichte zum Jahre 771 von einem Manne zu erzählen wissen [390], der aus dem Gau Bertoldsbaar, und zwar aus dem Umkreis des königlichen Fiskus Rottweil (*de vicinatu Rotuuilla fisco publico*),

---

386 Dazu K. HAMPE, Geschichte Konradins von Hohenstaufen, ²1940, S. 32.
387 Über Rottweil jetzt vor allem C. MECKSEPER, Rottweil. Untersuchungen zur Stadtbaugeschichte im Hochmittelalter. Diss. Ing. Masch., Stuttgart, Bd. I u. II, 1968, mit der gesamten älteren Literatur und künftig H. MAURER, Der Königshof Rottweil bis zum Ende der staufischen Zeit, in: Deutsche Königspfalzen, Bd. III (= Veröff. des MPI für Geschichte 11/3) 1978.
388 Hierzu zuletzt H. MAURER, Ein päpstliches Patrimonium auf der Baar, in: ZGO 118/1970, S. 43-56, passim.
389 Vgl. dazu D. PLANCK, Die Topographie des römischen Rottweil, in: Bonner Jbb. 172/1972, S. 195-211, und jetzt umfassend DERS., Arae Flaviae I. Neue Untersuchungen zur Geschichte des römischen Rottweil, Tl. I u. II (= Forschungen und Berichte zur Vor- und Frühgeschichte in Baden-Württemberg 6/I u. II), 1975, sowie neuestens A. RÜSCH, Die römischen Ausgrabungen des Jahres 1974 in Rottweil, in: Rottweiler Heimatbll., 36. Jg., Nr. 4/1975, sowie D. PLANCK, in: Die Römer in Baden-Württemberg, 1976, S. 483 ff.
390 Vgl. die neueste Edition bei I. MÜLLER, Die älteste Gallus-Vita, in: ZSKG 66/1972, S. 209-249 (Edition S. 212-221), hier 221, und dazu W. BERSCHIN, Die Anfänge der lateinischen Literatur unter den Alemannen, in: Die Alemannen in der Frühzeit, hg. von W. HÜBENER, 1974, S. 121-133, hier 128 ff., sowie J. DUFT, Irische Einflüsse auf St. Gallen und Alemannien, in: Mönchtum, Episkopat und Adel zur Gründungszeit des Klosters Reichenau, hg. von A. Borst

zum Grab des hl. Gallus wallfahrten wollte, dann ist Rottweil damit – zumindest für die Zeit der Niederschrift – also für das endende 8. Jahrhundert, als Mittelpunkt eines königlichen Fiskus ausgewiesen. Und diese Eigenschaft als Zentrum eines Königsgutsbezirks erhellt noch deutlicher aus einem Diplom Ludwigs des Kindes vom Jahre 902 [391], durch das dieser Herrscher mit Bischof Salomo III. von Konstanz in dessen Eigenschaft als Abt von St. Gallen einen Gütertausch vornimmt, und zwar u. a. mit Besitz in drei Ortschaften der Baar, die *ad fiscum nostrum et ad curtam (!) Rotuuila* gehören. Geben diese beiden Zeugnisse erwünschte Auskunft über die raumübergreifenden Funktionen der *curtis*, des Königshofes Rottweil, so wird die Aussagekraft dieser Zeugnisse noch unterstützt durch die Nachrichten von Königsaufenthalten, die wir für Rottweil besitzen. Ihnen entnehmen wir, daß nicht allein derselbe König Ludwig im Jahre 906 [392] selbst in Rottweil zugegen war, sondern daß sich auch bereits Kaiser Karl III. im Jahre 887 als erster Herrscher in Rottweil aufgehalten hatte [393]. Aber mit den letzten Karolingern ist Rottweils Rolle als Ort von Königsaufenthalten und damit zugleich als Ort einer königlichen *curtis* keineswegs beendet. Denn für die Zeit der Salier besitzen wir einen weiteren Beleg für einen Königsaufenthalt in Rottweil: es war Heinrich III., der im Jahr 1040 in Rottweil eine Urkunde ausstellen ließ [394].

Nehmen wir nun die Topographie und die archäologischen Befunde zu Hilfe, so läßt sich über die Situation des Königshofes Rottweil [395] dies aussagen (TA 10): Seine Gesamtanlage erstreckte sich – ähnlich den Kastellen der Römerzeit – auf beiden Seiten des Neckars. Rechts des Neckars, im Bereich der Überreste der römischen Zivilsiedlung, im Gewann mit dem bezeichnenden Namen Hochmauren [396], stand die für einen weiten Sprengel zuständige Pfarrkirche St. Pelagius [397]. Durch ihren Patron, dessen Reliquien von Bischof Salomo III. aus Rom um 900 nach Konstanz übertragen worden sind [398], läßt sich diese Kirche allenfalls in spätkarolingisch-frühottonische Zeit zurückdatieren.

Links des Neckars, gegenüber von St. Pelagius und damit auch gegenüber von Hochmauren, auf einem 20 bis 30 Meter über den Fluß ansteigenden Hochplateau aber erstreckte sich eine riesige ovale Wallanlage [399], die eine Fläche von etwa 850 mal 400 bis 500 Metern oder rund 35 Hektar einschloß, eine Wallanlage also, die die erst jüngst ge-

(=VuF XX), 1974, S. 9–35, hier 13 ff., DERS., Die Gallus-Kapelle zu St. Gallen und ihr Bilderzyklus, 1977, S. 9 ff., sowie jüngst W. BERSCHIN, Gallus abbas vindicatus, in: HJb. 95/1975 (1977), S. 257–277, insbes. S. 259, 267.
391 MGLdK 14.
392 Vgl. MGLdK 45.
393 Vgl. MGD Karol. III 156 mit 157.
394 S. MGDH III 37.
395 Vgl. hierzu A. STEINHAUSER, Der fränkische Königshof bei Rottweil, in: ZWLG VI/1942, S. 251–261, u. DERS., Streifzug durch Rottweils Geschichte von der Römerzeit bis zum Ende der Reichsstadt, 1950, S. 17 ff., u. jetzt C. MECKSEPER, Rottweil, S. 46 ff.
396 Zu »Hochmauren« ebd., S. 196 ff.
397 Zu dieser Kirche vgl. A. STEINHAUSER, Die Pelagiuskirche in der Altstadt bei Rottweil als geschichtliches Denkmal, in: ZWLG VIII/1944-48, S. 185–216, und H. JATTKOWSKI, Die Rottweiler Pfarrkirchen bis 1530. Diss. iur. Masch., Tübingen 1950.
398 Vgl. dazu jetzt ausführlich H. MAURER, Konstanz als ottonischer Bischofssitz, 1973, S. 38 ff.
399 Vgl. dazu zuerst P. GÖSSLER, Das römische Rottweil, 1907, S. 62 ff., und jetzt C. MECKSEPER, Rottweil, S. 53 ff.; vgl. auch R. VON USLAR, Studien zu frühgeschichtlichen Befestigungen zwischen Nordsee und Alpen, 1964, S. 41, Anm. 196 b, mit freilich unbegründeter Datierung des

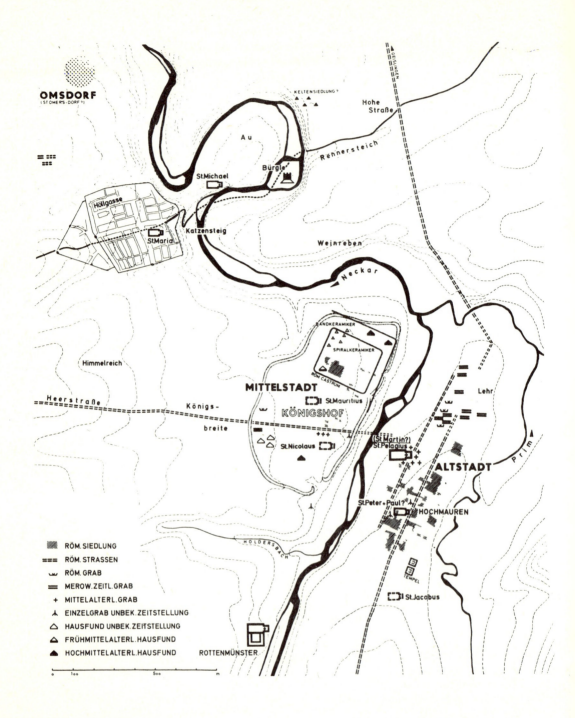

TA 10   Rottweil mit Umgebung im Mittelalter

nauer bekannt gewordenen fränkischen Befestigungsanlagen auf dem Christenberg nördlich von Marburg an der Lahn mit ihren etwa vier Hektar Innenfläche [400] oder auf dem Büraberg bei Fritzlar mit ihren etwa acht Hektar [401] bei weitem übertrifft und allenfalls mit der großen, 55 Hektar umfassenden Wehranlage von Corvey [402] zu vergleichen sein würde. Daß innerhalb dieser Befestigung, deren teilweise mit einem vorgelegten Graben versehener Wall in seinem Innern Holzeinbauten und Trockenmauerwerk barg [403], daß innerhalb dieser eindeutig nachrömischen Befestigung der eigentliche Königshof gesucht werden könnte, liegt um so näher, als die archäologische und die historische Forschung der letzten Jahre immer mehr zu der Überzeugung gelangt sind, daß Königshöfe u n d Pfalzen schon in spätkarolingischer Zeit [404] und keineswegs erst unter dem ausdrücklich als »Burgenbauer« ausgewiesenen Heinrich I. [405] vielfach umwehrt gewesen sind.

Und in der Tat zeigen Nachrichten des Spätmittelalters, daß der eigentliche Königshof tatsächlich am Ostrande dieses umwehrten Ovals gestanden haben muß [406], eine Überlieferung, die durch allerjüngste Grabungen in dem »verdächtigten« Bereich schon eine erste Bestätigung erfahren hat [407]. Denn hier fanden sich in dichter Bebauung über Holzbauten aus dem 7./8. Jahrhundert Steinbauten des 11./12. Jahrhunderts, datiert durch Keramik, die allerdings um ca. 1200 endigt. Daß freilich nicht nur das eigentliche Königshofgebiet besiedelt gewesen war, sondern daß auch an anderen Stellen innerhalb der Wallanlage schon seit merowingischer Zeit Wohnstätten gelegen haben, beweisen die Funde zahlreicher merowingerzeitlicher und karolingerzeitlicher Gräber sowie zahlreicher mittelalterlicher Kellergruben [408], in deren einer vor wenigen Jahren erst eine be-

---

Walls in staufische Zeit, u. die Pläne bei GOESSLER, Arae Flaviae, 1928 (Anhang); R. SPÖRHASE, Rottweil, Karten zur Entwicklung der Stadt, 1968, Karte Nr. 1, u. bei C. MECKSEPER, Rottweil, Bd. II, Nr. 4.
400 Vgl. R. GENSEN, Christenberg, Burgwald und Amöneburger Becken in der Merowinger- u. Karolingerzeit, in: Althessen im Frankenreich (= Nationes, Bd. 2), 1975, S. 121–172, hier 131.
401 Vgl. N. WAND, Die Büraburg und das Fritzlar-Waberner Becken in der merowingisch-karolingischen Zeit, ebd., S. 173–210, hier 184.
402 S. C. ERDMANN, Die Burgenordnung Heinrichs I., jetzt in: DERS., Ottonische Studien, hg. von H. Beumann, 1968, S. 131–173, hier 160.
403 Vgl. P. GÖSSLER, Das römische Rottweil, 1907, S. 62 ff.
404 Von historischer Seite vgl. A. GAUERT, Zur Struktur und Topographie der Königspfalzen, in: Deutsche Königspfalzen (= Veröff. des Max-Planck-Instituts für Geschichte 11/2), 1965, S. 1–60, hier 3 f., 30 ff., 43 f., 54 ff., und von archäologischer Seite jetzt die Bemerkungen von H. JANKUHN, in: Protokoll Nr. 181 über die Reichenau-Tagung vom 10.–13. 4. 1973 über »Probleme der mittelalterlichen Burgenverfassung« mit den Einschränkungen W. HÜBENERS, ebd., S. 26.
405 Zur sog. Burgenordnung Heinrichs I. jetzt K.-U. JÄSCHKE, Burgenbau und Landesverteidigung um 900 (= VuF, Sbd. 16), 1975, S. 18 ff.
406 Vgl. A. STEINHAUSER, Der fränkische Königshof bei Rottweil, in: ZWLG VI/1942, S. 251–261.
407 Für die Führung im Grabungsgelände am 11. 12. 1975, für das Zugänglichmachen des ersten kurzen Grabungsberichts sowie für zahlreiche weitere Hinweise und Hilfen bin ich Herrn Stadtarchivar Dr. Winfried Hecht, Rottweil, sehr zu Dank verbunden. – Vgl. jetzt L. KLAPPAUF, Die Grabung von 1975 auf dem ehemaligen Rottweiler Königshof, in: Rottweiler Heimatbll. 37/1976, Nr. 5, 3–4, und DERS., Zu den Grabungen von 1976 auf dem Rottweiler Königshof, ebd., 38/1977, Nr. 3, S. 4.
408 Vgl. C. MECKSEPER, Rottweil, S. 54 f.

deutsame karolingische Fibel mit Inschrift zum Vorschein gekommen ist [409]. So hätten wir also innerhalb der riesigen frühmittelalterlichen Wallanlage außer dem Königshof selbst weitere Siedlungseinheiten zu vermuten, die freilich nicht alle gleichzeitig existiert und nicht die gesamte Innenfläche des Ovals, dem im übrigen heute noch nach Westen hin die Flur [»Königs«] »Breite« vorgelagert ist, eingenommen haben dürften.

Bezeichnend für die Bedeutung dieses Königshofes ist nun aber überdies, daß in seinem engsten Bereich eine Kapelle stand, die dem hl. Mauritius geweiht war [410]. Wenn dieser Heilige auch bereits in karolingischer Zeit »einen hohen Rang einnahm« und »höchst wahrscheinlich zu den Reichsheiligen zählte« [411], so bleibt doch nicht zu übersehen, daß sich sein Kult erst unter Otto I. aufs engste mit dem Königtum verband und daß Mauritius erst unter Otto I. zu d e m ottonischen Reichsheiligen geworden ist [412]. Danach könnten die Patrozinien der beiden in der »Altstadt« von Rottweil gelegenen Kirchen, St. Pelagius und St. Mauritius, am ehesten auf einen Ausbau des Platzes durch das ottonische Königtum schließen lassen. Und daß die Kapelle St. Mauritius, zu der sich innerhalb der Umwallung und außerhalb der Umwallung bis ins Hochmittelalter noch eine Vielzahl weiterer Kapellen gesellte [413], tatsächlich eine Pertinenz des Königshofes [414] bildete, lehrt noch ein spätmittelalterliches Zeugnis. Denn wenn König Ruprecht im Jahre 1404 das Recht der Verleihung der beim Hofgericht gelegenen St. Mauritiuskapelle oder genauer ihrer Pfründe an den Rottweiler Bürger Hans Bock überträgt [415], dann wird der Bezug zum Königtum und damit zu dem auch noch im Spätmittelalter bestehenden Königshof offenkundig.

Bei einer derartigen Beschaffenheit dieses Platzes wird aber nun endlich auch verständlich, was Herzog Berthold in seiner Eigenschaft als Herzog von Schwaben bewog, in der ihm zugemessenen kurzen Regierungszeit von nur sechs Jahren zwei seiner Herzogslandtage, einen im Jahre 1094 und den anderen sehr wahrscheinlich im Jahre 1095, in Rottweil [416] und damit weder auf einem seiner benachbarten Allode noch gar in seinen westlich des Schwarzwaldes und südlich des Rheins gelegenen Herrschaftsgebieten abzuhalten. Hier in Rottweil, in der Mitte Schwabens, und doch zugleich in der Reich-

---

409 Dazu vorerst W. A. WURST, Das frühe Mittelalter (Stadtgeschichte Rottweil, hg. von der Volksbank Rottweil), 1971, passim.
410 Vgl. G. HOFFMANN, Kirchenheilige in Württemberg, 1932, S. 132-133, u. C. MECKSEPER, Rottweil, S. 47.
411 Vgl. D. CLAUDE, Geschichte des Erzbistums Magdeburg I (= Mitteldeutsche Forschungen 67), 1972, S. 25 ff., das Zitat auf S. 27.
412 Vgl. außer CLAUDE, ebd., zuletzt H. BEUMANN, Laurentius und Mauritius, in: FS Walter Schlesinger, Bd. II/1974, S. 238-275, u. K. H. KRÜGER, Dionysius und Vitus als frühottonische Königsheilige, in: Frühmittelalterliche Studien 8/1974, S. 131-154, hier 147 ff.
413 Vgl. G. HOFFMANN, Kirchenheilige, S. 132 f.; H. DECKER-HAUFF, Patrozinien süddeutscher Kastellkirchen, in: Werk des Künstlers. FS Hubert Schrade, 1960, S. 352-362, für Rottweil S. 354 ff. mit freilich nicht zu haltender Datierung.
414 Über die Schwierigkeit, zwischen »Königshof« u. »Pfalz« eine Grenze zu ziehen, vgl. zuletzt W. SCHLESINGER, Bischofssitze, Pfalzen u. Städte, S. 4. Für Rottweil im besonderen H. BAUR, Rottweil – Königspfalz?, in: Rottweiler Heimatbll. 18/1951, Nr. 1.
415 Vgl. Rottweiler Urkundenbuch, S. 270, Nr. 669.
416 Zu diesen beiden Landtagen und zur Datierung des zweiten ausführlich H. MAURER, Rottweil und die Herzöge von Schwaben, in: ZRG/GA 85/1968, S. 59-77, hier 63 ff., sowie unten S. 209 ff.

weite seiner allodialen Stützpunkte östlich des Schwarzwaldes, fand er einen noch
45 Jahre zuvor vom König aufgesuchten Königshof mit zugehöriger Kapelle und noch
intaktem Fiskalbezirk vor; kurzum, es bot sich ihm hier die Möglichkeit an, die Verankerung seiner Herzogsherrschaft auf Königsgut und Reichsboden und damit zugleich die
Rechtmäßigkeit der von seinen Gegnern angefochtenen Amtsausübung zu bekunden. Zudem setzten seine Landtage gewissermaßen die noch bis in salische Zeit von den Königen
in Rottweil ausgeübte Rechtsprechung fort und ließen damit den Herzog an die Stelle
des Königs treten.

Hatte in Ulm während des 11. Jahrhunderts das Königtum selbst eine »Herzogstradition« des Ortes begründet, so war es in Rottweil – freilich erst während der Wirren
und mit Hilfe der Wirren des Investiturstreits – der Herzog selbst, der dem bislang
keine herzogliche Tradition aufweisenden Königshof Rottweil für die Zukunft zu der
Eigenschaft eines königlichen Aufenthaltsortes in Schwaben auch noch die Eigenschaft
als Vorort des »Herzogtums Schwaben« verlieh, wenn diesem Vorort auch sicherlich nicht
die gleiche Bedeutung zukommen sollte wie etwa Ulm.

Und doch hat – ähnlich wie in Ulm – auch in Rottweil die Herrschaft des Herzogs von Schwaben das Ende des zähringischen (Gegen-)Herzogtums weit überdauert.
Denn genau wie in Ulm erscheinen jetzt auch die Herzöge von Schwaben aus staufischem Hause neben dem Königtum als Herren des Platzes, wobei freilich vielfach ungewiß bleiben muß, welche Handlungen, die wir für das 12. und 13. Jahrhundert in Rottweil durch Herzöge vorgenommen sehen, sich noch auf die »Altstadt« mit dem ihr zugehörigen Königshof samt seiner Umwallung und welche Handlungen sich bereits auf die
hoch über einer Schleife des Neckars, einen Kilometer weiter nordwestlich und zugleich
neckarabwärts errichtete hochmittelalterliche Stadt Rottweil mit ihrem wesentlich geringeren Flächeninhalt bezogen.

Die Gründungsstadt des 12. Jahrhunderts, die wohl kaum von dem nur kurzfristig
auf Königsgut wirkenden zähringischen Herzog von Schwaben, sondern meines Erachtens nur von den Staufern, von den staufischen Herzögen von Schwaben auf Königsboden zu Beginn des 12. Jahrhunderts errichtet worden sein kann [417], – diese Bürgerstadt
des 12. Jahrhunderts ist jedenfalls gemeint, wenn spätmittelalterliche Überlieferung berichtet [418], Konrad, der 1127 von seinen Anhängern zum (Gegen-)König ausgerufene
Bruder Herzog Friedrichs II. von Schwaben, habe sich vor der »Verfolgung« durch König Lothar III. in das *oppidum imperiale* Rottweil zurückgezogen und sich dort mit
Hilfe der Rottweiler Bürger gegen Lothar verteidigt. – Ein solches Ereignis, von dem

---

417 Zu der seit langem umstrittenen Rottweiler Gründungsfrage vgl. zuletzt C. MECKSEPER, Rottweil, S. 48 ff.
418 Hierzu u. zum folgenden die Rottweiler Hofgerichtsordnung von ca. 1435, ed. H. GLITSCH u. K. O. MÜLLER, Die alte Ordnung des Hofgerichts zu Rottweil, 1921, hier S. 32 ff., und der Hinweis H. C. VON SENCKENBERGS (in: DERS., Abh. der wichtigen Lehre von der Kayserlichen Höchsten Gerichtsbarkeit in Deutschland, 1760, S. 52) auf eine bildliche Darstellung des hier geschilderten Geschehens aus dem frühen 16. Jh. mit der Bildüberschrift: *Wie der Hertzog denen von Rottweil das Hofgericht uberantwurt*. Vgl. im übrigen die noch immer lesenswerten Überlegungen eines anonymen Verfassers unter dem Titel: »Ueber die Zeit der Entstehung des kaiserlichen Hofgerichts in Rottweil«, in: Neue Mitteilungen des archäologischen Vereins zu Rottweil, 1871, S. 6–37.

wir aus anderen Quellen allerdings nichts wissen, könnte durchaus zu den Geschehnissen jenes Feldzugs passen, den Lothar im Herbst 1134 zusammen mit dem Welfenherzog gegen die staufischen Brüder führte [419]. Die Erzählung geht indessen noch weiter und weiß überdies zu berichten, daß Konrad, endlich König geworden – das hieße also nach 1138 –, den Rottweilern als Dank für die ihm erwiesene Treue das Privileg verliehen habe, daß das *imperiale iudicium seu curia imperialis iudicii* stets in Rottweil verbleiben solle.

Aber nicht nur diese Nachricht bringt das neue Rottweil mit den staufischen Herzögen des 12. Jahrhunderts in Verbindung; auch eine zweite, freilich erst dem 16. Jahrhundert entstammende Quelle, deren Aussagekraft jedoch erst kürzlich erwiesen werden konnte [420], läßt das Rottweil des 12. Jahrhunderts erneut mit den Herzögen von Schwaben in engem Zusammenhang erscheinen. Denn aus dieser Überlieferung geht hervor, daß Herzog Friedrich V. von Schwaben, dem im Jahre 1170 von Bischof Egino von Chur die Vogtei über das Hochstift Chur zu Lehen übertragen worden war [421], als Symbol für das neugeschaffene Rechtsverhältnis fortan vom Bischof von Chur Jahr für Jahr ein Habicht übersandt worden sei. Vor seinem Aufbruch zum Dritten Kreuzzug soll nun Herzog Friedrich das Recht, den Habicht von Chur entgegennehmen zu dürfen, auf die Stadt Rottweil übertragen haben und zwar wiederum aus Dankbarkeit für die Treue, die die Rottweiler einst Konrad III. erwiesen hatten. Obgleich nach dem Tode Herzog Friedrichs V. das Herzogsamt auf seine Brüder, Konrad und Philipp, übergegangen ist, sei das Recht, den Habicht von Chur zu empfangen, stets beim Schultheißen der Stadt Rottweil verblieben, ein Rechtsanspruch, der denn auch – mit Hilfe anderer Quellen – tatsächlich noch als bis in die frühe Neuzeit bestehend nachgewiesen werden kann [422].

Die hier von neuem durchscheinende Bindung des »alten« wie des »neuen« Rottweil an den jeweiligen Herzog von Schwaben wird dann aber mit aller Sicherheit greifbar für das Jahr 1197, in dem Philipp von Schwaben – noch als Herzog – in Rottweil eine Urkunde für das Kloster Marchtal ausstellte [423], eine Handlung, aus der ohne weiteres wiederum auf einen herzoglichen Hof- bzw. Landtag in Rottweil geschlossen werden darf.

Daß die in den Wirren des Investiturstreits begründete Tradition des Königshofes Rottweil als Vorort des Herzogs von Schwaben auch für die königliche Stadt, die »Reichsstadt« Rottweil, über das 12. Jahrhundert hinaus Dauer besaß, wird dann aber vor allem darin deutlich, daß Herzog Konradin die Inbesitznahme des Herzogtums Schwaben im Jahre 1262 in der Weise vornahm, daß er seinen ersten Hoftag zu Pfingsten in Ulm und seinen zweiten Hof- bzw. Landtag (*curia*) am 1. August 1262 in Rott-

---

419 Vgl. zuletzt O. ENGELS, Die Staufer, 1972, S. 25 und H. BÜTTNER, Staufer und Welfen, wie Anm. 338, S. 351 ff.
420 Vgl. H. HECHT, Rottweil und der Habicht von Chur, in: Uri – Gotthard – Klöster – Alpen. FS Iso Müller, Bd. II (= Der Geschichtsfreund 125/1972), 1974, S. 209–214.
421 S. St. 4113 = BUB I, Nr. 373.
422 S. Anm. 420.
423 RJV/1, Nr. 13 = WUB II, Nr. 503. Zur Frage der Echtheit dieser Urkunde vgl. zuletzt P. ZINSMAIER, Die Urkunden Philipps von Schwaben und Ottos IV. (1198–1212) (= Veröff. Komm. für geschichtl. Landeskunde in Baden-Württemberg, Reihe B, 53) 1969, S. 4 und S. 126/127.

weil abhielt [424], wo er im übrigen wenige Jahre später, nämlich 1267, noch ein zweites Mal anwesend ist [425].

Deutlicher könnte die weitgehend gleichartige Funktion der zu Reichsstädten gewordenen Plätze Ulm und Rottweil für das schwäbische Herzogsamt kaum ausgedrückt werden als in der hier von Konradin für seinen Herrschaftsantritt in Schwaben getroffenen Auswahl seiner beiden ersten Hoftagsorte.

Und wenn um die Wende zum 14. Jahrhundert – einige Jahrzehnte nach dem Ende des schwäbischen Herzogsamtes – in Rottweil ein königliches Hofgericht seine Tätigkeit beginnt [426], ein Gericht, dessen Sprengel ganz Schwaben, ja noch weitere angrenzende Gebiete einschloß [427], dann gibt vor allem die weitgehende Deckung des Gerichtssprengels mit dem Amtsbereich der einstigen Herzöge von Schwaben ein Anknüpfen des neugeschaffenen Gerichts nicht allein an die Tradition von Rottweil als Hof (daher der Name des Gerichts) und als Aufenthaltsort der Könige, sondern mehr noch ein Anknüpfen an die Eigenschaft Rottweils als Stätte einstiger Herzogslandtage zu erkennen.

Und so werden wir denn auch rückschließend die Stätte jener Herzogslandtage dort suchen dürfen, wo seit der Wende zum 14. Jahrhundert das königliche Hofgericht ebenso wie – seit etwa derselben Zeit – das für den noch immer vorhandenen Reichsgutsbezirk, die Rottweiler Pürsch [428], zuständige Pürschgericht tagten: nämlich im unmittelbaren Bereich des eigentlichen Königshofes [429], innerhalb der alten Wälle, weitab von der neuen Bürgerstadt des 12. Jahrhunderts, aber eben dort, wo ein eindeutiger Bezug auf das Königtum, auf das Reich am ehesten möglich war.

Diese bis zum Ende der Herzogsherrschaft beibehaltene Funktion Rottweils als eines Vororts des »Herzogtums« und die an diese Eigenschaft zeitlich beinahe unmittelbar anknüpfende Rolle des Ortes als Stätte eines königlichen Hofgerichts, diese zentralen, ganz Schwaben umgreifenden Funktionen Rottweils wurden noch unterstrichen dadurch, daß wir die zur gleichen Rottweiler »Altstadt« gehörige Flur Hochmauren, jenseits des Nekkars und dem Königshof gegenüber, für die Mitte des 12. Jahrhunderts, allerdings nur für ein einziges Mal, als eine der wenigen bisher bekannt gewordenen Stätten eines Gerichts des Pfalzgrafen von Schwaben kennen lernen [430].

424 MGSS I, S. 71, Nr. 7; dazu K. HAMPE, Konradin, wie Anm. 386, S. 32, u. dazu Annales Zwifalt. Mai. zu 1262: *Partes Suevorum Cuonradi filius intrat* (MGSS X, S. 60), sowie WUB VI, Nr. 1672; vgl. auch H. MAURER, Rottweil u. die Herzöge von Schwaben, S. 69 f.
425 Rottweiler Urkundenbuch Nr. 29.
426 Zum Rottweiler Hofgericht vgl. außer H. GLITSCH und K. O. MÜLLER, Die alte Ordnung des Hofgerichts zu Rottweil, 1921, vor allem H. E. FEINE, Landgerichte, S. 150 ff.; R. SCHEYHING, Das Kaiserliche Landgericht auf dem Hofe zu Rottweil, in: ZWLG XX/1961, S. 83–95, und H. MAURER, Rottweil und die Herzöge von Schwaben, sowie jetzt umfassend G. GRUBE, Die Verfassung des Rottweiler Hofgerichts (= Veröff. der Komm. für geschichtliche Landeskunde in Baden-Württ., B, 55), 1969.
427 Vgl. dazu insbes. H. GLITSCH und K. O. MÜLLER, wie Anm. 426, S. 39; R. SCHEYHING, wie Anm. 426, S. 84 ff., und G. GRUBE, wie Anm. 426, S. 17 f.
428 Zu Wesen und Bedeutung der Rottweiler Pürsch vgl. H. NIESE, Die Verwaltung des Reichsguts im 13. Jh., 1905, S. 295 f., und jetzt R. KIESS, Zur Frage der Freien Pürsch, in: ZWLG XXVI/1963, S. 59–61, hier 59 ff.
429 Zur Stätte des Hofgerichts und des Pürschgerichts zuletzt G. GRUBE, wie Anm. 426, S. 90 ff.
430 Vgl. das Reichenbacher Schenkungsbuch WUB II, S. 411, und dazu A. STEINHAUSER, Die Pelagiuskirche in der Altstadt bei Rottweil als geschichtliches Denkmal, in: ZWLG VIII/

ROTTENACKER

Zur gleichen Zeit, da der königliche Pfalzort Ulm zur Stätte schwäbischer Fürstentage und damit immer stärker auch zum Vorort der Herzogsherrschaft Bertholds von Rheinfelden und Bertholds von Zähringen wurde, und zur gleichen Zeit, da zudem der Königshof Rottweil am oberen Neckar wiederholt Landtagen des antikaiserlichen Schwabenherzogs Berthold von Zähringen als Stätte diente, trat auch das Dorf Rottenacker an der Donau, nur rund dreißig Kilometer flußaufwärts von Ulm gelegen, als Ort von Landtagen der schwäbischen Fürsten und als Ort eines Herzoglandtags in Erscheinung [431] (TA 11).

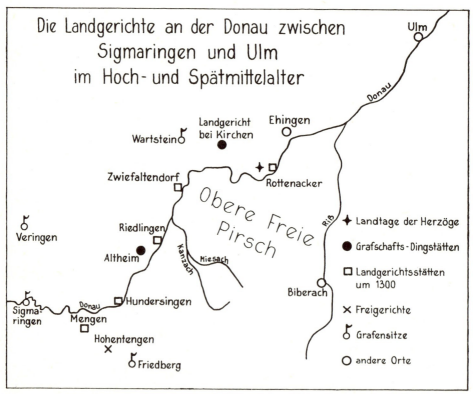

TA 11 Die Landgerichte an der Donau zwischen Sigmaringen und Ulm im Hoch- und Spätmittelalter

1944–48, S. 185–216, hier S. 196 ff., zu den schwäbischen Pfalzgrafen jetzt H. JÄNICHEN, Die Pfalz Bodman und die schwäbische Pfalzgrafschaft im Hochmittelalter, in: Bodman, hg. von H. Berner, Bd. I/1977, S. 309–316, hier 316. – Zu Name und Topographie von Hochmauren vgl. P. GOESSLER, Das römische Rottweil, 1907, S. 24 ff.

[431] Über Rottenacker als Stätte von Herzogslandtagen vgl. zuletzt H. JÄNICHEN, Die Landgerichte an der Donau zwischen Sigmaringen u. Ulm im Hoch- und Spätmittelalter, in: Alemann. Jb., 1958, S. 170–184, hier 170 ff. Allg. wichtig für Rottenacker noch immer: Beschreibung des Oberamts Ehingen, 1893, S. 208 ff.

Ähnlich wie Ulm bereits im Investiturstreit, genauerhin unter den antikaiserlichen (Gegen-)Herzögen emporgekommen, bewahrte es – wiederum vergleichbar mit Ulm – als Vorort des »Stammes« und zugleich als Vorort der Herzogsherrschaft bis in die frühstaufische Zeit hinein Kontinuität, diente es demnach auch noch den seit 1098 allein als Herzöge von Schwaben waltenden Herzögen aus staufischem Hause als Versammlungsort.

Von Rottenacker hören wir erstmals im Zusammenhang mit der Aufnahme des nahen Klosters Zwiefalten in päpstlichen Schutz und der Wahl Herzog Welfs IV. zum Vogt dieses Klosters [432]. Denn im Jahre 1093 – auf einem großen Landtag aller Fürsten Schwabens *(magnum colloquium apud Rotenakere totius regni principum)* zu Rottenacker – wurde der Text des Schutzprivilegs Papst Urbans II. öffentlich verkündet und von den Anwesenden bestätigt. Und auf demselben Fürstentag war es wohl auch, wo alle bisherigen Schenkungen an das Kloster Zwiefalten feierlich wiederholt und bestätigt worden sind [433]. Hier ist ausdrücklich davon die Rede, daß diese Bestätigung auf einem *colloquium* bei Rottenacker vor Herzog Welf (dem neugewählten Vogt) und weiteren Fürsten Schwabens *(coram Welphone duce ceterisque regni principibus ad colloquium ibidem congregatis)* geschehen sei. Vom Herzog von Schwaben, dem mit Welf IV. eng befreundeten Herzog Berthold aus dem Hause Zähringen, ist indessen nicht die Rede. Es scheint sich demnach bei dem zu Rottenacker im Jahre 1093 abgehaltenen Landtag um ein freilich sehr stark von Herzog Welf beherrschtes Treffen der Fürsten, der Mit-Landleute Schwabens als Genossenschaft, gehandelt zu haben.

Wenn Rottenacker dann jedoch mehr als zwanzig Jahre später wiederum als Versammlungsort in den Quellen begegnet, dann nicht mehr als Stätte eines Fürstentags, sondern als Stätte eines von Herzog Friedrich (II.) von Schwaben aus staufischem Hause präsidierten Landtags *(aput Rothenacker in colloquio ducis Friderici)* [434]. Auch diesmal geht es um die Klärung entscheidender Rechtsgrundlagen eines Klosters, geht es um die Gründungsausstattung des von Wald (= Königseggwald) in Oberschwaben an den Ostrand des Schwarzwaldes verlegten Klosters St. Georgen, auf die Ulrich von Hirrlingen seinen Erbanspruch angemeldet hatte, einen Anspruch, den jedoch Herzog Berthold III. von Zähringen als Vogt des Klosters eben vor Herzog Friedrich auf dem Tag zu Rottenacker im Jahre 1114 mit Erfolg bestritten hat. Wiederum also standen letztlich die Rechtsverhältnisse einer in Oberschwaben gegründeten geistlichen Institution zur Verhandlung, diesmal allerdings offensichtlich in der Form eines vor dem Herzog bzw. vor dem Herzogsgericht geführten Prozesses.

Zum letzten Male aber begegnen wir Rottenacker als Versammlungsort zwei Jahre später, 1116. Jetzt zeigt sich, daß das Dorf an der Donau – ganz ähnlich wie Ulm – keineswegs nur Stätte von Fürstentagen oder nur Stätte von Herzogslandtagen gewesen

---

432 Hierzu und zum folgenden: Die Zwiefalter Chroniken Ortliebs und Bertholds, ed. E. König u. K. O. Müller (= Schwäb. Chroniken der Stauferzeit 2), 1941, S. 68 mit Kommentar auf S. 300. – Zur Sache vgl. jetzt W. SETZLER, Zwiefalten, in: Germania Benedictina V/1975, S. 680 ff., insbes. 681, 690.
433 Vgl. Die Zwiefalter Chroniken, wie Anm. 432, S. 142.
434 Hierzu und zum folgenden die Notitiae fundationis et traditionum monasterii S. Georgii, in: MGSS XV/2, S. 1014, und zur Sache H.-J. WOLLASCH, Die Anfänge des Klosters St. Georgen im Schwarzwald (= FOLG XIV), 1964, S. 88.

ist. Hier, in Rottenacker, war vielmehr sowohl die eine wie die andere Form des Zusammentreffens möglich. Aber dadurch, daß hier, ebenso wie in Ulm, auch ausgesprochene Herzogslandtage und Herzogsgerichtstage abgehalten wurden, erlangte Rottenacker nicht allein Geltung als Vorort der Fürsten, des »Stammes« also, sondern zugleich auch als Vorort der Herzogsherrschaft.

Im Jahre 1116 wurde zu Rottenacker im übrigen eine Handlung wiederholt, die bereits im Jahre 1092 auf einem schwäbischen Fürstentag zu Ulm – unter Anwesenheit Herzog Bertholds von Schwaben und Herzog Welfs – schon einmal vollzogen worden war [435]. Sowohl 1092 wie auch jetzt, 1116, auf der Versammlung beinahe ganz Schwabens, in Anwesenheit von Fürsten, Grafen und vieler anderer sowie im Beisein Herzog Friedrichs (II.) von Schwaben, Herzog Welfs (V.) und Herzog Bertholds von Zähringen [436], wurde von Otto von Kirchberg eine Schenkung des kurz zuvor verstorbenen Werner von Kirchheim an das Allerheiligenkloster zu Schaffhausen erneuert und zugleich erweitert, die sich wiederum weitgehend auf adliges Eigengut in Oberschwaben, ja sogar in nächster Nähe von Rottenacker, bezog [437].

Überschaut man alle Nachrichten, die sich auf Rottenacker und seine Landtage beziehen, dann zeigt sich dies: Im oder bei dem unweit von Ulm und gleichfalls wie dieses an der Donau gelegenen Dorfe fanden – beginnend mit den Wirren des Investiturstreits – Landtage der schwäbischen Fürsten ebenso wie Landtage des Herzogs von Schwaben statt, deren Verhandlungsgegenstände – soweit sie uns die Quellen überliefern – durchweg die Übereignung von adligem Erbe und Eigen, das in Oberschwaben gelegen war, an geistliche Institutionen, ja überhaupt die Rechtssicherung und Ausstattung sei es in Oberschwaben selbst errichteter Klöster, sei es weiter entfernt liegender geistlicher Institutionen mit oberschwäbischen Gütern und Rechten bildeten.

Unterscheiden sich die zu Rottenacker abgehaltenen Fürsten- und Herzogslandtage von den meisten der im nahen Ulm veranstalteten Treffen des schwäbischen Adels, denen zumeist eine hohe politische Bedeutung für Stamm und Herzogsherrschaft zukam, um ein Beträchtliches, so scheint auch zumindest der Einzugsbereich des Landtags von 1116 – und nur für dieses Jahr vermögen wir ihn zu bestimmen [438] – dieser Beurteilung Recht zu geben (TA 13). Zwar erscheint in diesem Jahre aus den Gegenden westlich des Schwarzwaldes der Herzog von Zähringen mit den ihm anhängenden Herren von Nimburg, von Tannegg und von Lupfen zu Rottenacker. Ansonsten aber stammen die Teilnehmer dieses Fürstentages durchweg aus Oberschwaben, ja sogar vielfach aus der näheren und weiteren Umgebung Rottenackers selbst. Dazu gehören etwa die Grafen von Kirchberg, von Gerhausen, von Altshausen und von Gammertingen sowie die Herren von Sulmetingen, von Gundelfingen und von Steußlingen.

---

435 Dazu und zum folgenden Baumann AH., Nr. 15, u. zur Sache H. JÄNICHEN, Die schwäbische Verwandtschaft des Abtes Adalbert von Schaffhausen (1099–1124), in: Schaffhauser Beitrr. zur vaterländ. Geschichte 35/1958, S. 5–83, hier S. 16 ff.
436 Baumann AH, Nr. 15: *in generali conventu pene totius Suevie coram principibus, ducibus, comitibus multisque aliis ingenuis viris, majoribus ac minoribus Rotinakkir... in presentia ducum Friderici iunioris, Welfonis iunioris et Bertoldi iunioris...*
437 Zur Lokalisierung der übertragenen Güter vgl. JÄNICHEN, wie Anm. 435, S. 16.
438 Vgl. die Zeugenreihe der Urkunde von 1116, wie Anm. 435.

Dieses eben entworfene Bild vom geographischen Einzugsbereich lediglich des letzten, zu Rottenacker abgehaltenen Fürstentages würde freilich erst dann über die Bedeutung von Rottenacker als Versammlungsstätte wesentliche Aussagen gestatten, wenn ein Vergleich mit dem Landtagssprengel von Ulm möglich wäre. Dies erlauben die Quellen jedoch nur in beschränktem Maße [439].

Dagegen zeigt ein Vergleich mit dem Sprengel des ersten, um 1140 auf dem Königsstuhl abgehaltenen Gerichtstages des Herzogs von Schwaben [440], daß diesem – noch immer nicht lokalisierten – Vorort staufischer Herzogsherrschaft in Schwaben ein wesentlich weiträumigerer Einzugsbereich zukam als Rottenacker im Jahre 1116 (TA 14). Scheint Rottenacker, das im übrigen gegen Ende des 13. Jahrhunderts neuerlich als Stätte eines habsburgischen Landgerichts begegnet [441], im wesentlichen ein Vorort der innerschwäbischen, links und rechts der Donau ansässigen Fürsten gewesen zu sein, dem gleichwohl die Qualität als »Stammes-« und Herzogs-Vorort nicht abgesprochen werden kann, so bleibt es dennoch unerklärlich, weshalb dieser Vorort des schwäbischen »Stammes« und der schwäbischen Herzogsherrschaft neben dem gleichzeitig emporkommenden, alles überragenden Vorort Ulm überhaupt aufkommen und existieren konnte.

Es mag sein, daß Rottenacker – neben Ulm – während des Investiturstreits von der antikaiserlichen Opposition schwäbischer Fürsten gerade deswegen aufgesucht worden ist, weil dieser Ort – im Gegensatz zu dem königlichen Pfalzort – offensichtlich keinerlei Bezug zu König und Reich aufzuweisen hatte, sondern statt dessen vielmehr ein Ort gewesen ist, der durch reichen Besitz einer schwäbischen Adelsfamilie, einer schwäbischen Fürstenfamilie ausgezeichnet war: durch umfangreiche Besitzungen und Rechte der Grafen von Tübingen nämlich, die diese Besitzungen und Rechte freilich gerade in den achtziger und neunziger Jahren des 11. Jahrhunderts an ihre Stiftung, Kloster Blaubeuren, überwiesen haben [442]. Daß die Tübinger – inzwischen Pfalzgrafen geworden – jedoch auch noch im 12. Jahrhundert mit Besitzungen und Rechten in Rottenacker verankert waren, dürfte daraus hervorgehen, daß im Jahre 1173 Pfalzgraf Hugo von Tübingen in Rottenacker für Kloster Marchtal eine Urkunde ausstellt [443].

Schwäbische Fürstentage in oder bei dem Dorfe an der Donau vor und nach 1100 wurzeln demnach kaum in Reichsboden, in Reichsgut; sie sind vielmehr dadurch, daß

---

439 Vgl. allenfalls die Zeugenreihe Baumann AH, Nr. 15 von 1092 V 2.
440 S. dazu unten S. 117 ff.
441 Vgl. dazu JÄNICHEN, Landgerichte, wie Anm. 431, S. 173 ff., u. H.-M. MAURER, Die Habsburger und ihre Beamten im schwäbischen Donaugebiet um 1300, in: Neue Beitrr. zur südwestdeutschen Landesgeschichte. FS Max Miller, 1962, S. 24–54, hier 41 f.
442 Vgl. dazu L. SCHMID, Geschichte der Pfalzgrafen von Tübingen, 1853, S. 37, 50, Nr. 17, sowie vor allem CHRISTIAN TUBINGIUS, Burrensis Coenobii Annales, ed. G. Brösamle (= Schriften zur südwestdeutschen Landeskunde 3), 1966, S. 36, 48, 52 und den Kommentar S. 300, sowie O.-G. LONHARD, Das Kloster Blaubeuren im Mittelalter (= Veröff. der Komm. für Geschichtl. Landeskunde in Baden-Württ., Reihe B, 25), 1963, S. 2, 112, über den Umfang des Klosterbesitzes zu Rottenacker. – Über die Tübinger Grafen des 11. Jhs. vgl. zuletzt auch H. JÄNICHEN, in: Der Landkreis Tübingen, Bd. I/1967, S. 213 ff., u. J. SYDOW, Geschichte der Stadt Tübingen, Bd. I/1974, S. 23 ff. – Über Alter und Bedeutung des tübingischen Besitzes in und um Rottenacker vgl. J. FORDERER, Urahnen und Stammgüter der Tübinger Pfalzgrafen, in: Tübinger Bll. 43/1956, S. 20–29, hier 26 f.
443 WUB II, Nr. 402: *Datum Rotenacker...*

Rottenacker offensichtlich innerhalb des Herrschaftsgebildes der Grafen und späteren Pfalzgrafen von Tübingen einen nicht unbedeutenden Platz einnahm, auf den Adel, auf die Mitlandleute, oder – wenn man so will – auf den schwäbischen »Stamm« bezogen und bilden damit eine echte Alternative zu dem nahen Vorort Ulm, bei dem alles, was dort geschah, sogleich Königtum und Reich und nicht zuletzt die Rechte und Befugnisse des Königs in Schwaben berühren mußte.

Weshalb aber gerade Rottenacker, das im übrigen auch in nächster Nähe des Herrschaftszentrums der für das östliche Schwaben bedeutsamen Grafen von Berg gelegen hatte [444], zu einer solchen, mit dem nahen Ulm konkurrierenden Stätte von Fürsten- und Herzogslandtagen erkoren worden ist, wird wohl für immer dunkel bleiben [445]. Sicherlich aber hat die Lage des Ortes, der sich an einen die Donau auf deren linkem Ufer begleitenden Hügelzug anlehnte, mit zu seiner Wahl beigetragen. Denn durch das »Rottenacker Ried«, die sich im Vorland der Siedlung erstreckende Flußebene, verlief eine in den Karten noch heute als »Heerstraße« eingetragene ursprünglich römische, aber auch im Früh- und Hochmittelalter weiterbenutzte »Fernstraße«, die von Mengen über Ulm bis Günzburg der Donau entlangzog und in den spätmittelalterlichen Quellen der Gegend häufig »Kriemhilden-« oder »Frau Hiltgartenstraße« genannt wird [446].

Wir wissen freilich nicht, ob die Landtage zu Rottenacker, hier, in der Donauniederung, eben bei jener »Heerstraße«, abgehalten worden sind oder ob etwa die Flur »im Hohen Ring«, im Rottenacker Mittelösch, als Landtagsstätte gedient haben mochte [447]. Möglich wäre es indessen auch, daß die auf Rottenacker Gemarkung wüstgewordene Siedlung Aufhofen [448] – entsprechend dem in Leutkirch aufgegangenen Aufhofen, der wichtigsten Dingstätte des Nibelgaus [449] – mit der Stätte der zu Rottenacker abgehaltenen Landtage in Beziehung stand.

---

444 Burg Berg lag nur rund 5 km von Rottenacker entfernt. Über die Grafen von Berg vgl. Beschreibung des Oberamts Ehingen, 1893, S. 74 f.; F. M. WEBER, Ehingen. Geschichte einer oberschwäbischen Stadt, 1955, S. 26 ff., und jüngst H. BÜHLER, Die Wittislinger Pfründen – ein Schlüssel zur Besitzgeschichte Ostschwabens im Hochmittelalter, in: Jb. des Histor. Vereins Dillingen, LXXI/1969, S. 24–67, hier 28 ff., hier auch über die mutmaßliche Herkunft ihres Besitzes an der oberen Donau.
445 Die Ortsgeschichte von H. WALTER, Chronik der Gemeinde Rottenacker/Donau von der Zeit der Gründung bis 1860, 1943, begnügt sich, S. 10, mit dem Satz: »Dem Ort scheint in der Zeit um 1100 aus heute nicht mehr erkennbaren Gründen eine ziemliche Bedeutung zugekommen zu sein.«
446 Dazu H. JÄNICHEN, Baar und Huntari, in: Grundfragen der Alemannischen Geschichte (= VuF I), 1955, S. 83–151, hier 138 ff., und ergänzend DERS., Baaren und Huntaren, in: Villingen und die Westbaar, hg. von W. Müller, 1972, S. 56–65, hier 59 ff. Vgl. auch H. SCHWARZMAIER, Emerkingen, in: ZWLG XXV/1966, S. 182–213, hier 190, u. noch immer: Beschreibung des Oberamts Ehingen, 1893, S. 303 ff.
447 So die Vermutung von H. JÄNICHEN, Landgerichte, wie Anm. 431, S. 172.
448 Vgl. dazu: Das Königreich Württemberg 4/1907, S. 125, und zuvor Beschreibung des Oberamts Ehingen, 1893, S. 212.
449 S. darüber A. DIEHL, Die Freien auf Leutkircher Heide, in: ZWLG IV/1940, S. 257–341, und dazu K. S. BADER, Zur schwäbischen Verfassungsgeschichte, in: ZGO 94/1942, S. 710–726, hier 714 f.

Kann hier nur intensive ortsgeschichtliche Forschung weiterhelfen, so sind doch alle diese Beobachtungen schon ausreichend genug, um sagen zu können, was für Rottenakker als Vorort schwäbischer Herzogsherrschaft kennzeichnend gewesen ist:

Rottenacker war nie Ort einer herzoglichen Residenz, einer herzoglichen Burg oder eines dem Herzog vom König überlassenen Königshofes oder gar einer Pfalz gewesen. Der erst durch die Geschehnisse des Investiturstreits emporgekommene Ort an der Donau, unweit von Ulm, stellte sich vielmehr dar als eine ländliche, an keine Gebäulichkeiten gebundene Versammlungsstätte, der die Funktion eines Vororts zunächst für die Fürsten Schwabens und dann auch für die in jenen Jahrzehnten eben vor allem durch diese Fürsten getragene Herzogsherrschaft allein dadurch zukam, daß sich hier der Adel Schwabens, die schwäbischen *principes*, in genossenschaftlicher Form, aber auch in herrschaftlicher, durch den Vorsitz des Herzogs gekennzeichneter Weise zusammenfanden. Mußte Ulm als ein dem Reiche und dem Königtum verpflichteter Vorort schwäbischer Herzogsherrschaft erscheinen, so war das ländliche Rottenacker demgegenüber dadurch ausgezeichnet, daß es eben gerade keinen Bezug zu Königtum und Reich aufwies, sondern statt dessen ein Ort des Adels, der schwäbischen *principes*, der schwäbischen Mitlandleute, daß es kurzum ein Ort schwäbischen Volksrechts gewesen war.

KÖNIGSSTUHL

Rottenacker war, wie wir gesehen haben, ein Vorort nicht so sehr des Herzogs von Schwaben als vielmehr des schwäbischen Adels oder, wenn man so will, des schwäbischen »Stammes« gewesen. Und daraus erklärt es sich von selbst, daß dieser Vorort nicht – wie Zürich, Ulm oder Rottweil – an eine königliche Pfalz oder zumindest an einen Königshof angelehnt war, daß er vielmehr eines Bezuges zu Königtum und Reich ermangelte.

Rottenacker stellt sich zudem als ein Vorort dar, der – im Gegensatz zu all den eben genannten Hauptorten Schwabens – offensichtlich nicht an repräsentative, herrscherliche Bauten gebunden war, sondern als ein in oder bei der ländlichen Siedlung Rottenacker zu suchender, allein aus Anlaß dieser Adelstreffen frequentierter, unter freiem Himmel gelegener Versammlungsplatz verstanden werden muß.

Eine solche relativ genaue Kennzeichnung verbietet sich für den Königsstuhl, für diesen letzten, erst in staufischer Zeit in den Quellen erscheinenden Mittelpunkt der Herzogsherrschaft in Schwaben, vorerst leider völlig. Denn im Gegensatz zu der – eindeutig – bei oder in der gleichnamigen Siedlung zu lokalisierenden Versammlungsstätte zu Rottenacker, vermögen wir den Königsstuhl bis zum heutigen Tage örtlich nicht präzise zu fixieren, und dies, obgleich er zwischen rund 1140 und 1185 dreimal als Stätte staufischer Herzogslandtage und Herzogsgerichte in den Quellen genannt wird.

Zum ersten Male tritt uns der Königsstuhl – ausdrücklich als Dingstätte *(dincstete)*, d. h. als Gerichtsstätte bezeichnet – in der Gründungsnotiz des Klosters Salem entgegen [450]. Guntram von Adelsreute, der »Gründer« dieser Zisterze, hatte einige Zeit nach

---

450 Cod. Dipl. Salem. I, Nr. 1. Vgl. dazu jetzt W. RÖSENER, Reichsabtei Salem (= VuF, Sbd. 13), 1974, S. 20 ff. u. insbes. S. 31.

der im Jahre 1137 vollzogenen Erhebung des Klosters zur Abtei seine Gründungsdotation vor dem für Salmannsweiler-Salem zuständigen Grafengericht des Grafen Heinrich von Heiligenberg an der Dingstätte Leustetten wiederholt, um dieser seiner Dotation eine stärkere Rechtskraft zu verleihen.

Offenbar erschien Guntram jedoch auch diese Auflassung vor dem Grafengericht noch immer nicht als ausreichend: Denn er vollzog seine Schenkung zum zweiten Male vor der nächsthöheren Instanz [451], und zwar eben vor dem Gerichts- oder Landtag des Herzogs von Schwaben am bzw. vor dem Königsstuhl.

Wieviel Zeit die Handlung vor dem Grafengericht von der eigentlichen Gründung des Klosters im Jahre 1137 und wieviel Zeit die Handlung vor dem Herzogsgericht wiederum von der vor dem Grafengericht geschehenen Handlung trennte, verrät uns der Wortlaut der Quelle nicht. Indessen werden wir den herzoglichen Land- und Gerichtstag am Königsstuhl sicherlich in etwa um das Jahr 1140 ansetzen dürfen [452]. Einige Jahre später, ohne Zweifel nach 1152 und ebenso zweifellos vor 1178/79 [453], dem Zeitpunkt der ersten Übernahme des welfischen Erbes durch die Staufer [454], ist der Königsstuhl von neuem Stätte einer Rechtshandlung vergleichbaren Charakters. Jetzt schenkt Herzog Welf VI. in Begleitung ihm anhängender Edelfreier und seiner Ministerialen – sämtlich aus dem südlichsten Oberschwaben stammend – vor Herzog Friedrich (IV.

---

[451] Vgl. dazu auch unten S. 239.

[452] Vgl. RÖSENER, wie Anm. 450, der, S. 31, für »einige Zeit vor 1142« plädiert.

[453] Zum terminus post vgl. künftig die Vorbemerkung zur Edition der in der folgenden Anmerkung zitierten Urkunde in dem von HUGO OTT bearbeiteten Urkundenbuch des Klosters St. Blasien: »Es muß von einem Zeitpunkt nach 1152 ausgegangen werden.« (Herrn Prof. Ott, Freiburg i. Br., danke ich auch an dieser Stelle herzlich für die freundliche Überlassung des Editionstextes samt Vorbemerkungen.) Zur Datierung vgl. auch schon K. FELDMANN, Herzog Welf VI. und sein Sohn, Diss. phil., Tübingen 1971, S. 35 f. und Regest Nr. 8. Der terminus ante ergibt sich aus einer genauen Suche nach dem Auftreten der Zeugen-Namen in anderen Quellen. So zeigt sich, daß ein Rupert von Otterswang letztmals im Jahre 1154 auftritt (vgl. FELDMANN, ebd., Regest Nr. 66), daß ein Rupert von Krumbach nur noch einmal, nämlich 1116, genannt wird (vgl. G. BRADLER, Studien zur Geschichte der Ministerialität im Allgäu und in Oberschwaben = Göppinger Akadem. Beiträge 50, 1973, S. 359), daß Liutpold von Deggenhausen nur noch in der Salemer Gründungsnotiz aus der Zeit um 1140 auftaucht (vgl. BRADLER, ebd., S. 349) und daß Heinrich von Waldburg ein letztes Mal im Jahre 1173 in den Quellen erscheint (vgl. J. VOCHEZER, Geschichte des fürstlichen Hauses Waldburg in Schwaben, Bd. I, 1888, S. 15, und BRADLER, a. a. O., S. 411 f.). Nicht als Datierungsmittel können dagegen die Vornamen Hermanns von Markdorf und Werners von Raderach dienen, da die Namen Hermann bzw. Werner in den beiden Familien mehrere Generationen hindurch verwendet werden (für Markdorf vgl. außer BRADLER, a. a. O., S. 361 f., H. PRAHL, Die Verfassung der Stadt Markdorf im Linzgau [= Veröff. der Komm. für geschichtliche Landeskunde in Baden-Württ., B, 34], 1965, S. 3, Anm. 22, und für Raderach außer BRADLER, a. a. O., S. 365 f., J. KINDLER VON KNOBLOCH, Oberbadisches Geschlechterbuch III, S. 304 f.). Die übrigen Namen aber genügen, um die Urkunde vor 1178/79 anzusetzen. Ja, die genau gleiche Reihenfolge der Nennung des *Rupertus de Otilswank* und des *Hermannus de Marchtorf* in der Zeugenreihe der Urkunde Welfs VI. von 1154 (vgl. FELDMANN, Regest Nr. 66) und das Auftreten Welfs VI. mit gleicher Titulatur in eben dieser Urkunde von 1154 und in einer weiteren Urkunde von 1154 (vgl. das Regest Nr. 63 bei FELDMANN) lassen daran denken, daß unser Stück am ehesten in die Mitte der fünfziger Jahre des 12. Jhs. passen würde.

[454] Vgl. unten S. 278 f.

oder V.) seine Eigenleute zu Nendingen (an der Donau bei Tuttlingen) an das Kloster St. Blasien [455].

Auch hier ging es demnach wiederum um die Auflassung von Eigen – diesmal freilich von Eigenleuten – an eine geistliche Institution vor dem Herzog und seinem Gericht.

Ganz anders stellt sich demgegenüber die Handlung dar, die im Jahre 1185, also wohl mehr als vier Jahrzehnte nach der ersten Nennung des Königsstuhls, an dieser öffentlichen Gerichtsstätte *(in publico placito loco)* vor Herzog Friedrich VI. und den Fürsten aus dem gesamten Schwaben *(totius Sueviae)* vollzogen wird. Hier geht es nicht mehr um eine gerichtliche Auflassung, sondern um die Beilegung eines Rechtsstreits zwischen dem Abt von Salem und dem Grafen von Heiligenberg, geht es um die Zurückweisung von Ansprüchen dieses Grafen gegenüber Freien, die in seiner Grafschaft ansässig sind und Eigengut an die Zisterze übertragen hatten [456].

Aus diesen drei Zeugnissen, deren Rechtsinhalt uns an dieser Stelle nicht weiter zu beschäftigen braucht, erhellt für Art und Bedeutung dieses Herzogsvororts des 12. Jahrhunderts mehreres zugleich. Zunächst dies: Der Königsstuhl ist durch die Quellen eindeutig als Gerichtsstätte *(in der dincstete* bzw. *in publico placito loco)* der staufischen Herzöge von Schwaben ausgewiesen. Die Funktionen des Platzes als Gerichtsstätte sind demnach wesentlich eindeutiger charakterisiert als diejenigen des »Stammes-« und Herzogsvortes Rottenacker, der nur sehr allgemein als Ort von *conventus* bzw. *colloquia* umschrieben wird.

Beim Königsstuhl tritt demgegenüber das herrschaftliche und zugleich auch das judicatorische Element viel stärker in den Vordergrund. Und diese beiden Eigenschaften werden noch unterstrichen durch den Namen dieser herzoglichen Gerichtsstätte. Deutet das Wort »König«, das die erste Hälfte des Namens ausmacht, auf die Rechtsqualität dieses Platzes, nämlich auf seine unmittelbare Beziehung zu Königtum und Reich, hin [456a], so verweist das in der zweiten Hälfte des Namens enthaltene Wort »Stuhl« nicht minder eindeutig auf die Eigenschaft des Ortes als »Gerichtsstätte, Sitz eines Mannes mit judikativer Autorität – auszeichnender Hochsitz schlechthin ... [457]«.

---

455 Vgl. WUB IV, Nr. 63 (Nachtrag) und künftig bei H. OTT, Urkundenbuch des Klosters St. Blasien.
456 Vgl. Cod. Dipl. Salem. I, Nr. 35. – Zur Sache vgl. G. CARO, Beitrr. zur Älteren Deutschen Wirtschafts- und Verfassungsgeschichte, 1905, S. 60, und H. BÜTTNER, Staufer und Welfen, wie Anm. 338, S. 389 f.; vgl. auch unten S. 243.
456a Zur Bedeutung des Namens Königsstuhl vgl. – auf Grund norddeutscher Beispiele – H. FRHR. VON MINNIGERODE, Königszins, Königsgericht, Königsgastung im alt-sächsischen Freidingrechte, 1928, S. 101 f. Ob die von C. VON SCHWERIN, Einführung in die Rechtsarchäologie, 1943, S. 147, Anm. 16, im Anschluß an von Minnigerode gegebene Auslegung (»Die Bezeichnung einzelner Dingstätten als Königsstuhl erklärt sich aus dem Richten unter Königsbann«) die Bedeutung des Namens voll ausschöpft, scheint mir indessen zweifelhaft.
457 Vgl. dazu H. NAUMANN: Brûnoldes Stûl, in: Mitt. des Historischen Vereins der Pfalz 63/1965, S. 34–94, hier 59. Daneben DERS., Kaiserstuhl. Die Herkunft eines Bergnamens, in: Alemannisches Jahrbuch 1962/63, S. 65–99 (dort S. 75 auch über unseren Königsstuhl), sowie DERS., Grumholtzerstuhl – Königstuhl – Reitstuhl, in: Mitt. des Histor. Vereins der Pfalz 69/1972, S. 48–91.

Vor allem der bereits vom Namen her gegebene Bezug auf Königtum und Reich scheint uns nun aber einen gewissen, wenn auch letztlich noch nicht zum vollen Ziele führenden Fingerzeig zur Lösung der sich uns vor allen anderen stellenden Frage nach der Lokalisierung dieser herzoglichen Gerichtsstätte, dieses Herzogvorortes in staufischer Zeit zu geben.

Wenn man sich nicht – wie zumeist geschehen – zu dem Eingeständnis durchringen wollte, daß die Lage des Königsstuhles unbekannt sei [458], so hat man doch häufig die Vermutung geäußert, daß er am ehesten bei Ulm oder Munderkingen, genauer bei Rottenacker, zu suchen [459], ja überhaupt mit der Stätte der »Stammes-« und Herzogslandtage in bzw. bei Rottenacker zu identifizieren sei [460]. Eine solche Identifizierung halten wir jedoch eben wegen der völlig anderen, nie auf Königtum und Reich, sondern gerade im Gegenteil auf den »Stamm« gründenden Rechtsqualität und zudem wegen der eher genossenschaftlich denn herrschaftlich ausgerichteten Funktionen von Rottenacker für weitgehend ausgeschlossen.

Aber sehen wir weiter: Die Tatsache, daß zwei Zeugnisse für die Tätigkeit des Herzogsgerichts auf dem Königsstuhl Salem und den Linzgau betreffen und auch die dritte, zeitlich mittlere Quelle auf die obere Donau und zudem auf die in Oberschwaben beheimateten Welfen verweist, könnte zu der Vermutung veranlassen, die herzogliche Dingstätte in Oberschwaben, genauer gesagt im Land zwischen Donau und Bodensee, zu suchen [461]. Rät gegenüber einer solchen Vermutung schon der Gedanke an die Zufälligkeit der Überlieferung zur Vorsicht, so spricht gegen eine Suche des Platzes im Land zwischen Donau und Bodensee noch etwas anderes: Plätze staufischer Herzogsherrschaft sind für die Jahre um 1140 in den Landschaften südlich der Donau noch gar nicht zu erwarten [462]; sie sind vielmehr erst für jene Zeit denkbar, da das welfische Erbe in Oberschwaben an die Staufer überzugehen begann, d. h. für die Jahre nach 1178 [463].

Das bedeutet dann aber, daß der Königsstuhl nur nördlich der Donau gesucht werden kann. Und hier bieten sich denn auch in der Tat zwei Plätze an, die – zum Reichsgut gehörig – tatsächlich Orte des Königs gewesen und von diesen den staufischen Herzögen offenbar als Amtsausstattung überlassen worden sind: wir meinen das schon von der älteren Forschung mit dem Königsstuhl in Zusammenhang gebrachte Ulm [464] – und daneben mit ebenso großer, ja – wie uns scheinen möchte – sogar mit größerer Wahrscheinlichkeit Rottweil am oberen Neckar, beides Orte, die wir zwar für das endende 11. und für das beginnende 12. Jahrhundert als Stätten von Herzogslandtagen

---

458 Vgl. etwa F. von Weech, in: Cod. Dipl. Salem. I/1883, Register, S. 500.
459 So etwa J. Bader, in: ZGO 1/1850, S. 316, Anm. 4; WUB IV, S. 364, Anm. 1; F. L. Baumann, in: ZGO 31/1879, S. 58, Anm. 2, und J. Ficker, Reichsfürstenstand, II/3, S. 153.
460 So vor allem neuestens H. Jänichen, wie Anm. 431, S. 170–184, insbes. 171 f.
461 So etwa Helmut Naumann, der beste Kenner der »Stuhl«-Namen in Deutschland, in einem an mich gerichteten Brief vom 2. November 1976, worin er eine Lokalisierung des Namens Königsstuhl am ehesten in der Nähe von Ravensburg vornehmen möchte. Ich danke Herrn Dr. Naumann, Tecklenburg, auch an dieser Stelle vielmals für seine Stellungnahme.
462 Vgl. unten S. 232.
463 S. unten S. 278 f.
464 Vgl. Anm. 459.

kennen[465], über deren Funktionen für die Herzogsherrschaft in der Zeit staufischen Königtums, d. h. für die Jahre und Jahrzehnte nach 1138, wir jedoch kaum etwas auszusagen vermögen. Diese bislang bestehende zeitliche Lücke würde sowohl für Ulm als auch für Rottweil durch die Einfügung der herzoglichen Gerichtstage auf dem Königsstuhl aufs beste geschlossen werden.

Will man diese Dingstätte nicht an einem dritten Ort vermuten, will man den Königsstuhl vielmehr da suchen, wo die Herzogsherrschaft tatsächlich auf Königsgut gegründet war, nämlich in Ulm oder Rottweil, so würde man sich aus folgenden Gründen eher für Rottweil als für Ulm entscheiden wollen: Zum einen sind uns für Rottweil die institutionellen Namen »Königshof« und »Königsbreite« »uff der mittlen statt ze Rotwil«, d. h. innerhalb der sich links des Neckars über ein Hochplateau erstreckenden riesigen mittelalterlichen Wallanlage, ausdrücklich überliefert[466]. Zum andern war der Bereich dieses Rottweiler »Königshofes« – nachweisbar seit der Wende zum 14. Jahrhundert – tatsächlich zur Stätte eines das ganze Schwaben umfassenden königlichen Hof-Gerichtes, eines nach eben diesem Königshof benannten[467] Gerichtes geworden, hatte hier in der Tat zumindest seit eben dieser Zeit ein Gerichtsstuhl, ein königlicher zumal, gestanden[468]. Und endlich zum dritten ließen sich durchaus Gründe dafür nennen, weshalb eine hier bereits im 12. Jahrhundert existierende Gerichtsstätte nicht mehr – wie noch unmittelbar vor der Wende zum 12. Jahrhundert – ausdrücklich nach Rottweil benannt worden ist[469], sondern einen eigenen, mit dem Ortsnamen Rottweil nicht mehr verbundenen Namen erhalten haben könnte. Denn gerade im 12. Jahrhundert dürfte die Anlage einer »neuen« Stadt Rottweil – weiter nordwestlich von der noch innerhalb der umfassenden Ringwallanlage gelegenen ältesten Siedlung gleichen Namens – durch die Staufer erfolgt und eben diese alte Siedlung, vom Königshof abgesehen, weitgehend aufgelassen worden sein[470]. Und so wie die gleichfalls auf die Mitte des 12. Jahrhunderts zu datierende Erwähnung eines Gerichtstages des schwäbischen Pfalzgrafen auf der zur Rottweiler Markung gehörenden Flur »Hochmauren« rechts des Neckars die Stätte dieses Gerichtstages nur durch die Nennung eben dieser Flur charakterisiert und nicht auch noch den Namen Rottweil als zusätzliche Lagebezeichnung hinzufügt[471], ebenso könnte

---

465 Zu Ulm vgl. S. 91 ff., zu Rottweil S. 104 ff.
466 Vgl. dazu S. 108.
467 Vgl. den ältesten urkundlichen Beleg für die Existenz eines königlichen Hofgerichts in Rottweil: König Albrecht 1299 I 19: *Coram illo, qui in curia nostra Rotwile judicio loco nostri pro tempore presederit...* (Rottweiler UB Nr. 57) und die älteste Urkunde des Rottweiler Hofrichters (des Grafen Berthold von Sulz) von 1317 III 26: *lantrihter uffe dem dinghove ze Rôthwil* (Freiburger UB IV, Nr. 441).
468 Zum Gerichtsstuhl und seiner Stätte vgl. G. GRUBE, wie Anm. 426, S. 10, 91. Dazu auch die Urkunde König Sigmunds über die Verlegung des Hofgerichtsstuhles von 1418 IX 7 (vgl. Rottweiler UB Nr. 841): *der richtstuhl des egenannten hofgerichts* (so nach dem Original HStA Stuttgart, H 51, Urk. 1266).
469 Zum Gericht des Herzogs von Schwaben in Rottweil vgl. H. MAURER, Rottweil und die Herzöge von Schwaben, wie Anm. 416, passim.
470 Vgl. dazu im einzelnen S. 107 ff.
471 Vgl. Schenkungsbuch des Klosters Reichenbach (WUB II, S. 411): *Hec traditio facta est in loco, qui ciditur Hohinmur, in placito et in presentia palatini comitis Hugonis...* Zu Name und Topographie von Hochmauren vgl. P. GOESSLER, Das römische Rottweil, 1907, S. 24 ff.

auch der Königsstuhl ohne weiteres auf Rottweiler Markung, und zwar eben im Bereich des »Königshofes«, zu suchen sein, ohne daß ihm zur genaueren Kennzeichnung unbedingt noch hätte der Name Rottweil beigefügt werden müssen.

Daß diese offensichtlich auf Reichsboden, auf Königsgut ruhende herzogliche Gerichtsstätte Königsstuhl, deren Lage wir am ehesten bei Rottweil vermuten möchten, in staufischer Zeit in der Tat ein Vorort schwäbischer Herzogsherrschaft gewesen ist, und zwar nicht in der Gestalt einer »Residenz« der Herzöge, sondern als nur zeitweilig aufgesuchter Gerichtsplatz, dies erweist sich nun am eindringlichsten bei der Betrachtung des Teilnehmerkreises der am Königsstuhl unter dem Vorsitz der Herzöge abgehaltenen Gerichtstage. Hier kommen in der Tat alle (1185: *universi principes totius Suevie*) oder sagen wir vorsichtiger: die meisten »Fürsten« Schwabens zusammen, soweit sie der staufische Herzog überhaupt noch zu erfassen vermochte. Und das waren während des 12. Jahrhunderts im wesentlichen »Fürsten« aus dem mittleren und östlichen Schwaben, und zwar aus den Landschaften nördlich und südlich von Donau und Alb, aber auch noch aus den Landstrichen südlich des Hochrheins. Kurzum: Der staufische Herzog von Schwaben versammelte auf dem Königsstuhl im Grunde seine ihm in Schwaben verbliebenen gräflichen Vasallen um sich [472].

Vergleicht man nun den geographischen Einzugsbereich des um 1140 auf dem Königsstuhl abgehaltenen herzoglichen Gerichtstages (TA 14) mit demjenigen von 1185 (TA 15), dann zeigt sich in beiden Fällen weitgehend das gleiche Bild [473]: Die Kerngruppe bilden hier wie dort die Grafen von Zollern, von Veringen, von Rohrdorf, von Heiligenberg, von Berg und von Kirchberg und – aus den Landen südlich des Hochrheins – die Grafen von Kiburg. Regelmäßiger Teilnehmer der Gerichtstage auf dem Königsstuhl scheint eine relativ konstant bleibende Gruppe von Grafen gewesen zu sein, deren Sitze vor allem in Landschaften links und rechts der oberen Donau, aber auch – wie etwa derjenige der Grafen von Zollern – am Nordrande der Alb und zwischen oberer Donau und Bodensee und vereinzelt auch noch südlich des Bodensees gelegen haben. Und dieses Bild wird auch nicht weiter gestört, sondern eher abgerundet durch das nach der Jahrhundertmitte und im Jahre 1185 hinzukommende Auftreten Welfs VI. mit seinem edelfreien und ministerialischen Gefolge, das wiederum im wesentlichen aus Landschaften südlich der Donau stammte.

Indessen unterscheidet sich der Einzugsbereich des um 1140 auf dem Königsstuhl abgehaltenen herzoglichen Gerichtstages – trotz des im wesentlichen gleichbleibenden »Kernkreises« – doch nicht unwesentlich von demjenigen des Gerichtstages vom Jahre 1185. Denn um 1140 vermag der Herzog aus den Gebieten nördlich der Schwäbischen Alb – außer den Grafen von Zollern – immerhin die Grafen von Wirtemberg und von Achalm und den Pfalzgrafen von Tübingen ebenso auf den Königsstuhl zu laden wie er – außer dem Grafen von Kiburg – aus den Landschaften südlich des Hochrheins überdies auch den Grafen von Lenzburg, von Baden und von Habsburg Hof zu gebieten in der Lage ist.

Mit anderen Worten: Der Sprengel des frühesten uns bekannt gewordenen herzoglichen Hoftags auf dem Königsstuhl hatte nicht nur die ihn bis 1185 charakterisierende

---

472 Vgl. dazu unten S. 239 ff.
473 Vgl. die TA Nr. 14 und Nr. 15.

West-Ost-Erstreckung entlang der oberen Donau aufzuweisen, sondern darüber hinaus auch eine nicht weniger charakteristische Nord-Südachse, die – östlich des Schwarzwaldes verlaufend – von der Aare über die Donau hinweg bis zum mittleren Neckar reichte [474].

Vergegenwärtigt man sich den so gekennzeichneten ursprünglichen Sprengel des herzoglichen Gerichtstages auf dem Königsstuhl mit Hilfe der Karte, dann wird nicht nur die Vorortfunktion des Königsstuhls für die staufische Herzogsherrschaft in Schwaben noch um einiges deutlicher; es bleibt bei einer ursprünglich auch die Grafen am oberen und mittleren Neckar einschließenden Erstreckung des dem Königsstuhl anhaftenden Einzugsbereichs auch genügend Raum für unsere weiter oben ausgesprochene Vermutung, daß diese herzogliche Gerichtsstätte am ehesten bei Rottweil gesucht werden dürfte. Und für eine solche Annahme spricht um so mehr die Beobachtung, daß die einzige, aus dem Jahre 1116 stammende Quelle, die uns – wenigstens für dieses eine Jahr – den Sprengel des zu Rottenacker abgehaltenen schwäbischen Fürstentages in etwa nachzuzeichnen erlaubt [475], gerade die nördlich der Alb und am oberen Neckar ansässigen Grafen als Teilnehmer dieses an der oberen Donau abgehaltenen Landtags vermissen läßt (TA 13).

Wie dem auch immer gewesen sein mag, entscheidend ist dies: Die Beschäftigung mit dem Königsstuhl hat uns gezeigt, daß die staufischen Herzöge von Schwaben neben dem königlichen Pfalzort bzw. der königlichen Pfalzstadt Ulm und neben dem Königshof zu Rottweil und der von ihnen daneben begründeten Stadt auch noch über eine Gerichtsstätte verfügten, die möglicherweise in unmittelbarer Nachbarschaft eben dieses herzoglichen Vororts Rottweil zu suchen ist und auch für das 12. Jahrhundert von neuem die Bindung der Herzogsherrschaft an das Reich und ihre Gründung in und auf königlichen Rechten spiegelt. Der Königsstuhl löst im Grunde den Landtagsort zu Rottenacker an der Donau ab, der zwar zu Anfang des 12. Jahrhunderts auch vom staufischen Herzog von Schwaben als Stätte seines Land- und Gerichtstages benutzt worden ist, aber – wie schon früher betont – nicht auf »Reichsboden«, sondern – wenn man so will – auf »Stammesboden« ruhte. Wurde das herzogliche Ulm immer mehr zu d e m Hoftagsort des staufischen Königs in Schwaben, so blieb der Königsstuhl demgegenüber allein dem staufischen Herzog als Stätte seiner Land- und Gerichtstage vorbehalten. Dorthin vermochte er alle jene Grafen und Edlen Schwabens zu laden, die er – auf Grund des Lehnrechts – innerhalb der alten Provinz Schwaben noch zu laden in der Lage war. Das war freilich im 12. Jahrhundert nur noch ein Teil des schwäbischen Adels [476].

---

474 Dies wird von H. JÄNICHEN, Landgerichte, wie Anm. 460, S. 172, zu wenig betont.
475 Vgl. Baumann AH Nr. 15/2.
476 Zu diesen verfassungsgeschichtlichen Fragen vgl. unten S. 225 ff.

Wir haben die Vororte des Herzogs von Schwaben in ihrer zeitlichen Aufeinanderfolge kritischen Blickes durchwandert mit dem Ziele, einen ersten Zugang zur Erkenntnis von Grundlagen, Wesen und Wirkungen schwäbischer Herzogsherrschaft zu gewinnen. Welche Einsichten hat uns dieser von einem Hauptort zum anderen führende Rundgang gewährt?

Er hat uns zunächst einmal gelehrt, daß die Herzöge zu gleicher Zeit und nebeneinander über mehrere und sich zudem nach Typus und Funktionen wesentlich unterscheidende Orte verfügten, an denen sich ihre Herrschaft verdichtete: Orte von herzoglichen Land- und Gerichtstagen, Versammlungsorte also, die zugleich zu Stätten von Herzogserhebungen werden konnten und gewissermaßen auf der grünen Wiese zu suchen sind, standen neben Wehranlagen, neben Burgen auf Bergeshöhen, die die Herzöge selbst errichtet oder neben Höfen und Pfalzen des Königs, die ihnen die Könige überlassen hatten, ja standen neben Pfalzsiedlungen, neben werdenden Pfalzstädten, denen außer der Pfalz selbst auch die zugehörigen Kirchen sowie Markt und Münze den Charakter von Hauptstädten, von Residenzen, verliehen.

Betrachtet man nun diese drei hauptsächlichsten Typen herzoglicher Vororte als Denkmale, als Herrschaftszeichen, dann stellt sich als weitere Erkenntnis dies ein: Indem sich der Herzog des Burgenbaus bediente, verlieh er nicht nur seiner das Land beherrschenden Macht sichtbaren Ausdruck; er bediente sich zugleich auch einer dem König vorbehaltenen Befestigungsweise, ja eines königlichen Rechts überhaupt. Indem er des weiteren königliche Pfalzen, königliche Höfe, königliche Pfalzstädte mit königlichem Markt und königlicher Münze nutzte, ahmte er Herrschaftsformen des Königtums nach, trat er in diesen Orten an die Stelle des Königs, versuchte er sogar – früher und mit mehr Erfolg als das Königtum – für sich Residenzen zu schaffen. Indem der Herzog sich schließlich der Versammlungs- und Gerichtsstätten bediente, die zum einen ohne Anlehnung an eine Siedlung, zum andern aber in engster Beziehung zu einer Pfalz oder zu einem Königshof stehen konnten, verband er seinen – in Burgen und Pfalzen zum Ausdruck gelangenden – herrschaftlichen Anspruch gegenüber der Genossenschaft seiner adligen Mitlandleute, seines »Stammes«, mit der Einordnung in eben diesen Verband adeliger *conprovinciales*.

Dieser Blick auf die Aussagen der Vororte als Herrschaftszeichen hat nun aber zugleich auch schon unsere Augen geöffnet für die rechtlichen Grundlagen schwäbischer Herzogsherrschaft vom 10. bis 12. Jahrhundert. Ruhen die herzoglichen Hauptorte Bodman und Wahlwies und der Hohentwiel ebenso wie Zürich, Breisach, Ulm, Rottweil und der Königsstuhl letztlich auf Königsgut, so wurzeln Esslingen und Straßburg und zu einem Teil auch Zürich im Grunde im Reichskirchengut. Der enge Zusammenhang schwäbischer Herzogsherrschaft mit Königtum und Reich und mit der Reichskirche ist damit offensichtlich.

Der Rechtsqualität dieser letzlich königlichen Vororte steht dann aber ein Vorort wie Rottenacker gegenüber, der offensichtlich nicht auf Königsboden, sondern – wenn man so will – auf »Stammesboden« gelegen war. Dies wiederum weist ebenso deutlich darauf hin, daß – zumindest zuzeiten – die Bindung des Herzogs an den »Stamm« und an das schwäbische Volksrecht der gleichzeitigen Bindung an das Königtum und an das Recht des Königs gegenüber oder zumindest zur Seite stand. Dann aber gewährt die

Betrachtung der Vororte zugleich einen ersten Einblick in die zeitliche Dimension, in das Widerspiel von Kontinuität und Wandel schwäbischer Herzogsherrschaft:

Bodman selbst hat nur ganz kurz eine Vorortrolle eingenommen und ist bereits zu Beginn des 10. Jahrhunderts wieder aus dem Ringen um die Gewinnung fester Plätze für die Herzogsherrschaft ausgeschieden. Der Hohentwiel und Wahlwies verlieren um die Jahrtausendwende – mit dem Ende von Hadwigs Herzogsherrschaft – ihre Vorortfunktion, und zumindest der Hohentwiel fällt wieder an das Königtum zurück. Dann aber ist vor allem der Beobachtung wert, daß vier, wenn nicht gar fünf herzogliche Plätze ihrer Eigenschaft als Zentren der Herzogsherrschaft zu Beginn des 11. Jahrhunderts unter König Heinrich II., spätestens aber unter König Konrad II., zugunsten des Reiches verlustig gehen: Diese Beobachtung gilt für Zürich, für Breisach, für Straßburg ebenso wie – möglicherweise – für Esslingen und Stuttgart. Jetzt, in den ersten Jahrzehnten des 11. Jahrhunderts, scheint eine Epoche in der Geschichte der Herzogsherrschaft zu Ende gegangen, scheinen mit der Unterwerfung Hermanns II., spätestens aber mit dem Sturz Herzog Ernsts II. der Herzogsherrschaft wesentliche rechtliche, politische und wirtschaftliche Grundlagen entzogen worden, ja den Nachfolgern Herzog Ernsts Vororte, die bislang die Ausübung herzoglicher Herrschaft im Lande überhaupt erst ermöglicht haben mochten, vom Königtum nicht mehr zugebilligt worden zu sein. Erst die Wirren des Investiturstreits erlauben es dem Herzog, sich erneut an königlichen Plätzen festzusetzen, und zwar in Ulm ebenso wie in Rottweil und dazu noch an dem gleichfalls jetzt erst Gestalt gewinnenden Versammlungsort des schwäbischen »Stammes« zu Rottenacker. Alle früheren, bis in die Zeiten Herzog Hermanns II. und Herzog Ernsts II. Bedeutung behaltenden Herzogsorte aber sind für die Herzöge des späten 11. und des 12. Jahrhunderts unerreichbar geworden. Ulm, Rottweil und Rottenacker und dazu noch der nur unsicher zu lokalisierende Königsstuhl stellen demgegenüber einen Neuanfang dar. Ein entscheidender Wandel in den Grundlagen schwäbischer Herzogsherrschaft um die Mitte des 11. Jahrhunderts ist danach nicht zu übersehen.

Der Beobachtung wert ist jedoch andererseits auch, daß sowohl Ulm als auch Rottweil und Rottenacker – ungeachtet der Ereignisse des Jahres 1098, die dem Doppelherzogtum ein Ende bereiten und den Staufern die herzogliche Alleinherrschaft ermöglichen – als während des Investiturstreits von den (Gegen-)Herzögen begründete Vororte der Herzogsherrschaft für eben diese Herzogsherrschaft teilweise bis in spätstaufische Zeit hinein Kontinuität zu wahren vermögen.

Ließ sich durch eine derartige Betrachtung der Vororte geradezu eine Epochenscheide innerhalb der Gesamtdauer schwäbischer Herzogsherrschaft erkennen, so dürfte der Blick auf die räumliche Verteilung der Hauptorte in der zeitlichen Aufeinanderfolge zugleich auch eine Einsicht in Konstanz und Wandel räumlicher Ausdehnung schwäbischer Herzogsherrschaft gewähren. Am Beginn herzoglicher Herrschaft über Land und Leute in Schwaben liegen die Zentren herzoglicher Herrschaftsausübung ohne jeden Zweifel im Bereich des westlichen Bodensees bzw. im Hegau. Wie der Gewinn dieser im Hegau gelegenen ersten herzoglichen Vororte nur durch Anwendung militärischer Gewalt möglich gewesen war, so verhält es sich bei dem Zugewinn weiterer herzoglicher Plätze während des 10. Jahrhunderts nicht viel anders. Jetzt, da ein solcher Zugewinn nicht mehr gegen den Willen des Königtums, sondern nur noch zusammen mit dem Königtum vor sich gehen konnte, konnten freilich kaum Orte des inneren Schwaben einem gewaltsamen Zugriff des Herzogs zur Verfügung stehen, sondern im wesentlichen nur noch Plätze, die am Rande des bisherigen Herrschaftsgebiets und zugleich an den Grenzen des Reiches gelegen waren. Hinzu kam zunächst das dem König von Hochburgund zu entreißende Zürich, das seiner Lage wegen auch weiterhin auf das Interesse der schwäbischen Herzöge an Hochburgund verweisen mußte, jedoch immer noch dem frühesten Zentrum schwäbischer Herzogsherrschaft am westlichen Bodensee nahelag. Eine wesentliche Erweiterung des Herrschaftsgebiets bedeutete demgegenüber der Gewinn von Breisach am Oberrhein, dessen Innehabung – wiederum seiner Lage wegen – die Interessen der Herzöge von Schwaben auf das Elsaß lenken mußte, in eine Richtung, die dann auch mit der Festsetzung Herzog Hermanns II. in Straßburg um die Wende zum 11. Jahrhundert ihre Fortsetzung, zugleich aber auch ihren Abschluß fand. Aber die schwäbische Herzogsherrschaft in ottonischer Zeit bildete nicht nur am Süd- und West-Rande ihres Herrschaftsgebiets Vororte aus, sie stieß mit der Verankerung in Esslingen und Stuttgart endlich auch in den Norden vor. In Inner-Schwaben oder gar im Osten Schwabens gelang es den Herzögen indessen bis zur Mitte des 11. Jahrhunderts nicht, Hauptorte ihrer Herrschaft auszugestalten.

Das vermochten die Herzöge vielmehr erst, als alle diese bisher genannten zentralen Herzogsorte im Süden, Westen und Norden verloren waren, und zwar für immer verloren waren. Seit der zweiten Hälfte des 11. Jahrhunderts scheint sich – geht man von der Betrachtung der Vororte aus – die Herrschaft des Herzogs von den Rändern Schwabens zurückgezogen und statt dessen in der bislang nicht mit gleicher Intensität erreichbaren Mitte Schwabens, am oberen Neckar und an der oberen Donau, neu installiert und konzentriert zu haben.

Man sieht: Nicht anders, als um die Mitte des 11. Jahrhunderts die rechtlichen, politischen und wirtschaftlichen Grundlagen sich einschneidend geändert zu haben scheinen, muß, etwa zu gleicher Zeit, auch die räumliche Ausdehnung der Herzogsherrschaft einer wesentlichen Veränderung, einer Verlagerung, ja offenbar sogar einer Verengung und Konzentrierung unterworfen worden sein. Die staufische Herzogsherrschaft hatte allem Anschein nach nur noch im Gebiete östlich des Schwarzwaldes und nördlich von Hochrhein und Bodensee ihre Schwerpunkte.

Und dieser Eindruck von der räumlichen Reichweite der Herrschaft schwäbischer Herzöge in staufischer Zeit erfährt noch seine Klärung dadurch, daß es jetzt, im 12. Jahrhundert, erstmals möglich ist, die Einzugsbereiche herzoglicher Landtagsorte zu bestimmen und damit deren Zentralität, deren Vorortfunktionen wirklich sichtbar zu machen. Auch hierdurch gibt sich die Konzentration staufischer Herzogsherrschaft auf die Lande östlich des Schwarzwaldes zu erkennen, wenngleich andererseits offensichtlich wird, daß die Staufer doch immer auch noch Fürsten aus den Landschaften südlich vom Bodensee und Hochrhein an sich zu ziehen vermochten.

Die Betrachtung der Vororte schwäbischer Herzogsherrschaft, ihre Benützung als Quelle hat sich – wie wir meinen – in mehrfacher Hinsicht gelohnt. Sie hat sich gelohnt, indem sie einen ersten Zugang zum Verständnis von Grundlagen, Wesen und Wirkungen schwäbischer Herzogsherrschaft im Hochmittelalter eröffnete. Schon jetzt ist uns ein – wenn auch vorerst noch etwas undeutlicher – Eindruck von der Selbstauffassung und Selbstdarstellung des Herzogs von Schwaben, von den im Königtum ebenso wie im »Stamme« wurzelnden Rechtsgrundlagen und vom zeitlichen und räumlichen Wandel der Herzogsherrschaft in Schwaben vermittelt worden.

Was wir über das Medium der Vororte an vorläufigen Einsichten zum Verständnis der Institution des Herzogs von Schwaben haben gewinnen können, bedarf nun freilich erst noch der Überprüfung, der Absicherung, der Verbreiterung und des Ausbaus. Wir hoffen, dazu zu kommen, indem wir im folgenden – gewissermaßen in einem zweiten Schritt – die schriftlichen Quellen unmittelbar nach ihren Aussagen über Grundlagen, Wesen und Wirkungen schwäbischer Herzogsherrschaft befragen. Was von uns – bei einem solchen Vorgehen auf getrennten Wegen – an gewonnenen Erkenntnissen als miteinander übereinstimmend angetroffen wird, werden wir uns endlich getrost als weithin gesicherte Ergebnisse aneignen dürfen, um – auf sie gestützt – in einem dritten und letzten Schritt den Herzog von Schwaben als Institution, als »Figur« der mittelalterlichen Verfassung, abschließend zu beschreiben.

II

GRUNDLAGEN UND WIRKUNGEN DER HERZOGSHERRSCHAFT

Von der Herrschaft des Herzogs in Schwaben zum Herzogtum Schwaben

1. Die ottonisch-salische Zeit

DER HERZOG ZWISCHEN KÖNIG UND »STAMM«

Die rechtlichen Grundlagen der Herzogsherrschaft in ottonisch-salischer Zeit mögen sich uns am ehesten erschließen, wenn wir uns die Anfänge und die Ausgangspositionen der ersten Herzöge vergegenwärtigen. Denken wir daran: Das Ringen um die Erlangung der Herzogswürde in und über Schwaben war ein Vorgang gewesen, der sich zu Beginn des 10. Jahrhunderts im Gefolge der Auflösung des karolingischen Reiches und der allmählichen Bildung eines Deutschen Reiches vollzogen hatte. Alle Bewerber um diese Würde, die allenfalls durch den Titel an die 150 Jahre hindurch unterbrochene Tradition einer frühen Herzogsherrschaft in Alemannien anknüpfen konnte [1], waren Persönlichkeiten, die selbst oder deren Vorfahren hohe Amtsträger des karolingischen Reiches [2] gewesen waren und damit zur sogenannten karolingischen Reichsaristokratie gezählt werden dürfen [3]. Das gilt für Burchard den Älteren und seinen Sohn Burchard II. aus

---

[1] Besonders stark betont bei G. TELLENBACH, Königtum u. Stämme in der Werdezeit des deutschen Reiches, 1939, für Schwaben S. 51 ff.; über das alemannische (Amts-)Herzogtum der merowingischen Zeit vgl. zuletzt H. K. SCHULZE, Die Grafschaftsverfassung der Karolingerzeit in den Gebieten östlich des Rheins (= Schriften zur Verfassungsgeschichte 19), 1973, S. 52 ff., 301 f., und jetzt vor allem B. BEHR, Das alemannische Herzogtum bis 750 (= Geist und Werk der Zeiten 41), 1975, passim, insbes. S. 172 ff., sowie jüngst H. KELLER, Fränkische Herrschaft und alemannisches Herzogtum im 6. und 7. Jh., in: ZGO 124/1976, S. 1–30.
[2] Darauf macht mit Recht aufmerksam K. F. WERNER, Königtum und Fürstentum im französischen 12. Jh., in: Probleme des 12. Jh. (= VuF XII), 1968, S. 177–225, S. 183.
[3] Vgl. dazu grundlegend G. TELLENBACH, Vom karolingischen Reichsadel zum deutschen Reichsfürstenstand, in: Adel u. Bauern im deutschen Staat des Mittelalters, hg. von Th. Mayer, 1943, S. 22–73, insbes. S. 29 ff., und K. F. WERNER, Bedeutende Adelsfamilien im Reich Karls des Großen, in: Karl der Große, hg. von H. BEUMANN, Bd. I/1965, S. 83–142, vor allem S. 132, Anm. 169, sowie jetzt R. WENSKUS, Sächsischer Stammesadel und fränkischer Reichsadel, 1976, S. 464 ff.

dem Hause der Hunfridinger oder Burchardinger [4], die den »Dukat«, die Grafschaft über Rätien, innehatten [5], nicht anders als für Erchanger, den wir als Pfalzgrafen auf der Pfalz Bodman walten sehen [6].

Leitete sich ihre ursprüngliche »Amtsgewalt« demnach vom karolingischen Königtum her, so verwundert es nicht, daß ihr Streben dem Gewinn einer Stellung galt, die gleichfalls in karolingischer Zeit vorgegeben worden war: Es richtete sich auf die Erlangung der Vormacht im *regnum Alemanniae*, in jenem erstmals im Jahre 829 für den jungen Karl den Kahlen aus den drei merowingischen Dukaten Elsaß, Alemannien und Rätien gebildeten »Teilreich«, das wiederholt von einem – den *dux*-Titel tragenden – König oder Unterkönig verwaltet worden war [7].

Mußte demnach einem Prätendenten auf die Herzogswürde im frühen 10. Jahrhundert am ehesten an der Erlangung einer vergleichbaren quasi-königlichen Stellung in dem zwar weitgehend auf das schwäbische Stammesgebiet Rücksicht nehmenden, aber dennoch keineswegs mit ihm identischen *regnum* [8] oder *ducatus* [8a] *Alemanniae* gelegen sein, so nimmt es nicht weiter wunder, daß sich das Ringen um die Erlangung einer solchen Würde zunächst als ein Ringen um eine bedeutsame karolingische Pfalz und um

---

[4] Über sie noch immer E. MEYER-MARTHALER, Rätien im frühen Mittelalter (= Beiheft der ZSG 7), 1948, S. 75 ff., sowie neuerdings B. BILGERI, Geschichte Vorarlbergs, Bd. I., 1971, S. 64 ff., und jetzt TH. L. ZOTZ, Der Breisgau und das alemannische Herzogtum (= VuF, Sonderband 15), 1974, S. 61 ff., sowie neuestens H.-W. GOETZ, »Dux« und »Ducatus«, 1977, S. 307-311, 327 ff., die Regesten S. 439 ff., die Besitzliste S. 470 ff. und dazu Karte 3a.

[5] Über die Rechtsstellung Rätiens in karoling. Zeit vgl. E. KLEBEL, Herzogtümer und Marken, in: Die Entstehung des deutschen Reiches (= Wege der Forschung I), 1956, S. 42-93, hier S. 79/80, B. BILGERI, Vorarlberg, wie Anm. 4, S. 64 ff., und jetzt H. STINGL, Die Entstehung der deutschen Stammesherzogtümer (= Untersuchungen zur deutschen Staats- und Rechtsgeschichte NF 19) 1974, S. 54 f.

[6] Vgl. oben S. 37 ff.; vgl. auch G. EITEN, Das Unter-Königtum im Reiche der Merowinger und Karolinger (= Heidelberger Abhh. zur mittleren und neueren Geschichte 18), 1907, S. 134 f., 162 f.

[7] S. darüber E. KLEBEL, Herzogtümer und Marken, wie Anm. 5, S. 86/87; W. SCHLESINGER, Die Auflösung des Karlsreiches, in: Karl der Große, Bd. I, wie Anm. 3, S. 792-857, hier S. 815, und vor allem K. F. WERNER, Heeresorganisation und Kriegsführung im deutschen Königreich des 10. und 11. Jhs., in: Settimane di Studio... XV, Spoleto, 1968, S. 791-843, hier S. 796 f., 802 f., sowie DESSELBEN Bemerkungen in: Protokolle des Konstanzer Arbeitskreises Nr. 141 vom 17. III. 1967, S. 141. – Über dieses *regnum Alemanniae* des 9. Jhs. vgl. jetzt auch W. EGGERT, Das ostfränkisch-deutsche Reich in der Auffassung seiner Zeitgenossen, 1973, S. 250, vor allem S. 280, Anm. S. 32, 322 ff., und neuestens die Bemerkungen bei E. HLAWITSCHKA, Die verwandtschaftlichen Verbindungen zwischen dem hochburgundischen und dem niederburgundischen Königshaus, in: Grundwissenschaften und Geschichte, FS für Peter Acht, 1976, S. 28-57, hier S. 41 Anm. 59. – Hier heranzuziehen wäre auch die Nachricht der Lausanner Annalen zu 877 [?]: *Karolus, filius Ludovici imperatoris, ordinatus dux in Alsacia et Alamannia et Ricia*; vgl. Cartulaire du chapitre de Notre-Dame de Lausanne, ed. Ch. Roth (= Mémoires et documents, 3ᵉ. Série, T. III), 1949, S. 7.

[8] Vgl. dazu oben mit Anm. 7.

[8a] Über die Glossierung des *ducatus* durch den Begriff *herzogrîche*, vgl. W. SCHLESINGER, Die Entstehung der Landesherrschaft, Neudr. 1964, S. 121, mit der Bemerkung: »König und Herzog haben beide ein Reich, aber dasjenige des Königs ist ein Königreich, der Herzog hat nur ein Herzogreich. Der Vorzug liegt in der Person.« – Zu »ducatus« als räumlichem Begriff vgl. jetzt H. W. GOETZ, »Dux«, wie Anm. 4, S. 254, 291 f. u. 295.

einstiges karolingisches Reichsgut am westlichen Bodensee darstellt [9]. Und angesichts dieser Vorbedingungen ist denn auch ohne weiteres zu erwarten, daß sich dieses Streben nach der Erringung einer königsgleichen Stellung im *regnum Alemanniae* auch auf die Beherrschung all jener anderen Institutionen richten mußte, die die Struktur des karolingischen Alemannien gekennzeichnet hatten: auf die Beherrschung nicht nur der Pfalzen und des Reichsgutes, sondern auch der Reichskirche und der Grafen mit ihren Grafenämtern, ja aller Inhaber königlicher Lehen im Lande.

Es wird sich zeigen, ob sich diese Erwartung erfüllt. Um diese zum Reiche gehörenden Institutionen im *regnum Alemanniae* zu gewinnen, erschien es freilich jedem der Prätendenten auf die Herzogswürde zunächst einmal als notwendig, sich der Mitwirkung und der Zustimmung des schwäbischen Adels zu vergewissern. Denn ohne Hilfe und Mitwirkung des Adels konnte es dem werdenden Herzog kaum gelingen, sich gegenüber dem »Statthalter« des Reiches in Alemannien, dem Bischof von Konstanz und Kanzler des Reiches, Salomo III.[10], durchzusetzen.

Wie sehr sich schon der erste Anwärter auf die schwäbische Herzogswürde in die Abhängigkeit des schwäbischen Adels hatte begeben müssen, verrät bereits jene, freilich erst durch Hermann den Lahmen überlieferte Nachricht, derzufolge der *dux Alemanniae* Burchard im Jahre 911, während seines Hof- oder Landtages *(conventus)*, in einem Tumult getötet worden sei [11]. Der Adel also oder genauer wohl: eine bestimmte Gruppe des Adels hat sich im Jahre 911 auf einem Landtag des ersten, von der Geschichtsschreibung als *dux*, ja als *princeps Alamannorum* [12] apostrophierten Herzogs in Schwaben entledigt.

Wiederum waren es *patrioti*, waren es Landsleute eines Prätendenten auf die Herzogswürde, deren Unterwerfung erst die Erlangung dieser Würde ermöglichte. Der Sieg Erchangers auf dem Schlachtfeld zu Wahlwies im Jahre 915 und Erchangers wohl noch auf dem Schlachtfeld selbst geschehene Erhebung zum *dux* seiner Landsleute [13] – in einer offensichtlich der Erhebung eines »Heerkönigs« vergleichbaren Form – läßt wiederum offenbar werden, wem der neue Herzog letztlich seine von ihm erstrebte Würde zu verdanken hatte: der Zustimmung des Adels im Lande.

Und der Adel, die *Sueviae principes*, ist es auch, mit dessen Konsens zwei Jahre später Burchard II. zum Herzog eingesetzt wird *(statuitur, constituitur)* [14].

Jedesmal ist es also der Adel Schwabens, sind es Gruppierungen des schwäbischen Adels, die – gegen den Willen und gegen den Widerstand des Königs und seines Repräsentanten im Lande – sich selbst und ihren Standesgenossen ebenso wie dem ganzen

---

9 Vgl. oben S. 37 ff.
10 Über Salomo III. immer noch am besten U. ZELLER, Bischof Salomo III. von Konstanz, Abt von St. Gallen (= Beitrr. zur Kulturgeschichte des Mittelalters u. der Renaissance. 10), 1910, vgl. dazu auch oben S. 37 ff.
11 Herim. Aug. (= Ausgew. Quellen XI) S. 630.
12 Ann. Alamannici, ed. W. LENDI, Untersuchungen zur frühalemannischen Annalistik, 1971, S. 188; zu dem hier verwendeten Titel *princeps* vgl. H. STINGL, Die Entstehung der deutschen Stammesherzogtümer, S. 222 f.
13 Vgl. dazu ausführlich oben S. 43 ff. und H.-W. GOETZ, »Dux«, wie Anm. 4, S. 157, der dem »dux«-Titel Erchangers freilich nur eine kurzfristige Geltung zubilligen möchte.
14 Vgl. Ekkeharti casus, ed. Meyer von Knonau, S. 77 ff.

Lande einen Herzog setzen, wenn auch das Streben nach Wiederherstellung dieser Würde in jedem Falle nicht vom Adel oder einer Gruppierung des Adels, sondern zunächst einmal von einer Einzelperson, eben einem bisherigen Amtsträger des karolingischen Reiches ausgegangen sein dürfte [14a].

Im Jahre 917 wiederum allein von seinen Standesgenossen, dem schwäbischen Adel oder – wenn man so will – dem Stamm, zum Herzog erhoben [15], ist es doch bereits eben dieser Burchard II., der sich als erster Herzog in Schwaben gezwungen sieht, seine dem Adel im Lande abgerungene Würde mit Königtum und Reich in eine rechtliche Verbindung zu bringen: Denn wenn sich Herzog Burchard im Jahre 919 König Heinrich I. mit allen seinen Burgen *(urbes)* und mit seiner gesamten Gefolgschaft *(populus)* unterwirft, so ist zu erwarten, daß die neue schwäbische Herzogswürde durch diese Unterwerfung nicht nur in eine Abhängigkeit vom Königtum gerät, sondern zugleich auch vom Königtum ihre Legitimation erhält [16].

Eine natürliche Folge dieser Bindung der Herzogsherrschaft an Königtum und Reich ist es dann, wenn Herzog Burchards Nachfolger im Amte, der Konradiner Hermann I., nicht mehr vom Adel Schwabens im Lande selbst, sondern jetzt, 926, von König Heinrich I. sogar außerhalb des Landes, auf einem Reichstag in Worms, zum Herzog in Schwaben eingesetzt wird [17]. Deutlicher kann denn wohl die Abhängigkeit der schwäbischen Herzogswürde von Willen und Gunst des Königs nicht unterstrichen werden: Sie wird vom K ö n i g, sie wird – wie fortan bis zum Jahre 1048 ausschließlich [18] – a u ß e r h a l b d e s L a n d e s und sie wird dazu noch an einen L a n d f r e m d e n [19] vergeben. Andererseits aber ist es bemerkenswert, daß die schwäbische Herzogswürde – zunächst allein durch Mitwirken und Zustimmung des Adels im Lande und ohne Beteiligung des Königs entstanden – vom Königtum überhaupt weiter vergeben wird und daß sie zugleich einem Land und Volk doch nicht gänzlich fremd Gegenüberstehenden übertragen wird. Denn Herzog Hermann heiratet Reginlinde, die Witwe Herzog Bur-

---

14a Vgl. dazu besonders G. TELLENBACH, Königtum u. Stämme in der Werdezeit des deutschen Reiches, 1939, S. 79 ff., 92, 97 u. f. Schwaben insbesondere S. 87 ff.
15 Wie Anm. 14.
16 Vgl. Widukind I/27 (= Ausgew. Quellen VIII) S. 58; zur Sache vgl. M. LINTZEL, Heinrich I. u. das Herzogtum Schwaben, in: H. Vjs. 24/1927, S. 1–17, sowie neuerdings H. BÜTTNER, Heinrichs I. Südwest- u. Westpolitik, 1964, S. 7 ff. Vgl. auch unten S. 135 ff. sowie jetzt H.-W. GOETZ, »Dux«, wie Anm. 4, S. 330.
17 Vgl. dazu neuestens TH. L. ZOTZ, wie Anm. 4, S. 89 f., 92 ff. – s. aber die Vermutungen über eine Beteiligung der schwäbischen Grafen auch an der Herzogseinsetzung in Worms bei G. TELLENBACH, Königtum, wie Anm. 1, S. 89, Anm. 2. Beachtenswert auch die Überlegungen von W. MOHR, König Heinrich I., 1950, S. 30 ff.
18 Vgl. dazu TH. L. ZOTZ, wie Anm. 4, S. 92, Anm. 177, und zuvor G. TELLENBACH, Augsburgs Stellung in Schwaben und im deutschen Reich während des Hochmittelalters, in: Augusta, 1955, S. 61–69, hier S. 64.
19 Zu den Konradinern zuletzt TH. L. ZOTZ, wie Anm. 4, S. 219 ff., und zuvor K. SCHMID, Probleme um den Grafen Kuno von Öhningen, in: Dorf und Stift Öhningen, hg. von H. Berner, 1966, S. 43–94, insbes. S. 87 ff. Zum Problem der Übergehung von Burchards III. Anrechten auf das von seinem Vater innegehabte Herzogtum durch Heinrich I. im Jahre 926 vgl. jetzt R. WENSKUS, wie Anm. 3, S. 331 ff.

chards II.[20], deren Sohn offensichtlich beim Tode des Vaters noch nicht mündig gewesen war[21]. Es bleibt demnach nicht nur eine institutionelle, sondern durchaus auch eine personelle Kontinuität gewahrt. Und an diese durch die Heirat mit einer Herzogswitwe oder einer Herzogstochter ebenso wie durch die unmittelbare Abstammung von einem Herzog oder gar – wie im Falle Liutolfs – durch Adoption[21a] begründeten Ansprüche haben sich die Könige bei der Vergabe des *ducatus* – trotz ständigem Wechsel zwischen Mitgliedern aus den Häusern der Burchardinger, Konradiner und Liudolfinger im 10. Jahrhundert und der Babenberger im 11. Jahrhundert – bis hin zu Herzog Heinrich, dem späteren König Heinrich III. (1038–1045)[22], künftig durchweg ebenso gehalten[23] wie sie andererseits das Recht auf Vergabe des Herzogsamtes nie mehr aus der Hand gegeben haben, wenn es ihnen auch in politischen Krisenzeiten durchaus bestritten worden ist.

20 Auf die Bedeutung dieser Heirat für die Kontinuität der Herzogsherrschaft in Schwaben legt mit Recht großen Wert G. WARNKE-ZOLLER, König und Herzog. Studien zur Politik der Liudolfinger Könige. Diss. phil. Masch., Freiburg i. Br., 1947, S. 17 ff., 20/2. – Zu der Frage, ob – durch die Heirat mit Reginlinde – Herzog Hermann das alemannische Stammesrecht empfangen haben könne, vgl. H. ELSTERMANN, Königtum u. Stammesherzogtum unter Heinrich I., Diss. phil. 1938, S. 41 f. – Über den Problemkreis »Heirat und Herrschaft« im frühen und hohen Mittelalter vgl. jetzt K. SCHMID, Heirat, Familienfolge, Geschlechterbewußtsein, in: Il matrimonio nella società altomedievale (= Settimane di studio del Centro di studi sull'alto medioevo XXIV) Spoleto 1977, S. 103–137, insbes. S. 106 ff.
21 Vgl. WARNKE-ZOLLER, wie Anm. 20, S. 28, und grundsätzlich W. GOEZ, Der Leihezwang. Eine Untersuchung zur Geschichte des deutschen Lehnrechts, 1962, der, S. 20, darauf hinweist, »daß in ottonischer Zeit Minderjährigkeit das Folgerecht bei den großen Reichsämtern aufhebt«.
21a Vgl. dazu LIUTPRAND, Antapodosis, Lib. V (= Ausgew. Quellen VIII), S. 450, der – zu 940 – Herzog Hermann in der Weise sprechen läßt: *Placeat itaque domino meo regi filium suum parvulum Liutolfum mihi adoptare in filium, quatinus unicae filiae meae maritali commertio sotiatus me migrante mearum fiat rerum hereditate magnificus.* – Über die Adoption als »eine Regelung der Herrschaftsnachfolge« vgl. allg. E. HLAWITSCHKA, Adoptionen im mittelalterlichen Königshaus, in: Beitrr. zur Wirtschafts- und Sozialgeschichte des Mittelalters. FS für Herbert Helbig, 1976, S. 1–32, vor allem S. 15 f., der freilich S. 28 ff. für die ottonische Zeit – zumindest im Hinblick auf die Nachfolge im Königtum – Hinweise auf »Adoptionen im eigentlichen Sinne« nicht mehr zu finden vermag. Hlawitschka führt unseren Beleg auch nicht in die Diskussion des von ihm neuerdings angesprochenen Problems der Betrauung Liutolfs mit dem Herzogtum Schwaben ein; vgl. DERS., Die verwandtschaftliche Verbindung, wie Anm. 7, hier S. 41, Anm. 59. – Zu den Folgen dieser »Adoption« für den Herrschaftsantritt Liutolfs als Herzog in Schwaben vgl. H. KELLER, Kloster Einsiedeln im ottonischen Schwaben (= FOLG XIII), 1964, S. 40 ff., insbes. S. 44, wo freilich Liutprands Nachricht gleichfalls nicht herangezogen ist.
22 Vgl. die Liste der Herzöge in den »Herzogsfamilien« bei G. TELLENBACH, Vom karolingischen Reichsadel, wie Anm. 3, S. 39 ff. und oben S. 30.
23 Vgl. dazu schon B. SCHLOTTERROSE, Die Besetzung der deutschen Herzogtümer bis zum Jahre 1125. Diss. phil. Halle, 1912, S. 38 ff., 58, und vor allem G. WARNKE-ZOLLER, König und Herzog, wie Anm. 20, S. 45 f., 60 ff., und neuestens H. C. FAUSSNER, Die Verfügungsgewalt des deutschen Königs über weltliches Reichsgut im Hochmittelalter, in: DA 29/1973, S. 345–449, hier S. 403 ff., wo explicit (auf S. 411) davon gesprochen wird, daß das Königtum sich der rechtlichen Verfügungsgewalt über das Herzogtum Schwaben von 919 bis 954, d. h. bis zur Unterwerfung Herzog Liutolfs, durch die Überlassung des Herzogtums im Jahre 919 *in beneficium iure hereditario* begeben habe; zuvor schon H.-W. KLEWITZ, Das alemannische Herzogtum bis zur staufischen Epoche, in: DERS., Ausgewählte Aufsätze zur Kirchen- und Geistesgeschichte des Mittelalters, 1971, S. 231–262, hier S. 233 f., 255 f., 259 f., und jetzt für Schwaben den den

Wer es dann bestritt und wer in solchen Krisenzeiten, in Zeiten der Schwäche des Königtums, das Recht auf Einsetzung des Herzogs beanspruchte, war bezeichnenderweise – wie zu Zeiten der Begründung der Herzogsherrschaft im beginnenden 10. Jahrhundert – wiederum der Adel des Landes, war der »Stamm«. Denn im Jahre 1079 hat es Herzog Welf übernommen, den allerdings noch von König Heinrich designierten Berthold, Sohn Rudolfs von Rheinfelden, zusammen mit den ihm anhängenden »Fürsten« (seniores) – bemerkenswerterweise in dem alten, Legitimität und Kontinuität widerspiegelnden königlichen Pfalzort Ulm [24] – einzuführen und ihn dort, gemeinsam mit den Ulmer Bürgern, durch Unterwerfung und Huldigung zum Herzog zu erheben [25]. Und wiederum waren es die oppositionellen *principes Alemanniae*, die im Jahre 1092 Berthold von Zähringen an unbekanntem Ort zum Herzog von Schwaben einsetzten (*constituerunt*) [26].

Damit war eine frühe, ursprüngliche Komponente, auf der die Herzogsherrschaft in Schwaben beruhte, die Mitwirkung und Zustimmung des schwäbischen Adels nämlich, von neuem zum Durchbruch gekommen und hatte den Anspruch des Königs auf Vergabe der Herzogswürde für einige Jahrzehnte vollkommen verdrängt; verdrängt freilich nur bis zu jenem Zeitpunkt, da – nach vorausgegangener Einigung zwischen dem von Heinrich IV. 1079 eingesetzten Herzog Friedrich aus dem Hause Staufen und dem vom Adel 1092 erhobenen Herzog Berthold aus dem Hause Zähringen – eben dieser Berthold im Jahre 1098 gegenüber dem König auf seine Herzogswürde verzichtete [27].

Alle diese im Zeitalter des Investiturstreits geschehenen »Herzogswahlen« oder Herzogserhebungen durch den schwäbischen Adel zeigen indessen, daß zumindest der Anspruch des Adels auf Zustimmung zur Einsetzung eines Herzogs durch den König latent ununterbrochen vorhanden gewesen sein dürfte. Dafür spricht denn auch die Bemerkung

---

König bindenden Grundsatz der Erblichkeit besonders stark betonend E. HOCHENBICHLER, Die Besetzung der Herzogtümer Bayern, Kärnten und Schwaben in ottonischer u. salischer Zeit, Diss. phil. Masch., Wien, 1966, S. 73–117, der, S. 91 ff., u. a. auch darauf aufmerksam macht, daß Herzog Hermann II. noch zu Lebzeiten seines Vaters von der königlichen Kanzlei als Herzog bezeichnet wird. – Die hier zum Ausdruck gelangende Bindung des Königs bei der Auswahl eines Herzogs hat schon H. W. KLEWITZ, der Lehrer G. Warnke-Zollers, mit der Frage nach den Ursprüngen des sog. Leihezwanges in Zusammenhang gebracht (vgl. die briefliche Äußerung von KLEWITZ bei K. BRANDI, H. W. KLEWITZ, in: AUF XVIII/1944, S. 19), eine Beobachtung, die W. GOEZ (Der Leihezwang, 1962, vor allem S. 25 f.) nicht berücksichtigt hat. – Vgl. auch die Bemerkungen bei G. VAN DER VEN, Die Entwicklung der weiblichen Erbfolge im deutschen Lehenrecht, Diss. phil. Masch., Marburg, 1949, S. 9 ff.
24 Vgl. dazu oben S. 91 ff.
25 Vgl. oben S. 98.
26 Vgl. Bernoldi Chronicon, MGSS V, S. 454; dazu FICKER, Reichsfürstenstand, II/3, 131: »Erkannte das Land den König nicht an, so konnte allerdings die Erhebung vom Lande ausgehen«, und H. BÜTTNER, Staufer u. Welfen im politischen Kräftespiel zwischen Bodensee und Iller während des 12. Jhs., in: DERS., Schwaben u. Schweiz im frühen und hohen Mittelalter, hg. von H. Patze (= VuF XV), 1972, S. 337–392, hier S. 337: »Bei der gegebenen Lage war das Wahlprinzip die einzige Möglichkeit, einen neuen Herzog zu bestellen, der in Schwaben den Kampf gegen den noch im gleichen Jahr aus dem Süden zurückkehrenden Staufer fortführen sollte«; J. HÖSS, Die deutschen Stämme im Investiturstreit, Diss. phil. Masch., Jena, 1945, S. 134.
27 Vgl. E. HEYCK, Geschichte der Herzöge von Zähringen, 1891, S. 184 ff.

Hermanns von Reichenau, daß der 1004 seinem Vater im Amt nachfolgende Herzog Hermann III. »dem Volk« annehmbar *(omni populo acceptabilis)* gewesen sei [28].

Aber trotz dieser vom König wohl stets in Betracht gezogenen Meinung und Gesinnung des schwäbischen Adels zu seinen Entscheidungen über die Neuvergabe der schwäbischen Herzogswürde und trotz der immer wieder mehr oder weniger stark hervortretenden Bindung des Königs an vorhandene »geblütsrechtliche« oder besser erbrechtliche Ansprüche von Herzogsverwandten auf die Erlangung der Herzogswürde [29] lehren doch alle Nachrichten, die von der Neueinsetzung eines schwäbischen Herzogs sprechen, daß der König es ist, der, von Krisenzeiten abgesehen, den Herzog bestellt, daß der König es ist, der ihm den Dukat in Schwaben überträgt, daß aber auch der König es ist, der den Herzog seines Dukats entheben kann [29a]. Und wir werden nicht fehlgehen in der Annahme, daß für diese Rechte des Königs, einen Herzog einzusetzen und einen Herzog abzusetzen, letztlich jener Akt konstitutive Bedeutung gehabt hat, innerhalb dessen sich Herzog Burchard II. im Jahre 919 dem König unterworfen oder besser gesagt unterstellt hatte [30], eine Form der Anerkennung königlicher Oberherrschaft, die immer dann wiedergewählt wurde, wenn sich ein Herzog, so etwa Herzog Hermann II. im Jahre 1002 [31] und Herzog Ernst II. im Jahre 1030 [32], gegen den König erhoben hatte.

All diese Formen der Einsetzung, Absetzung, Unterwerfung und Wiedereinsetzung eines schwäbischen Herzogs durch den König lassen – trotz dessen Bindung an die Zustimmung des schwäbischen Adels und trotz dessen Verpflichtung, auf ein etwa vorhandenes »Geblütsrecht« oder besser: Erbrecht von Herzogsverwandten Rücksicht zu nehmen – dennoch keinen Zweifel daran übrig, daß der Herzog von Schwaben seit dem Jahre 919, von dem »Gegenherzogtum« des Investiturstreits abgesehen, kein »Stammesherzog« mehr war, daß er vielmehr – wie schon die Vorfahren der ersten Prätendenten auf die Herzogswürde in Schwaben [33] – eine königliche Beauftragung, ein königliches Amt innehatte. Dieser Amtscharakter [34] der schwäbischen Herzogswürde wird überdies

---

28 Herim. Aug. (= Ausgew. Quellen XI) S. 656.
29 Vgl. dazu die Anm. 23 zitierte Literatur.
29a Vgl. dazu den Überblick bei SCHLOTTERROSE, Besetzung, S. 38 ff.
30 Vgl. dazu oben S. 132 mit Anm. 16.
31 Vgl. dazu insbes. Adalboldi Vita Heinrici II Imp., MGSS IV, S. 684.
32 Vgl. dazu Wipo, Cap. XXI (= Ausgew. Quellen XI) S. 574 f. und Chron. Suev. univ., MGSS XIII, S. 70 zu 1027/1028, und zur Sache R. SCHMIDT, Königsumritt und Huldigung in ottonisch-salischer Zeit (= VuF VI) 1961, S. 97–233, hier S. 176 ff.
33 Vgl. oben S. 129 f.
34 Diese Charakterisierung stimmt mit den Ergebnissen überein, die von einem Teil der Forschung schon bisher allgemein für die Rechtsgestalt der Herzogswürde gewonnen worden sind, vgl. G. WAITZ, Dte. Verfassungsgeschichte, VII, S. 122; H. MITTEIS, Formen der Adelsherrschaft im Mittelalter, jetzt in: DERS., Die Rechtsidee in der Geschichte, 1957, S. 636–668, hier S. 655: »Bis ins 11. Jh. hinein hatte es [das Herzogtum] noch amtsrechtliche Züge getragen, hatten die Herzogtümer noch einigermaßen zur Verfügung der Krone gestanden.« G. TELLENBACH, Reichsadel, wie Anm. 3, S. 48: »Gerade darin [in den Absetzungen und freiwilligen Verzichtleistungen von Herzögen] äußert sich ziemlich deutlich der Amtscharakter dieser Herzogtümer, der dem König solche Umbesetzungen möglich machte«, sowie vor allem H. FRICKE, Reichsvikare, Reichsregenten u. Reichsstatthalter des deutschen Mittelalters, Diss. phil. Göttingen, 1949, S. 74, und die Bemerkungen bei H. SPROEMBERG, Beiträge zur Belgisch-Niederländischen Geschichte. (= Forschungen zur mittelalterlichen Geschichte 3), 1959, S. 217, und jetzt im besonderen H.-W. GOETZ, »Dux«, wie Anm. 4, S. 236, 239, 247, 249, 271 (unten), 289, 293 und vor allem S. 296 ff.

noch durch die immer wiederkehrende Formulierung unterstrichen, daß der König dem Herzog den *ducatus* übertragen habe [35]. Hier wird ein Begriff verwendet, der – zumal da er in den Schilderungen des Übergabevorgangs selten mit der geographischen Bezeichnung *Alemannia* oder *Suevia* verbunden wird – nur institutionell, eben als Übergabe eines Amtes, verstanden werden kann [36].

Und daß Schwaben seit dem Jahre 919 kein »S t a m m e s herzogtum« mehr darstellte, sondern ein königliches Amt, über das der König trotz gewisser Bedingungen und Rücksichtnahmen frei verfügen konnte, lehrt nichts deutlicher als der schwerwiegende Eingriff, den sich Heinrich I. nach dem Tode Herzog Burchards II. erlaubte, indem er zur Erlangung der ihm als Zeichen der Herrschaft wichtigen Hl. Lanze im Jahre 926 König Rudolf II. von Hochburgund einen Teil Schwabens abtrat [37], ein Vorgang, der an alle jene zahlreichen Teilungen bzw. Teilungspläne erinnert, denen das karolingische Teilreich Alemannien im 9. Jahrhundert unterworfen worden war [38].

Nicht weniger sichtbar werden die Beauftragung durch den König, ja die Stellvertreterschaft des Königs im Lande [39] und die Abhängigkeit vom König auch dadurch, daß bereits Herzog Burchard II. in den Jahren 924 (Abb. 20) und 926 seine Handlungen ausdrücklich als durch königliche Genehmigung bzw. durch königliche Gewalt legitimiert kennzeichnet [40], daß sich Herzogin Hadwig als *imperii vicaria* [41] betrachtet und daß schließlich noch Herzog Rudolf im Jahre 1063 in Vertretung *(vice)* und im Auftrag des Königs *(iussione imperiali diligencie)* in seiner *provincia* Schwaben tätig wird [42] (Abb. 21).

[35] Vgl. die Belege bei Schlotterrose, Besetzung, S. 60 ff.
[36] Zur institutionellen Bedeutung des Begriffs *ducatus* vgl. allg. Th. Mayer, Fürsten und Staat, 1950, S. 282, u. H. Stingl, Die Entstehung der deutschen Stammesherzogtümer, 1974, S. 128–130, der freilich den Begriff *ducatus* nur geographisch gebraucht auffassen möchte. Vgl. auch Th. L. Zotz, wie Anm. 4, S. 22 f., 51 u. jetzt vor allem H. W. Goetz, »Dux«, wie Anm. 4, insbes. S. 68 ff.
[37] Vgl. darüber zuletzt H. Büttner, Heinrichs I. Südwest- u. Westpolitik, 1964, S. 53, u. künftig K. H. Rexroth, Die Herkunft der Hl. Lanze, (vgl. vorerst Ders., in: Protokolle des Konstanzer Arbeitskreises, Nr. 185 vom 15. XII. 1973).
[38] Darüber H. W. Klewitz, Das alemannische Herzogtum bis zur staufischen Epoche, jetzt in: Ders., Ausgewählte Aufsätze zur Kirchen- und Geistesgeschichte des Mittelalters, 1971, S. 231–262, hier S. 251 ff., und zuletzt P. Classen, Karl der Große und die Thronfolge im Frankenreich, in: FS Hermann Heimpel, Bd. III/1972, S. 109–134, passim, u. neuestens K. Schmid, Zur historischen Bestimmung des ältesten Eintrags im St. Galler Verbrüderungsbuch, in: Alemann. Jb. 1973/75, S. 500–532, hier S. 522 ff.
[39] So die Stellung des Herzogs auch aufgefaßt bei K. F. Werner, Königtum u. Fürstentum, wie Anm. 2, S. 184 f., u. vor allem bei H. Fricke, Reichsvikare, wie Anm. 34, S. 74: »... erscheint das Stammesherzogtum seit Otto I. als die gegebene ständige Statthalterschaft des Königs. Es hatte den Charakter eines Reichsamtes angenommen, dem die Pflicht zufiel, im Bereiche des Stammes die Aufgabe des Herrschers zu erfüllen.«
[40] *Cum licencia Heinrichi regis* (ZUB I, Nr. 188 zu 924 I 6); *per regiam potestatem* (FDA 72/ 1952, S. 71–73).
[41] Ekkeharti casus, ed. Meyer von Knonau. S. 346, u. dazu oben S. 55 f.
[42] Vgl. Qu. W. Eidg. I/1, Nr. 83: *quoddam negocium iussione imperiali diligencie mee commissum...; ...michi hoc officium vice suo imperator iniunxit et eandem potestatem, qua ipse utebatur...michi indulsit.* Zum Quellenwert dieser Urkunde vgl. ebd. S. 41/42: gegen die Echtheit. Als Fälschung angesprochen auch bei H. Büttner, zur politischen Erfassung der Innerschweiz

Ist nach alldem nicht daran zu zweifeln, daß die Herzogsherrschaft in Schwaben in der Tat ein königliches Amt gewesen ist, so bleibt freilich immer noch offen, in welcher Form dieses Amt einem neuen Herzog jeweils übertragen wurde.

Schon ein Blick auf die von Widukind gebrauchte Formulierung, daß sich Herzog Burchard König Heinrich I. »mit allen seinen Burgen und allem seinem Volk« *(cum universis urbibus et omni populo suo)* unterworfen habe *(tradidit)* [43], gibt denn doch wohl zu erkennen, daß es sich hier um eine Auftragung der entscheidenden Grundlagen der Herzogsgewalt und damit der Herzogsherrschaft selbst in lehnrechtlicher Form gehandelt haben muß [44]. Und nicht anders als lehnrechtlich ist wohl auch die Nachricht des *Continuator Reginonis* zu verstehen, daß der in Gnaden wieder aufgenommene Königssohn, Herzog Liutolf, im Jahre 954 die Vasallen, die er besaß, und das Herzogsamt *(ducatus)* seinem Vater zurückgegeben habe [45].

Ganz eindeutig aber wird die rechtliche Form, in der der Herzog das ihm vom König übergebene Amt besaß, wiederum aus einer Situation deutlich, da sich ein Herzog, nach vorausgegangener Erhebung gegen den König, gleichfalls zur Unterwerfung gezwungen sieht: Herzog Hermann unterwirft sich im Jahre 1002 zu Bruchsal dem König, wird aber wegen seines Lehens zufriedengestellt *(in beneficio et in omnibus iustis desideriis satisfactionem persolvens)* und zugleich zum Lehensmann und Freund des Königs *(miles et amicus eius fidus efficitur)* angenommen [46].

---

im Hochmittelalter, in: DERS., Schwaben und Schweiz, wie Anm. 26, S. 281–314, hier S. 304, Anm. 100. – Für eine echte Vorlage dagegen P. KLÄUI, Der Fraumünsterbesitz in Uri und im Aargau, in ZSG 22/1942, S. 161–184, hier S. 182 mit Anm. 48 u. S. 183 mit Anm. 50, sowie DERS., Bildung und Auflösung der Grundherrschaft im Lande Uri, in: DERS., Ausgewählte Schriften, 1964, S. 76–117, hier S. 104 mit Anm. 1, und – auf die noch immer ungenügende Kritik dieser Urkunde verweisend – BR. MEYER, Die Sorge für den Landfrieden im Gebiet der werdenden Eidgenossenschaft 1250–1350, 1935, S. 31 mit Anm. 8, und in seiner brieflichen Stellungnahme vom 15. IX. 1976 an den Verf.: »Fälschung 1. Viertel 12. Jh., Schrift nach jüngsten Elementen datiert, Einfluß einer Urkunde 11. Jh.«
43 Vgl. Anm. 16 u. dazu die gleichfalls in lehnrechtlichem Sinne gegebene Interpretation bei H. C. FAUSSNER, Verfügungsgewalt, wie Anm. 23, hier S. 404.
44 So auch H. MITTEIS, Lehnrecht und Staatsgewalt 1933, S. 417, und im Anschluß an ihn W. SCHLESINGER, Die Anfänge der deutschen Königswahl, jetzt in: DERS. Beitrr. zur deutschen Verfassungsgeschichte des Mittelalters, I/1963, S. 139–192, hier S. 159; in diesem Sinne auch verstanden von H. ELSTERMANN, Königtum u. Stammesherzogtum unter Heinr. I., Diss. phil. Kiel, 1939, S. 34 ff., und grundsätzlich neuerdings K. SCHMID, Die Thronfolge Ottos des Großen, jetzt in: Königswahl und Thronfolge in ottonisch-salischer Zeit, hg. von E. Hlawitschka (= Wege der Forschung CLXXVIII), 1971, S. 483 mit Anm. 211.
45 ...*in gratiam regis revocatus vasallos quos habuit et ducatum patri reddidit* ... (= Ausgew. Quellen VIII) S. 212.
46 Vgl. Th. von Merseburg V/22 (= Ausgew. Quellen IX) S. 216. Zur Interpretation dieser Stelle in lehnrechtlichem Sinne vgl. H. MITTEIS, Lehnrecht und Staatsgewalt, S. 419, Anm. 553. R. SCHMIDT, Königsumritt und Huldigung, wie Anm. 32, S. 146: »Wer wollte zweifeln, daß auch hier eine Lehnshuldigung stattfand?«, und TH. L. ZOTZ, Breisgau, wie Anm. 4, S. 174 f. Über die Bedeutung des Begriffes *amicus regis* als »Ausdruck der römischen Rechtsprache, der auf ein völkerrechtliches Bündnis hinweist« vgl. H. MITTEIS, Die Krise des deutschen Königswahlrechts, in: Königswahl, wie Anm. 44, S. 269, Anm. 195, u. jetzt R. SCHNEIDER, Brüdergemeine und Schwurfreundschaft (= Histor. Studien 398), 1964, S. 84 ff., 122 ff., insbes. S. 87 f. über die *amicitia regis*.

In einer ähnlichen Situation des Zerwürfnisses zwischen einem Herrscher und einem Herzog von Schwaben richtet sich das vom König gegen Herzog Ernst II. angewandte Strafverfahren deutlich gegen den Herzog in seiner Eigenschaft als Vasall [47].

Der Charakter des Herzogsamtes als Lehen des Reiches erhellt schließlich auch aus jenem Bericht Ekkehards von Aura, demzufolge Graf Berthold von Zähringen von Kaiserin Agnes die Übertragung der schwäbischen Herzogsherrschaft an ihn mit der Begründung gefordert habe, daß ihm der Dukat in Schwaben bereits durch den verstorbenen König Heinrich III. für den Fall versprochen worden sei, daß er, nämlich der Dukat, durch den Tod Ottos von Schweinfurt dem Reiche ledig würde; und als Unterpfand dieses Versprechens habe ihm der Kaiser einen Ring übergeben [48]. In diesem Ring wird man durchaus eine Art Traditionssymbol sehen dürfen [49].

Ähnlich wie Herzog Hermann II. nach seiner Unterwerfung als *miles* und *amicus* des Kaisers bezeichnet wird, so gilt auch noch Rudolf von Schwaben im Jahre 1078 als *miles regis* [50]; und als *miles noster* wird er sogar von Heinrich IV. selbst in einem Brief direkt angesprochen [51].

All diese die Eigenschaft des Herzogsamtes als eines Reichslehens unterstreichenden Nachrichten [52] erhalten aber dann ihre letzte Bestätigung durch den Bericht Ottos von Freising über den im Jahr 1098 geleisteten Verzicht Bertholds von Zähringen auf die schwäbische Herzogsherrschaft. Otto von Freising bedient sich zur Beschreibung der rechtlichen Form dieses Verzichtes des Wortes *exfestucare*, eines für das Lehenswesen typischen Begriffs [53].

Eben diesem (Gegen-)Herzog Berthold von Zähringen erschien im übrigen seine durch den Adel Schwabens vorgenommene Wahl keineswegs als ausreichend. Auch er war vielmehr darauf bedacht, Lehensmann zu werden, und so ist er – wenn nicht in

---

47 Wipo, Cap. XX (= Ausgew. Quellen XI) S. 574 ff., vgl. dazu H. Mitteis, Lehnrecht u. Staatsgewalt, S. 421, und zum Vorgang selbst R. Schmidt, Königsumritt, wie Anm. 32, 176 ff.

48 Ekkehard von Aura, MGSS VI, S. 198; vgl. dazu H.-W. Klewitz, Die Zähringer, in: Schauins-Land 84/85, 1966/67, S. 27–48, hier S. 36 ff., und W. Goez, Der Leihezwang, wie Anm. 21, S. 76 f.

49 W. Goez, Der Leihezwang, wie Anm. 21, S. 76, Anm. 1.

50 Bertholdi Ann., MGSS V, S. 307.

51 Die Briefe Heinrichs IV., hg. von C. Erdmann (= MGH. Deutsches Mittelalter I), 1937, Nr. 17, S. 25. – Zur Bedeutung des Begriffs »miles« im Sinne von »Vasall« vgl. jüngst J. Johrendt, »Miles« u. »Militia« im 11. Jh., Diss. phil. Erlangen-Nürnberg, 1971, insbes. S. 42 ff.

52 Über das Verhältnis von Amt und Lehen grundsätzlich H. Mitteis, Lehnrecht und Staatsgewalt, S. 418/19: »... die Übertragung des Amts erscheint wieder als Verwaltungsakt, der sich freilich ... in die äußeren Formen des Lehnrechts gekleidet haben dürfte«, und die Aussage G. Tellenbachs, Reichsadel, wie Anm. 3, S. 55: »Das Verhältnis von Amt und Lehen ist nun dahin geklärt, daß die Ämter durch ihre Feudalisierung keineswegs aufhörten, Ämter zu sein«, und jetzt vor allem R. Scheyhing, Eide, Amtsgewalt, und Bannleihe (= Forschungen zur deutschen Rechtsgeschichte 2), 1960, S. 54 ff., 66 ff. und für das Amt des Herzogs, insbes. S. 80 ff.: »Gegen die Verwendung der Bezeichnung Amtsrecht spricht des weiteren, daß sich keine von den vasallitischen Formen deutlich abgehobene Ernennungsform für den Amtsträger nachweisen läßt. Das erweist, daß sich der Herrschaftsanspruch des Königs über die Ämter nur in vasallitischen Formen kundtun konnte.«

53 Otto Fris., Gesta Frid. imp. I/8, MGSS in us. schol., S. 24; zur Bedeutung von *exfestucare* vgl. H. Mitteis, Lehnrecht und Staatsgewalt, S. 90, u. F. L. Ganshof, Was ist das Lehnswesen? 1961, S. 106 f.

unmittelbarem Zusammenhang mit seiner Erhebung durch die Fürsten Schwabens, so doch nicht lange danach – durch den Legaten Papst Urbans II., Bertholds Bruder, Bischof Gebhard von Konstanz, zum *miles Sti. Petri* gemacht worden [54]. Hier tritt der Papst an die Stelle des Königs; das Herzogsamt in Schwaben ist statt eines Reichslehens ein päpstliches Lehen geworden.

Zu einer Belehnung aber gehört auch ein Lehensgut, und es ist zu vermuten, daß der Herzog vom König zusammen mit dem *ducatus*, mit dem Herzogsamt, zugleich auch mit einem dem Amt als Amtsausstattung zugehörenden Amtsgut belehnt worden ist [55], einer Ausstattung, die dann um so eher als notwendig erscheinen mußte, wenn – wie so oft im 10. und 11. Jahrhundert – der Herzog nicht selbst in Schwaben beheimatet war [56].

Die Zugehör einer vom König verliehenen Amtsausstattung zum Herzogsamt ist schon deswegen zu erwarten, weil sich bereits Herzog Burchard II., durch dessen Unterwerfung das Lehensverhältnis zwischen Königen und Herzögen von Schwaben begründet worden war, mit allen seinen Burgen und seiner gesamten Vasallität König Heinrich I. unterstellt hatte [57]. Zumindest auf die Überlassung von Vasallen des Reiches läßt dann auch die Form der Unterwerfung Herzog Liutolfs im Jahre 954 schließen, der nicht nur seinen Dukat, sondern auch seine Vasallen an den König zurückgab [58]. Ganz deutlich aber wird die Ausstattung des Herzogs mit Reichslehen anläßlich der Unterwerfung Hermanns II. in Bruchsal, von der Thietmar zu berichten weiß, daß er wegen des Lehens *(in beneficio)* [59] oder – wie Adalbold es genauer ausdrückt – wegen seiner Güter, die er vom König erhalten habe *(pro bonis suis per regium donum possidendis)*, zufriedengestellt worden sei [60]. Und dazu paßt, daß auch der aufständische Herzog Ernst II. von Wipo als mit königlichen Lehen *(beneficia)* und Geschenken bereichert bezeichnet wird [61]. Eben dieser, dem Herzog überlassenen Lehensgüter wird der im Jahre

---

54 Bernoldi Chron., MGSS V, 457 zu 1093: *Gebehardus Constantiensis episcopus et apostolicae sedis legatus Welfonem ducem Baioariae per manus in militem accepit, sicut et proprium fratrem Bertoldum ducem Alemanniae iam dudum fecit.* Vgl. dazu eingehend H. MAURER, Ein päpstliches Patrimonium auf der Baar. Zur Lehnspolitik Papst Urbans II. in Süddeutschland, in: ZGO 118/1970, S. 43–50, insbes. S. 53 ff., und danach A. BECKER, Urban II. und die deutsche Kirche, in: Investiturstreit und Reichsverfassung (= VuF XVII), 1973, S. 241–275, hier S. 267 f.
55 So spricht H. MITTEIS, Lehnrecht und Staatsgewalt, S. 200, von den »als Amtsausstattung dienenden Grundstücken« als dem »sachlichen Substrat, das der Amtsführung zugrunde lag«, und verbindet damit, S. 202, die Bemerkung: »Der mitverliehene Grundbesitz erscheint als Pertinenz des Amtes, nicht umgekehrt.« Vgl. dazu auch F. L. GANSHOF, Was ist das Lehnswesen? 1961, S. 54 ff., u. R. SCHEYHING, Eide, Amtsgewalt und Bannleihe, wie Anm. 52, S. 54 f., 83.
56 Vgl. oben S. 30.
57 Vgl. darüber oben S. 132.
58 Vgl. oben S. 137.
59 Th. von Merseburg V/22, (= Ausgew. Quellen IX) S. 216: *Misericorditer eius graciam impetravit et in beneficio et in omnibus iusti desiderii satisfactionem persolvens...*
60 Adalboldi Vita Heinrici II, MGSS IV, S. 687: *pro bonis suis per regium donum possidendis gratiam quaevit...*
61 Wipo XIX (= Ausgew. Quellen XI), S. 574 (zu 1027): *Ernestus dux, privignus imperatoris Chuonradi...nuper ab eo beneficiis et muneribus sublimatus...*

1077 abgesetzte und geächtete Herzog Rudolf von Schwaben durch König Heinrich IV. beraubt *(dignitatibus et beneficiis suis privari)* [62].

Ja, selbst das »Herzogtum« Schwaben als päpstliches Lehen ist zur Zeit des Gegenherzogs Berthold von Zähringen mit einem päpstlichen Beneficium verbunden, das dadurch geschaffen wurde, daß Herzog Berthold 1092 oder kurz danach dem hl. Petrus sein Allod in Aasen auf der Baar aufgetragen und als päpstliches Lehen wieder zurückempfangen hatte [63].

Ist demnach nicht daran zu zweifeln, daß königliche Benefizien die Grundlage des vom König verliehenen Herzogsamtes bildeten, so ist nun noch genauer danach zu fragen, woraus denn diese Amtsausstattung durch den König im einzelnen bestanden haben mochte.

Zweierlei haben wir schon kennengelernt: einerseits Burgen *(urbes)*, wie sie dem König von Burchard II. aufgetragen [64] und wie sie – die im Besitz Herzog Hermanns II. standen und von Thietmar als *curtes* bezeichnet wurden – durch König Heinrich II. im Jahre 1002 zerstört worden sind [65]. Die befestigten Anlagen auf dem Hohentwiel und auf dem Breisacher Berg wird man sich am ehesten als solche königliche Lehensburgen vorstellen können [66].

Aber mit der Erwähnung von Breisach und des Hohentwiel ist unser Blick zugleich auch auf die von uns sogenannten Vororte des Herzogs gelenkt worden [67], auf den Hohentwiel, auf Zürich, Breisach, Esslingen, Straßburg, Rottweil und Ulm. Sie alle sind mitsamt ihren Pfalzen und Kirchen, mit ihren Märkten und Münzstätten ursprünglich Reichsgut oder Reichskirchengut gewesen und sowohl vom Herzog als auch vom König gemeinsam genutzt worden. Die Beobachtung, daß der bedeutende Herzogsvorort Zürich nach der Absetzung Herzog Ernsts II. wieder voll und ganz an das Reich zurückgenommen worden zu sein scheint [68] und daß am Ende desselben Jahrhunderts Herzog Berthold von Zähringen nach seinem Verzicht auf die schwäbische Herzogswürde als Ersatz mit eben diesem ehemaligen Herzogsvorort Zürich belehnt wird [69] *(sic tamen,*

---

62 Bertoldi Ann., MGSS V, S. 295, zu 1077: *Rex autem Heinricus... regem Roudolfum cum ducibus suis Bertholdo et Welfo... quasi dignos iugulari, fecit sententialiter adiudicatos dampnari et pariter dignitatibus et beneficiis suis privari...*
63 Vgl. dazu H. MAURER, Ein päpstliches Patrimonium auf der Baar, wie Anm. 54.
64 Vgl. oben S. 132.
65 Th. von Merseburg, V/13 (= Ausgew. Quellen IX) S. 204/06 zu 1002: *Rex... curtesque ducis vastando circuens;* vgl. H. M. MAURER, Die Entstehung der hochmittelalterlichen Adelsburg in Südwestdeutschland, in: ZGO 117/1969, S. 295-332, hier S. 303: »Die curtes Herzog Hermanns von 1002 sind wohl das, was E. Stengel Wehrcurtes oder Wehrhöfe nannte, denn es fällt auf, daß – nach dem Bericht Thietmars – beim Feldzug König Heinrichs II. nur sie und keine anderen Siedlungen zerstört wurden.« Von Maurer wird ebd., S. 317, erwogen, »ob die Herzöge und Markgrafen nicht kraft eigenen oder delegierten Rechtes ohne königliche Einzelkonzessionen Burgen erbauten«.
66 Vgl. oben S. 37 u. S. 75 ff.
67 Vgl. zum folgenden die Einzelstudien oben S. 36 ff.
68 Vgl. oben S. 72.
69 Otto Fris. Gesta Frid. Imp. I/8, MGSS in us. schol., S. 24 zu 1098: *conditio autem pacis talis fuit, ut Berhtolfus ducatum exfestucaret, sic tamen, quod Turegum nobilissimum Sueviae oppidum a manu imperatoris ei tenendum remaneret.* Darüber noch immer E. HEYCK, Geschichte

quod Turegum nobilissimum Sueviae oppidum a manu imperatoris ei tenendum remaneret), schafft Gewißheit, daß diese Herzogsvororte, daß diese *urbes* oder *curtes* des Herzogs dem Träger der Herzogswürde vom König als materielle und rechtliche Grundlage des Herzogsamtes zu Lehen ausgegeben worden sind. Und dieselbe Beobachtung läßt sich nach Herzogin Hadwigs Tod für den Hohentwiel anstellen, der nun wieder von König Otto III. in den Besitz des Reiches zurückgeführt wird [70].

Das dem Herzog vom Reich zu Lehen [71] übergebene Amtsgut war also – wie im Grunde nicht anders zu erwarten, aber dennoch zu betonen ist – Königsgut, Reichsgut, dessen Innehabung [72] im übrigen für die Herrschaft des Herzogs in Schwaben nicht nur zu Zeiten engen Einverständnisses zwischen Herzog und König von Bedeutung ist, ja dem Amt Kontinuität verleiht, sondern auch – und vielleicht noch viel stärker – zu Zeiten der Königsferne, des Zerwürfnisses, da der gegen den Willen des Königs die Herzogsherrschaft beanspruchende Prätendent einer Legitimation bedurfte, die am ehesten durch den Besitz von Reichsgut und Reichsrechten aller Welt deutlich zu machen ist. Das hat der einstige königliche Pfalzgraf Erchanger mit der Inbesitznahme des Reichsgutes zu Stammheim [73] und durch den zu Wahlwies ausgefochtenen Kampf um die königliche Pfalz Bodman [74] ebenso unter Beweis gestellt wie Hermann II. mit der Beanspruchung des als Reichskirchengut anzusehenden Bischofssitzes Straßburg als *caput ducatus* [75] oder die beiden gegnerischen Herzöge Friedrich von Staufen und Berthold von Rheinfelden bzw. später Berthold von Zähringen mit ihrem Ringen um den Besitz des königlichen Pfalzortes Ulm [76], der eben durch diesen Anspruch und 1098 durch die zu vermutende Verleihung an Herzog Friedrich II. [77] zu einem neuen Herzogsvorort geworden ist.

der Herzöge von Zähringen, 1891, S. 184 ff., und zuletzt H. C. PEYER, Zürich im Früh- und Hochmittelalter, in: Zürich von der Urzeit zum Mittelalter, 1971, S. 182; vgl. auch unten S. 220 ff.

70 Vgl. dazu oben S. 52.

71 Einer Betonung bedarf diese B e l e h n u n g des Herzogs mit Reichsgut deswegen, weil etwa noch TH. ZOTZ, Breisgau, wie Anm. 4, S. 100 ff., zwar von einer Überlassung von Reichsgut als Amtsgut an den Herzog spricht und, S. 110, auf »die Kontinuität herzoglicher Verfügung über Reichsgut« hinweist, dieser richtigen und wichtigen Feststellung aber die Einschränkung anschließt: »ohne daß diese vom König eigens übertragen worden sein muß.« – Dagegen betont die lehnrechtliche Form dieser Überlassung von Königsgut als Amtsgut an den Herzog in unserem Sinne jetzt vor allem H. C. FAUSSNER, Verfügungsgewalt, wie Anm. 43, insbes. S. 400 ff. und für Schwaben S. 403 ff.; dort, S. 400, auch die Bemerkung, daß Heinrich I. nach seiner Anerkennung durch die süddeutschen Herzöge diese »formell in ihrem Herzogtum« bestätigt und »ihnen das in dessen territorialen Bereich gelegene Reichsgut in beneficium regis iure hereditario« überlassen habe.

72 Über die Bedeutung des Reichsguts für die Herzogsherrschaft vgl. schon A. EGGERS, Der königliche Grundbesitz im 10. und beginnenden 11. Jh., 1909, S. 132, und A. WAAS, Herrschaft und Staat im deutschen Frühmittelalter, 1938, S. 357 ff., sowie die Beobachtungen bei TH. MAYER, Das deutsche Königtum und sein Wirkungsbereich, in: DERS., Mittelalterliche Studien, 1958, S. 28–44, hier S. 36 insbes. für Schwaben.

73 Vgl. oben S. 42 f.
74 Vgl. oben S. 44 ff.
75 Vgl. oben S. 88 ff.
76 Vgl. oben S. 98 ff.
77 Vgl. oben S. 99 und unten S. 234 ff.

Reichsgut und Reichskirchengut bilden nach all dem die rechtliche und zugleich die materielle Grundlage des dem Herzog durch den König verliehenen Herzogsamtes, das Ekkehart IV. sogar insgesamt als zum *fiscus regius* gehörend ansehen wollte [78]. Ja, man wird nach diesem Ergebnis zu dem Schluß kommen können, daß die Lehenshuldigung Herzog Burchards II. die Herzöge in den Genuß des Königsgutes in Schwaben gebracht hat, daß aber andererseits die Überlassung des Königsgutes für das Königtum den Preis bedeutete, den es für die Unterwerfung des Herzogs unter den König zu leisten hatte [79].

Und so nimmt es denn nicht wunder, daß wir die Herzöge von Schwaben nicht nur im Besitz der auf Reichsgut oder auf Reichskirchengut ruhenden Vororte, sondern auch im Besitz ausgedehnter Reichsgutkomplexe, denen ein Vorort-Charakter abging, ebenso sehen, wie im Besitz von Reichskirchengut [80], vor allem von Reichsabteien, die der König den Herzögen zu Lehen überlassen hat.

Vom König an den Herzog überlassenes Reichsgut werden wir etwa in jenen Besitzungen suchen dürfen, die der Königssohn Herzog Liutolf und seine Frau Ita im Jahre 950 in den Orten Truchtelfingen (südlich von Tailfingen) und Trossingen (südlich von Rottweil) zum Seelenheil von Itas Vater, Herzog Hermann, an die Abtei Reichenau schenken, eine Schenkung, die bemerkenswerterweise einer Legitimierung durch König Otto I. bedurfte, indem der König diese Schenkung an das Kloster kurze Zeit darauf noch einmal durch eine eigene Urkunde wiederholte [81]. Die Notwendigkeit einer solchen Legitimierung zeigt bereits, daß es sich bei den Besitzungen, über die das Herzogspaar verfügte, um Königsgut handelte, das dem Herzog als Amtsgut verliehen worden war.

Ganz eindeutig drückt sich der Charakter eines Besitzes in Herzogshand als Reichsgut in der Kennzeichnung eines umfangreichen, vom »Randen« über die Wutach bis an die Ostabdachung des Schwarzwaldes reichenden Besitzkomplexes aus, den Herzog Burchard III. gleichfalls an die Abtei Reichenau schenkte. In seinen *Gesta Witigowonis abbatis* bezeichnet der Reichenauer Mönch Purchard diesen in und um Schleitheim gelegenen Herzogsbesitz ausdrücklich als *fiscus regalis Sleitheim* [82]. Der Herzog von Schwaben hat demnach einen königlichen Fiskus innegehabt, und das Fehlen jeglichen Hinweises darauf, daß die herzogliche Schenkung an die Abtei Reichenau später vom König etwa bestritten worden sei, läßt auch hier vermuten, daß bereits die Übergabe dieses Königsgutbezirkes durch den Herzog an eine Reichsabtei ihre Legitimation durch den König erhalten hatte.

---

78 *Nondum adhuc illo tempore Suevia in ducatum erat redacta; sed fisco regio peculariter parebat, sicut hodie et Francia.* Ekkeharti casus, ed. Meyer von Knonau, S. 42; dazu W. SCHLESINGER, Entstehung der Landesherrschaft, wie Anm. 8a, S. 196, mit der Überlegung: »Ob das Herzogtum selbst theoretisch als Königsgut betrachtet wurde, ... muß dahingestellt bleiben.«
79 Vgl. dazu auch die Bemerkungen bei S. HAIDER, Die Wahlversprechungen der römisch-deutschen Könige bis zum Ende des 12. Jhs. (= Wiener Dissertationen aus dem Gebiet der Geschichte 11), 1968, S. 12 (zum Verhältnis Burchards I. zu König Heinrich I.).
80 Dazu eingehend weiter unten S. 153 ff.
81 S. DO I 116 und dazu jetzt TH. L. ZOTZ, Breisgau, wie Anm. 4, S. 94 ff., und zur Erklärung der Mitwirkung des Königs, jetzt allg. H. C. FAUSSNER, Verfügungsgewalt, wie Anm. 43.
82 Vgl. Burchardi gesta Witigowonis, MGSS IV, S. 626, u. bei E. REISSER, Die frühe Baugeschichte des Münsters zu Reichenau, 1960, S. 112. Zur Ausdehnung des Fiskus H. MAURER, Das Land zwischen Schwarzwald und Randen im frühen und hohen Mittelalter (= FOLG XVI), 1965, S. 51 ff.

Eine solche Legitimation mangelte indessen offensichtlich all jenen Schenkungen, mit denen Herzogin Hadwig an ihr Hauskloster auf dem Hohentwiel und an Kloster Petershausen Besitzungen übereignete, die gleichfalls aus Königsgut stammten und unter denen sich vor allem der einstige Königshof Epfendorf am oberen Neckar befand. Hier – ebenso wie im Falle von Hadwigs Ansprüchen an den einstigen königlichen Fiskus Sasbach am nördlichen Kaiserstuhl – haben denn auch Otto III. und Heinrich II. nach Hadwigs Ableben bestätigend bzw. regulierend eingegriffen [83].

Aber nicht nur königliche Pfalzen, königliche Burgen, königliche Fisci waren den Herzögen – wohl in Lehensform – zusammen mit dem Dukat, mit dem Herzogsamt, als Amtsausstattung überlassen worden [83a], um dem jeweiligen Herzog als Grundlage seiner Herzogsherrschaft zu dienen. Hinzu kam, wie wir gesehen haben, die Überlassung der königlichen Münzstätten in Zürich, Breisach und Esslingen [84] sowie an einem weiteren, vorerst noch nicht zu lokalisierenden Ort [84a] mit ihren Einkünften [85], Münzstätten, deren herzogliche Gepräge indessen – wenn auch nicht immer und konsequent, so doch durch die wiederholte Verbindung des Herzogsnamens mit dem des Königs [86] – diesen noch immer als wahren Herrn der Münzstätte auszuweisen vermögen.

Nicht genug damit: Neben das Reichsgut gesellten sich auch Grafschaften in Schwaben, die der König dem Herzog entweder zur eigenen Verwaltung oder aber zur Weiterleihe übertrug. Daß diese Übertragung gleichfalls in vasallitischer Form geschah, lehrt die bekannte, von Thietmar von Merseburg zum Jahre 1002 überlieferte Nachricht, daß König Heinrich II. dem Grafen Gerhard vom Elsaß mit Hilfe einer Fahnenlanze – als Investitursymbol – eine Grafschaft des ihm feindlich gegenüberstehenden Herzogs Her-

---

83 Über Sasbach zuletzt TH. L. ZOTZ, Breisgau, wie Anm. 4, S. 145 ff., über Epfendorf I. J. MISCOLL-RECKERT, Kloster Petershausen als bischöflich-konstanzisches Eigenkloster (= Konstanzer Geschichts- und Rechtsquellen XVIII), 1973, S. 35, 47 f., 54 ff., 96, sowie TH. L. ZOTZ, Breisgau, wie Anm. 4, S. 99, 168 f.
83a Vgl. dazu allg. auch die Beobachtungen bei K. F. WERNER, Heeresorganisation u. Kriegsführung, wie Anm. 7, S. 802.
84 Vgl. oben S. 57 ff., S. 75 ff., S. 82 ff.
84a Freundlicher Hinweis von Herrn Bernd Kluge, Münzkabinett der Staatlichen Museen zu Berlin (DDR), der demnächst die Unmöglichkeit einer Zuschreibung von Dbg. 2120 nach Zürich oder Breisach darlegen wird (Briefl. Mitteilung vom 29. XI. 1977).
85 War noch J. MENADIER, Das Münzrecht der deutschen Stammesherzoge, in: Zeitschrift für Numismatik XXVII/1908, S. 158–167, insbes. S. 163, der Ansicht gewesen, daß die Herzöge »das Münzrecht als ein gegebenes Attribut ihrer Stellung angesehen haben und es einer besonderen königlichen Verleihung nicht bedurft hat«, eine Ansicht, der sich im wesentlichen N. KAMP, Moneta regis, Diss. phil. Masch., Göttingen, 1957, S. 4, anschloß, so hat nun neuerdings P. VOLZ, Königliche Münzhoheit und Münzprivilegien im karolingischen Reich und die Entwicklung in der sächsischen und fränkischen Zeit, Diss. iur., Heidelberg, 1967, S. 62, 73–76, darauf hingewiesen, daß »der vom König eingesetzte Herzog die Herzogsprägung nur mit ausdrücklicher königlicher Zustimmung aufgenommen haben wird« und daß das Recht, an bestimmten Münzstätten zu münzen, den Herzögen verliehen worden sei (S. 74 f.). – Zum Problem des herzoglichen Münzrechts vgl. auch R. GAETTENS, Mittelaltermünzen als Quellen der Geschichte, in: WaG 14/1954, S. 91–108, hier S. 101, Anm. 26, und jetzt allg. R. KAISER, Münzprivilegien und bischöfliche Münzprägung in Frankreich, Deutschland und Burgund im 9.–12. Jh., in: VSWG 63/1976, S. 289–338, insbes. S. 325.
86 Vgl. dazu die Beispiele oben S. 64 ff.

mann II. verliehen habe [87]. Dies zeigt, daß der Herzog von Schwaben nicht nur Reichsgut, sondern auch Grafschaften vom König als Benefizium, als Amtsausstattung, verliehen erhalten hat [88].

Und in der Tat wissen wir nicht nur um Herzog Hermanns II. Innehabung eines Komitats im Elsaß, sondern besitzen zahlreiche Belege für die personelle Verbindung des Amtes eines Herzogs in Schwaben vor allem mit dem Amt eines Grafen in Rätien bzw. in Unterrätien von Burchard II. (nach 920), in dessen Familie ja das Amt eines *dux* bzw. *comes* von Rätien vererbt worden war, über Herzog Hermann I. und Herzog Liutolf bis hin zu Herzog Otto [89]. Nach dessen Tode im Jahre 982 wurde die personelle Verschränkung für immer gelöst: Sie ist freilich immer wieder durch die Einsetzung von Grafen, die nicht zugleich Herzöge waren, kurzfristig unterbrochen worden und auch für Herzog Burchard III. nicht ausdrücklich zu belegen. Immerhin aber ergibt sich aus dieser langen Reihe von »Herzogsgrafen«, wie sehr gerade die Innehabung dieser Grafschaft, die einst für Burchard den Älteren und für seinen Sohn Burchard II. die Ausgangsbasis für den Gewinn der Herzogsherrschaft in ganz Schwaben gebildet hatte, für einen jeweiligen Herzog von Schwaben von Bedeutung war.

Neben dieser rätischen Grafschaft haben aber einzelne Herzöge hin und wieder auch noch Grafenämter in anderen Gauen ihrer *provincia* innegehabt. So kennen wir etwa Herzog Hermann I. für das Jahr 937 als Grafen im Pfullichgau [90], Herzog Liutolf, den Königssohn, für 952 als Grafen im Breisgau [91], jeweils also in zwei Landschaften, die – wie das Elsaß – von den im Süden der *provincia* gelegenen Zentren der Herzogs-Herrschaft relativ weit entfernt lagen und damit möglicherweise einer besonderen Sicherung ihrer Zugehörigkeit zur *provincia* des Herzogs bedurften. Und Herzog Burchard III. finden wir im Jahre 958 als Grafen im Thurgau [92], in einer Landschaft, in der schon Burchard II. in den Jahren 920 und 921 als Graf gewirkt haben mochte [93].

---

87 Th. von Merseburg, V/21 (= Ausgew. Quellen IX) S. 214 ff. vgl. dazu zuletzt TH. L. ZOTZ, Breisgau, wie Anm. 4, S. 177 f.
88 Vgl. dazu grundsätzlich für Schwaben G. LÄWEN, Beiträge zur Frage der Rechtsstellung von Herzog und Stamm im Mittelalter 1935, S. 55 ff., mit der Bemerkung auf S. 56 f.: »Dagegen war sie [die Grafschaft in Rätien] ebensowenig wie die anderen Grafschaften mit dem Herzogtum als solchem verbunden.« Vgl. dazu auch die Beobachtungen bei TH. L. ZOTZ, Breisgau, wie Anm. 4, S. 35/36 mit Anm. 167, und jetzt bei H.-W. GOETZ, »Dux«, wie Anm. 4, S. 308.
89 Vgl. hierzu und zum folgenden die Liste bei R. KLOSS, Das Grafschaftsgerüst des deutschen Reiches im Zeitalter der Herrscher aus sächsischem Hause, Diss. phil., Breslau, 1940, S. 135 f., sowie E. MEYER-MARTHALER, Rätien, wie Anm. 4, S. 95 mit Anm. 238, TH. L. ZOTZ, Breisgau, wie Anm. 4, S. 134, Anm. 117, sowie die Bemerkungen bei H. STINGL, Entstehung, wie Anm. 36, S. 119 ff. Dagegen die Herzöge von Schwaben nicht als Grafen in Rätien, sondern als auch in Rätien amtierende Herzöge aufgefaßt bei B. BILGERI, Vorarlberg, wie Anm. 5, S. 97, 275 f., Anm. 23.
90 S. MG DO I 8; und dazu TH. L. ZOTZ, Breisgau, wie Anm. 4, S. 104 mit Anm. 233, sowie H. STINGL, Entstehung, wie Anm. 36, S. 118 f. und vor allem H. JÄNICHEN, Beiträge zur Geschichte von Reutlingen im 12. Jh., in: Reutlinger Geschichtsbll. NF 5/1967, S. 76–85, hier S. 76 f.
91 S. MG DO I 155 und dazu jetzt TH. L. ZOTZ, Breisgau, wie Anm. 4, S. 36.
92 S. MG DO I 189 und dazu zuletzt TH. L. ZOTZ, Breisgau, wie Anm. 4, S. 134, Anm. 117, S. 150, Anm. 188.
93 Vgl. H. STINGL, Entstehung, wie Anm. 36, S. 59 ff.

Bedenkt man, daß die Kanzlei Heinrichs I. dem sich in einer eigenen Urkunde bereits als *dux* bezeichnenden Burchard II. lediglich den *comes*-Titel zulegte [94], und bedenkt man weiter, daß sich Herzog Burchard III., der wie seine Vorgänger seit Hermann I. von der königlichen Kanzlei stets *dux* genannt worden ist [95], auf einer in Zürich geprägten Münze nur den Titel eines *comes* beilegte [96], dann braucht dies – vor allem im Blick auf die in der Titulierung durch die Kanzlei Heinrichs I. gegebene Fremdaussage – nicht unbedingt als Zeugnis für eine Nicht-Anerkennung des Herzogstitels angesehen zu werden. Weit eher ist sie als die Hervorhebung einer für das Herzogsamt wesentlichen Vorbedingung, eben der Innehabung eines oder mehrerer Grafenämter in der *provincia*, zu werten [97], einer Eigenschaft, deren Betonung für das Königtum, aber vielleicht auch für die Herzöge, um so wichtiger sein mußte [98], als ein eine Grafschaft innehabender Herzog schon durch das ihm verliehene Grafenamt auf das engste an das Königtum gebunden erschien.

Und wenn man bedenkt, daß Herzog Hermann II. eine Grafschaft mit der Fahnenlanze verliehen bekommen hat [99], und wenn man andererseits berücksichtigt, daß sich auch der Herzog von Schwaben seit dem 11. und 12. Jahrhundert am häufigsten mit der Fahnenlanze in der Hand darstellen läßt [100], dann könnte man auch hieraus den engen Zusammenhang von Herzogsherrschaft und Innehabung eines oder mehrerer Grafenämter durch den Herzog erkennen [101].

Gerade die Belehnung eines anderen, nicht-herzoglichen Grafen mit einer bisher von einem Herzog verwalteten Grafschaft durch den König wirft indessen nicht nur Licht auf die Bedeutung, die die Möglichkeit unmittelbaren Zugriffs auf eine Grafschaft für das Königtum dann haben mußte, wenn ein Herzog opponierte; sie wirft vielmehr zugleich ein Licht auf das Verhältnis des Königs zu den Grafen und des Herzogs zu den Grafen, ja zu den Vasallen des Königs innerhalb der Provinz Schwaben überhaupt.

Denn es ist leicht einzusehen: Um über seine Mitlandleute, um über die *principes* Schwabens Herrschaft ausüben zu können, war der Herzog auf einen ihm in besonderer

---

94 Vgl. zuletzt H. STINGL, Entstehung, wie Anm. 36, S. 116, u. W. KIENAST, Der Herzogstitel in Frankreich und Deutschland, 1968, S. 315 ff.
95 S. grundsätzlich H. STINGL, Entstehung, wie Anm. 36, S. 126 f.
96 Vgl. oben S. 64 f. und dazu H. STINGL, Entstehung, wie Anm. 36, S. 140/41.
97 Vgl. auch K. BRUNNER, Der fränkische Fürstentitel im neunten und zehnten Jahrhundert, in: Intitulatio II, hg. von H. Wolfram (= MIÖG, Erg.-Bd. XXIV), 1973, S. 179–340, hier S. 319, und jetzt vor allem H.-W. GOETZ, »Dux«, wie Anm. 4, S. 282 ff.
98 Vgl. auch die Bemerkungen bei K. F. WERNER, Heeresorganisation und Kriegsführung, wie Anm. 7, S. 797.
99 Vgl. oben S. 143 f.
100 Vgl. unten S. 310 f.
101 Vgl. hierzu die Beobachtung, daß Herzogtümer des 12. Jhs. mit mehreren Fahnen geliehen wurden und mehrere Grafschaften als Zubehör hatten, bei J. BRUCKAUF, Fahnlehen und Fahnenbelehnung im alten Reiche (= Leipziger Historische Abhandlungen III), 1907, S. 18 ff.; F. SCHÖNHERR, Die Lehre vom Reichsfürstenstande des Mittelalters, 1914, S. 151; E. E. STENGEL, Land- und lehnrechtliche Grundlagen des Reichsfürstenstandes, in: DERS., Abhandlungen u. Untersuchungen zur mittelalterlichen Geschichte 1960, S. 133–177, insbes. S. 141, u. außerdem zur Bedeutung der Mehrzahl der Fahnen H. MITTEIS, Lehnrecht und Staatsgewalt, S. 436, 513, und E. ROSENSTOCK, Königshaus und Stämme in Deutschland zwischen 911 u. 1250, 1914, S. 153 ff.

Treue ergebenen Kreis von Personen angewiesen, die freilich der gleichen ständischen Schicht dieser *conprovinciales principes,* der Grafen und übrigen Edelfreien also, entstammten [102].

War die Herrschaft des Herzogs über seine Mitlandleute letztlich im Volksrecht, in der Lex Alemannorum, begründet [103], so beruhte demgegenüber die bedeutend intensivere Bindung dieses Personenkreises an den Herzog auf dem Gefolgschaftsverhältnis und auf dem dieses Verhältnis ablösenden Lehnsrecht, auf der Vasallität.

Wie sehr die Verfügung über Gefolgsleute, über Vasallen, das Wesen der schwäbischen Herzogsherrschaft des 10. und wohl auch noch des 11. Jahrhunderts bestimmte, lehrt auch hier wiederum jene bemerkenswerte Nachricht Widukinds, daß sich Herzog Burchard im Jahre 919 König Heinrich I. mit all seinen Burgen und mit seinem ganzen Volk unterworfen habe [104]. Mit dem *populus,* mit dem Volk, meint Widukind nun freilich keineswegs a l l e Schwaben, alle Mitlandleute des Herzogs, sondern vielmehr – wie der von ihm geübte Gebrauch dieses Begriffes erweist – die Gefolgschaft [105], wenn nicht gar schon, was uns wahrscheinlicher dünkt, die Vasallen des Herzogs. Denn an eine Identifizierung des *populus* mit der Vasallität des Herzogs läßt das den Vorgängen des Jahres 919 völlig entsprechende Geschehen des Jahres 954, da – nach dem *Continuator Reginonis* – Herzog Liutolf seine Vasallen und das Herzogtum dem Vater zurückgegeben habe [106], ohne weiteres denken.

Bemerkenswert an diesen beiden Nachrichten ist nun freilich nicht allein die unbestreitbare Tatsache, daß die Gefolgsleute bzw. die Vasallen des Herzogs einen integrierenden Bestandteil des dem Herzog vom König verliehenen Herzogsamtes darstellen; nicht minder bemerkenswert ist vielmehr, daß die Gefolgsleute bzw. doch wohl eher die Vasallen des Herzogs dem Herzog zusammen mit dem Herzogsamt gleichfalls vom König überlassen wurden, daß sie also letztlich Gefolgsleute des Königs bzw. Vasallen des Königs sind, die einem jeweiligen Herzog lediglich für die Dauer seiner herzoglichen Herrschaftsausübung unterstellt werden.

Die doppelte Bindung der Herzogsvasallen an den Herzog und an den König gibt sich vor allem am Beispiel jenes Babo, eines Vasallen Herzog Burchards II., zu erkennen, dem König Heinrich I. am 30. November 920 dessen in Singen im Hegau, unterhalb der Herzogsburg auf dem Hohentwiel, gelegenes königliches Lehensgut übereignet [107]. Der

---

102 Über die Mitlandleute, über die *conprovinciales* des Herzogs vgl. ausführlich unten S. 204 ff.

103 Vgl. dazu unten S. 206 ff.

104 *... tradidit semet ipsum ei cum universis urbibus et omni populo suo...* (Widukind I/27 = Ausgew. Quellen VIII) S. 58.

105 Vgl. zum Gebrauch des Begriffs *populus* bei Widukind grundsätzlich J. O. PLASSMANN, Princeps und populus, 1954, insbes. S. 34 ff.; zu der hier behandelten Stelle S. 29 u. S. 68: »... er begab sich in seine Muntschaft, oder mit anderen Worten, er erkannte Heinrich als seinen Gefolgsherrn an und unterstellte ihm die Gesamtheit seiner Burgen und seinen populus, nämlich den schwäbischen Gefolgschaftsverband«, und ihm folgend W. SCHLESINGER, Herrschaft und Gefolgschaft in der germanisch-deutschen Verfassungsgeschichte, in: HZ 176/1953, S. 225–275, hier S. 269 f.

106 *Liutolfus ... vasallos quos habuit et ducatum patri reddit.* (Cont. Regin. = Ausgew. Quellen VIII) S. 212.

107 MGDH I 2, S. 40, und dazu vor allem H. C. FAUSSNER, Verfügungsgewalt, wie Anm. 23, S. 404 ff., sowie oben S. 48.

Vasall des Herzogs hat demnach zugleich Lehen vom König inne, und man hat daraus wohl mit Recht geschlossen, daß »die Kronvasallen im territorialen Bereich des schwäbischen Herzogtums« dem Herzog unterstellt und damit aus *vasalli regis vasalli ducis* geworden seien [108].

Wenn dem so war, dann wird nun auch verständlich, auf welcher Rechtsgrundlage dem Herzog von Schwaben, der Grafschafts-Gerichtsstätten für sich beanspruchen und Anweisungen an Grafen in deren Eigenschaft als Vorsitzende von Grafschaftsgerichten geben konnte [109], im gleichen 10. und 11. Jahrhundert offensichtlich auch die Grafen seines Herrschaftsbereichs unterstellt waren. Es ist nach unseren bisherigen Beobachtungen zu vermuten, daß sie ihm vom König als Vasallen untergeben worden waren.

Der enge Zusammenhang [110] von Herzogsherrschaft und letztlich noch immer in königlichem Auftrag [111] amtierenden Grafen in Schwaben offenbart sich nicht nur darin, daß der Tod Herzog Hermanns II. im Jahre 1003 König Heinrich II. veranlaßte, in einigen Gauen am südlichen Oberrhein, im Breisgau, in der Ortenau und im Elsaß beinahe gleichzeitig neue Grafen einzusetzen [112], und daß der im Jahre 1061 zum Herzog von Kärnten erhobene Berthold I. von Zähringen offenbar sogleich nach der Erlangung dieser Würde die zahlreichen von ihm innerhalb des Herzogtums Schwaben besessenen Grafschaften aufgab [113]. Die Unterstellung von Grafen in Schwaben unter den Herzog als dessen Vasallen erhellt vielmehr noch deutlicher aus den Ereignissen des Jahres 1027 in Schwaben: Vor den Toren von Ulm, wo der Kaiser einen Hoftag abhielt, beriet sich auch der aufständische Herzog Ernst in einem *colloquium* mit seinen zahlreichen *milites*; im Verlaufe dieser Beratungen erinnerte er die Seinen an ihren ihm geschworenen Treueid und mahnte sie, nicht von ihm abzufallen und ihre Ehre nicht preiszugeben [114]. Auf diesen Appell antworteten dem Herzog zwei Grafen, nämlich Friedrich und Anshelm, mit den bezeichnenden Sätzen [115]: »Wir wollen nicht leugnen, daß wir Euch Treue gelobten

---

108 So H. C. FAUSSNER, Verfügungsgewalt, wie Anm. 23, S. 404/405.
109 Vgl. oben S. 70 f.
110 Das folgende gegen H. GLITSCH, Der alamannische Zentenar und sein Gericht (= Berichte über die Verhandlungen der Kgl. sächsischen Gesellschaft der Wissenschaften zu Leipzig; Phil.-histor. Klasse 69, 2. Heft), 1917, wo, S. 137 (und ähnlich schon S. 124), festgestellt wird: »Das Herzogtum drängt sich in Schwaben nicht zwischen König und Graf.« Zu diesem Problem für Schwaben schon FICKER II/3, S. 156 ff.; A. MOCK, Die Entstehung der Landeshoheit der Grafen von Wirtemberg, Diss. Freiburg, 1927, S. 42 f., und H. MITTEIS, Lehnrecht und Staatsgewalt, wo, S. 455, gegen den »Versuch Fickers, die Lehnsabhängigkeit sämtlicher schwäbischer Grafschaften vom schwäbischen Stammesherzogtum nachzuweisen«, Stellung bezogen wird. Vgl. zu diesem Problem grundsätzlich auch G. TELLENBACH, Reichsadel, wie Anm. 3, S. 46, Anm. 107, S. 53, Anm. 131, S. 58 f., sowie TH. MAYER, Fürsten und Staat, 1950, S. 280 ff.
111 Vgl. H. K. SCHULZE, Grafschaftsverfassung, wie Anm. 1, S. 326.
112 Vgl. dazu ausführlich TH. L. ZOTZ, Breisgau, wie Anm. 4, S. 183 u. 203.
113 Darüber E. HEYCK, Geschichte der Herzöge von Zähringen, 1891, S. 30/31, u. H. RIEDER, Herzog Berthold von Zähringen, Diss. phil., Freiburg, 1906, S. 9 ff., 14: »Die ... Grafschaften aber trat Bertold ab, weil er sich, selbst ein Herzog, nicht der Oberhoheit seines bevorzugten Rivalen, des Herzogs Rudolf von Schwaben, unterstellen wollte.« Grundsätzlich E. KLEBEL, Vom Herzogtum zum Territorium, in: Aus Verfassungs- und Landesgeschichte. FS Th. Mayer I, 1954, S. 205–222, hier S. 216 ff.
114 Hierzu und zum folgenden Wipo, Cap. XX (= Ausgew. Quellen XI) S. 574 ff.
115 Wir folgen hier der Übertragung bei W. KIENAST, Untertaneneid und Treuvorbehalt, in: ZRG/GA 66/1948, S. 111–147, hier S. 111 f.

gegen alle, ausgenommen gegen den, der uns Euch gegeben hat... Unter diesen Umständen wollen wir Euch in allem gehorchen, was ihr Ehrenhaftes und Gerechtes von uns fordert. Wenn Ihr aber das Gegenteil beabsichtigt, so werden wir freiwillig dahin zurückkehren, von wo wir bedingungsweise zu Euch gekommen sind.«

Auch hier also haben wir es nicht einfach mit *conprovinciales principes*, mit Mitlandleuten des Herzogs, zu tun, (die sie freilich zugleich auch waren), sondern – wie die Erwähnung des dem Herzog geschworenen *sacramentum fidei* und der Hinweis auf die bedingungsweise Überlassung durch den König besagen [116] – eindeutig mit Vasallen [117] des Herzogs und Aftervasallen des Königs, die – und das ist besonders beachtenswert – zugleich Grafen sind.

Und so gilt denn, was schon für die in Schwaben während des 10. Jahrhunderts ansässigen Kronvasallen zu bemerken war, entsprechend auch für die Grafen des frühen 11. Jahrhunderts als Kronvasallen: »... die Grafen schwören dem Herzog Treue, sie sind ihm zu Dienst verpflichtet, aber sie stehen zugleich unter dem König. Sie sind von ihm mit dem Herzogtum dem Inhaber desselben übergeben, aber damit nicht der Pflichten gegen ihn entledigt, nicht aus der Verbindung mit ihm getreten« [118].

Zugleich aber ersehen wir aus der Tatsache, daß sich Herzog Ernst unmittelbar nach dem ablehnenden Spruch der Grafen veranlaßt sah, sich dem Herzog bedingungslos zu ergeben, wie sehr die Verfügung über Vasallen des Königs und über die zur Gruppe dieser Königsvasallen gehörenden Grafen das Wesen der Herzogsherrschaft in Schwaben auch noch in der ersten Hälfte des 11. Jahrhunderts entscheidend mitbestimmte.

Wie wichtig dem Herzog seine Vasallen insgesamt waren, zeigt sich an seinem Bemühen, seine *fideles* [119], seine *milites* [120], seine *satellites*, seine *cooperantes*, wie sie – die ihm vasallitisch verbunden waren – auch immer bezeichnet wurden, ständig mit neuen Benefizien auszustatten, mit Lehensgütern, die schon Herzog Burchard II. den in seinem Herrschaftsbereich gelegenen Reichsklöstern, so etwa der Abtei St. Gallen [121] und dem

---

116 Vgl. W. KIENAST, wie Anm. 115, S. 129.
117 Lehnrechtlich verstanden schon bei Waitz VII, S. 155 f.; bei K. G. HUGELMANN, Stämme, Nation u. Nationalstaat, S. 115, und bei G. TELLENBACH, Reichsadel, wie Anm. 3, hier S. 46, Anm. 107, u. jetzt bei J. JOHRENDT, »Milites« und »Militia«, wie Anm. 18, S. 45 f.
118 Waitz VII, S. 155/156. – Weitgehend ungeklärt bleibt dagegen das Verhältnis des Herzogs zu den in Schwaben tätigen Pfalzgrafen. Vgl. zu diesem Problem vorerst die Beobachtungen bei M. ERNST, Zur älteren Geschichte Ulms, in: Ulm und Oberschwaben 1937, S. 1–63, hier S. 32 ff.; M. HELLMANN, Der deutsche Südwesten in der Reichspolitik der Ottonen, in: ZWLG XVIII/1959, S. 193–216, hier S. 205, Anm. 49a, und vor allem H. JÄNICHEN, Die Pfalz Bodman und die schwäbische Pfalzgrafschaft im Hochmittelalter (= Protokolle des Konstanzer Arbeitskreises Nr. 192 vom 16. XI. 1974) u. DERS. unter dem gleichen Titel, freilich ohne die allg., auf S. 6 ff. des Protokolls wiedergegebenen Überlegungen, in: Bodman, hg. von H. Berner, Bd. I/1977, S. 309–316. Vgl. jetzt auch H. BÜHLER, Schwäbische Pfalzgrafen, frühe Staufer und ihre Sippengenossen, in: Jb. des Histor. Vereins Dillingen LXXVII/1975, S. 118–156 u. G. BAAKEN, Fränkische Königshöfe und Pfalzen in Südwestdeutschland, in: Ulm u. Oberschwaben 42/43, 1977.
119 Zum Begriff *fidelis* im Lehnrecht vgl. jetzt – statt anderer – F. L. GANSHOF, Was ist das Lehnswesen? wie Anm. 53, S. 27 ff., 70, 77 ff., 88 ff.
120 Zur Bedeutung des *miles*-Begriffs im Sinne von »Vasall« vgl. jetzt J. JOHRENDT, »Milites« u. »Milita«, wie Anm. 18, insbes. S. 42 ff. u. die Belege aus Südwestdeutschland, S. 448 ff.
121 Vgl. Vita S. Wiboradae (MGSS IV, S. 453) und E. IRBLICH, Die Vitae Sanctae Wiboradae, in: SVG Bodensee 88/1970, S. 1–208, hier S. 134 ff., 191 f.

Kloster Zurzach, entfremdete. Besonders bezeichnend für die Verwendung von Reichskirchengut als vom Herzog auszutuendes Lehensgut ist das Beispiel jenes herzoglichen »Satelliten« Thietpolt, dem Herzog Burchard den Ort Zurzach zu Lehen gegeben hatte und der nun gar nahe der Aare, auf dem ihm vom Herzog verliehenen einstigen Kirchengut, eine Burg erbaute [122]. Aber vergleichbare Vergabungen von Reichskirchengut an herzogliche Vasallen kennen wir auch von Herzog Liutolf und Herzog Otto, die sich mit ähnlichen Absichten am Besitz der Augsburger Bischofskirche vergriffen [123], oder von Herzog Ernst, der die Güter der ihm im Jahre 1026 vom Kaiser verliehenen Abtei Kempten an seine *milites* verteilte [124]. Aber auch das Gegenteil war möglich: *fideles* des Herzogs Hermann waren es, die vor 947 dem Herzog Grund und Boden übereignet hatten, damit darauf die Meinradszelle, das spätere Kloster Einsiedeln, erbaut werden könne [125].

Das enge Aufeinander-Angewiesensein, das letztlich in dem zwischen dem Herzog und seinen Vasallen bestehenden Treue-Verhältnis wurzelte, wird sicherlich nirgendwo deutlicher als in der Haltung, die Graf Werner von Kyburg gegenüber Herzog Ernst auch nach der negativen Entscheidung der übrigen schwäbischen Grafen vor Ulm im Jahre 1027 bewahrte, und umgekehrt Herzog Ernst gegenüber dem Grafen sogar dann noch einnahm, als er aufgefordert wurde, seinen geächteten Vasallen zu verfolgen [126], eine Haltung, die Herzog Ernst im übrigen im Jahre 1030 mit dem neuerlichen und nun endgültigen Verlust seiner Herzogswürde zu bezahlen hatte.

Seine Vasallen also waren es, auf die sich der Herzog innerhalb des Kreises seiner Mitlandleute am ehesten verlassen und mit deren Hilfe er seiner Herrschaft im Lande am sichtbarsten und effektivsten Ausdruck verleihen konnte. Spürbarstes Mittel dieser herzoglichen Herrschaftsausübung aber war neben der Abhaltung von Landtagen und der Ausübung der Gerichtsgewalt – wie wir sehen werden – der Schutz des Friedens im Lande [127], und der ließ sich nur durch militärische Macht [128], durch militärische Gewaltanwendung, durch Kriegszüge innerhalb des Landes, bewerkstelligen, so wie es bereits Erchanger im Jahre 915 letztlich nur durch den militärischen Sieg bei Wahlwies gelungen war, die Herzogsherrschaft zu erlangen [129]. Die militärische Gewalt des Herzogs aber stützte sich auf seine Vasallen. *Cum multo comitatu* [130], mit einer Vielzahl seiner

---

122 Miracula sanctae Verenae (bei A. REINLE, Die Heilige Verena von Zurzach, 1948), S. 50.
123 Vita S. Udalrici (zu 953) MGSS IV, S. 398 ff., und (zu 980) ebd. S. 418.
124 Vgl. Herim. Aug. (= Ausgew. Quellen XI) S. 664.
125 MGDO I zu 947 X 27.
126 Darüber zuletzt R. SCHMIDT, Königsumritt, wie Anm. 32, S. 97–233, hier S. 176 ff. u. insbes. S. 181; und zu Werner von Kyburg noch immer C. BRUN, Geschichte der Grafen von Kyburg bis 1264, Diss. phil., Zürich, 1913, S. 5 ff., u. neuerdings P. KLÄUI, Hochmittelalterliche Adelsherrschaften im Zürichgau, 1960, S. 33 ff., 44 ff.
127 Vgl. dazu unten S. 212 f.
128 Über diesen Zusammenhang vgl. G. LÄWEN, Beitrr., wie Anm. 88, S. 43, u. J. GERNHUBER, Staat und Landfrieden im deutschen Reich des Mittelalters, in: La paix, P. 2/1961 (= Recueils de la société Jean Bodin) S. 27–77, hier S. 35/36, und jetzt für Herzog Liutolf auch H.-W. GOETZ, »Dux«, wie Anm. 4, S. 247.
129 Vgl. oben S. 44 ff.
130 Über den Begriff comitatus – im personalen Sinne gebraucht – vgl. H. K. SCHULZE, Grafschaftsverfassung, wie Anm. 1, S. 158 ff.

milites, verfolgte Herzog Burchard II. seine Widersacher bei Zurzach über den Rhein [131], und mit einer nicht minder großen Schar seiner Männer belagerte der gleiche Herzog die Burg seines Gegners Waltharius [132], verwüstete Herzog Hermann im Jahre 1002 die Bischofsstadt Straßburg [133], die er zugleich als Hauptstadt seines Herzogtums anspricht [134], fiel Herzog Ernst im Jahre 1027 in das Elsaß, wo er die Burgen des Grafen Hugo zerstörte, und in das Königreich Burgund ein, wo er in der Nähe von Solothurn auf einer Insel eine Befestigung errichtete [135], wie er auch die Pfalz auf dem Lindenhof über Zürich neu befestigt [136] und viele andere Burgen errichtet hat. Und eindeutig zur Wahrung des Landfriedens zerstörte im Jahre 1083 Herzog Friedrich I. zusammen mit Bischof Siegfried von Augsburg und Graf Ratpoto die Burg Siebeneich, *a praedonibus constructum* [137].

Die militärische Kraft seiner Vasallen wurde, wie wir sehen, entscheidend unterstützt durch die Anlage herzoglicher Burgen [138], die freilich oft nur für eine kurze Zeitspanne gedacht gewesen sein mochte [139]. Daß diese Burgen des Herzogs neben oder besser zusammen mit seinen Vasallen die Ausübung herzoglicher Herrschaft im Lande entscheidend erleichterten, ohne freilich allein ein Spezifikum herzoglicher Herrschaft darzustellen [140], lehren nicht nur die ersten Kämpfe um die Begründung der Herzogsherrschaft in Schwaben, da die Prätendenten auf die Herzogswürde oberhalb Stammheim und auf dem Hohentwiel Befestigungen anlegten [141], sondern lehrt mehr noch die schon mehrfach zitierte Nachricht Widukinds, daß Herzog Burchard sich mit seinen Gefolgsleuten bzw. Vasallen und mit seinen Burgen dem König unterworfen habe [142]. Die Errichtung eigener Burgen ebenso wie die Eroberung oder gar Zerstörung von Burgen widersetzlicher Herren im Lande [143] sind demnach offensichtlich bedeutsame Mittel herzoglicher Herrschaftsausübung gewesen.

---

131 Vgl. Miracula Sanctae Verenae, 4, wie Anm. 122, S. 49.
132 *... inimicitias adversus praefatum Waltharium exercens, numerosa virorum multitudine contracta, supradictum obsedit castellum.* Translatio sanguinis Domini, MGSS IV S. 448.
133 Vgl. oben S. 88 f.
134 Vgl. dazu oben S. 88.
135 *Ernestus dux Alamanniae ... iterum instigante diabolo rebellionem moliebatur et consilio quorundam militum suorum Alsatiam provinciam vastavit et castella Hugonis comitis qui, erat consanguineus imperatoris, desolavit. Deinde magno exercitu iuvenum collecto Burgundiam invasit et ultra castrum Solodorum quandam insulam aggere et vallo firmare caepit,* Wipo, cap. 19 (= Ausgw. Quellen XI) S. 574.
136 Vgl. oben S. 66.
137 Annales Augustani (MGSS III, S. 130) u. dazu VOLKERT-ZOEPFL, Regesten der Bischöfe und des Domkapitels von Augsburg, I/3, Nr. 349, S. 211.
138 Über Burgen des Herzogs von Schwaben vor allem H.-M. MAURER, Die Entstehung der hochmittelalterlichen Adelsburg, wie Anm. 65, insbes. S. 304 f. u. S. 317 f.
139 Dazu K.-U. JÄSCHKE, Burgenbau und Landesverteidigung um 900 (= VuF, Sonderband 16), 1975, S. 120.
140 So gegen H.-M. MAURER, wie Anm. 138.
141 Vgl. oben S. 41 ff.
142 S. oben S. 132.
143 Vgl. dazu grundsätzlich E. FISCHER, Die Hauszerstörung als strafrechtliche Maßnahme im deutschen Mittelalter, 1957.

Stützte sich der Herzog bei der Ausführung seiner letztlich dem Landfriedensschutz dienenden Kriegszüge innerhalb seines Herrschaftsbereichs eindeutig allein auf seine Vasallen und nicht auf die Gesamtheit seiner Mitlandleute, so ist das Gleiche auch für die Kriegsfahrten zu vermuten, die er auf eigene Faust [143a] zur Erweiterung der Grenzen seiner *provincia* oder aber auf Geheiß des Königs als Reichsheerfahrten unternahm. Ganz gleich, ob berichtet wird, daß Herzog Burchard 926 mit großem Gefolge (*magno comitatu*) nach Oberitalien zog [144], um sich ein Vorfeld für seine Herzogsherrschaft zu schaffen, oder Herzog Liutolf an der Iller im Jahre 954 seinem Vater *cum alio exercitu* gegenübertrat [145] oder Herzog Burchard III. bei der Lechfeldschlacht des Jahres 955 den beiden Legionen, die von seinen Schwaben gebildet wurden, voranritt [146] oder Herzog Konrad von Schwaben im Jahre 984 den französischen Königen Lothar und Ludwig mit einer bedeutenden Heeresmacht entgegentrat [147] oder Herzog Rudolf im Jahre 1063 *cum magno vi militum* gegen die Burgunder vorging [148] oder der gleiche Herzog Rudolf im Jahre 1075 in der Schlacht an der Unstrut mit seinen Schwaben, genauer: mit dem Heer seines *regnum Sueviae* [149] — entsprechend dem diesem Stamme angeblich seit alters zustehenden sogenannten Vorstreitrecht [150] — die erste Schlachtreihe bildete [151], — stets geht aus all diesen Nachrichten hervor, daß der Herzog auch außerhalb seines Herrschaftsbereichs seine Schwaben anführte, wie denn auch seine Kriegstüchtigkeit und Kriegserfahrung häufig besonders erwähnt werden. So bescheinigt Wipo Herzog Hermann im Jahre 1038 nach einem in Italien geführten Kriegszug, daß

143a Vgl. dazu grundsätzlich R. Schweighöfer, Die Eigenmächtigkeit der deutschen Fürsten im Spiegel der auswärtigen Politik. Diss. phil. Masch., Frankfurt/Main, 1957.
144 Vgl. etwa Vita S. Wiboradae (MGSS IV, S. 454) u. dazu E. Irblich, Die Vitae sanctae Wiboradae, wie Anm. 121, S. 79 f., 191 f.
145 Vgl. Vita S. Udalrici ep. MGSS IV, S. 401.
146 Vgl. Widukind, XLIII (= Ausgew. Quellen VIII) S. 152.
147 Vgl. RI Otto III., Nr. 956 f/1.
148 Vgl. Briefe Meinhards von Bamberg = Briefsammlungen der Zeit Heinrichs IV., ed. C. Erdmann u. N. Fickermann (MGH. Die Briefe der deutschen Kaiserzeit V) 1950, Nr. 18, S. 212.
149 Vgl. die Hinweise auf die Bedeutung der *regna* als Rahmen auch für das Heeresaufgebot des Herzogs bei K. F. Werner, Heeresorganisation und Kriegführung, wie Anm. 7, S. 862 ff.
150 Über das sog. Vorstreitrecht der Schwaben vgl. außer G. Waitz, Verfassungsgeschichte VIII, S. 181 f. u. Ficker, II/3, S. 10 mit Anm. 5, vor allem immer noch P. F. Stälin, Der Vorstritt der Schwaben in den Reichskriegen, in: Korrespondenzblatt des Geschichts- und Altertumsvereins für Ulm und Oberschwaben, 1877, S. 43–45, und M. Baltzer, Zur Geschichte des deutschen Kriegswesens in der Zeit von den letzten Karolingern bis auf Kaiser Friedrich II., 1877, S. 104 ff.; K. Weller, Der Vorstreit der Schwaben und die Reichssturmfahne des Hauses Württemberg, in: Wttbg. Vjh. NF XV/1906, S. 263–278; M. Ernst, Kriegsfahnen im Mittelalter und die Reichssturmfahne von Markgröningen, ebd., NF XXXVI/1930, S. 102–132, hier S. 107 ff.; H. Meyer, Sturmfahne und Standarte, in: ZRG/GA 51/1931, S. 204–257, hier S. 240, und neuestens vor allem J. Höss, Die deutschen Stämme im Investiturstreit, Diss. phil. Masch., Jena 1945, insbes. S. 50 f., 133, und K. H. May, Reichsbanneramt und Vorstreitrecht in hessischer Sicht, in: FS Edmund E. Stengel, 1952, S. 301–323, insbes. S. 320 ff. (freilich ohne Kenntnis der Ausführungen von J. Höss). Über den Herzog von Schwaben als »Hauptmann« der den Vorstreit führenden Schwaben vgl. Schwabenspiegel (ed. Lassberg), S. 20, § 32, und dazu K. H. May, wie oben, S. 321/322. Für die staufische Zeit auch E. Mayer, Der stellvertretende Oberbefehl des Reichsmarschalls, in: ZBLG 1/1928, S. 358–361, insbes. S. 360 f.
151 Vgl. Lamperti Annales (= Ausgew. Quellen XIII) S. 288, Berthold, MGSS V, S. 278, und Carmen de bello Saxonio, MGSS XV/2, S. 1230.

er *in rebus bellicis stenuus* sei [152], und bezeichnet das *Carmen de bello Saxonico* in entsprechender Weise Herzog Rudolf im Jahre 1075 als *fortis in arma* [153]. Keineswegs aber läßt die nach alledem nicht zu bezweifelnde Tatsache, daß der Herzog von Schwaben – sei es auf eigenmächtigem Kriegszug, sei es auf Reichsheerfahrt – mit seinem Stammesaufgebot, genauer: mit dem Aufgebot seines *regnum* [154], in den Krieg zog, den Schluß zu, daß dieses Aufgebot nun tatsächlich alle *conprovinciales principes* – wenn nicht noch weitere, darunterliegende Schichten – aufgrund einer im Volksrecht wurzelnden Verpflichtung erfaßte. Die Beobachtung, daß sich der Herzog bei seinen Kriegszügen im Lande selbst vor allem seiner Vasallen bedient zu haben scheint, läßt vielmehr vermuten, daß es auch beim Kriegszug nach außen wiederum im wesentlichen seine Vasallen waren, die er aufbieten konnte, daß es also nicht mehr das Volksrecht, sondern das Lehnsrecht war, das dem Aufgebot zugrunde lag [155]. Dafür spricht denn auch die Notiz vom Jahre 981 über das Aufgebot zusätzlicher Panzerreiter, das – bei aller Anlehnung an die einzelnen *regna* – eben doch eine lehnsrechtliche und keine volksrechtliche oder, wie man bislang zu sagen pflegte, landrechtliche – Gliederung des Heeres zu erkennen gibt [156].

Die Schwaben, die der Herzog im Kriege anführte, dürften demnach nicht etwa a l l e seine Mitlandleute, sondern lediglich seine sich freilich gemäß ihrer Stammeszugehörigkeit zusammengehörigfühlenden und gemeinsam kämpfenden Lehnsleute gewesen sein [157].

So zeigt sich auf demjenigen Gebiet, das ursprünglich als d a s Charakteristikum herzoglicher Herrschaft gegolten haben mag, auf dem der Heeresführung nämlich, welche Bedeutung für den Herzog hier die Verfügung über eine große Schar von Vasallen besaß, die sich ihm aus dem umfassenderen – mit dem »Stamm« weithin identischen – Kreis der Fürsten des Landes durch eine besondere Treuebindung verpflichtet hatten. Da sie zumeist ursprünglich Vasallen des Königs waren und von diesem dem Herzog

---

152 Wipo, cap. 37 (= Ausgew. Quellen XI) S. 604.
153 Carmen de bello Saxonico, MGSS XV/2, S. 1230.
154 Vgl. am Beispiel der Unstrutschlacht J. Höss, Die deutschen Stämme im Investiturstreit, S. 48 ff.; vgl. aber auch K. F. WERNER, Heeresorganisation und Kriegsführung, wie Anm. 7, insbes. S. 802 ff., sowie L. AUER, Der Kriegsdienst des Klerus unter den sächsischen Kaisern, II, in: MIÖG LXXX, 1972, S. 48–70, hier S. 56 ff.
155 So schon FICKER II/3, S. 9 ff., M. BALTZER, Geschichte des Kriegswesens, wie Anm. 150, S. 13 ff. und vor allem E. KLEBEL, Vom Herzogtum zum Territorium, wie Anm. 113, S. 208/209, u. jetzt K. F. WERNER, Heeresorganisation u. Kriegsführung, wie Anm. 7, vor allem S. 838 ff.
156 E. KLEBEL, ebd., u. Klebel wesentlich modifizierend K. F. WERNER, Heeresorganisation u. Kriegsführung, wie Anm. 7, S. 805 ff., 823 ff., vor allem S. 840 ff.
157 Vgl. dazu auch die Beobachtungen bei L. AUER, Der Kriegsdienst des Klerus, wie Anm. 154, S. 58. – Zum Zug Burchards II. im Jahre 926 nach Italien bemerkt auch R. SCHWEIGHÖFER, Die Eigenmächtigkeit der deutschen Fürsten im Spiegel der auswärtigen Politik, Diss. phil. Masch., Frankfurt/Main, 1957, S. 53, daß aus den Quellen keineswegs hervorgehe, daß »... der ganze Stamm hinter Burchards Unternehmen gestanden habe«. »Wer also im einzelnen mitzog, wissen wir nicht. Zu umfangreich darf man sich seine Mannschaft nicht vorstellen...« Und ähnlich, S. 78, zum Italienzug Herzog Liutolfs vom Jahre 951; »Über wen der Herzog zur Verwirklichung seiner Absichten verfügen konnte, läßt sich aus den Ausdrücken *cum Alamannis* und *armatum militem* nicht feststellen. Bedenkt man den weiteren Verlauf des Unternehmens, dann wird deutlich, daß ihn nur eine kleine Mannschaft begleitet haben kann, auf keinen Fall der gesamte schwäbische Stamm hinter seinem Italienzug stand.«

lediglich für die Dauer seiner Herzogsherrschaft überlassen worden sind, fühlten sie sich freilich dem Herzog nur bedingt untergeben. Sie konnten, wann immer es zu einem Konflikt zwischen Herzog und König kommen sollte, durch ihre Haltung letztlich über das Schicksal der Herzogsherrschaft entscheiden.

Es kann nach alledem kein Zweifel mehr darüber bestehen: Die Herrschaft des Herzogs von Schwaben stellt seit Burchards II. Unterwerfung unter König Heinrich I. ein mit Zustimmung des schwäbischen Adels vom König dem Herzog als Reichslehen verliehenes Amt dar, dessen Grundlagen, dessen Ausstattung dem Herzog zugleich mit dem Herzogsamt überlassene Komplexe von Reichsgut und überdies Grafenämter in einigen Gauen Schwabens bilden. Das Reichsgut ebenso wie die Grafenämter konnten vom Herzog unmittelbar verwaltet, sie konnten von ihm aber auch an Adlige weiterverliehen werden. Das Reichsgut, die Grafenämter und die Vasallen des Reiches in Schwaben waren mit Zustimmung und Billigung des Königtums der zu Beginn des 10. Jahrhunderts entstandenen Herzogsherrschaft unterstellt, sie waren mediatisiert worden.

DER HERZOG UND DIE REICHSKIRCHE IN SCHWABEN

Dasselbe Verhältnis der Unterstellung und Mediatisierung liegt zunächst auch der Verfügung des Herzogs über die Reichskirche und das Reichskirchengut in Schwaben zugrunde.

Denn nicht nur die Verfügung über das Reichsgut in Schwaben oder zumindest über bedeutende Teile des in dieser *provincia* liegenden Reichsguts scheint dem Herzog bei der Begründung der Herzogsherrschaft vom König zugestanden worden zu sein. Auch die Reichskirchen [158] samt dem Reichskirchengut standen offensichtlich dem Anspruch des Herzogs noch bis zum Beginn des 11. Jahrhunderts vielfach offen [158a].

Das bedeutet nicht mehr und nicht weniger, als daß durch die Zwischenschaltung der Herzogsherrschaft die bis dahin bestehende unmittelbare Bindung zwischen den Reichskirchen Schwabens und dem Königtum entscheidend gelockert [159], ja, aus den Reichskirchen in Schwaben so etwas wie Kirchen des Herzogs von Schwaben werden konnten. Der Herzog, durch militärischen Sieg über seine Gegner innerhalb des schwäbischen Adels und durch die Anerkennung seiner Mitlandleute zur Führung im wesentlichen

---

158 Über die Begriffe »Reichskirchen« und »Reichskirche« vgl. jetzt J. FLECKENSTEIN, Zum Begriff der ottonisch-salischen Reichskirche, in: Geschichte, Wirtschaft, Gesellschaft. FS C. Bauer zum 75. Geburtstag, 1974, S. 61–71, insbes. S. 67: »Reichskirchen sind demnach alle Bistümer und Abteien, ebenso alle Stifte, aber auch Pfarrkirchen und Kapellen, die im Schutz des Reiches stehen u. z. T. Eigenkirchen des Reiches sind.«
158a Vgl. zum folgenden jüngst auch den Überblick bei H.-W. GOETZ, »Dux«, wie Anm. 4, S. 372 ff., und für die schwäbischen Bischofskirchen im frühen 10. Jh. im besonderen auch TH. L. ZOTZ, Breisgau, wie Anm. 4, S. 90 ff. Zum Verhältnis von Herzog und Kirche in Schwaben allg. wichtig jetzt auch W. HAUBRICHS, Hero Sancte Gorio. Georgslied und Georgskult im frühen Mittelalter. Studien zu Herkunft, Überlieferung und Rezeption eines spätkarolingischen Heiligenliedes. (Ms.), S. 639 ff. und vor allem S. 645 f.
159 Vgl. die Beobachtungen von J. FLECKENSTEIN, Bemerkungen zum Verhältnis von Königspfalz und Bischofskirche im Herzogtum Schwaben unter den Ottonen, in: Schau-ins-Land 90/1972, S. 51–59, hier S. 56.

über Personen, eben über seine *conprovinciales principes* [160], gelangt, mußte, wenn er seiner Herrschaft im Lande eine feste Basis geben wollte, nicht nur Rückhalt am Königsgut, sondern auch am Reichskirchengut und damit letztlich an den Reichskirchen Schwabens zu erlangen suchen. In diesem Bestreben sah sich der Herzog zunächst vor allem auf die in seinem Bereich liegenden Bistümer verwiesen, die, da sie – allen voran das Bistum Konstanz – weite Gebiete der *provincia* Schwaben umgriffen, für die Durchsetzung der Herzogsherrschaft von besonderem Interesse sein mußten.

Und so hat denn schon Erchanger, der seine Herzogsherrschaft vom Hegau aus zu begründen unternahm [161], seine Blicke zuallererst einmal dem nahen Bischofssitz Konstanz zugewandt, und der mit aller Heftigkeit zwischen ihm und Bischof Salomo III. als dem Repräsentanten des untergehenden karolingischen Reiches geführte Kampf [162] war nicht nur ein Kampf um die Begründung dieser neuen herzoglichen Zwischengewalt in Schwaben, sondern zugleich ein Kampf um die Einfügung des Bistums Konstanz, des zentralen schwäbischen Reichsbistums, in die gerade entstehende schwäbische Herzogsherrschaft.

Wenn auch Erchanger zunächst nur vorläufig, dann aber – nach Erchangers Hinrichtung – Burchard für die Zukunft die Aufrichtung der Herzogsherrschaft in Schwaben glückte –, den Bischofssitz Konstanz, das Bistum Konstanz und die Bischöfe von Konstanz haben die Herzöge von Schwaben dennoch nie voll und ganz von sich abhängig zu machen gewußt, wenn es auch an manchen erfolgreichen Versuchen keineswegs mangelte.

So ist es schon Herzog Burchard II. immerhin gelungen, Bischof Noting von Konstanz – zusammen mit Bischof Waldo von Chur – im Jahre 924 zu seinem Hoftag in den neu gewonnenen Herzogsvorort Zürich [163] einzuberufen und die beiden Kirchenfürsten an einem Spruch über die Einkünfte der Abtei Zürich zu beteiligen [164]. Und der gleichen Folgepflicht zum Besuch des herzoglichen Landtags kam auch der Bischof von Konstanz nach, als er ein von Herzogin Hadwig angesetztes Colloquium zu Wahlwies besuchte [165], auf dem die Herzogin – als *vicaria* des Königs – einen Streit zwischen den beiden Abteien St. Gallen und Reichenau schlichtete [166]. Aber nicht genug damit. Herzog Hermann gelang es sogar, Bischof Lambert von Konstanz und Bischof Ulrich von Chur, wenn auch gegen deren eigenen Willen, zur Heerfolge gegen König Heinrich II. zu zwingen [167]. So waren die Bischöfe von Konstanz und Chur immer wieder – zumindest bis in die Zeiten Herzog Hermanns II. – der Pflicht unterworfen, herzogliche Hoftage zu besuchen und dem Herzog Heerfolge zu leisten, wie denn andererseits Herzog Burchard III. – als Intervenient bei König Otto I. – im Jahre 962 eine

---

160 Über sie vgl. ausführlich unten S. 204 ff.
161 Vgl. oben S. 36 ff.
162 Vgl. dazu immer noch ausführlich U. ZELLER, Bischof Salomo III., wie Anm. 10, insbes. S. 81 ff., 88 ff.
163 Über Zürich oben S. 57 ff.
164 Vgl. ZUB I, Nr. 188.
165 Vgl. dazu oben S. 53 ff.
166 Ekkeharti casus, ed. Meyer von Knonau, cap. 95, insbes. S. 347.
167 Th. von Merseburg V/13 (= Ausgew. Quellen IX), S. 206.

bedeutsame königliche Schenkung an die Konstanzer Bischofskirche durch seine Vermittlung mitbewirkte [168].

Eines haben die Herzöge von Schwaben den Bischöfen von Konstanz und dem Reiche gegenüber freilich nie durchzusetzen vermocht: das Recht auf Einsetzung oder zumindest das Recht auf Präsentation eines Bischofs. Und ebensowenig wissen wir etwas von Übergriffen des Herzogs auf bischöfliche Güter oder von der Einforderung bischöflicher Servitien.

Hatte es, wie wir sahen, bis in die ersten Jahre des 11. Jahrhunderts nicht an wiederholten Versuchen gefehlt, die Bischöfe von Chur und vor allem die Bischöfe von Konstanz und ihr Bistum in die Herrschaft des Herzogs einzufügen, so wurden die Beziehungen zwischen den Bischöfen des zentralen schwäbischen Bistums und den Herzögen nach Hermanns II. Tode keineswegs lockerer; sie erhielten nur eine völlig veränderte Richtung. Der Sitz des fortan von Anforderungen des Herzogs weitgehend befreiten und erleichterten Bischofs von Konstanz erlangte in den dreißiger Jahren des 11. Jahrhunderts geradezu Funktionen einer Hauptstadt im Herzogtum Schwaben [169]. Sprechendstes Zeugnis dafür war die Wahl der Bischofsstadt Konstanz, genauer ihrer der Gottesmutter Maria und dem Martyrer Pelagius geweihten Bischofskirche [170] als Grabstätte für zwei aufeinander folgende Herzöge. Hier, sehr wahrscheinlich in der unmittelbar dem Chor des Münsters benachbarten Rundkirche St. Mauritius [171], fand im Jahre 1030 der rebellische Herzog Ernst II. sein Grab [172], wie auch für den 1038 in Italien gefallenen Herzog Hermann IV. bestimmt worden war, daß sein Leichnam in Konstanz beigesetzt werden solle; starke Sommerhitze hat indessen dieses Vorhaben zunichte und eine Beerdigung bereits in Trient notwendig gemacht [173]. Daß Hermanns sterbliche Überreste gerade in Konstanz beigesetzt werden sollten, verwundert freilich nicht, hatte doch König Konrad II. Bischof Warmann zum Vormund Herzog Hermanns eingesetzt [174], dem das seinem geächteten Bruder, Ernst II., abgenommene Herzogsamt übertragen worden war. Und Bischof Warmann hat denn auch in der Tat im Kampf gegen Herzog Ernst als Vormund Herzog Hermanns die Aufgaben eines Herzogs in Schwaben wahrgenommen [175].

Die Ansprüche der Herzöge an die Konstanzer Bischofskirche hatten offenbar nach dem Tode Herzog Hermanns II. durch König Heinrichs II. Eingreifen ein Ende gefunden. König Konrad II. aber bediente sich eben des Bischofs von Konstanz, um die Herzogsherrschaft in Schwaben durch ihre Bindung an die Reichskirche dem Reiche möglichst nahe zu halten. Und in diesen Zusammenhang ist denn wohl auch die Tatsache

---

168 MGDO I 236.
169 Zum folgenden vgl. H. MAURER, Der Bischofssitz Konstanz als Hauptstadt in Schwaben, in: SVG Bodensee 91/1973, S. 1-15, insbes. S. 6 ff.
170 Vgl. dazu H. MAURER, Konstanz als ottonischer Bischofssitz (= Veröffentlichungen des Max-Planck-Instituts für Geschichte 39), 1973, insbes. S. 36 ff.
171 So die spätmittelalterliche Überlieferung bei E. REINERS-ERNST, Regesten zur Bau- und Kunstgeschichte des Münsters zu Konstanz, 1956, S. 4, Nr. 20.
172 Wipo, cap. XXVIII (= Ausgew. Quellen XI), S. 586.
173 Wipo, cap. XXXVII (= Ausgew. Quellen XI), S. 606.
174 Vgl. REC I, Nr. 438.
175 Wipo, cap. XXVIII (= Ausgew. Quellen XI), S. 584 ff.

einzuordnen, daß einige Jahrzehnte später Heinrichs III. Tochter Mathilde, vom Jahre 1057 bis zur Vermählung mit Herzog Rudolf von Schwaben, in die Obhut Bischof Rumolds von Konstanz gegeben worden ist [176]. Durch derartige Bestrebungen von seiten der Könige ist der für Schwaben so zentral gelegene Sitz des Bischofs von Konstanz für einige Zeit auch zu einem Zentrum der Herzogsherrschaft geworden.

Ganz ähnlich wie das Verhalten der Herzöge von Schwaben zu dem die Mitte ihres Herrschaftsbereichs einnehmenden Bistum Konstanz gestaltete sich auch das Verhältnis der Herzöge zum Bistum Chur, das die Ausgangslandschaft der Burchardinger umschloß. Gemeinsam mit Bischof Waldo saß Herzog Burchard I. im Jahre 920 einem in Rankweil, an der alten Gerichtsstätte Unterrätiens, abgehaltenen Gericht vor, das einen Streit zwischen der Abtei St. Gallen und Bischof Waldo um den Besitz des Klosters Pfäfers zu entscheiden hatte [177]. Bischöfliche Herrschaft und Herzogsherrschaft zeigen sich hier aufs engste vereint [177a]. Dann aber gehörte – wie wir sahen – Bischof Waldo von Chur ebenso zu den Teilnehmern des herzoglichen Hoftags vom Jahre 924 in Zürich wie Bischof Noting von Konstanz [178]. Bischof Ulrich von Chur hatte Herzog Hermann II. gegenüber König Heinrich II. ebenso Heerfolge zu leisten wie Bischof Lambert von Konstanz [179]. Und nicht minder deutlich in dieses Bild herzoglichen Einflusses auf den Churer Bischofssitz paßt auch die Tatsache, daß Hartbert, der 937 als Presbyter Herzog Hermanns erscheint, nachdem er zuvor schon in Zürich aufs engste mit diesem Herzog verbunden gewesen war und 930 vom König die Pfarrkirchen Ramosch und Sent im Bistum Chur erlangt hatte, – daß gerade dieser einstige herzogliche Kapellan nach 949 Bischof von Chur hat werden können [180].

Und auch auf andere Weise ließen die Herzöge dem Churer Bischofssitz ihre Fürsorge angedeihen. Veranlaßte Herzog Liutolf 951 in Pavia seinen Vater Otto I. zu einer bedeutsamen Schenkung von Fiskaleinkünften in der Grafschaft Chur an Bischof Hartbert [181], so hatten schon früher der *comes palatii* Erchanger im Jahre 912 [182], Herzog

---

[176] REC I, Nr. 470 u. dazu M. L. BULST-THIELE, Kaiserin Agnes (= Beitrr. zur Kulturgeschichte des Mittelalters u. der Renaissance 52), 1933, S. 51 f.
[177] BUB I, Nr. 96.
[177a] Zu der Frage, ob Burchard II. in Rankweil als Graf oder als Herzog auftritt, vgl. E. MAYER, Zur Rätischen Verfassungsgeschichte, in: ZSG 8/1928, S. 385–504, hier S. 461 f. (= Herzogsgericht); R. HEUBERGER, Rätien im Altertum und Frühmittelalter (= Schlern-Schriften 20), 1932, S. 273 (= Herzogsgericht); B. BILGERI, Vinomna-Rangwila – das churrätische Rankweil, in: Jb. des Vorarlberg. Landesmuseums-Vereins 96/1953, S. 15–29, hier S. 27 (= Grafengericht); B. BILGERI, Vorarlberg, wie Anm. 4, S. 93 u. dazu Anm. 166 auf S. 272 (= Herzogsgericht). Bilgeri weist ebenda, S. 96 und Anm. 18 auf S. 274/75, darauf hin, daß Burchard im Jahre 920 nicht mehr Graf in Unterrätien gewesen war. Burchard kann danach 920 auch nicht mehr als Graf in Rankweil aufgetreten sein. Vgl. außerdem B. MEYER, Die Sorge für den Landfrieden im Gebiet der werdenden Eidgenossenschaft, 1935, S. 29 f., u. H. STINGL, Entstehung, Anm. 5, S. 59 u. 168.
[178] ZUB I, Nr. 188.
[179] Th. von Merseburg V/13 (= Ausgew. Quellen IX), S. 206.
[180] Zu Hartbert vgl. jetzt O. P. CLAVADETSCHER, in: Helvetia Sacra I/1, 1972, S. 472; s. auch oben S. 67.
[181] MGDO I 139.
[182] MGDK I 11.

Hermann im Jahre 940 [183] und später, 980 [184], Herzog Otto bei ihren Herrschern die Ausstellung von Privilegien zugunsten von Churer Bischöfen erwirkt. Wie in Konstanz ist dann aber auch in Chur ein Einwirken der Herzogsherrschaft auf den Bischofssitz nach Hermanns II. Tode offenbar nicht mehr vorgekommen.

Sahen sich Konstanz und Chur, das zentrale schwäbische Bistum und das Bistum des der *provincia* Schwaben eingefügten Churrätien der Herrschaft des Herzogs von Schwaben zuzeiten immer wieder verpflichtet, so war der ihnen gegenüber erhobene Anspruch der Herzöge doch gering im Vergleich zu den Forderungen, die die Herzöge an die Bischöfe des an der Grenze von Schwaben und Bayern und dennoch eindeutig noch innerhalb der *provincia* des Schwabenherzogs gelegenen [185] Bischofssitzes Augsburg richteten [186]. Hier hat es der gleiche Herzog Burchard, der die Bischöfe von Konstanz und Chur zum Erscheinen auf seinem Zürcher Hoftag verpflichtete, vermocht, seinen Verwandten Udalrich König Heinrich als geeigneten Bischofskandidaten zu präsentieren und den vom König Approbierten im Jahre 923 in sein Bistum einzuweisen [187]. Und dieselbe Einwirkung des Herzogs von Schwaben auf die Besetzung des Augsburger Bischofsstuhles hat sich noch einmal wiederholt, als sich Herzog Burchard III. 973 bemühte, für seinen Verwandten Heinrich die Nachfolge Bischof Ulrichs des Heiligen zu erlangen. Ja, in der Tat gelang es Burchard, gestützt auf das Einverständnis König Ottos, Heinrich gegen den Willen des Augsburger Domkapitels durchzusetzen [188]. Und bezeichnend ist, auf welche Weise diese Absicht verwirklicht wurde. Einmal waren es Boten, die der Herzog einer Gesandtschaft des Domkapitels entgegenschickte, um dieser Gesandtschaft vom Gang zum Kaiser abzuraten, und danach waren es *milites*, die, von Herzog Burchard kommend, Heinrich nach Augsburg geleiteten und vom Domkapitel die sofortige Anerkennung Heinrichs verlangten.

Diese von Herzögen betriebenen Bischofseinsetzungen hatten freilich den unablässigen Versuch eben dieser Herzöge zur Folge, sich die Augsburger Bischofskirche – zu welchen Zwecken und mit welchen Mitteln auch immer – dienstbar zu machen [189].

---

183 MGDO I 26.
184 MGDO II 237.
185 Über die Zugehörigkeit Augsburgs zu Schwaben vgl. unten S. 192 ff.
186 Zum Quellenwert der Vita S. Udalrici, auf der die folgenden Nachrichten durchweg beruhen, vgl. jetzt W. BERSCHIN, Der heilige Ulrich von Augsburg und sein Nachruhm (= Protokoll Nr. 45 des Alemann. Instituts Freiburg i. Br.), 1973, und R. SCHMID, »Legitimum ius totius familiae«. Recht und Verwaltung bei Bischof Ulrich von Augsburg (= Protokoll Nr. 56 des Alemann. Instituts Freiburg i. Br.), 1975.
187 Vgl. dazu VOLKERT-ZOEPFL, Regesten der Bischöfe und des Domkapitels von Augsburg I/1, Nr. 104 und jetzt M. WEITLAUFF, Der heilige Bischof Udalrich von Augsburg, in: Bischof Ulrich von Augsburg und seine Verehrung (= Jb. des Vereins für Augsburger Bistumsgeschichte 7), 1973, S. 1–48, hier S. 18 f.
188 Hierzu und zum folgenden VOLKERT-ZOEPFL, Regesten der Bischöfe und des Domkapitels von Augsburg I/2, Nr. 160 u. 162.
189 An dieser Stelle ist freilich darauf hinzuweisen, daß die von der numismatischen Forschung bis heute vertretene These, Herzog Otto von Schwaben und Bayern (973–982) und die bayerischen Herzöge Heinrich III. (Hezilo) der Jüngere (982–985) und Heinrich II. der Zänker (985–995) hätten in der Bischofsstadt Augsburg Münzen schlagen lassen (so noch D. STEINHILBER, Geld- und Münzgeschichte Augsburgs im Mittelalter, in: Jb. für Numismatik u. Geldgeschichte 3/4, 1952/53 [1955], S. 6–142, hier S. 36 u. S. 107/08, und neuestens W. HAHN, Zur

Schon Herzog Lituolf hatte es unternommen, Güter des Bistums an seine Vasallen auszuteilen, was dazu führte, daß der Bischof im Kampf gegen den aufständischen Herzog äußerst geschwächt war [190]. Und als Bischof Heinrich, obgleich, wie die *Vita Sancti Udalrici* ausdrücklich betont, die Stadt Augsburg im Herzogtum des Schwabenherzogs Otto lag [191], eher dem Herzog der unmittelbar benachbarten Provinz Bayern zuneigte, da hatte dieser Bischof wiederum harte Bedrängungen durch den Schwabenherzog auf sich zu nehmen [192]. Als Bischof Heinrich dann schließlich mit Herzog Otto ausgesöhnt war, verlangte Otto von der Augsburger Bischofskirche ein vermehrtes *servitium* und setzte zugleich den Brauch fort, Augsburger Bischofsgut zu Lehen auszugeben [193]. Und wenn schließlich derselbe Bischof Heinrich Herzog Otto versprach, ihm im Sommer 977 mit seinem Aufgebot zur Unterstützung Kaiser Ottos II. nach Böhmen zu folgen, dieses Versprechen aber schließlich doch nicht einhielt [194], dann zeigt dies ebenso wie entsprechende Nachrichten, die wir zum Jahre 1002 für die Bischöfe von Konstanz und Chur besitzen, daß die Herzöge von Schwaben immer wieder versuchten, die Bischöfe ihres herzoglichen Herrschaftsbereichs zur Heerfolge zu verpflichten [195].

bayrischen Münzgeschichte unter König Heinrich II., dem Heiligen, in: Geldgeschichtliche Nachrichten 10/1975, Nr. 46, S. 57–60 u. Nr. 48, S. 177–180, insbes. S. 57, und jetzt vor allem DERS., Moneta Radasponensis. Bayerns Münzprägung im 9., 10. und 11. Jahrhundert, 1976, S. 15, 17, 21, 22, 31, 71 f. und in Katalog S. 100–105, sowie S. 112 f., 114–117 und im Abbildungsteil), solange in Zweifel gezogen werden muß, als der von P. VOLZ, Königliche Münzhoheit und Münzprivilegien im karolingischen Reich und die Entwicklung in der sächsischen und fränkischen Zeit, Diss. iur. Heidelberg, 1967, S. 65 f. unternommene Nachweis, daß es sich bei diesen angeblichen Augsburger Herzogsmünzen jeweils um bischöfliche Denare handelt, die das Münzbild zu Regensburg geschlagener Herzogsdenare vollständig übernommen haben, nicht einer Diskussion gewürdigt wird. W. HAHN, Moneta Radasponensis, 1976, muß denn auch, S. 21, immerhin bekennen: »Augsburg nimmt überhaupt eine Sonderstellung ein, weil hier die bischöfliche Prägetätigkeit die primäre war.« Und, S. 31, stellt er fest: »Die Augsburger Bischöfe haben ja nicht nur den Typ, sondern auch den jeweiligen Kreuzwinkelzierat von Regensburg übernommen...« Vgl. dazu auch bei VOLZ, ebd., S. 66, die Feststellung: »Somit ist in Schwaben keine herzogliche Prägung an einem Ort mit bischöflicher Münzstätte nachweisbar.« – Das Problem bedarf freilich einer neuerlichen Behandlung, nachdem eben jetzt ein Augsburger Denar als Gemeinschaftsprägung Bischof Ulrichs und Herzog Heinrichs I. von Bayern bekanntgemacht worden ist, der am ehesten in die Zeit von Liutolfs Aufstand und von Bischof Ulrichs Zusammenwirken mit Herzog Heinrich zu datieren sein würde. Vgl. G. HATZ, Anmerkungen zu einigen deutschen Münzen des 11. Jahrhunderts (VII), in: Hamburger Beitrr. zur Numismatik und Geldgeschichte 24/26, 1970/72 (1977) S. 45–70, hier S. 60–64.
190 VOLKERT-ZOEPFL, Regesten der Bischöfe und des Domkapitels von Augsburg I/1, Nr. 119, u. dazu M. WEITLAUFF, Der heilige Bischof Udalrich von Augsburg, wie Anm. 187, S. 37 f.
191 *quamvis Augusta civitas in suo [Ottonis] ducatu sita maneret...*, Vita S. Udalrici MGSS IV, S. 416.
192 Ebd.
193 Vgl. VOLKERT-ZOEPFL, in: Regesten der Bischöfe und des Domkapitels von Augsburg I/1, Nr. 165.
194 Vgl. ebd. Nr. 166.
195 Dazu – und gerade im Hinblick auf die obengenannte Nachricht – vgl. L. AUER, Der Kriegsdienst des Klerus, wie Anm. 154, S. 48–70, hier S. 57, mit Anm. 38. Hier, S. 57, freilich die grundsätzliche Aussage: »Auch wo sich die Herzöge eine gewisse Einflußnahme auf den Episkopat ihres Gebiets bewahrt hatten, wie in Schwaben oder Bayern, blieb das Aufgebotsrecht des Königs unangetastet.«

Das Bild herzoglicher Herrschaft über die Bischofskirche und über die Augsburger Bischofskirche im besonderen wird dann keineswegs verworrener, sondern nur noch um einiges deutlicher, wenn man in der *Vita Sancti Udalrici* liest, daß der gleiche Herzog Otto zugunsten seines in der Abtei Werden festgehaltenen einstigen Gegners, des Bischofs Heinrich von Augsburg, bei Kaiser Otto II. um Freilassung interveniert habe [196]. Herrschaft und Schutz bestehen eben auch hier aufs engste nebeneinander.

Was die Herzöge von Schwaben in Konstanz, Chur und Augsburg während des ganzen 10. Jahrhunderts durchzusetzen versucht haben, ließ Herzog Hermann II. nach der in der zweiten Hälfte des 10. Jahrhunderts immer intensiver gewordenen Angliederung des Elsaß an das schwäbische Herzogtum dem Bischofssitz Straßburg gegenüber nicht unversucht.

Weil der dem neuen König Heinrich II. zuneigende Bischof von Straßburg dem Herzog Widerstand leistete, ließ Herzog Hermann im Jahre 1002 die Bischofsstadt belagern. Seine Alemannen verwüsteten die Bischofskirche, raubten den Kirchenschatz aus und gaben schließlich gar das Münster den Flammen preis [197]. Der Bischof hatte sich offensichtlich der Absicht des Herzogs widersetzt, die Hauptstadt des Bistums Straßburg und des Elsaß [198] zugleich zu einem *caput ducatus*, zu einer Hauptstadt eines das Elsaß mitumfassenden »Herzogtums Schwaben«, auszugestalten [199]. Daß der Herzog in der Bischofsstadt Straßburg nicht nur Ansprüche an die Bischofskirche stellte, sondern sich tatsächlich auf den Besitz eines wichtigen kirchlichen Instituts der Bischofsstadt stützen konnte, lehrt die Bedingung, unter der König Heinrich II. die Unterwerfung des Herzogs in Bruchsal annahm: der Herzog sollte der Bischofskirche zur Entschädigung für den ihr zugefügten Schaden die Frauen-Abtei St. Stephan in Straßburg übereignen [200].

In Straßburg also hatte Herzog Hermann II. versucht, gestützt auf einen Bischofssitz des Reiches seiner Herzogsherrschaft eine Hauptstadt zu schaffen, ein Versuch, der nicht nur am Widerstand des Bischofs, sondern auch am Eingreifen des Kaisers scheitern sollte. Es war bezeichnenderweise wiederum Heinrich II., der der Herrschaft des Herzogs von Schwaben über eine Bischofskirche seiner, des Herzogs, *provincia* ein Ende bereitete.

Immerhin hatten es die Herzöge beinahe ein Jahrhundert hindurch vermocht oder zumindest versucht, die drei in ihrem Herrschaftsgebiet, innerhalb des *regnum Alemanniae* oder *Sueviae* gelegenen Bischofssitze und Bistümer Konstanz, Chur und Augsburg und schließlich auch noch den Bischofssitz und das Bistum Straßburg jenseits des Rheins, in dem Schwaben angegliederten Elsaß, mehr oder weniger intensiv einer herzoglichen Kirchherrschaft, die freilich durchaus die höheren Rechte des Reiches respektierte, zu unterwerfen. Mittel zur Ausübung dieser Herrschaft über die Bischofskirchen ihres Herzogssprengels waren vor allem die Durchsetzung der Pflicht zum Besuch herzoglicher Hof- und Landtage, die Durchsetzung der Pflicht zur Folge im herzoglichen Heer, ja, in Augsburg sogar die Präsentation von Kandidaten für die Bischofswahl gegenüber dem

---

[196] Vgl. VOLKERT-ZOEPFL, Regesten der Bischöfe und des Domkapitels von Augsburg I/2, Nr. 168.
[197] Cgl. dazu vor allem Thietmar von Merseburg V/12 (= Ausgew. Quellen IX) S. 204/206, u. Richeri gesta Senoniensis ecclesiae, MGSS XXV, S. 277.
[198] Vgl. Vita S. Deicoli, MGSS XV/2, S. 676, und dazu oben S. 87 ff.
[199] S. Thietmar von Merseburg V/12 (= Ausgew. Quellen IX) S. 204, und dazu oben S. 88.
[200] Vgl. Adalboldi Vita Heinrici II. Imp., MGSS IV, S. 687, und dazu oben S. 89 f.

König sowie die Heranziehung der Bischofskirchen zu einem dem Herzog zu leistenden Servitium und endlich die Verwendung von Bischofsgut zur Belehnung herzoglicher Vasallen.

War die bis zum Tode Herzog Hermanns II. reichende Epoche durch den ständigen Versuch der Herzöge gekennzeichnet, die schwäbischen Bischofskirchen ihrer Herrschaft einzuordnen, und hatte das Königtum dann in der ersten Hälfte und um die Mitte des 11. Jahrhunderts den Bischöfen von Konstanz eine Sonderstellung gegenüber den Herzögen zuerkannt, eine Sonderstellung, die sich vor allem in der Rolle der Bischöfe als Vormünder eines minderjährigen Herzogs bzw. der minderjährigen Verlobten eines Herzogs äußerte, so vermochten die Bischöfe von Konstanz, als einzige unter den Bischöfen Schwabens, diese besonders engen Beziehungen zur Herzogsherrschaft im Zeitalter des Investiturstreits nicht nur aufrecht zu erhalten, sondern noch um einiges auszubauen [201]. Daß es zu einer solch engen Verbindung kam, lag freilich entscheidend daran, daß der bemerkenswerterweise mit ausdrücklicher Zustimmung der in Schwaben ansässigen Herzöge, also Herzog Bertholds (von Zähringen) und Herzog Welfs, und der schwäbischen Grafen im Jahre 1084 auf einer Konstanzer Synode zum Bischof gewählte Gebhard von Zähringen [202] dem gleichen Kreise der gregorianisch gesinnten Fürsten [203] zugehörte, wie Herzog Berthold von Rheinfelden. Und so verwundert es nicht, daß auch die zwei Jahre später, im April 1086, unter Vorsitz von Bischof Gebhard in Konstanz abgehaltene Diözesansynode [204] durch die Anwesenheit des Schwabenherzogs Berthold von Rheinfelden, des Herzogs Berthold von Zähringen und zahlreicher schwäbischer Grafen wiederum zugleich den Charakter eines schwäbischen Fürstentages annahm, so, wie wir auch das *colloquium Sueuorum*, das 1094 in Augsburg abgehalten wurde, als mit einer Diözesansynode verbunden ansehen müssen [205].

Sind in den ersten Jahren von Gebhards Pontifikat die Fürsten Schwabens mitsamt dem Herzog von Schwaben und den übrigen schwäbischen Titular-Herzögen insgesamt Partner Bischof Gebhards von Konstanz, der zudem seit 1089 auch als Legat Papst Urbans II. in Süddeutschland fungiert [206], so treten die Fürsten innerhalb dieses Verhältnisses mehr und mehr in den Hintergrund, seitdem im Jahre 1092 der Bruder Gebhards, Berthold von Zähringen, während eines schwäbischen Fürstentages zum Herzog ganz Schwabens (*totius Sueuiae*) gewählt worden ist [207]. War schon diese – von Bischof Gebhard zweifellos entscheidend geförderte – Wahl unter dem Vorzeichen einer Verteidigung der Kirche gegen die Schismatiker geschehen [208], so verstärkte sich die Bindung des neuen Herzogs an die Kirche dadurch noch erheblich, daß Herzog Berthold,

---

201 Zum folgenden vgl. insgesamt H. MAURER, Der Bischofssitz Konstanz, wie Anm. 169, insbes. S. 6 ff.
202 Über Gebhard immer noch C. HENKING, Gebhard III., Bischof von Constanz 1084–1110, Diss. Zürich, 1880, u. E. HEYCK, Geschichte der Herzöge von Zähringen, 1891, insbes. S. 132 ff.
203 Zu dieser Gruppierung vgl. K. HILS, Die Grafen von Nellenburg im 11. Jh. (= FOLG XIX), 1967, S. 113 ff.
204 REC I, Nr. 531–532, sowie Notitiae fundationis et traditionum monasterii S. Georgii, MGSS XV, 2, S. 1011.
205 Annales Augustani, MGSS III, S. 134.
206 Vgl. REC I, Nr. 546.
207 Bernoldi Chron., MGSS V, S. 454.
208 *ad defensionem sanctae matris aecclesiae contra scismaticos ...* (ebd.).

möglicherweise bereits am Tage seiner Wahl, durch Bischof Gebhard in dessen Eigenschaft als Legat Papst Urbans II. zum *miles sancti Petri,* zum Vasallen des Hl. Stuhls, aufgenommen wurde, dem der Zähringer zuvor sein Allod in Aasen auf der Baar als Lehensgut aufgetragen hatte [209].

Dieses enge Miteinander von Herzogsherrschaft und – durch die Legatenrechte noch verstärkter – bischöflicher Gewalt auf dem Höhepunkt der Parteienkämpfe in Schwaben kam dann ganz deutlich zum Ausdruck, als auf einem Tag zu Ulm im Jahre 1093 die Fürsten Schwabens gleichzeitig gelobten [210], dem Bischof von Konstanz gemäß den *canones,* Herzog Berthold und den Grafen aber gemäß dem alemannischen Gewohnheitsrecht zu gehorchen. Und mit in dieses Herrschaftsbündnis zwischen schwäbischem Herzogtum und Konstanzer Bischofskirche ist dann auch der an dem gleichen Tage von den anwesenden Herzögen und Grafen beschworene Landfrieden [211], der die dem »katholischen« Bischof von Konstanz, also Gebhard, anhängenden Geistlichen ein-, den (Gegen-)Bischof Arnold von Heiligenberg und seine Anhänger hingegen ausschloß, eingebettet.

War die Konstanzer Diözesansynode seit Gebhards Pontifikat, wie wir sahen, mehrmals zugleich mit schwäbischen Fürstentagen verbunden, ohne daß an diesen Tagen dem amtierenden Herzog von Schwaben ein eindeutiger Vorrang zugekommen wäre, so erweist sich die ein Jahr später, vom 2. bis 8. April 1094 in Konstanz abgehaltene Diözesansynode [212] zwar wiederum zugleich als Gremium einer schwäbischen Fürstenversammlung. An der Spitze dieser Fürstenversammlung stehen diesmal aber nicht mehr alle Träger eines Herzogstitels in Schwaben; ihr sitzt vielmehr jetzt allein Berthold als Herzog von Schwaben vor und verleiht dadurch der mit der Diözesansynode verbundenen Versammlung von Laien den Charakter eines Herzoglandtages.

Herzogsherrschaft und Hirtengewalt des Bischofs von Konstanz hatten sich damit am Sitz des bedeutendsten schwäbischen Bistums aufs engste verbunden. Nicht mehr der Herzog war Herr über die Kirche Schwabens; vielmehr hatte im Zeitalter des Investiturstreits die Kirche die Herzogsherrschaft in ihre Abhängigkeit zu bringen gewußt. Auch jetzt galt – freilich mit anderen Vorzeichen – die Feststellung, daß Herzogsherrschaft in Schwaben ohne die Bischofskirchen nicht denkbar war.

Herzogsherrschaft über die Kirche in Schwaben konnte sich freilich nicht allein auf die Bischofskirchen und die Bistümer konzentrieren; sie mußte auch die Klöster im Lande einzubeziehen versuchen [212a].

---

209 Vgl. dazu ausführlich H. MAURER, Ein päpstliches Patrimonium auf der Baar, in: ZGO 118/1970, S. 43–56, hier insbes. S. 53 ff.
210 Hierzu und zum folgenden Bernoldi Chron., MGSS V, S. 457; vgl. dazu auch unten S. 206.
211 Vgl. unten S. 214.
212 Vgl. REC I, Nr. 571 zusammen mit der auf den 4. April 1094 datierten Urkunde bei F. L. BAUMANN, Kloster Allerheiligen in Schaffhausen (= Quellen zur Schweizer Geschichte III), 1883, Nr. 20, u. dazu H. MAURER, Der Bischofssitz Konstanz als Hauptstadt in Schwaben, wie Anm. 169, S. 7 f.
212a Zum Verhältnis von Herzog u. Klöstern in Schwaben allg. außer J. FLECKENSTEIN, Bemerkungen, wie Anm. 159, insbes. S. 56 ff., G. WAITZ, VII, S. 146; M. LINTZEL, Heinrich I. und das Herzogtum Schwaben, jetzt in: DERS., Ausgewählte Schriften, Bd. II/1961, S. 73–84, insbes. S. 74 ff.; G. LÄWEN, Beitrr. zur Frage der Rechtsstellung von Herzog und Stamm im Mittelalter,

Daß der Herzog auch den in seiner *provincia* gelegenen Reichsklöstern sein förderndes Interesse zuwandte, ist bereits an den Interventionen schwäbischer Herzöge zu Gunsten von Abteien des Landes beim König abzulesen. In dem Zeitraum zwischen 923 und 1024 haben Herzöge von Schwaben mehrfach bei deutschen Herrschern für Klöster ihres Herrschaftsbereiches interveniert, um die Ausstellung königlicher Diplome für diese geistlichen Institutionen zu bewirken [213]. Schwäbische Herzöge intervenierten während dieser Zeit für die Gründung des Herzogspaares Hermann I. und Reginlinde zu Einsiedeln [214] ebenso wie für die Klöster St. Gallen [215], Reichenau [216], St. Felix und Regula in Zürich [217] und Stein am Rhein [218] oder für die an der Peripherie ihrer *provincia* gelegenen Abteien Kempten [219], Ottobeuren [220] und Ellwangen [221] im Bistum Augsburg, Disentis im Bistum Chur [222], Schwarzach [223] und Selz [224] in der Diözese Straßburg und Murbach [225] in der Diözese Basel.

Ihrerseits aber haben einige der Klöster, vor allem St. Gallen seit 920 [226], Zürich seit 925 [227] und Rheinau im Jahre 963 [228], die Herrschaft der Herzöge durch die Nennung

1935, S. 76 ff.; H. ELSTERMANN, Königtum u. Stammesherzogtum unter Heinrich I., Diss. phil. Kiel, 1939, S. 35 ff.; H. BÜTTNER, Heinrichs I. Südwest- u. Westpolitik, 1964, S. 9, 47, 49; H. C. FAUSSNER, Verfügungsgewalt, wie Anm. 23, S. 345-449, insbes. S. 406 ff., sowie jetzt vor allem L. HERKOMMER, Untersuchungen zur Abtsnachfolge unter den Ottonen im südwestdeutschen Raum (= Veröff. der Kommission für geschichtl. Landeskunde in Baden-Württemberg, Reihe B, 75. Bd.), 1973, S. 5 ff. u. insbes. S. 50 ff., 65 ff., 92 ff., u. allg. den Überblick bei H.-W. GOETZ, »Dux«, wie Anm. 4, S. 372 ff.

213 Vgl. für die Herzöge von Schwaben grundsätzlich die Übersichten bei R. SCHETTER, Die Intervenienz der weltlichen und geistlichen Fürsten in den deutschen Königsurkunden von 911-1056. Diss. phil. Berlin, 1935, S. 74 ff., 84 ff., 98 ff.

214 Vgl. DO I 94 zu 947 X 27; DO I 108 zu 949 I 24; DO I 155 zu 952 VIII 9; DO I 218 zu 961 II 3; DO I 275 zu 965 I 23; DO I 276 zu 965 I 23; DO II 25 zu 972 VIII 17; DO II 121 zu 975 XII 26; DO II 123 zu 975 XI 28; DO II 181 zu 979 I 15; DO III 4 zu 984 X 27; DO III 83 zu 992 I 24; DO III 231 zu 996 X 31 (es handelt sich freilich oft um Wiederholungen nach Vorurkunden, in die einfach die Intervenienz des Rechtsnachfolgers eingesetzt wurde). Vgl. SCHETTER, Intervenienz, S. 85.

215 DO I 25 zu 940 VI 7; DO I 90 zu 947 VI 12; Ekkeharti casus, ed. Meyer von Knonau, cap. 128, zu 971.

216 DO I 277 zu 965 II 21.

217 DO I 147 zu 952 III 10 (Herzogin Reginlinde).

218 DH II 511 zu 1005 X 1 (zum Problem der Echtheit vgl. H. M. DECKER-HAUFF, ZWLG XIV/1955, S. 236 ff.).

219 DO I 22 zu 939 IX 11; DO III 121 zu 993 IV 30.

220 DO I 453 zu 972 XI 1 (zum Problem der Echtheit vgl. Anm. 343).

221 DO III 38 zu 987 VIII 7; DH II 505 zu 1024 II 5.

222 DO I 208 zu 960 V 16.

223 DO III 153 zu 994 XI 11.

224 DO III 130 zu 993 VII 2.

225 DO III 47 zu 988 X 12.

226 Vgl. Wartmann III, Nr. 778 zu 920 III 8 u. Nr. 780 zu 920 X 27 (?) sowie Nr. 785 zu 926 V 26; Nr. 795 zu 941-942; Nr. 802 zu 950 II 12.; Nr. 806 zu 957 (VIII 6); Nr. 808 zu 962-963; Nr. 809 zu 964 I 28 (?); Nr. 812 zu 971; Nr. 815 zu 976.

227 Vgl. ZUB I, Nr. 191 zu 925 IV 26 sowie Nr. 194 zu 931 VIII 16; Nr. 197 zu 946 IV 28; Nr. 199 u. 200 zu 950-54 IV 24; Nr. 206 zu 963 VI 5 (ff.); Nr. 208 zu 964 X 5; Nr. 212 zu 968 II 19 u. VI 28; Nr. 219 zu 976 I 2 u. Nr. 231 zu 1036 oder 1037.

228 ZUB I, Nr. 207 zu 963 VIII 9.

ihrer Namen neben und nach dem des Königs in der Datierung [229] der in ihren Schreibstuben als Empfängerfertigungen hergestellten Privaturkunden ausdrücklich anerkannt.

Aber die genannten Klöster waren oder wurden Reichsklöster, und sie stellten zugleich die wichtigsten, ja beinahe alle Reichsklöster des 10. und 11. Jahrhunderts in Schwaben dar [230]. Ist mit dieser Aussage bereits präzisiert, was Herzogsherrschaft über die Klöster in Schwaben meint, nämlich Herrschaft über R e i c h s k l ö s t e r, so vermag die weitere Beobachtung, daß die Herzöge sich des Königs und der königlichen Urkunde bedienen mußten, um für die Reichsklöster Schwabens Positives zu bewirken, ebenso deutlich darauf zu verweisen, wer letztlich noch immer als Herr dieser Reichsklöster galt. Auch die Stellung des Herzognamens in der *sub duce*-Formel klösterlicher Schenkungsurkunden in unmittelbarer Verbindung mit dem Namen des Königs gibt dies deutlich genug zu erkennen.

Und noch eine weitere allgemeine Feststellung läßt sich schon diesen Zeugnissen für eine »Herrschaft« der Herzöge über die Reichsklöster Schwabens entnehmen: Stammt die letzte Intervenienz eines Herzogs für eine schwäbische Reichsabtei – nämlich die für Ellwangen – von Ernst II. aus dem Jahre 1024 [231], so ist uns die letzte Nennung eines Herzogs in der Datierung einer Klosterurkunde (nämlich von St. Felix und Regula in Zürich) für Hermann IV. aus dem Jahre 1036 bzw. 1037 überliefert [232]. Es scheint demnach so, als habe die herzogliche Herrschaft über Reichsklöster in Schwaben etwas länger gedauert als diejenige über die Bistümer, die wir bereits unter Herzog Hermann II., zu Beginn des 11. Jahrhunderts, endigen sahen [233].

Kennzeichnend für das Wesen herzoglicher Kirchherrschaft in Schwaben ist noch etwas anderes: Als Herzog Burchard II. und seine Gemahlin Reginlinde am Ausgang des Elztales aus dem mittleren Schwarzwald bei W a l d k i r c h das Kloster St. Margarethen und die Pfarrkirche St. Walpurgis mit ihren typisch hunfridingisch-burchardingischen Patrozinien gründeten [234], beabsichtigten sie damit offensichtlich, sich neben den

---

229 Zur Zürcher Besonderheit der sub duce-Formel u. ihrer Bedeutung vgl. H. K. SCHULZE, Grafschaftsverfassung, wie Anm. 1, S. 80; allg. zur sog. politischen Datierung H. FICHTENAU, Politische Datierungen des frühen Mittelalters, in: Intitulatio II, hg. von H. Wolfram (= MIÖG IV, Erg.-Bd. XXIV), 1973, S. 453–556, für Alemannien insbes. S. 504, 519 u. 531 ff.
230 Zum Gesamtüberblick vgl. neben A. BRACKMANN, Germania Pontificia II/1, 1923, II/2, 1927 u. III/3, 1935, jetzt für die im heutigen Bayern und heutigen Baden-Württemberg gelegenen Klöster: Germania Benedictina, Bd. II/1970 = J. HEMMERLE, Die Benediktinerklöster in Bayern, und Bd. V/1975 = F. QUARTHAL, Die Benediktinerklöster in Baden-Württemberg, sowie für das Elsaß M. BARTH, Handbuch der elsässischen Kirchen im Mittelalter, Straßburg, 1960–1963. Für Baden-Württemberg vgl. auch die Karte »Klöster bis zum Ende des Investiturstreits 1122« im »Historischen Atlas von Baden-Württemberg«.
231 Vgl. DH II 505 zu 1024 II 5.
232 Vgl. ZUB I, Nr. 231 zu 1036 oder 1037.
233 Über das Verhältnis von Herzog und Bistümern in Schwaben vgl. oben S. 153 ff. – Nach diesen Feststellungen wird das von M. LINTZEL, wie Anm. 212, S. 79, formulierte und allgemein übernommene (vgl. die Lit. oben Anm. 212) Urteil, daß »nach 926 das Herzogtum Schwaben der Kirche gegenüber seine Ansprüche aufgeben mußte«, in dieser apodiktischen Form nicht mehr aufrechterhalten werden können.
234 Über Gründung und Anfänge des St. Margarethen-Klosters zu Waldkirch vgl. H. ROTH, Der Gründer des Klosters Waldkirch, in: FDA 72/1952, S. 54–73; H. BÜTTNER, Waldkirch und

dem Herzog mehr oder weniger zur Verfügung stehenden Reichsklöstern ein eigenes Hauskloster zu schaffen, das als solches gekennzeichnet ist einmal durch die Nennung der Namen der Herzoginnen Reginlinde und Hadwig sowie der angeblichen Tochter von Burchard und Reginlinde, Gisela, als *fundatrices* im Nekrolog des Margarethen-Klosters [235], und zum anderen durch die Überlieferung, daß die Herzogstochter Gisela erste Äbtissin des Nonnenklosters gewesen und ihr Sarkophag noch in der frühen Neuzeit Ort besonderer Verehrung gewesen sei [236]. Das St. Margarethen-Kloster verblieb denn auch noch im Besitz des Herzogspaares Burchard III. und Hadwig und vererbte sich demnach innerhalb der burchardingischen Familie bis in die zweite Hälfte des 10. Jahrhunderts weiter [237]. Und dennoch ist Kloster Waldkirch nie ein Herzogskloster in dem Sinne geworden, daß es, unabhängig vom jeweiligen Träger der Herzogswürde, für immer an das Herzogsamt gebunden worden wäre. Burchard III. und Hadwig haben vielmehr, da ihre Ehe kinderlos blieb, das Margarethen-Kloster an König Otto III. geschenkt [238], und von König Otto III. ist es dann auch nach Herzogin Hadwigs Tod in die Reichskirche eingegliedert und zum Reichskloster erhoben worden, dem nicht nur die Rechte der großen, alten Reichsabteien Reichenau und Corvey zugebilligt, sondern auch die ottonische Liturgie von St. Alban in Mainz vermittelt worden sind [239].

Ähnliches geschah mit einem weiteren herzoglichen Hauskloster des 10. Jahrhunderts, mit dem den beiden hll. Märtyrern Georg und Cyrillus geweihten Männerkloster auf dem Herzogsberg H o h e n t w i e l [240], das Burchard III. und Hadwig im Bereich ihrer Bergburg, die sie damit geradezu zu einer Residenz ausgestalteten, zwischen 968 und 973 gegründet hatten. Nach Hadwigs Tod ist auch dieses Kloster an das Reich übergegangen, freilich nicht auf Grund einer ausdrücklichen Übertragung durch das Herzogspaar an den König, sondern offensichtlich bedingt durch den Umstand, daß das St. Georgskloster durch Burchard III. und Hadwig in weitem Umfange mit entfremdetem Reichsgut dotiert worden war [241]. Man könnte also sagen, daß das Herzogskloster auf dem Hohentwiel an das Reich heimgefallen sei. Und in der Tat hat auch hier Otto III. sogleich nach Hadwigs Tod zugegriffen und hat Berg und Kloster in den Besitz des Rei-

---

Glottertal, in: DERS., Schwaben und Schweiz, wie Anm. 26, S. 87–115; TH. L. ZOTZ, Breisgau, wie Anm. 4, S. 26, 48, 80 ff., 140 ff. Zu den Patrozinien vgl. jetzt W. HAUBRICHS, wie Anm. 158a, S. 647 ff.

235 Vgl. hierzu A. SCHULTE, Über freiherrliche Klöster in Baden, in: Festprogramm S. K. H. Großherzog Friedrich zur Feier seines 70. Geburtstages, dargebracht von der Albert-Ludwigs-Universität zu Freiburg, 1896, S. 103–146, hier S. 131 ff.

236 Vgl. das bei J. B. KOLB, Historisch-Statistisch-Topographisches Lexicon von dem Großherzogtum Baden, IV/1816, S. 342–343, abgedruckte Panegyricon, sowie M. WETZEL, Waldkirch im Elztal, 1912, S. 30. Zu Gisela jetzt W. HAUBRICHS, wie Anm. 158a, S. 621 f.

237 Vgl. TH. ZOTZ, Breisgau, wie Anm. 4.

238 Hierzu und zum folgenden H. MAURER, St. Margarethen in Waldkirch und St. Alban in Mainz, in: FS Helmut Beumann, 1977, S. 215–223.

239 Ebd.

240 Zum Kloster auf dem Hohentwiel jetzt F. QUARTHAL, in: Germania Benedictina V/1975, S. 309–312, und künftig W. HAUBRICHS, wie Anm. 158a, S. 654 ff.

241 Vgl. dazu H. JÄNICHEN, Der Besitz des Klosters Stein (zuvor Hohentwiel) nördlich der Donau vom 11. bis zum 16. Jh. in: Jbb. für Statistik und Landeskunde von Baden-Wttbg. IV, 1958, S. 76–86, u. TH. ZOTZ, Breisgau, wie Anm. 4, S. 166 f.

ches übernommen ²⁴². Eine mögliche Bindung des Klosters an das Herzogsamt hat König Heinrich II. dann dadurch vollends unmöglich gemacht, daß er das Burgkloster vom Hohentwiel hinunter nach Stein am Rhein verlegte, es überdies dem von ihm gegründeten Bistum Bamberg übereignete und zugleich das von Burchard III. und Hadwig dem Kloster übergebene Reichsgut wieder an sich zog und unmittelbar an Bamberg überwies ²⁴³.

Auch hier also ist aus einem herzoglichen Hauskloster kein – einem Reichskloster entsprechendes – Herzogskloster geworden. Von Herzögen gegründete Klöster hatten vielmehr, wenigstens im 10. Jahrhundert, offensichtlich nur dann eine Chance auf Weiterexistenz, wenn sie, nach dem Aussterben einer Herzogsfamilie, an das Reich übergingen und zum Reichskloster wurden, und dies sogar, wie im Falle des St. Georgsklosters, um 1005 unter Intervenienz des damals amtierenden Herzogs Hermann II. ²⁴⁴.

Auch für die bedeutendste herzogliche Klostergründung des 10. Jahrhunderts, die Gründung des Klosters E i n s i e d e l n in einem Alpental südlich des Herzogsvorortes Zürich ²⁴⁵ durch Herzog Hermann und seine Frau Reginlinde, wurde schon bald nach der Gründung vom Herzog selbst die Privilegierung durch den König erbeten ²⁴⁶. Und in der Tat hat denn auch König Otto I. im Jahre 947 dem von dem Eremiten Eberhard mit Unterstützung Herzog Hermanns auf einem dem Herzog von dessen *fideles* übereigneten Grund ²⁴⁷ erbauten Kloster das Recht der freien Wahl des Abtes und die Immunität verliehen ²⁴⁸. Diesem Privileg ist noch eine ganze Reihe von – durchweg auf Grund von Interventionen der Schwabenherzöge ²⁴⁹ – erweiterten ottonischen Privilegien für Einsiedeln gefolgt, so daß das Kloster mit guten Gründen die von den Ottonen am häufigsten privilegierte Abtei im Reich genannt werden konnte ²⁵⁰. Im Unterschied

---

242 S. jetzt vor allem TH. ZOTZ, Breisgau, ebd.
243 Über die Verlegung nach Stein am Rhein immer noch F. VETTER, Das St. Georgen-Kloster zu Stein am Rhein, in: SVG Bodensee 13/1884, S. 23–109, dazu aber auch H. M. DECKER-HAUFF, Die Ottonen und Schwaben, in: ZWLG XIV/1955, S. 233–371, hier S. 236 f.; TH. MAYER, Das schwäbische Herzogtum und der Hohentwiel, in: Hohentwiel, hg. von H. BERNER, 1957, S. 88–113, hier S. 102 ff., und H. JÄNICHEN, Besitz, wie Anm. 241, passim.
244 Vgl. DH II 511 zu 1005 X 1 (vgl. auch oben Anm. 243); – vgl. zu dieser Beobachtung grundsätzlich J. SEMMLER, Traditio und Königsschutz, in: ZRG/KA 45/1959, S. 1–33, hier S. 22 ff. u. 33, sowie H. JAKOBS, Rudolf von Rheinfelden und die Kirchenreform, in: Investiturstreit und Reichsverfassung (= VuF XVII), 1973, S. 87–115, hier S. 102/103 mit Anm. 62 und K. SCHMID, Adel und Reform in Schwaben, ebd. S. 295–319, hier S. 305.
245 Zum Verhältnis von Einsiedeln zu Zürich s. oben S. 72 f.
246 Über Einsiedeln vgl. vor allem H. KELLER, Kloster Einsiedeln im ottonischen Schwaben (= FOLG XIII), 1964 passim, u. DERS., Ottobeuren und Einsiedeln im 11. Jh., in: ZGO 112/1964, S. 373–411. Und zur Bedeutung Einsiedelns als Kristallisationspunkt der Herzogsherrschaft Hermanns und Reginlindes (in Modifizierung von H. Kellers Meinung, S. 16) jetzt TH. L. ZOTZ, Breisgau, wie Anm. 4, S. 108 mit Anm. 257; zum Gründungsvorgang immer noch wichtig P. KLÄUI, Untersuchungen zur Gütergeschichte des Klosters Einsiedeln vom 10.–14. Jh., in: Festgabe Hans Nabholz zum 70. Geburtstag 1944, S. 78–120, insbes. S. 87 ff. Vgl. künftig auch W. HAUBRICHS, wie Anm. 158a, S. 616.
247 Dazu H. KELLER, Einsiedeln, wie Anm. 246, S. 13 f.
248 MGDO I 94.
249 Vgl. oben S. 162 und Anm. 214.
250 So H. KELLER, Einsiedeln, wie Anm. 246, S. 10.

aber zum St. Margarethen-Kloster in Waldkirch und dem Kloster St. Georg auf dem Hohentwiel bzw. zu Stein am Rhein blieb das schon so früh in die ottonische Reichskirche eingegliederte, neben der Gottesmutter bezeichnenderweise auch dem ottonischen Reichspatron St. Mauritius [251] geweihte Kloster Einsiedeln bis zum Beginn des 11. Jahrhunderts [252], ja offenbar sogar noch bis zu Herzog Rudolf von Rheinfelden [253] – über alle Wechsel im Herzogsamt und über alle Wechsel der Herzogsfamilien hinweg – ein dem jeweiligen Herzog verbundenes Reichskloster. Hier allein könnte man davon zu sprechen wagen, daß diese Reichsabtei ein Herzogskloster gewesen sei, ein Herzogskloster, dessen Innehabung notwendig zum Amt des Herzogs in Schwaben gehört habe. Gewiß könnte man die Tatsache, daß Herzog Hermann vor 930 Reliquien der hll. Felix und Regula nach Einsiedeln sandte [254], daß Herzogin Reginlinde, die Witwe des Gründerherzogs, die ihr Leben auf der dem Kloster gehörenden Insel Ufnau im Zürichsee beschloß [255], in Einsiedeln ihre Grablege fand [256], ebenso auf die Funktion der Abtei als Hauskloster der jeweiligen Herzogsfamilie beziehen wie die Nachricht, daß Berthold, der Sohn Herzog Hermanns II., 992 in der Einsiedler Klosterkirche getauft worden ist [257]. Für mehr als nur hausklösterliche Eigenschaften spricht indessen der Umstand, daß sämtliche Herzöge von Schwaben ohne Auslassung bis einschließlich Herzog Ernst I. († 1015) in die Nekrologe des Klosters aufgenommen worden sind [258] (Abb. 37) und daß Herzog Hermann mit seinem bereits den Herzogstitel führenden Schwiegersohn Liutolf den die Einführung des künftigen Herzogs im Jahre 948 in das Land vorbereitenden Umritt nicht nur zu den beiden alten Reichsabteien St. Gallen und Pfäfers, sondern auch nach dem erst vor kurzem gegründeten und erst jüngst Reichskloster gewordenen Einsiedeln lenkte, wo sogar die Einweihung der Klosterkirche, die im übrigen wiederum einen Altar der burchardingischen Hausheiligen Walpurgis aufwies [259], in den Herzogsaufenthalt einbezogen wurde [260].

Ähnlich wie die Anwesenheit des Herrschers bei Kirchweihen als »Ausdrucksmittel des politischen und religiösen Wollens und Handelns« und als »Instrument der Politik« und darüber hinaus als eine Gelegenheit gewertet worden ist, bei der der Herrscher »nicht nur seiner persönlichen Frömmigkeit und Großzügigkeit Ausdruck zu verleihen,

---

251 Vgl. dazu H. KELLER, Einsiedeln, wie Anm. 246, S. 21 u. 37.
252 So H. KELLER, Einsiedeln, wie Anm. 246, S. 46, 62 u. 69.
253 Vgl. hierzu die auf 1070 datierte Schenkung Rudolfs von Rheinfelden an Einsiedeln, Solothurner UB I, Nr. 14; danach bedürfte die Aussage bei H. KELLER, Einsiedeln, wie Anm. 246; S. 139, daß »die Verbindung mit den schwäbischen Herzögen ... schon in den Aufständen Herzog Ernsts zerbrochen« sei, der Berichtigung.
254 Vgl. oben S. 67 und dazu E. WYMANN, Uri-Rheinau. Ein Beitrag zur Geschichte der Felix- und Regula-Verehrung, in: XI. Historisches Neujahrsblatt, hg. vom Verein für Geschichte u. Altertümer von Uri [19?] S. 37–100, hier S. 39.
255 Vgl. dazu oben S. 73 ff.
256 S. H. KELLER, Einsiedeln, wie Anm. 246, S. 21 f.
257 S. H. KELLER, Einsiedeln, wie Anm. 246, S. 106.
258 Dazu H. KELLER, Einsiedeln, wie Anm. 246, S. 62 u. 69, u. DERS., Ottobeuren u. Einsiedeln, S. 378 mit Anm. 38.
259 Dazu jetzt H. HOLZBAUER, Mittelalterliche Heiligenverehrung: Heilige Walpurgis (= Eichstätter Studien N 75), 1973, S. 154 ff.
260 Vgl. dazu H. KELLER, Einsiedeln, wie Anm. 246, S. 106.

sondern zugleich seine von Gott sich herleitende Macht zu zeigen und seine Anliegen und Aufgaben der Hilfe des Himmels zu versichern« in der Lage ist [261], wird man – mit freilich reduziertem Maßstab – auch die Anwesenheit z w e i e r Herzöge von Schwaben bei der Kirchweihe von Einsiedeln einzuschätzen haben.

Der gleiche Herzog Hermann II., der seinen Sohn Berthold in der Klosterkirche von Einsiedeln aus der Taufe heben ließ, hatte es – bezeichnenderweise trotz der engen Bindung an diese Reichsabtei – darauf angelegt, sich ein eigenes »Hauskloster« zu schaffen, indem er die alte, im Jahre 776 in M a r c h t a l – unweit der oberen Donau – begründete *cella Sancti Petri* um 994 erneuerte, zusammen mit seiner Gemahlin Gerberga reich dotierte und mit sieben Kanonikaten begabte [262]. Daß das Stift Marchtal als »Hauskloster« dienen sollte, gibt die Nachricht zu erkennen, daß Hermanns und Gerbergas einjähriger Sohn Berthold in dem an die Stiftskirche St. Petrus und Paulus angebauten Johannes-Oratorium bestattet worden sei [263]. Und daß das Kloster »Hauskloster« blieb, erhellt daraus, daß die sieben Pfründen auf dem Erbwege während des 12. Jahrhunderts in den Besitz verschiedener Familien des schwäbischen Hochadels, u. a. auch in den der Staufer, gelangt sind [264].

Das von einem Herzogspaar gegründete Stift St. Peter und Paul in Marchtal ist im Unterschied zu den anderen herzoglichen Hausklöstern des 10. Jahrhunderts, denjenigen zu Waldkirch, Einsiedeln und St. Georg auf dem Hohentwiel, im 11. Jahrhundert nicht in die Reichskirche aufgenommen worden und ist damit weder – wie die Klöster zu Waldkirch und auf dem Hohentwiel bzw. zu Stein am Rhein – unmittelbares Reichsstift noch wie Einsiedeln ein mit der Herzogsherrschaft auch weiterhin aufs engste verbundenes Stift des Reiches geworden. Es ist vielmehr stets Hauskloster, Familienkloster, geblieben [265]. Um ein ausgesprochenes Herzogskloster wie Einsiedeln werden zu können, wäre offensichtlich gleichfalls eine Eingliederung des Stiftes in die Reichskirche notwendige Voraussetzung gewesen.

Das Fehlen einer solch eindeutigen Zugehörigkeit zur Reichskirche [266] mag auch bewirkt haben, daß das im Albtal, inmitten des hohen Schwarzwaldes gelegene, im 9. Jahrhundert als von Kloster Rheinau abhängige *cella* gegründete Kloster S t . B l a s i e n in der zweiten Hälfte des 11. Jahrhunderts »im Gegenspiel zu den Basler Bischöfen« [267] zwar zu einem Hauskloster Herzog Rudolfs von Rheinfelden und seiner Familie wurde, aber nie im eigentlichen Sinne Herzogskloster, d. h. mit der Herzogsherr-

---

261 Zitate nach K. J. BENZ, Untersuchungen zur politischen Bedeutung der Kirchweihe unter Teilnahme der deutschen Herrscher im hohen Mittelalter (= Regensburger Histor. Forschungen 4), 1975, S. 89/90, 222.
262 Über Kloster Obermarchtal, jetzt H. JÄNICHEN, in: Germania Benedictina V/1975, S. 446-448, u. für unsere Epoche vor allem H. SCHWARZMAIER, Emerkingen, in: ZWLG XXV/ 1966, S. 182-213, hier S. 191 ff., 205 f.
263 Vgl. H. SCHWARZMAIER, Emerkingen, wie Anm. 262, S. 192.
264 Dazu H. SCHWARZMAIER, Emerkingen, wie Anm. 262, S. 193 ff.
265 Vgl. dazu auch TH. L. ZOTZ, Breisgau, wie Anm. 4, S. 177, Anm. 325.
266 So die Wertung bei H. JAKOBS, Der Adel in der Klosterreform von St. Blasien (= Kölner Histor. Abhh. 16), 1968, S. 35.
267 So H. JAKOBS, Rudolf von Rheinfelden und die Kirchenreform, in: Investiturstreit und Reichsverfassung, hg. von J. Fleckenstein (= VuF XVII), 1973, S. 87-115, hier S. 105.

schaft verbundenes Kloster [268] geworden und geblieben ist. Daß St. Blasien indessen rheinfeldisches Hauskloster gewesen war, lehren nicht nur die Eintragung von Rudolfs Name im Nekrolog des Klosters [269] und die Schenkungen von Gütern, die Rudolf dem Schwarzwaldkloster hat zukommen lassen [270], oder die Übereignung eines wertvollen Kreuzes, u. a. mit Reliquien der uns häufig in herzoglichen Hausklöstern des 10. Jahrhunderts begegnenden Walpurgis [271], durch Königin Adelheid von Ungarn († 1090), eine Tochter Herzog Rudolfs, an das Blasiuskloster [272]. Auf diese Eigenschaft St. Blasiens weisen vor allem die Grabstätten Adelheids, der Gemahlin Rudolfs, und deren Söhne Berthold und Otto in der zwischen 1092 und 1096 in Nachbarschaft der Klosterkirche erbauten Nikolaus-Kapelle hin [273]. Und St. Blasien ist auch im 12. Jahrhundert Hauskloster bzw. Familienkloster geblieben, wie die Übertragung der Vogtei über das Kloster im Jahre 1125 an Konrad von Zähringen [274] aufs deutlichste unterstreicht.

In welchen Formen aber äußerte sich die sich zwischen die geistlichen Institutionen und das Königtum schiebende Herrschaft der Herzöge über die alten, ursprünglichen Reichsklöster in Schwaben? Oder anders ausgedrückt: was bedeuteten die alten Reichsklöster für die Herrschaft des Herzogs in Schwaben? Gewiß wird es möglich sein, für die Gesamtheit der Reichsklöster Schwabens diese Fragen gültig zu beantworten. Die Suche nach gleichbleibenden Elementen herzoglicher Klosterherrschaft darf freilich nicht davon abhalten, zunächst einmal die besondere Stellung einiger weniger schwäbischer Reichsklöster zum Herzog vor allen anderen herauszustellen: Da ist zunächst die Rolle der Z ü r c h e r Kirchen, der Zürcher Kirchenfamilie, für die wohl in der Pfalz auf dem Lindenhof residierenden Herzöge des 10. und frühen 11. Jahrhunderts [275]. Diese dem Reiche gehörenden Kirchen – das Chorherrenstift und die Abtei St. Felix und Regula zusammen mit der Pfarrkirche St. Peter und der Wasserkirche – hatten gewiß die Aufgabe, den Charakter Zürichs als »Residenz« der Herzöge im Süden Schwabens um ein Wesentliches zu unterstreichen, und dies vor allem dadurch, daß die zahlreichen Prozessionen, die die einzelnen Kirchen miteinander verbanden, den Herzögen Gelegenheit gaben, ihre Würde immer wieder, allen sichtbar, zu demonstrieren. Davon abgesehen, gewährt aber gerade die Vielzahl der Kirchen in Zürich einen erwünschten Ein-

---

268 Dies gegen H. JAKOBS, Rudolf von Rheinfelden, wie Anm. 267, S. 105.
269 Vgl. MG Necrol. I, S. 324 zu Okt. 16; vgl. dazu J. WOLLASCH, Muri und St. Blasien, in: DA 17/1961, S. 420–446, hier S. 428.
270 Vgl. dazu die sog. Schluchseeschenkung; darüber H. JAKOBS, St. Blasien, wie Anm. 266, S. 179 ff.; H. NAUMANN, Die Schenkung des Gutes Schluchsee an St. Blasien, in: DA 23/1967, S. 358–404, u. H. OTT, Zur Festlegung der Grenzen des praedium Slocse aus der sogenannten Schluchseeschenkung im 11. Jh., in: ZGO 116/1968, S. 397–402, sowie die Schenkung Herzog Rudolfs von 1071 IV 3 in Eggingen an St. Blasien, vgl. DH IV 240 u. dazu TH. L. ZOTZ, Breisgau, wie Anm. 4, S. 121.
271 Vgl. zu Waldkirch oben, S. 163 ff., u. zu Einsiedeln oben, S. 165 ff.
272 Darüber jetzt K. GINHART, in: Die Kunstdenkmäler des Benediktinerstifts St. Paul im Lavanttal und seiner Filialkirchen (= Österr. Kunsttopographie Bd. XXXVII), 1969, S. 217–224.
273 Vgl. M. GERBERT, De Rudolpho Suevico, 1785, insbes. S. 116 ff., und L. SCHMIEDER, Das Benediktinerkloster St. Blasien, 1929, S. 24.
274 Vgl. H. JAKOBS, St. Blasien, wie Anm. 266, 1968, S. 13 f.
275 Auf Einzelbelege kann verzichtet werden, da die hier anstehenden Fragen bereits oben, S. 57 ff., in anderem Zusammenhang behandelt worden sind.

blick in die Art und Weise herzoglicher Klosterherrschaft. Denn hier begegnen alle nur denkbaren Formen der Einbeziehung von Klöstern und Kirchen in die herzogliche Herrschaftsausübung und alle nur denkbaren Formen klösterlicher Herzogsnähe.

Als Herr der Zürcher Kirchen gibt sich bereits Herzog Burchard II. zu erkennen, wenn er im Jahre 924 auf seinem in Zürich abgehaltenen Herzogslandtag – mit Bewilligung König Heinrichs I. – Einkünfte zum Unterhalt der Klosterfrauen bestimmt oder wenn Jahrzehnte später, 968, Herzog Burchard III. von den Zürcher Chorherren als ihr *senior* bezeichnet wird. Noch deutlicher wird die Stellung des Herzogs zu den Zürcher Kirchen und zum Zürcher Chorherrenstift im besonderen dadurch, daß er, genauer Herzog Hermann I., in der Lage ist, Hartbert, den Vorsteher der Zürcher Chorherren-Kongregation, der schon damals zugleich sein Kapellan gewesen sein dürfte, mit der Übertragung von St. Felix- und Regula-Reliquien von Zürich nach dem von ihm gegründeten Kloster Einsiedeln zu beauftragen. Und als nicht minder typisch für die Herrschaft der Herzöge über die Zürcher Kirchen dürfte auch die Tatsache anzusehen sein, daß Reginlinde, die Witwe Herzog Hermanns, in ihren letzten Lebensjahren der Frauenabtei als Laienäbtissin vorgestanden hat. In den gleichen Zusammenhang herzoglicher Herrschaft über die Kirchen mag es dann auch gehören, wenn der Wirtschaftshof der Kirche St. Peter die Auflage hatte, jeweils für den *adventus ducis* ein Kissen zu liefern.

Von selbst versteht es sich nach alledem, daß sich die Namen zahlreicher Herzöge von Schwaben in den Nekrologen bzw. in den nekrologischen Notizen der Propstei Zürich eingetragen finden [276]: so diejenigen zweier Herzöge Hermann, eines Herzogs Ernst, eines Herzogs Konrad und der Herzogin Hadwig. Nicht unberechtigt wird es schließlich sein, die Neubauten oder Erneuerungen, mit denen eine jede der Zürcher Kirchen vor oder nach der Jahrtausendwende bedacht worden ist, im wesentlichen Umfang der Initiative, zumindest aber der Förderung durch die Herzöge zuzuschreiben.

Zürichs Kirchen – sämtliche im Besitz des Reiches – heben sich nicht nur durch ihre Zahl und durch ihre liturgische Zugehörigkeit zur Gesamtheit einer Kirchenfamilie von den übrigen Reichskirchen im Lande ab, sondern mehr noch dadurch, daß sie einer Herzogsresidenz zugeordnet sind, ja den »Residenzcharakter« des Vororts an der Limmat wesentlich mitbestimmen.

Eine besondere Bedeutung für die Herzöge kommt unter den Reichskirchen Schwabens auch einer anderen kirchlichen Institution des südalemannischen Gebietes zu: dem St. Verena-Kloster in Zurzach [277], das Kaiser Karl III. im Jahre 881 seiner Gemahlin Richardis auf Lebenszeit verliehen hatte [278] und das nach deren Tode der Abtei Reichenau als Eigentum zugefallen war. Zurzachs Kirche birgt das Grab der hl. Jungfrau Verena, die – angeblich zur Thebäischen Legion gehörend – im 4. Jahrhundert in

---

276 Vgl. unten Anm. 327.
277 Über Kloster Zurzach eingehend A. REINLE, Die Heilige Verena von Zurzach, 1948, insbes. S. 14 f. Für die Frühzeit dazu ergänzend A. BRUCKNER, Scriptoria VII, S. 135 ff., 1955; A. SCHÖNHERR, Schätze der aargauischen Kantonsbibliothek, in: Librarium 2/1959, S. 111–121, 113; K. GAMBER, Codices liturgici latini antiquiores, 1963, S. 175, Nr. 886. Vgl. künftig auch W. HAUBRICHS, wie Anm. 158 a, S. 610 f. und 646 f.
278 Vgl. MGD Karol. III 43 zu 881 X 14.

einer vor den Toren des Kastells Tenedo bestehenden christlichen Siedlung ein frommes, heiligmäßiges Leben geführt haben soll [279].

Welche Blüte der Kult der hl. Verena gerade um die Wende zum 11. Jahrhundert erreicht hatte, läßt sich nicht nur aus der Beobachtung erkennen, daß um 1000 sowohl die zweite Vita der hl. Verena und ein Mirakelbuch in Zurzach entstanden sind, sondern mehr noch dadurch, daß die eingestürzte Verena-Kirche nach 1000 neu aufgebaut und daß ihr dann möglicherweise noch in der zweiten Hälfte des 11. Jahrhunderts eine Doppelturmfassade hinzugefügt wurde, wodurch sie zu einer »architektonisch imposanten Erscheinung« ausgestaltet worden ist [280].

Das Mirakelbuch aus dem beginnenden 11. Jahrhundert läßt nun die Zurzacher Verenakirche gerade für das 10. Jahrhundert als Ziel zahlreicher Wallfahrten erscheinen [281]. Und unter den vornehmsten Wallfahrern vermag es neben König Konrad von Burgund und seiner Gemahlin Mathilde vor allem Herzog Burchard II. mit seiner Gattin Reginlinde und, Jahrzehnte später, Herzog Hermann II. mit seiner Gattin Gerberga anzuführen.

Diese Zurzacher Kultstätte der hl. Verena hat demnach über mehrere Jahrzehnte und über einige Wechsel im Herzogsamt hinweg den Herzögen von Schwaben als Ziel ihrer Wallfahrten gedient, und zwar bemerkenswerterweise jedesmal dann, wenn einem Herzogspaar Kindersegen versagt geblieben schien. In beiden Fällen hat Verena als Kinderspenderin geholfen. Ihrer besonderen Funktion als Wallfahrtsstätte der Herzöge von Schwaben wegen hat man Zurzach gar als ein »schwäbisches Landesheiligtum« ansprechen wollen [282].

Kam den Zürcher Kirchen als Kirchen einer Herzogsresidenz, eines Herzogsvororts, für die Herzöge des 10. und 11. Jahrhunderts eine besondere Bedeutung zu und galt den gleichen Herzögen die von Zürich nicht allzu weit entfernte St. Verena-Kirche zu Zurzach am Hochrhein über Jahrzehnte hinweg als Ziel frommer Wallfahrten, so schien eine der ganz großen Reichsabteien Schwabens, die Abtei Reichenau, von der auch das Verena-Kloster in Zurzach rechtlich abhängig war, eine nicht weniger bemerkenswerte Sonderstellung für die Herzöge von Schwaben in ottonischer Zeit [283] übernehmen zu sollen. Sieht man von der Konstanzer Bischofskirche ab, in der in der ersten Hälfte des 11. Jahrhunderts Herzog Ernst II. seine Grablege gefunden hat und sein Bru-

---

279 Vgl. hierzu A. REINLE, Hl. Verena, passim.
280 Hierzu außer A. REINLE, Hl. Verena, S. 155 ff., vor allem H. R. SENNHAUSER, Zurzach, in: Vorromanische Kirchenbauten, 1966, S. 275 ff., u. DERS., Verenamünster Zurzach. Ausgrabungen vor der Westfassade im Jahre 1966, in: Historische Vereinigung des Bezirkes Zurzach. Jahresschrift 1967, S. 35-45; das Zitat hier S. 40. Die Ergebnisse der 1975 von Prof. H. R. Sennhauser durchgeführten Grabungen innerhalb der Verenakirche sind bislang lediglich aus Zeitungsberichten bekannt geworden. – Der Ausgräber ist – nach freundlicher mündlicher Mitteilung – inzwischen zur Überzeugung gekommen, daß der Neubau der Kirche eher ins 11. als ins 10. Jh. gehöre.
281 Hierzu und zum folgenden wiederum A. REINLE, Hl. Verena, insbes. S. 48 ff.
282 A. REINLE, Hl. Verena, S. 64, und jetzt K. SCHMID, Heirat, wie Anm. 20, S. 123 ff.
283 Zur Reichenau in ottonischer Zeit immer noch K. BEYERLE, Von der Gründung bis zum Ende des freiherrlichen Klosters (724-1427), in DERS.: Die Kultur der Abtei Reichenau, I, 1925, S. 55-212, hier S. 112/7 ff., und jetzt im Überblick Art. »Reichenau«, in: Germania Benedictina VI/1975, S. 503-548.

der, Herzog Hermann II., seine Grabstätte hätte finden sollen [284], dann ist es nur noch einmal, eben im 10. Jahrhundert, im Kloster Reichenau, wenigstens ansatzweise zu einer einigermaßen kontinuierlichen Herzogsgrablege gekommen. Denn im Jahre 948 wurde Herzog Hermann in der – außerhalb, und zwar südlich des Münsters gelegenen – Kilianskapelle [285] und im Jahre 973 Herzog Burchard III. in der entweder unmittelbar an das karolingische Münster angebauten oder gar in ihm gelegenen Erasmuskapelle [286] bestattet. Folgt man der für das Königtum formulierten These K. H. Krügers, »daß die Königsgrablegen ähnlich wie die *palatia* nach politischer Funktion und geistlicher Bedeutung unter die herrscherlichen Institutionen zu zählen und als Teil der frühmittelalterlichen Staatlichkeit zu begreifen sind« [287], dann wird man den beiden Herzogsgrablegen im Reichskloster, das zudem bereits durch das Grab eines Kaisers, nämlich dasjenige Karls III., ausgezeichnet war [288], keine geringe Bedeutung für die Herzogsherrschaft zubilligen dürfen.

Einigen Klöstern des schwäbischen Stammesgebietes, und zwar bezeichnenderweise wiederum des südalemannischen, scheint zumindest einmal eine herausragende Rolle bei der »Einweisung« eines neuen Herzogs in seine *provincia* zugekommen zu sein. Denn zu 948 melden uns die St. Galler Annalen, daß am Festtage des hl. Gallus Liutolf, der Sohn Ottos und designierte Herzog von Schwaben, zusammen mit seinem Schwiegervater, dem Schwabenherzog Hermann I., erstmals *(primitus)* nach St. Gallen gekommen sei [289]. Dazu paßt, daß sowohl Liutolf, bemerkenswerterweise bereits mit dem *dux*-Titel versehen, als auch Hermann, ein jeder mit seiner Gattin, eindeutig durch einen Präsenzeintrag [290] in den *Liber Viventium* des St. Gallen benachbarten, bereits zu Churrätien gehörenden Klosters Pfäfers aufgenommen wurden. Damit ist ihre Gegenwart im Kloster bezeugt, und zwar durch einen Eintrag, der gleichfalls in das Jahr 948 zu datieren sein dürfte [291]; endlich sprechen Indizien dafür, daß beide Herzöge am 14. August des gleichen Jahres 948 auch bei der Weihe der Einsiedler Klosterkirche anwesend waren [292]. Stimmt man der These zu, daß die Anwesenheit des Herrschers bei Kirchweihen

---

284 Vgl. oben S. 155.
285 Dazu K. BEYERLE, Aus dem liturgischen Leben der Reichenau, wie Anm. 283, S. 316–437, hier S. 385, sowie zur Lage der Kilianskapelle E. REISSER, Die frühe Baugeschichte des Münsters zu Reichenau, 1960, S. 27.
286 Vgl. wiederum K. BEYERLE, Aus dem liturgischen Leben, wie Anm. 283, S. 390 f., und zur Lage der Erasmuskapelle gleichfalls E. REISSER, Baugeschichte, wie Anm. 285, S. 117, Anm. 233.
287 Vgl. K. H. KRÜGER, Königsgrabkirchen im Frankenreich (= Münstersche Mittelalter-Schriften 4), 1971, S. 499.
288 Vgl. K. BEYERLE, Von der Gründung bis zum Ende des freiherrlichen Klosters, wie Anm. 283, S. 112/2.
289 Vgl. Annales Sangallenses mai. ed. Henking, 1884, S. 284.
290 Zum Begriff des Präsenzeintrages in den liturgischen Gedenkbüchern vgl. G. TELLENBACH, Der Liber Memorialis von Remiremont, in DA 25/1969, S. 64–110, hier S. 105 f.
291 Zu diesem Präsenzeintrag (vgl. MG Lib. Confrat. S. 383, pag. CXVII) nach H. M. DECKER-HAUFF, Die Ottonen und Schwaben, in: ZWLG XIV/1955, S. 233–371, hier S. 274 ff., 257, 268, G. TELLENBACH, Kritische Studien zur großfränkischen und alemannischen Adelsgeschichte, in ZWLG XV/1956, S. 169–190, hier S. 175 ff., u. H. KELLER, Einsiedeln, wie Anm. 246, S. 41 ff., u. jetzt R. WENSKUS, Stammesadel, wie Anm. 3, S. 331 ff. und künftig ausführlich W. HAUBRICHS, wie Anm. 158a, in Anm. 557 zu Teil 2.4.
292 Vgl. oben S. 166.

als Ausdrucksmittel des politisch-religiösen Wollens und Handelns und als Instrument der Politik zu verstehen sei [293], und nimmt man – im Hinblick auf den Besuch in St. Gallen am Gallustag – hinzu, daß »der heilige Tag als Termin mittelalterlicher Staatsakte« auch im Reisezeremoniell der römisch-deutschen Herrscher eine gewisse Rolle spielte und daß »der Staatsakt, der am heiligen Tage stattfindet,... dadurch selbst in eine sakrale Sphäre erhoben« [wird] [294], dann wird man den Besuch schwäbischer Reichsklöster durch den amtierenden und den zukünftigen *dux* gewiß als einen dem Königsumritt vergleichbaren Herzogsumritt ansehen dürfen, der dazu dienen sollte, den Königssohn Liutolf in sein neues Amt einzuweisen [295].

Reichsklöster – und vor allem die des weiteren Bodenseegebiets – geben sich damit neben den auf Reichsgut ruhenden Herzogsvororten als Fixpunkte der Herzogsherrschaft im Schwaben des 10. Jahrhunderts zu erkennen. Insbesondere e i n e Reichsabtei scheint nicht nur eben dieses eine Mal, im Jahre 948, sondern immer wieder während des ganzen 10. Jahrhunderts regelmäßig von den Herzögen besucht worden zu sein: die Abtei S t. G a l l e n. Einzig und allein von hier, von St. Gallen, besitzen wir denn auch mehrere voneinander unabhängige Nachrichten, die darauf schließen lassen, daß sich die Ankunft des Herzogs im Kloster und der Abschied des Herzogs vom Kloster in einer dem Herrscheradventus in Reichsklöstern vergleichbaren geistlichen Handlung [296] abgespielt haben. Schon für Burchards II. *adventus* im Kloster St. Gallen wissen wir, daß die Mönche dem Herzog Ehrengeschenke aus ihrem Kirchenschatz dargebracht haben [297]. Und nachdem sich Herzog Liutolf im Jahre 953 zwei Tage lang im Kloster aufgehalten hatte, schied er von den Mönchen, »indem er mehrere Zeichen der Gnade und Huld gab, gefolgt von den Stimmen derer, die ihm Glück verhießen«. (... *pluraque gratiae et dilectionis signa ostendens, fausta sibi clamantium vocibus prosecutus recessit*...) [298]. Hier haben wir deutliche Hinweise auf eine feierlich gestaltete *profectio*, auf einen feierlich gestalteten Aufbruch des Herzogs, dem noch Abschiedsworte und Glückwünsche, ja offensichtlich Akklamationen, wie sie vor allem beim Herrscherempfang im Kloster üblich waren, dargebracht worden sind [299].

---

293 Vgl. oben S. 166 f. mit Anm. 261.
294 Vgl. H. M. SCHALLER, Der Heilige Tag als Termin mittelalterlicher Staatsakte, in: DA 30/1974, S. 1–24, hier S. 14 f., 20 f., 23 f.
295 Vgl. H. KELLER, Einsiedeln, wie Anm. 246, S. 44, und oben S. 166.
296 Vgl. dazu allg. P. WILLMES, Der Herrscher-»Adventus« im Kloster des Frühmittelalters (= Münstersche Mittelalter-Schriften 22), 1976, und zuvor schon C. BRÜHL, Fodrum, Gistum, Servitium regis (= Kölner Histor. Abhh. 14/1), 1968, 167 f. mit dem wichtigen Hinweis; »Dieser Empfang stand nur dem König zu, und Thietmar erzählt, daß Otto I. sich erzürnt zeigte, als Herzog Hermann von Sachsen bei einem Besuch in Magdeburg vom Erzbischof mit Glockengeläut eingeholt wurde.«
297 S. Vita S. Wiboradae, MGSS IV, S. 453 f. u. dazu E. IRBLICH, Die Vitae Sanctae Wiboradae, in: SVG Bodensee 88/1970, S. 1–208, hier S. 77/78.
298 Vgl. Ekkeharti casus, ed. Meyer von Knonau cap. 71. Die Übersetzung nach »Ekkehard IV. Die Geschichte des Klosters St. Gallen«, übersetzt u. erläutert von H. Helbling (= Die Geschichtsschreiber der deutschen Vorzeit 102), 1958, S. 312.
299 Vgl. dazu P. WILLMES, Herrscher-»Adventus«, S. 22, mit dem Hinweis, daß »der Aufbruch des Gastes (›Profectio‹)...beachtenswerte Entsprechungen zur Ankunft« aufweise; zu den Glückwünschen und Akklamationen ebd. S. 103/104 u. 114 (speziell über Reichenau u. St. Gallen).

Von einer feierlichen *susceptio* [300] Herzogin Hadwigs im Galluskloster durch den Abt, verbunden mit der Darbringung von Geschenken [301], weiß überdies Ekkehart IV. zu berichten [302], und so werden wir uns diesen feierlichen Empfang aus all den Einzelakten bestehend vorzustellen haben, die wir nicht zuletzt nach den Quellen der Bodenseeklöster als für den Herrscherempfang typisch ansehen dürfen: bestehend vorwiegend aus dem *occursus* der Mönche, aus Grußworten, Akklamationen, Bitten und Fürbitten und nicht zuletzt aus dem antiphonarischen Vortrag eines Begrüßungsgedichtes, eines *susceptaculum* [303].

Gerade die schriftliche Überlieferung des Klosters St. Gallen hat uns eine ganze Anzahl von *susceptacula*, von Begrüßungsgedichten für karolingische Herrscher, aber auch noch für Konrad I. hinterlassen [304], so daß Anselm Schubigers 1858 vorgebrachte Annahme [305], daß zwei *susceptacula*, von denen eines mit den Grußworten *Salve proles regum* beginnt [306], das andere einen *princeps laudandus* anspricht [307], auf den Empfang eines Herzogs im Gallus-Kloster, etwa auf den Empfang des Königssohnes Liutolf in den Jahren 948 bzw. 953, bezogen werden könnten, so unmöglich nicht ist [308].

Dafür spricht, daß wir etwa aus Kloster Tegernsee zwei *susceptacula* auf Herzog Heinrich IV. von Bayern kennen, die beide den Herzog als *princeps* ansprechen [309]. Wie dem auch immer gewesen sein mag, feststeht in jedem Falle, daß zumindest die Reichsabtei St. Gallen während des 10. Jahrhunderts ihren herzoglichen Besuchern ähnlich feierliche Empfänge und Abschiede bereitet hat, wie sie im gleichen Kloster den Herrschern zuteil geworden sind. Ja, die Vorstellung ist nicht ohne weiteres von der Hand zu weisen, daß ein Besuch im Galluskloster notwendig »zur Befestigung der Herrschaft« [310] eines jeden (neuen) Herzogs von Schwaben hinzugehörte. Daß diese Tradition auch noch in spätstaufischer Zeit keineswegs vergessen war, lehrt die Nachricht, daß Herzog Konradin auf seinem der Herrschaftsübernahme in Schwaben geltenden

---

300 Zum Begriff der Susceptio vgl. wiederum P. WILLMES, Herrscher-»Adventus«, insbes. S. 101/102.
301 Über Geschenke an den Herrscher vgl. allg. P. E. SCHRAMM u. F. MÜTHERICH, Denkmale der deutschen Könige und Kaiser, 1962, S. 77 ff.
302 Vgl. Ekkeharti casus, ed. Meyer von Knonau, cap. 90, S. 326: *sanctum Gallum vidua orandi aliquando petiverat causa; quam Purchhardus abbas festive, susceptam, utique neptim, donis cum prosequi pararet...*
303 Dazu ausführlich P. WILLMES, Herrscher-»Adventus«, insbes. S. 103/104. Zu den *susceptacula* ebd., S. 80 u. 98 ff.
304 Vgl. dazu vor allem W. BULST, Susceptacula regum, in: Corona Quernea, Festgabe Karl Strecker zum 80. Geburtstage (= Schriften des Reichsinstituts für ältere deutsche Geschichtskunde 6), 1941, S. 97–135; P. STOTZ, Ardua spes mundi, 1972, S. 90 ff., u. jetzt P. WILLMES, Herrscher-»Adventus«, insbes. S. 83 ff., 91 ff. (ohne Kenntnis der Ausführungen von Stotz).
305 Vgl. A. SCHUBIGER, Die Sängerschule St. Gallens vom 8. bis 12. Jh., 1858, S. 74.
306 Vgl. W. BULST, Susceptacula, Nr. 1, S. 103, WILLMES, Nr. 6, S. 83, (dazu auch WILLMES, S. 98, und STOTZ, S. 96).
307 Vgl. W. BULST, Susceptacula, Nr. 8, S. 127/128 = WILLMES, Nr. 15, S. 84 = STOTZ, S. 96.
308 Dies trotz der in die späte Karolingerzeit weisenden Datierungen bei BULST und WILLMES, wie Anm. 306 u. 307.
309 Vgl. W. BULST, Susceptacula, Nr. 9, S. 131 f., u. Nr. 10, S. 133 f., u. dazu P. STOTZ, S. 94, Nr. 10 u. S. 95, Nr. 15.
310 So P. WILLMES, S. 21.

Umritt vom Jahre 1262 nach den Vororten Ulm und Rottweil südlich des Bodensees allein der Reichsabtei St. Gallen einen Antrittsbesuch abgestattet hat [311].

Haben nach alledem einige der schwäbischen Reichsklöster, vor allem im südalemannischen Gebiet, d. h. in der Reichweite Zürichs, eine jeweils besondere Rolle für die Herrschaft des Herzogs in Schwaben zu spielen vermocht, so gibt es dennoch Elemente im Verhältnis von Reichskloster und Herzog, die beinahe allenthalben mehr oder weniger gleichförmig wiederkehren.

Für fast alle Reichsklöster ihrer *provincia* haben die Herzöge durch Interventionen bei den Herrschern königliche Privilegierungen zu erwirken vermocht [312]. Aber auf die Einschaltung der Herrscher zu Gunsten der in ihrer *provincia* gelegenen Reichsabteien haben sich die Herzöge keineswegs beschränkt: diesen Wohltaten gesellten sich vor allem Schenkungen aus herzoglicher Hand hinzu [313], Schenkungen, die bemerkenswerterweise vor allem Königsgut betrafen: So hat Herzog Burchard III. der Abtei Reichenau, in der er später sein Grab finden sollte [314], den *fiscus regalis* Schleitheim am Fuße des Randen übereignet [315], hat seine Witwe Hadwig dem auf der rechten Seite des Rheins gegenüber dem Bischofssitz Konstanz gelegenen Kloster Petershausen umfangreichen, offenbar aus Königsgut stammenden Besitz am oberen Neckar in und um Epfendorf zukommen lassen [316] und hat die gleiche Herzogin dem Kloster St. Gallen gleichfalls Königsgut darstellenden Besitz in Sasbach am Kaiserstuhl übergeben [317], von den herzoglichen Güterschenkungen an die von Herzögen gegründeten Klöster Waldkirch, Einsiedeln, Hohentwiel, Marchtal und St. Blasien ganz zu schweigen. Wie königliche Schenkungen von Reichsgut an Reichsklöster letzten Endes nur eine Umschichtung von Reichsgut zu Reichskirchengut bewirkten, so haben die Schenkungen der Herzöge an Reichsklöster, vor allem Burchards III. und Hadwigs, im Grunde ähnliches bewirkt. Zumindest dieses Herzogspaar hat die Herrschaft über Reichsgut wie über Reichskirchengut in Schwaben in einer Hand vereint. Die Herzöge betrachteten die Reichsklöster letztlich als ihre eigenen Klöster [318]. Herzogliche Schenkungen an Reichsklöster aber waren oft mit einem ganz bestimmten Zweck, mit einer ganz entschiedenen Absicht verbunden, mit der Absicht nämlich, in das Gebet der Mönchsgemeinschaften eingeschlossen zu werden und am

---

311 Vgl. Annalist. Aufzeichnungen aus St. Gallen ed. C. Henking (= St. Galler Mitt. NF 9) S. 328: ... *venit ad sanctum Gallum et honorifice susceptus per tres dies stetit ibidem.*
312 Vgl. oben S. 162.
313 Über Schenkungen von Herrschern an Klöster vgl. allg. P. E. SCHRAMM-F. MÜTHERICH, wie Anm. 301, S. 84.
314 Vgl. oben S. 171.
315 Vgl. Purchardi Carmen de gestis Witigowonis, MGSS IV, S. 626, und E. REISSER, Die frühe Baugeschichte des Münsters zu Reichenau, 1960, S. 112; und dazu zuletzt TH. L. ZOTZ, Breisgau, wie Anm. 4, S. 148.
316 Vgl. Die Chronik des Klosters Petershausen, hg. von O. Feger (= Schwäb. Chroniken der Stauferzeit 3), 1956, S. 76/78 = I/45 u. S. 90 = II/3 u. dazu I. J. MISCOLL-RECKERT, Kloster Petershausen, wie Anm. 83, S. 35, 47 f., 54 ff., 96. Vgl. außerdem auch TH. L. ZOTZ, Breisgau, wie Anm. 4, S. 99, 168 f.
317 Vgl. Ekkeharti Casus, ed. Meyer von Knonau, cap. 120, S. 392, und dazu TH. L. ZOTZ, Breisgau, wie Anm. 4, S. 146 f.
318 Vgl. dazu jetzt H. C. FAUSSNER, Verfügungsgewalt, wie Anm. 23, insbes. S. 409 f. für Herzog Hermann I.

Opfer der »Brüder« teilzuhaben, ja, mit dem Ziele, einer klösterlichen *fraternitas*, einer geistlichen Verbrüderung teilhaftig zu werden [319].

Wenn festgestellt worden ist, daß die sich im Gedenkbuch der Inselabtei spiegelnde Reichenauer Verbrüderung »das monumentale Dokument der im Gebet zum Ausdruck kommenden Einheit von Kirche und Mönchtum, von Königtum und Adel im Reich sei« [320], so könnte man im Blick etwa auf den Präsenzeintrag von Hermanns I. und Liutolfs Namen im *Liber viventium* der Abtei Pfäfers [321] (Abb. 36) oder von Herzog Hermanns II. und Gerbergas Namen im Gedenkbuch der Abtei Reichenau [322] und von anderen gesicherten wie ungesicherten Herzogseinträgen in den alemannischen Gedenkbüchern [323] (Abb. 35) abwandelnd sagen, daß diese Verbrüderungen der Herzöge mit den Konventen schwäbischer Reichsklöster »monumentale Dokumente der im Gebet zum Ausdruck kommenden Einheit von Reichskirche, Mönchtum und Herzogsherrschaft in Schwaben« darstellen.

Schon Burchard II. wurde in der Abtei St. Gallen eine solche *confraternitas* zuteil. Als er 926 in Italien fiel, versprachen die St. Galler Mönche sein Totengedächtnis künftig wie für einen der Ihren zu begehen. Noch im 11. Jahrhundert war dieses Versprechen den Mönchen wichtig genug, um eine Abschrift der Verbrüderungs-Notiz ihrem Kapiteloffiziumsbuch, dessen Mitte die Regula s. Benedicti bildete, anzufügen [324] (Abb. 34).

Zur Verbrüderung der noch lebenden Herzöge mit den Konventen schwäbischer Reichsklöster gesellte sich das – zumeist durch Seelgerätstiftungen begründete – liturgische Gedächtnis für die verstorbenen Herzöge, deren Namen zum jeweiligen Todestag in das Nekrolog oder Totenbuch der Klöster eingetragen wurden [325].

Bekannt ist jene Seelgerätstiftung, die Herzog Liutolf und seine Frau Ita zusammen mit Otto dem Großen 950 im Kloster Reichenau für den in der Kilians-Kapelle des Klo-

---

319 Dazu grundsätzlich K. Schmid u. J. Wollasch, Die Gemeinschaft der Lebenden und Verstorbenen in Zeugnissen des Mittelalters, in: FMSt 1/1967, S. 364–405, hier S. 370, und jetzt O. G. Oexle, Memoria und Memorialüberlieferung im früheren Mittelalter, ebd., 10/1976, S. 70–95, hier S. 87 ff.
320 K. Schmid, Gemeinschaft, wie Anm. 319, S. 388.
321 Vgl. oben S. 171.
322 MG Lib. Confrat., ed. Piper, 1884, Cod. Aug. col. 668; vgl. dazu H. Schwarzmaier, Reichenauer Gedenkbucheinträge aus der Anfangszeit der Regierung König Konrads II., in: ZWLG XXII/1963, S. 19–28, hier S. 20 ff.
323 Vgl. dazu vorerst G. Tellenbach, Kritische Studien, wie Anm. 291, insbes. S. 174 ff., u. Ders., Liber Memorialis, wie Anm. 290, S. 105 f., und zuvor schon F. Beyerle, Streifzüge durch die Libri confraternitatum (= Protokolle des Konstanzer Arbeitskreises 19 vom 13. II. 1954, insbes. S. 9). – Zu den Gedenkbüchern des alemannischen Raumes jetzt auch K. Schmid und J. Wollasch, Societas und Fraternitas, in: FMSt 9/1975, S. 1–48, hier S. 15 f.
324 MG Lib. Confrat. S. 136. Vgl. dazu jetzt H. Büttner, Heinrichs I. Südwest- u. Westpolitik, 1964, S. 47 f. mit Anm. 20, und zur Überlieferung jüngst J. Duft, Bischof Konrad und St. Gallen, in: Der hl. Konrad, Bischof von Konstanz, hg. von H. Maurer u. a. 1975, S. 56–66, hier S. 59, sowie jetzt vor allem J. Autenrieth, Der Codex Sangallensis 915, in: Landesgeschichte und Geistesgeschichte. FS Otto Herding, 1977, S. 42–55, hier S. 44 ff. u. S. 53.
325 Zur Bedeutung des liturg. Totengedächtnisses in den Klöstern allg. jetzt J. Wollasch, Mönchtum des Mittelalters zwischen Kirche u. Welt, 1973, S. 57 ff.

sters bestatteten Herzog Hermann I. von Schwaben, den Schwiegervater Liutolfs, machten [326]. Und es gibt kaum eines der überlieferten Totenbücher der großen Reichsabteien Schwabens, das nicht Einträge von Namen eines oder mehrerer schwäbischer Herzöge aufzuweisen hätte. Die verschiedenen nekrologischen Aufzeichnungen des Zürcher Chorherrenstiftes verzeichnen die Namen beinahe aller Herzöge von Hermann I. über Herzogin Hadwig bis hin zu Herzog Ernst I. [327]; die Zürcher Eintragungen reichen also über einen ähnlichen Zeitraum wie diejenigen der nekrologischen Überlieferung des von einem Herzogspaar gegründeten und erst danach in Reichsbesitz übergegangenen Klosters Einsiedeln [328].

Das Reichenauer Nekrolog bewahrt gar die Namen verstorbener schwäbischer Herzöge – mit Lücken – von Burchard II. bis Herzog Ernst II. [329]. Und ähnlich stellt sich die Überlieferung von Herzogsnamen im Nekrolog der Abtei St. Gallen dar, die ja schon Burchard II. in ihre *confraternitas* aufgenommen hatte [330]: Sie reicht – mit Lücken – von Hermann I. bis Hermann IV. [331] und damit weit ins 11. Jahrhundert hinein. Unsicher bleibt, ob man die Aufnahme schwäbischer Herzogsnamen – wiederum von Hermann I. bis Hermann IV. – in das Weißenburger Nekrolog als Ausdruck der Anerkennung der Herrschaft der Herzöge auch durch diese unterelsässische Reichsabtei wird ansehen dürfen [332]. Auffallend ist immerhin, daß unter den im Weißenburger Nekrolog aufgeführten Herzögen die schwäbischen bei weitem überwiegen [333].

Da eine zureichende Edition der Nekrologe und Nekrologfragmente aller schwäbisch-elsässischen Klöster noch immer fehlt, wird man vorerst nicht entscheiden wollen, ob der Eindruck, den die Nekrolog-Ausgabe der MGH nahezulegen scheint, richtig ist: daß sich nämlich das liturgische Totengedächtnis für Herzöge in Reichsklöstern vor allem auf die

---

326 MGDO I 116 zu 950 I 1; vgl. dazu H. M. DECKER-HAUFF, Die Ottonen und Schwaben, in: ZWLG XIV/1955, S. 233–371, hier S. 233 ff., G. TELLENBACH, Kritische Studien, wie Anm. 291, S. 170 f., u. jetzt TH. L. ZOTZ, Breisgau, wie Anm. 4, S. 94 ff., sowie künftig W. HAUBRICHS, wie Anm. 158a, S. 623. Auf eine von Hermanns Witwe Reginlinde zum Seelenheil ihres verstorbenen Mannes errichtete Seelgerätstiftung möchte W. HAUBRICHS, S. 606 ff. und 623 f., das in der Heidelberger Otfrid-Hs. Pal. lat. 52, fol. 202v eingetragene Verzeichnis von Spenden an verschiedene Kirchen aus der zweiten Hälfte des 10. Jhs. beziehen.
327 Vgl. MG Necrol. I, S. 549–551, sowie M. BÜDINGER, E. GRUNAUER, Älteste Denkmäler der Zürcher Literatur, 1866, S. 68–72; vgl. hier die Einträge zu Apr. 1, Mai 3, Mai 31, Aug. 20 u. Aug. 29.
328 Vgl. oben S. 165 ff.
329 Vgl. MG Necrol. I, S. 272 ff.; vgl. die Einträge zu Apr. 28, Aug. 17, Sept. 6, Nov. 11, Nov. 22.
330 Vgl. oben S. 175.
331 Vgl. MG Necrol. I, S. 464 ff., die Einträge zu Juli 28, Aug. 10, Aug. 17, Aug. 20, Sept. 6, Okt. 31, Nov. 12 u. Dez. 10.
332 Kalend. Necrol. Weissenburg, ed. J. F. Böhmer, Fontes rer. Germ. 4, S. 310 ff., vgl. die Einträge zu März 12, Juli 28, Aug. 17, Sept. 6, Nov. 1, Nov. 12 u. Dez. 13; zur Bewertung s. H. WELLMER, Persönliches Memento im deutschen Mittelalter (= Monographien zur Geschichte des Mittelalters 5), 1973, S. 93 ff., und J. WOLLASCH, Mönchtum des Mittelalters zwischen Kirche u. Welt (= Münstersche Mittelalter-Schriften 7), 1973, S. 67, Anm. 208; gegen WELLMER aber jetzt vor allem G. ALTHOFF, Unerkannte Zeugnisse vom Totengedenken der Liudolfinger, in: DA 32/1976, S. 370–399, hier S. 391 ff.
333 Vgl. die Zusammenstellung bei H. WELLMER, Memento, wie Anm. 333, S. 99, Anm. 22.

südalemannischen Abteien beschränkt hatte. Eine verbindliche Aussage wird hier vielmehr erst möglich sein, wenn alle nekrologischen Quellen Schwabens einmal der Forschung zugänglich gemacht sein werden [334].

Nicht trügen dürfte hingegen die Beobachtung, daß die sich in den Nekrologen spiegelnde Verbindung zwischen den Herzögen von Schwaben und den Konventen der im weiten Umkreis des Bodensees gelegenen Reichsabteien spätestens seit Herzog Hermann IV. († 1038) abgebrochen zu sein scheint. Die geradezu obligatorische Eintragung des Namens beinahe eines jeden schwäbischen Herzogs in die Nekrologe von Einsiedeln, Zürich, St. Gallen und der Reichenau, ja auch Weißenburgs, hatte in der ersten Hälfte des 11. Jahrhunderts weitgehend ihr Ende gefunden.

Interventionen und Schenkungen der Herzöge für und an die Reichsklöster sowie Verbrüderungen und liturgische Gedächtnisse der Konvente dieser Klöster mit bzw. für Herzöge von Schwaben machen freilich nur die eine Seite des Verhältnisses zwischen schwäbischen Herzögen und den Reichsklöstern ihrer *provincia* aus. Die andere Seite, die sich nun ganz eindeutig mit dem Begriff herzoglicher Klosterherrschaft charakterisieren ließe, wird hingegen bestimmt durch deutliche Äußerungen herzoglicher Entscheidungen über und solche herzoglichen Eingreifens in Angelegenheiten schwäbischer Reichsabteien.

Eine solche Herrschaft des Herzogs über Reichsklöster in Schwaben gibt sich in dem von Herzog Burchard II. 920 zu Rankweil getroffenen Urteil über den rechtlichen Status der Abtei Pfäfers gegen die Ansprüche der Abtei St. Gallen ebenso zu erkennen [335], wie in der freilich unter ausdrücklicher Erwähnung königlicher Zustimmung 924 vom selben Herzog vorgenommenen Festsetzung der Einkünfte der Frauenabtei Zürich [336], im Eingreifen desselben Herzogs in den zwischen Kloster Ettenheimmünster und seinem Hauskloster Waldkirch entstandenen Zwist [337] oder in der Einwirkung Herzog Burchards III. auf das Verfahren in einem Streit der Zürcher Chorherren, die den Herzog zudem als ihren *senior* bezeichnen, mit einer Frau vor dem Zürcher Grafengericht im Jahre 968 [338]. Und ganz offenkundig wird der vom Herzog gegenüber den Reichsklöstern seiner *provincia* erhobene Herrschaftsanspruch dann in dem von der Herzogin Hadwig an die Äbte der Reichenau und St. Gallens – ebenso wie an den Bischof von Konstanz – gerichteten Befehl, zur Entscheidung über einen zwischen ihnen anhängigen Rechtsstreit auf dem Landtag der Herzogin zu Wahlwies zu erscheinen. Die Herzogin begründet – so wenigstens nach Ekkeharts IV. Formulierung – ihren Herrschaftsanspruch auf und über das Kloster St. Gallen damit, daß das Kloster in kaiserlicher Freiheit und unter ihrem Regimente stehe [339]. Scheint sich – während des 10. Jahrhunderts – der herzogliche Anspruch auf Herrschaft über Reichsklöster in Schwaben auf eine

---

334 Zum Stand und zur Planung von Editionen vgl. jetzt K. SCHMID und J. WOLLASCH, Societas und Fraternitas, wie Anm. 323, passim.
335 Vgl. WARTMANN, III, Nr. 779.
336 Vgl. ZUB I, Nr. 188.
337 Vgl. FDA 72, 1952, S. 71–73.
338 Vgl. ZUB I, Nr. 212.
339 Ekkeharti casus, ed. Meyer von Knonau, cap. 96, S. 349 f.: *Quibus illa* [sc. Hadwig]: *sancti Galli, inquit, locus imperialis libertatis cum sit mei regiminis ...*

allgemeine und grundsätzliche Erlaubnis durch die Könige zu stützen [340], die den Herzögen die Durchsetzung dieses Anspruchs beinahe gegenüber jedem schwäbischen Reichskloster gestattete, so dürfte dieser allgemeine, mit königlicher Billigung erhobene Herrschaftsanspruch der Herzöge über Reichsabteien seit dem Beginn des 11. Jahrhunderts in dieser Form eine entscheidende Wandlung erfahren haben. Jetzt werden offenbar einzelne Reichsklöster dem Herzog vom König überlassen.

Denn 1026 hat erstmals Herzog Ernst II. die Abtei Kempten vom König als *beneficium*, als Lehen, erhalten [341], und im Jahre 1063 hat sich der gleiche Vorgang mit derselben Abtei wiederholt: diesmal überließ König Heinrich IV. die Abtei Kempten Herzog Rudolf von Schwaben zu Lehen [342]. Als eine Vorform dieser königlichen Belehnungen von Herzögen mit Abteien werden wir auch die in einem freilich während des 12. Jahrhunderts gefälschten Diplom Ottos I. für Ottobeuren enthaltene, sehr wahrscheinlich aber auf eine echte Vorlage zurückgehende königliche Verfügung betrachten dürfen, daß die Abtei mehrere genannte Güter *pro libertate* dem König überlassen müsse, der dieselben Güter als Lehen dem Herzog Burchard weiterzugeben beabsichtige. Mit dem Lehen übernehme Burchard im übrigen auch die Kriegsdienstpflichten für das Kloster [343].

Sind das alles aber gewiß nur grundsätzliche Zeugnisse für das Bestehen einer herzoglichen Herrschaft über Reichsklöster in Schwaben und für die rechtlichen Grundlagen, auf denen diese herzogliche Klosterherrschaft bis zum Investiturstreit beruhte, sowie für ihren Wandel, so fehlt es dem bisher gezeichneten Bild von der Herrschaft schwäbischer Herzöge über Reichsklöster noch immer an Anschaulichkeit, fehlt die Beschreibung der Folgen, die diese herzogliche Klosterherrschaft für einzelne Abteien nach sich ziehen konnte.

Als eine typische Äußerung herzoglicher Klosterherrschaft wird man einmal die Ausübung des Abbatiats eines Reichsklosters durch ein Mitglied der Herzogsfamilie als Laienabt bzw. Laienäbtissin werten dürfen. Sehen wir von Gisela, der mutmaßlichen Tochter Burchards und Reginlindes, die Äbtissin des burchardingischen Hausklosters Waldkirch gewesen sein soll [344], ab, da Waldkirch damals noch nicht Reichskloster gewesen war, so bleibt doch unbestreitbar, daß die Herzogswitwe Reginlinde als Laienäbtissin

---

340 Vgl. hierzu M. LINTZEL, Heinrich I., wie Anm. 212, S. 74, H. ELSTERMANN, Königtum u. Stammesherzogtum, wie Anm. 212, S. 37. – Dagegen H. C. FAUSSNER, Verfügungsgewalt, wie Anm. 23, der S. 404 schon für die Ottonenzeit an die Investitur des Herzogs mit einzelnen Klöstern als Reichslehen glaubt.
341 Vgl. Wipo, cap. XI (= Ausgew. Quellen XI), S. 564.
342 Vgl. Lampert von Hersfeld (= Ausgew. Quellen XIII), S. 88 – zu diesen Verleihungen vgl. H. SCHWARZMAIER, Königtum, Adel u. Klöster im Gebiet zwischen Oberer Iller u. Lech, 1961, S. 136 ff.
343 Vgl. MGDO I 453 u. 423a zu 972 XI 1; und dazu H. SCHWARZMAIER, wie Anm. 342, S. 122 f.; P. CLASSEN, Das Wormser Konkordat in der deutschen Verfassungsgeschichte, in: Investiturstreit und Reichsverfassung, hg. von J. Fleckenstein (VuF XVII), 1973, S. 411–460, hier S. 448, Anm. 154, sowie P. BLICKLE, Memmingen (= Histor. Atlas von Bayern, Teil Schwaben 4), 1967, S. 30. Zur Übernahme der militärischen Dienstpflicht von Kirchen durch Fürsten vgl. allg. C. SPANNAGEL, Zur Geschichte des deutschen Heerwesens vom Beginn des 10. bis zum Ausgang des 12. Jahrhunderts, Diss. phil. Leipzig, 1885, S. 26 ff.
344 Vgl. oben S. 163 f.
345 Vgl. oben S. 67.

des Frauenklosters St. Felix und Regula in Zürich waltete [345], wie sie möglicherweise auch die Leitung der Frauenabtei Säckingen [346] innehatte.

Noch schwerwiegender aber ist das Eingreifen von Herzögen in die Besetzung der Abtsstühle von Reichsabteien zu werten. Schon im Jahre 922 hatte Herzog Burchard II. den ihm unlieb gewordenen Abt Heribert von der Reichenau abgesetzt, zusammen mit einigen Mönchen aus dem Kloster verjagt und der Abtei statt dessen den bisherigen Propst Liuthard als neuen Abt aufgedrängt [347]. Und in St. Gallen wußte der gleiche Herzog Burchard zu verhindern, daß der schon 925 zum Abt geweihte Engelbert seine neue Abtswürde übernahm. Erst der Tod Herzog Burchards im Jahre 926 hat es König Heinrich I. möglich gemacht, Engelbert als neuen Abt zu investieren [348].

Ähnlich gravierend war, was sich Herzog Liutolf im Jahre 953, zur Zeit des Aufstands gegen seinen Vater, während eines Aufenthalts in St. Gallen erlaubte [349]. Nachdem der königsfreundliche Abt Craloh vor dem Herzog an den Hof Ottos I. geflohen war, setzte Liutolf – nach vorausgegangener Wahl durch einen Teil der Brüder – Anno zum neuen Abt des Klosters ein, ja, er ließ sich sogar vom neuen Abt einen Treueid schwören. In beiden Fällen dürfte es sich freilich um extreme Äußerungen herzoglicher Klosterherrschaft gehandelt haben, um Vorgänge, die wohl am ehesten aus der jeweiligen politischen Situation verstanden werden müssen und für die die Kennzeichnung als »Usurpation« königlicher Rechte zutreffend sein dürfte.

Daß aber auch sonst Herzöge ihren Einfluß auf die Besetzung von Abtsstühlen schwäbischer Reichsklöster auszuüben geneigt waren, lehrt die Nachricht, daß auf Bitten der Herzogin Hadwig einige Zeit hindurch der St. Galler Mönch Ekkehart II. zum Abt von Ellwangen ausersehen gewesen sei [350].

Als ausgesprochenes Charakteristikum herzoglicher Klosterherrschaft in Schwaben könnte aber die widerrechtliche Aneignung beweglichen und unbeweglichen Klostergutes gelten. Vor allem Herzog Burchard II. wird bezichtigt, daß er sich in St. Gallen eines goldenen Reliquienkreuzes bemächtigt, ja – nicht als *dux*, sondern als *predator et desolator istius provinciae* – Besitzungen der Abtei St. Gallen an seine Lehensleute zu Bene-

---

346 Vgl. dazu F. JEHLE, Die Geschichte des Stifts Säckingen, Bd. 1 (= Geschichte der Stadt Säckingen), 1969, S. 47 und künftig W. HAUBRICHS, wie Anm. 158a, S. 619 f. und Anm. 534 zu Teil 2.4. – In diesem Zusammenhang ist bemerkenswert, daß auch Kloster Säckingen, ähnlich wie die Klöster St. Margarethen zu Waldkirch und Einsiedeln, die beide mit den Burchardingern und Reginlinde im besondern eng verbunden waren, gleichfalls wie diese eine der hl. Walpurgis geweihte Kapelle aufwies (nicht bei H. HOLZBAUER, Mittelalterl. Heiligenverehrung, wie Anm. 259, genannt); vgl. A. SCHULTE, Gilg Tschudi, Glarus und Säckingen, in: Jb. für Schweizer Geschichte 18/1893, S. 1–157, hier S. 138.
347 Herimanni Aug. Chron. (= Ausgew. Quellen XI), S. 632, vgl. dazu L. HERKOMMER, Untersuchungen zur Abtsnachfolge unter den Ottonen im südwestdeutschen Raum (= Veröff. der Kommission für geschichtliche Landeskunde in Baden-Württemberg, Reihe B 75) 1973, S. 50, 92 ff.
348 Vgl. Ekkeharti casus, ed. Meyer von Knonau, cap. 50/51, S. 188 ff.; vgl. dazu M. LINTZEL, Heinrich I., wie Anm. 212, S. 76 f., u. jetzt L. HERKOMMER, Abtsnachfolge, wie Anm. 347, S. 65.
349 Hierzu und zum folgenden Ekkeharti casus, ed. Meyer von Knonau, cap. 71/72; vgl. dazu L. HERKOMMER, Abtsnachfolge, wie Anm. 347, S. 67, 94 ff.
350 Vgl. dazu SCHWARZMAIER, in: ZWLG XXIII, 1964, S. 472 (Rezension v. H. KELLER, Einsiedeln) sowie K. FIK, Zur Geschichte der Leitung der Abtei Ellwangen, in: Ellwangen 754–1964, I/1964, S. 107–152, hier S. 122.

fizien ausgetan habe [351]. Und ähnliches hat sich Burchard II. offensichtlich auch gegenüber dem reichenauischen Kloster Zurzach zuschulden kommen lassen [352]. Hier soll er selbst den Ort Zurzach seinem Vasallen Thietpold zu Eigentum übergeben haben. Erst durch ein der hl. Verena zugeschriebenes Wunder sei der Herzog zu dem Versprechen veranlaßt worden, daß Zurzach zu seinen Lebzeiten nie mehr in den Besitz weltlicher Personen gelangen dürfe. Wenn der Zurzacher Bericht hervorhebt, daß Herzog Burchard bei seinen Aktionen von der Absicht geleitet gewesen sei, seine große Lehensmannschaft mit Benefizien zu versorgen [353], so wird man ähnliche Gründe auch bei vergleichbaren Übergriffen späterer Herzöge auf Reichsklosterbesitz unterstellen dürfen: etwa, als Herzog Otto an der Nordgrenze seiner *provincia* zwei der Abtei Weißenburg gehörige, auf dem Asperg bzw. am Fuße des Berges gelegene Fronhöfe entwendete [354], als Herzog Hermann II. im Jahre 1002 *sancta loca* beraubte [355], als Herzog Ernst II. 1027 die Abteien Reichenau und St. Gallen bedrängte [356], als Herzog Hermann Besitzungen der Abtei Selz im Elsaß ebenso mit Beschlag belegte [357] wie später Herzog Otto von Schweinfurt [358]. Ja, der schwäbische Besitz eines westfränkischen Königsklosters, nämlich derjenige der Abtei St. Denis, diente Herzog Liutolf sogar dazu, um auf diesem entfremdeten Reichsklostergut in Esslingen am Neckar einen Vorort der Herzogsherrschaft im nördlichen Schwaben mit Markt und Münze entstehen zu lassen [359].

Dies alles war bemerkenswerterweise möglich, obgleich die Diplome, die Herrscher aus ottonischem und salischem Hause für schwäbische Reichsklöster ausstellten, immer wieder von neuem das Verbot enthielten, daß kein Herzog oder Graf innerhalb der Immunität eines derart privilegierten Klosters irgendein Recht habe, irgendeine Gewalt ausüben, noch die Mönche in irgendeiner Weise bedrängen oder dem Kloster eine Abgabe auferlegen dürfe [360].

So weit klafften Anspruch und Wirklichkeit auseinander! Zugleich erweist sich aber auch, wie aktuell und notwendig diese an die Herzöge gerichteten Verbote jeweils waren.

---

351 Vgl. dazu jetzt ausführlich E. IRBLICH, Vitae Sanctae Wiboradae, wie Anm. 297, S. 77 ff., 134 ff.
352 Vgl. hierzu u. zum folgenden A. REINLE, Hl. Verena, wie Anm. 277, S. 62, 68, sowie E. IRBLICH, Vitae Sanctae Wiboradae, wie Anm. 297, S. 137.
353 Miracula S. Verenae MGSS IV, S. 457, u. bei A. REINLE, Hl. Verena, wie Anm. 277, S. 49:
... *copiosam multitudinem militum sibi sociavit, quibus non solum suas, verum etiam ecclesiasticas possessiones ... in beneficia donavit.*
354 Traditiones possessionesque Wizenburgenses, ed. C. ZEUß, 1842, S. 298/299, u. dazu R. STENZEL, Der rechtsrheinische Güterbesitz des Klosters Weißenburg und der Markt Ettlingen, in: ZGO 103/1955, S. 626-637, insbes. S. 627, u. A. SCHÄFER, Die Abtei Weißenburg und das karolingische Königtum, ebd., 114/1966, S. 1-53, insbes. S. 52, sowie TH. BOLAY, Der Hohenasperg. Vergangenheit u. Gegenwart, 1972. S. 11 f.
355 Vgl. Ann. Quedlinburg. MGSS III, S. 78.
356 Vgl. Wipo, cap. XIX (= Ausgew. Quellen XI), S. 574.
357 Vgl. Miracula Adelheidis Reginae, MGSS IV, S. 646 ff. = Die Lebensbeschreibung der Kaiserin Adelheid von Abt Odilo von Cluny, bearb. von H. PAULHART, (= MIÖG, Erg.-Bd. XX/2), 1962, S. 48 ff., und dazu H. BANNASCH, Zur Gründung und älteren Geschichte des Benediktinerklosters Selz im Elsaß, in: ZGO 117/1969, S. 97-160, hier S. 115.
358 Miracula Adelheidis Reginae MGSS IV, S. 648 = Lebensbeschreibung, wie Anm. 357, S. 53.
359 Vgl. hierzu oben S. 82 ff.
360 Vgl. etwa – gerade für das eben behandelte Selz – das DO III 86, S. 495, von 992 III 11: *interdicentes ..., ut deinceps nullus dux vel comes ...*, und grundsätzlich E. E. STENGEL, Die Immunität in Deutschland bis zum Ende des 11. Jhs., ²1964, S. 450 mit Anm. 1.

Nimmt man alles in allem, dann dürfte das Urteil nicht von der Hand zu weisen sein, daß der Versuch der Herzöge, die Herrschaft über die in Schwaben gelegenen Reichskirchen an sich zu ziehen, gegenüber den Reichsklöstern von noch größerem und eindeutigerem Erfolg gekrönt war als gegenüber den doch noch viel eher unmittelbar an die Herrscher gebundenen drei schwäbischen Bistümern und ihren Bischofskirchen. Mag Herzog Burchard II. in diesem Bestreben — mit Billigung oder Duldung des Königs — am weitesten gegangen sein, so wäre es dennoch verfehlt, mit der bisherigen Forschung annehmen zu wollen, die in Schwaben gelegenen Reichskirchen seien nach Burchards Tode wieder voll und ganz in die Verfügung der Könige zurückgekehrt [361]. Das Gegenteil ist richtig. Die meisten und vor allem die wichtigsten schwäbischen Reichsabteien haben — bei aller Anerkennung der königlichen »Ober-«Herrschaft über die Reichskirche auch in Schwaben — dennoch bis Herzog Ernst II., ja bis Herzog Hermann IV., d. h. bis gegen die Mitte des 11. Jahrhunderts, für die Herzogsherrschaft in Schwaben eine entscheidende Grundlage abgegeben, indem ihr Kirchengut den Herzögen — auf welcher Rechtsgrundlage auch immer — dazu diente, herzogliche Vasallen mit Lehen auszustatten, indem die Klöster gewissermaßen als herzogliche »Klosterpfalzen« Fixpunkte für die herzogliche Reiseherrschaft bildeten und damit die auf Reichsgut ruhenden Herzogsvororte entscheidend ergänzten.

Aber die Herrschaft über die Reichsklöster in Schwaben erweiterte nicht nur die rechtlichen und wirtschaftlichen Grundlagen der Herzogsherrschaft entscheidend. Den Herzögen glückte es vielmehr, hier und dort sogar Äbte zum Besuch des Herzogslandtages anzuhalten und gegenüber Äbten die herzogliche Gerichtsgewalt durchzusetzen, Äbte abzusetzen und neue Äbte einzusetzen, ein Recht also für sich zu beanspruchen, das eindeutig den Königen gebührte; und indem die Herzöge, den Herrschern vergleichbar, bevorzugt in die Verbrüderung und in das Totengedächtnis der Konvente aufgenommen wurden, in Kirchen von Reichsklöstern ihre Grablege fanden und von Mönchen, wiederum den Herrschern vergleichbar, in feierlicher Zeremonie im Kloster empfangen und aus dem Kloster verabschiedet wurden, — indem sie alle diese normalerweise den Königen gebührenden Rechte und Ehrenrechte mehr oder weniger mit Billigung der Herrscher für sich beanspruchten, gaben sie überdies zu erkennen, wie sehr sie sich innerhalb ihres Herzogtums als weitgehend königsgleich, zumindest aber als Vertreter der Herrscher fühlten. Insgesamt aber vermochten sie die Reichskirche, zumindest aber die Reichsabteien im Lande, weitgehend zu mediatisieren und ihren Rechtsstatus als Klöster des Reiches entscheidend einzuschränken.

Erst in salischer Zeit hat dann der von den Herzögen allgemein gegenüber den Reichsabteien erhobene Herrschaftsanspruch der Verleihung einzelner Abteien zu Lehen an Herzöge Platz gemacht und damit die königliche Herrschaft über die Reichskirche in Schwaben wiederum effektiver werden lassen.

Dann aber brachten die letzten drei Jahrzehnte des 11. Jahrhunderts für das Verhältnis des Herzogs zur Reichskirche eine völlige Wende. Zwar hatte noch Rudolf von Rheinfelden im Jahre 1063 von König Heinrich IV. die Abtei Kempten, die im gleichen Jahrhundert schon einmal an einen schwäbischen Herzog zu Lehen ausgetan worden

---

361 Vgl. die oben Anm. 212 zitierte Literatur.

war [362], als Reichslehen erhalten [363]; eine allgemeine Herrschaft des Herzogs über die in seiner *provincia*, über die in Schwaben gelegenen Reichskirchen aber war schon durch König Heinrichs III. Bemühungen um die Wiederherstellung der Reichsunmittelbarkeit nicht zuletzt auch schwäbischer Klöster zunichte gemacht worden [364]. Der Kampf gegen die Laienherrschaft in der Kirche [365], der im sogenannten Investiturstreit seinen Höhepunkt erlebte, mußte die den kirchlichen Reformbestrebungen aufgeschlossenen und damit an der Spitze des »schwäbischen Reformadels« stehenden [366], der antikaiserlichen Opposition [367] zugehörenden Herzöge Rudolf von Rheinfelden, Berthold von Rheinfelden und Berthold von Zähringen vollends von dem Gedanken an eine herzogliche Herrschaft über die Reichskirche in Schwaben Abstand nehmen lassen.

Das hinderte die schwäbischen Herzöge dieser Epoche freilich nicht, sich auch weiterhin um die Kirche im Lande zu kümmern, dies zumal dann, als einer aus ihrem Kreise, Bischof Gebhard III. von Zähringen, den Konstanzer Bischofsstuhl innehatte und als Ordinarius der wichtigsten schwäbischen Diözese mit den Herzögen von Schwaben aufs engste bei der Wahrung des Friedens im Lande zusammenwirkte [368]. Indessen konnten die Herzöge ihr Sich-Kümmern um die Kirche und den Klerus im Lande nicht mehr mit der mehr oder weniger ausdrücklich fixierten Duldung durch das ottonisch-salische Königtum legitimieren; jetzt hatte vielmehr die gerade dem Herzog zukommende Sorge für den Frieden im Lande [369] und hatten vor allem die unmittelbar auf den schwäbischen Reformadel einwirkenden Päpste Gregor VII. und Urban II. [370] den Herzögen die Legitimation erteilt, sich im Lande für Klerus und Kirchen schützend einzusetzen, – und dies nicht mehr nur für die Reichskirchen, sondern für alle kirchlichen Institutionen, eingeschlossen die zahlreichen, von der gleichen schwäbischen Adelsgruppe gegründeten Reformklöster [371]. Doch wandte sich der Papst mit seinem Schreiben nie an den schwäbi-

---

362 Vgl. oben S. 178.
363 Vgl. Lampert von Hersfeld (= Ausgew. Quellen XIII), S. 88.
364 Vgl. dazu G. LADNER, Theologie und Politik vor dem Investiturstreit, 1936 (Neudruck 1968), insbes. S. 63 ff., und für Heinrich IV. jetzt R. SCHIEFFER, Spirituales Latrones, in: H. Jb. 92/1972, S. 19–60, insbes. S. 46 ff. am Beispiel der Reichenau u. allg. S. 60.
365 G. TELLENBACH, Libertas, 1936, Überschrift von Kap. IV, S. 109.
366 Zu Begriff und Wesen des schwäbischen Reformadels vgl. zuletzt H. JAKOBS, Rudolf von Rheinfelden und die Kirchenreform, in: Investiturstreit und Reichsverfassung, hg. von J. FLECKENSTEIN (= Vorträge und Forschungen XVII), 1973, S. 87–115, u. K. SCHMID, Adel und Reform in Schwaben, ebd., S. 295–319.
367 Zur personellen Zusammensetzung dieser Fürstenopposition in Schwaben vgl. K. HILS, Die Grafen von Nellenburg im 11. Jh. (= FOLG XIX), 1967, insbes. S. 113 ff.
368 Vgl. unten S. 206 ff. Als Beispiel für dieses Zusammenwirken könnte möglicherweise jener in der »Konstanzer Briefsammlung« enthaltene Brief (vgl. F. J. SCHMALE, Die precepta procaici dictaminis secundum Tullium und die Konstanzer Briefsammlung, Diss. phil. Bonn, 1950, S. 14 ff., Nr. 15) herangezogen werden, den ein vertriebener Kleriker an einen Bischof R. von Konstanz schrieb und in dem u. a. davon die Rede ist, daß ihm der Bischof und der Herzog B. gemeinsam eine Buße auferlegt hätten (zum Problem der Identifizierung des Bischofs R. und des Herzogs B. vgl. vorerst SCHMALE, ebd., S. 45 ff.).
369 Vgl. dazu unten S. 212 ff.
370 S. dazu die Übersicht in GP II/1, S. 112 ff., u. GP II/2, S. 76 ff.
371 S. dazu jetzt den bequemen Überblick, den die Karte »Klöster bis zum Ende des Investiturstreits 1122« des »Historischen Atlas von Baden-Württemberg« für den hauptsächlichsten Teil Schwabens gewährt; vgl. auch H. JAKOBS, Die Hirsauer, 1961, S. 35 ff.

schen Herzog allein, sondern an alle zum schwäbischen Reformadel gehörigen Träger des Herzogstitels, den Rheinfelder, den Zähringer und den Welfen. So mahnte Gregor VII. im Jahre 1075 [372] Herzog Rudolf von Schwaben und die übrigen schwäbischen Herzöge, gegen Simonie und Unzucht einzuschreiten und sich nicht um den etwaigen Vorwurf zu kümmern, daß dies nicht ihres Amtes sei. Gregor VII. unterließ dabei nicht die mahnende und erinnernde Bemerkung, daß Herzog Rudolf sich selbst bisher bei der Einsetzung von Klerikern der Simonie schuldig gemacht habe [373], – auch dies ein Hinweis auf eine Kirchherrschaft, die selbst noch Herzog Rudolf nicht nur gegenüber seinen Eigenkirchen, sondern vielleicht auch gegenüber Reichskirchen in Schwaben, etwa gegenüber Kempten, beansprucht hatte. Und an Herzog Berthold von Schwaben, den Sohn Rudolfs von Rheinfelden, ebenso wie an Bischof Gebhard und die übrigen Träger des Herzogtitels in Schwaben wandte sich zu Beginn des Jahres 1092 auch Papst Urban II. mit der Bitte, das von den Grafen von Nellenburg gegründete Reformkloster Allerheiligen bei Schaffhausen gegen einen Widersacher zu schützen [374].

Wie ernst der Herzog von Schwaben den Schutz gerade der neugegründeten Reformklöster im Lande nahm und wie er ihn praktisch verwirklichte, lehrt Herzog Bertholds II. (von Zähringen) Eingreifen zu Gunsten des Klosters St. Georgen auf dem Schwarzwald gegenüber den das Kloster bedrängenden Bauern von Aasen [375].

Es verwundert dann auch nicht, wenn der Reformadel in Schwaben neue Klöster vor dem Gericht des Herzogs gründen und grundlegend ausstatten ließ, wie dies im Jahre 1094 auf dem Rottweiler Herzogslandtag für das Kloster St. Georgen [376] und wenig später wiederum auf einem Herzogslandtag zu Rottweil für das Kloster Alpirsbach geschah [377]. Aber alle diese Beziehungen der drei antikaiserlichen Herzöge in Schwaben zur Kirche im Lande resultierten nicht mehr aus einem Herrschaftsanspruch des Herzogs über die Kirche in Schwaben, die nun – im Zeitalter des Investiturstreits – weniger von den alten Reichsklöstern als von den neuen, vom Reformadel gegründeten und nicht mehr in die Reichskirche eingefügten [378] Reformklöstern bestimmt war. Die Beziehungen des Herzogs zu der Kirche in seinem Lande leiteten sich gerade jetzt, da der schwäbische Adel durch seinen – dem Bischof von Konstanz gemäß den Kanones, dem Herzog von Schwaben aber gemäß dem schwäbischen Gewohnheitsrecht geleisteten – Eid deutlich auf die Trennung zwischen Bischofsamt und Herzogsamt, zwischen Kirche und Welt hingewiesen war [379], – diese Beziehungen des Herzogs zu Kirche und Klerus in

---

372 S. Das Register Gregors VII., hg. von E. Caspar I (= MGH, Ep. sel. II/1), 1920, S. 182 ff. = Nr. II, 45 von 1075 I 11, Rom.
373 *... quantumcunque pretii te pro disponendis in ecclesia clericis accipisse recordavis ...*
374 Baumann A H, S. 30 f., Nr. 14 von 1092 I 28, Anagni = GP II/2, S. 13/Nr. 7 *... ut pro domini Salvatoris devotione ac reverentia beati P(etri) et nostri amore eundem virum a tanto apostasia prohibere et abbati atque monasterio curetis assistere.* Zur Sache vgl. B. MEYER, Touto und sein Kloster Wagenhausen, in: Thurgauische Beitrr. zur vaterländ. Geschichte 101/1964, S. 50–75, insbes. S. 56 mit Anm. 23.
375 Vgl. unten S. 215 f.
376 S. unten S. 208 ff.
377 Vgl. unten S. 208 ff.
378 Zu diesem Problem vgl. H. JAKOBS, Rudolf von Rheinfelden, wie Anm. 366, insbes. S. 102 ff., u. K. SCHMID, Adel und Reform, wie Anm. 366, S. 306.
379 Vgl. hierzu S. 161.

Schwaben leiteten sich vielmehr jetzt, im Zeitalter von Kirchenreform und Investiturstreit, einzig und allein aus der auch vom Papsttum dem Herzog immer wieder ins Bewußtsein gerufenen Verpflichtung zur Sorge um den Frieden im Lande her. Der Anspruch des Herzogs auf eine Mit-Herrschaft über die Reichskirche in Schwaben war endgültig Geschichte geworden. Eine »Herrschaft« über die Kirche, zumal über die Reichskirche in Schwaben, war künftig mit dem Amt des Herzogs in Schwaben nie mehr verbunden.

RAUM UND GRENZEN DER HERZOGSHERRSCHAFT

Gestützt auf Reichsgut und Institutionen des Reiches, gestützt aber auch auf Reichskirchen und Reichskirchengut in Schwaben übt der Herzog – das zeigt schon sein Titel [380] – Herrschaft aus vor allem über ein Gebiet, über das Land Schwaben oder Alemannien u n d über die in diesem Gebiet lebenden Schwaben oder Alemannen. Daß sich Land und Volk entsprechen oder anders: daß auch der sich im Titel manifestierende Herrschaftsanspruch des Herzogs über die Alemannen oder Schwaben letztlich »territorial« verstanden werden kann und darf [381], zeigt der gleichzeitige Gebrauch sowohl der ausgesprochen gentilen, als auch der deutlich territorialen Bereichsbezeichnung [382] im Titel der Herzöge von Schwaben vom 10. bis ins 13. Jahrhundert [383], – und dies ganz gleich, ob der jeweilige Herzogstitel als Selbstaussage des Herzogs oder als Fremdaussage [384] – etwa in Königsurkunden – anzusehen ist.

Enthält der früheste, als Selbstaussage zu verstehende, in der ältesten Herzogsurkunde, nämlich in der Burchards II. von 924 überlieferte Titel eines *dux Alemannorum* [385] ebenso wie der erste, mit einem Zusatz versehene, in einer Königsurkunde überlieferte *dux*-Titel eines Schwabenherzogs, nämlich derjenige Herzog Hermanns I. von 947 (940) mit der Formulierung *dux Svevorum* [386] die gentile Bereichsbezeichnung, so verwendet die königliche Kanzlei doch bereits im Jahre 962 für Herzog Burchard III. den Titel

---

380 Zum schwäbischen Herzogstitel vgl. jetzt umfassend W. KIENAST, Der Herzogstitel in Frankreich und Deutschland, 1968, insbes. S. 317 ff., 331, 334 f., 338, 367 ff., 414 ff., und ergänzend H. STINGL, Entstehung, wie Anm. 5, insbes. S. 53 ff., 97 f., 111 f., 118 ff., 134, 139 ff., sowie K. BRUNNER, Der fränkische Fürstentitel im neunten und zehnten Jahrhundert, in: Intitulatio II, hg. von H. WOLFRAM (= MIÖG, Erg.-Bd. XXIV), 1973, S. 179–340, hier S. 311–319. – Kaum zu halten ist die neuestens von H.-W. GOETZ, »Dux«, wie Anm. 4, S. 291, vertretene Meinung, daß der »ethnische Zusatz zum Titel« lediglich die Herkunft verdeutlichen soll.
381 Vgl. dazu grundsätzlich W. KIENAST, Studien über die französischen Volksstämme des Frühmittelalters (= Pariser Historische Studien VII), 1968, insbes. S. 173, sowie K. F. WERNER, Die Entstehung des Herzogtums Burgund (= Protokoll Nr. 51 vom 19. VI. 1971 des Konstanzer Arbeitskreises für mittelalterliche Geschichte [Hessische Abteilung]), hier S. 6 zur territorialen Bedeutung des Titels eines *dux Burgundorum*.
382 Zu diesen gleichzeitigen Formen grundlegend H. WOLFRAM, Intitulatio I (= MIÖG, Erg.-Bd. XXI), 1967, insbes. S. 27, sowie W. KIENAST, Herzogstitel, wie Anm. 380, insbes. S. 342 ff.
383 Vgl. dazu die Beobachtung bei W. KIENAST, Herzogstitel, wie Anm. 380, S. 342 ff.
384 Vgl. dazu die Beobachtung bei W. KIENAST, Herzogstitel, wie Anm. 380, S. 319–343.
385 ZUB I, Nr. 188, S. 79, vgl. dazu W. KIENAST, Herzogstitel, wie Anm. 380, S. 369, 414.
386 DO I 90 (bzw. DO I 25 u. 26); vgl. dazu W. KIENAST, Herzogstitel, wie Anm. 380, S. 318.

dux Alamanniae [387] mit einer eindeutig territorialen Kennzeichnung des Herrschaftsbereiches.

Und beide, die gentile Titelform eines *dux Alamannorum* bzw. *Suevorum* wie die territoriale Titelform eines *dux Alamanniae* bzw. *Sueviae*, werden nun bis zum Ende schwäbischer Herzogsherrschaft in der Mitte des 13. Jahrhunderts abwechselnd nebeneinander gebraucht, wobei freilich die gentile Form des *dux Suevorum* noch in spätstaufischer Zeit gegenüber derjenigen des *dux Sueviae* den Vorzug erhält [388].

Ist mit dieser Betrachtung der Titelformen zwar noch relativ wenig, so doch schon einiges nicht Unwesentliche über die räumlichen Grundlagen und die räumliche Reichweite des herzoglichen Herrschaftsanspruches ausgesagt, so verrät eine gegen Ende des 10. Jahrhunderts hinzukommende Erweiterung des Herzogstitels auch etwas über das Wachsen dieser räumlichen Grundlagen und ihrer Reichweite. Denn zu Herzog Konrads (982–997) Titel eines *Alamannorum dux* (so noch 987) tritt erstmals ein Bezug auf das Elsaß hinzu, indem der Name dieses Herzogs von der königlichen Kanzlei 988 und 993 mit dem kombinierten gentilen Titel eines *Alamannorum et Alsaciorum dux* versehen wird [389]. Danach freilich verschwindet das Elsaß oder genauer: verschwinden die Elsässer für mehr als ein Jahrhundert aus dem schwäbischen Herzogstitel, um erst unter dem staufischen Herzog Friedrich II. (1105–1147) wieder in den Titel aufgenommen zu werden, und zwar in der gentile und territoriale Bezeichnungen kombinierenden Form eines *Svevorum et Alsaciae dux* (1143) oder aber lediglich eines *dux Alsatiae* (1139) [390]. Und diesen Wechsel zwischen der Titelform eines *Svevorum dux* und eines *Elisatiae dux* treffen wir dann auch bei Friedrichs II. Nachfolgern im Herzogsamt häufig an [391].

Die Herrschaft des Herzogs von Schwaben hat demnach – der Aussage seines Titels zufolge – zweimal auch das Elsaß zu ergreifen vermocht, für längere Zeit freilich nur in der staufischen Epoche, in der – im übrigen – ein einziges Mal, im Jahre 1102, Herzog Friedrich II. auch den Titel eines *Svevorum dux et Francorum* führt [392], um – freilich erfolglos – seinen Herrschaftsanspruch auch auf Ostfranken zu demonstrieren.

Mit der kurzfristigen Verbindung von Elsaß und Schwaben im Titel Herzog Konrads und der länger dauernden Verbindung beider im Titel der staufischen Herzöge seit Herzog Friedrich II. ist demnach immer wieder versucht worden, jene alte räumliche Verbindung wiederherzustellen, die erstmals in Karls des Kahlen Benennung als *dux super Alisatiam, Alamanniam et Riciam* in den Weißenburger Annalen für das Jahr 829 aufscheint und bis zu Karl III. immer wieder verwendet wird [393], eine Benennung, die

---

387 DO I 236; vgl. W. KIENAST, Herzogstitel, wie Anm. 380, S. 319, 343.
388 Vgl. dazu die Listen bei W. KIENAST, Herzogstitel, wie Anm. 380.
389 DO III 47 u. DO III 130; vgl. dazu W. KIENAST, Herzogstitel, wie Anm. 380, S. 320 mit Anm. 39, sowie neuestens TH. L. ZOTZ, Breisgau, wie Anm. 4, S. 51, 139.
390 Vgl. dazu W. KIENAST, Herzogstitel, wie Anm. 380, S. 370, 415.
391 Vgl. KIENAST, ebd., S. 415 f., sowie die Belege bei A. MEISTER, Die Hohenstaufen im Elsaß, 1890, S. 123 ff.
392 WUB I S. 334, Nr. 264; vgl. dazu W. KIENAST, Herzogstitel, wie Anm. 380, S. 369 f.
393 Vgl. darüber zuletzt K. BRUNNER, Fürstentitel, wie Anm. 380, S. 314 f., u. früher H. BÜTTNER, Geschichte des Elsaß I (= Neue Deutsche Forschungen, Abt. Mittelalterl. Geschichte 8), 1939, S. 134 ff. – Für Karl III. vgl. auch Lausanner Annalen zu 877 (wie Anm. 7).

freilich zugleich auch die trotz allem weiterdauernde Eigenständigkeit des Elsaß gegenüber Schwaben deutlich unterstreicht.

Was aber ist mit der Nennung Alemanniens oder Schwabens bzw. der Alemannen oder Schwaben im Titel des Herzogs während all der dreieinhalb Jahrhunderte, da Herzöge in und mit ihrem Titel einen solchermaßen gekennzeichneten Bereich beanspruchen, tatsächlich gemeint? Soll diese Bezeichnung des Bereiches nur in geographischem Sinn das Siedlungsgebiet der Alemannen und Schwaben umschreiben, so wie es Archäologie, Sprachforschung und Volkskunde mit ihren jeweiligen Methoden in unterschiedlicher Weise zu benennen wissen [394]? Oder wohnt dieser Bezeichnung neben einer geographischen zugleich auch eine politische und rechtliche Aussage inne?

Die Antwort auf diese entscheidende Frage wird uns gewiß leichter gemacht, wenn wir die Nachricht der *Vita Sancti Udalrici* beachten, derzufolge der Schwabenherzog Liutolf mit seinem Onkel, dem Bayernherzog Heinrich, im Jahre 953 wegen der Grenzen ihrer Länder *(propter confinia regionum)* in Kampf und Streit geraten sei [395], oder den Bericht Thietmars, daß König Heinrich im Jahre 1004 bei seiner Rückkehr aus Italien nach Deutschland zunächst die Grenzen Alemanniens überschritten habe, die – seit kurzem der Obhut beraubt – jetzt seinem noch unmündigen, gleichnamigen Sohne anvertraut seien [396]. Wir ersehen daraus dies: Die *regio* des Herzogs von Schwaben ist nicht ein durch gleiche Siedlung, gleiche Abkunft der Bevölkerung, durch gleiche Sprache und gleiches Volkstum unscharf umrandetes Gebiet; die *regio* des Herzogs besitzt vielmehr klare Grenzen, um die es sich für die Herzöge zu kämpfen lohnt. Und wenn die *regio* (des Herzogs) offensichtlich politisch-rechtliche Grenzen besitzt [397], dann ist auch die *regio* (des Herzogs), die von solchen Grenzen umschlossen wird, selbst nicht allein ein geographisches, sondern ebenfalls ein politisch-rechtliches Gebilde [398]. Und daß diese solchermaßen als politisch-rechtliches Gebilde gekennzeichnete *regio* des Herzogs mit dem im Herzogstitel angesprochenen Wirkungsbereich des Herzogs identisch ist, darauf deuten nun jene keineswegs seltenen Belege hin, die gleichfalls konkret von *confinia*, von Grenzen, sprechen und diese Grenzen – dem Herzogstitel entsprechend – mit dem Namen der Alemannen oder Schwaben bzw. mit dem Namen Alemanniens oder

---

[394] Vgl. dazu noch immer F. L. BAUMANN, Schwaben und Alamannen, ihre Herkunft und Identität, in: DERS., Forschungen zur schwäbischen Geschichte, 1899, S. 500–585, insbes. S. 566 ff., und K. BOHNENBERGER, Die Alemannische Mundart, 1953 passim, oder etwa neuerdings H. JÄNICHEN, Der oder die Bach. Ein Beitrag zur fränkisch-schwäbischen Stammesgrenze, in: Württembergisch Franken 50/1966, S. 72–77, und H. KLEIBER, Die »Grenze« der alemannischen Mundart am nördlichen Oberrhein in sprachhistorischer Sicht, in: Festgabe Fr. Maurer, 1968, S. 11–34, oder zuvor etwa L. STEINBERGER, Alamannen, Schwaben, Baiern und Bayern, in: Schwäbische Blätter für Volksbildung und Heimatpflege 1/Heft 2/1950, S. 33–41.

[395] Vgl. MGSS IV, S. 398 ff., und dazu VOLKERT-ZOEPFL, Regesten der Bischöfe u. des Domkapitels von Augsburg I/1 Nr. 119, sowie RI II, S. 105, Nr. 227 a.

[396] Thietmar von Merseburg VI/9 (= Ausgew. Quellen X), S. 252.

[397] Vgl. dazu schon früher H. MAURER, Confinium Alamannorum, in: Historische Forschungen für Walter Schlesinger, hg. von H. Beumann, 1974, S. 150–161, insbes. S. 159 ff.

[398] Über die Bedeutung des Begriffs *regio* vgl. zuletzt G. KÖBLER, Land und Landrecht im Frühmittelalter, in: ZRG /GA 96/1969, S. 1–40, hier S. 11 ff., 16 f. S. aber auch O. BRUNNER, Land und Herrschaft, [5]1965, S. 189 ff., u. M. HELLMANN, Der deutsche Südwesten in der Reichspolitik der Ottonen, in: ZWLG XVIII/1959, S. 193–216, hier S. 214 f.

Schwabens verbinden [399]. Versuchen wir zugleich, diese *confinia*-Belege räumlich zu fixieren, dann werden wir nicht nur einen neuen, erweiterten Einblick in Wesen und Eigenart des vom Herzog in und durch seinen Titel beanspruchten Raumes erhalten, sondern zugleich – wenn auch nur sporadisch – etwas von der geographischen Reichweite dieses Gebietes erfahren (TA 1). Wir nehmen diese Sichtung nicht in der – zunächst naheliegenden – Weise vor, daß wir einer gewissen geographischen Ordnung folgen, sondern gehen chronologisch vor. Wir tun dies, um von vornherein der Gefahr zu begegnen, einen etwa für 950 gefundenen Grenzbeleg auch für 1150 als gültig festzuschreiben [400].

Schon für das Jahr 910 nennt Liutprand von Cremona Augsburg eine an der Grenze der Schwaben, Baiern und Ostfranken gelegene Stadt [401]. Ist diese Kennzeichnung ohne weiteres verständlich, so ist es schon bedeutend schwieriger einzusehen, weshalb eine am ehesten ins 10. Jahrhundert zu datierende Beschreibung der Waldmark des rechtsrheinisch in der Ortenau gelegenen, wenn auch zur Diözese Straßburg gehörenden Klosters Ettenheimmünster [402] gen Osten, dem zum Breisgau gehörenden Elztal zu, an ein *commarchium* bzw. *confinium Alamannorum* anstößt. Ein *confinium Alamannorum* mitten im alemannischen Siedlungsbereich – oder, wenn man so will: Stammesbereich – kann nur eine Grenze im rechtlichen und politischen Sinne bedeuten. Sie ist nur vorstellbar, wenn man davon ausgeht, daß – wenigstens während des 10. Jahrhunderts – die Ortenau im Gegensatz zum Breisgau nicht zur *regio* Alemannien, sondern wohl am ehesten noch zur *regio* Elsaß gehörte [403], wie diese Landschaft ja auch kirchenrechtlich nicht,

---

399 Vgl. dazu außer H. MAURER, Confinium, wie Anm. 397, für Schwaben bereits die Zusammenstellung der *Confinium*-Belege bei WAITZ V, S. 148–151, S. 168 mit Anm. 2 u. 4, 177, 179, 180 u. 181.
400 So sind denn auch Karten, die das Herzogtum Schwaben in seinen Grenzen als konstante Größe kennzeichnen, unbrauchbar, weil, wie sich zeigen wird, die geographische Reichweite der schwäbischen Herzogsherrschaft für das 10. u. 11. Jh. anders gekennzeichnet werden müßte als für das 12. oder 13. Jh.
401 ... *[Augusta]* ..., *quae est in Suevorum, Bagoariorum seu orientalium Francorum confinio civitas.* (Liutprand, Antapodosis, II/3 = Ausgew. Quellen VIII), S. 548; dazu VOLKERT/ZOEPFL I/1, Nr. 105.
402 Vgl. die neueste Textwiedergabe bei H. KEWITZ, Terminalia silvulae. Die Ettenheimer Grenzbeschreibung von »926«, in: Die Ortenau 56/1976, S. 158–173, hier S. 159/160: ... *usque ad conmarchium Alamannorum ... ad confinium Alamannorum.*
403 Vgl. dazu H. MAURER, Confinium Alamannorum, wie Anm. 397. Der hier gewonnene Befund erfuhr seine Bestätigung durch die gleichzeitig veröffentlichte Arbeit von TH. L. ZOTZ, Breisgau, wie Anm. 4, der, S. 12 ff., nachweisen kann, daß bis in die zweite Hälfte des 10. Jhs. hinein weder die Ortenau noch der Breisgau zum *ducatus Alamanniae* gezählt wurden und daß nach der offensichtlichen Eingliederung des Breisgaus in den Dukat um 960 die Ortenau und das Elsaß auch weiterhin gegenüber dem nun zum schwäbischen Dukat gehörenden Breisgau eine Sonderstellung einnahmen (ZOTZ, S. 15). – Diese Erkenntnis läßt H. KEWITZ, Terminalia, vgl. Anm. 402, leider unberücksichtigt, so daß er von neuem auf die historisch nicht zu haltende Theorie einer Deutung dieser Grenze als Grenze gegenüber angeblich noch im Hochmittelalter in den Schwarzwaldtälern ansässigen Romanen zurückgreifen muß (KEWITZ, S. 166 ff.). Seine Behauptung überdies (KEWITZ, S. 168), daß das *Confinium Alamannorum* die Ortenau vom Breisgau keineswegs trenne, ist unrichtig. Kewitz übersieht, daß das bis zum Confinium hinaufreichende Siedlungsgebiet um Biederbach von Waldkirch, d. h. vom breisgauischen Elztal, her erschlossen worden ist.

wie der Breisgau, der Diözesangewalt des Bischofs von Konstanz, sondern derjenigen des Bischofs von Straßburg unterworfen war.

Vom Westen werden wir nach Norden weitergeführt, wenn der *Continuator Reginonis* den Ort Heimsheim (bei Leonberg, nordwestlich von Stuttgart), wo im Jahre 965 der aus Italien zurückkehrende Otto I. mit seinen Söhnen Otto und Wilhelm zusammenkommt, an der Grenze Schwabens und Frankens gelegen bezeichnet [404].

Unverändert gilt Augsburg im Jahre 1004 als an der Grenze Bayerns und Alemanniens gelegen [405]. Basel hingegen, die Bischofsstadt am Rheinknie, liegt für Wipo im Jahre 1025 an der Grenze von Burgund, Alemannien und Franken, wobei er freilich hinzuzufügen weiß, daß die Stadt tatsächlich aber zu Burgund gehöre [406]. Die Grenze zwischen d e n Franken und d e n Schwaben [407] wird, wenigstens an einer Stelle, deutlich, wenn Konrad II. in seinem Privileg für Kloster Murrhardt vom Jahre 1027 die Grenze des Wildbanns, den er diesem bereits in Franken gelegenen Kloster übereignet, für eine gewisse Strecke durch die *confinia Francorum et Suevorum* bestimmt sein läßt [408]. Es ist dieselbe Grenze, die wenig weiter nach Osten in der Wildbannverleihung Heinrichs II. für Kloster Ellwangen vom Jahre 1024 in ganz anderer, aber höchst bemerkenswerter Weise gekennzeichnet wird: Hier ist nicht von der Grenze zwischen Franken und Alemannen die Rede, sondern von einem Teil des Waldes, der den *Francorum legibus*, den Rechtsgewohnheiten der Franken, unterliegt [409]; dessen anderer Teil aber, das darf man ohne weiteres ergänzen, unterliegt alemannischem Recht.

Und wiederum in den Nordosten Alemanniens führt uns die Grenzbeschreibung des Wildbanns, den Heinrich III. im Jahre 1053 der Eichstätter Bischofskirche im Riesgau und im Gau Sualafeld verlieh. Er grenzt u. a. an »eine Quelle, wo die beiden Provinzen« Schwaben und Franken voneinander geschieden werden [410] und, wie wir aus dem weite-

---

404 Continuator Reginonis (= Ausgew. Quellen VIII), S. 224: *in confinio Franciae et Alamanniae, in villa Heimbodesheim...*

405 *...[Augusta], quae confiniis Bavariae et Alemanniae sita est* (Adalboldi Vita Heinrici II = MGSS IV, S. 691).

406 *Basilea civitas sita est in quodam triviali confinio, id est Burgundiae, Alamanniae et Franciae; ipsa vero civitas ad Burgundiam pertinet.* (Wipo, cap. VIII (= Ausgew. Quellen XI), S. 560).

407 Vgl. zu den in den folgenden genannten Wildbanngrenzen die instruktive Karte »Franken um 1020« auf S. 17 des »Bayerischen Geschichtsatlas«, hg. von M. Spindler, 1969.

408 *...et per confinia Francorum et Suevorum usque ad supradictum fontem Wisilaffa* (MG DK II 107); vgl. dazu K. BOHNENBERGER, Zum Ortsnamen Murrhardt, in: Württembergische Studien. FS zum 70. Geburtstag von Professor Eugen Nägele, 1926, S. 212-222, insbes. S. 219-222: »Anhang: Zur Forsturkunde von 1027«; E. KOST, Von der Schwäbisch-Fränkischen Stammesgrenze in Württembergisch-Franken, in: Die Hutzeltruhe (= Beilage zum »Kocherboten«) Nr. 6/7, 1934, sowie M. BECK-H. BÜTTNER, Die Bistümer Würzburg und Bamberg (= Studien und Vorarbeiten zur Germania Pontificia 3), 1937, S. 89 ff., 173 f.

409 DH II 505 und dazu auch die Karte bei H. RETTENMEIER, Die Grenzen des Ellwanger Bannforsts in der Zeit des altdeutschen Kaisertums, in: Ellwanger Jahrbuch 1950-1953, S. 73-125, auf S. 77.

410 *ubi duae provinciae dividuntur Suevia quidem et Franconia* (MGDH III 303); und dazu E. FRHR. VON GUTTENBERG, Stammesgrenzen und Volkstum im Gebiet der Regnitz und Altmühl, in: Jb. für fränkische Landesforschung 8/9, 1943, S. 1-109, hier S. 36 ff., u. A. GABLER, *...ubi duae provinciae dividuntur Suevia quidem et Franconia*, in: Schwäbische Blätter für Volksbildung und Heimatpflege 11/1960, S. 82-87.

ren Text des Diploms entnehmen können, zugleich auch die Grafschaften des – offenbar zu Schwaben gehörenden – Riesgaus und des – offenbar zu Franken gehörenden – Gaus Sualafeld voneinander getrennt werden.

Weiter nach Süden aber wird die – schon durch die wiederholte Kennzeichnung von Augsburgs Grenzlage unterstrichene – Rolle des Lech als Grenze der Bayern und Alemannen durch den in der ersten Hälfte des 12. Jahrhunderts schreibenden Paul von Bernried von neuem hervorgehoben [411].

Und noch einmal – ein letztes Mal im übrigen – wird die Grenze zwischen den Franken und Alemannen im Jahre 1155 in Friedrichs I. großem Priviles für das Bistum Konstanz angesprochen, um zugleich die nördliche Begrenzung dieses Bistums zu kennzeichnen [412]. Da die Bestandteile dieses Privilegs freilich aus den verschiedensten Vorurkunden übernommen worden sein dürften, ist anzunehmen, daß die Bezeichnung: *marcha Francorum et Alamannorum* nicht originär dem 12. Jahrhundert entstammt, sondern älter sein dürfte. Es gilt deswegen festzuhalten, daß die spätesten eindeutigen Belege für eine Grenze Alemanniens bzw. der Alemannen der zweiten Hälfte des 11. Jahrhunderts entstammen.

Wir ersehen aus alledem, und wir ersahen vor allem aus den Grenzbelegen für die Waldmark des Klosters Ettenheimmünster, aber nicht nur aus ihnen: Die Grenzen der Alemannen, wie sie uns in Quellen des 10. und 11. Jahrhunderts begegnen, sind keine Grenzen der Siedlung und des Volkstums, sondern sind politische und rechtliche Grenzen [413]. Sie scheiden, wie wir insbesondere aus der Eichstätter Wildbannbeschreibung entnehmen konnten, nicht einfach die Alemannen von den Franken oder von den Bayern oder Alemannien von Franken oder von Bayern, sondern sie scheiden *provinciae* voneinander und sie decken sich mit den Grenzen von Grafschaften [414]. In der *provincia* aber werden wir die entsprechende Bezeichnung für jene *regio* sehen dürfen, um deren Grenzen der Herzog von Schwaben und der Herzog von Bayern im Jahre 953 ge-

---

411 ... *in confinio Noricorum et Alamannorum, quos Lycus flumen disterminat* (Paul von Bernried, Gregorii papae VII. Vita, in: Pontificum Romanorum ... vitae, hg. von J. M. Watterich I/1862, S. 542). – Grundsätzlich zur Bedeutung der Lechgrenze P. FRIED, Das Land am Lech in der Geschichte, in: Sonderausgabe der Zeitschrift »Bayerland« = »Land am Lech« (o. J.) S. 7–14, und jüngst DERS., Die alemannisch-baierische Stammesgrenze am Lech im Früh- und Hochmittelalter (= Protokolle des Konstanzer Arbeitskreises Nr. 218 vom 10. 12. 1977).
412 *Versus aquilonem vero inter episcopatum Wirzeburgensem et Spirensem usque ad marcham Francorum et Alamannorum* (MG DF I 128). Vgl. dazu H. BÜTTNER, Die Entstehung der Konstanzer Diözesangrenzen, in: DERS., Frühmittelalterliches Christentum und fränkischer Staat zwischen Hochrhein u. Alpen, 1961, S. 100 ff.; A. SEILER, Studien zu den Anfängen der Pfarrei- und Landdekanatsorganisation in den rechtsrheinischen Dekanaten des Bistums Speyer, 1959, S. 476; DERS., Die Speyerer Diözesangrenzen rechts des Rheins im Rahmen der Frühgeschichte des Bistums, in: 900 Jahre Speyerer Dom, hg. von L. Stamer, 1961, S. 243–259, hier S. 257 f.
413 Zum gleichen Ergebnis kamen bereits E. KOST, Von der Schwäbisch-Fränkischen Stammesgrenze, wie Anm. 408; V. ERNST, in: Beschreibung des Oberamts Leonberg, 1930, S. 260 ff., insbes. S. 263, E. FRHR. VON GUTTENBERG, Stammesgrenzen und Volkstum, wie Anm. 410, S. 105, und A. SEILER, Die Speyerer Diözesangrenzen, wie Anm. 412, S. 257.
414 Über die Existenz von genau bestimmten Grafschaftsgrenzen schon in früher Zeit vgl. neuestens H. K. SCHULZE, wie Anm. 1, S. 118 f.

geneinander kämpften [415]. Zugleich aber wird uns auch deutlich, was diese *provincia* kennzeichnet, was ihre Grenzen einschließen bzw. was an ihren Grenzen endet [416].

An ihren Grenzen endet der Geltungsbereich der *leges Alemannorum* [417]; die *provincia Alemannorum* oder *Alemannia*, über die der Herzog – schon nach Aussage seines Titels – Herrschaft auszuüben beansprucht, deckt sich mit dem Geltungsbereich der *leges Alemannorum* [418]. Außerhalb ihrer Grenzen aber gelten die *leges* der Franken oder Bayern [419].

Und vor allem: Wenn die Herzöge um die Grenzen ihrer Provinzen kämpfen, dann zeigt sich, daß ihr *ducatus*, daß ihre Amtsgewalt – nebenbei bemerkt ein rechtlicher, keineswegs ein geographischer Begriff [420], der uns bereits um die Mitte des 10. Jahrhunderts wieder in den Quellen begegnet [421] –, daß ihr *ducatus*, den sie innerhalb der *provincia* ausüben [422], zugleich so weit reicht, wie die *lex Alemannorum* und umgekehrt. Auf die Bedeutung dieser wesentlichen Erkenntnis für das Verständnis der Rechtsgrundlagen der Herzogsherrschaft wird zurückzukommen sein.

Da die *regio* bzw. die *provincia* Schwaben, im Grunde also das, was man gemeinhin als schwäbisches »Stammesgebiet« zu bezeichnen pflegt, ein politisch-rechtliches Gebilde

---

415 Vgl. oben S. 186.
416 Zum Wesen der *provincia* als rechtliches Gebilde vgl. etwa O. Brunner, Land und Herrschaft, insbes. S. 189 ff., und neuerdings G. Köbler, Land und Landrecht, wie Anm. 398, S. 18 ff., mit dem bemerkenswerten Hinweis auf S. 21, »daß die *leges*-Wendungen ... vor allem *provincia* als rechtlich bedeutsames Tatbestandselement erscheinen lassen ...«
417 Vgl. das Beispiel oben S. 188; s. auch E. Frhr. von Guttenberg, Stammesgrenzen und Volkstum, wie Anm. 410, S. 19 f., 35 f.
418 Über die Lex Alemannorum im Sinne eines ungeschriebenen Gewohnheitsrechts im hohen Mittelalter, über ihren Geltungsbereich und ihre Geltungsdauer vgl. W. Merk, Die deutschen Stämme in der Rechtsgeschichte, in: ZRG/GA 58/1938, S. 1–41, insbes. S. 38 f., J. Höss, Die deutschen Stämme im Investiturstreit, Diss. phil. Masch., Jena 1945, S. 87 und 135, G. Köbler, Land und Landrecht, wie Anm. 398, S. 31 ff., und jetzt vor allem C. Schott, Pactus, Lex und Recht, in: Die Alemannen in der Frühzeit, hg. von W. Hübener, 1974, S. 135–168, hier S. 166.
419 Die territoriale Bedeutung der *leges* betont neuerdings – gegenüber der älteren Forschung – grundsätzlich W. Ebel, Stammesrecht und Landrecht – Personalitäts- und Territorialitätsprinzip des Rechts (Protokoll des Konstanzer Arbeitskreises, Nr. 109, 1963), S. 16–29, insbes. S. 28, und für den S. 188 angeführten Beleg zu 1024 vgl. K. G. Hugelmann, Stämme, Nation und Nationalstaat im deutschen Mittelalter, 1955, S. 29. – Vgl. grundsätzlich auch S. L. Gutermann, From personal to territorial Law, Metuchen, N. J. 1972, insbes. S. 63 ff., 215 ff.
420 Zur Bedeutung des Begriffs *ducatus* im 10. und 11. Jh.: lediglich in geographischem Sinne verstanden bei W. Kienast, Der Herzogtitel in Frankreich und Deutschland, 1968, S. 48 ff., und H. Stingl, Entstehung, wie Anm. 5, S. 128 ff. – Dagegen u. E. mit Recht die institutionelle Bedeutung des Begriffes herausstellend Th. Mayer, Fürsten und Staat, 1950, S. 282 f., 309, und für Schwaben im besonderen Th. L. Zotz, Der Breisgau, wie Anm. 4, S. 51: *ducatus* als »Geltungsbereich des Herzogtums«. Zum *ducatus*-Begriff vgl. jetzt auch H. W. Goetz, »Dux«, wie Anm. 4, S. 231 ff. u. insbes. S. 254.
421 Vgl. darüber zuletzt Th. L. Zotz, Der Breisgau, wie Anm. 4, S. 12 ff., 51 f.; für die karolingische Zeit vgl. die Belege bei E. Klebel, Herzogtümer und Marken, wie Anm. 5, hier S. 86/87, und H. Stingl, Entstehung, wie Anm. 5, S. 128.
422 So formulieren wir bewußt in Anlehnung an Th. Mayer, Fürsten und Staat, 1950, der S. 282 f. darauf hinweist, daß der *ducatus* bis ins 11. Jh. hinein noch nicht »selbst ein Raumgebilde, eine Gebietsherrschaft darstellte, sondern die Ausübung bestimmter Rechte in einem Gebiet«.

darstellt [423] und da die bislang fälschlich »Stammesgrenzen« genannten Grenzen dieser »Provinz Schwaben« politische und rechtliche Grenzen sind, ist ohne weiteres anzunehmen, daß die Ausdehnung der *provincia*, daß ihre Grenzen sehr leicht politischen Erfordernissen, politischen Einwirkungen unterworfen gewesen sein dürften.

Ob diese Vermutung richtig ist, wird sich zeigen, wenn wir nun den wenigen Belegen für das Vorhandensein von Grenzen der Provinz Alemannien oder Schwaben, die zugleich den Rahmen für die Ausübung des *ducatus* durch den Herzog abgibt, das Bild gegenüberstellen, das sich ergibt, wenn wir nach der tatsächlichen Reichweite der Herzogsherrschaft, des *ducatus* als Amtsbereich des Herzogs innerhalb der Provinz, im Wandel der Jahrhunderte fragen.

Zunächst ist es im wesentlichen alleine das westliche Bodenseegebiet, ist es der Thurgau mit Stammheim [424], ist es der Hegau mit Bodman, Wahlwies und dem Hohentwiel [425], wo das Ringen um die Erlangung der Herzogsherrschaft die Anwärter auf die Herzogswürde wirksam zeigt. Außerdem kommt – für die Herzöge aus dem Haus der Burchardinger – dann aber auch Rätien als ihre Ausgangslandschaft hinzu. Daß sie über Rätien nicht (n u r) in ihrer Eigenschaft als Grafen, sondern auch als Herzöge [426] Herrschaft ausüben, zeigt sich spätestens im Jahre 924 daran, daß Herzog Burchard zu seinem in Zürich abgehaltenen Landtag nicht allein den Bischof von Konstanz, sondern auch den von Chur geladen hatte [427]. Und Rätien – und zwar nicht nur Unterrätien, sondern offenbar auch Oberrätien, wenn nicht gar darüber hinaus der Vintschgau – bleibt zumindest bis zu Anfang des 11. Jahrhunderts der Herrschaft des Herzogs von Schwaben unterworfen, auch wenn der Name Rätien im Gegensatz zu inneralemannischen Landschaften in Königsurkunden nie mit der seit der Mitte des 10. Jahrhunderts üblich werdenden Formel *in ducatu Alamannico...* [428] verbunden wird. Für die Wirksamkeit der Herzöge in Rätien sprechen nicht so sehr die Belege, die schwäbische Herzöge bis hin zu Herzog Otto († 982) als Inhaber einer Grafschaft in Rätien erweisen [429], sondern viel eher etwa die Interventionen Herzog Hermanns im Jahre 940 [430] und Her-

---

423 Dem entspricht die schon von E. F. OTTO, Adel und Freiheit im deutschen Staat des frühen Mittelalters (= Neue deutsche Forschungen, Abt. Mittelalterliche Geschichte, Bd. 2), 1937, S. 20, für das Wesen der sog. Stämme gefundene Formulierung: »Das formgebende Prinzip der Stämme kann nur ein politisches, ein herrschaftliches sein... Sie sind ihrer Herkunft nach einheitliche Herrschaftsgebiete, Königreiche. Ihre Bewohner unterscheiden sich dem Recht nach.« S. 21: »Das Recht in diesem weiten Sinne also ist der Lebens- und Wesenskern der Stämme.« – Ähnlich auch bei P. KIRN, Aus der Frühzeit des Nationalgefühls, 1943, S. 114 ff.
424 Vgl. dazu oben S. 41 ff.
425 Vgl. dazu oben S. 37 ff.
426 Zu diesem Problem vgl. grundsätzlich E. MEYER-MARTHALER, Rätien, wie Anm. 3, S. 77 ff., 91 ff., 94 ff.; H. KELLER, Einsiedeln, wie Anm. 246, S. 98 ff. Gegen den vor allem bei MEYER-MARTHALER wiedergegebenen Forschungsstand vgl. aber die gewichtigen Einwendungen bei B. BILGERI, Vorarlberg, wie Anm. 4, S. 95 ff. und vor allem S. 105 f. sowie S. 274–276 die Anm. 18 u. 23, und jetzt bei TH. L. ZOTZ, Breisgau, wie Anm. 4, S. 134, Anm. 117.
427 ZUB I 188.
428 Vgl. dazu unten S. 198 ff.
429 Vgl. zu diesem Problem die in Anm. 426 genannte Literatur und darunter vor allem B. BILGERI, Vorarlberg, S. 276 oben = Anm. 23.
430 DO I 26.

zog Liutolfs im Jahre 951 ⁴³¹ für die Churer Bischofskirche und Herzog Burchards III. im Jahre 960 ⁴³² für Kloster Disentis bei König Otto I. oder gar die ausdrückliche Nennung von Berau bei Wangs/Vilters (im heutigen Bezirk Sargans des Kantons St. Gallen), d. h. in Unterrätien, in einem Diplom Ottos II. von 980, als *in ducatu... Ottonis ducis* gelegen ⁴³³, womit eindeutig die Reichweite der Herzogsgewalt und nicht etwa die Reichweite einer Grafengewalt Herzog Ottos angesprochen wird, freilich – bezeichnenderweise – nicht die der alemannischen, sprich schwäbischen, sondern die der persönlichen Herzogsgewalt Herzog Ottos. Darin mag sich noch immer die alte Eigenständigkeit Rätiens ⁴³⁴ spiegeln, dessen Gebiet im übrigen zumindest im 10. Jahrhundert wohl noch weitgehend dem römischen Recht und nicht dem alemannischen Rechtsbrauch unterworfen gewesen sein dürfte ⁴³⁵. Wenn sich noch Herzog Hermann II. im Jahre 1002 in der Lage sieht, Bischof Ulrich von Chur neben Bischof Lambert von Konstanz zu militärischer Unterstützung gegen König Heinrich II. zu zwingen ⁴³⁶, dann zeigt dies, da Herzog Hermann niemals Graf in Unterrätien gewesen war, deutlicher als alle früheren Nachrichten, daß der Bischofssitz Chur und damit zumindest weite Teile Rätiens noch zu Beginn des 11. Jahrhunderts von der Herrschaft, vom *ducatus* der schwäbischen Herzöge erreicht worden sind ⁴³⁷.

Die Nennung von Zürich – als Stätte eines Herzogslandtages im Jahre 924 – hat nun aber bereits in eine andere Richtung herzoglicher Herrschaftserweiterung, und zwar gewaltsamer Herrschaftserweiterung gewiesen. Denn in Zürich präsent zu sein, ja hierher sogar einen herzoglichen Landtag oder Hoftag einzuberufen, war erst möglich geworden, seitdem es Herzog Burchard im Jahre 919 gelungen war, König Rudolf II. von Burgund bei Winterthur zu besiegen und dadurch die Grenzen der alemannischen Provinz über Zürich hinaus nach Westen vorzuverlegen ⁴³⁸. Hier, in der letztlich wohl um den Besitz des bedeutenden karolingischen Platzes Zürich geschlagenen Schlacht bei Winterthur, haben wir nun das erste Zeugnis für eine gewaltsame Erweiterung seiner *provincia* durch den Herzog vor uns und zugleich einen ersten Beleg dafür, daß diese *provincia* keine alle Zeiten überdauernden Grenzen besaß, sondern daß ihr Umfang, daß ihre Grenzen – und sei es mit Gewalt – verändert werden konnten.

Doch nicht nur das Bodenseegebiet, die Voralpen und Rätien erfaßte bereits Burchards II. Herzogsherrschaft. Sie reichte vielmehr weit nach Osten bis an die schon für das frühe 10. Jahrhundert ausdrücklich erwähnte Grenze zwischen Alemannen und

---

431 DO I 139.
432 DO I 208.
433 DO II 211.
434 Darüber zuletzt H. Stingl, Entstehung, wie Anm. 5, S. 54 ff. und jetzt, ohne jedoch die beiden Zeugnisse über die Heranziehung des Bischofs von Chur durch die Herzöge in den Jahren 924 und 1002 zu kennen und zu würdigen, G. Sandberger, Bistum Chur in Südtirol. Untersuchungen zur Ostausdehnung ursprünglicher Hochstiftsrechte im Vintschgau, in: ZBLG 40/1977, S. 705–828, hier S. 727–732.
435 Dazu E. Meyer-Marthaler, Römisches Recht in Rätien im frühen und hohen Mittelalter, 1968, S. 14, 219.
436 Vgl. dazu oben S. 154.
437 Zum Problem der Zugehörigkeit Rätiens zum Bereich der schwäbischen Herzogsherrschaft auch in der ersten Hälfte des 11. Jhs. vgl. B. Bilgeri, Vorarlberg, wie Anm. 4, S. 106.
438 Vgl. dazu ausführlich oben S. 57.

Bayern heran, stimmte also dort genau mit der Grenze der Provinz überein [439]. Davon gibt nicht allein eine 919 für das Kloster St. Mang in Füssen mit dem Vermerk *sub duce Alamannorum Burchardo* ausgestellte Urkunde Zeugnis [440], sondern mehr noch der Umstand, daß Herzog Burchard sich im Jahre 923 entscheidend um die Einsetzung eines neuen Bischofs auf den Augsburger Bischofsstuhl kümmerte [441]. Und so sind denn Augsburg und der Osten Schwabens – auch gegen immer wieder mit Gewalt durchgesetzte Ansprüche des Herzogs von Bayern [442] – stets von der Herrschaft des Herzogs von Schwaben erfaßt geblieben. Darauf deuten – neben den zahlreichen Nachrichten über die besonders intensive Heranziehung der Augsburger Bischofskirche durch die schwäbischen Herzöge während des ganzen 10. Jahrhunderts [443] – etwa auch die Interventionen Herzog Hermanns im Jahre 939 bei Otto I. für Kloster Kempten [444], Herzog Burchards III. im Jahre 972 bei Otto I. für Kloster Ottobeuren [445], Herzog Konrads im Jahre 987 bei Otto III. für Kloster Ellwangen [446] und Herzog Konrads 993 bei Otto III. wiederum für Kempten [447], ja schließlich auch noch Herzog Ernsts II. im Jahre 1024 bei Heinrich II. wiederum für Ellwangen [448], alles Klöster, die in der Diözese Augsburg gelegen waren. Am ehesten aber wird die Einbeziehung zumindest von Augsburg in den Herrschaftsbereich des Herzogs von Schwaben aus jenem Bericht der *Vita Sancti Udalrici* zum Jahre 973 deutlich, in dem davon die Rede ist, daß Bischof Heinrich von Augsburg eher Herzog Heinrich von Bayern als Herzog Otto von Schwaben zugeneigt habe, obgleich Augsburg innerhalb der Amtsgewalt des Herzogs Otto von Schwaben gelegen sei *(quamvis Augusta civitas in suo [Ottonis] ducatu sita maneret)* [449].

Nicht in gleichem Maße sicher ist es freilich, ob die Tatsache, daß Herzog Burchard zusammen mit seiner Frau Reginlinde im zweiten Jahrzehnt des 10. Jahrhunderts jenseits des Schwarzwaldes, im Breisgau, das Frauenkloster St. Margarethen bei Waldkirch gründete [450], zugleich als Beweis für die Ausübung seiner Herzogsgewalt, seines *ducatus* auch westlich des Schwarzwaldes, am südlichen Oberrhein, gewertet werden darf und kann [451]. Auch jene *Notitia* vom Jahre 926, die die Beilegung von Streitigkeiten zwi-

439 Vgl. oben S. 187.
440 VOLKERT/ZOEPFL, I/1, S. 60–61, Nr. 100.
441 Vgl. dazu oben S. 157.
442 Vgl. dazu oben S. 186 (zu 953) und unten S. 196 (zu 926).
443 Vgl. dazu oben S. 157 ff.
444 DO I 22.
445 DO I 453 (verunechtet).
446 DO III 38.
447 DO III 121.
448 DH II 505.
449 Vita S. Udalrici ep. (MGSS IV, S. 416). Für Ulrichs Verhältnis zu Herzog Heinrich von Bayern vgl. jetzt die Beobachtungen anhand einer Gemeinschaftsprägung des Bischofs und des Herzogs, oben Anm. 189. Darüber hinaus auch der Beleg zu 1097: *Gualfardus de provincia Alemaniae oriundus de civitate Augusta* (AA SS April III, S. 828).
450 Zur Gründung Waldkirchs zuletzt TH. L. ZOTZ, Breisgau, wie Anm. 4, S. 81 ff., und H. MAURER, St. Margarethen in Waldkirch und St. Alban in Mainz, in: FS Helmut Beumann, 1977, S. 215–223.
451 Dazu positiv TH. L. ZOTZ, Breisgau, wie Anm. 4, S. 9, 89. – Vgl. jedoch die u. E. berechtigten Bedenken W. STÜLPNAGELS in seiner Rezension des ZOTZSCHEN Buches, in: Schauinsland 94/95, 1976/77, S. 414.

schen den abhängigen Leuten der Klöster Waldkirch und Ettenheimmünster festhält und Burchard als *illorum terrestris dominus* bezeichnet, kann nicht für eine Amtstätigkeit Herzog Burchards im Breisgau ins Feld geführt werden, da sich die Kennzeichnung Burchards eindeutig auf seine Eigenschaft als Herr seines Hausklosters St. Margarethen in Waldkirch bezieht [452].

Ist die Reichweite herzoglicher Herrschaft zu Zeiten Burchards II. nach Westen, über den Schwarzwald hinaus, ebenso offen wie nach Norden, über die Alb hinweg in das Neckargebiet, so gibt es demgegenüber deutliche Anzeichen dafür, daß die Alpen den gleichen Herzog nicht davon abhalten konnten, seine Herrschaft auch nach Süden, nach Oberitalien hin, auszuweiten. Denn daß – zumindest um die Mitte des 10. Jahrhunderts – die Herrschaft des Herzogs von Schwaben bis an die Grenze zu Italien hin reichte [453], zeigt Liutprands Bericht über Markgraf Berengars Flucht aus Italien im Jahre 941 nach Deutschland, wo er bei Otto I. Hilfe und Unterstützung suchte: Berengar eilte über den Großen St. Bernhard nach Schwaben, zunächst zu Herzog Hermann [454], wie denn derselbe Berengar im Jahre 945 bei seiner Rückkehr unmittelbar aus Schwaben durch den Vintschgau Italien erreichte [455]. Und Liutprand nennt im übrigen auch ausdrücklich die Berge, d. h. nichts anderes als die Alpen, die Schwaben und Italien voneinander trennen [456].

Weisen all diese Nachrichten nicht nur auf das unmittelbare Heranreichen der schwäbischen Herzogsherrschaft bis an die italienische Grenze, sondern auch darauf hin, wie sehr der Herzog von Schwaben schon dieser geographischen Nachbarschaft wegen am politischen Geschehen in Oberitalien interessiert sein mußte, so wird vollauf verständlich, daß schwäbische Herzöge wiederholt mit militärischer Gewalt versucht haben, diese schwäbisch-italienische Grenze in den Alpen zu überschreiten, und zwar doch wohl kaum um eines kurzfristigen kriegerischen Abenteuers willen, sondern letztlich mit der Absicht, die schwäbische Herzogsgewalt über Teile Oberitaliens auszudehnen, ein Wunsch, der um so verständlicher erscheint, wenn man bedenkt, daß in jenen Regionen seit karolingischer Zeit eine nicht unerhebliche Anzahl von Personen beheimatet war, die sich der *gens Alemannorum* entstammend und nach der *lex Alemannorum* lebend bezeichneten [457].

Schon als Herzog Burchard II. im Jahre 926 auf Bitten seines Schwiegersohnes, König Rudolfs II. von Burgund, diesem in seinem Kampf gegen Hugo von der Provence zu Hilfe

---

452 Vgl. dazu zuletzt Th. L. Zotz, Breisgau, wie Anm. 4, S. 82.
453 Zur deutsch-italienischen Grenze im hohen Mittelalter vgl. grundsätzlich E. Staritz, Die deutschen Reichsgrenzen gegen Italien im 10. u. 11. Jh., Diss. phil. Masch., Berlin, 1924.
454 Liutprand, Lib. V/10 (= Ausgew. Quellen VIII), S. 456; vgl. dazu und zum folgenden W. Graeser, Auswärtige Beziehungen im Leben der deutschen Stämme zur Zeit der Sachsen und Salier, 911–1125, Diss. phil. Masch., Göttingen, 1948, S. 17–19.
455 Liutprand, Lib. V/26 (ebd.), S. 474.
456 Ebd. V/17, S. 462: *in montibus, qui Suevia atque Italiam dividunt*.
457 Vgl. dazu E. Hlawitschka, Franken, Alemannen, Bayern und Burgunder in Oberitalien (774–962) (= FOLG VIII), 1960, passim, für das 10. Jh. vor allem S. 83 ff., und neuestens R. Bordone, Un'attiva minoranza etnica nell'alto medioevo: Gli Alamanni del comitato di Asti, in: Qu F It AB 54/1974, S. 1–57, insbes. S. 11–14.

kam und mit seinen Truppen nach Italien zog [458], dürfte dieses Unternehmen nicht nur einer uneigennützigen Unterstützung der Politik des Burgunderkönigs in Italien, sondern zugleich auch dem Bestreben, den Wirkungskreis schwäbischer Herzogsherrschaft auch über die Alpen hinweg nach Süden auszudehnen, gleichgekommen sein [459]. Burchards Tod Ende April 926 bei Novara bereitete der Verwirklichung solcher Zielvorstellungen freilich ein jähes Ende.

Und nicht viel anders dürfte jener Italienzug anzusehen sein, den Herzog Liutolf von Schwaben im Jahre 951 ohne Wissen seines Vaters, freilich in der angeblichen Absicht, die Italienpolitik seines Vaters zu unterstützen, unternahm [460]. Der Wille des erzürnten Vaters gebot ihm jedoch Einhalt.

Kann man diese Italienzüge schwäbischer Herzöge, da sie weitgehend herzoglicher »Eigenmächtigkeit« entsprangen [461], ohne weiteres als Bestrebungen zur Erweiterung des *ducatus* verstehen, so wird man eine solche Absicht jenen militärischen Unternehmungen, die Herzog Burchard III. im Jahre 965 [462] und Herzog Otto im Jahre 982 in Italien führten [463], kaum mehr unterstellen können, da sie beidemal mit Billigung, ja auf Wunsch des Kaisers stattfanden. Immerhin zeigen aber auch diese Italienzüge noch einmal, wie sehr Oberitalien weiterhin als Vorland der schwäbischen Herzogsherrschaft galt, und daß es zunächst der Herzog von Schwaben war, dessen sich die Kaiser bedienten, um dort in Zeiten der Gefahr die Herrschaft des Reiches durchzusetzen.

Das weitgehend eigenmächtige Eingreifen der beiden Herzöge Burchard II. und Liutolf macht indessen deutlich, daß sich der *ducatus* des Herzogs keineswegs an die Grenze der *provincia Suevia*, an die sogenannte Stammesgrenze, gebunden fühlte, sondern aus politischen Erfordernissen und Beweggründen heraus ohne weiteres über die Grenze der *provincia* hinweg sogar auf Gebiete nichtdeutschen Volkstums übergreifen konnte. Die Herrschaft des Herzogs von Schwaben war demnach bereits im 10. Jahrhundert alles andere als ein »Stammesherzogtum«.

Die Ereignisse an den Grenzen Schwabens nach dem Tode Herzog Burchards II. im Jahre 926 bedeuten freilich gleichsam ein Gegenstück zu der von Herzögen selbst vorgenommenen gebietsmäßigen Ausweitung ihres *ducatus*. Statt dessen sehen wir nun den deutschen König als denjenigen, der über die räumliche Ausdehnung der *provincia* und des *ducatus* zu befinden hat. Er ist in der Lage, deren Grenzen ganz nach politischem Kalkül zu verändern, und gibt damit zugleich zu erkennen, daß die Grenzen der – von ihm zu Lehen gehenden – Herzogsgewalt rein politisch-rechtliche Grenzen sind. Sein Eingreifen zu Lasten des Wirkungsbereiches des nun erstmals von ihm eingesetzten Herzogs von Schwaben läßt sich einmal im Osten, an der Grenze zwischen dem *ducatus* des

---

458 Vgl. dazu ausführlich R. SCHWEIGHÖFER, Die Eigenmächtigkeit der deutschen Fürsten im Spiegel der auswärtigen Politik. Diss. phil. Masch., Frankfurt/Main, 1957, S. 52 ff.
459 So auch die Wertung bei W. GRAESER, Auswärtige Beziehungen, wie Anm. 454, S. 8, u. bei R. SCHWEIGHÖFER, Eigenmächtigkeit, wie Anm. 458, S. 52 ff.
460 Dazu wiederum ausführlich R. SCHWEIGHÖFER, Eigenmächtigkeit, wie Anm. 458, S. 76 ff., und die Wertung bei W. GRAESER, Auswärtige Beziehungen, wie Anm. 454, S. 20.
461 Vgl. dazu SCHWEIGHÖFER, wie Anm. 458, S. 20, und die berechtigten Warnungen K. SCHMIDS, Die Thronfolge Ottos des Großen, wie Anm. 44, S. 479, Anm. 200.
462 Vgl. RI II, S. 188, Nr. 409a.
463 Notae Aschaffenburgenses (MGSS XXX/2, S. 757 ff.).

bayerischen und dem *ducatus* des schwäbischen Herzogs verfolgen. Denn im »Allgäu«, in einer Landschaft, die bereits Ende der dreißiger Jahre des 10. Jahrhunderts wieder eindeutig dem Herrschaftsbereich des Herzogs von Schwaben zugehört [464], gibt sich noch im Jahre 926 der Einfluß, ja der Zugriff Herzog Arnulfs von Bayern auf die Reichsabtei Kempten, und zwar mit Billigung König Heinrichs [465] zu erkennen. Und dieses Interesse des Bayernherzogs an Kloster Kempten, das 939 wieder voll und ganz dem *ducatus Sueviae* bzw. *Alemanniae* untersteht [466], hält zumindest noch bis zum Jahre 929 an.

Aber das gleiche Eingreifen des Bayernherzogs in zuvor und danach eindeutig schwäbischer Herzogsherrschaft unterliegende Gebiete [466a] ist auch für eine andere Nahtstelle zwischen schwäbischem und bayerischem Dukat zu erkennen: Denn am 9. April 930 interveniert Herzog Arnulf für die im Unterengadin und damit in Rätien gelegene Kirche in Sent bei Heinrich I. [467].

Lassen sich diese mit Billigung des Königs geschehenen Eingriffe des Herzogs von Bayern in den *ducatus* des schwäbischen Herzogs nach Burchards II. Tode nur aus einzelnen urkundlichen Nachrichten erschließen, so haben wir für eine viel einschneidendere Verkleinerung des Herrschaftsbereiches des Herzogs von Schwaben nach dem Willen des Königs selbst eine wesentlich deutlichere Überlieferung. Denn Liutprand weiß zu berichten [468], daß König Heinrich I. König Rudolf von Hochburgund anläßlich ihres Zusammentreffens zu Worms – doch wohl mit einiger Sicherheit im Jahre 926 [469] – für die ihm von Rudolf überlassene Hl. Lanze [470] keinen geringen Teil der Provinz Schwaben überlassen habe *(Suevorum provinciae pars non minima)*. Mit dieser Abtretung [471] eines Teils der *provincia* Schwaben durch den König, nicht etwa durch den Herzog, als Ge-

---

464 Vgl. oben S. 193.
465 Vgl. dazu K. REINDEL, Herzog Arnulf und das Regnum Bavariae, jetzt in: Die Entstehung des Deutschen Reiches (= Wege der Forschung I) ²1963, S. 213–288, hier S. 281 f., u. H. BÜTTNER, Heinrichs I. Südwest- und Westpolitik, 1964, S. 48.
466 Vgl. oben S. 193.
466a Vgl. dazu auch die Bemerkungen zu einer Gemeinschaftsprägung Bischof Ulrichs von Augsburg und Herzog Heinrichs I. von Bayern, oben Anm. 189.
467 MGDHI 12 u. BUB I Nr. 100 vgl. dazu K. REINDEL, Die bayerischen Liutpoldinger von 893–989 (Qu. u. E. NF 11), 1953, S. 156/157, u. DERS., Herzog Arnulf, wie Anm. 465, S. 282, sowie H. BÜTTNER, Heinrichs I. Südwest- u. Westpolitik, 1964, S. 48, und zuvor E. (MEYER)-MARTHALER, Untersuchungen zur Verfassungs- und Rechtsgeschichte der Grafschaft Vintschgau im Mittelalter (= 40. Jahresbericht der Histor.-Antiquar. Gesellschaft, Graubünden 1940/1941), S. 43–235, hier S. 64 ff. Neuestens G. SANDBERGER, Bistum Chur in Südtirol (wie Anm. 434) insbes. S. 730 ff.
468 Liudprand IV/25 (= Ausgew. Quellen VIII), S. 428 ff.
469 Vgl. hierüber zuletzt K. H. REXROTH, Die Herkunft der heiligen Lanze (vorerst = Protokoll Nr. 67 des Konstanzer Arbeitskreises für mittelalterliche Geschichte vom 23. XI. 1973, Hessische Sektion, und = Protokoll Nr. 185 vom 15. XII. 1973 [Konstanzer Reihe]; s. jetzt auch E. HLAWITSCHKA, Die verwandtschaftlichen Verbindungen zwischen dem hochburgundischen und dem niederburgundischen Königshaus, in: Grundwissenschaften und Geschichte; FS. für P. Acht, 1976, S. 28–57, hier S. 57.
470 Statt der kaum mehr zu überschauenden Literatur sei nur auf die allerneuesten Arbeiten von K. H. REXROTH, wie Anm. 469, verwiesen. Vgl. jetzt allg. auch »Historisch-Diplomatische Einleitung« zu MGH: Die Urkunden der Burgundischen Rudolfinger, bearb. von TH. SCHIEFFER, 1977, insbes. S. 8 ff.
471 Mehr als nur eine Abtretung im Sinne einer Tauschgabe, sondern zugleich im Sinne einer Belehnung König Rudolfs mit diesem Teil Schwabens durch Heinrich I. möchte in diesem Akt

gengabe für ein bedeutendes Herrschaftszeichen, sehen wir uns nun von der Ost- und Südostgrenze der schwäbischen Provinz an deren südwestliche Grenze versetzt, und es bleibt zu fragen, welches Gebiet der schwäbischen Herzogsherrschaft durch den Machtspruch Heinrichs I. konkret verloren gegangen bzw. als bereits früher verloren von Heinrich I. anerkannt worden sein könnte. Soviel scheint heute festzustehen: Bis zur Reuss und damit relativ nahe an den Herzogsvorort Zürich [472] dürfte der Herrschaftsbereich des burgundischen Königs kaum nach Osten auf Kosten schwäbischen Gebietes vorverlegt worden sein. Vieles spricht vielmehr dafür, daß König Rudolf ehedem zur *provincia Suevorum* gehörende Gebiete bis etwa zur Linie Hutwil-Aarwangen vom König überlassen worden sind [473] und daß vor allem die Bischofsstadt Basel, die im Jahre 912 unzweifelhaft noch nicht zum Königreich Hochburgund zählte, in diese Landabtretung einbeschlossen gewesen ist [474].

Wir erkennen an diesem Eingreifen des Königs erneut: Die Grenzen der *provincia Suevorum*, die wir zugleich als Grenzen der Geltung des alemannischen Gewohnheitsrechts hatten definieren können, waren keine Grenzen des Volkstums und der Sprache, sie waren keine »Stammesgrenzen«, und sie konnten deswegen auch kein »Stammesherzogtum« nach außen begrenzen [475].

Sie waren vielmehr Grenzen eines politischen Gebildes, dessen räumliche Bestimmung – zu Zeiten wenigstens – ganz im Belieben des Königs liegen konnte. Und überdies wird deutlich: Das räumliche Substrat der Herzogsherrschaft in Schwaben ist – trotz Gleichbleiben des auf ganz Schwaben Anspruch erhebenden Titels – während des Hochmittelalters keineswegs stets das gleiche geblieben; es unterlag vielmehr in seinen Randgebieten fortdauernden Veränderungen, Veränderungen, die sich – sei es für den Herzog selbst, sei es für den König – aus aktuellen politischen Erfordernissen als notwendig erweisen konnten.

erkennen J. SCHEIDING-WULKOPF, Lehnsherrliche Beziehungen der fränkisch-deutschen Könige zu anderen Staaten, 1948, S. 37.
472 So zuletzt noch H. BÜTTNER, Heinrichs I. Südwest- und Westpolitik, 1964, S. 53, und W. KIENAST, Deutschland und Frankreich in der Kaiserzeit, I (= Monographien zur Geschichte des Mittelalters, Bd. 9, 1), 1974, S. 5, Anm. 13. Eine Rückgabe eben eroberter Gebiete zwischen Aare und Reuss durch Burchard an Rudolf schon für das Jahr 922 möchte P. KLÄUI annehmen; vgl. DERS., Der Fraumünsterbesitz in Uri und im Aargau, in: ZSG 22, 1942, S. 161–184, hier S. 175 ff.
473 Vgl. dazu schon G. VON WYSS, Geschichte der Abtei Zürich, 1851–1858, S. 14, Anm. 72, u. S. 17, Anm. 86; R. POUPARDIN, Le royaume de Bourgogne, Paris, 1907, S. 181. – B. STETTLER, Studien zur Geschichte des oberen Aareraumes im Früh- und Hochmittelalter (= Beitrr. zur Thuner Geschichte 2), 1964, insbes. S. 151, Anm. 102, u. K. H. FLATT, Die Errichtung der bernischen Landeshoheit über den Oberaargau (= Archiv des Historischen Vereins des Kantons Bern 53), 1969, insbes. S. 357, 359; vgl. auch H. WEIS, Die Grafen von Lenzburg in ihren Beziehungen zum Reich und zur adligen Umwelt, Diss. phil. Masch., Freiburg i. Br., 1959, S. 62 ff.
474 Vgl. schon A. HOFMEISTER, Die heilige Lanze, ein Abzeichen des alten Reichs (= Untersuchungen zur Deutschen Staats- und Rechtsgeschichte 96), 1908, S. 16, Anm. 8 u. DERS., Deutschland und Burgund im frühen Mittelalter, 1914, S. 36/37, R. L. POOLE, Burgundian notes IV, in: English historical review 30/1915, S. 51–56, hier S. 54 f., und zuletzt H. BÜTTNER, Heinrichs I. Südwest- und Westpolitik, 1964, S. 53, sowie C. PFAFF, Kaiser Heinrich II., sein Nachleben und sein Kult im mittelalterlichen Basel (= Basler Beitrr. zur Geschichtswiss. 89), 1963, S. 11 f.
475 Gegen den Begriff »Stammesherzogtum« vgl. jetzt vor allem H.-W. GOETZ, »Dux«, wie Anm. 4, S. 291 f.

Eine solche Veränderung zu Gunsten der schwäbischen Herzogsherrschaft zeichnete sich denn auch im Westen der *provincia*, jenseits des Schwarzwaldes, in Breisgau, Elsaß und Ortenau ab. Die Tatsache, daß Herzog Hermann I. mit seiner Gattin Reginlinde wohl im zweiten Jahrzehnt des 10. Jahrhunderts am Ausgang des breisgauischen Elztales in die Freiburger Bucht bei Waldkirch das Kloster St. Margarethen als burchardingisches Hauskloster gründete, und die Tatsache weiterhin, daß dieses Kloster bis zum Tode der Herzogin Hadwig (994) diese Funktion beibehielt [476], darf uns nicht dazu verleiten, den Breisgau als die Landschaft zwischen südlichem Schwarzwald und südlichem Oberrhein schon für die erste Hälfte des 10. Jahrhunderts als in den Wirkungsbereich des Herzogs von Schwaben einbezogen zu betrachten [477]. Denn hier ging es allein um Hausbesitz der Burchardinger, der mit der Wirksamkeit der Burchardinger als Herzöge nichts zu tun hatte.

Einen ganz anderen Aussagewert haben demgegenüber Herzog Burchards II. Auftreten zu Kinzigdorf, beim Grafengericht der Ortenau, vor 926 [477a] und die Prägung von Herzogsmünzen in der eben erst, nämlich 939, durch König Otto I. eingenommenen, unmittelbar am Rhein, auf der Grenze zwischen Breisgau und Elsaß gelegenen »Burg« Breisach, eine Prägung, die bereits unter Herzog Hermann I. (926-949) einsetzt [478]. Denn sie, die nur mit Billigung des Königs geschehen sein kann, muß und darf – anders als die Gründung eines Klosters – voll und ganz im Zusammenhang mit der Ausübung der Herzogsgewalt stehend gesehen werden [479]. Schon die Festsetzung Herzog Hermanns in Breisach weist darauf hin, daß die Herzogsgewalt von den Kernlandschaften schwäbischer Herzogsherrschaft zwischen Schwarzwald und Lech einerseits und Schwäbischer Alb und den Alpen andererseits nun auch über den Schwarzwald hinübergriff und mit der Einbeziehung des Breisgaus zugleich auch auf die Einbeziehung des erst seit den Jahren 923/25 endgültig für das Deutsche Reich gewonnenen Elsaß [480] zielte.

Freilich ist nicht zu übersehen, daß die königliche Kanzlei, von der die Formel *in ducatu Alamannico* zur näheren Kennzeichnung der Lage eines Ortes im Herrschaftsbereich des Herzogs von Schwaben [481] seit dem Jahre 958 erstmals für innerschwäbische Landstriche verwandt wird [482], diese Kennzeichnung noch in den sechziger Jahren des 10. Jahrhunderts den westlich des Schwarzwaldes gelegenen Landstrichen des Breisgaus und der Ortenau vorenthält. Noch im Jahre 961 wurden in einem Diplom Ottos I. Orte, die im *pagus* Breisgau und im *comitatus* Mortenau (= Ortenau) liegen, Orten gegenübergestellt, die zum *ducatus Alamannicus* gezählt werden [483]. Schon im Jahre 972 rechnet dann aber ein Diplom Ottos II. zumindest den Breisgau, wenn auch noch immer nicht die Ortenau, zum Herrschaftsbereich des Herzogs von Schwaben [484]. Aber auch jetzt

476 Vgl. dazu Anm. 450.
477 Vgl. dazu oben S. 187 f.
477a Vgl. dazu unten S. 211.
478 Vgl. dazu ausführlich oben S. 77 ff.
479 Darüber grundsätzlich oben S. 143.
480 S. H. BÜTTNER, Geschichte des Elsaß I/1939, S. 174.
481 So entsprechend der Deutung der *in comitatu*-Formel bei P. VON POLENZ, Landschafts- u. Bezirksnamen im frühmittelalterlichen Deutschland, I/1961, S. 243.
482 Dazu ausführlich TH. L. ZOTZ, Breisgau, wie Anm. 4, S. 12 ff., 50 ff.
483 DO I 225.
484 DO II 24; vgl. dazu auch TH. L. ZOTZ, Breisgau, wie Anm. 4, S. 13 mit Anm. 12.

noch trennt ein über die Höhen zwischen breisgauischem Elztal und ortenauischem Schuttertal sowie gleichfalls ortenauischem Kinzigtal ziehendes *confinium Alemannorum* den der Herrschaft des Herzogs von Schwaben unterworfenen Breisgau von der Ortenau, die offenbar auch weiterhin nicht dem *ducatus Alamannicus,* sondern wohl am ehesten dem *ducatus Alsaciensis* zugerechnet wird [485].

Und diesen *ducatus Alsaciensis* gab es, obgleich das Amt eines Herzogs im Elsaß etwa gleichzeitig mit der Herzogsgewalt in Alemannien um die Mitte des 8. Jahrhunderts vom Königtum aufgehoben worden war [486], im 10. Jahrhundert ebenso wie zuvor im 9. Jahrhundert zumindest nominell noch immer [487]. Zu Beginn des 10. Jahrhunderts, als Konrad I. erstmals versuchte, das Elsaß zu gewinnen, mag bereits der Konradiner Udo (II.) als *dux Alsatiae* tätig gewesen sein [488]. Dann aber erscheint der *ducatus Alsaciensis* als selbständige, nicht mit dem *ducatus Alamannicus* verbundene Einheit in der 981 für Otto II. erstellten Aufgebotsliste [489]. Indessen schon wenig später – Herzog Konrad von Schwaben hatte sich soeben, in den Jahren 984 bis 986, um die Abwehr neuerlicher Übergriffe des französischen Königs auf das Elsaß bemüht [490] – erscheint eben dieser Konrad, erstmals im Jahre 988, mit dem Titel eines *Alamannorum et Alsaciarum dux* [491]. Sein neuer Titel tut damit deutlich genug kund, daß sich die Herzogsherrschaft Konrads von jetzt an auch auf den *ducatus Alsaciensis* erstrecken sollte. Freilich blieb das Elsaß ein eigenständiger, von Schwaben abgetrennter herzoglicher Wirkungsbereich und vermochte – im Unterschied zu dem mit dem Elsaß vergleichbaren Rätien [492] – seinen Namen und damit seine Eigenständigkeit auch im Titel des Herzogs weiter zu bewahren. Herzog Konrad schien die Herrschaft in beiden herzoglichen »Amtsbezirken« vielmehr lediglich in Personalunion auszuüben. Daß er nicht nur durch die neue Form des Titels einen Anspruch anmeldete, daß er vielmehr tatsächlich seine Herzogsherrschaft nun auch auf das Elsaß ausdehnte, beweist gleich sein erstes Auftreten mit dem neuen Titel in einem Diplom Ottos III. als Intervenient für das elsässische

---

485 Vgl. dazu H. MAURER, Confinium, wie Anm. 397, passim. Zur Sonderstellung der Ortenau vgl. auch H. SCHWARZMAIER, Die Klöster der Ortenau und ihre Konvente in karolingischer Zeit, in: ZGO 119/1971, S. 1–31, und DERS., Die politischen Kräfte in der Ortenau im Hochmittelalter, ebd. 121/1973, S. 1–33.
486 Darüber zuletzt A. M. BURG, Das elsässische Herzogtum, in: ZGO 117/1969, S. 83–95.
487 Dazu A. M. BURG, ebd., S. 95; CHR. WILSDORF, Les Etichonides aux temps carolingiens et ottoniens, in: Bulletin philologique et historique du comité des travaux historiques et scientifiques. Année 1964, Paris, 1967, S. 1–33, insbes. S. 24, u. K. BRUNNER, Fürstentitel, wie Anm. 380, hier S. 314 f.
488 Vgl. E. E. STENGEL, Udo und Hermann, die Herzoge vom Elsaß, in: DERS., Abhandlungen und Untersuchungen zur hessischen Geschichte (= Veröff. der Histor. Kommission für Hessen und Waldeck 26), 1960, S. 441–479, insbes. S. 446 ff. mit »Nachwort« auf S. 448 f. – Vgl. dazu aber TH. L. ZOTZ, Breisgau, wie Anm. 4, S. 227, Anm. 44, der indessen nur die ältere, 1951 erschienene Fassung von Stengels Aufsatz kennt.
489 Vgl. dazu H. KELLER, Einsiedeln, wie Anm. 246, S. 101, Anm. 34, K. F. WERNER, Heeresorganisation, wie Anm. 7, S. 810 f., und jetzt TH. L. ZOTZ, Breisgau, wie Anm. 4, S. 116 f., 134 f.
490 Vgl. RI Otto III., Nr. 956 e/1 u. Nr. 983 i. Vgl. dazu aber TH. L. ZOTZ, Breisgau, wie Anm. 4, S. 164, Anm. 260 mit Anm. 385.
491 Vgl. dazu oben S. 185.
492 Vgl. oben S. 191 f.

Kloster Murbach [493], – im übrigen zugleich ein Hinweis darauf, daß die Ausdehnung von Herzog Konrads Befugnisse auf das Elsaß mit voller Billigung, ja vielleicht sogar auf Veranlassung durch den König geschehen sein dürfte. Und wenn derselbe Herzog Konrad im Jahre 994 bei Otto III. auch für Kloster Schwarzach interveniert [494], dann tut er dies bezeichnenderweise als erster Herzog von Schwaben für ein in der rechtsrheinischen Ortenau gelegenes Kloster. Seine auf das Elsaß ausgedehnte Herzogsgewalt hatte zugleich auch die zwar rechts des Rheines gelegene, aber der elsässischen Diözese Straßburg kirchenrechtlich unterstehende Ortenau erfaßt.

Bleibt es uns verborgen, auf welche Grundlage sich Herzog Konrads Herzogsherrschaft im Elsaß konkret stützen konnte, so ist demgegenüber das Wirken seines Nachfolgers als Trägers der Herzogswürde, Hermanns II., im Elsaß und ist vor allem die Grundlage seines Wirkens im Elsaß wesentlich deutlicher zu erkennen [495]. Nicht nur, daß wir ihn – der im Gegensatz zu Konrad den Namen des Elsaß nicht in seinem Titel führt [496] – als Inhaber eines Grafenamtes im Elsaß zu bestimmen vermögen [497]; wir sehen vor allem, daß er sich in der Bischofsstadt Straßburg festgesetzt [498] und hier, wo er u. a. auch die Kirche St. Stephan an sich gezogen hatte, auf Reichskirchengut also, gar eine Hauptstadt seiner Herzogsherrschaft zu schaffen unternommen hat. Doch nicht nur in der elsässischen Bischofsstadt selbst versucht Herzog Hermann II. seiner Herzogsherrschaft – gestützt auf Reichskirchengut – eine reale Grundlage zu verleihen; er zieht widerrechtlich auch Besitz des elsässischen Klosters Selz an sich [499]. Erst durch das Eingreifen Heinrichs II. am Oberrhein und durch die Unterwerfung Herzog Hermanns im Jahre 1002 [500] ist das Elsaß nach nicht ganz zwanzig Jahre währender Zuordnung zum Herrschaftsbereich des Herzogs von Schwaben offensichtlich wieder selbständig geworden und von neuem unter die unmittelbare und alleinige Herrschaft des Königtums getreten. Die Herzöge von Schwaben führen fortan bis zum Beginn der staufischen Epoche schwäbischer Herzogsherrschaft nie mehr den zusätzlichen Titel eines *dux Alsaciorum* [501], selbst wenn dieser oder jener schwäbische Herzog, so etwa Otto von Schweinfurt zwischen 1048 und 1057, wiederum elsässisches Reichskirchengut, nämlich von neuem Besitz des Klosters Selz, an sich zu ziehen und damit im Elsaß wirksam zu werden versucht [502].

Auch hier im Westen war demnach der Wirkungsbereich schwäbischer Herzogsherrschaft zahlreichen Wandlungen unterworfen, Wandlungen, die aufs engste mit politischen Geschehnissen in Zusammenhang standen. Und auch hier war es letztlich der

---

493 DO III 47, und dazu R. SCHETTER, Intervenienz, wie Anm. 213, S. 99.
494 DO III 153.
495 Vgl. dazu jetzt ausführlich TH. L. ZOTZ, Breisgau, wie Anm. 4, S. 172 ff., 202 ff.
496 Vgl. dazu W. KIENAST, Herzogstitel, wie Anm. 419, S. 320.
497 Dazu TH. L. ZOTZ, Breisgau, wie Anm. 4, S. 176 f.
498 Hierzu und zum folgenden ausführlich oben S. 87 ff.
499 S. H. BANNASCH, Zur Gründung u. älteren Geschichte des Benediktinerklosters Selz im Elsaß, in: ZGO 117/1969, S. 97–160, hier S. 115.
500 Vgl. dazu TH. L. ZOTZ, Breisgau, wie Anm. 4, S. 172 ff.
501 Vgl. dazu oben S. 185.
502 Vgl. dazu Miracula Adelheidis Imperatricis, ed. H. PAULHART, in: MIÖG, Erg.-Bd. 20/2/1962.

Herrscher, der über den räumlichen Bestand des herzoglichen Wirkungsbereiches zu bestimmen hatte.

Haben wir damit einen Einblick in die Veränderlichkeit der räumlichen Reichweite schwäbischer Herzogsgewalt im Osten, Süden, Südwesten und Westen der *provincia* Schwaben erhalten, so bleibt schließlich noch danach zu fragen, seit wann wir die Herzöge von Schwaben in dem nördlich der Schwäbischen Alb gelegenen Teil ihrer *provincia* wirksam sehen.

Daß die Herzöge auch hier spätestens seit der Mitte des 10. Jahrhunderts tätig wurden und damit die alte politische und rechtliche Grenze der Provinzen Schwaben und Franken auch für ihre Herzogsgewalt als Grenze ansahen, bis zu der es Herzogsherrschaft auszuüben galt, lassen einige – wenn auch nur wenige – Belege aus dem 10. Jahrhundert deutlich erkennen. Den Schritt über die Alb hat bereits Herzog Liutolf vollzogen, als er sich – gestützt auf Besitzungen und Rechte des Klosters St. Denis – in Esslingen am Neckar festsetzte und hier und überdies noch im nahen Stuttgart so etwas wie einen Vorort seiner Herzogsherrschaft am mittleren Neckar einzurichten begann [503]. Die Zugehörigkeit des mittleren Neckargebietes oder zumindest eines seiner Teile zum Herrschaftsbereich des Herzogs von Schwaben ist dann aber in der zweiten Hälfte des 10. Jahrhunderts auch von der königlichen Kanzlei anerkannt worden, indem sie in Diplomen Ottos I. von 960 bzw. 961 zunächst den Neckargau [504] und danach auch den nach Norden hin unmittelbar an die Grenze Schwabens zu Franken anrainenden Nagoldgau [505] dem *ducatus Alamannicus* zurechnet.

Und Herzog Otto (973–982) sehen wir dann gegen Ende des 10. Jahrhunderts gar unmittelbar an der Grenze gegen Franken wirksam, wenn er sich dort zweier Höfe der Abtei Weißenburg in Asperg und Hemmingen bemächtigt [506].

Ziehen wir eine Zwischenbilanz: Das 10. Jahrhundert, das erste Jahrhundert neu entstandener schwäbischer Herzogsherrschaft, war von wiederholten Veränderungen ihres Wirkungsbereiches gekennzeichnet, von Veränderungen, die durch »eigenmächtiges« Überschreiten bislang gültiger Grenzen der *provincia* Schwaben auf benachbarte Gebiete, ja sogar auf Gebiete nichtdeutschen Volkstums, ebenso bewirkt worden waren wie durch Eingriffe der Herrscher. Aber auch wenn die *confinia Alemannorum* und die von den *confinia* umschlossene Provinz Schwaben in ihrer Eigenschaft als Geltungsbereich alemannischen Gewohnheitsrechts ebenso wie als räumliche Grundlage des *ducatus Alemannicus* zuzeiten weitergespannt waren und dann wieder zurückgenommen werden mußten, – der K e r n b e r e i c h der Herzogsherrschaft blieb doch bis zu Herzog Hermanns II. Tode am Beginn des 11. Jahrhunderts im wesentlichen der gleiche. Zwei Grenzzonen gab es freilich, wo schwäbische Herzöge des 11. Jahrhunderts eine ungerechtfertigte Einengung ihres Wirkungsbereichs erblicken konnten: Das war einmal der obere Aargau, den König Heinrich I. – vielleicht zusammen mit Basel – bereits nach dem Tode Herzog Burchards II. an das Königreich Hochburgund abgetreten hatte, und

---

503 Dazu ausführlich oben S. 82 ff.
504 DO I 209.
505 DO II 225.
506 Vgl. Edelini abbatis liber possessionum, ed. C. ZEUSS, Traditiones possessionesque Wizenburgenses, 1842, S. 298/299.

das war zum andern der *ducatus* des Elsaß, der eben, zu Beginn des 11. Jahrhunderts, nach wenigen Jahrzehnten der Zugehörigkeit zum Herrschaftsbereich des Herzogs von Schwaben, durch königlichen Machtspruch offenbar gleichfalls wieder aus der Personalunion mit dem *ducatus Alemannicus* gelöst worden ist.

Und so ist es denn bezeichnend, daß sich die Interessen des aufständischen Herzogs Ernst II. von Schwaben in den Jahren 1026/1027 gerade auf diese beiden Grenzbereiche der *provincia* Schwaben richteten. Eine seiner gegen den Kaiser und dessen Anhänger gerichteten Aktionen zielte zunächst auf das Elsaß [507]. Hier brach er vor allem die Burgen des Grafen Hugo von Egisheim. Ein zweites, sich daran offenbar gleich anschließendes Unternehmen aber galt dem östlichsten, unmittelbar an den schwäbischen Aargau sich anschließenden Burgund und damit einem Teil jenes Königreiches, das Kaiser Konrad II. damals gerade dem Deutschen Reich anzugliedern im Begriffe stand [508]. Herzog Ernst drang mit einem großen Aufgebot junger Leute in Burgund ein und befestigte eine Insel in der Nähe von Solothurn, eines Vororts des burgundischen Königtums [509]. Es verwundert nicht, daß sich König Rudolf von Hochburgund dem Herzog von Schwaben entgegenstellte und ihn aus dem noch immer seiner Herrschaft unterstehenden Lande vertrieb.

Mit Recht ist zur Erklärung der Aktionen Herzog Ernsts gerade in Hochburgund auf die erbrechtlichen Ansprüche hingewiesen worden [510], die Herzog Ernst hier gegenüber Konrad II. möglicherweise hatte durchsetzen wollen [511]. Indessen könnte der Hinweis auf »das große Aufgebot junger Leute« [512] doch zu der Überlegung anregen, ob in beiden Fällen Herzog Ernst nicht auch oder sogar viel stärker in seiner Eigenschaft als Herzog von Schwaben, als für die *provincia* Schwaben und deren Grenzen besorgter Herzog tätig gewesen ist [513]. Und wenn Wipo darauf hinweist, daß der Einfall Herzog Ernsts in das Elsaß auf den Rat einiger seiner Vasallen geschehen sei [514], dann läßt dies gleichfalls eher an einen Zusammenhang von Ernsts Unternehmungen mit der Ausübung seiner Herzogsherrschaft als an die Durchsetzung persönlicher Ansprüche denken.

Die gleiche Überlegung stellt sich auch ein, wenn wir die in der Briefsammlung Meinhards von Bamberg überlieferte Nachricht lesen, daß der *dux Suevorum*, d. h. Rudolf von Rheinfelden, im Jahre 1063 mit einer großen Zahl von Kriegsleuten gegen die

---

507 Vgl. Wipo 19 (= Ausgew. Quellen XI), S. 574; vgl. dazu RI Konrad II Nr. 71e u. hierzu R. Schweighöfer, Eigenmächtigkeit, wie Anm. 458, S. 205 ff.
508 Dazu H.-D. Kahl, Die Angliederung Burgunds an das mittelalterliche Imperium, in: Schweiz. Numismatische Rundschau 48/1969, S. 13-105.
509 Vgl. dazu B. Amiet, Solothurnische Geschichte I/1952, S. 174/175.
510 Vgl. schon H. Bresslau, Jbb. Konrads II., Bd. 1, S. 94, oder neuerdings H. Schwarzmaier, Reichenauer Gedenkbucheinträge, wie Anm. 322, hier S. 25. – Vgl. aber schon die Bedenken in RI Konrad II., Nr. 40c.
511 Vgl. auch die bemerkenswerten Beobachtungen zu einer möglichen besitzrechtlichen Verankerung Herzog Ernsts in Hochburgund bei B. Stettler, Studien zur Geschichte des oberen Aareraumes im Früh- und Hochmittelalter, 1964, S. 120 ff.
512 Wipo, wie Anm. 507: *magno exercitu iuvenum collato*.
513 Ähnlich auch die Überlegungen bei B. Stettler, Oberer Aareraum, wie Anm. 511, S. 166, Anm. 233.
514 Wipo, wie Anm. 507: *consilio quorundam militum suorum*.

Burgunder vorgegangen sei [515]. Auch zur Erklärung dieses Vorgehens braucht nicht allein auf Rudolfs persönliche Bindungen zu Burgund [516] oder an ihn übertragene Herrschaftsrechte in Burgund hingewiesen zu werden [517]. Rudolfs ausdrückliche Kennzeichnung als Herzog von Schwaben muß auch in diesem Falle zunächst einmal an ein Unternehmen denken lassen, zu dessen Ausführung er sich in erster Linie als Herzog von Schwaben veranlaßt gesehen hat.

Neben dem Elsaß ist es demnach wiederholt Hochburgund und ist es wohl vorab der 926 von Heinrich I. an Hochburgund abgetretene, bis dahin zur Provinz Schwaben gehörende Obere Aargau, den Herzöge von Schwaben noch bis in die zweite Hälfte des 11. Jahrhunderts stets von neuem ihrem Lande wiederzugewinnen bestrebt waren. Zeigt sich darin neuerlich die weiterhin andauernde Veränderlichkeit der *confinia Alemannorum*, so geben solche Nachrichten über »Eigenmächtigkeiten« der Herzöge von Schwaben des 11. Jahrhunderts zugleich aber auch zu erkennen, daß über die Mitte dieses Jahrhunderts hinaus der Herrschaftsbereich des Herzogs von Schwaben, der *ducatus Alemannicus*, gegen Südwesten und Westen noch immer an Hochburgund und das Elsaß angrenzte, daß demnach im Westen auf alle Fälle der Breisgau und im Südwesten ohne jeden Zweifel der schwäbische Herzogsvorort Zürich und sein Umland auch jetzt noch der Herrschaft des Herzogs von Schwaben unterstanden.

Dies zu betonen, ist deswegen wichtig, weil bereits gegen Ende des 11. Jahrhunderts beide Landschaften aus der Provinz Schwaben und damit auch aus dem Herrschaftsbereich des Herzogs von Schwaben ausgegliedert erscheinen [518].

Und mit der Feststellung, daß die Herzöge von Schwaben, daß der *ducatus Alemannicus*, dessen Grenzen im Norden gegen Franken und im Osten gegen Bayern noch in der zweiten Hälfte des 11. Jahrhunderts als fest fixiert überliefert werden, auch noch das Land zwischen Hochrhein und Alpen im näheren und weiteren Umkreis Zürichs umfaßt haben muß, stimmt es denn auch überein, daß im Jahre 1049 in einem Diplom Heinrichs III. der Thurgau noch immer als im *Alemannicus ducatus* gelegen bezeichnet wird [519] und daß Herzog Rudolf zusammen mit den gleichfalls in diesen Gegenden Herrschaft ausübenden Grafen Burchard von Nellenburg, Kuno von Wülflingen und Arnold von Lenzburg einen Streit zwischen den Einwohnern von Uri und Glarus entscheidet [520].

---

515 Vgl. Briefsammlungen der Zeit Heinrichs IV. bearb. von C. ERDMANN und N. FICKERMANN (= MGH: Die Briefe der deutschen Kaiserzeit V), 1950, Nr. 18, S. 212: *Dux Suevorum cum magna vi militum in Burgundiones movit, sed orta in suis seditione grave nimis et infame, ut aiunt detrimentum accepit.*
516 Vgl. darüber zuletzt G. WUNDER, Beitrr. zur Genealogie schwäbischer Herzogshäuser, in: ZWLG XXXI/1972, S. 1-15, hier S. 7 ff., und U. MAY, Untersuchungen zur frühmittelalterlichen Siedlungs-, Personen- u. Besitzgeschichte anhand der St. Galler Urkunden (= Geist und Werk der Zeiten 46), 1976, S. 131 ff.
517 Dazu schon O. GRUND, Die Wahl Rudolfs von Schwaben zum Gegenkönig, 1870, S. 8 f.; G. MEYER VON KNONAU, Jbb. Heinrichs IV. und Heinrichs V., I, S. 49, Anm. 49 u. vor allem H. BÜTTNER, Waadtland und Reich im hohen Mittelalter, jetzt in: DERS., Schwaben u. Schweiz, wie Anm. 26, S. 404 f., 409.
518 Vgl. unten S. 223 ff.
519 DH III 240; der hier interessierende Passus ist allerdings aus einer Vorlage, einem Diplom Ludwigs des Deutschen, übernommen.
520 vgl. Qu. W. Eidg. I/1, S. 41 f., Nr. 83. Zum Quellenwert dieser Urkunde vgl. Anm. 42.

Der *ducatus Alemannicus* und die ihm in weitgehendem Maße zugrundeliegende *provincia Suevia* mit ihren *confinia* weisen also auch in der zweiten Hälfte des 11. Jahrhunderts im großen und ganzen noch die gleiche Ausdehnung auf wie im ersten Jahrhundert schwäbischer Herzogsherrschaft.

DER HERZOG UND SEINE MITLANDLEUTE

Innerhalb der Grenzen dieses Landes, innerhalb der Grenzen der soeben beschriebenen *provincia* aber leben die *principes* Schwabens. Auf die Anerkennung durch sie, durch den Adel Schwabens, ist jeder Träger des schwäbischen Herzogtitels angewiesen, wenn er Herzog werden und wenn er Herzog bleiben will.

Durch die Zustimmung der *Sueviae principes* ist Burchard im Jahre 917 zum Herzog erhoben worden [521], und das Verhältnis zu den »Ersten«, zu den »Fürsten« Schwabens, blieb denn auch – wie wir schon früher gesehen haben [521a] – zumindest bis zum Ende des 11. Jahrhunderts für die Herrschaft des Herzogs in Schwaben grundlegend und bestimmend [522].

Sie, die *Sueviae principes*, die *primates Suevorum* oder wie sie auch immer bezeichnet worden sein mochten [523], repräsentieren im Grunde das, was man den Stamm, was man das Volk zu nennen pflegt, wenn sie nicht gar selbst rechteigentlich den Stamm darstellen [524]. Aber ihr Merkmal ist nicht allein, daß sie die »Ersten«, daß sie die »Für-

---

521 *Sueviae principum assensu statuitur Alamannis dux primus Purchardus* (Ekkeharti casus, ed. Meyer von Knonau, cap. 20, S. 77) und dazu oben S. 131 f.
521a Vgl. oben S. 131 ff.
522 S. dazu etwa ZUB I, Nr. 188 zu 924 I 6; die dort als *fideles* bezeichneten Bischöfe und Grafen gehören eindeutig zur Schicht der *Sueviae principes*. Vgl. hierzu H. STINGL, Entstehung, wie Anm. 5, S. 165. – Vgl. auch über Herzog Liutolf und die *primates Sueviorum* Hrotsvith, MGSS IV, S. 327/28; über Herzog Ernst und die übrigen in der Nähe wohnenden *principes* vgl. DH II 505 zu 1024; dann aber besonders für den den Rat der *principes* einholenden Herzog Rudolf Qu. W. Eidg. I, 1, Nr. 83 zu 1063 V 6 (Zum Quellenwert dieses Stücks vgl. oben Anm. 42) und vor allem die Nachricht der Continuatio casuum St. Galli, ed. Meyer von Knonau, S. 57, über die Entfremdung von St. Galler Besitz: ... *sic etiam omnes conprovinciales principes ad se traxerunt* ...; weiter die Nachricht über die Erhebung Bertholds von Zähringen zum Herzog durch die *principes Alemanniae* zu 1092 bei Bernold (MGSS V, S. 454) und über das Gelöbnis des Gehorsams gegenüber Herzog Berthold durch die *Alemanniae principes* in Ulm 1093 (Bernold, MGSS V, S. 457).
523 Über den Begriff der *principes* im Sinne von »Fürsten des Landes oder Herzogtums« vgl. vor allem FICKER, I, S. 26, 33 ff. u. für Schwaben insbes. S. 85, und dazu F. SCHÖNHERR, Reichsfürstenstand, wie Anm. 101, S. 19 (hier auch der Hinweis darauf, daß in Schwaben »zu den Fürsten nicht allein alle Grafen, sondern auch die Edlen zu rechnen« sind) und insbes. S. 144 ff.; vgl. auch die Belege bei WAITZ V, 466–471. Grundsätzlich E. ROSENSTOCK, Königshaus und Stämme, wie Anm. 109, S. 143 ff., sowie O. VON DUNGERN, Adelsherrschaft im Mittelalter, 1927 (Neudruck 1967), S. 48 ff.; F. KERN, Gottesgnadentum und Widerstandsrecht, ³1962, S. 276 ff.; H. BEUMANN, Die sakrale Legitimierung des Herrschers in ottonischer Zeit, in: Königswahl u. Thronfolge in otton.-frühdeutscher Zeit, hg. von E. HLAWITSCHKA, 1971, S. 148–198, 172 ff.; J. O. PLASSMANN, Princeps u. Populus, 1954, S. 35 f., 42 f., 108 f., und endlich jetzt umfassend G. THEUERKAUF, Artikel »Fürst« in: HRG I/1971, Sp. 1337–1351, sowie darüber hinaus E. F. OTTO, Adel und Freiheit, wie Anm. 423, der S. 389 ff. darauf hinweist, daß der Begriff *principes* bis ins 12. Jh. hinein vom Stammesrecht bestimmt gewesen ist.
524 S. H. MITTEIS, Formen der Adelsherrschaft, wie Anm. 34, S. 642.

sten« Schwabens sind, denen sich der Herzog als ein Höherer gegenübergestellt sieht; sie sind vielmehr zugleich des Herzogs *patrioti* [525], des Herzogs Landsleute, oder – wie es vor allem die Quellen des 11. Jahrhunderts noch deutlicher auszudrücken pflegen –: Sie sind die *conprovinciales [principes]* [526], sie sind die in der gleichen Provinz wie der Herzog lebenden M i t -Landleute des Herzogs [527], für deren Interessen und deren Wohl sich der Herzog – wie die Intervenienz Herzog Hermanns zu Gunsten von Graf Bertholds Marktgründung in Villingen bei Otto III. im Jahre 999 zeigt – gegenüber dem König aktiv einsetzt [527a].

Spiegelt sich bereits in dieser Bezeichnung aufs deutlichste das Miteinander von Herzog und *principes*, das Eingebundensein des Herzogs und der Herzogsherrschaft in die Genossenschaft [528] der Landleute, der zur gleichen *provincia* Gehörenden, wider, so werden diese Zusammengehörigkeit und dieses Zusammenwirken des Herzogs mit den Fürsten des Landes noch offenkundiger, wenn wir sehen, daß sich etwa König Heinrich II. im Jahre 1024 für die Vergabung eines Wildbannes an Kloster Ellwangen der Zustimmung Herzog Ernsts und der ü b r i g e n umwohnenden *principes* zu versichern hatte [529].

Und wenn dann gar im Zeitalter des Investiturstreits auf den zahlreichen schwäbischen Fürstentagen [530] oder den mit diesen Fürstentagen häufig identischen bischöflichen Synoden [531] Herzog und *principes* gemeinsam und gleichberechtigt miteinander beraten, dann wird hierin die »Gleichberechtigung«, aber auch die Abhängigkeit des Herzogs von den Fürsten noch offensichtlicher.

Dennoch wird das Verhältnis des Herzogs zu den »Ersten«, zu den »Fürsten« Schwabens, die zugleich seine Landsleute bzw. seine Mitlandleute sind, nicht nur durch

---

525 So schon die Ann. Alamann, ed. W. LENDI, Untersuchungen zur frühalemannischen Annalistik, 1971, S. 190, zu 915: *Erchanger... cum Purchardo et Perachtoldo cum ceteris patriotis suis pugnavit...*
526 Vgl. Herzog Ernst und die *reliqui principes circumhabitantes* zu 1024 in DH II 505 und vor allem Berthold von Zähringen, Welf und *omnes conprovinciales principes* zu 1079, wie Anm. 522, sowie die *Pax Alsatiensis* von 1094: *... qualiter Alsatienses cum suis primatibus subnotatam pacis conditionem iuxta conprovincialium suorum decretum coniuravere...* MG Const. I, Nr. 429.
527 Zum Begriff der *conprovinciales principes* vgl. die Belege bei WAITZ V, S. 470 Anm. 6, und insbes. bei O. BRUNNER, Land und Herrschaft, ⁵1965, S. 188 ff., 203 Anm. 4, 394 ff. In der Übersetzung des Begriffs *conprovinciales* durch »Mitlandleute« folgen wir dem noch heute bei den Schweizer Landsgemeinden gebräuchlichen, den lat. Ausdruck u. E. am besten wiedergebenden Terminus; vgl. L. CARLEN, Die Landsgemeinde in der Schweiz, 1976, S. 12 ff. Zu den *conprovinciales* des 11. Jhs. besonders anschaulich M. WELLMER, Die »drey oberen Herrschaften« – Landschaft und frühe Geschichte, in: Das Markgräflerland, 1969, S. 63–88, hier S. 76 f.
527a MGDO III 311 u. dazu H. BORCHERS, Untersuchungen zur Geschichte des Marktwesens im Bodenseeraum, in: ZGO 104/1956, S. 315–360, hier S. 335 ff.
528 Zum Wesen der Genossenschaft statt der älteren Lit. jetzt H. STRADAL, Artikel »Genossenschaft«, in: HRG I/1971, Sp. 1522–1527.
529 MGDH II 505.
530 Vgl. dazu die Zusammenstellung bei FICKER II/3, S. 150 ff. u. WAITZ VII, S. 126 ff.; vgl. auch unten S. 209 ff.
531 Darüber grundsätzlich H. MAURER, Der Bischofssitz Konstanz als Hauptstadt in Schwaben, in: SVG Bodensee 91/1973, S. 1–15, insbes. S. 6 ff.

ein Miteinander von Herzog und Fürsten auf gleicher Ebene, sondern – und das ist nun für die Herrschaft des Herzogs grundlegend – auch durch Gehorsam, Treue und Folgepflicht des Adels gegenüber dem Herzog auf den Ebenen von Über- bzw. Unterordnung [532] entscheidend mitbestimmt.

Die rechtliche Grundlage der Herzogsherrschaft über die »Ersten«, über die »Fürsten« Schwabens kommt wohl nirgendwo sprechender zum Ausdruck als in dem Gelöbnis des Gehorsams [533], das die *Alemanniae principes* im Jahre 1093 auf einem großen Landtag im Herzogsvorort Ulm dem Herzog gegenüber ablegten [534]. Und wenn sich die Fürsten Schwabens in diesem Gelöbnis auf die *lex Alemannorum* als Rechtsgrund für dieses Unterordnungs- und Gehorsamsverhältnis berufen, ohne damit allerdings das geschriebene Volksrecht des Frühmittelalters, sondern wohl eher die im Jahre 1093 geltende alemannische Rechtsgewohnheit zu meinen [535], so wird hierin sichtbar, was das Verhältnis von Herzog und Stamm, von Herzog und *principes* letztlich noch immer bestimmte: das Volksrecht [536] und noch keineswegs etwa das sich jetzt erst allmählich ausbildende Landrecht [537]. Kurzum, des Herzogs Herrschaft erstreckte sich noch immer zu-

---

[532] Dazu neben F. KERN, Gottesgnadentum, passim und O. BRUNNER, Land und Herrschaft, S. 258 f., vor allem K. BOSL, Herrscher und Beherrschte, in: DERS., Frühform der Gesellschaft im mittelalterlichen Europa, 1964, S. 135–155, passim.

[533] Zur rechtlichen Bedeutung eines solchen Gelöbnisses neben F. KERN, Gottesgnadentum und Widerstandsrecht, S. 132 ff., 328 ff., und O. BRUNNER, Land und Herrschaft, S. 262, sowie W. KIENAST, Untertaneneid und Treuvorbehalt, 1952, S. 15 ff., 26, und R. SCHEYHING, Eide, Amtsgewalt u. Bannleihe, wie Anm. 52, S. 18 ff., 40 ff., jetzt G. DILCHER, Artikel »Versprechenseide«, in: HRG I/1971, Sp. 866–870, u. B. DIESTELKAMP, Artikel »Huldigung«, ebd. II, Sp. 262–265, und G. BUCHDA, Artikel »Gelöbnis«, ebd. I, Sp. 1490–1494.

[534] Bernold, MGSS V, S. 457; zur Sache J. HÖSS, Die deutschen Stämme im Investiturstreit. Diss. phil. Masch. Jena, 1945, S. 121.

[535] Zur Erwähnung der Lex Alemannorum in Quellen des 11. Jhs. vgl. die Zusammenstellungen bei WAITZ, V, S. 161/162, Anm. 2, und bei FICKER, II/2, S. 37 f., Anm. 2. – Zur Bedeutung dieser Nennungen als Hinweise auf das gebräuchliche Recht, auf Gewohnheitsrecht vgl. J. HÖSS, Die deutschen Stämme, S. 87, 135; K. G. HUGELMANN, Stämme, Nation und Nationalstaat im deutschen Mittelalter, 1955, S. 64 ff.; H. KRAUSE, Königtum und Rechtsordnung, in: ZRG/GA 82/1965, S. 1–98, hier S. 5, 8; G. KÖBLER, Land u. Landrecht im Frühmittelalter, in: ZRG/GA 86/1969, S. 1–40, hier S. 31 ff.; DERS., Das Recht im frühen Mittelalter, 1971, S. 93 f.; G. THEUERKAUF, Lex, Speculum, Compendium iuris (= Forschungen zur deutschen Rechtsgeschichte 6), 1968, insbes. S. 330 ff.; K. KROESCHELL, Recht u. Rechtsbegriff im 12. Jh., in: Probleme des 12. Jhs. (= Vorträge und Forschungen XII), 1968, S. 309–335, hier S. 310 f., 320, 321: »Lex heißt also das Recht, das wirklich im Gebrauch ist, das man tatsächlich befolgt und übt«, und speziell für die Lex Alemannorum jetzt C. SCHOTT, Pactus, Lex und Recht, in: Die Alemannen in der Frühzeit, hg. von W. Hübener, 1974. S. 135–168, hier S. 166 der Hinweis, daß mit diesen Nennungen »generell das alemannische Recht gemeint« sei. »Jede gedankliche Verbindung zur Lex scripta fehlt.« Zu dem gesamten Problemkreis jetzt auch H. NEHLSEN, Zur Aktualität und Effektivität germanischer Rechtsaufzeichnungen, in: Recht und Schrift im Mittelalter, hg. von P. Classen (= VuF XXIII), 1977, S. 449–502, insbes. S. 456–478.

[536] Dies meint wohl auch J. FICKER, Vom Herrschilde, 1862, S. 117, wenn er und nach ihm F. SCHÖNHERR, Reichsfürstenstand, S. 21, betonen, daß der ältere Reichsfürstenstand vor dem 12. Jh. durch rein landrechtliche Momente bestimmt sei; vgl. dazu auch E. F. OTTO, Adel und Freiheit, wie Anm. 523.

[537] Dazu G. KÖBLER, Land und Landrecht im Frühmittelalter, in: ZRG/GA 86/1969, S. 1–40, passim.

allererst auf Personen, eben auf die »Fürsten«, Schwabens und erst mittelbar durch sie auf das Land, auf die *provincia* [538].

Wer aber waren diese *principes*, diese Mitlandleute des Herzogs; welcher ständischen Schicht gehörten diejenigen an, die seine Herrschaft trugen, indem sie sich einerseits seinen Geboten unterwarfen, ihm andererseits aber Rat und Hilfe leisteten? Es waren ganz einfach diejenigen, die im Lande zu bestimmen hatten, ohne deren Zustimmung auch der König keine entscheidenden Veränderungen in der Verfassung des Landes vornehmen konnte [539] und von denen ein großer Teil zugleich in der Vasallität des Herzogs stand [539a]. So sehen wir denn im 10. Jahrhundert – neben den Bischöfen von Konstanz, Augsburg und Chur und neben den Äbten der großen Reichsabteien – vor allem Grafen in der nächsten Umgebung des Herzogs [540], Grafen, die wir – der herrschenden Einnamigkeit wegen [541] – freilich noch kaum mit Sicherheit identifizieren können. Und die gleiche ständische Qualität scheint auch – sieht man von den seit dem Ende des 10. Jahrhunderts offenkundig fernbleibenden geistlichen Fürsten ab – den im 11. Jahrhundert mit dem Herzog verbundenen *principes* und *conprovinciales* aus dem Laienstande zugekommen zu sein. Ja, jetzt, da sich die adligen Personen nicht mehr nur mit einem einzigen Namen bescheiden, sondern – als äußeres Zeichen für die »Entstehung« von Adelsgeschlechtern und sich verfestigenden Adelsherrschaften – ihrem »Vornamen« den Namen ihres adligen »Stammsitzes« beilegen [542], jetzt sind wir endlich auch in der Lage, einige dieser »Fürsten« Schwabens, die zugleich des Herzogs Mitlandleute waren, genauer zu bestimmen. Wenn wir im Jahre 1063 Graf Burchard von Nellenburg, Graf Kuno von Wülflingen und Graf Arnold von Lenzburg als Berater Herzog

---

538 Dazu grundsätzlich E. ROSENSTOCK, Königshaus und Stämme, S. 114 und vor allem TH. MAYER, Mittelalterliche Studien 1958, S. 471.
539 Besonders instruktiv sind dafür die Wildbann-Verleihungen der Könige – im schwäbischen Raum – an die Bistümer Basel u. Chur sowie an die Abtei Ellwangen. Vgl. DH II 188 zu 1008: *secundum collaudationem cumprovincialium (sic!) inibi predia habencium...*; DH II 505 zu 1024: *...consultu fidelium nostrorum, Ernusti...ducis et reliquiorum principum circumhabitancium;* DH III 251 zu 1050 VII 12: *cum consensu praedicti comitis Eberhardi caeterorumque conprovincialium;* DH III 252 zu 1050 VII 12: *cum consensu praedicti Ottonis comitis...et caeterorum conprovincialium.*
539a Vgl. oben S. 145 ff.
540 Vgl. vor allem ZUB I, Nr. 188 zu 924 I 6: *Actum in Turego presentibus episcopis, comitibus aliiusque nostris fidelibus...*; vgl. dazu H. STINGL, Entstehung, wie Anm. 5, S. 165; und die auf 926 datierte Notitia über den Streit zwischen Waldkirch u. Ettenheimmünster, FDA 72/ 1952, S. 71–73: *S. ipse Burchardus (cum caeteris comitibus, qui ibi tunc aderant, quando haec traditio facta est).* Zum Quellenwert dieser Notiz vgl. H. MAURER, Confinium, wie Anm. 397; zu den Grafen vgl. grundsätzlich oben S. 143 ff.
541 Dazu grundsätzlich K. SCHMID, Zur Problematik von Familie, Sippe und Geschlecht, Haus und Dynastie beim mittelalterlichen Adel, in: ZGO 105/1957, S. 1–62, hier S. 5 ff., u. DERS., Über die Struktur des Adels im früheren Mittelalter, in: Jb. für fränkische Landesforschung 19/ 1959, S. 1–23.
542 Zu diesem bedeutsamen Vorgang statt der kaum mehr übersehbaren Einzelliteratur H. SCHWARZMAIER, Der schwäbische Adel im hohen Mittelalter. Ein Forschungsbericht, in: Zs. f. Hohenzollerische Geschichte 2/1966, S. 23–34, hier S. 27; und jetzt K. SCHMID, Adel und Reform in Schwaben, in: Investiturstreit u. Reichsverfassung, hg. von J. Fleckenstein, (= VuF XVII), 1973, S. 295–319, hier S. 303.

Rudolfs von Schwaben bei der Bereinigung eines Grenzstreits zwischen Uri und Glarus tätig sehen [543] und wenn dreißig Jahre später, um 1095, Graf Alwig von Sulz, Graf Gottfried von Calw, Graf Friedrich von Zollern und eine Vielzahl weiterer Grafen und Edelfreier, die keinen Titel tragen, an einem zu Rottweil abgehaltenen Landtag Herzog Bertholds teilnehmen [544], dann geben schon allein diese beiden Zeugnisse eine ausreichende Antwort auf unsere Frage: es ist die Schicht der Edelfreien, es ist der Adel schlechthin [545], eine Schicht, der der Herzog selbst zugehörte und innerhalb deren die breite Gruppe der titellosen Edelfreien ständisch in keiner Weise von den wenigen unterschieden war, die durch Amt, Titel und Königsnähe aus ihr herausragten [546]. Sie also – mitsamt ihren sich nach außen immer mehr abschließenden und immer mehr verfestigenden autogenen Herrschaften [547] – erfaßte der Herrschaftsanspruch des Herzogs, und sie waren es, die darüber entschieden, ob sich dieser Anspruch verwirklichen und in welchen Formen er sich verwirklichen würde. Schon um Herzog werden zu können, mußte sich – wie wir gesehen haben – der Prätendent auf diese zu erneuernde Würde bei seinen Landsleuten, seinen *patrioti*, durchzusetzen versuchen, mußte Erchanger im Jahre 915 auf dem Schlachtfeld von Wahlwies, im Vorfeld der Königspfalz Bodman, mit den ihm feindlich gesinnten Mitlandleuten den Kampf aufnehmen, und erst das siegreiche Bestehen dieses Kampfes veranlaßte Freunde wie Gegner Erchangers, ihn zu ihrem Herzog zu erheben [548]. War es nicht dieses äußerste Mittel des militärischen Sieges, durch den der Herzog seinen *conprovinciales principes* die Erhebung zum Herzog abzuringen brauchte, so bedurfte Burchard im Jahre 917 immerhin der Zustimmung der »Ersten«, der »Fürsten« Schwabens, um den Alemannen als Herzog gesetzt zu werden [549]. Und viel später, im Jahre 1079, als – nach einer langen, ununterbrochenen Epoche königlicher Einsetzung [550] des Herzogs in sein Amt – wieder einmal ein Prätendent auf die schwäbische Herzogswürde der Anerkennung durch seine Mitlandleute bedurfte, da ließ er in dem alten königlichen Pfalzort und künftigen schwäbischen Herzogsvorort Ulm nicht nur die Herzog Welf verbundenen *seniores* (des Landes), sondern bezeichnender-

---

543 Qu. W. Eidg. I/1, Nr. 83 (vgl. zu dieser Urk. oben Anm. 42).
544 WUB I, S. 315–317.
545 Dazu grundsätzlich O. VON DUNGERN, Der Herrenstand im Mittelalter, 1908, insbes. S. 18 ff., 246 f.; DERS., Adelsherrschaft im Mittelalter, 1927, S. 11 ff., 48 ff., und jetzt – in großer Überschau – G. TELLENBACH, Rechtlicher Anspruch und soziale Geltung in der Geschichte des Adels im hohen Mittelalter, in: La storia del diritto nel quadro delle scienze storiche, 1966, S. 349–359, u. DERS., Zur Erforschung des mittelalterlichen Adels (9.–12. Jh.), in: XIIe congrès international des Sciences historiques. Rapports I/1965, S. 318–337.
546 So H. SCHWARZMAIER, Der schwäbische Adel, wie Anm. 542, S. 28. Außerdem – an weiteren schwäbischen Beispielen – K. SCHMID, Kloster Hirsau und seine Stifter (= FOLG IX), 1959, S. 125 f.; H. J. WOLLASCH, Die Anfänge des Klosters St. Georgen im Schwarzwald (= FOLG XIV), 1964, S. 75–77, u. H. MAURER, Das Land zwischen Schwarzwald und Randen im frühen und hohen Mittelalter (= FOLG XVI), 1965, S. 157 f.
547 Dazu die konkreten Beispiele bei P. KLÄUI, Hochmittelalterliche Adelsherrschaften im Zürichgau (= Mitt. der Antiquarischen Gesellschaft in Zürich 40/2), 1960, passim, mit der Zusammenfassung S. 73 ff., sowie bei H. MAURER, Das Land zwischen Schwarzwald und Randen, wie Anm. 546, S. 124 ff.
548 Ann. Alamann., ed. W. Lendi, wie Anm. 525; dazu jetzt oben S. 44 ff.
549 Wie Anm. 521.
550 Vgl. dazu ausführlich oben S. 132.

weise erstmals auch die *cives* der werdenden Stadt Ulm öffentlich ihre Unterwerfung und seine Anerkennung als ihr Herr und Herzog aussprechen [551]. Und wiederum waren es die *principes Alemanniae,* die im Jahre 1092 Berthold von Zähringen zum Herzog von Schwaben erhoben [552].

Ob von seinen Mitlandleuten oder vom König zum Herzog erhoben, in jedem Falle bedurfte der Herzog, etwa Herzog Rudolf im Jahre 1063 [553], des *consilium* [554], d. h. des Rates, der Zustimmung und der Entscheidung der *principes* des Landes auch weiterhin, wenn nicht in allen, so doch in vielen Phasen seiner Amtsausübung [555].

Diejenige Institution, mit deren Hilfe der Herzog nicht nur Rat und Entscheidung einzuholen, sondern zugleich auch seine – im weitesten Sinne verstandene – Herrschaft über den Adel und, zunächst auch, über die Kirche seines Herzogtums am unmittelbarsten auszuüben vermochte, war der Herzogstag, war der Landtag, der *conventus,* das *colloquium,* das *consilium* [556], das nichts anderes war als eine besondere Form schwäbischer »Fürstentage«, zu denen sich die *principes* vor allem in der Epoche des Investiturstreits an den alten oder an neu entstehenden Vororten Schwabens besonders häufig zusammenfanden [557]. Standen bei diesen »Fürstentagen« in der zweiten Hälfte des

---

[551] Bertholdi Ann., MGSS V, S. 319; dazu die Interpretation bei J. Höss, Die deutschen Stämme, S. 89 u. S. 134.
[552] Bernold, MGSS V, S. 454.
[553] Vgl. oben Anm. 522.
[554] Über die Bedeutung von *consilium* im Sinne von »Rat« und »Zustimmung« F. Kern, Gottesgnadentum und Widerstandsrecht, S. 129 ff., 269 ff., 278 ff.; O. Brunner, Land und Herrschaft, S. 269 ff. (wo S. 270 vor allem darauf verwiesen wird, daß Rat einem Treueverhältnis entspringt) u. S. 425 ff., und jetzt W. Störmer, Früher Adel (= Monographien zur Geschichte des Mittelalters 6/II), 1973, Bd. II, S. 267 ff. Vor allem aber H. Krause, Consilio et iudicio, in: Speculum Historiale [= FS für Johannes Spörl], 1965, S. 416–438, insbes. S. 418 ff., sowie Ders., Königtum und Rechtsordnung, wie Anm. 535, S. 70 ff., wo S. 72 aber auch darauf hingewiesen wird, daß es ungewiß sei, ob das Mitwirken der Großen für die Gültigkeit des Beschlusses erforderlich war.
[555] Vgl. dazu auch die bezeichnenden Beispiele für Herzog Hermann II. zum Jahre 1002 in der Vita Heinrici II., MGSS IV, S. 685 u. 687: *Hermanus salubri consilio usus...; Hermannus, qui consiliis prudentium uti nolebat...; Hermannus qui consilia iuvenum sequendo et spem vacuam tenendo extra se positus erat.*
[556] Zu diesen Termini vgl. P. Guba, Der deutsche Reichstag in den Jahren 911–1125, 1884, S. 6 f., u. C. Wacker, Der Reichstag unter den Hohenstaufen, 1882, S. 3 f., sowie H. Weber, Die Reichsversammlungen im ostfränkischen Reich 840–918, Diss. phil. Würzburg, 1962, S. 51 ff. – Über »Versammlungen zur politischen Beratung« vgl. jetzt die grundsätzlichen Bemerkungen bei K. Zernack, Die burgstädtischen Volksversammlungen bei den Ost- und Westslawen, 1967, insbes. S. 13.
[557] Über den Herzogslandtag und sein Verhältnis zu den Fürstentagen allg. Ficker, II/2, S. 259, für Schwaben insbes. Ficker II/3, S. 150 ff., u. Waitz VI, S. 126 ff.; außerdem allg. E. Rosenstock, Herzogsgewalt und Friedensschutz, 1910, S. 37 u. insbes. S. 56 ff.; G. Läwen, Beitrr. zur Frage der Rechtsstellung von Herzog u. Stamm im Mittelalter, 1935, S. 66 ff., G. Tellenbach, Königtum und Stämme in der Werdezeit des deutschen Reichs, 1939, S. 19 f., 93 ff. und für Schwaben insbes. S. 70 ff.; K. G. Hugelmann, Stämme, Nation und Nationalstaat, S. 138 f., 145 f., sowie W. Störmer, Früher Adel, wie Anm. 554, II, S. 271 ff. – Für Schwaben im besonderen H. Maurer, Rottweil und die Herzöge von Schwaben, in: ZRG/GA 85/1968, S. 59–77, hier S. 67 mit Anm. 27 u. S. 73 ff., und H. Maurer, Der Bischofssitz Konstanz, wie Anm. 531, S. 6 ff.

11. Jahrhunderts die drei Träger des Herzogtitels in Schwaben [558], der Rheinfelder, der Zähringer und der Welfe, gleichberechtigt nebeneinander, ohne daß dem Inhaber der s c h w ä b i s c h e n Herzogswürde eine besondere Vorrangstellung eingeräumt worden wäre [559], so wurde aus dem Tag gleichberechtigter *principes* dann ein Herzogslandtag, wenn dem Herzog von Schwaben eindeutig der Vorsitz eingeräumt war [560]. Dann war er es wohl auch, der die *principes conprovinciales* zusammengerufen hatte, freilich wohl kaum je alle *principes* aus allen Gegenden Schwabens zugleich. So waren es romanische und alemannische *iudices* [561] lediglich aus Unterrätien, die Herzog Burchard im Jahre 920 an den alten Gerichtsort Rankweil in einem Streit zwischen dem Kloster St. Gallen und dem Bischof von Chur über die Innehabung des Klosters Pfäfers urteilen ließ [562], waren es Landleute aus den Gauen Ortenau und Breisgau, die Herzog Burchard bei der Schlichtung eines Streits zwischen dem breisgauischen Kloster Waldkirch und dem ortenauischen Kloster Ettenheimmünster vor 926 an der Gerichtsstätte Kinzigdorf um sich scharte [563], und waren bei einem Herzogslandtag in Rottweil im Jahre 1095, als es die Gründung des nahen Klosters Alpirsbach zu vollziehen galt [564], unter den 32 Grafen und anderen Edelfreien, die auf Herzog Bertholds Geheiß in den schwäbischen Vorort Rottweil gekommen waren, mit zwei, drei Ausnahmen wiederum nur Adlige aus dem näheren und weiteren Umland Rottweils, d. h. vom Ostrande des Schwarzwaldes und vom oberen Neckar, anwesend. Und nicht viel anders stellt sich die geographische Herkunft der Teilnehmer reiner Fürstenlandtage dar [565]. Die Landtage, die der Herzog an diesem oder jenem »Vorort« innerhalb seines Herzogtums abhielt, wandten sich demnach keineswegs an alle Mitlandleute, an alle »Fürsten« Schwabens zugleich; sie konnten und wollten vielmehr immer nur die im Einzugsbereich eines jeweiligen Herzogsvororts

---

[558] Dazu H. WERLE, Titelherzogtum und Herzogsherrschaft, in: ZRG/GA 73/1956, S. 225–299, hier über die Zähringer S. 233 f. u. über die Welfen S. 264 ff.
[559] S. etwa 1092 V 2, Ulm: *Actum in loco qui dicitur Ulma, in presentia ducum Bertoldi senioris et Welfonis senioris et aliorum maiorum, qui ibi convenerant ad quoddam colloquium* (Baumann, AH Nr. 15/1, S. 31/32), oder 1093, Ulm (Bernold, MGSS V, S. 457): Anwesenheit von Berthold und Welf, oder 1094 April, Konstanz (Bernold, MGSS V, S. 458): Anwesenheit Bertholds und Welfs.
[560] So etwa 1094 I 27 Rottweil: *in oppido Rotwilere in praesentia ducis Bertholdi et perplurium Alemanniae principum simulque aliorum infinitorum liberorum* (Not. Fund. St. Georgii, MGSS XV/2, S. 1017) oder ca. 1095, Rottweil: *apud villam, que Rotwilo dicitur, coram duce Bertolfo aliisque regni principibus quampluribus et populo multo* (WUB I, Nr. 254).
[561] Über die Bedeutung von *iudex* als Sammelbegriff für die zuständigen »Gerichtshalter«, d. h. comes, missus, centenarius usw. vgl. jetzt C. SCHOTT, Pactus, Lex und Recht, wie Anm. 535, S. 157.
[562] BUB I, Nr. 96; zu dieser Urkunde, zur Gerichtsstätte Rankweil und zur Funktion des dem Gericht vorsitzenden Burchard als Herzog von Schwaben und nicht als Graf in Unterrätien vgl. oben Anm. 177a.
[563] S. dazu oben Anm. 540.
[564] WUB I, Nr. 254; vgl. dazu H. MAURER, Rottweil und die Herzöge von Schwaben, wie Anm. 557, S. 64 ff.
[565] Vgl. etwa die Zeugenreihe der 1092 V 2 zu Ulm *in presentia ducum Bertoldi senioris et Welfonis senioris et aliorum maiorum, qui ibi convenerant ad quoddam colloquium* ausgestellten Urkunde (Baumann AH, Nr. 15).

(oder besser Stammesvororts) ansässigen *principes* ansprechen. Herzogsherrschaft war im Grunde ebenso Reiseherrschaft wie diejenige des Königs [566], und zu den Hoftagsorten des Herzogs mochten in ähnlicher Weise bestimmte Sprengel gehört haben, wie zu den königlichen Hoftagsorten [567].

Um so wichtiger war es, daß der Herzog allenthalben im Lande über Vororte verfügte, an die er Hoftage, an die er Landtage für einzelne Landschaften seines Amtsbereichs einberufen konnte. Die Vororte und ihre Einzugsbereiche gliederten gewissermaßen das Land.

Über den Inhalt der auf den Herzogslandtagen gepflogenen Beratungen sind wir nun freilich nur durch Zufallsnachrichten unterrichtet. Immerhin zeigen diese wenigen Zeugnisse, daß sich die Teilnehmer der vom Herzog einberufenen Tage keieswegs nur als Befehlsempfänger des Herzogs verstanden, sondern durchaus als ein Gremium, das dem Herzog selbständig handelnd gegenübertreten und damit deutlich machen konnte, daß die Fürsten des Landes letztlich die Herrschaft des Herzogs trugen. Diese – mögliche – Rolle des herzoglichen Hoftags läßt kein *conventus* deutlicher erkennen als jener frühe von 911, in dessen Verlauf Herzog Burchard gar den Tod fand [568]. Hier haben die Fürsten offensichtlich von ihrem Widerstandsrecht Gebrauch gemacht [569].

Der Herzogslandtag war nach alledem so etwas wie ein Brennpunkt herzoglicher Herrschaftsausübung; auf ihm und mit ihm konnte der Herzog »regieren«, konnte er sich nicht nur beraten lassen, konnte er vielmehr zugleich alle jene Herrschaftsrechte zur Geltung bringen, die er über die Fürsten Schwabens als seine Mitlandleute besaß.

Der Herzogslandtag ist vor allem zugleich Ort des Herzogsgerichts. Hier vermochte der Herzog durch Streitschlichtung den Frieden im Lande zu wahren [570]. Das war 920 auf dem Tag zu Rankweil, wo es einen Streit zwischen dem Kloster St. Gallen und dem Bischof von Chur beizulegen galt [571], nicht anders als auf dem Tag zu Kinzigdorf vor dem Jahre 926, da der gleiche Herzog Burchard wiederum zwischen zwei geistlichen Institutionen zu vermitteln hatte [572].

---

566 Vgl. H. C. Peyer, Das Reisekönigtum des Mittelalters, in: VSWG 51/1964, S. 1–21.
567 Dazu für Schwaben Ficker, II/3, S. 154.
568 *Burchardus dux Alemanniae in conventu suo occiditur* zu 911 (Bernold, MGSS V, S. 422; *Burchardus dux Alamanniae in conventu suo orto tumultu occisus est.* (Herim. Aug. MGSS V S. 122), vgl. dazu E. Rosenstock, Herzogsgewalt u. Friedensschutz, S. 18 ff.
569 Vgl. dazu grundsätzlich F. Kern, Gottesgnadentum und Widerstandsrecht, passim.
570 Über den Herzogslandtag als Gericht und als Instanz zur Streitschlichtung und Friedenswahrung vgl. vor allem E. Rosenstock, Herzogsgewalt und Friedensschutz, passim; B. Meyer, Die Sorge für den Landfrieden, wie Anm. 177a, S. 31 ff., u. J. Gernhuber, Die Landfriedensbewegung in Deutschland bis zum Mainzer Reichslandfrieden von 1235, 1952, S. 29, 76 f. – Über die sehr umstrittene Gerichtsgewalt des Herzogs allg. Ficker II/3, S. 11 f.; Waitz, VII, S. 129., H. Hirsch, Die hohe Gerichtsbarkeit, 1922, S. 204 ff.; G. Läwen, Beitrr., wie Anm. 557, S. 36 ff. (u. dazu die Rezension von G. Tellenbach, in ZRG/GA 56/1936, S. 520: »Die Frage der Gerichtsbarkeit des Herzogs über die Fürsten des Stammesgebietes ist noch nicht hinlänglich geklärt«), sowie K. G. Hugelmann, Stämme, Nation u. Nationalstaat, S. 151 ff.
571 Vgl. oben S. 210.
572 Vgl. oben S. 210. Zu Burchards Funktion auf dem Gerichtstag in Kinzigdorf vgl. zuletzt H. Stingl, Entstehung, wie Anm. 5, S. 166 f.

Und als wiederum Burchard 924 in Zürich einen Landtag, ein *consilium* abhielt, hatte er auf Bitten der Zürcher Klosterfrauen – zusammen mit seinen *fideles*, den Bischöfen von Konstanz und Chur und mehreren Grafen – ein Urteil über die zum Unterhalt der Nonnen bestimmten Einkünfte zu finden, über deren Bestand offenbar Unsicherheit aufgekommen war [573] (Abb. 20).

Auch hier also griff der Herzog mit Hilfe des Landtags, der zugleich zum Herzogsgericht wurde, und dessen Teilnehmer als Urteilsfinder fungierten, ordnend und schlichtend in die Verhältnisse des Landes ein, und er tat dies bezeichnenderweise in zweien dieser drei Fälle unter ausdrücklicher Hervorhebung der ihm für diese Entscheidung vom König verliehenen Vollmacht [574]. Das heißt nicht mehr und nicht weniger, als daß Burchard II., der nicht vom König, sondern von den *principes* mit der Herzogswürde betraut worden war, seine Gerichtsgewalt als vom König abgeleitet ansah [575].

Um die Wahrung des Friedens im Lande ging es auch bei dem *colloquium publicum*, das Herzogin Hadwig – als *vicaria* des Reiches – nach Wahlwies, an einen mit der Entstehung der Herzogsherrschaft aufs engste verbundenen Ort, einberufen hatte [576]. Hier galt es, einen Streit zwischen den beiden Reichsabteien St. Gallen und Reichenau zu schlichten [577].

So mag die Streitschlichtung zwischen den Fürsten des Landes eine der vornehmsten Aufgaben des Herzogs gewesen sein. Noch Herzog Rudolf hatte im Jahre 1063 mit dem *consilium* seiner *principes*, die sämtlich Grafen waren, im Auftrag des Königs einen Streit um die Grenzen [578] zwischen Uri und Glarus beizulegen (Abb. 21). Dürfen wir uns diese Handlung als auf einem herzoglichen Landtag geschehen vorstellen, ohne daß dies ausdrücklich erwähnt würde, so äußert sich die herzogliche Gerichtsgewalt dennoch nicht nur auf dem mit den *principes* des Landes abgehaltenen Herzogslandtag allein; sie griff auch nach den Grafengerichten in den einzelnen Gauen.

Darauf deutet schon die Beobachtung, daß sich Herzog Burchard für sein Herzogsgericht im Jahre 920 mit Rankweil der Grafschafts-Gerichtsstätte Unterrätiens und vor dem Jahre 926 mit Kinzigdorf der Gerichtsstätte der Grafschaft in der Ortenau bediente, – übrigens beide Male bezeichnenderweise, um Streitigkeiten zwischen jeweils in zwei benachbarten Gauen beheimateten Kontrahenten zu schlichten [579]. Noch deutlicher aber

---

573 ZUB I, Nr. 188; zum Rechtsinhalt vgl. G. CARO, Zur Gütergeschichte des Fraumünsterstifts Zürich, in: DERS., Beitrr. zur älteren deutschen Wirtschafts- u. Verfassungsgeschichte, 1905, S. 69–77; insbes. S. 72, sowie neuestens H. STINGL, Die Entstehung der deutschen Stammesherzogtümer, S. 134, 165, und immer noch P. KLÄUI, Der Fraumünsterbesitz in Uri und im Aargau, in: ZSG 22/1942, S. 161–184, hier S. 173 ff.
574 924: *cum licencia Heinrici regis* (ZUB I, Nr. 188, S. 80); 926: *per regiam potestatem* (FDA 72/1952, S. 72).
575 Zu diesem Problem G. LÄWEN, Beitrr., wie Anm. 557, S. 41 f.
576 Ekkeharti casus, ed. Meyer von Knonau, cap. 95, S. 346 ff., dazu ausführlich oben S. 53 ff.
577 Von J. FICKER II/3, S. 27, als Beispiel für die Strafgewalt des Herzogs über Fürsten angesehen; dagegen aber G. LÄWEN, Beitrr. S. 41; vgl. auch HUGELMANN, Stämme, Nation u. Nationalstaat, S. 157 f.
578 Vgl. oben Anm. 522.
579 Vgl. oben S. 210.

wird die Einwirkung auf die Grafengerichte, wenn Graf Gottfried, der am 19. Februar 968 in Zürich Gericht hielt und in einem Streit zwischen dem Chorherrenstift Zürich und der angeblich widerrechtlichen Besitzerin eines Gutes Recht sprechen sollte, die Verhandlung bis zur Ankunft Herzog Burchards aussetzen wollte. Der Herzog kam dann zwar nicht selbst nach Zürich, aber er sandte seine *nuncii* – seine wohl den königlichen *missi* entsprechenden – Boten, die kurzfristig den Vorsitz des Gerichts übernahmen, um den Gerichtsspruch zu vollziehen [580].

Friedenswahrung durch den Herzog erstreckte sich demnach auch auf die Ebene der Grafengerichte, und so ist der folgende Satz, den Ekkehart der Herzogin Hadwig für den Tag zu Wahlwies in den Mund legt, so unglaubwürdig nicht, der da lautet: »und weil es unter meine Rechtssprechung fällt, wenn ein Laie einen Laien... zu Schaden gebracht hat, so soll dieser von meinem Grafen nach dem Gesetz gebüßt werden...« [581].

Wie sehr die Wahrung des Friedens im Lande in der Tat zu den wesentlichsten Aufgaben des Herzogs gehörte [582], gibt sich indirekt am sprechendsten aus den Maßnahmen zu erkennen, die König Heinrich II. im Jahre 1004, unmittelbar nach dem Tode Herzog Hermanns, in Schwaben traf. Auf einem Hoftag, den er bezeichnenderweise in den Herzogsvorort Zürich einberufen hatte, ließ er alle [Freien] einen Treueid schwören, um während der Unmündigkeit des Herzogs ganz Alemannien vor Unruhen zu bewahren [583]; und dieselbe Rolle des Herzogs tritt – noch eindeutiger – aufs neue hervor, als König Konrad II. Herzog Ernst II. von Italien in die Heimat entließ, um das Land zu schützen [584].

Lag bis in die erste Hälfte des 11. Jahrhunderts die Wahrung des Friedens im Lande nach alledem im wesentlichen noch allein in den Händen des Herzogs, der sich als konkretes Mittel dieser Friedenswahrung des von den »Fürsten«, den Mitlandleuten, getragenen Herzogslandtages als Herzogsgerichtes bediente, so änderte sich diese Vorrangstellung des Herzogs im Laufe des 11. Jahrhunderts offenbar beträchtlich. Sie änderte sich vor allem deswegen, weil die Gemeinschaft der Mitlandleute, weil der »Stamm« seit der Mitte eben dieses Jahrhunderts immer mehr hervortrat [585] und den Herzog stärker als bisher als Gleichen unter Gleichen, als *princeps inter principes* [586] erscheinen ließ.

---

580 ZUB I, Nr. 212; dazu ausführlich B. MEYER, Die Sorge für den Landfrieden, wie Anm. 177, S. 30/31.
581 Ekkeharti casus, ed. Meyer von Knonau, cap. 96, S. 350.
582 Dazu allg. FICKER II/3, S. 22 ff.; E. ROSENSTOCK, Herzogsgewalt u. Friedensschutz, insbes. S. 55 ff.; DERS., Königshaus und Stämme, S. 207 ff.; B. MEYER, Die Sorge für den Landfrieden, S. 24; G. LÄWEN, Beitrr., wie Anm. 557, S. 42 ff.; dazu – für das 11./12. Jh. jedoch einschränkend – K. S. BADER, Probleme des Landfriedensschutzes, S. 39 f., sowie J. GERNHUBER, Die Landfriedensbewegung, S. 29/30.
583 Adalboldi vita Heinrici II, cap. 42, MGSS IV, S. 694, vgl. dazu vor allem E. ROSENSTOCK, Herzogsgewalt u. Friedensschutz, S. 65, u. J. GERNHUBER, Die Landfriedensbewegung, S. 28 ff.
584 ...*ad tutandam patriam honorifice remissus est*, Wipo, cap. XI (= Ausgew. Quellen XI), S. 564, dazu RI Konrad II., Nr. 716.
585 Zu dieser Erscheinung nach H. BRUNS, Das Gegenkönigtum Rudolfs von Rheinfelden, Diss. phil., Berlin, 1939, S. 42 ff., 48 ff., vor allem K. G. HUGELMANN, Stämme, Nation und Nationalstaat, S. 138 f., und für Schwaben insbes. unten Teil II/2, S. 219 mit Anm. 2.
586 So G. THEUERKAUF, Artikel »Fürst«, in: HRG I/1971, Sp. 1339.

Wie neben die vom Herzog von Schwaben allein präsidierten Landtage in vermehrtem Maße Fürstentage [587] mit sämtlichen in Schwaben ansässigen Trägern der Herzogswürde [588] an der Spitze traten, ohne daß beide Formen der Kolloquien sich in ihren Funktionen allzu sehr unterschieden hätten, so traten auch in der Friedenswahrung die »Fürsten« des Landes mehr und mehr in den Vordergrund.

An alle Fürsten Schwabens – ohne ausdrückliche Erwähnung des Herzogs – richtete denn auch König Heinrich III. auf der Synode von Konstanz im Jahre 1043 sein Gebot, das grundsätzlich die Beendigung allen Streites in ganz Schwaben anordnete [589], und nicht auf einem Herzogslandtag, sondern auf einem – die Überordnung des Herzogs über die *principes* freilich stark betonenden – Fürstentag im Herzogsvorort Ulm vom Jahre 1093 schlossen die Fürsten Schwabens, *tam duces quam comites, tam maiores quam minores*, ein Eidbündnis [590], um »einen unverbrüchlichen Frieden vom 25. November bis Ostern und von Ostern an auf zwei weitere Jahre beobachten zu wollen« [591].

Damit war – als Ausfluß der weite Teile Deutschlands erfassenden Friedensbewegung – in Schwaben der erste reine Provinziallandfriede in Deutschland [592] errichtet, der alle erfaßte und sich nicht nur auf die am Schwur Beteiligten beschränkte. Wenn Bernold, der uns über das Geschehen von Ulm berichtet, das Eidbündnis der Fürsten und den Friedensschutz eines jeden einzelnen Fürsten in seinem jeweiligen Machtbereich so sehr hervorkehrt, so vergißt er dennoch nicht zu betonen, daß vor allem Berthold als Herzog von Schwaben den Schutz des Friedens im Herzogtum Alemannien so sehr gefördert, daß er in der Pflege des Rechts alle seine Vorgänger übertroffen habe [592a].

Trotz der veränderten Situation im Lande bleibt die führende Rolle des Herzogs bei der Wahrung des Landfriedens nicht nur erhalten; sie wird offensichtlich sogar noch um

---

587 Vgl. Anm. 557.
588 Dazu H. WERLE, Titelherzogtum, wie Anm. 558.
589 Chron. Suev. Univ., MGSS XIII, S. 72; Herim. Aug., MGSS V, S. 124; Ann. Wirzburg., MGSS II, S. 243; dazu eingehend J. GERNHUBER, Die Landfriedensbewegung, S. 32 f., u. E. WADLE, Heinrich IV. und die deutsche Friedensbewegung, in: Investiturstreit und Reichsverfassung, hg. von J. Fleckenstein (= VuF XVII), 1973, S. 141-173, hier S. 159 f.
590 Über den Friedenseid als Ausdruck der Selbstunterwerfung und das Zustandekommen der Eidbündnisse auf den Fürstentagen vgl. H. HATTENHAUER, Gottes- und Landfrieden, wie Anm. 591, S. 183 ff., und E. WADLE, Heinrich IV., wie Anm. 589, S. 164 ff., u. – noch immer – E. ROSENSTOCK, Herzogsgewalt und Friedensschutz, S. 65 f., sowie DERS., Königshaus und Stämme, S. 211; vgl. jüngst vor allem TH. KÖRNER, Juramentum und frühe Friedensbewegung, 1977, S. 42 ff.
591 Bernold, MGSS V, S. 457; dazu G. LÄWEN, Beitrr., S. 45 f.; J. Höss, Die deutschen Stämme im Investiturstreit, S. 121, 133; J. GERNHUBER, Die Landfriedensbewegung, S. 73 ff.; H. HATTENHAUER, Die Bedeutung des Gottes- und Landfriedens für die Gesetzgebung in Deutschland. Diss. iur. Marburg, 1958/60, S. 136 f., und E. WADLE, Heinrich IV., wie Anm. 589, S. 148 f.
592 So J. GERNHUBER, Die Landfriedensbewegung, wie Anm. 591, S. 73.
592a ... *Et praecipue dux Bertholdus ad faciendam iustitiam in ducatu Alemanniae adeo exorsit, ut in observatione iustitiae omnes praedecessores suos pene vicerit, et de hoc omnium ora pio rumore complevit.* (Bernold, MGSS V, S. 458); vgl. dazu J. GERNHUBER, Die Landfriedensbewegung, wie Anm. 591, S. 76.

ein weiteres gestärkt [593]. Ja, mit Hilfe dieses von den »Fürsten« des Landes beschlossenen »Gesetzes« war dem Herzog sicherlich ein bedeutsames Instrument zur Ausdehnung und Intensivierung seiner Herrschaft im Lande in die Hand gegeben, ein Herrschaftsinstrument, das nicht allein die sich durch das Gesetz selbst bindenden Fürsten stärker und nachhaltiger zu erfassen und damit auch zu beherrschen erlaubte, sondern nun offensichtlich auch neue – unterhalb der Schicht der herzoglichen Mitlandleute stehende – Bevölkerungsgruppen anzusprechen gestattete.

War es schon auffallend genug, daß im Jahre 1079 zu Ulm neben den *seniores*, neben den Fürsten des Landes, erstmals *cives* [594], erstmals Ulmer Stadtbürger, bei der Erhebung eines Herzogs von Schwaben mitwirkten [595], so ist es nicht weniger bezeichnend, daß der Herzog in der gleichen Epoche erstmals auch unmittelbar bäuerlichen Bewohnern seines »Herzogtums« gegenüberzutreten hatte. Denn als das am Ostrande des Schwarzwaldes gegründete, von der Hirsauer Reform geprägte Kloster St. Georgen [596] sich befleißigte, auch im Altsiedelland der dem Schwarzwald vorgelagerten Baar seine Grundherrschaft auszubauen, da traten im Jahre 1094 die Bauern *(rustici)* [597] von Aasen dem Kloster zornerfüllt gegenüber und drohten, es mit Waffengewalt einzunehmen und zu zerstören [598]. In dieser Situation war es aber Herzog Berthold in seiner Eigenschaft als Herzog von Schwaben [599], der, nachdem er die Bauern vergeblich von solchen Vorhaben zurückgehalten hatte, den Bauern entgegentrat, sie züchtigen und entwaffnen ließ.

Die Verpflichtung für den Schutz des Friedens im Lande führte den Herzog notwendigerweise dazu, nicht mehr nur im Kreise seiner Mitlandleute schlichtend und friedenstiftend einzuschreiten, sondern sich nun auch um die in den Dörfern lebenden Bauern zu kümmern und damit seine Herrschaft, zumindest in Landfriedensdingen, auch auf das flache Land auszudehnen. Das konnte ihm freilich nur dort gelingen, wo er es, wie

---

593 Vgl. dazu J. GERNHUBER, Die Landfriedensbewegung, wie Anm. 591, S. 75 f.
594 Zum Begriff der *cives* im 11. Jh. vgl. G. KÖBLER, civis und ius civile im deutschen Frühmittelalter, Diss. iur., Göttingen, 1965, passim, insbes. S. 35 ff., u. jetzt DERS., (unter demselben Titel in Kurzfassung) in: ZRG/GA 83/1966, S. 35–62; vgl. grundsätzlich hierzu und zum folgenden auch H. BRUNS, Rudolf von Rheinfelden, wie Anm. 585, S. 67 ff., 78 ff.
595 Vgl. oben S. 98.
596 Über St. Georgen ausführlich H. J. WOLLASCH, Die Anfänge des Klosters St. Georgen im Schwarzwald (= FOLG XIV) 1964.
597 Vgl. zur Bedeutung dieses Begriffs im 11. Jh. jetzt den Sammelband mit dem Titel: Wort und Begriff »Bauer«, hg. von R. WENSKUS, H. JANKUHN u. K. GRINDA (= Abh. der Akademie der Wiss. in Göttingen, Phil.-Hist. Klasse, 3. Folge, Nr. 89), 1975, u. darin vor allem den Beitrag von G. KÖBLER, »Bauer« (agricola, colonus, rusticus) im Frühmittelalter, S. 230–245, hier insbes. S. 244 f., u. die Bemerkungen bei J. FLECKENSTEIN, Zum Problem der Abschließung des Ritterstandes, in: Historische Forschungen für Walter Schlesinger, hg. von H. Beumann, 1974, S. 252–271, hier S. 264.
598 Hierzu und zum folgenden s. Vita Theogeri abbatis S. Georgii et episcopi Mettensis (MGSS XII, S. 455/56). Zur Sache vgl. W. NOWAK, Soziale Wandlungen und niedere Volksschichten im Zeitalter des Investiturstreits. Diss. phil. Masch., F.-U. Berlin, 1954, S. 242–245, u. H.-J. WOLLASCH, Die Anfänge des Klosters St. Georgen im Schwarzwald, wie Anm. 596, S. 86.
599 Nicht als Vogt des Klosters, vgl. WOLLASCH, ebd., S. 86.

bei den Leuten von Aasen, mit freien Bauern [600] zu tun hatte, die keinem anderen Herrn unterstanden als letztlich dem König. Dennoch erweist sich hier schlagend die Bedeutung, die dem »Stammes-Landfrieden« [601] für die Stärkung der Herzogsherrschaft seit den letzten Jahrzehnten des 11. Jahrhunderts zukommt: Der Herzog erhebt seinen Herrschaftsanspruch nicht mehr nur gegenüber den Fürsten Schwabens, er erhebt ihn auch gegenüber den Bürgern der königlichen Städte und gegenüber den freien Bauern.

Die »Landfrieden« – vor allem der von 1093 – erlauben dem Herzog, nicht mehr nur den »Personenverband des Stammes« [602], d. h. die sich durch den Friedenseid selbst bindenden Mitlandleute, sondern – über die Schwörenden hinaus – auch die »Unwissenden« [603], d. h. letztlich alle Bewohner eines bestimmten Gebietes, in diesem Falle Schwabens, zu erfassen [604]. Der Weg zur weitgehend lückenlosen Beherrschung des gesamten Stammesgebietes schien damit geöffnet [605]. Die Herzogsherrschaft hatte durch die Landfriedensbewegung eine offensichtliche Stärkung erfahren: Sie begann gerade in einer Epoche intensivierten »Stammeslebens« einen entscheidenden Wandel vom »Stammesherzogtum« zum »Gebietsherzogtum« durchzumachen.

Auf den herzoglichen Landtagen haben die – auch dem Herzog gegenüber – neu ins Gesichtsfeld tretenden Volksschichten in Zukunft allerdings ebenso wenig irgend eine Rolle zu spielen vermocht wie auf den schwäbischen Fürstentagen, wenngleich die Erwähnung von *infiniti liberi* [606] oder des *populus* [607] als Mitanwesender durchaus an eine Teilnahme freier Bauern etwa denken lassen könnte. Im Grunde aber bleiben die Herzoglandtage im wesentlichen den Angelegenheiten der »edelfreien« Mitlandleute vorbehalten. Hier wurden vor dem Herzog durch einzelne *principes* häufig Schenkungen von

---

600 Zur Rechtstellung der *rustici* von Aasen so schon H.-J. WOLLASCH, ebd., S. 86, Anm. 45, und dann vor allem H. MAURER, Ein päpstliches Patrimonium auf der Baar, in: ZGO 118/1970, S. 43-56, hier S. 49 mit Anm. 44 u. die dort angegebene ältere Literatur.
601 So die Bezeichnung bei K. G. HUGELMANN, Stämme, Nation und Nationalstaat, S. 163 ff.
602 So die Formulierung bei J. Höss, Die deutschen Stämme im Investiturstreit, S. 142.
603 Vgl. E. ROSENSTOCK, Königshaus und Stämme, S. 211.
604 Zur »territorialen« Geltung der Landfrieden – gegen E. ROSENSTOCK, ebd., und G. LÄWEN, Beitrr., S. 50 – J. Höss, Die deutschen Stämme im Investiturstreit, S. 142; J. GERNHUBER, Die Landfriedensbewegung, S. 67 ff. u. insbes. S. 69 ff.; K. G. HUGELMANN, Stämme, Nation und Nationalstaat, S. 161 ff.; H. HATTENHAUER, Gottes- und Landfrieden, S. 137 f., 171, und jetzt vor allem E. WADLE, Heinrich IV. und die deutsche Friedensbewegung, S. 150 f. u. insbes. S. 163 mit der treffenden Formulierung: »Der Friede ... ist die Friedensordnung eines bestimmten noch überwiegend personal begriffenen Geltungsbereichs, man könnte auch sagen: eines territorial, also an bestimmten ... Stammesgrenzen orientierten Personenverbandes.« Vgl. jetzt insbes. TH. KÖRNER, Juramentum, wie Anm. 590, S. 43. – Zum Problem der Territorialisierung des Rechts, d. h. genauer des Übergangs vom Volksrecht zum Landrecht in der 2. Hälfte des 11. Jhs., vgl. insgesamt G. KÖBLER, Land und Landrecht, wie Anm. 537, S. 34 f., u. DERS. in seiner Rezension des Buches von G. DROEGE, Landrecht und Lehnrecht im hohen Mittelalter, 1969, in: ZRG/GA/ 1970, S. 411, sowie H. JAKOBS in seiner Rezension des gleichen Buches, in: HZ 215/1972, S. 399/400.
605 E. ROSENSTOCK, Königshaus und Stämme, S. 211.
606 Vgl. etwa zum Rottweiler Herzogstag von 1094 I 27, Not. Fund. St. Georgii (MGSS XV/2, S. 1017).
607 Vgl. die Nachricht zum Rottweiler Herzogstag von ca. 1095, WUB I, Nr. 254.

freiem Eigen an kirchliche Institutionen ebenso vorgenommen [608] wie der Gründungsakt eines Klosters [609] oder die Tradierung eines Klosters an den Hl. Stuhl [610]. Und dennoch können diese Rechtsgeschäfte, kann die Funktion des herzoglichen Landtags als Herzogsgericht nur eine Seite dieser Herzogstage ausgemacht haben. Denn sollte etwa das *immensum concilium et colloquium*, das 1094 zu Aasen in der Baar unter Vorsitz Herzog Bertholds zusammengetreten war, wirklich nur deswegen zusammengetreten sein, um die Übertragung von Gütern an das Kloster St. Georgen im Schwarzwald rechtskräftig werden zu lassen [611]? Hier wird es vielmehr, in einer Zeit erhöhter politischer Aktivität, um mehr gegangen sein, als um einen Einzelakt [612], wird es vielmehr gegangen sein um die Gestaltung von Recht und Macht in Schwaben insgesamt.

---

608 Zur Zuständigkeit der Herzogslandtage für Verhandlungen über »Eigen« vgl. FICKER, II/3, S. 16, u. vor allem G. LÄWEN, Beitrr., S. 39 f.
609 So im Falle des Klosters Alpirsbach vor dem Rottweiler Herzogslandtag von ca. 1095; s. Anm. 607.
610 So im Falle des Klosters St. Georgen im Schwarzwald vor dem Rottweiler Herzogslandtag von 1094 I 27; s. Anm. 600.
611 Vgl. Not. Fund. St. Georgii (MGSS XV/2, S. 1017).
612 Zum Herzogslandtag von Aasen vgl. H. MAURER, Ein päpstliches Patrimonium auf der Baar, wie Anm. 600, S. 46 f.

2. Die staufische Zeit

DER WANDEL VON GRUNDLAGEN UND WIRKUNGEN
SCHWÄBISCHER HERZOGSHERRSCHAFT VOM
INVESTITURSTREIT BIS ZUR MITTE DES 12. JAHRHUNDERTS

Bis in die zweite Hälfte des 11. Jahrhunderts sind die rechtlichen Grundlagen, der räumliche Rahmen und die Wirkungen der schwäbischen Herzogsherrschaft auf die Bewohner der Provinz Schwaben im großen und ganzen die gleichen geblieben, wie sie sich zu Beginn des 10. Jahrhunderts herausgebildet hatten: Der Herzog von Schwaben verfügte über einen durch Grenzen genau festgelegten, wenn auch durch Eingriffe des Königtums oder »Eigenmächtigkeiten« der Herzöge veränderbaren Wirkungsbereich, der sich weitgehend mit dem schwäbischen »Stammesgebiet« deckte. Der Herzog vermochte sich in großem Umfang auf das ihm vom König überlassene Reichsgut und auf das ihm gleichfalls vom König überlassene Reichskirchengut und nicht minder auf die königliche Vasalität in Schwaben zu stützen, wie er offensichtlich auch die Grafenämter innerhalb der *provincia* in königlichem Auftrag zu vergeben in der Lage war.

Vor allem aber übte der Herzog Herrschaft aus über seine edelfreien *conprovinciales*, wurde die Herrschaft des Herzogs getragen durch ebendiese innerhalb der gesamten *provincia* Schwaben und ihrer Grenzen ansässigen *conprovinciales*, seine Mitlandleute. Rechtsgrundlage dieses Herrschaftsverhältnisses war das – ungeschriebene – schwäbische Gewohnheitsrecht, war die Lex Alemannorum, deren Geltungsbereich sich mit den Grenzen der *provincia* Schwaben deckte. Mit ihren beiden hauptsächlichsten Merkmalen, der Erfassung beinahe des ganzen schwäbischen »Stammesgebietes« und ihrer Gründung auf das schwäbische Volksrecht, entsprach diese Herzogsherrschaft des 10. und 11. Jahrhunderts am ehesten jener Vorstellung von einem mit dem schwäbischen »Stammesgebiet« weitgehend identischen »Herzogtum Schwaben«, wie sie kartographische Darstellungen bis zum heutigen Tage bildhaft zu verdeutlichen versuchen [1], und zwar zu verdeutlichen versuchen für den gesamten Zeitraum der Existenz schwäbischer Herzogsherrschaft, d.h. vom Beginn des 10. bis zur Mitte des 13. Jahrhunderts.

Diese Vorstellung ist indessen allenfalls richtig für die Epoche bis zum sogenannten Investiturstreit; sie ist es aber nicht mehr für die Zeit danach. Sie ist es also gerade nicht für das staufische Herzogtum Schwaben, an das man gemeinhin am ehesten zu denken geneigt ist, wenn von Herzögen von Schwaben oder vom »Herzogtum Schwaben« die Rede ist. Denn die Ereignisse des sogenannten Investiturstreits haben sowohl die rechtlichen als auch die räumlichen Grundlagen der Herzogsherrschaft völlig verändert. Und sie haben nicht weniger auch die Wirkungen der Herzogsherrschaft auf die Bewohner des Landes entscheidend gewandelt. Sie haben dieses königliche »Amt«, das dennoch in hohem Maße von der Zustimmung des dem Herzog durch die Lex Alemannorum verpflichteten Adels getragen wurde, so sehr umgestaltet, daß – auf den ersten Blick – im 12. und 13. Jahrhundert nur noch der im wesentlichen gleichgebliebene Herzogs-Titel

---

[1] Vgl. etwa jüngst die Karte »Das Herzogtum Schwaben zu Beginn der staufischen Zeit«, in H. SCHWARZMAIER, Die Heimat der Staufer, 1976, S. 13.

eine Verbindung zu dem ganz anders gearteten Herzogsamt des 11. und 10. Jahrhunderts herzustellen schien.

Wenn wir den Ereignissen des Investiturstreits eine derartige Bedeutung für die Veränderung von Grundlagen, Wesen und Wirkungen der Herzogsherrschaft in Schwaben beimessen, dann meinen wir im wesentlichen drei Vorgänge, die diese Epoche in der Geschichte des schwäbischen »Herzogtums« prägten: Da sind einmal die »Mobilisierung« des schwäbischen Adels [2], seine Gruppierung in politisch gegensätzliche Lager [3] und seine auf eigener Initiative, nicht etwa auf Befehl des Herzogs beruhenden Zusammenkünfte auf »Stammeslandtagen« politischen und rechtlichen Charakters [4]. Da ist dann zum zweiten das Auftreten von insgesamt vier schwäbischen Adelsfamilien, welchen nebeneinander ein Herzogstitel zukam, nämlich derjenigen der Rheinfeldener, der Zähringer, der Welfen und der Staufer [5]. Blieben die Welfen für Schwaben, wo sie ihren »Stammsitz« besaßen, stets lediglich »Titularherzöge« [6], so wurde aus der zähringischen, ursprünglich auf Kärnten bezogenen Herzogswürde eine auf Schwaben bezogene Herzogswürde, als Berthold II. von Zähringen, der Schwiegersohn Rudolfs von Rheinfelden, im Jahre 1092 die Nachfolge Bertholds von Rheinfelden als Herzog von Schwaben antrat [7]. Ihm, wie schon Berthold von Rheinfelden, stand indessen in dem Staufer Friedrich I. ein weiterer Schwabenherzog gegenüber, der von König Heinrich IV. im Jahre 1079 dem gregorianisch gesinnten Rheinfeldener entgegengesetzt worden war [8]. So gab es seit dem Jahre 1092, seit Berthold von Rheinfeldens Tod, in Schwaben drei Träger eines Herzogstitels: Zwei einander ihre Titel streitig machende Herzöge von Schwaben, Berthold von Zähringen und Friedrich von Staufen, und schließlich Welf IV. [von Bayern] [9].

Mußte schon die Existenz zweier gegnerischer Schwabenherzöge die rechtliche Grundlage der Herzogsherrschaft erschüttern, indem die – im Grunde doch unteilbare – Lex Alemannorum nunmehr von zwei rivalisierenden schwäbischen Herzögen und

---

[2] Zum Stand der Forschung über den schwäbischen Adel vgl. allg. H. SCHWARZMAIER, Der schwäbische Adel im hohen Mittelalter, in: ZS für Hohenzollerische Geschichte 89/1966, S. 23–34. – Zum schwäbischen Adel im Investiturstreit s. vor allem J. HÖSS, Die deutschen Stämme im Investiturstreit. Diss. phil. Masch., Jena, 1945, S. 86 ff., 90 ff., 119 ff. u. insbes. 133 ff., 141 ff.; H. JAKOBS, Der Adel in der Klosterreform von St. Blasien (= Kölner Historische Abhandlungen 16), 1968, insbes. S. 232 ff., 239 ff., 275 ff., sowie DERS., Rudolf von Rheinfelden und die Kirchenreform, in: Investiturstreit u. Reichsverfassung, hg. von J. Fleckenstein (= VuF XVII), 1973, S. 87–115, hier 97 ff., und vor allem K. SCHMID, Adel und Reform in Schwaben, ebd., S. 295–319.
[3] Vgl. dazu die Übersichten bei K. HILS, Die Grafen von Nellenburg im 11. Jh. (= FOLG Bd. XIX), 1967, S. 102 ff., 113 ff.
[4] Vgl. oben S. 209 ff.
[5] Dazu als Überblick immer noch nützlich H. HEUERMANN, Die Hausmachtpolitik der Staufer von Herzog Friedrich I. bis König Konrad III., Diss. phil., Berlin, 1939, S. 20 ff.
[6] Dazu für die Welfen – speziell unter diesem Blickwinkel – H. WERLE, Titelherzogtum und Herzogsherrschaft, in: ZRG/GA 73/1956, S. 225–299, hier 264 ff.
[7] Vgl. dazu oben S. 134 und zum zähringischen Herzogstitel H. WERLE, Titelherzogtum, wie Anm. 6, S. 233 f.
[8] Darüber oben S. 134. Zur Geschichte der Staufer als Herzöge von Schwaben – unter dem Blickwinkel der politischen Geschichte und der Hausgeschichte – vgl. ein für allemal jetzt den Überblick bei K. SCHREINER, Die Staufer als Herzöge von Schwaben, in: Die Zeit der Staufer III/1977, S. 7–19.
[9] Zu dieser Situation in Schwaben J. HÖSS, Deutsche Stämme, wie Anm. 2.

zwei rivalisierenden schwäbischen Adelsgruppierungen als Rechtsgrund ihres Herrschafts- bzw. Untertanenverhältnisses in Anspruch genommen wurde, so brachte ein drittes Ereignis für Schwaben nicht nur das Ende der Kämpfe; es bedeutete vielmehr zugleich die Vollendung einer sich bereits um die Mitte des 11. Jahrhunderts im Auftreten mehrerer Träger von Herzogstiteln in Schwaben abzeichnenden Entwicklung: Mit diesem Ereignis meinen wir die vom König offiziell sanktionierte Spaltung der einen Herzogsherrschaft in Schwaben in zwei völlig voneinander getrennte und voneinander völlig unabhängige, jeweils nur unmittelbar an den König mit Hilfe des Lehnsrechtes gebundene Herzogsherrschaften, von denen der Inhaber der einen, der Staufer, den schwäbischen Herzogstitel weiterhin beibehielt, während der Inhaber der anderen seinen Herzogstitel künftig auf seine Burg Zähringen am breisgauischen Schwarzwaldrand bezog (TA 12).

Diese Spaltung der einen Herzogsherrschaft über die *provincia* Schwaben in zwei Herzogsherrschaften bildete die Voraussetzung für jenen friedlichen Ausgleich zwischen den beiden gegnerischen Trägern der schwäbischen Herzogswürde, zwischen Herzog Berthold aus dem Hause Zähringen und Herzog Friedrich aus staufischem Hause, der – offenbar unter aktiver Vermittlung durch Kaiser Heinrich IV. – im Jahre 1098 zustande kam [10]. Die Einigung ließ sich – nach dem Bericht Ottos von Freising – in der Weise erzielen, daß Herzog Berthold auf das Herzogtum Schwaben zu Gunsten des Staufers verzichtete, dafür aber aus der Hand des Kaisers Zürich, das *nobilissimum Sueviae oppidum*, zurückerhielt [11].

So gab es zwar künftig wiederum, wie einst vor den Ereignissen des Investiturstreites, nur ein einziges, ungeteiltes Herzogtum Schwaben. Aber war es wirklich noch das gleiche wie jenes, das als letzter Rudolf von Rheinfelden bis zum Jahre 1079 in ungeteiltem Zustand besessen hatte?

Immerhin war dem Zähringer Zürich, einer der vornehmsten Plätze Schwabens, offensichtlich als unmittelbares Reichslehen überlassen worden [12]. Wenn man bedenkt, daß dieses Zürich dem Zähringer als Ersatz für die schwäbische Herzogswürde hingegeben worden ist, dann läßt sich schon allein aus einer solchen Überlegung ermessen, daß es sich bei diesem Lehensobjekt nicht einfach und allein um den Markt bzw. die werdende Stadt Zürich [13] – im übrigen unter Ausschluß der von den Grafen von Lenzburg innegehabten Vogteien über die beiden Zürcher Reichsklöster [14] – gehandelt haben kann [15].

---

10 Zur Einigung von 1098 vgl. E. Heyck, Geschichte der Herzöge von Zähringen, 1891, S. 184 ff., u. G. Meyer von Knonau, Jbb. Heinrich IV. und Heinrich V., Bd. 5, S. 23 ff., u. die Zusammenstellung der Quellen in Qu. W. Eidg. I/1, S. 45 f., Nr. 95. – Vgl. auch H. Heuermann, Hausmachtpolitik, wie Anm 5, S. 23 ff.
11 *Conditio autem pacis talis fuit, ut Berhtolfus ducatum exfestucaret, sic tamen, quod Turegum nobilissimum Sueviae oppidum a manu imperatoris ei tenendum remaneret.* (Otto Gesta, Frid. I. = MGSS rer. Germ. in us. schol.), S. 24.
12 So auch die Interpretation bei E. Heyck, Zähringen, wie Anm. 10, S. 185; G. Meyer von Knonau, Jbb. 5, wie Anm. 10, S. 24; Qu. W. Eidg. I/1 S. 45 f., Nr. 95; H. Büttner, Die Anfänge der Stadt Zürich, jetzt in: Ders., Schwaben und Schweiz im frühen und hohen Mittelalter (= VuF XV), 1972, S. 315-326, hier 323, u. vor allem B. Meyer, Das Ende des Herzogtums Schwaben auf linksrheinischem Gebiet, in: SVG Bodensee 78/1960, S. 65-109, hier 69 m. Anm. 14.
13 So etwa H. Heuermann, Hausmachtpolitik, wie Anm. 5, S. 26.
14 Vgl. dazu H. Weis, Die Grafen von Lenzburg in ihren Beziehungen zum Reich und zur adeligen Umwelt. Diss. phil. Masch., Freiburg i. Br., 1959, S. 109 ff.
15 So gegen E. Heyck, Zähringen, wie Anm. 10, S. 190 (»So werden sich die Rechte der Zährin-

Gewiß erlangte die Stellung des Zähringers in Zürich selbst einen besonderen Rang, einen Rang, der sich noch am ehesten in einer freilich erst über 100 Jahre nach dem Ereignis von 1098 und überdies nach dem Anfall der beiden Zürcher Klostervogteien an die Zähringer im Jahre 1172 [16] ausgestellten Urkunde Herzog Bertholds V. von Zähringen spiegelt: In dieser, im Jahre 1210 ausgestellten Urkunde bezeichnet sich der Zähringer als ... *Dei et imperatorum ac regum dono iudex constitutus et advocatus, qui vulgo Kastfoget dicitur, id est in omne Turegum imperialem iuriditionem (sic!) tenens* [17]. Aber diese besondere Stellung in und sicherlich auch im näheren Umkreis von Zürich selbst kann allein kaum das Äquivalent für den Verzicht auf die Herzogsherrschaft in Schwaben ausgemacht haben. Wenn man sich jedoch daran erinnert, daß Zürich noch bis zum Beginn des gleichen Jahrhunderts, an dessen Ende die Übertragung des Platzes an die Zähringer steht, ein Vorort der Herzogsherrschaft in Schwaben gewesen war [18], dann wird man der Auswahl gerade dieses Ortes als »Ersatz« für die verlorene Herzogswürde in Schwaben noch eine über Zürich hinaus auf die rechtliche Stellung der Zähringer in Schwaben überhaupt ausgreifende Bedeutung zumessen wollen [19]. Man wird einer richtigen Einschätzung des mit der Verleihung Zürichs an Berthold von Zähringen verbundenen Geschehens vielleicht dann noch um einiges näher kommen, wenn man bedenkt, daß sich der gleiche Herzog Berthold unmittelbar nach 1098, nämlich im Jahre 1100, erstmals als »Herzog von Zähringen« bezeichnet [20], eine Titulierung, die dann auch die Reichskanzlei unter Lothar III. übernimmt [21]. Der namengebende Sitz des Herzogs am Rande des Schwarzwaldes begegnet uns jedoch in Quellen des 13. und 14. Jahrhunderts gleichfalls als Reichslehen [22]. Bei einer solchen Lage der Dinge ist dann aber die Vermutung nicht von der Hand zu weisen, daß im Jahre 1098 – ähnlich wie wir es aus dem

ger zu Zürich auf ein Paar Gefälle beschränkt haben, ...«) u. gegen H. HEUERMANN, Hausmachtpolitik, wie Anm. 5, S. 26 (»Für den Herzog Bertold II. von Zähringen bleibt also nur noch der Marktort, d. h. die eigentliche Stadt Zürich ...«), H. BÜTTNER, Zürich, wie Anm. 12, S. 324 (»... weist deutlich darauf hin, daß die Zähringer in Zürich ... mehr besaßen als einige nicht nutzbare Ehrenrechte«).
16 Dazu wiederum H. WEIS, Grafen von Lenzburg, wie Anm. 14, S. 109.
17 ZUB I, Nr. 366.
18 Vgl. oben S. 57 ff.
19 Einen Zusammenhang zwischen der neugewonnenen Stellung der Zähringer und derjenigen der Herzöge von Schwaben bis zum Beginn des 11. Jhs. haben auch schon vermutet E. HEYCK, Zähringen, wie Anm. 10, S. 189: »Diese Gewalt, wie sie der Herzog von Schwaben ... in Zürich ausgeübt hatte, ist dasjenige, was dem Herzog Bertold II. in dem Ausgleiche in den neunziger Jahren vom Kaiser übertragen wurde«. Und vor allem B. MEYER, Ende des Herzogtums Schwaben, wie Anm. 12, S. 69, Anm. 14: »... doch konnte er [der Zähringer] einen Teil dieses Herzogtums, nämlich die Stadt Zürich, als unmittelbares Lehen des Kaisers behalten«. Und: »... bestimmt richtig ist, daß der Zähringer einen Teil des Herzogtums Schwaben behauptete, aber daß dieser aus dem Herzogtum Schwaben ausschied ...« Und S. 71, Anm. 20: »Sie [die Zähringer] erhielten vielmehr den Teil des Herzogtums Schwaben, der um Zürich herum lag.«
20 Vgl. Baumann AH, Nr. 34 zu 1100 II 27: *Bertholf dux de Zaringen*.
21 Vgl. W. KIENAST, Der Herzogstitel in Frankreich und Deutschland, 1968, S. 339 f.
22 Dazu W. STÜLPNAGEL, Zur Geschichte der Veste Zähringen und ihrer Umgebung, in: Schauinsland 76/1958, S. 19–32, insbes. 22 ff.; vgl. auch DERS., Der Breisgau im Hochmittelalter, ebd. 77/1959, S. 3–17, hier 10, sowie DERS., in: Freiburg i. Br., Stadtkreis und Landkreis, Amtliche Kreisbeschreibung, Bd. I/1, 1965, S. 226, und außerdem H.-W. KLEWITZ, Die Zähringer, in: Schauinsland 84/85, 1966/67, S. 27–48, hier 35.

12. und 13. Jahrhundert von mehreren Beispielen wissen [23] – aus den beiden Elementen eines unmittelbar vom König verliehenen Reichslehens, in diesem Falle Zürich, und eines vom Lehensmann dem König aufgetragenen und dann wieder als Reichslehen zurückempfangenen Allods ein »Reichsfürstentum« [24] geschaffen worden ist. Und daß eben Zürich und die Burg Zähringen gemeinsam das Substrat dieses »Reichsfürstentums«, daß sie das »Fahnlehen« des »Herzogs von Zähringen« gebildet haben mochten, das läßt sich neben anderem auch daraus erschließen, daß im Jahre 1146 der Sohn Herzog Friedrichs II. von Schwaben, der spätere Herzog Friedrich III. und künftige König und Kaiser Friedrich Barbarossa Zürich und Zähringen nacheinander in einem einzigen Feldzug einzunehmen versuchte [25]. Beide Orte schienen dem Herzog von Schwaben für die rechtliche Stellung der Zähringer entscheidend gewesen zu sein. Mit der Einnahme beider Orte mußten die Angelpunkte zähringischer Herzogsherrschaft am ehesten getroffen werden können.

Sehen wir richtig, dann wurde im Jahre 1098 nicht nur ein wichtiger Vorort Schwabens aus dem Herrschaftsbereich des Herzogs von Schwaben herausgebrochen; es wurde vielmehr darüber hinaus innerhalb des bisherigen Herrschaftsbereiches des Herzogs von Schwaben ein neues, nicht anders als die schwäbische Herzogswürde selbst unmittelbar vom König zu Lehen gehendes »Reichsfürstentum«, wenn man so will ein »Titelherzogtum«, ein zweites Fahnlehen also innerhalb der alten Provinz Schwaben geschaffen [26].

Wenn Otto von Freising betont, daß Berthold von Zähringen das *oppidum* Zürich unmittelbar vom Kaiser als Lehen erhalten habe [27], dann wird mit dieser Formulierung überdies noch weiter unterstrichen, welche Konsequenz diese Maßnahme des Kaisers für die Herzogsherrschaft des Herzogs von Schwaben haben mußte: Zürich und mit ihm das neue »Reichsfürstentum« des Herzogs von Zähringen standen in keiner lehensrechtlichen Beziehung zum Herzog von Schwaben. Sie waren ein »reichsunmittelbares«, d. h. den Herzog von Schwaben aus Zürich und aus dem zähringischen »Reichsfürstentum« allein mit Hilfe des Lehensrechtes heraushaltendes unmittelbares Reichslehen geworden [28]. Das

---

23 Vgl. grundsätzlich E. E. STENGEL, Land- und lehnrechtliche Grundlagen des Reichsfürstenstandes, in: DERS., Abhandlungen und Untersuchungen zur mittelalterlichen Geschichte, 1960, S. 133–173.
24 Zu »Reichsfürstenstand« und »Reichsfürstentum« vgl. die noch immer nützliche Zusammenfassung der Lehren FICKERS bei F. SCHÖNHERR, Die Lehre vom Reichsfürstenstande des Mittelalters, 1914, S. 150 ff.
25 Zu diesem Feldzug Friedrichs vgl. W. BERNHARDI, Jbb. Konrad III., S. 484 ff.; R. SCHICK, Herzog Konrad von Zähringen, Diss. phil. Masch., Freiburg, 1921, S. 53 ff.; H. HEUERMANN, Hausmachtpolitik, wie Anm. 5, S. 98 ff.
26 Ähnlich schon E. ROSENSTOCK, Königshaus und Stämme in Deutschland zwischen 911 u. 1250, 1914, S. 184 f., und – Rosenstock modifizierend – W. GOEZ, Der Leihezwang, 1962, S. 196. – Zum Begriff des Fahnlehns vgl. zuletzt H.-G. KRAUSE, Der Sachsenspiegel und das Problem des sog. Leihezwangs, in: ZRG/GA 93/1976, S. 21–99, hier 89 ff., 94.
27 Vgl. oben S. 220.
28 Für die Exemtion des zähringischen »Herzogtums« aus dem Herzogtum Schwaben – gegen E. HEYCK, Zähringen, wie Anm. 10, S. 185, u. G. MEYER VON KNONAU, Jbb. 5, wie Anm. 10, S. 24 – schon J. FICKER, Vom Heerschilde, 1862, S. 155, DERS., Reichsfürstenstand II/3, S. 172; K.-G. HUGELMANN, Stämme, Nation und Nationalstaat, 1955, S. 139; H. WERLE, Das Erbe des

Lehensrecht hatte das Volksrecht, hatte die Lex Alemannorum, die den Herzog von Schwaben Land und Leute Schwabens bislang beherrschen ließ [29], verdrängt und unwirksam gemacht und hatte damit deren Rolle als Rechtsgrundlage der Herzogsherrschaft in Schwaben für immer beseitigt.

Was bedeutete aber die Schaffung eines zweiten »Fahnlehens« in Schwaben für die Zähringer ganz konkret? Sicherlich war für die neue Rechtsstellung kaum entscheidend der Aufbau des von Theodor Mayer so genannten »Staates der Herzoge von Zähringen« [30], der zähringischen Landesherrschaft auf beiden Seiten des Schwarzwaldes, des werdenden zähringischen Territoriums also, das das Freiburger Stadtrecht vom Jahre 1120 mit den Begriffen *potestas et regimen* zu umreißen sucht [31]. Charakteristisch für die neu gewonnene rechtliche Stellung der Zähringer in Schwaben wird also nicht etwa dieser, auf Grafschaften, Vogteien und unmittelbaren Besitz- und Herrschaftsrechten beruhende »Staat« gewesen sein; »Staaten«, Landesherrschaften dieser Art bauen zur gleichen Zeit, wenn auch in geringerem räumlichem Ausmaß, auch andere Familien hohen Adels in Schwaben auf.

Charakteristisch für das »Herzogtum« Zähringen ist vielmehr die Herrschaft über edelfreien Adel [32] im näheren und weiteren Umkreis seiner *potestas et regimen*, ist die Herrschaft über die *provinciales*, die die Freiburger Gründungsurkunde dem *populus* des Herzogs gegenüberstellt [33], ja, ist offenbar sogar die Verleihung von Grafschaften an einige dieser Edelfreien [34]. Welche edelfreien Familien das im einzelnen waren, bleibt uns keineswegs verborgen; die zähringischen Urkunden weisen vielmehr im wesentlichen immer wieder dieselben Namen von Edelfreien auf, die sich im Gefolge der zähringischen Herzöge befanden [35]: allen voran aus dem Breisgau [36] die Grafen von Nimburg und die

salischen Hauses, Diss. phil. Masch., Mainz, 1952, S. 234; W. Goez, Leihezwang, wie Anm. 26, S. 196, und B. Meyer, Ende des Herzogtums Schwaben, wie Anm. 12, S. 69, Anm. 14; F. X. Vollmer, Reichs- und Territorialpolitik Kaiser Friedrichs I. Diss. phil. Masch., Freiburg i. Br., 1951, S. 31.

29 Vgl. dazu oben S. 190 u. 206.

30 Vgl. Th. Mayer, Der Staat der Herzoge von Zähringen, jetzt in: Ders., Mittelalterliche Studien, 1958, S. 350–364, und danach auch H. Heuermann, Hausmachtpolitik, wie Anm. 5, S. 10 ff., 45 f., 115 ff.

31 Vgl. dazu W. Schlesinger, Das älteste Freiburger Stadtrecht, in: ZRG/GA 83/1966, S. 63–116, hier 96 ff., u. dazu den Kommentar S. 100, sowie Ders., Zur Gründungsgeschichte von Freiburg, in: Freiburg im Mittelalter, hg. von W. Müller, 1970, S. 24–49, hier 47.

32 So schon vermutet von E. Rosenstock, Königshaus und Stämme, wie Anm. 26, S. 184 f., dann – wenigstens angedeutet – bei H. Ammann, Zähringer Studien I, in: ZSG 24/1944, S. 352–387, insbes. 360 f., und dann an einzelnen Beispielen verifiziert bei H. Weis, Die Grafen von Lenzburg, Diss. phil. Masch., Freiburg i. Br., 1959, S. 132 f. und die Anmerkungen auf S. 284 f., sowie bei H. Maurer, Das Land zwischen Schwarzwald und Randen (= FOLG XVI), 1965, S. 170 ff.

33 Vgl. dazu W. Schlesinger, Freiburger Stadtrecht, wie Anm. 31, S. 96 ff. und den Kommentar S. 100 f., sowie Ders., Zur Gründungsgeschichte, wie Anm. 31, S. 34.

34 Vgl. dazu am Beispiel der Grafen von Sulz V. Schäfer, Die Grafen von Sulz im Mittelalter, Diss. phil., Tübingen 1969 (Teildruck), S. 47–49.

35 Vgl. allg. E. Heyck, Zähringen, wie Anm. 10, über das Register.

36 Für den Breisgau vgl. etwa H. Büttner, Die Zähringer im Breisgau und Schwarzwald während des 11. und 12. Jhs., jetzt in Ders., Schwaben und Schweiz im frühen und hohen Mittelalter (= VuF XV), 1972, S. 143–162.

Herren von Rötteln, aus dem Alpgau und Klettgau [37] die Grafen von Küssenberg, die Herren von Krenkingen, von Balm und von Almut, aus dem Gebiet südlich des Hochrheins [38] – und damit aus dem Umkreis von Zürich – die Herren von Regensberg, von Wart, von Rapperswil und von Tegerfelden, und endlich aus dem Gebiet östlich des Schwarzwaldes [39] die Grafen von Sulz [40], von Zollern, von Urach, die Herren von Zimmern, von Tannegg, von Lupfen, von Urslingen und von Wartenberg. Wenn es auch am Rande dieser Gruppe von Grafen und Edelfreien des westlichen und südwestlichen Schwabens einige wenige personelle Überschneidungen mit derjenigen Gruppe von Grafen und Edelfreien gibt, die wir später als Teilnehmer der Landtage der staufischen Herzöge von Schwaben werden kennenlernen [41], so ist dennoch eindeutig zu beobachten, daß der stets gleichbleibende »Kern« dieser den Herzögen von Zähringen verbundenen Adelsgruppe nie auf den Landtagen des staufischen Herzogs von Schwaben erscheint [42]. Ihn beruft der Herzog von Zähringen vielmehr zu eigenen Landtagen ein [43].

Und damit wird uns nicht nur die Bedeutung der Ereignisse des Jahres 1098 für die Herzogsherrschaft in Schwaben, wird uns nicht nur die rechtliche Eigenart des neu geschaffenen zähringischen »Reichsfürstentums« sichtbar. Es wird uns vielmehr vor allem auch erkennbar, inwiefern es berechtigt ist, tatsächlich von einer Exemtion des »Herzogtums« Zähringen aus dem Herzogtum Schwaben zu sprechen. Es war keineswegs die Exemtion eines Gebietes, etwa des »Staates« der Herzöge von Zähringen, aus dem »Herzogtum Schwaben«; es war vielmehr zum einen die Exemtion von Reichsgut aus der direkten Verfügungsgewalt des schwäbischen Herzogs und zum andern vor allem die Exemtion eines Teiles des edelfreien Adels Schwabens aus der direkten Unterstellung unter den Herzog von Schwaben. Und diese Exemtion geschah zweifellos dadurch, daß der größte Teil dieser Grafen und Edelfreien des zähringischen Einflußbereiches unmittelbar dem Herzog von Zähringen zugeordnet worden ist. Der Herzog von Schwaben hatte kein Recht mehr über sie; das schwäbische Recht als das die *provincia* Schwaben konstituierende und zugleich die Herrschaft des Herzogs über diese *provincia* und ihre Bewohner begründende Recht hatte seine Wirkung verloren. Die Bindung sowohl der »zähringischen« Grafen und Edelfreien an den Herzog von Zähringen als auch die Bindung der

---

37 Dazu H. MAURER, Land zwischen Schwarzwald und Randen, wie Anm. 32.
38 Hierzu H. WEIS, Grafen von Lenzburg, wie Anm. 32.
39 Vgl. dazu die bei E. HEYCK, Urkunden, Siegel und Wappen der Herzöge von Zähringen, 1892, S. 2–5, Nr. 2 abgedruckte Notiz über eine Schenkung an Kloster Gengenbach vom Jahre 1140, deren *recognitio et recapitulatio* in Schwenningen *coram duce Cuonrado presentibus comitibus et libere conditione hominibus* geschieht. Könnte die auf die *recognitio* folgende Übergabe des geschenkten Zinses an den Abt in die Hand Herzog Konrads als Hinweis auf die Funktion des Zähringers als Vogt des Klosters Gengenbach gewertet werden (so H. SCHWARZMAIER, Die politischen Kräfte in der Ortenau im Hochmittelalter, in: ZGO 121/1973, S. 1–33, hier 13 f.), so ist eine solche Wertung für die Funktion des Zähringers auf dem Gerichtstag von Schwenningen kaum angängig. Herzog Konrad erscheint hier vielmehr eindeutig als Herr eines herzoglichen (Land-)Tages.
40 Hierzu jetzt im besonderen V. SCHÄFER, Grafen von Sulz, wie Anm. 34, S. 47–49.
41 Dazu gehören etwa die Grafen von Zollern.
42 Vgl. dazu unten S. 237 ff.
43 S. Anm. 39.

übrigen Grafen und Edeln Schwabens an den staufischen Herzog von Schwaben [44] mußte auf einer anderen Rechtsgrundlage als der volksrechtlichen beruhen. Sie ist denn auch, da es um persönliche Bindung zwischen dem Herzog einerseits und Grafen und Edelfreien andererseits ging, nur im Bereich des Lehnsrechtes zu suchen, und sie ist dort – etwa für das Verhältnis der Herren von Almut zu den Zähringern [45] – auch tatsächlich zu finden. Die Exemtion des zähringischen »Reichsfürstentums« aus dem Herrschaftsbereich des Herzogs von Schwaben beruht demnach auf dem Lehnsrecht, genauer auf der unmittelbaren Belehnung des Zähringers durch den König und zudem – in einer zweiten Stufe – auf einer unmittelbaren, den Herzog von Schwaben ausschließenden Belehnung eines Teils des schwäbischen Adels durch den Herzog von Zähringen [46]. Diese, einer Spaltung der Herzogsherrschaft in Schwaben und zugleich einer Veränderung ihrer Rechtsgrundlagen gleichkommende »Exemtion« des Herzogs von Zähringen und seiner Vasallen gelangt vorab darin deutlich zum Ausdruck, daß der Zähringer – im Gegensatz zu Herzog Welf VI., dem denn auch tatsächlich erst in den Jahren 1178/79 ein »Fahnlehen« in Schwaben zuteil geworden ist [47] – fortan auf den Landtagen des staufischen Herzogs von Schwaben in Ulm, Rottenacker und Königsstuhl nie mehr erscheint [48]; er ist nur noch auf schwäbischen Fürstentagen, an denen alle drei in Schwaben ansässigen Herzöge gleichberechtigt nebeneinander auftreten, anzutreffen [49]. Auf eigentlichen Herzogslandtagen des staufischen Herzogs fehlt er jedoch ebenso wie der gesamte »zähringische« Adel, die gesamte zähringische edelfreie Vasallität.

Die Spaltung des schwäbischen Adels in zwei voneinander weitgehend unabhängige herzogliche Vasallitäten zeigt sich nicht minder deutlich in der Übertragung von Erbe und Eigen Hezelos, des im Jahre 1088 verstorbenen Gründers des Klosters St. Georgen auf dem Schwarzwald, an eben dieses Kloster durch die mit Hezelo verwandten Brüder Adelbert und Landold von Entringen (bei Tübingen am oberen Neckar) [50]. Die Einlösung des durch Hezelo und den Vater der beiden Brüder gegebenen Versprechens wurde von den beiden Brüdern bemerkenswerterweise – wie auch die *Notitiae Fundationis* des Klosters St. Georgen ausdrücklich hervorheben [51] – zu verschiedenen Zeitpunkten und an verschiedenen Orten vorgenommen [52]: Adelbert kam dem Versprechen im Jahre 1111 in Basel vor Herzog Berthold von Zähringen, dessen Brüdern und zähringischen Edelfreien

---

[44] Darüber ausführlich unten S. 242 ff.
[45] Vgl. H. MAURER, Land zwischen Schwarzwald und Randen, wie Anm. 32, S. 141 f.
[46] Beide Merkmale, die »lehnrechtliche Reichsunmittelbarkeit« und das Verfügen-Können über »dynastische Vasallen« sowie – damit verbunden – »die Verfügung über die Grafschaften eines Landes« sind denn auch als entscheidendes Kennzeichen für die Zugehörigkeit zum sog. Reichsfürstenstande erkannt worden; vgl. E. E. STENGEL, Land- und lehnrechtliche Grundlagen, wie Anm. 23, S. 138, 142, 153, und E. ROSENSTOCK, Königshaus und Stämme, wie Anm. 26, S. 182 ff.
[47] Vgl. dazu unten S. 250.
[48] Über den Teilnehmerkreis vgl. unten S. 237 ff.
[49] Vgl. den Fürstentag zu Rottenacker 1116 (Baumann AH 15/2) und den Tag zu Konstanz im Jahre 1123 (FUB V, Nr. 85).
[50] Über die Herren von Entringen vgl. Der Landkreis Tübingen. Amtliche Kreisbeschreibung, Bd. II, 1972, S. 174 f.
[51] Not. Fund. St. Georgii (MGSS XV/2, S. 1014, Nr. 46).
[52] Hierzu und zum folgenden H.-J. WOLLASCH, Die Anfänge des Klosters St. Georgen im Schwarzwald (= FOLG XIV), 1964, S. 88.

nach. Sein Bruder Landold von Entringen hingegen gab das Versprechen der Güterübertragung im Jahre 1112 zu Ulm auf dem *universale colloquium* Herzog Friedrichs von Schwaben ab. Die sogar bis in die einzelnen Adelsfamilien hineinreichende Spaltung des schwäbischen Adels in ihrer Zugehörigkeit zu zwei getrennten Herzogsherrschaften wird gerade an diesem Beispiel offensichtlich.

Wir sehen aus alledem: Der Ausgleich, der im Jahre 1098 zwischen Herzog Berthold von Zähringen und Herzog Friedrich aus dem Hause der Staufer zustande gekommen war, hatte zwar die Unteilbarkeit der schwäbischen Herzogswürde wieder hergestellt und den Staufer in den alleinigen und unbestrittenen Besitz dieses Amtes, dieser Würde, gebracht. Zugleich aber waren rechtliche Grundlagen, Wesen und Wirkungen dieser dem Namen nach weiterbestehenden Herzogsherrschaft ganz entscheidend verändert worden.

Vieles, was wir für das 10. und 11. Jahrhundert als konstituierende Elemente der Herzogsherrschaft in Schwaben kennengelernt hatten [53], besaß für die schwäbische Herzogsherrschaft des 12. und erst recht für die des 13. Jahrhunderts keine grundlegende Bedeutung mehr. Es gab fortan keine *provincia* Schwaben mehr, und es war dementsprechend künftig auch nicht mehr die Rede von Grenzen dieser Provinz, von Grenzen, die der Herzog zu verteidigen hatte, von Grenzen, die zugleich die Lex Alemannorum von benachbarten Volksrechten schied. Ja, die Lex Alemannorum selbst, das schwäbische (Volks-)Recht hatte seine Rolle als rechtliche Grundlage der Herrschaft des Herzogs über die *provincia,* über das Land, und die *conprovinciales,* die (Mit-)Landleute des Herzogs, ausgespielt [54], wenngleich nicht im geringsten daran zu zweifeln ist, daß es auch im 12. und 13. Jahrhundert neben oder über dem jetzt für die werdenden Territorien entstehenden Landrecht, dem ius terrae [55], noch immer ein schwäbisches Recht

---

53 Vgl. dazu oben S. 129 ff.

54 Vgl. dazu W. MERK, Die deutschen Stämme in der Rechtsgeschichte, in: ZRG/GA 58/1938, S. 1–41, hier 32 ff.; K. KROESCHELL, Recht und Rechtsbegriff im 12. Jh., in: Probleme des 12. Jhs. (= VuF XII), 1968, S. 309–335, hier 310 f.; G. KÖBLER, Land und Landrecht im Frühmittelalter, in: ZRG/GA 86/1969, S. 1–40, hier 31 ff., und jetzt C. SCHOTT, Pactus, Lex und Recht, in: Die Alemannen in der Frühzeit, hg. von W. HÜBENER, 1974, S. 135–168, hier 166; vgl. dazu auch die Beobachtungen für die Lex Saxonum bei G. THEUERKAUF, Lex, Speculum, Compendium iuris (= Forschungen zur Deutschen Rechtsgeschichte 6), 1968, insbes. S. 333 ff., der für das sächsische Rechtsgebiet zu ähnlichen Ergebnissen gelangt. – Bemerkenswert ist in diesem Zusammenhang auch die Beobachtung von G. GATTERMANN, Die deutschen Fürsten auf der Reichsheerfahrt. Diss. phil. Masch., Frankfurt 1956, S. XXXIII, Anm. 19 a, daß seit dem Investiturstreit keine landrechtliche (sprich: volksrechtliche) Aufgebotspflicht zur Landesverteidigung mehr bestanden habe.

55 Für Schwaben vgl. etwa die Erwähnung der *leges terre illius,* auf die sich Friedrich I. im Jahre 1157 bzw. 1158 bei seiner Entscheidung stützte, daß die Grafschaft Chiavenna wieder dem Herzogtum Schwaben zurückzustellen sei. (MGDF I, Nr. 157, S. 270–71); vgl. dazu unten S. 260 ff. – Zum Wandel vom Volksrecht zum Landrecht gegen Ende des 11. und während des 12. Jhs. vgl. G. KÖBLER, Land und Landrecht, wie Anm. 54, S. 323, sowie W. EBEL, Stammesrecht und Landrecht – Personalitäts- und Territorialitätsprinzip des Rechts, in: Protokoll des Konstanzer Arbeitskreises für mittelalterliche Geschichte Nr. 109/1963, S. 16–29; G. DROEGE, Landrecht und Lehnrecht im hohen Mittelalter, 1969, insbes. 54 ff.; dazu jedoch H. JAKOBS, in: HZ 215/1972, S. 398 ff., u. G. KÖBLER, in: ZRG/GA 87/1970, S. 411, 413. – Angesichts dessen, daß dezidierte Urteile von Rechtshistorikern über die Ursachen des »Außergeltungkommens« der Volksrechte und hier im besonderen der Lex Alemannorum kaum vorliegen, seien hier zwei an versteckter Stelle veröffentlichte Äußerungen FRANZ BEYERLES zu diesem Problem wiedergegeben:

gab [56]. Die »schwäbische Trauformel«, die eine aus Augsburg stammende Handschrift des 12. Jahrhunderts überliefert [57], gibt davon neben vielem anderen ebenso Zeugnis wie die Rolle des schwäbischen Rechts im Prozeß gegen Heinrich den Löwen im Jahre 1179 [58] oder schließlich – nach dem Ende der schwäbischen Herzogsherrschaft – der Schwabenspiegel [59], wo in Paragraph 17 ausdrücklich *von der Swaben rehte* die Rede ist [60]. Aber um über Land und Leute Herrschaft ausüben zu können, bediente sich der Herzog von Schwaben eben dieser Lex Alemannorum künftig nicht mehr [61].

»... bewirkt das Erlöschen der Stammesherzogtümer zugleich Zerfall einheitlichen Stammesrechts, an dessen Stelle das Landesrecht der Territorien tritt. Das schließt freilich gemeinsame Züge in Einzelfragen des Rechtes nicht aus. Aber die Integrationswirkung hört für den Stamm auf, macht sich nunmehr zugunsten territorialer Räume geltend.« »Gibt es für den Zerfall des Stammesrechts noch andere Ursachen?: a) Das Gottes- und Landfriedensrecht setzt die Bußentarife außer Kurs. b) Die ständische Aufgliederung des Volkes bringt die Rechtskreise. c) Die Stadt führt in ihrem Bereich zur Kristallisation des Rechts auf zum Teile völlig neuen Grundlagen.« (= Protokoll des Konstanzer Arbeitskreises Nr. 33 vom 22. V. 1955, S. 57). Und an anderer Stelle: »Das Stammesrecht wird einfach dadurch ausgehöhlt, daß durch örtliche Gepflogenheiten, durch ständische Sonderbedürfnisse sich ein Sonderrecht entwickelte, so daß ein Zurückgreifen auf die allgemeine Übung gar nicht mehr erfolgt... Als der Schwabenspiegel um 1270 den Deutschenspiegel überarbeitet..., bringt er nichts aus dem alemannischen Recht. Es war einfach nicht mehr da; es hatte sich alles verschoben... Das Herzogtum hatte einen ganz neuen Sinn gewonnen, man konnte nicht mehr auf diese alten Bestimmungen zurückgreifen... Es kommt vor, daß gelegentlich noch die lex zitiert wird; aber ein wirklich geltendes Recht war sie nicht mehr.« (= Protokoll des Konstanzer Arbeitskreises Nr. 43 vom 25. V. 1956, S. 1 f.).

56 Vgl. dazu vorläufig F. L. BAUMANN, Schwaben und Alamannen, ihre Herkunft und Identität, in: DERS., Forschungen zur schwäbischen Geschichte, 1899, S. 500–585, hier 553 ff., sodann die Zeugnisse in FUB VI, S. 297, Nr. 195/4, 195/5, 195/9, sowie G. GOETZ, Niedere Gerichtsbarkeit und Grafengewalt im badischen Linzgau während des ausgehenden Mittelalters, 1913, S. 58, und U. STUTZ, Schwäbisches und burgundisches Recht im Kampf um die Vormundschaft über Anna von Kiburg, in: FS Friedrich Emil Welti, 1937, S. 1–27, sowie K. G. HUGELMANN, Stämme, wie Anm. 28, S. 60 f.
57 Ediert bei F. WILHELM, Denkmäler deutscher Prosa des 11. und 12. Jhs. (= Germanistische Bücherei 3), ²1960, S. 47 f.: *nach dem swabeschen rethe* bzw. *nah swabe rethe* und den Kommentar ebenda, S. 116 ff., sowie W. KROGMANN, in: Verfasser-Lexikon IV/1953, Sp. 490 f., und jetzt R. SCHMIDT-WIEGAND, Eid und Gelöbnis, Formel und Formular im mittelalterlichen Recht, in: Recht und Schrift im Mittelalter, hg. von P. Classen (= VuF XXIII), 1977, S. 77–81.
58 Vgl. dazu C. ERDMANN, Der Prozeß Heinrichs des Löwen, in: Kaisertum und Herzogsgewalt im Zeitalter Friedrichs I., von Th. Mayer, K. Heilig und C. Erdmann (= Schriften der MGH 9), 1944, S. 275–364, hier 305 ff., mit der älteren Literatur. – Vgl. auch P. SCHEFFER-BOICHORST, Chiavenna als Grafschaft des Herzogtums Schwaben, in: DERS., Zur Geschichte des XII. u. XIII. Jhs., 1897, S. 102–123, hier 105 ff.
59 Vgl. dazu zuletzt »Urschwabenspiegel« ed. K. A. ECKHARDT (= Studia 4 = Studia Juris Suevici I), 1975, und noch immer die Edition von F. L. VON LASSBERG, 1840.
60 S. S. 12 der Laßbergschen Ausgabe. Zur mangelnden Originalität des Schwabenspiegels vgl. aber etwa die Bemerkungen bei K. S. BADER, Probleme des Landfriedensschutzes im mittelalterlichen Schwaben, in: ZWLG III/1939, S. 1–56, hier 39, und bei F. KLEBEL, Zu den Quellen des Schwabenspiegels, in: FS K. G. Hugelmann, hg. von W. Wegener, 1959, S. 273–293, sowie bei F. BEYERLE, oben Anm. 55.
61 Vgl. dazu auch die Bemerkungen bei E. KLEBEL, Vom Herzogtum zum Territorium, in: Aus Verfassungs- u. Landesgeschichte, FS Th. Mayer, I, 1954, S. 205–222, hier 206: »Dem Stammesherzogtum entspricht das Stammesrecht; dem späteren Landesfürstentum das Landrecht. Sobald das Herzogtum nicht mehr an die Stammesgrenzen gebunden ist, muß sich notwendig sein Recht vom Stammesrecht lösen, muß Fürstenrecht werden.«

Und ebensowenig waren die Herzöge von Schwaben im 12. Jahrhundert noch in der Lage – ähnlich wie gegen Ende des 11. Jahrhunderts [62] –, für ganz Schwaben einen Landfrieden auszurufen [63]. Es ist vielmehr höchst bezeichnend, daß der sogenannte »Schwäbische Landfriede« des Jahres 1104 [64], der als eine »Konkretisierung der Pax Moguntina« vom vorausgehenden Jahre angesehen werden kann [65], von Herzog Friedrich von Schwaben und vielen Grafen unter Zustimmung der Bischöfe von Augsburg und Eichstätt beschworen wurde. Nicht allein, daß im Text dieses Friedens von »Schwaben« nirgendwo die Rede ist; an seiner Begründung ist sogar ein außerhalb Schwabens ansässiger Bischof, nämlich der von Eichstätt, beteiligt. Derjenige Bischof aber, dessen Diözese den größten Teil der alten *provincia* Schwaben einnahm, der Bischof von Konstanz, hat an diesem »Landfrieden« nicht mitgewirkt. Es ist vielmehr offensichtlich: Hier handelte es sich nicht mehr um einen »Provinziallandfrieden«, etwa im Sinne des schwäbischen Provinziallandfriedens von 1093, der tatsächlich noch für das gesamte schwäbische »Stammesgebiet« Geltung besitzen sollte; der Landfriede von 1104 stellt sich vielmehr als eine *pax* dar, die auf die alten (»Stammes-«)Provinzen und auf ihre Grenzen keine Rücksicht mehr nahm, sondern sich statt dessen auf einander geographisch benachbarte, über die ehemalige Stammesgrenze hinwegreichende »werdende« Landesherrschaften bezog. Eine davon war diejenige des Staufers, Herzog Friedrichs I., die von Schwaben über die einstige schwäbisch-fränkische »Provinzgrenze« bis weit nach Franken hineinreichte [66].

Aber noch etwas hatte sich geändert. War es im 10. und 11. Jahrhundert üblich gewesen, Orte als in *ducatu Sueviae* gelegen zu bezeichnen, um damit auszudrücken, daß diese Orte der Herzogsherrschaft, der »Amtsgewalt« des Herzogs von Schwaben unterlagen, so wird nach der Wende zum 12. Jahrhundert diese Formel den Urkunden fremd. Offenbar hatte sich auch der Inhalt des Begriffes *ducatus* verändert.

Schließlich ist nicht zu übersehen, daß eine den Zusammenhalt ganz Schwabens, der *provincia* Schwaben, entscheidend bestimmende Institution, nämlich der seit den Wirren des Investiturstreits neben dem Herzogslandtag immer mehr in den Vordergrund tretende schwäbische »Fürstentag«, das Kolloquium gleichberechtigter Träger von Herzogs-

---

62 Vgl. oben S. 213 ff.
63 Bezeichnenderweise ist es im Jahre 1152 nicht mehr der Herzog, sondern der König, nämlich Friedrich Barbarossa, der – offenbar für Schwaben – auf einem Hoftag mit schwäbischen Fürsten in Ulm einen (Land-)Frieden, eine *firma pax* errichtet. Vgl. dazu F. Küch, Die Landfriedensbestrebungen Kaiser Friedrichs I. Diss. phil. Masch., 1887, S. 9 f., u. dazu grundsätzlich die Beobachtungen bei K. S. Bader, Probleme des Landfriedensschutzes im mittelalterlichen Schwaben, in: ZWLG III/1939, S. 1–56, hier 36 ff. Vgl. jetzt auch die Vorbemerkungen von H. Appelt zu DF I 25, S. 40 f., wo einerseits darauf hingewiesen wird, daß der Landfrieden für alle Teile Deutschlands erlassen worden sei (S. 40), andererseits aber ein Rückgriff auf die *lex Alemannorum* ausdrücklich herausgestellt wird (S. 41).
64 MG Const. I, Nr. 430. Vgl. dazu neuestens Volkert-Zoepfl, Regg. Bischöfe von Augsburg I/3, Nr. 384, S. 238–239 mit der älteren Literatur und jüngst Th. Körner, Juramentum und frühe Friedensbewegung (10.-12. Jh.), 1977, S. 60 ff.
65 In diesem Sinne H. Mitteis, Formen der Adelsherrschaft im Mittelalter, jetzt in: Ders., Die Rechtsidee in der Geschichte, 1957, S. 636–668, hier 657, und E. Wadle, Reichsgut und Königsherrschaft unter Lothar III., 1969, S. 156, und früher schon K. S. Bader, Probleme des Landfriedensschutzes, wie Anm. 63, S. 36.
66 Vgl. dazu auch unten S. 231 ff.

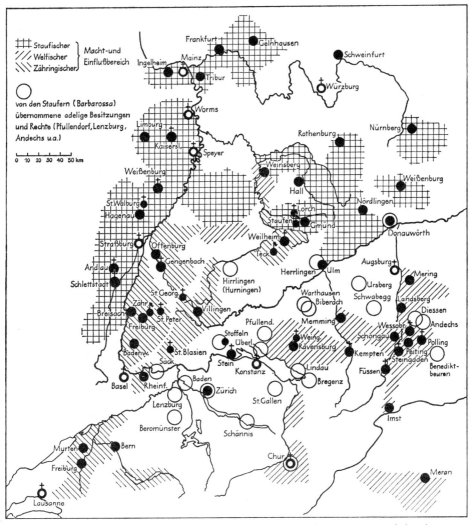

TA 12 Macht- und Einflußbereiche der Staufer, Welfen und Zähringer im 12. Jahrhundert

titeln [67], das vor allem den Ort Rottenacker an der Donau als Tagungsstätte bevorzugte, in der ersten Hälfte des 12. Jahrhunderts gleichfalls ihr Ende gefunden hat. Noch im Jahre 1116 treten hier die Fürsten Schwabens, darunter alle schwäbischen Träger eines Herzogstitels, wieder zusammen [68]; und sie kommen erneut zusammen im Jahre 1123 in Konstanz [69] anläßlich der feierlichen Elevation der Gebeine des im gleichen Jahre kano-

67 Darüber oben S. 209 ff.
68 S. oben S. 113 ff.
69 Vgl. FUB V, Nr. 85.

229

nisierten Bischofs Konrad von Konstanz [70]. Danach aber hören wir nie mehr von solchen schwäbischen »Fürstentagen«. Übrig blieben allein die Landtage des Herzogs von Schwaben [71], des Herzogs von Zähringen [72] und – im übrigen auch – die des Herzogs Welf [73]. Aber die alle diese drei Herzöge Schwabens und ihren Adel zusammenführende Institution des schwäbischen »Fürstentages« hatte, zumindest seit der Mitte des 12. Jahrhunderts, ihre verbindende, die alte Einheit der *provincia* in gewissem Umfange noch immer bewahrende Funktion für die Zukunft verloren. Die letzten noch aus der Zeit der rechtlichen Einheit einer *provincia* Schwaben herübergeretteten Bindungen zwischen den Herzögen von Zähringen und den staufischen Herzögen von Schwaben waren damit für immer zerschnitten.

Es kann kein Zweifel mehr darüber bestehen: Die Neuordnung in Schwaben, die mit der Aussöhnung zwischen Zähringern und Staufern im Jahre 1098 verbunden war, hatte die auch nach 1098 weiterexistierende Herzogsherrschaft in Schwaben der für ihr Wesen und ihre Wirkungen bislang maßgeblichen Rechtsgrundlagen beraubt.

Das Lehnsrecht, auf dem die Neuordnung des Jahres 1098 in Schwaben basierte, hatte den Sieg über das schwäbische Volksrecht davongetragen und dieses Volksrecht gewissermaßen durchbrochen. Die Herrschaft des Herzogs von Schwaben, die bislang einerseits auf der Lex Alemannorum als Rechtsgrund der Beherrschung von *provincia* und *conprovinciales,* andererseits aber auch schon seit Anbeginn auf dem Lehnsrecht als Rechtsgrund der Beherrschung herzoglicher Vasallen beruht hatte, sah sich künftig einzig und allein noch auf das Lehnsrecht gegründet [74].

Das Element der »Flächenstaatlichkeit«, das – ganz im Gegensatz zu Theodor Mayers Meinung [75] – der schwäbischen Herzogsherrschaft der früheren Periode viel eher zu eigen war als das Element des »Personenverbandsstaates«, war nach 1098 durch das Hervortreten persönlicher, auf das Lehnsrecht begründeter Bindungen zurückgedrängt worden [76]. Zur gleichen Zeit freilich bildeten die Herzogsfamilien neben ihren von nun

---

70 S. dazu H. MAURER, Der Bischofssitz Konstanz als Hauptstadt in Schwaben, in: SVG Bodensee 91/1973, S. 1–15, hier 8 f.
71 Darüber eingehend unten S. 237 ff.
72 Vgl. dazu das Beispiel oben S. 224, Anm. 39.
73 S. unten S. 247 ff.
74 Diesem Ergebnis entspricht die Erkenntnis von E. ROSENSTOCK, Königshaus und Stämme, 1914, S. 199: »Irgendeine herzogliche Waltung über Gebiete, die nicht lehnbar sind, ist dem 12. Jh. unmöglich.« Vgl. dazu auch das Urteil MARCEL BECKS (Die Staufer im westlichen Alpenvorland, in: Selbstbewußtsein und Politik der Staufer, 1977, S. 11–27, hier 13): »Ich sehe den staufischen Staat ... als ein lehensrechtliches, d. h. durch persönliche Bindungen strukturiertes Gefüge ...«
75 Vgl. vor allem zuletzt in: DERS., Mittelalterliche Studien, 1958, S. 471 ff.
76 So schon E. ROSENSTOCK, Königshaus und Stämme, 1914, S. 114, für das 12. Jh.: »Aber ihre (der Stämme) Herzöge herrschen mit nichten über den Boden, sondern über Personen, und erst durch diese hindurch über das Gebiet«; mit den Modifikationen bei K. G. HUGELMANN, Stämme, wie Anm. 28, S. 81 f., und den Bemerkungen bei TH. MAYER, Mittelalterliche Studien, wie Anm. 75, S. 47 ff., sowie neuerdings G. DROEGE, Landrecht und Lehnrecht im hohen Mittelalter, 1969, S. 54: »Das Land stellt sich weniger in landschaftlich-geographischer Begrenzung dar, sondern mehr als Verband von rechtsfähigen Leuten. ... Gleichwohl ist der Begriff des Landes als politische Einheit auch räumlich ausgedehnt, ja es scheint, als ob dieses flächenhafte Prinzip das personale zurückdrängt.«

an im wesentlichen auf dem Lehnsrecht beruhende Herzogsherrschaften neue »flächenstaatliche« Landesherrschaften aus, die nun auf einem neuen Recht, auf Landrecht nämlich, basierten [77]. Wir werden darauf zu achten haben, inwieweit die Ausbildung dieser herzoglichen Landesherrschaften im 12. und 13. Jahrhundert irgendwelche Auswirkungen auf Wesen und Eigenart der Herzogsherrschaft hatte.

Zunächst aber gilt es zu fragen, ob die Herzogsherrschaft der staufischen Herzöge von Schwaben nach den einschneidenden Veränderungen der Jahrhundertwende nicht doch noch Eigenschaften aufwies, die eben diese Herzogsherrschaft des 12. und 13. Jahrhunderts noch immer geradewegs als im Kern unveränderte Fortsetzung des Herzogsamtes der vorausgehenden Periode erscheinen lassen konnten und mußten.

Diese Fragen zu beantworten, ist freilich deswegen sehr schwer, weil die spezifisch herzoglichen Elemente staufischer Herrschaft sich nur mit Mühe aus dem Hintergrund der im 12. Jahrhundert alles überragenden staufischen Territorienbildung herauslösen lassen (TA 12). Daß die Bildung einer staufischen Landesherrschaft, eines staufischen Territoriums innerhalb des alten Schwabens in der ersten Hälfte des 12. Jahrhunderts schon erhebliche Fortschritte gemacht hat, geben mehrere Anzeichen zu erkennen [78]. Gewiß hatte das Land um Rems und Fils, hatte das Umland der Stammburg Staufen nicht minder den Ausgangspunkt dieses Herrschaftsaufbaus gebildet [79] als die mit der Ausübung des Grafenamtes im ostschwäbischen Riesgau und mit der Innehabung der schwäbischen Pfalzgrafenwürde verbundenen Gerechtsame und Besitzungen [80]. Weit über Nord- und Nordostschwaben hinaus aber waren die Staufer durch die Übernahme des salischen Erbes gewiesen worden, hatten sie vor allem nach Franken hin große »territoriale« Gewinne verbuchen können [81].

Die Richtung dieser Territorienbildung spiegelt sich schon deutlich genug in dem Landfrieden wider, zu dem sich Herzog Friedrich I., der sich im übrigen 1102 ein einziges Mal gar als *Suevorum dux et Francorum* bezeichnet [82], im Jahre 1104 unter Zustimmung der Bischöfe von Augsburg und Eichstätt verpflichtete [83]. Das vom Bistum Augs-

---

77 Vgl. Anm. 55.
78 Zur staufischen Territorienbildung vgl. H. HEUERMANN, Hausmachtpolitik, wie Anm. 5, S. 18 ff., 33 ff.; K. BOSL, Die Reichsministerialität der Salier und Staufer (Schriften der MGH 9 u. 10), Bd. I/1950, S. 16 ff., 98 ff., 140 ff., Bd. II/1951, S. 356 ff., 410 ff.; sowie F. X. VOLLMER, Reichs- u. Territorialpolitik, wie Anm. 28, passim, S. 106 ff., und jetzt die von DEMS. bearbeitete Karte V, 4, »Besitz der Staufer bis 1250« des »Historischen Atlas von Baden-Württemberg« mit Beiwort.
79 Darüber jetzt H. SCHWARZMAIER, Die Heimat der Staufer, 1976, S. 16 ff., und H.-M. MAURER, Der Hohenstaufen, 1977, S. 12 ff., 19 ff.
80 Dazu schon F. L. BAUMANN, Die Gaugrafschaften im Wirtenbergischen Schwaben, 1879, S. 93 ff., und zuletzt H. BÜHLER, Schwäbische Pfalzgrafen, frühe Staufer und ihre Sippengenossen, in: Jb. des Historischen Vereins Dillingen an der Donau LXXVII/1975, S. 118–156, hier 120, 145 ff.; DERS., Zur Geschichte der frühen Staufer, in: Stauferforschungen im Stauferkreis Göppingen (= Hohenstaufen 10), 1977, S. 1–44, sowie zum schwäbischen Pfalzgrafenamt jetzt H. JÄNICHEN, Die Pfalz Bodman und die schwäbische Pfalzgrafschaft im Hochmittelalter, in: Bodman, hg. von H. Berner, Bd. I/1977, S. 309–316.
81 Darüber ausführlich H. WERLE, Erbe, wie Anm. 28, passim, und zuletzt H. SCHWARZMAIER, Die Heimat der Staufer, 1976, S. 34 ff.
82 Vgl. dazu W. KIENAST, Herzogstitel, wie Anm. 21, S. 414.
83 Darüber oben S. 228 mit Anm. 64.

burg erfaßte östliche Schwaben und der zum Bistum Eichstätt zählende fränkische Gau Sualafeld scheinen demnach schon zu Beginn des 12. Jahrhunderts den im Norden Schwabens beheimateten Staufern als bevorzugtes Terrain für die Ausbildung ihrer Landesherrschaft gegolten zu haben. Die Reichweite dieses werdenden staufischen Territoriums, dieser staufischen *terra*, wie sie Heinrich (VI.), der Sohn Konrads III., im Jahre 1150 bezeichnet [84], wird in etwa deutlich, wenn Otto von Freising berichtet, daß der im Jahre 1127 geschehene Einfall Herzog Heinrichs von Bayern nach Alemannien durch die staufischen Brüder Friedrich und Konrad am Flusse Wörnitz [85], d. h. im Bereich der alten schwäbisch-fränkischen Provinzgrenze, zum Stillstand gebracht worden sei. Diese Reichweite wird aber auch deutlich, wenn die *Historia Welforum* davon erzählt, daß Herzog Friedrich vor dem gleichen bayerischen Herzog Heinrich aus welfischem Hause vom Rhein bei Speyer bis nach dem unmittelbar jenseits der alten schwäbisch-fränkischen Provinzgrenze, bereits auf altem fränkischem Boden gelegenen Markgröningen geflüchtet sei [86], und wenn endlich die gleiche Quelle die Nachricht enthält, daß wenig später, wohl in den Jahren 1131 und 1132, derselbe Herzog Heinrich mit seinem Heer bei Daugendorf an der Donau, d. h. also nun südlich der Schwäbischen Alb, in das Gebiet Herzog Friedrichs eingedrungen sei und dieses staufische Herrschaftsgebiet bis über die Stammburg Staufen hinaus nach Norden kämpfend durchzogen habe [87]. Hier wird in Umrissen das werdende staufische Territorium innerhalb der alten Provinz Schwaben, ja darüber hinaus auch auf fränkischem Boden, sichtbar, und die geographischen Umrisse dieser staufischen Landesherrschaft wird man sich merken müssen, will man das Andersartige der von dem gleichen staufischen Herzog Friedrich ausgeübten Herzogsherrschaft und das spezifisch Herzogliche an Herzog Friedrichs Herrschaftsausübung erkennen.

Unverändert geblieben ist zunächst als deutlichstes Zeichen der Weiterführung schwäbischer Herzogsgewalt der Titel eines Herzogs von Schwaben. Bis zum Ende der Herzogsherrschaft in Schwaben, bis zum Tode Konradins, des letzten schwäbischen Herzogs im Jahre 1268, nennen sich die Herzöge aus dem staufischen Hause immer wieder Herzöge von Schwaben, oder sie werden in den Königsurkunden in dieser Weise bezeichnet [88]. Die gentile Titelform wechselt mit der territorialen ab, wobei zu bemerken ist, daß der auf das Land bezogene Titel eines *dux Sueviae* den auf die Bewohner des Landes, auf den »Stamm« bezogenen Titel eines *dux Suevorum* in der Anzahl seines Gebrauchs keineswegs überwiegt.

---

84 MGDH (VI) Nr. 10 zu 1150 IV 16/20.
85 Otto Fris. Gesta I/19, S. 32, und dazu W. BERNHARDI, Jbb. Lothar von Supplinburg, S. 137.
86 Historia Welforum, ed. E. König, S. 30/32, und dazu K. H. MAY, Reichsbanneramt und Vorstreitrecht in hessischer Sicht, in: FS E. E. Stengel, 1952, S. 301–323, hier 317.
87 Historia Welforum, ed. E. König, S. 32, und dazu K. FELDMANN, Herzog Welf VI. und sein Sohn, Diss. phil., Tübingen, 1971, S. 7, sowie zuvor schon H. WERLE, Titelherzogtum, wie Anm. 6, S. 267 f., und H. BÜTTNER, Staufer und Welfen im politischen Kräftespiel zwischen Bodensee und Iller während des 12. Jhs., jetzt in: DERS., Schwaben und Schweiz im frühen und hohen Mittelalter (= VuF XV), 1972, S. 337–392, hier 352.
88 Hierzu und zum folgenden W. KIENAST, Herzogstitel, wie Anm. 21, S. 331, 334 f., 344, 369 ff., 414 f.

Bleibt rein äußerlich bei der Verwendung des Titels im wesentlichen alles beim alten, so wird freilich nach dem, was wir über das Ende einer durch das alemannische Volksrecht bestimmten Provinz Schwaben um 1100 haben feststellen können, zu fragen sein, ob durch die einschneidenden Veränderungen, die die rechtlichen Grundlagen schwäbischer Herzogsherrschaft um die Jahrhundertwende haben hinnehmen müssen, nicht auch die räumlichen Grundlagen staufischer Herzogsherrschaft im 12. und 13. Jahrhundert wesentlich gewandelt worden sind, ob nicht also jetzt der Titel eines Herzogs von Schwaben auch räumlich etwas anderes meinte als noch im 11. oder gar im 10. Jahrhundert. Auf die einstige *provincia* Schwaben mit ihren einigermaßen klar gekennzeichneten Grenzen konnte er sich auf jeden Fall nicht mehr beziehen. Wir werden auf diese auch hier zu erwartenden Veränderungen noch genauer zu achten haben [89].

Aber nicht nur der Titel eines Herzogs von Schwaben blieb auch nach den Ereignissen des Jahres 1098 äußerlich im wesentlichen unverändert; auch ein – wenigstens für die Regierungszeit eines Herzogs, nämlich die Herzog Konrads (982–997) – schon einmal gebrauchter Zusatz zum schwäbischen Herzogstitel in der Form eines *dux Alamannorum et Alsaciorum* lebt unter Herzog Friedrich II. (1105–1147) in der sowohl von den Herzögen selbst wie auch von der königlichen Kanzlei gebrauchten Titelform eines *Suevorum et Alsaciae dux* oder gar nur eines *dux Alsatiae* weiter [90].

Wie wir jedoch nirgendwo im 12. und 13. Jahrhundert einen Hinweis darauf erhalten, daß irgendeiner der in elsässischen Angelegenheiten wirksam werdenden staufischen Herzöge in seiner Eigenschaft als Herzog tätig geworden wäre, so ist auch die Existenz eines staufischen *ducatus Alsatiae*, eines elsässischen Herzogtums, in einer der dem staufischen Herzogtum Schwaben seit der Mitte des 12. Jahrhunderts vergleichbaren Form durch nichts zu belegen [91]. Selbst ein Herzogslandtag im elsässischen Mommenheim, den man für das Jahr 1130 als Beweis für die Ausübung herzoglicher Funktionen im Elsaß angeführt hat [92], ist als gelehrte Erfindung des 18. Jahrhunderts entlarvt worden [93]. Der Titel eines Herzogs vom Elsaß kann sich demnach – im Gegensatz zum Titel eines Herzogs von Schwaben – nur auf das reiche staufische Hausgut im Elsaß stützen, das den Staufern aus dem Erbe von Friedrich von Bürens Gattin Hildegard in und um Schlettstadt und aus dem salischen Erbe vor allem im nördlichen Elsaß zugefallen war [94]. Immerhin gibt schon dieser Vergleich zwischen dem Elsaß und Schwaben zu erkennen, wie verschieden die Grundlagen und Wirkungen der Herrschaft waren, die die Staufer unter

---

89 Vgl. dazu unten S. 267 ff.
90 Darüber schon oben S. 185.
91 Zu der Frage staufischer Herzogsherrschaft im Elsaß vgl. J. Ficker, Reichsfürstenstand II/3, S. 154–174 ff., u. Th. Toeche, Jbb. Heinrich VI., S. 292, Anm. 1; H. Niese, Die Verwaltung des Reichsguts im 13. Jh., 1905, S. 17 f.; A. Meister, Die Hohenstaufen im Elsaß, 1890; S. 6 ff., Th. Mayer, Die historisch-politischen Kräfte im Oberrheingebiet im Mittelalter, in: ZGO NF 52, S. 1938, S. 1–24, hier 15; H. Heuermann, Hausmachtpolitik, wie Anm. 5, S. 61, 165, Anm. 954; F. X. Vollmer, Reichs- und Territorialpolitik, wie Anm. 28, S. 33 f., 37, sowie J. Gernhuber, Die Landfriedensbewegung in Deutschland bis zum Mainzer Reichslandfrieden von 1235, 1952, S. 76.
92 Vgl. J. Dietrich, Herzog Friedrich II. von Schwaben. Diss. phil. Masch., Gießen, 1943, S. 165.
93 Vgl. Reg. Bischöfe von Straßburg I, S. 315 f., Nr. 442.
94 Vgl. schon den Überblick bei H. Heuermann, Hausmachtpolitik, wie Anm. 5, S. 27 ff.

dem Titel eines Herzogs von Schwaben und eines Herzogs vom Elsaß ausübten. Im Elsaß war lediglich ein schon einmal mit dem Titel eines Herzogs von Schwaben verbundener Titel eines Herzogs vom Elsaß wieder neu belebt worden; die rechtlichen Grundlagen der unter diesem Herzogstitel ausgeübten staufischen Herrschaft im Elsaß aber hatten mit den Grundlagen der Herzogsherrschaft, wie sie Herzog Konrad und Herzog Hermann II. in Schwaben wie auch im Elsaß zur Verfügung gestanden hatten, nicht mehr das geringste gemein [95]. Die konradinischen Herzöge aus der Wende zum 11. Jahrhundert verbindet, wenigstens im Elsaß, nichts mit den Herzögen aus staufischem Hause. Der staufische Titel eines Herzogs vom Elsaß ist vielmehr eine völlige Neuschöpfung unter Anlehnung an einen älteren Gebrauch. Zwischen beiden Epochen liegt ein Jahrhundert, dem die Würde eines Herzogs vom Elsaß fremd geworden war. Für die rechtlichen Grundlagen und für die Wirkungen staufischer Herzogsherrschaft in S c h w a b e n werden wir hingegen – trotz allen bedeutsamen Veränderungen – durchaus ein unmittelbares Anknüpfen an die Verhältnisse des 11. und 10. Jahrhunderts festzustellen vermögen.

Alle diese Beobachtungen erlauben es uns, das Elsaß hier, wo es uns einzig und allein um Grundlagen und Wirkungen der Herrschaft eines H e r z o g s von Schwaben und um deren Wandlungen zu tun ist, fortan außer acht zu lassen. Unser Blick kann sich allein auf die Herzogsherrschaft in Schwaben selbst konzentrieren, deren Ausübung, auch in den Wirren des Investiturstreits, nicht unterbrochen worden ist.

Ist der Titel eines Herzogs von Schwaben, rein äußerlich gesehen, selbst nach 1098 unverändert geblieben, so nicht minder a u c h die Art und Weise der Herzogs-Einsetzung. Dabei verwundert es nicht im geringsten, daß nach der von Heinrich IV. selbst zustandegebrachten Neuregelung der rechtlichen Grundlagen herzoglicher »Amts«-ausübung in Schwaben die von der gregorianischen Partei in Schwaben nach altem Vorbild wiederaufgenommenen Formen der Wahl des Herzogs durch die Fürsten des Landes zu Gunsten der während eineinhalb Jahrhunderten gebräuchlichen und von Heinrich IV. im Jahre 1079 auch gegenüber Herzog Friedrich I. praktizierten Einsetzung des Herzogs unmittelbar durch den König [96] fallengelassen worden sind. Sämtliche Herzöge aus staufischem Hause werden wiederum – offenbar ohne erkennbare Mitwirkung durch den schwäbischen Adel – vom König eingesetzt, wobei die Quellen sich auch jetzt jener Termini bedienen, die sie schon für die Herzogseinsetzungen des 10. und 11. Jahrhunderts bereit hatten, allen voran der Ausdrücke: *ducatum concedere, ducem facere, efficere, constituere* usw. [97].

Bezeugen diese Termini nicht nur das ununterbrochene Weiterbestehen der Bindung schwäbischer Herzogsherrschaft an Königtum und Reich, so läßt diese Kontinuität in der äußeren Gestaltung der Herzogseinsetzung zugleich vermuten, daß sich auch die

---

95 Vgl. dazu oben S. 199 f.
96 Vgl. oben S. 129 ff.
97 Vgl. etwa für Friedrich IV. W. Bernhardi, Jbb. Konrad III., S. 924, u. H. Simonsfeld, Jbb. Friedrich I., S. 20, 559 f. mit Anm. 125; für Friedrich V. vgl. Burchard von Ursperg (MGSS rer. germ. in us. schol.), S. 56 f.; für Konrad vgl. Chron. S. Petri Erfordensis Mod. (MGSS XXX/1), S. 374; zu Friedrich VI. Hugo Chron. Continuatio Weingartensis (MGSS XXI), S. 478; für Konrad (1196) vgl. Ottonis de S. Blasio Chronica (MGSS in us. schol.), S. 70; für Heinrich (VII.) vgl. Ann. S. Trudperti (MGSS XVII), S. 293.

Rechtsformen der Einsetzung des Herzogs durch den König gegenüber der Zeit vor 1098 nicht allzusehr verändert haben, daß also auch in staufischer Zeit die Herzogseinsetzung in die Form einer Belehnung gekleidet gewesen ist. Von neuem ist dann aber nach dem Lehensgut zu fragen, mit dem die Herzöge vom König investiert worden sind. Und diese Frage stellt sich nach 1098 um so konkreter, als wir um die große Bedeutung wissen, die dem königlichen Platz Zürich bei der Belehnung der Zähringer und der Schaffung eines zähringischen »Fahnlehens«, eines zähringischen »Lehensfürstentums« in Schwaben, zugekommen ist [98]. Der staufische Herzog von Schwaben muß zumindest mit einem, wenn nicht gar mehreren gleichwertigen königlichen Benefizien ausgestattet worden sein. In der Tat sehen wir die staufischen Herzöge von Schwaben bis zum Ende staufischer Herzogsherrschaft stets in engster Verbindung mit einem königlichen Ort des östlichen Schwaben, der ebenso wie Zürich nicht nur die Tradition einer Königspfalz, sondern zugleich auch herzogliche Traditionen wachhielt und damit ein in etwa gleichwertiges Gegenstück zu Zürich darzustellen vermochte. Daß Ulm [99], das bereits der eben von Heinrich IV. zum Herzog eingesetzte Friedrich I. aus dem Hause Staufen im Jahre 1079 vergeblich seinem Gegenherzog hatte entreißen wollen, in frühstaufischer Zeit nichts mit dem staufischen Hausgut im nördlichen Schwaben zu tun hatte, wird deutlich, wenn wir uns daran erinnern, daß das werdende staufische Territorium noch um das Jahr 1130 erst an der Donau begann [100]. Das wichtige Ulm lag demnach geradezu exzentrisch am südlichsten Rande des ehemaligen staufischen Herrschaftsgebietes, das noch kaum über die Donau in das heutige Oberschwaben hinübergriff. Der alte Pfalzort Ulm, der bereits in der zweiten Hälfte des 11. Jahrhunderts zur Pfalz s t a d t heranwuchs, wird demnach am ehesten schon wegen dieser seiner Eigenschaft als Reichsgut – und nicht als staufisches Hausgut – ins Auge zu fassen sein, wenn wir nach einem Lehensobjekt Ausschau halten [101], mit dem die staufischen Herzöge von Schwaben, entsprechend der Belehnung der Herzöge von Zähringen mit Zürich, bei der Einsetzung in das »Herzogsamt« belehnt worden sein könnten. Daß Ulm bis zu Konradin tatsächlich ein »Vorort« (TA 1) staufischer Herzogsherrschaft in Schwaben gewesen und daß es zudem seit dem Übergang des Reiches an die Staufer, d. h. seit König Konrad III., auch wieder zu einer bevorzugten Pfalz des Königs in Schwaben geworden ist, hatten wir bereits in anderem Zusammenhang aufzeigen können [102]. Doch der »Vorort« Ulm wird nicht das einzige Lehensobjekt dargestellt haben, das den staufischen Herzögen von Schwaben bei der Belehnung mit dem »Herzogsamt« als Reichsgut jeweils überlassen worden ist. Zu der an der Donau gelegenen Pfalzstadt Ulm gesellte sich am oberen Neckar und damit gleichfalls in auffallender räumlicher Distanz zum werdenden staufischen Territorium im nördlichen Schwaben der Herzogsvorort Rottweil hinzu, der ebenso wie Ulm über das Jahr 1098 hinweg auch für die staufische Herzogsherrschaft Kontinuität zu bewahren gewußt hat und, ähnlich wie Ulm, einen Königshof zum Mittelpunkt hatte [103]. Und

---

98 Vgl. oben S. 220 ff.
99 Über Ulm vgl. ausführlich oben S. 91 ff.
100 Vgl. dazu oben S. 232 mit Anm. 87 und dazu H. WERLE, Erbe, wie Anm. 28, S. 263 ff., 268.
101 Ulm als Reichslehen aufgefaßt auch schon bei H. WERLE, Erbe, wie Anm. 28, S. 264, und danach auch E. WADLE, Reichsgut, wie Anm. 65, S. 96.
102 Vgl. oben S. 100 ff.
103 Hierzu und zum folgenden vgl. ausführlich oben S. 104 ff.

wiederum ähnlich wie Ulm hat auch der – wohl als Lehen – in den Besitz der staufischen Herzöge übergegangene Königshof Rottweil im 12. Jahrhundert, also einige Zeit nach Ulm, seine Ergänzung durch eine von den staufischen Herzögen betriebene Stadtgründung erfahren. Daß Ulm und Rottweil dem staufischen Herzog von Schwaben als Reichsgut überlassen worden sind, wird auch darin deutlich, daß sich Lothars III. Eingreifen in Schwaben gegen Konrad von Staufen und seinen Bruder, Herzog Friedrich von Schwaben, nicht nur zu allererst auf die Einnahme von Ulm, sondern offensichtlich auch auf die Einnahme von Rottweil gerichtet hat.

Zu diesen beiden an der Donau und am oberen Neckar gelegenen, auf Reichsgut ruhenden staufischen Herzogsvororten, die beide sowohl als »Vororte« wie auch als Reichsgut einen institutionellen Zusammenhang mit der schwäbischen Herzogsherrschaft der Epoche vor 1098 herstellen, zu Ulm und Rottweil also gesellt sich nun, in staufischer Zeit, ein weiterer Vorort der Herzogsherrschaft hinzu, der bereits durch seinen Namen enge Beziehungen zu Königtum und Königsgut erkennen läßt: Wir meinen die bisher nicht zu lokalisierende Dingstätte Königsstuhl [104], die wir von etwa 1140 bis 1185 insgesamt dreimal als Stätte schwäbischer Herzogslandtage nachzuweisen vermögen. Neigt die bisherige Forschung sehr dazu, Königsstuhl mit einem weiteren herzoglichen Landtagsvorort, mit Rottenacker, zu identifizieren, so steht dennoch nichts im Wege, die Dingstätte Königsstuhl auch in bzw. bei Ulm oder eher noch bei Rottweil zu suchen.

In jedem Falle aber gilt für die bedeutsamen Plätze staufischer Herzogsherrschaft, daß sie wiederum oder genauer gesagt noch immer auf Königsgut ruhen und damit – nicht nur institutionell, sondern auch räumlich – neben der werdenden Landesherrschaft der staufischen Herzöge im Norden der einstigen *provincia* Schwaben – gewissermaßen als Angelpunkte einer letztlich noch immer vom Reich abhängigen Institution das »Amt«, aus dem sich der Herzogstitel auch jetzt noch herleitet, repräsentieren. Ulm, Rottweil und der »Königsstuhl« werden indessen nur als die »vornehmsten« Vertreter für eine Mehrzahl uns unbekannt bleibenden Reichsgutes in Händen der staufischen Herzöge betrachtet werden dürfen.

Eines ist jedoch gewiß: Mochte auch den staufischen Herzögen von Schwaben noch immer eine nicht unbeträchtliche Anzahl von Reichsgut als Lehen überlassen worden sein, – eine der Epoche vor den Ereignissen des Investiturstreits vergleichbare generelle Verfügungsgewalt der staufischen Herzöge über die Reichskirche und das Reichskirchengut in Schwaben ist im 12. und 13. Jahrhundert nicht mehr festzustellen, wenn man von einzelnen, nicht genau zu klärenden Ausnahmen, wie etwa im Falle von Esslingen, absieht [105]. Eine solche für die schwäbische Herzogsherrschaft des 10. und 11. Jahrhunderts als Machtgrundlage ungemein wichtige Verfügungsgewalt über Reichskirche und Reichskirchengut ist denn auch nach der prinzipiellen Umgestaltung des Verhältnisses von Reich und Kirche durch den Investiturstreit und schließlich durch das Wormser Konkordat des Jahres 1122 gar nicht mehr zu erwarten [106]. Hier hatte die Herzogsherrschaft eindeutig eine schwere Einbuße ihrer Grundlagen hinnehmen müssen, eine Einbu-

---

104 Über den »Königsstuhl« einläßlich oben S. 117 ff.
105 Dazu oben S. 86.
106 Vgl. zuletzt P. CLASSEN, Das Wormser Konkordat in der deutschen Verfassungsgeschichte, in: Investiturstreit und Reichsverfassung (= VuF XVII), 1973, S. 411–460.

ße, die zusammen mit den Veränderungen, die der Ausgleich des Jahres 1098 bewirkte, entscheidend zur Schwächung der überdies auch räumlich nur noch auf einen Teil der einstigen Provinz Schwaben verwiesenen schwäbischen Herzogsgewalt des 12. und 13. Jahrhunderts beigetragen haben mochte.

Aber außer dem Reichsgut und den auf ihm ruhenden »Vororten« der Herzogsherrschaft, außer dieser für die Existenz des Herzogs-»Amtes« noch immer wesentlichen Grundlage wies die Herzogsherrschaft in Schwaben zumindest während des 12. Jahrhunderts noch ein weiteres für die Wirkungen dieses »Amtes« charakteristisches und wesentliches Element auf, das auch durch das einschneidende Ereignis des Jahres 1098 keineswegs verändert worden war: Es gab noch immer Landtage des Herzogs von Schwaben[107], auch jetzt in den Quellen als solche durch die Begriffe *universale colloquium*, *... in praesentia ducis*[108], *colloquium ducis*[109], *consilium coram duce*[110] oder *publicum placitum*[111] gekennzeichnet.

Daß es sich bei diesen Landtagen nicht etwa um Landtage der werdenden staufischen Landesherrschaft handeln konnte, daß sie vielmehr mit der Ausübung des Herzogsamtes zusammenhingen, gibt sich daran zu erkennen, daß alle diese Landtage an Orten stattfanden, die nichts mit dem staufischen Territorium zu tun hatten, sondern noch immer an zwei alte Plätze schwäbischer Herzogslandtage gebunden waren, von denen einer, nämlich Ulm, zudem eindeutig auf Königsgut ruhte, und daß die gleiche Eigenschaft als Königsgut schon des Namens wegen auch auf den neu in Vorschein tretenden Landtagsort, auf die Dingstätte Königsstuhl, zugetroffen haben dürfte.

Im Jahre 1112 treffen sich die Fürsten und Freien Schwabens in Gegenwart Herzog Friedrichs II. im alten Herzogs-Vorort Ulm[112], im Jahre 1114 kommen sie mit Herzog Friedrich II. im gleichfalls an der Donau gelegenen Rottenacker zusammen[113], das ebenso wie Ulm schon vor 1098 als Stätte schwäbischer Fürstentage eine Rolle gespielt hatte[114], wie es im übrigen auch noch in staufischer Zeit, nämlich im Jahre 1116, ein letztes Mal Ort eines Landtages der Fürsten und Freien Schwabens – nebenbei bemerkt auch aller drei gleichberechtigt nebeneinander auftretenden Träger von Herzogstiteln in Schwaben, Herzog Friedrichs II., des Herzogs von Schwaben, Herzog Welfs und Herzog Bertholds von Zähringen – geworden ist[115] (TA 13). Der Ulmer Landtag knüpft damit zugleich an die gerade in den Wirren des Investiturstreits besonders deutlich hervortretende Eigenschaft Ulms als Stätte von Herzogs- und von Fürstenlandtagen, aber auch als Ort einer königlichen Pfalz in Schwaben an. Demgegenüber kann das gleichfalls sowohl als Stätte von Fürsten- wie von Herzogslandtagen ausgewiesene Rottenacker gewissermaßen als letzter Repräsentant des noch durch das schwäbische Volks-

---

107 Das Recht des Herzogs, Hof zu gebieten, auch erwähnt im Schwabenspiegel (ed. Laßberg), § 139, S. 67.
108 Vgl. Not. Fund. St. Georgii, MGSS XV/2, S. 1014 zu 1111/1112.
109 Ebd., S. 1014 zu 1114.
110 Cod. Dipl. Salem. I, S. 2, Nr. 1 zu ca. 1140.
111 Ebd., S. 57 Nr. 35 zu 1185.
112 Wie Anm. 108.
113 Wie Anm. 109.
114 Zu Rottenacker vgl. oben S. 112 ff.
115 Vgl. Baumann AH, S. 32–34, Nr. 15/2.

recht bestimmten Personenverbandes schwäbischer Fürsten und Freien betrachtet werden, eines Verbandes, der freilich immer mehr hinter jenem ganz in lehnsrechtlicher Abhängigkeit vom Herzog von Schwaben stehenden, wenn auch personell mit ihm weitgehend identischen Kreis schwäbischer Grafen und Edelfreien zurücktritt, der seit dem zweiten Viertel des 12. Jahrhunderts nicht mehr auf Fürstentagen, sondern nur noch auf Landtagen des Herzogs zusammenkommt.

Ulm und Rottenacker werden dann aber noch vor der Mitte des 12. Jahrhunderts völlig von der offenbar als einzigem Ort von Herzogslandtagen bestehenbleibenden Dingstätte Königsstuhl abgelöst, wo um 1140 [116] und nach 1152 [117] und dann einige Jahrzehnte später, im Jahre 1185 [118], insgesamt also dreimal, Landtage schwäbischer Herzöge stattfinden (TA 14 u. 15).

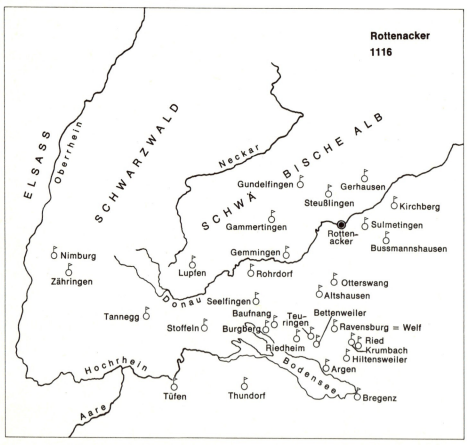

TA 13 Die Teilnehmer des schwäbischen Fürstentages zu Rottenacker von 1116

116 Wie Anm. 110.
117 WUB IV, Nr. 63, S. 363, sowie künftig in UB St. Blasien, hg. von H. OTT; hier auch zur Datierung.
118 Wie Anm. 111.

Gibt die auf uns gekommene schriftliche Überlieferung kaum Aufschluß über die eigentlichen Anlässe und über die hauptsächlichsten Verhandlungsgegenstände dieser staufischen Herzogslandtage, läßt sie vielmehr durchweg lediglich erkennen, daß vor dem Herzog durch den schwäbischen Adel bevorzugt Eigengut oder Eigenleute an geistliche Institutionen übertragen worden sind, so vermittelt dennoch die schriftliche Überlieferung, die uns über zwei der am »Königsstuhl« abgehaltenen Herzogslandtage berichtet, einen etwas tiefer gehenden Einblick in die Zuständigkeit dieser Herzogslandtage und damit zugleich auch in Befugnisse und Funktionen des Herzogsamtes in staufischer Zeit.

Denn wenn um 1140 auf dem Königsstuhl [119] die im Jahre 1134 erfolgte Gründung der Zisterze Salem im Linzgau durch Guntram von Adelsreute zum zweiten Male bestätigt wird, nachdem die erste Bestätigung kurz zuvor schon in Anwesenheit vielfach derselben Zeugen vor dem Gericht des Grafen Heinrich von Heiligenberg an der Dingstätte zu Leustetten im Linzgau vor sich gegangen war, dann wird man in diesem unmittelbaren zeitlichen Nacheinander zweier inhaltlich gleicher Rechtsakte ohne weiteres eine Überordnung des Herzogslandtages, des Herzogsgerichtes, über das Grafengericht [120], ja einen Rechtszug vom Grafengericht zum Herzogsgericht vermuten dürfen [121].

Und wenn Herzog Friedrich VI. im Jahre 1185 wiederum auf dem Königsstuhl [122], nun auf Klage des Abtes von Salem, gegen Graf Konrad von Heiligenberg entscheidet (TA 15), daß es jedem Freien in Graf Konrads Grafschaft *(comicia)* erlaubt sei, auch ohne Zustimmung des Grafen Schenkungen an ein Kloster oder an eine Kirche vorzunehmen [123], dann spiegeln sich auch in dieser Entscheidung des Herzogs und seines Gerichts die Unterordnung von Grafen unter die Herrschaft des Herzogs und zugleich das Recht des Eingreifens des Herzogs in die Verhältnisse schwäbischer Grafschaften wider [124].

Diese Unterordnung schwäbischer Grafen unter den Herzog von Schwaben auch in staufischer Zeit drückt sich dann aber vor allem in den Zeugenreihen jener über die Urteile der Herzogslandtage bzw. des Herzogsgerichtes gefertigten Urkunden aus. So sind um 1140 bei dem Landtag auf dem Königsstuhl [125] 27 Grafen und anläßlich des gleichfalls auf dem Königsstuhl abgehaltenen Landtags des Jahres 1185 [126] 17 schwäbische Grafen anwesend. Aber nicht nur ihnen gebietet der staufische Herzog von Schwaben

---

119 Vgl. Anm. 110.
120 So schon J. FICKER, Reichsfürstenstand, II/3, S. 13 f.
121 Vgl. H. JÄNICHEN, Untersuchungen zu den schwäbischen Landgerichten und Landgrafschaften im 13. u. 14. Jh. (= Protokoll des Konstanzer Arbeitskreises 54 vom 9. XI. 1957), S. 8.
122 Wie Anm. 111.
123 Zur Sache K. WELLER, Die freien Bauern in Schwaben, in: ZRG/GA 54/1934, S. 178–226, hier 201 mit Anm. 5; F. X. VOLLMER, Reichs- und Territorialpolitik, wie Anm. 28, S. 105; TH. MAYER, Mittelalterliche Studien, 1958, S. 494 f., und H. BÜTTNER, Staufer und Welfen, wie Anm. 87, S. 389 f.
124 So schon J. FICKER, Reichsfürstenstand, II/3, S. 156 ff.; dagegen aber H. GLITSCH, Der alemannische Zentenar und sein Gericht, 1917, S. 124, 136 f.; A. MOCK, Die Entstehung der Landeshoheit der Grafen von Wirtemberg, Diss. phil., Freiburg i. Br., 1927, S. 42 f., und H. MITTEIS, Lehnrecht und Staatsgewalt, 1933, S. 455.
125 Wie Anm. 110.
126 Wie Anm. 111.

Hof. Vor ihm erscheint auf dem um 1140 auf dem Königsstuhl abgehaltenen Landtag bemerkenswerterweise auch der schwäbische Pfalzgraf Hugo von Tübingen, der, nebenbei bemerkt, hier erstmals mit diesem Titel auftritt [127]. Indessen ist Hugo von Tübingen keineswegs der erste schwäbische Pfalzgraf, der in enger Beziehung zu einem staufischen Herzog von Schwaben erscheint. Schon sein Vorgänger im Amte, Pfalzgraf Adalbert von Lauterburg [128], tritt im Jahre 1128 am Vorort staufischer Herzogsherrschaft, in Ulm, als erster Zeuge einer vom selben Herzog Friedrich II. getätigten Rechtshandlung auf [129], und so wird man denn dem staufischen Herzog von Schwaben nicht nur eine Überordnung über schwäbische Grafen, sondern auch eine Überordnung über den schwäbischen Pfalzgrafen zubilligen können, über den Träger einer Würde also, die bis zum Beginn des 12. Jahrhunderts selbst einmal – freilich im Wechsel mit Angehörigen der sogenannten Anhauser Stifterfamilie – von Mitgliedern des staufischen Hauses getragen worden war und die nicht wenig dazu beigetragen haben mochte, daß gerade ein Staufer von Heinrich IV. zur Übernahme des schwäbischen Herzogsamtes für »würdig« befunden worden ist [130]. Eine solche Unterstellung des Pfalzgrafen mußte für den Herzog von Schwaben um so wichtiger erscheinen, als die schwäbischen Pfalzgrafen des 12. Jahrhunderts durchaus noch, ganz ihrem Titel entsprechend, ihre Befugnisse mit den beiden schwäbischen »Pfalzorten« verbanden, die zugleich Vororte der Herzogsherrschaft des 12. und 13. Jahrhunderts darstellten: mit Ulm und mit Rottweil [131]. Für Ulm ergibt sich diese Verbindung nicht nur aus dem Auftreten des Pfalzgrafen Adalbert von Lauterburg im Jahre 1128 in der »Pfalzstadt« selbst, sondern auch daraus, daß einer seiner späten Nachfolger im Amte noch über ein Jahrhundert danach, 1268, im Umkreis von Ulm u. a. auch die *dignitas palatina, que vulgo dicitur phaelnz* [132] verkaufen konnte. Für Rottweil aber gibt sich das Bestehen pfalzgräflicher Befugnisse im 12. Jahrhundert darin kund, daß Pfalzgraf Hugo von Tübingen dem Königshof Rottweil unmittelbar gegenüber, auf der rechten Seite des Neckars, zu Hochmauren, einen Gerichtstag (ein *placitum*) abhielt [133].

So ist denn also der schwäbische Pfalzgraf nicht anders als die schwäbischen Grafen durchaus in das »Herrschaftssystem« des Herzogs von Schwaben eingefügt. Auch dieser Amtsträger ist aber, nicht anders als der Herzog von Schwaben, durch und über das Reichsgut, durch und über die Pfalzorte noch immer auch an das Reich gebunden. Wenn er dennoch zugleich dem Herzog von Schwaben unterstellt ist, dann wirft dies darüber hinaus ein Licht auf die rechtliche Stellung des Herzogs im 12. Jahrhundert. Der Herzog erscheint, nicht anders als in der Epoche vor 1098, von neuem als Vertreter des Königs im Lande.

127 Dazu J. Sydow, Geschichte der Stadt Tübingen I/1974, S. 24.
128 Über ihn vgl. H. Bühler, Schwäbische Pfalzgrafen, wie Anm. 80, S. 119 ff.
129 WUB I, Nr. 293.
130 Über Wesen und Bedeutung der schwäbischen Pfalzgrafenwürde im Hochmittelalter vgl. außer H. Bühler, Schwäbische Pfalzgrafen, wie Anm. 80, passim, jetzt Ders., Zur Geschichte, wie Anm. 80, S. 8 ff., und vor allem H. Jänichen, Pfalz Bodman, wie Anm. 80, passim, und zuvor Th. Mayer, Mittelalterliche Studien, 1958, S. 491 f. – Vgl. aber auch J. Sydow, Tübingen, wie Anm. 127, S. 24 f., 98 ff.
131 Darauf macht aufmerksam H. Jänichen, Pfalz Bodman, wie Anm. 80, S. 316.
132 WUB VI, Nr. 1981, S. 373 f., u. dazu H. Jänichen, ebd., S. 314.
133 WUB II, S. 411.

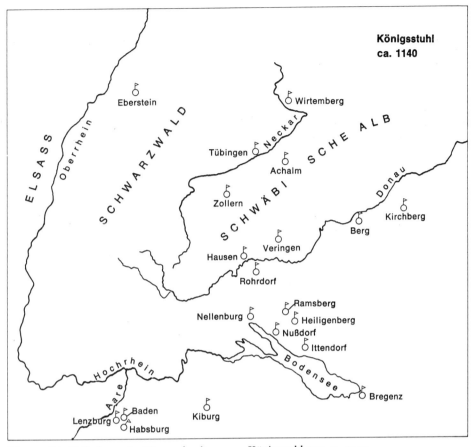

TA 14 Die Teilnehmer des Herzogslandtages am Königsstuhl von ca. 1140

Wenn wir nun die Namen der Teilnehmer an den Herzogslandtagen zu Königsstuhl um 1140 und 1185 genauer betrachten – sie ergeben sich aus den Zeugenreihen der dort ausgestellten Herzogsurkunden (Abb. 22) –, dann läßt sich nicht nur ein höchst erwünschtes Bild von der geographischen Reichweite des Herrschaftsbereiches der staufischen Herzöge von Schwaben zeichnen; vielmehr gewährt ein Vergleich des Kreises der zum Besuch der herzoglichen Hoftage Verpflichteten mit dem Kreis der Teilnehmer an königlichen Hoftagen im schwäbischen Vorort Ulm [134] zugleich einen vertieften Einblick in das soeben schon einmal angesprochene Verhältnis von schwäbischer Herzogsherrschaft und Reich in dem Zeitraum, da Königswürde und Herzogswürde ein und demselben Hause eigneten [135], d. h. nach Konrads III. Herrschaftsantritt im Jahre 1138.

134 Vgl. die Übersicht bei U. SCHMITT, Villa regalis Ulm und Kloster Reichenau (= Veröff. des Max-Planck-Instituts für Geschichte 42), 1974, S. 96 ff.
135 Vgl. dazu unten S. 268 ff.

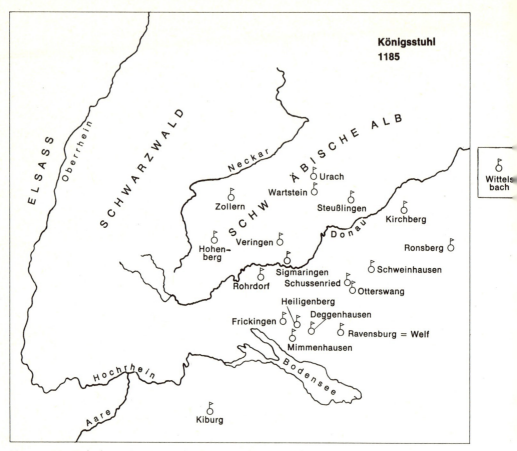

TA 15 Die Teilnehmer des Herzogslandtages am Königsstuhl von 1185

Zunächst zum Herrschaftsbereich des staufischen Herzogs: Er vermag um 1140 Hof zu gebieten [136] etwa – um im Norden der alten Provinz Schwaben zu beginnen [137] – dem Grafen von Wirtemberg nicht anders als dem Herrn von Eberstein, dessen Stammburg am Rande des nördlichen Schwarzwalds gelegen ist; nach Osten und Südosten hin folgen seiner Ladung die Grafen von Berg, die Grafen von Kirchberg und der Graf von Bregenz; nach Westen freilich reichen seine Befugnisse lediglich bis zu den Grafen von Nellenburg, den Grafen von Veringen und den Grafen von Zollern. Bemerkenswerter ist jedoch, daß die staufischen Herzöge von Schwaben auch noch im 12. Jahrhundert Grafen aus den Landschaften südlich von Bodensee und Hochrhein an sich zu ziehen vermögen, so die Grafen von Kiburg (bei Winterthur) und die Grafen von Baden, von Lenz-

---

136 Vgl. dazu die Salemer Gründungsnotiz Cod. Dipl. Salem. I, S. 2, Nr. 1.
137 Zum folgenden vgl. Karte TA 14.

burg ¹³⁷ᵃ und von Habsburg, die sämtlich im sogenannten Aaredreieck zu Hause sind (TA 14).

Gar nicht so viel anders sieht das Bild aus, das ein Studium der Teilnehmerliste des am Königsstuhl im Jahre 1185 abgehaltenen Landtags ergibt [138]. Hier freilich hat sich der Einzugsbereich noch weiter in das östliche Schwaben hinein ausgedehnt [139] und außer Herzog Welf VI. jetzt sogar den Markgrafen Heinrich von Ronsberg und – das ist besonders bemerkenswert, aber, wie wir später sehen werden, keineswegs verwunderlich – den bayerischen Pfalzgrafen Otto von Wittelsbach zum Besuch des Herzogslandtages zu veranlassen vermocht.

Dagegen ist jetzt der gräfliche Adel aus den Landschaften südlich von Hochrhein und Bodensee nur noch durch die Grafen Albert und Ulrich von Kiburg vertreten. Zeigt sich hier eine leichte Verschiebung von Südwesten nach Südosten an, so ist aber doch insgesamt das Bild konstant geblieben: Die staufischen Herzöge von Schwaben »gebieten« über Grafen und Edelfreie in einem Bereich, der nur noch einem Teilgebiet der einstigen *provincia* Schwaben entspricht. Vermag der staufische Herzog von Schwaben, wenigstens um 1140, südlich des Hochrheins noch am weitesten gegen Westen hin den Adel an sich zu binden, so gelingt ihm eine Aktivierung solcher Bindungen nördlich von Bodensee und Hochrhein nur noch östlich des Schwarzwaldes, und zwar auch da keineswegs bis hin an die östliche Schwarzwaldabdachung, sondern nur in einem gehörigen Abstand zum Schwarzwaldrande. Dagegen vermag er nach Osten und Südosten hin nicht nur den Herzog Welf, sondern auch den mit dem Welfenhause eng verbundenen Adel, so etwa die Ronsberger und die Veringer, mit in die Herzogsherrschaft einzubeziehen [140] (TA 15).

Aber ansonsten zeichnet sich ganz deutlich jene Spaltung Schwabens in zwei Hälften, in zwei unabhängig nebeneinander existierende Herzogsherrschaften ab. Denn was im Westen der alten *provinica* Schwaben außerhalb des Einzugsbereiches der staufischen Herzogslandtage bleibt, ist genau jener Bereich, innerhalb dessen der Herzog von Zähringen über den Adel zu gebieten in der Lage ist. So gibt sich im Einzugsbereich der auf dem Königsstuhl abgehaltenen Landtage die gegenüber der Epoche vor 1098 völlig veränderte räumliche Dimension staufischer Herzogsherrschaft zu erkennen. Zugleich aber wird deutlich, daß diese räumliche Dimension nicht mehr mit Hilfe von genau fixierten Grenzen der durch das schwäbische Volksrecht bestimmten Provinz, sondern allein durch persönliche Bindungen von Pfalzgraf, Grafen und Edelfreien zum Herzog innerhalb eines gewissen Teilbereiches dieser einstigen *provincia* bestimmt wird. Die Rechtsnatur dieser persönlichen Bindungen wird in den Quellen nirgendwo ausdrücklich gekennzeichnet. Die Betrachtung des Wesens zähringischer Herzogsherrschaft nach 1098 hatte uns aber zu der Vermutung geführt, daß die Bindungen »edelfreien« Adels westlich, südlich und östlich des Schwarzwaldes an die Herzöge von Zähringen wesentlich

---

137a Zum Verhältnis der Grafen von Lenzburg zu den staufischen Herzögen von Schwaben vgl. ausführlich H. Weis, Grafen von Lenzburg, wie Anm. 32, hier S. 119 ff.
138 Vgl. die Urkunde Cod. Dipl. Salem. I, S. 57, Nr. 35.
139 Vgl. hierzu und zum folgenden die Karte TA 15.
140 Vgl. dazu jedoch unten S. 247 ff.

lehensrechtlicher Natur gewesen sind ¹⁴¹. Nicht viel anders wird es sich mit dem Verhältnis der staufischen Herzöge zu »ihrem« Adel verhalten haben. Es wird darauf zurückzukommen sein ¹⁴².

Eines ist jedenfalls sicher: Mit der im Werden begriffenen staufischen Landesherrschaft im Norden Schwabens hat dieser, in einem wesentlich weiteren Bereich Schwabens ansässige und dem staufischen Herzog verpflichtete Adel, der mit dem Herzog stets außerhalb des staufischen »Territoriums« zusammentrifft, ebensowenig etwas zu tun wie die herzoglichen Vororte Ulm, Rottweil, Rottenacker und Königsstuhl. Die Verfügung über Vororte und Königsgut und die Herrschaftsbefugnisse über edelfreien Adel sind vielmehr Rechte, die schon vor 1098 die Herzogsherrschaft charakterisierten; sie haben sich als Kennzeichen des »Herzogsamtes« auch noch über die Jahrhundertwende hinweg lebendig erhalten. Vor allem aber haben die Landtage sich von neuem als eminent wichtiges Herrschaftsinstrument der Herzöge erwiesen. Mit ihrer Hilfe waren die Grafen und Edelfreien des räumlich wesentlich verkleinerten Schwabens am intensivsten zu »erfassen«, ließ sich der Adel – und über und durch ihn das dem Herzog verbliebene Land – noch mit einiger Aussicht auf Erfolg »regieren«. Und auch dann, als das Herzogtum Schwaben durch den endgültigen Anfall des welfischen Erbes bereits eine völlig veränderte Gestalt angenommen hatte ¹⁴³, als es im Begriff stand, sich zum Territorium umzubilden, – auch dann noch hat der Herzog, hat Herzog Philipp, als er, seit 1196 Herzog, erstmals von Italien kommend schwäbischen Boden betrat, sogleich in der Nähe von Augsburg an Pfingsten des Jahres 1197 in feierlicher Weise einen Landtag abgehalten, zu dem er die Fürsten des Landes, der *terra*, wie sein Herrschaftsbereich nun bezeichnenderweise benannt wurde, zusammengerufen hatte ¹⁴⁴.

Jetzt bediente sich der Herzog jedoch nicht mehr der vertrauten, auf altem Königsgut ruhenden Landtagsorte. Nun, da das Herzogtum Schwaben im wesentlichen Umfange das »Fürstentum« Welfs VI. fortsetzte ¹⁴⁵, wählte er bemerkenswerterweise jene Örtlichkeit als Stätte seines Landtags aus, die den Welfen immer wieder als Stätte ihrer eigenen Fürstentage gedient hatte: den Gunzenlee im Lechfeld ¹⁴⁶.

Der Herzogslandtag auf dem Gunzenlee dürfte indessen der letzte »echte« Landtag eines Herzogs von Schwaben gewesen sein. Denn bereits ein Jahr später wurde der Schwabenherzog deutscher König, und fortan sind, wie wir noch im einzelnen sehen werden, Königtum und Herzogtum bis zum Ende des staufischen Hauses kaum mehr voneinander zu trennen. Der Herzogslandtag wird vom Hoftag des Königs »aufgesogen«. Der Hoftag, den Konradin, der die Königswürde ebenso wie die schwäbische Herzogs-

---

141 Vgl. oben S. 223 ff.
142 Vgl. unten S. 246 ff.
143 Vgl. dazu unten S. 277 ff.
144 Vgl. dazu Hugonis Chronici Continuatio Weingartensis (MGSS XXI, S. 478): *convocatis cunctis terrae istius principibus ... in loco, qui Conciolegum dicitur*, sowie Burchard von Ursperg (MGSS rer. germ. in us. schol. S. 74): *... maximum festum nuptiarum, celebravit cum multis principibus et baronibus apud Augustam in campo magno, qui dicitur conscio-legis* – Vgl. auch RI V, 10 d.
145 Vgl. dazu unten S. 244 u. 287 f.
146 Über den Gunzenlee und seine Bedeutung vgl. B. EBERL, Die Ungarnschlacht auf dem Lechfeld (Gunzenlê) im Jahre 955 (1955), S. 93 f.; zu seiner Funktion als Festtagsplatz vor allem S. 112.

würde beanspruchte, im Mai des Jahres 1264 wiederum auf dem Gunzenlee abhielt [147], wird beide Elemente, das königliche wie das herzogliche, untrennbar in sich vereint haben.

Hier, in Ulm, zu Rottenacker, beim Königsstuhl und auch noch auf dem Gunzenlee, trat jener Adel Schwabens zusammen, auf den sich Herzog Friedrich II. im Jahre 1125 bei seinem Kampf gegen Lothar III. hatte stützen können [148]; es war im wesentlichen wohl die gleiche Personengruppe der *conprovinciales* Herzog Friedrichs, die 1134 in dem neuerlichen Konflikt zwischen Herzog Friedrich und Lothar III. bei der Belagerung Ulms durch Herzog Heinrich den Stolzen dem Herzog den Gehorsam verweigerte, zum König überlief und diesem Treue versprach [149].

Gerade in diesem Vorgang spiegelt sich nicht nur von neuem die doppelte Bindung wider, die den »schwäbischen« Adel sowohl dem Herzog von Schwaben als auch dem König zu verpflichten und ihn – nicht anders als im 11. Jahrhundert – in entsprechende Konflikte zu stürzen vermochte.

Überdies wirft das Verhalten des schwäbischen Adels während der Ulmer Ereignisse des Jahres 1134 aber auch erhellendes Licht auf die Stellung, die der Herzog von Schwaben, noch immer zwischen dem schwäbischen Adel, genauer einem Teil des Adels der einstigen *provincia* Schwaben, und dem Königtum einnahm. Er war eine »Zwischengewalt«; ihm eignete gegenüber einem Teil des schwäbischen Adels eine gewissermaßen »vizekönigliche« Stellung.

Diese Statthalterschaft, die Vertretung des Königs in »Restschwaben«, wird auch daraus kund, daß sich der Sprengel der am Königsstuhl abgehaltenen staufischen Herzogslandtage kaum vom Sprengel jener von Konrad III. und Friedrich I. in Ulm in großer Zahl abgehaltenen »schwäbischen Landeshoftage« unterschied [150], wenn man davon absieht, daß im Gegensatz zu den Herzogslandtagen an den königlichen Hoftagen auch die geistlichen Fürsten Schwabens und bezeichnenderweise der Herzog von Zähringen teilnahmen [151]. Aber ansonsten finden wir auch vor dem König in Ulm jene »innerschwäbischen« Grafen versammelt, die uns auch auf den Landtagen am Königsstuhl begegnet waren: Die Grafen von Bregenz, von Berg, von Tübingen, von Zollern, von Lenzburg und von Wirtemberg, von Kirchberg, von Baden, von Kiburg und von Pfullendorf, von Veringen, von Nellenburg, von Ronsberg usw. Wiederum aber fehlen – bemerkenswerterweise – jene dem zähringischen »Machtbereich« zuzuordnenden Grafen und Edelfreien – dies ganz im Unterschied zu jenem viel weiter gezogenen Sprengel, mit dem sich die in Straßburg abgehaltenen königlichen Hoftage verbanden [152]. Sie umfaßten den »zähringischen Adel« ebenso wie den »innerschwäbischen« der staufischen Herzöge von Schwaben. Durch die weitgehende Identität des »Sprengels« der staufischen Herzogslandtage mit dem Sprengel der zu Ulm abgehaltenen königlichen Hoftage wird nicht nur von neuem das uns schon aus der Periode vor 1098 vertraute enge Miteinander

---

147 Vgl. RI V, Nr. 4793.
148 Vgl. Narratio de electione Lotharii (MGSS XII, S. 510): *Dux autem Fredericus adiuncto sibi episcopo Basiliensi ceterisque Sweviae principibus ac quibusque nobilibus...*
149 Vgl. dazu oben S. 100.
150 Vgl. hierzu J. FICKER, Reichsfürstenstand, II/2, S. 123 ff.
151 Dazu wiederum die Übersicht bei U. SCHMITT, Villa regalis Ulm, wie Anm. 134, S. 96 ff.
152 Vgl. J. FICKER, Reichsfürstenstand, II/2, S. 127 ff.

und Ineinander von schwäbischer Herzogsherrschaft und Herrschaft des Königs – eingeschränkt freilich jetzt auf einen bestimmten Kreis schwäbischer Adliger – deutlich; die Identität beider Sprengel läßt überdies erkennen, daß auch jetzt die herzogliche Herrschaft der Staufer in Schwaben nichts anderes war als die eines Stellvertreters des Königs, die eines Vizekönigs.

Die Herrschaft des Herzogs von Schwaben über Grafen, ja insgesamt über Edelfreie, eine Herrschaft, die sich vor allem in der Befugnis kundtat, zum herzoglichen Landtag und, wie wir noch sehen werden, zur Heerfahrt aufgebieten zu dürfen, wurde nun allerdings seit der zweiten Hälfte des 12. Jahrhunderts wesentlich, ja für den Bestand des Herzogtums Schwaben bedrohlich gefährdet dadurch, daß Herzog Welf VI. [153], aber auch sein Neffe, Heinrich der Löwe [154], gestützt auf die ihnen zukommende Herzogswürde [155], offenbar eine ähnliche »Exemtion« ihrer Herzogsherrschaft aus dem Herzogtum Schwaben anzustreben begannen, wie dies den Zähringern mit dem Schiedsspruch Heinrichs IV. im Jahre 1098 gelungen war.

Zunächst konnte freilich noch keine Rede davon sein, daß die Welfen versucht hätten, sich der Herzogsgewalt der staufischen Schwabenherzöge zu entziehen [156]. Daß sie sich vielmehr durchaus als dem staufischen Herzogtum Schwaben eingeordnet oder unterworfen betrachteten, wird man ohne weiteres der Tatsache entnehmen dürfen, daß die 1122 ausgestellte Gründungsurkunde für die Zelle Hiltensweiler bei Tettnang, als deren Vögte die beiden Welfen, Herzog Heinrich und sein Sohn, Heinrich von Ravensburg, unter den Zeugen erscheinen, in der Datierung nicht nur Kaiser Heinrich V., sondern zugleich Herzog Friedrich II. von Schwaben ausdrücklich nennt [157].

Nicht anders zu werten ist es, wenn in einer zwischen 1125 und 1137 aufgezeichneten Notiz über eine Schenkung an Kloster Zwiefalten – und zwar in deren Datierung – Heinrich von Ravensburg, Herzog von Bayern, der Vogt des Klosters, und Herzog Friedrich von Schwaben unmittelbar nacheinander genannt werden [158].

Aber auch dann, als Friedrich Barbarossa nach langen Kämpfen zwischen dem welfischen und dem staufischen Haus mit Welf VI. einen Ausgleich zustande gebracht hatte, ist noch nichts von der Absicht des Welfen zu spüren, die Überordnung des staufischen Herzogs abzuschütteln. Denn aus einer nach 1152 ausgestellten und nach Ausweis der Zeugenreihe am ehesten in die fünfziger Jahre des 12. Jahrhunderts, keinesfalls aber in die Zeit nach 1178/1179 einzureihenden Urkunde [159] geht hervor, daß Herzog Welf VI.

---

153 Über Welf VI. vgl. neuestens K. FELDMANN, Herzog Welf VI. und sein Sohn. Diss. phil., Tübingen, 1971.
154 Über Heinrich den Löwen s. jetzt J. FRIED, Königsgedanken Heinrichs des Löwen, in: AKG 55/1973, S. 312-351.
155 Dazu H. WERLE, Erbe, wie Anm. 28, S. 282, und DERS., Titelherzogtum, wie Anm. 6, S. 264.
156 Vgl. zu diesem Problem J. FICKER, Reichsfürstenstand, II/3, S. 168 ff.; S. ADLER, Herzog Welf VI. und sein Sohn, 1881, S. 34, 98 f.; K. FELDMANN, Welf VI., wie Anm. 153, Anm. 144 zu Kap. VI; vgl. aber auch S. RIEZLER, Die herzogliche Gewalt in Bayern unter Heinrich d. L. und Otto I., in: C. TH. HEIGEL u. S. O. RIEZLER, Das Herzogtum Bayern zur Zeit Heinrichs des Löwen und Ottos I. von Wittelsbach, 1867, S. 194.
157 Baumann AH S. 99, Nr. 59.
158 Vgl. die Zwiefalter Chroniken Ortliebs und Bertholds, ed. E. KÖNIG u. K. O. MÜLLER (= Schwäb. Chroniken der Stauferzeit 2), 1941, S. 226-228.
159 Wie Anm. 117. Zur genaueren Datierung vgl. oben S. 118, Anm. 453.

auf der Herzogsdingstätte Königsstuhl vor Herzog Friedrich von Schwaben (also wohl Friedrich IV.) Eigenleute an Kloster St. Blasien übertragen hat. Der Welfe ist demnach nicht anders als der Pfalzgraf von Tübingen und viele schwäbische Grafen auf herzoglichen Landtagen erschienen und hat damit die »vizekönigliche« Stellung des Herzogs von Schwaben auch für seine Person anerkannt.

Was die Welfen, und zwar sowohl Welf VI. als auch Heinrich den Löwen, von den landtagspflichtigen Grafen Schwabens, sehr wahrscheinlich auch vom Pfalzgrafen von Tübingen, unterschied, war indessen ihre sicherlich nicht zuletzt auf den Herzogstitel gestützte, allerdings erst in den siebziger Jahren des 12. Jahrhunderts so richtig deutlich werdende Fähigkeit, selbst wiederum Grafen und Edelfreie zu Vasallen zu haben [160], ja ihnen sogar – nicht anders als der staufische Herzog von Schwaben – eigene Hofämter zu Lehen zu geben [161]. Und zu dieser Fähigkeit, Grafen in die Vasallität aufzunehmen, gehörte dann auch die Möglichkeit, ja die Notwendigkeit, mit diesen edelfreien Vasallen eigene Hoftage in der Form von Lehenskurien abzuhalten [162].

Wegen dieses Anspruchs auf Lehensherrschaft über Grafen und Edelfreie mußten Welf VI. und Heinrich der Löwe jedoch früher oder später notwendigerweise mit dem staufischen Schwabenherzog in Konflikt geraten; denn die Grafen, die die Welfen allmählich in ihre Vasallität einzureihen versuchten, waren – im Gegensatz zu der zähringischen Vasallität, die sich einzig und allein an den Herzog von Zähringen gebunden fühlte – zugleich Vasallen des Herzogs von Schwaben und damit zugleich auch Besucher der schwäbischen Herzogslandtage.

Anzeichen für eine Überschneidung der Vasallitäten des staufischen Herzogs von Schwaben und der Welfen geben sich bereits im dritten Jahrzehnt des 12. Jahrhunderts zu erkennen. So treten etwa Heinrich von Steige und Ernst von Steußlingen am 19. März 1128 zu Ulm im Gefolge Herzog Friedrichs II. von Schwaben ebenso auf [163], wie sie wenige Tage später, am 26. März, unter den zu Memmingen um Herzog Welf versammelten Mitlandleuten wiederum genannt werden [164]; ja derselbe Heinrich von Steige ist am 20. April desselben Jahres zu Mendlishausen auch bei einem Rechtsgeschäft Herzog Heinrichs von Bayern zugegen [165]. Dann aber sehen wir im Jahre 1156 auch

---

160 Vgl. dazu schon J. FICKER, Reichsfürstenstand, II/3, S. 168 ff.; sodann R. GOES, Die Hausmacht der Welfen in Süddeutschland, Diss. phil. Masch., Tübingen, 1960, S. 32, 140, 145; H. SCHWARZMAIER, Königtum, Adel und Klöster im Gebiet zwischen oberer Iller und Lech (= Veröff. der Schwäb. Forschungsgemeinschaft bei der Kommission für bayerische Landesgeschichte I/7), 1961, S. 77 ff. und besonders eindrücklich betont von DEMS., Das Gebiet zwischen Iller und Lech im hohen Mittelalter, in: Protokoll des Konstanzer Arbeitskreises Nr. 131 vom 1. II. 1966, S. 5 f.; J. KERKHOFF, Die Grafen von Altshausen-Veringen, Diss. phil., Freiburg, 1964, S. 97 ff.; K. FELDMANN, Welf VI., wie Anm. 153, S. 8, 11, 64 und grundsätzlich Anm. 133 zu Kap. IV., und zuletzt G. BRADLER, Studien zur Geschichte der Ministerialität im Allgäu und in Oberschwaben (= Göppinger Akademische Beitrr. 50), 1973, S. 331 ff. u. die Liste S. 347 ff.
161 Dazu zuletzt BRADLER, ebd., u. K. SCHMID, Welfisches Selbstverständnis, in: Adel und Kirche, Gerd Tellenbach zum 65. Geburtstag dargebracht..., hg. von J. FLECKENSTEIN u. K. SCHMID, 1968, S. 389–416, hier 411.
162 Dies schon beobachtet von J. FICKER, Reichsfürstenstand, II/3, S. 168 ff.
163 Vgl. WUB I, Nr. 293.
164 Vgl. WUB I, Nr. 294.
165 Vgl. WUB I, Nr. 295.

Graf Gottfried von Zollern in der Umgebung Welfs VI. [166], einen Grafen, der um das Jahr 1140 zu den Teilnehmern des schwäbischen Herzogslandtages auf der Dingstätte Königsstuhl gehört hatte [167].

Hier war demnach durch den Anspruch der Welfen eine Doppelvasallität im Entstehen begriffen [168], und was das bedeutete, was das vor allem für den staufischen Herzog von Schwaben bedeuten mußte, gibt sich, wie wir meinen, bereits in der sogenannten Tübinger Fehde zu erkennen, die im Jahre 1163 um das Erbe der Grafen von Bregenz entbrannt war und Schwaben einige Jahre hindurch in Atem zu halten vermochte [169]. Auf der einen Seite stand Pfalzgraf Hugo von Tübingen, der sich des Beistands Herzog Friedrichs IV. von Schwaben erfreuen durfte, auf der anderen Seite aber Welf VI. und sein Sohn Welf VII., die zudem den bedeutendsten Teil der schwäbischen Grafen für ihre Sache hatten einnehmen können [170]: so etwa die Grafen von Pfullendorf, von Berg, von Kirchberg, von Veringen und von Heiligenberg; ja Graf Heinrich von Veringen fungierte in der Schlacht bei Tübingen sogar als welfischer Fahnenträger [171]. Der Pfalzgraf und der Herzog von Schwaben hatten hingegen allenfalls – und das ist nicht einmal sicher – den Grafen von Zollern und den Grafen von Wirtemberg aufzugebieten vermocht [172].

Nun ist mit vollem Recht als auffällig bezeichnet worden, »wie zahlreich sich der Adel dem staufischen Herzog von Schwaben entgegenstellte« [173]. Es ist auch bereits bemerkt worden, daß »die Ursache ... tiefer gelegen haben [muß]; denn sonst hätte sie den Adel Schwabens nicht so allgemein und nachhaltig berühren und zur Stellungnahme zwingen können« [174]. Ja, Karl Schmid hat, ohne freilich Beweise für seine These anführen zu können, sogar vermutet, daß der Schwabenherzog Friedrich »... offenbar um die Durchsetzung seiner herzoglichen Macht in Schwaben focht« [175].

Vergleicht man die Namen derjenigen Grafen, die auf welfischer Seite standen, mit den Namen jener Grafen, die um das Jahr 1140 auf dem Landtag Herzog Friedrichs

166 Vgl. K. FELDMANN, Welf VI., wie Anm. 153, Regest Nr. 76.
167 Wie Anm. 110.
168 Dazu grundsätzlich H. MITTEIS, Die Rechtsidee in der Geschichte, 1957, S. 186 ff. Vgl. dazu aber vor allem als konkretes Beispiel – nach dem Chronicon Ottenburanum (MGSS XXIII, S. 616) – für die Grafen von Ursin-Ronsberg die Nachricht: *Post hunc Reinhardus filius eius advocatus factus, favorem sibi imperatorum et ducum Baioariae ac Suevie preclaris actibus suis comparavit, et precipue principum de Altorf et episcopi Augustensis et abbatis Campidonensis, qui omnes multis et magnis feudis ipsum ditaverunt.*
169 Zur »Tübinger Fehde« vgl. vor allem K. SCHMID, Graf Rudolf von Pfullendorf und Kaiser Friedrich I. (= FOLG 1), 1954, S. 158 ff.; H. SCHWARZMAIER, Königtum, Adel u. Klöster, wie Anm. 160, S. 103 ff., H. BÜTTNER, Staufer und Welfen, wie Anm. 87, S. 370 ff., B. BILGERI, Geschichte Vorarlbergs I, 1971, S. 136 ff., K. FELDMANN, Welf VI., wie Anm. 153, S. 64 ff., und neuestens J. SYDOW, Tübingen, wie Anm. 127, S. 102 ff.
170 Vgl. hierzu und zum folgenden Historia Welforum, ed. E. König (Schwäb. Chroniken der Stauferzeit I), 1938, S. 128, Anm. 187–198; K. SCHMID, Graf Rudolf von Pfullendorf, wie Anm. 169, S. 158 ff.; K. FELDMANN, Welf VI., wie Anm. 153, Anm. 301 zu Kap. III.
171 Vgl. dazu J. KERKHOFF, Grafen von Altshausen-Veringen, wie Anm. 160, S. 98.
172 So K. FELDMANN, Welf VI., wie Anm. 153, Anm. 303 zu Kap. III.; J. SYDOW, Tübingen, wie Anm. 127, S. 103.
173 K. FELDMANN, Welf VI., wie Anm. 153, S. 66.
174 H. BÜTTNER, Staufer u. Welfen, wie Anm. 87, S. 370.
175 K. SCHMID, Graf Rudolf von Pfullendorf, wie Anm. 169, S. 166.

von Schwaben beim Königsstuhl anwesend waren, dann wird deutlich, was seitdem geschehen war [176]: Um 1140 waren Mitglieder der Grafenhäuser von Pfullendorf, von Berg, von Kirchberg, von Veringen und von Heiligenberg ebenso noch als Teilnehmer des schwäbischen Herzogslandtages erschienen wie der Pfalzgraf von Tübingen, die Grafen von Zollern und der Graf von Wirtemberg. Nun aber, mehr als zwanzig Jahre später, hatte sich der Großteil dieser Grafen dem staufischen Schwabenherzog entgegengestellt und sich auf die Seite der Welfen geschlagen.

Was wir aus den Gegebenheiten der siebziger Jahre rückschließend vermutet hatten, wird somit deutlich: Dem Welfen war es gelungen, schwäbische Grafen, die als Lehensleute dem Herzog von Schwaben verpflichtet waren, zugleich in ihr Gefolge, in ihre Vasallität einzubeziehen, ja sogar, wie das Beispiel des Grafen Heinrich von Veringen zeigt, mit hohen Hofämtern zu bekleiden. Das mußte der Herzog von Schwaben in der Tat als schwerwiegende Beeinträchtigung seiner weitgehend auf Lehensrecht beruhenden Herzogsgewalt ansehen, war doch hier – zumindest im Ansatz – die Gefahr gegeben, daß die Welfen einen beachtlichen Teil des schwäbischen Adels der Herrschaft des staufischen Herzogs von Schwaben entziehen und sich und diese Vasallen damit in gleicher Weise, wie es den Zähringern gelungen war, von der herzoglichen Gewalt eximieren würden. So gesehen, stellt sich die Tübinger Fehde als ein grundsätzlicher Konflikt zwischen zwei Lehenshöfen und ihren Herren dar und zugleich als das Ringen des Herzogs von Schwaben um einen Adel, der sich durch die zusätzliche Bindung an die dem »Herzogtum Schwaben« gleichfalls zugehörigen Welfen zumindest in die Doppelvasallität begeben und sich damit dem alleinigen und unmittelbaren Zugriff des Herzogs von Schwaben entzogen hatte [176a].

Dieses Ringen blieb freilich unentschieden. Friedrich Barbarossa hat zwar beide Parteien auf seinen am 7. und 8. März 1166 zu Ulm abgehaltenen Hoftag geladen, und er hat dort den Pfalzgrafen von Tübingen verurteilen lassen. Der Kaiser hat jedoch ansonsten weder für noch gegen seinen Neffen, den Herzog von Schwaben, und die Welfen Stellung bezogen [177]. Der Herrschaftsanspruch der Welfen über Teile des schwäbischen Adels blieb jedenfalls voll und ganz aufrecht erhalten.

Denn zwischen den Jahren 1170 und 1182 vermochte Herzog Welf VI., auf seinem *generale colloquium* zu Altenburg den Grafen Hartmann von Kirchberg, den Grafen Heinrich von Heiligenberg, ja sogar den Pfalzgrafen Hugo von Tübingen wiederum um sich zu scharen [178], wie er zu Pfingsten 1175 auf dem Gunzenlee den Pfalzgrafen Hugo von Tübingen, dann aber auch den Grafen Egino von Urach und den Grafen Heinrich von Ronsberg, der überhaupt zu seinen engsten Vertrauten gehört zu haben scheint [179], von neuem aufgeboten hat [180].

---

176 Wie Anm. 110.
176a Zum Problem der mehrfachen Vasallität vgl. jetzt allg. V. HENN, Das ligische Lehnswesen im Westen und Nordwesten des mittelalterlichen deutschen Reiches, Diss. phil., Bonn, 1970, insbes. 74 ff.
177 Vgl. dazu zuletzt J. SYDOW, Tübingen, wie Anm. 127, S. 106.
178 Vgl. K. FELDMANN, Welf VI., wie Anm. 153, Regest-Nr. 132.
179 Über ihn H. SCHWARZMAIER, Königtum, Adel und Klöster, wie Anm. 160, S. 103 ff.
180 Vgl. K. FELDMANN, Welf VI., wie Anm. 153, Regest.-Nr. 139.

Nicht weniger eindrucksvoll ist die Liste jener Grafen, die sich am 31. März des Jahres 1171 bei Heinrich dem Löwen zu (Ober-)Theuringen eingefunden haben: Wir treffen hier den Grafen Heinrich von Heiligenberg, den Grafen Otto von Kirchberg, den Grafen Mangold von Veringen, die beiden Grafen Berthold und Friedrich von Zollern ebenso an wie viele andere Edelfreie [181]. In etwa derselben Zeit aber erscheinen Graf Otto von Kirchberg, Graf Ludwig von Helfenstein und Graf Heinrich von Veringen auch im Gefolge Herzog Friedrichs V. von Schwaben [182].

Eine Lösung der für den Herzog von Schwaben entscheidenden Frage einer alleinigen und ausschließlichen Lehensherrschaft über schwäbische Grafen und Edelfreie bahnte sich freilich überraschend an, als Herzog Welf VI. – aus Verärgerung über seinen allein als nächsten Erben in Frage kommenden Neffen Heinrich den Löwen – gegen dessen Ansprüche im Jahr 1178 einen Erbvertrag mit Friedrich Barbarossa schloß, der diesem bzw. seinem Sohn Herzog Friedrich VI. von Schwaben schon jetzt die teilweise Übernahme der welfischen Besitzungen und Herrschaftsrechte in Oberschwaben ermöglichte [183]. Zugleich hatte der Kaiser die allodiale Herrschaft des Welfen feudalisiert und aus ihr ein »Reichsfürstentum« gemacht sowie Welf VI. in den »Reichsfürstenstand« erhoben [184]. Friedrich Barbarossas Sohn Herzog Friedrich VI. von Schwaben bekam somit um die Jahreswende 1178/1179 nicht nur erste Befugnisse über einzelne welfische Besitzungen und Rechte zugesprochen; er erhielt zugleich die Anwartschaft auf ein – gleich seinem Herzogtum – vom Reiche zu Lehen gehendes Fürstentum und damit überdies die Anwartschaft auf die Lehensherrlichkeit über die ein »Reichsfürstentum« entscheidend mitausmachenden edelfreien Vasallen [185].

Zumindest ein Teil dieser Vasallen, der sich bislang durch seine Doppelvasallität dem alleinigen Anspruch des Herzogs von Schwaben zu entziehen verstanden hatte, ist denn auch bei jenem an Weihnachten 1178 zu Altdorf vollzogenen Akt der Übergabe erster Herrschaftsrechte durch Welf VI. an Herzog Friedrich zugegen [186]. Wir finden unter den Zeugen jener Handlung die beiden Grafen Otto und Hartmann von Kirchberg, Graf Heinrich von Ronsberg, Graf Rudolf von Pfullendorf und die Grafen Bertold und Ulrich von Berg nicht anders als zahlreiche Edelfreie ohne Grafentitel.

Es erscheinen unter diesen Zeugen jedoch nicht jene beiden Grafen, von denen Burchard von Ursberg berichtet, daß sie gemeinsam mit Heinrich dem Löwen in Schwaben ein Komplott gegen Friedrich Barbarossa geschmiedet hätten [187]: Die Grafen von Zollern und die Grafen von Veringen. Daß es zu diesem »Komplott« kommen konnte, hat

---

181 Die Urkunden Heinrichs des Löwen, ed. K. JORDAN, 1949, Nr. 85, und dazu G. BRADLER, Studien, wie Anm. 160, S. 344 f. und neuestens DERS., Heinrich der Löwe in Oberschwaben, in: Beitrr. zur Landeskunde. Regelm. Beilage zum Staatsanzeiger für Baden-Württemberg, Nr. 2, April 1978, S. 1–7, hier S. 3 f.
182 Vgl. BUB I, Nr. 374 (nach 1170 V 15).
183 Vgl. dazu unten S. 278
184 Hierzu und zum folgenden K. FELDMANN, Welf VI., wie Anm. 153, S. 88 ff.
185 Vgl. dazu unten S. 288 ff.
186 S. K. FELDMANN, wie Anm. 153, Regest-Nr. 157.
187 Burchard von Ursperg (MGSS rer. germ. in us. schol.), S. 54. – Zu diesem »Komplott« schwäbischer Grafen vgl. C. ERDMANN, Prozeß Heinrichs des Löwen, wie Anm. 58, S. 315 ff., und dazu K. SCHMID, Graf Rudolf von Pfullendorf, wie Anm. 169, S. 194 ff.; J. KERKHOFF, Grafen

man mit Recht auf die Abmachungen zwischen Friedrich Barbarossa und Herzog Welf VI. zurückgeführt [188]. Was jedoch einige der schwäbischen Grafen an diesen Abmachungen so sehr stören konnte, daß sie sich ihnen nicht nur nicht zu beugen, sondern sogar zusammen mit dem einen ihrer bisherigen Lehensherren, Herzog Heinrich dem Löwen, offen gegen den Kaiser zu opponieren veranlaßt sahen, wird jetzt erst richtig deutlich. Sie fürchteten sich offensichtlich vor den Konsequenzen, die die Abmachungen Friedrich Barbarossas mit Welf VI. für sie haben mußten: daß sie nämlich ihre Doppel-, ja ihre Mehrfachvasallitäten verlieren und künftig einzig und allein der Vasallität eines einzigen Herzogs, nämlich der des Herzogs von Schwaben, unterworfen sein sollten. Wie eng dieser »schwäbische Grafenkomplott« mit dem Prozeß gegen Heinrich den Löwen zusammenhängt, ist bekannt [189]; bekannt ist auch, daß Graf Mangold von Veringen durch den Kaiser gemaßregelt worden ist [190].

Für den staufischen Herzog von Schwaben aber ist etwas anderes viel bedeutsamer geworden: Mit der Verurteilung Heinrichs des Löwen war die Gefahr gebannt, daß ein anderer Träger eines Herzogstitels künftig schwäbische Grafen und Edelfreie in seine Vasallität einbeziehen konnte. Die Konkurrenz eines weiteren herzoglichen Lehenshofes war endgültig ausgeschaltet. Der Herzog von Schwaben war bereits jetzt, noch bevor mit dem Tode Welfs VI. im Jahre 1191 das welfische »Reichsfürstentum« endgültig an ihn überging, zum alleinigen Lehensherrn über den Adel des südlichen und östlichen Schwabens geworden.

Und so sehen wir denn unter den Teilnehmern des von Herzog Friedrich von Schwaben im Jahre 1185 auf den Königsstuhl anberaumten Landtags [191] Herzog Welf VI. nicht anders als zwei Grafen von Kirchberg, den Grafen von Sigmaringen und den Grafen von Ronsberg, der freilich jetzt den Markgrafentitel trägt [192]; wir sehen den Grafen von Wartstein, zwei Grafen von Kiburg, zwei Grafen von Rohrdorf, zwei Grafen von Hohenberg, den Grafen von Urach, den Grafen von Berg und den Grafen von Heiligenberg. Aber was noch wichtiger ist: Auf dem Landtag des Herzogs von Schwaben am Königsstuhl erscheinen auch Graf Mangold und Graf Heinrich von Veringen und Graf Berthold und Graf Friedrich von Zollern, jene Grafen also, die sich noch vor fünf sechs Jahren so heftig gegen ihre Unterwerfung unter den Ausschließlichkeitsanspruch der Lehensherrschaft des Herzogs von Schwaben gewehrt hatten.

Fortan treffen wir nicht nur Herzog Welf VI., sondern auch alle die einst so sehr zu den Welfen hinneigenden – einschließlich der mit Heinrich dem Löwen konspirierenden – schwäbischen Grafen immer wieder in der Umgebung des staufischen Herzogs von

---

von Altshausen-Veringen, wie Anm. 160, S. 98 ff.; H. BÜTTNER, Staufer und Welfen, wie Anm. 87, S. 380 ff., insbes. S. 382 ff., und jetzt K. FELDMANN, Welf VI., wie Anm. 153, S. 86 ff. u. Anm. 143 zu Kap. IV.
188 K. FELDMANN, ebd., Anm. 143 zu Kap. IV.
189 Vgl. die Lit. oben Anm. 187.
190 Vgl. F. X. VOLLMER, Reichs- u. Territorialpolitik, wie Anm. 28, S. 118 mit Anm. 3 u. S. 149 f.
191 Wie Anm. 111.
192 Dazu H. SCHWARZMAIER, Königtum, Adel und Klöster, wie Anm. 160, S. 112 ff.

Schwaben [193]. Bis hin zu Philipp von Schwaben bleiben somit die lehensherrlichen Rechte des Herzogs über weite Teile des im Süden und Osten Schwabens ansässigen Adels für die Herzogsherrschaft kennzeichnend.

Es gäbe allerdings ein falsches Bild, wollte man annehmen, die Herrschaft des staufischen Herzogs von Schwaben über Grafen und Edelfreie, deren Bedeutung sich in der Tübinger Fehde und im schwäbischen »Grafenkomplott« so eindrucksvoll zu erkennen gab, habe sich lediglich in der Einberufung zu den Herzogslandtagen und im Zusammentreffen von Herzog und Adel auf diesen Landtagen konkretisiert.

Wesentlich intensiver und wesentlich häufiger dürfte sich vielmehr der Anspruch des Herzogs gegenüber »seinem« Adel im Aufgebot zur Heerfahrt, sei es zur Verteidigung der herzoglichen Rechte und Besitzungen, sei es, um den Kaiser auf der Reichsheerfahrt zu begleiten, zu erkennen gegeben haben. Konkrete Zeugnisse für diese Heerfolge schwäbischer Grafen und Edelfreier auf Geheiß des Herzogs sind freilich noch sporadischer als diejenigen für die herzoglichen Landtage. Zwar wissen wir, daß Herzog Friedrich II. im Jahre 1125 bei seinem Zug gegen Lothar von Supplinburg von schwäbischen Fürsten und Edlen begleitet worden ist; doch deren Namen erfahren wir nicht [194]. Aber wenn auch die folgende Heerfahrt des Herzogs einen Sonderfall darstellt: Man wird dennoch das Auftauchen der Grafen Ulrich von Lenzburg, Werner von Baden und Rudolf von Pfullendorf im Gefolge Herzog Friedrichs III. von Schwaben, der sich 1147 auf dem Weg nach Regensburg befand, um am Kreuzzug König Konrads III. teilzunehmen, als typisch auch für die zahlreichen »echten« Heerfahrten staufischer Schwabenherzöge betrachten dürfen. Denn hier in Stetten nahe Regensburg, dem Sammelplatz für den Kreuzzug, wird Herzog Friedrich III. von drei Grafen begleitet, deren Namen uns unter den Teilnehmern sämtlicher drei Herzogslandtage immer wieder begegnen [195].

Dieses Zeugnis ist deswegen so überaus wertvoll, weil es Herzog Friedrichs III. Gefolge in einem Augenblick zu erfassen erlaubt, da es noch nicht in das Gesamtgefolge König Konrads III. integriert ist und damit von dem unmittelbaren Gefolge des Königs unterschieden werden kann. Dieses Zeugnis bleibt freilich singulär, und nichts mehr gibt uns fortan die Möglichkeit zu sagen, ob die zahlreichen schwäbischen Grafen, die wir zusammen mit staufischen Schwabenherzögen, etwa zusammen mit Friedrich IV., im Gefolge Friedrich Barbarossas in Italien kämpfen sehen, als persönliches Gefolge des Herzogs oder als unmittelbares Gefolge des Königs angesprochen werden dürfen [196].

Freilich wird man – entsprechend der Beobachtung, daß der Herzog den Grafen übergeordnet ist, daß die Grafen sich durch Lehensbande dem Herzogtum Schwaben als

---

193 Vgl. etwa MB XXIII, Nr. 2 = R. Hipper, Die Urkunden des Reichstifts St. Ulrich u. Afra in Augsburg 1023-1440 (= Schwäb. Forschungsgemeinschaft, Reihe 2a, Bd. 4), 1956, Nr. 13 zu 1185 oder 1187; WUB II, Nr. 444 zu 1185 XII 27; MB VI, Nr. XIV zu 1188; WUB II, Nr. 470 zu 1192 II 22; WUB II, Nr. 492 zu 1195 IV 11; WUB II, Nr. 503 zu 1197 IX 9 (Fälschung!); MG Const. II, Nr. 447 zu 1198 I 21.
194 Wie Anm. 148.
195 Vgl. dazu K. Schmid, Graf Rudolf von Pfullendorf, wie Anm. 169, S. 61 f.; H. Weis, Grafen von Lenzburg, wie Anm. 32, S. 169; H. Büttner, Staufer u. Welfen, wie Anm. 87; zuletzt: K. Feldmann, Welf VI., wie Anm. 153, Regest Nr. 22.
196 Zu diesem Problem G. Gattermann, Die deutschen Fürsten auf der Reichsheerfahrt. Diss. phil. Masch., Frankfurt, 1956, S. 21 f., 234 ff.

verbunden betrachten – doch vermuten dürfen, daß immer dann, wenn der schwäbische Herzog im Gefolge des Kaisers auftritt [197], die Grafen [198] ihm, dem Herzog, als persönliches Gefolge zugeordnet sind.

Wie groß dieses Gefolge gewesen sein konnte, läßt sich in etwa ahnen, wenn man hört, daß Herzog Philipp im Herbst 1197 mit 300 Rittern aus Schwaben über die Alpen zog, um, freilich zu spät, seinem Bruder zu Hilfe zu eilen [199].

Immerhin unterstreicht diese Nachricht auf ihre Weise die Richtigkeit unserer Annahme, daß das Recht, Grafen und Edelfreie zur Heerfolge aufzubieten zu dürfen, auch in staufischer Zeit zu den wesentlichsten Befugnissen des Herzogs gehörte. Und wie in vorstaufischer Zeit beruhte diese Befugnis nicht auf dem Volks- oder Landrecht, sondern allein auf dem Lehnsrecht: Die Grafen und Edelfreien, die dem Herzog Heerfolge leisteten, waren des Herzogs Vasallen.

Halten wir danach Ausschau, ob den staufischen Herzögen der ersten Hälfte des 12. Jahrhunderts außer dem Recht der Einberufung von Landtagen und außer dem Recht, zur Heerfolge aufzugebieten, noch andere, für die Herzogsherrschaft charakteristische Befugnisse eigneten, so fällt unser Blick vor allem auf zwei Gerechtsame, die wir Herzog Friedrich II. in der Zeit nach 1138, d. h. in derjenigen Epoche ausüben sehen, in der die Herrschaft über das Reich bereits in Händen seines Bruders, König Konrads, liegt. Unsere Aufmerksamkeit muß einmal jener Bericht der Zwiefalter Chroniken erregen [200], der uns Nachricht gibt von einer Gesandtschaft Zwiefalter Mönche an den Hof der Herzogin Salome von Polen, die aus dem Geschlecht der schwäbischen Grafen von Berg stammte. Bemerkenswert ist im besonderen, was der Chronist über die Rückkehr der Zwiefalter Gesandtschaft in ihr in Oberschwaben gelegenes Kloster zu berichten weiß. Danach seien die Mönche zunächst unter dem Geleit des Markgrafen Konrad von Wettin durch Sachsen bis nach Ostfranken gezogen. Dann seien sie durch den Bischof von Würzburg und schließlich durch Friedrich den Jüngeren, den »Herzog von Schwaben«, zu ihrem südlich der Alb an der Donau gelegenen Kloster geleitet worden, wo sie am 1. April des Jahres 1141 anlangten. Herzog Friedrich II. übte demnach das Recht aus, Schutzgeleit, Beförderungsgeleit zu geben [201], und wir sehen auch, in welchem Bereich er das Geleitsrecht auszuüben vermochte. Sein Geleitsbezirk schloß sich offensichtlich unmittelbar an denjenigen des Bischofs von Würzburg an, der innerhalb seines Bistums zugleich die herzogliche Gewalt innehatte; der Geleitssprengel des Staufers reichte aber auch über die Alb hinweg bis vor die Tore des Klosters Zwiefalten, das – und dies verdient Beachtung – damals unter der Vogtei der welfischen Herzöge stand [202]. Das Recht des Geleits konnte demnach kaum mit der werdenden staufischen Landesherrschaft zusammenhängen, sondern dürfte vielmehr den Friedrich II. als Herzog von Schwaben zustehenden Rechten zuzuzählen sein, wobei in diesem Zusammenhang Aufmerksamkeit verdient, daß sich »die frühesten Belege für das Geleitsregal in

---

197 Vgl. die Übersicht bei GATTERMANN, ebd., Anhangsband S. (93)–(95).
198 Ihre Namen zusammengestellt bei GATTERMANN, ebd., S. 45 ff. u. Anhangsband S. (91)–(127).
199 Vgl. dazu GATTERMANN, ebd., S. 122.
200 Vgl. zum folgenden die Zwiefalter Chroniken Ortliebs u. Bertholds, wie Anm. 158, S. 130.
201 Zum Geleit vgl. allg. zuletzt B. KOEHLER, Geleit, in: HRG I/1971, Sp. 1481–1489.
202 Vgl. dazu K. FELDMANN, Welf VI., wie Anm. 153, S. 11.

Deutschland ... ausnahmslos im staufischen Macht- und Interessenbereich« finden [203]. Das Recht, Geleit auszuüben, ist letztlich ein Recht des Reiches [204], und so spiegelt sich in der Ausübung dieser Berechtigung durch den Herzog von Schwaben von neuem die von uns schon mehrmals beobachtete Vertretung des Königs im Lande durch den Herzog wider.

Gleichzeitig zeigt die Ausübung des Geleitsrechts durch den Herzog von Schwaben aber auch, daß seiner Herzogsherrschaft – bei allem ihr durch die Vorgänge des Jahres 1098 zuteil gewordenen Verlust der *provincia* als räumlicher Grundlage – dennoch räumliche Wirkungen keineswegs fehlten, wenn diese räumlichen Wirkungen freilich auch genau fixierter Abgrenzungen entbehrt haben mochten.

Zum andern aber wird unsere Aufmerksamkeit durch einen Vorgang geweckt, der sich wenige Jahre später ereignete. Wohl noch vor dem Jahre 1147 hatten zwei Edelfreie, die im nordöstlichen Schwaben beheimatet waren, Konrad von Rietfeld und Beringer von Albeck, Ministeriale der Bamberger Bischofskirche mit Gewalt bedrängt [205]. Die Namen der edelfreien Bedränger [206] weisen darauf hin, daß auch die bambergischen Bischofsministerialen im Bereich der alten *provincia* Schwaben beheimatet gewesen sein dürften. Der Bischof von Bamberg wußte sich nun nicht anders zu helfen, als diese seine gefährdeten Ministerialen dem Schutze König Konrads III. anzuvertrauen. Dieser aber übergab die Bamberger Ministerialen seinem Bruder, Herzog Friedrich II. von Schwaben, jedoch nicht zu dem Zwecke, daß der Herzog über die Bamberger Bischofsministerialen Rechte als Vogt geltend machen, sondern daß er Schutz über sie ausüben sollte.

Wir sehen auch hier, daß der König das ihm zustehende Recht als Schutzherr der Kirche, des kirchlichen Besitzes und der zur Kirche gehörenden Leute in Schwaben an den Herzog von Schwaben weitergab, der damit also auch auf diesem Gebiet wiederum an die Stelle des Königs trat.

Zugleich aber werden wir letztlich beide uns bisher unbekannten herzoglichen Befugnisse in engem Zusammenhang sehen dürfen. Ganz gleich, ob der Herzog den Mönchen von Zwiefalten in einem gewissen Bereich der alten Provinz Schwaben schützendes Geleit gewährt oder ob er im Nordosten Schwabens die Ministerialen des Bischofs von Bamberg gegenüber den Angriffen schwäbischer Edelfreier unter seine schützende Obhut nimmt, – in jedem der beiden Fälle übt er Schutz über die Kirche in Schwaben, übt er weiterhin im Grunde Landfriedensschutz aus. Da aber Schutz immer zugleich auch Herrschaft bedeutet, sehen wir den Herzog von Schwaben im 12. Jahrhundert – freilich in ganz anderer Form als die Herzöge des 10. und 11. Jahrhunderts, aber in ähnli-

---

203 Vgl. dazu jetzt W. GOEZ, Die Anfänge des Geleitregals im mittelalterlichen Deutschland (Protokoll der 18. Arbeitssitzung vom 12. XI. 1966 des Konstanzer Arbeitskreises für mittelalterliche Geschichte, Hess. Abteilung), S. 3 und dazu auch S. 6.
204 So W. GOEZ, Geleitsregal, ebd., S. 3.
205 Vgl. STUMPF, Acta Imperii Inedita Nr. 113 zu 1147 II 4; zur Sache vgl. E. F. OTTO, Adel u. Freiheit im deutschen Staat des frühen Mittelalters, 1937, S. 267.
206 Über die Herren von Albeck vgl. zuletzt H. BÜHLER, Schwäbische Pfalzgrafen, wie Anm. 80, S. 131 ff., u. DERS., Die Herrschaft Heidenheim, in: 75 Jahre Heimat- u. Altertumsverein Heidenheim 1901–1976, 1976, S. 140; über die Herren von Albeck, von Rietfeld und den Inhalt der Urkunde insgesamt jetzt D. KUDORFER, Nördlingen (= Histor. Atlas von Bayern, Teil Schwaben, Heft 8), 1974, S. 59, 61, 342.

cher Weise wie es die staufischen Könige der gleichen Zeit tun – von neuem Herrschaft über die Kirche innerhalb Schwabens ausüben, eine auf den Schutz begründete Kirchherrschaft, die jedoch wiederum wie in ottonisch-salischer Zeit in einer dem Herzog vom König überlassenen Berechtigung wurzelt.

Erste Anzeichen für den durch den staufischen Herzog von Schwaben ausgeübten Kirchenschutz dürfen wir vielleicht schon in der Nennung des Herzogs innerhalb der Datierung von Urkunden und Schenkungsnotizen von bzw. für geistliche Institutionen Schwabens erkennen. So ist, wie wir bereits sahen, Herzog Friedrichs II. Name im Jahre 1122 in der Notiz über die Gründung der Zelle Hiltensweiler, die dem Kloster Allerheiligen in Schaffhausen übereignet und welfischer Vogtei unterstellt worden ist, ebenso genannt [207] wie in der auf die Zeit zwischen 1130 bis 1132 zu datierenden Notiz über die Schenkung von Besitzungen der Adelheid von Sulz an Kloster Zwiefalten [208] oder in der Notiz über die zwischen 1134 und 1137 geschehene Gründung des Zisterzienserklosters Salem [209]. Diese Erwähnungen des Herzogs in der Datierung von Urkunden und Notizen sowie von Empfängerfertigungen königlicher Privilegien für geistliche Institutionen des südöstlichen Schwabens knüpfen offenbar an einen vor den Ereignissen des Investiturstreits üblichen Brauch an [210] und erfahren eine besonders intensive Wiederbelebung etwa seit dem Jahre 1180 vor allem in Urkunden der Konstanzer Bischöfe Berthold von Bussnang und Hermann von Friedingen [211], dann aber auch in Urkunden des Abtes von Kreuzlingen [212], des Abtes der Reichenau [213] und des Abtes von Neresheim [214].

Daß diese Form der Erwähnung des Herzogs in der Datierung von Urkunden geistlicher Aussteller aufs engste mit der Schutzvogtei des Herzogs über ein Kloster zusammenhängen konnte, ist vor allem im Falle der Abtei Reichenau [215] und des Stiftes Kreuzlingen [216] offensichtlich, deren Vogtei, genauer: deren *defensio* – in Nachfolge der Welfen – in Händen des staufischen Herzogs von Schwaben lag. Gleichfalls in Nachfolge der Welfen hat Herzog Friedrich VI. im Jahre 1186 auch über das Prämonstratenserkloster Weißenau seine *tuitio* beansprucht [217], und zwar gerade deswegen, weil

---

207 Vgl. Baumann AH, Nr. 59 zu 1122 I 6.
208 Vgl. die Zwiefalter Chroniken, wie Anm. 158, S. 226 ff., u. zur Datierung S. 341 die Anm. zu S. 229.
209 Wie Anm. 110.
210 Vgl. oben S. 163.
211 Vgl. SCHÖPFLIN, HZB V, Nr. LXIV zu 1180; ZUB I, Nr. 336, zu 1180; E. HEYCK, Urkunden der Herzöge von Zähringen, Nr. XVII zu 1187.
212 TUB II, Nr. 62 zu 1185.
213 Cod. Dipl. Salem. I, Nr. 37 zu 1187.
214 WUB, Nachtrag Nr. 20, zu 1194.
215 Zur Vogtei über die Abtei Reichenau vgl. F. X. VOLLMER, Reichs- u. Territorialpolitik, wie Anm. 28, S. 144. Vgl. zum folgenden – wenigstens für die Benediktinerklöster – die Einzelhinweise in Germania Benedictina II: Bayern, 1970 (hg. von J. Hemmerle) für das heutige bayerische Schwaben, und in Germania Benedictina V: Baden-Württemberg, 1975 (hg. von F. Quarthal).
216 Vgl. TUB II Nr. 63 = Baaken, RI Heinrich VI., Nr. 200 (mit Kommentar!) u. dazu H. BÜTTNER, Staufer u. Welfen, wie Anm. 87, S. 390 f.
217 WUB II, Nr. 448 u. dazu BÜTTNER, ebd., S. 390.

das Kloster der *libertas Romana* und dem Hl. Stuhl unterstehe. Aber diese Form des Kirchen- und Klosterschutzes beschränkte sich keineswegs auf Klöster, die bislang, bis zum Übergang des welfischen Erbes an die Staufer, unter welfischer Vogtei gestanden hatten [218]; die *defensio* wurde vielmehr durch Kaiser Friedrich Barbarossa u n d seinen Sohn Herzog Friedrich VI. auch über die Zisterzienserabtei Salem beansprucht [219], über die bereits Konrad III. – und danach eben Friedrich I. – unter ausdrücklichem Ausschluß eines wirklichen Vogtes eine Schutzherrschaft eben deswegen beansprucht hatte, weil Salem der Römischen Kirche zugehöre [220]. Diese besondere Form der Vogtei haben in der ersten Hälfte des 13. Jahrhunderts Friedrich II. und Herzog Heinrich (VII.) im übrigen auch über das benachbarte Zisterzienserinnenkloster Wald ausgeübt [221].

Derselbe Herzog Friedrich VI., den wir vorhin als *defensor* von Salem kennengelernt haben, hatte aber auch über die Abtei Petershausen vor den Toren von Konstanz die *protectio specialis* inne [222], über ein Kloster, das zuvor unter der Vogtei des Vogtes der Konstanzer Bischofskirche gestanden hatte [223]. Ja, noch im Jahre 1255 bekundet König Wilhelm, daß die Vogtei über Petershausen ihm auf Grund des Herzogtums Schwaben zustehe [224].

Die herzogliche *defensio* oder *protectio,* die herzogliche Schutzherrschaft über ein Kloster, hatte vom Ende des 12. bis zur Mitte des 13. Jahrhunderts offensichtlich von neuem die altgewohnte Gestalt der Klostervogtei angenommen, obgleich die herzogliche Schutzherrschaft über ein Kloster die als Gerichtsvogtei verstandene Herrenvogtei bewußt hatte ausschließen wollen [225].

Aber nicht dies ist in unserem Zusammenhang besonderer Aufmerksamkeit wert; bemerkenswert ist vielmehr die Tatsache, daß diese Form der Schutzherrschaft über die Kirche in einem Teil der alten Provinz Schwaben einmal vom König, dann wieder vom Herzog ausgeübt worden ist und daß sie ursprünglich, ähnlich wie das Geleitsrecht, nur innerhalb des staufischen Herrschaftsbereiches ausgeübt worden ist [226].

Daß dieses neuartige Rechtsinstitut räumlich vor allem auf Schwaben und Ostfranken beschränkt geblieben ist, haben bereits jene Forschungen zutage gefördert, die sich – ausgehend zumeist von der Übernahme des *officium defensionis* über die Abtei Salem durch Friedrich Barbarossa – so intensiv und kontrovers mit der sogenannten kaiserli-

---

218 Vgl. dazu G. BRADLER, Studien, wie Anm. 160, S. 81 f.
219 Vgl. Cod. Dipl. Salem. Nr. 44 zu 1191.
220 Vgl. dazu F. X. VOLLMER, Reichs- und Territorialpolitik, wie Anm. 28, S. 145, und jetzt W. RÖSENER, Reichsabtei Salem (= VuF Sonderband 13), 1974, S. 37 ff., insbes. 41.
221 Vgl. WINKELMANN, Acta Imperii Nr. 444 und dazu M. REHFUS, Das Zisterzienserinnenkloster Wald (= Arbeiten zur Landeskunde Hohenzollerns 9), 1971, S. 33 ff. u. insbes. 39 ff.
222 Vgl. Huillard-Bréholles I/1, S. 309 zu 1214 VI 23; dazu F. X. VOLLMER, Reichs- u. Territorialpolitik, wie Anm. 28, S. 144.
223 S. I.-J. MISCOLL-RECKERT, Kloster Petershausen als bischöflich-konstanzisches Eigenkloster (= Konstanzer Geschichts- und Rechtsquellen XVIII), 1973, S. 216 ff.
224 RI V Nr. 5219 zu 1255 II 9.
225 Vgl. dazu die unter Anm. 226 u. Anm. 229 zitierte Literatur.
226 Dies schon beobachtet A. HEILMANN, Die Klostervogtei im rechtsrheinischen Teil der Diözese Konstanz bis zur Mitte des 13. Jhs., 1908, S. 112 f., und von H. HIRSCH, Die Klosterimmunität seit dem Investiturstreit, 1913, S. 116 ff., und zuletzt W. RÖSENER, Salem, wie Anm. 220, S. 39.

chen Zisterzienservogtei beschäftigt hatten. Von den Gegnern der Ansicht, daß die *defensio* der Staufer über Zisterzienserklöster und nicht nur über sie, sondern, wie man schon früher bemerkte, auch über Prämonstratenserstifte und sogar über Benediktinerklöster [227], als eine vom Kaiser allgemein beanspruchte »Zisterzienservogtei« [228] gewertet werden müsse, war gerade diese räumliche Beschränkung als Gegenargument ins Feld geführt und die sogenannte kaiserliche Zisterzienservogtei als Äußerung staufischer Territorialpolitik verstanden worden [229]. Gegen eine solche Wertung haben indessen bereits Franz X. Vollmer und jüngst Werner Rösener Bedenken angemeldet [230].

Wir konnten statt dessen nunmehr zeigen, daß Herzog Friedrich II. von Schwaben, wenn auch offenbar in Vertretung des Königs, zumindest seit dem Regierungsantritt König Konrads III. für gewisse Bereiche Schwabens Kirchenschutz ausgeübt hatte. Nimmt man die räumliche Beschränkung der *defensio* bzw. *protectio* auf Kirchen in Schwaben und Ostfranken hinzu, dann fragt es sich, ob auch die sogenannte kaiserliche Zisterzienservogtei nicht viel eher ursprünglich auf Befugnissen der Staufer in ihrer Eigenschaft als Herzöge von Schwaben beruhte.

Wenn Heinrich Büttner angesichts des Textes des von Herzog Friedrich VI. dem Kloster Weißenau gewährten Privilegs von 1186 darüber erstaunt ist, daß das, »was bisher im Laufe des 12. Jahrhunderts nur auf der Ebene des Königtums (aus der *libertas Romana*) an gleichartigen Schlüssen gezogen worden war, ... nunmehr auch durch den schwäbischen Herzog beansprucht [wurde]« [231], so verliert jetzt, da wir offenbar der herzoglichen Befugnis die zeitliche Priorität zubilligen müssen, dieser von Büttner erst für das endende 12. Jahrhundert beobachtete Vorgang den Charakter des Erstaunlichen. Ja, der Umstand, daß der entscheidende Schlußakt des Salemer Gründungsvorgangs auf dem Landtag Herzog Friedrichs II. vollzogen worden ist [232], läßt sogar daran denken, daß der Herzog bereits durch diese Einschaltung in den Gründungsprozeß der Zisterze die Stellung eines Defensors erlangt haben könnte. Und daß die Übernahme einer solchen Stellung nichts mit staufischer Territorialpolitik zu tun hatte, lehrt gerade das Beispiel Salem deutlich genug: Denn nicht nur, daß der Raum zwischen Donau und Bodensee in den dreißiger Jahren des 12. Jahrhunderts in die staufische Territorialpolitik überhaupt noch nicht einbezogen worden war [233]; auch der Herzogslandtag auf dem Königsstuhl, wo ein entscheidender Akt des Gründungsvorgangs stattfand, hat nicht das geringste mit

---

227 Dies bereits bemerkt von A. Heilmann, Klostervogtei, wie Anm. 226, S. 111, u. H. Hirsch, Klosterimmunität, wie Anm. 226, S. 113 f.
228 Vertreten vor allem von H. Hirsch, ebd., S. 110 ff.
229 Vgl. vor allem H. Zeiss, Zur Frage der kaiserlichen Zisterzienservogtei, in: H. Jb. 46/1926, S. 594–601, hier S. 594, 598, sowie O. P. Clavadetscher, Beiträge zur Geschichte der Zisterzienserabtei Kappel am Albis. Diss. phil., Zürich, 1946, S. 55 ff., insbes. 64/65.
230 F. X. Vollmer, Reichs- und Territorialpolitik, wie Anm. 28, S. 122, u. W. Rösener, Salem, wie Anm. 220, S. 43 ff., und jetzt ders., Südwestdeutsche Zisterzienserklöster unter kaiserlicher Schirmherrschaft, in: ZWLG XXXIII/1974, S. 24–52. Vgl. auch die Wertung durch Th. Mayer (in: Protokoll des Konstanzer Arbeitskreises Nr. 72 vom 25. VII. 1959, S. 8:) »Die Zisterzienservogtei ist also der Ausdruck der allg. Staatshoheit, der Friedenswahrung u. Schutzgewährung durch den Staat.«
231 H. Büttner, Staufer und Welfen, wie Anm. 87, S. 390.
232 Wie Anm. 110.
233 Vgl. S. 232.

staufischer Landesherrschaft zu tun [234]. Die schon bei der Gründung der Zisterze Salem geschaffene Bindung zwischen dem Kloster und dem staufischen Herzog kann vielmehr nur aus dessen herzoglichen Befugnissen erklärt werden.

Indessen ist es, um Grundlagen, Wesen und Wirkungen der staufischen Herzogsherrschaft um die Mitte des 12. Jahrhunderts zu charakterisieren, nicht mehr damit getan, einzelne Elemente dieser Herrschaft aufzuzeigen und entweder auf ihre kontinuierliche, auch durch die Ereignisse des Jahres 1098 nicht unterbrochene Existenz oder auf ihre Neuartigkeit, auf ihr Neuentstehen in staufischer Zeit, zu verweisen. Bis hin zur Mitte des 12. Jahrhunderts haben sich nämlich nicht nur einzelne Elemente der Herzogsherrschaft aus früheren Zeiten völlig verflüchtigt, andere Elemente weitgehend unverändert erhalten und sind wiederum andere erst in frühstaufischer Zeit neu hinzugekommen. Es hat sich vielmehr die Herrschaft des Herzogs während der ersten Hälfte des 12. Jahrhunderts unter Einbeziehung alter wie neuer Herrschaftselemente so grundlegend verändert, daß eben um die Mitte dieses Jahrhunderts eine neuerliche, schwerwiegende Epochenscheide in der Geschichte schwäbischer Herzogsherrschaft angesetzt werden darf. Was aber hatte sich so grundlegend verändert? Nun, eine höchst erwünschte Antwort auf diese Frage läßt sich aus Verlauf und Ergebnis jenes langwierigen Prozesses gewinnen, der zwischen den Jahren 1152 und 1157/58 vor Friedrich Barbarossa über die Zugehörigkeit der Grafschaft Chiavenna geführt worden ist [234a].

Die Quellen zur Geschichte dieses Prozesses sind seit langem bekannt; ja, sie haben sogar seit Generationen – vor allem seit Scheffer-Boichorsts berühmter Studie aus dem Jahre 1897 [235] – die besondere Aufmerksamkeit der Diplomatiker [236] ebenso auf sich gezogen wie diejenige der politischen Historiker und der Verfassungshistoriker. Sie alle richteten ihr Augenmerk indessen allein auf den Aussagewert dieser Quellen für die Geschichte der Alpenpaßpolitik Friedrich Barbarossas [237] und für die Verfassungsgeschichte Reichsitaliens im 12. Jahrhundert [238], nicht aber auf die Erkenntnismöglichkeiten, die

---

[234] Vgl. oben S. 117 ff.
[234a] Das folgende entspricht – in manchen Passagen wörtlich – meiner in der Festschrift Friedrich Hausmann, hg. von H. EBNER, 1977, S. 339–S. 353, veröffentlichten Studie mit dem Titel: Chiavenna und die »Ehre« des Herzogtums Schwaben.
[235] P. SCHEFFER-BOICHORST, Chiavenna als Grafschaft des Herzogtums Schwaben, in: DERS., Zur Geschichte des XII. und XIII. Jahrhunderts, 1897, S. 102–122.
[236] Vgl. zuletzt K. ZEILLINGER, Die Notare der Reichskanzlei in den ersten Jahren Friedrich Barbarossas, in: DA 22/1966, S. 472–555, hier 478, 526 f.
[237] Vgl. schon H. SIMONSFELD, Jbb. Friedrich I., Bd. I, S. 118–120, 173–177, 508–510; dann aber vor allem C. CAMPICHE, Die Communalverfassung von Como im 12. u. 13. Jh. (= Schweizer Studien zur Geschichtswissenschaft XV/2), 1929, S. 24; H. MEYER, Die Militärpolitik Friedrich Barbarossas im Zusammenhang mit seiner Italienpolitik (= Historische Studien 200), 1930, S. 16 ff.; K. SCHMID, Graf Rudolf von Pfullendorf, wie Anm. 169, S. 114 ff.; H. BÜTTNER, Die Alpenpaßpolitik Friedrich Barbarossas bis zum Jahre 1164/65, in: Grundfragen der Alemannischen Geschichte (= VuF I), 1955, S. 243–276; hier 248 f., 257 f.; DERS., Churrätien im 12. Jh., in: DERS., Schwaben und Schweiz im frühen und hohen Mittelalter (= VuF XV), 1972, S. 241–263, hier 251 ff.; neuestens N. SCHALLER, Die Alpenpässe in der Politik der Staufer. Diss. phil. Masch., Wien 1968, S. 61 ff., 80 ff.
[238] So etwa SCHEFFER-BOICHORST, Chiavenna, wie Anm. 235; P. DARMSTÄDTER, Das Reichsgut in der Lombardei und Piemont, 1896, S. 44, 52 ff., 65, 82 ff.; H. BRESSLAU, Exkurse zu den Di-

diese Quellen darüber hinaus für die Verfassungsgeschichte des gleichfalls deutlich genug angesprochenen »Herzogtums Schwaben« bereithalten.

Was sind das nun aber für Quellen, die Schwaben nicht weniger als Reichsitalien betreffen? Nun, der Kenner der schriftlichen Überlieferung zur Geschichte staufischer Herrschaft in Oberitalien wird es nicht schwer haben, an jene drei eng zusammengehörenden Diplome Friedrich Barbarossas aus den Jahren 1152, 1153 und 1157/58 zu denken, die sämtlich Urteile über die Frage der Zugehörigkeit der Grafschaft Chiavenna wiedergeben [239]. Und in der Tat sind sie es, denen zugleich auch für die Erkenntnis von Wesen und Eigenart staufischer Herzogsherrschaft in Schwaben im Zeitalter Friedrichs I. eine herausragende Bedeutung zukommt.

Berichten wir zunächst in aller Kürze über den Gang der Ereignisse anhand der drei Stücke: Am 1. August des Jahres 1152 erscheinen die Konsuln von Chiavenna auf einem Hoftag Friedrich Barbarossas am schwäbischen Herzogsvorort Ulm und bringen dem König die Bitte vor, mit der Grafschaft Chiavenna, die sie schon lange als Reichslehen besessen hätten, belehnt zu werden. Gegenüber diesem Anspruch der Chiavennaten behauptet Bischof Ardicio von Como die Zugehörigkeit der Grafschaft zu seiner Kirche und bittet gleichfalls um Investitur. Und als dritter Aspirant auf die Belehnung mit der Grafschaft Chiavenna tritt in Ulm endlich auch noch ein *dominus Henricus de Hostia* auf. Das Urteil der durchweg in Schwaben beheimateten Fürsten, das Friedrich Barbarossa einholt und das Albert von Kiburg verkündet, lautet so: Mit der Grafschaft seien die Konsuln von Chiavenna zu investieren, da sie die Grafschaft bereits 30 Jahre hindurch ohne Unterbrechung besessen hätten.

Doch, was in Ulm als entschieden galt, wurde schon bald darauf auf einem – wohl im März 1153 – in Konstanz abgehaltenen Hoftag von Bischof Ardicio von Como aufs neue bestritten, die Entscheidung freilich auf April vertagt. Und so holt denn nun Friedrich I. anläßlich eines zu Bamberg abgehaltenen Hoftags am 23. April 1153 ein neuerliches Urteil der Fürsten ein, das Bischof Konrad von Augsburg verkündet. Obgleich die Chiavennaten darauf verweisen, daß die Grafschaft Chiavenna zum Herzogtum Schwaben *(ad ducatum Suevie)* gehöre und sie deswegen allein dem Gericht des Herzogs von Schwaben unterständen [240], lautet das Urteil dahin, daß die Grafschaft Chiavenna *cum honore et districto suo* dem Bischof und der Kirche von Como zugehöre und diesen dementsprechend auch zurückzuerstatten sei. Entscheidend für dieses gegenüber der Ulmer Sentenz völlig veränderte Urteil mag die Versicherung Friedrich Barbarossas gewesen sein, daß weder sein Vater, Herzog Friedrich II., noch er selbst, als er die schwäbische Herzogswürde bekleidete, je die Chiavennaten mit der Grafschaft investiert hätten.

---

plomen Konrads II., in: NA 34/1909, S. 69–123, hier 75–98, insbes. 93 ff.; E. BESTA, Storia della Valtellina e della Val Chiavenna, 2 ed., Bd. I, Milano, (= Raccolta di studi stor. sulla Valtellina 7), 1955, insbes. S. 153 ff., und neuestens A. HAVERKAMP, Herrschaftsformen der Frühstaufer in Reichsitalien (= Monographien zur Geschichte des Mittelalters 1/II), 1971, S. 487 f.
239 MGDF I 20, S. 34–36; 54, S. 92–94; 157, S. 270–271.
240 Zur Interpretation dieses in DF I 54 enthaltenen Passus: *propter quod eciam nullius nisi ducis iudicio se sistere debere asserebant* vgl. SCHEFFER-BOICHORST, wie Anm. 235, S. 102, 105; H. BRESSLAU, wie Anm. 238, S. 94; J. FICKER, Reichsfürstenstand, II/3, S. 163 f.; E. ROSENSTOCK, Königshaus und Stämme in Deutschland zwischen 911 und 1250, 1914, S. 167; H. MEYER, Militärpolitik, wie Anm. 237, S. 17; N. SCHALLER, Alpenpässe, wie Anm. 237, S. 63.

Schien der Streit mit diesem Urteil endgültig beigelegt zu sein, so nahm der Prozeß um den Comitat von Chiavenna bereits wenige Jahre später eine neue, wiederum überraschende Wendung. Denn an einem 2. Februar 1157 oder 1158 wird auf einem nach Ulm einberufenen Hoftag von neuem über die Zugehörigkeit der Grafschaft verhandelt. Auslösend für die Neuaufnahme des Prozesses war freilich diesmal nicht die Klage einer der streitenden Parteien. Erneut aufgerollt wurde die Frage jetzt vielmehr durch die Fürsten Schwabens [241], mit denen Friedrich Barbarossa hier, im schwäbischen Ulm, über die Verhältnisse, über Zustand und Lage des Herzogtums Schwaben *(de statu totius ducatus Suevorum)* berät. Alle *(omnes)* Grafen und Barone Schwabens bringen die Klage vor, daß die »Ehre des Herzogtums Schwaben« *(honor ducatus Suevie)* dadurch eine Minderung erfahren habe, daß die Grafschaft Chiavenna, die zu diesem Herzogtum dem Rechte nach gehöre, von der Herzogsgewalt völlig entfremdet worden sei.

Nachdem auf den Urteilsspruch des Grafen Gottfried von Zollern hin die beiden Grafen Ulrich von Pfullendorf und Marquard (von Veringen) als Zeugen unter Eid aussagten, daß die Grafschaft Chiavenna tatsächlich zum Herzogtum Schwaben gehöre, befreit der König, gestützt auf das Recht dieses Landes *(legum terre illius auctoritate)*, die Grafschaft von jeder fremden Gewalt, stellt sie dem Herzogtum Schwaben vollkommen zurück und investiert mit ihr die Rektoren von Chiavenna, allerdings unter dem Vorbehalt der Wahrung aller Gerechtsame des Herzogs von Schwaben.

Der hier in seinem Verlauf geschilderte Prozeß um die Zugehörigkeit der Grafschaft Chiavenna zum Herzogtum Schwaben vermag zuallererst einmal die Richtigkeit jener Beobachtung zu unterstreichen, die wir für Wesen und Eigenart staufischer Herzogsherrschaft nach 1098 als grundlegend bezeichnet hatten: daß sich nämlich die Herrschaft des Herzogs von Schwaben räumlich nicht mehr mit der auf schwäbischem Recht und schwäbischem Volkstum beruhenden *provincia* Schwaben deckte. Wir sehen nun, daß sie sogar die alten Grenzen der Provinz Schwaben überschritt, ja eine in Reichsitalien gelegene Grafschaft mit einer nichtdeutschen Bevölkerung als ihr zugehörig betrachten konnte. Es verhält sich mit der Grafschaft Chiavenna im Grunde nicht viel anders als mit dem bereits östlich des Lechs, d. h. im bayerischen »Stammesgebiet« gelegenen, ehedem welfischen Kloster Steingaden, das im Jahre 1194, d. h. nach dem endgültigen Anfall des welfischen Erbes an die Staufer, als unter der *specialis protectio* des *ducatus Sueviae* stehend bezeichnet wird [242], und nicht anders als mit den Gütern zu Ormsheim im linksrheinischen Wormsgau, die Philipp von Schwaben im Jahre 1199 gleichfalls dem Herzogtum Schwaben zurechnet [243]. Durch alle drei Beispiele wird die Auffassung von einer territorialen, einer räumlichen, einer sich noch immer der »Stammes-« oder richtiger der Provinzgrenzen bedienenden Herzogsherrschaft für die staufische Zeit ab absurdum geführt.

Man sieht vielmehr: Mit dem *ducatus Sueviae* ist nicht mehr, wie noch einhundert oder einhundertfünfzig Jahre zuvor, die sich über die gesamte *provincia Sueviae* erstreckende Amtsgewalt des Herzogs von Schwaben gemeint. Jetzt, im 12. Jahrhundert, um-

---

241 So auch die Interpretation SCHEFFER-BOICHORSTS, wie Anm. 235, S. 107.
242 MB VI, Nr. XVI.
243 BÖHMER, Acta Imperii, Nr. 213, *ea quod bona eadem ratione ducatus Suevie ad nos pertinentia...*; vgl. dazu R. KRAFT, Das Reichsgut im Wormsgau, 1934, S. 153.

faßt der *ducatus Sueviae* vielmehr Besitzungen und Rechte des Herzogs von Schwaben ganz gleich, ob sie innerhalb oder außerhalb der alten *provincia* Schwaben gelegen sind.

Für das Verständnis der Zugehörigkeit der Grafschaft Chiavenna ist damit Entscheidendes gewonnen. Denn nun verstehen wir: die Grafschaft Chiavenna gehörte keineswegs zum Lande, zur Region Schwaben; sie wurde vielmehr von den Chiavennaten allein als ein zur Ausstattung, zum Amtsgut des Herzogs von Schwaben gehörendes Gebilde angesehen. Und wenn dem so war, dann ist es auch völlig unnötig, ja wäre es völlig falsch anzunehmen, daß auch all das zwischen dem Zentrum staufischer Herzogsherrschaft um Ulm und der Grafschaft Chiavenna gelegene Land, daß vor allem Rätien im 12. Jahrhundert zum *ducatus* Schwaben gehört haben müsse. Nein, im 12. Jahrhundert konnte ein innerhalb der alten *provincia* Schwaben gelegener Landstrich, konnte eine Landschaft gar nicht mehr zum Herzogtum »gehören«. Zum Herzogtum Schwaben konnten im 12. Jahrhundert vielmehr nur »gehören« Institutionen, Rechte, Besitzungen oder auch Personen, nämlich Vasallen und Ministeriale. Das heißt dann aber: Das Herzogtum Schwaben war selbst eine Institution geworden, deren »Gebiet« nur so weit reichte, als eben diese ihr zugehörenden Institutionen, als da sind Grafschaften und Vogteien, Rechte und Besitzungen, reichten, und deren »Gebiet« nur dorthin reichte, wo die ihr zugehörenden Personen beheimatet waren. So und nur so verstehen wir nun, weshalb die in Reichsitalien gelegene Grafschaft Chiavenna zum Herzogtum Schwaben »gehören« konnte. Sie lag nicht i m Herzogtum, sie »gehörte« vielmehr allein institutionell z u ihm.

Ebensowenig wie von einer »räumlichen« Zugehörigkeit der Grafschaft Chiavenna zum Herzogtum Schwaben für das 12. Jahrhundert die Rede sein kann, darf man deswegen, weil die staufischen Herzogslandtage auch von Grafen aus den Landschaften südlich des Hochrheins besucht wurden, weil auch Grafen aus den Landschaften südlich des Hochrheins zum staufischen »Herzogtum Schwaben« gehörten, den Schluß ziehen, »daß dies folglich um die Mitte des XII. Jahrhunderts auch das schweizerische Alemannien umfaßte« [244]. Das Herzogtum Schwaben umfaßte vielmehr allein noch die dort beheimateten Grafen als Personen [245], nicht mehr aber das Land, den Raum südlich des Hochrheins.

Wenn nun eine Grafschaft, wenn eine ursprünglich dem Reiche zugehörende Institution dem Herzogtum vom König restituiert und zugleich an Vasallen des Herzogtums weiterverliehen werden konnte, dann drängt sich zugleich die Vermutung auf, daß das staufische Herzogtum Schwaben des 12. Jahrhunderts zu einem nicht unwesentlichen Teile aus Reichsrechten bzw. Reichsgut bestand, das dem Herzog vom König überlassen oder besser zugewiesen worden war.

Daß der Herzog von Schwaben die Grafschaft Chiavenna tatsächlich innehatte, daß sie nicht nur der zu Anfang der fünfziger Jahre des 12. Jahrhunderts noch unmündige Friedrich IV. (von Rothenburg) besaß, sondern auch noch dessen Nachfolger Friedrich VI., beweist ein Diplom Heinrichs VI. vom Jahre 1191 für die Bürger von Como,

---

244 So G. VON WYSS, Das Herzogtum Alemannien oder Schwaben mit Bezug auf die Schweiz, in: Anzeiger für Schweiz. Geschichts- und Altertumskunde Nr. 3/1855, S. 25–27, hier 26, und ähnlich noch H. WEIS, Die Grafen von Lenzburg, wie Anm. 32, S. 123 f., 132 ff., 284 ff.

245 Ähnlich auch schon B. MEYER, wie Anm. 12, S. 69, Anm. 14.

mit dem er diesen die Gerichtsbarkeit, das Fodrum und die Regalien im gesamten Bistum Como und in den im Bistum liegenden Grafschaften mit Ausnahme der Rechte des Herzogs von Schwaben in Chiavenna überläßt [246]. Und wenn Heinrich VI. im gleichen Diplom zudem verspricht, seinen Bruder, den Herzog von Schwaben, zum Verzicht auf dessen Rechte an den offensichtlich innerhalb der Grafschaft Chiavenna gelegenen [247] Reichsburgen Sorico, am Südrand des Sees von Mezzola, und Olonio [248] am Comer See, an denen beiden auch Heinrich VI. selbst Rechte innehatte [249], zu bewegen, dann geht daraus zum einen hervor, daß der Herzog von Schwaben innerhalb der ihm vom König überlassenen Grafschaft noch weiteres Reichsgut in Gestalt von Reichsburgen besaß, und zum anderen, wie eng sich die Rechte und Besitzungen des Herzogs von Schwaben mit denen des Königs an Ort und Stelle vermengten.

Noch im April 1203 behaupteten die Chiavennaten in einem neuerlichen Streit um die Rechte an der Grafschaft Chiavenna gegenüber dem Bischof von Como, daß ihre Stadt unter Philipp als römischem König und als Herzog von Schwaben stünde [250]. Doch im weiteren Verlauf dieses nun ausgebrochenen Streites ist – im selben Jahr 1203 – nur noch davon die Rede, daß die Grafschaft Chiavenna vom Reich zu Lehen gehe. Vom Herzogtum Schwaben ist keine Rede mehr. Wir sehen: Unter Philipp von Schwaben war die fünfzig Jahre zuvor aus dem Gesamtbestand des Reichsgutes als schwäbisches Herzogsgut ausgeschiedene Grafschaft Chiavenna mit dem übrigen Reichsgut in Oberitalien wieder zu einer Einheit zusammengeschmolzen.

Mit der Feststellung, daß die jetzt zum Herzogtum Schwaben zählende Grafschaft Chiavenna von Hause aus Reichsgut war und der sich daran anschließenden Vermutung, daß das schwäbische Herzogsgut in staufischer Zeit in weitem Umfang aus Reichsgut bestanden haben dürfte, könnte indessen zugleich auch eine Erklärung dafür gefunden sein, weshalb es Friedrich Barbarossa selbst war, der 1157 oder 1158 in Ulm mit den »Fürsten Schwabens« über den Zustand, den *status* des »Herzogtums Schwaben«, beriet. Gewiß, Herzog Friedrich IV. war damals noch ein unmündiges Kind. Aber die Vormundschaft über den noch im Kindesalter stehenden Herzog allein war es wohl kaum, was dem König als Rechtsgrundlage diente, um mit den Fürsten Schwabens über den Zustand des Herzogtums Rat pflegen zu können. Vielmehr mag ihm der rechtliche Charakter des *ducatus* an sich schon die wesentlichste Handhabe gegeben haben, um selbst die Belange des Herzogtums aktiv zu gestalten. Denn dadurch, daß der *ducatus* im wesentlichen aus Reichsgut bestand, stellte er sich in seiner Gesamtheit letztlich als Reichsgut dar, und über Reichsgut stand nun einmal dem König das letzte Wort zu,

---

246 Vgl. dazu die Karte 3 a bei N. ARBINGER, Komitat, Adel und städtische Kommunen in der Lombardei während des 11. und 12. Jhs. Studien zur historischen Geographie der Lombardei im Hochmittelalter, Diss. phil. Masch., Wien 1967.

247 Über Sorico vgl. P. DARMSTÄDTER, Reichsgut, wie Anm. 238, S. 86.

248 Zu Olonio vgl. A. HAVERKAMP, Herrschaftsformen, wie Anm. 238, Bd. II, S. 632, Anm. 101 a.

249 Vgl. den Text der Urkunde Heinrichs VI. bei G. ROVELLI, Storia di Como. II/1794, S. 360 f., Nr. XIX = Baaken, Nr. 126.

250 Hierzu und zum folgenden P. SCHEFFER-BOICHORST, Chiavenna, wie Anm. 238, S. 116 f.; G. CONRAD, Von der Fehde Chur-Como und den Friedensschlüssen zwischen den Schamsern und Cläfnern in den Jahren 1219 und 1428, in: Bündner Monatsblatt 1955, S. 1-21, 43-59, 126-150.

wenn er auch nicht daran vorbeikam, dem Herzog von Schwaben dessen Rechte ausdrücklich vorzubehalten²⁵¹.

Wir haben gesehen: In der zweiten Hälfte des 12. Jahrhunderts, im Zeitalter Barbarossas, galt der schwäbische *ducatus* institutionell als ein Teil des Reiches oder genauer als ein Teil des Reichsgutes und der Reichsrechte in Schwaben. Und dennoch bedurfte der König, um über die Grafschaft Chiavenna, ja über das Herzogtum Schwaben insgesamt, eine Entscheidung fällen zu können, bemerkenswerterweise der Mitwirkung der Grafen und Barone Schwabens, ja, waren es sogar die »Fürsten« Schwabens selbst, die den König zu einer Entscheidung über den aktuellen *status* einer dem Reiche »inkorporierten« Institution veranlassen konnten und auch veranlaßt haben. Denn die schwäbischen Fürsten sorgten sich um die »Ehre«, den *honor* des Herzogtums Schwaben. Ihn sahen sie durch die Entfremdung der Grafschaft Chiavenna gemindert. Ja, sie konnten sogar damit drohen, daß sie, falls die Grafschaft dem Herzogtum nicht wieder zurückgestellt werde, künftig weder dem König noch dem Herzogtum Schwaben in Treue zugehören wollten.

Leider kennen wir die Namen all jener Grafen und Barone Schwabens nicht, die auf dem Hoftag Friedrich Barbarossas in Ulm mit dem König über den Status des Herzogtums Schwaben im allgemeinen und über die Zugehörigkeit der Grafschaft Chiavenna zum Herzogtum im besonderen berieten. Immerhin aber werden drei der »Fürsten« namentlich genannt: einmal Graf Gottfried von Zollern als Urteiler, sodann Graf Ulrich von Pfullendorf und Graf Marquard – wie man heute weiß – von Veringen²⁵² als Zeugen in dem vor dem Hofgericht ausgetragenen Verfahren. Schon diese wenigen Namen aber zeigen uns, daß wir es hier nicht nur mit Fürsten zu tun haben, die der König immer dann einberief, wenn er in Schwaben, sei es in Ulm, sei es in Konstanz, seinen Hoftag abhielt²⁵³. Träger aller drei Namen finden sich vielmehr auch unter den Teilnehmern der um 1140 von Herzog Friedrich II.²⁵⁴ und dann wiederum 1185 von Herzog Friedrich VI.²⁵⁵ jedesmal an der Dingstätte Königsstuhl abgehaltenen Herzogslandtage.

---

251 Vgl. oben S. 260; und gerade dieses Passus wegen verbietet es sich, den in DFI 157 gebrauchten »zusätzlichen, in der Tat einmaligen und ganz unkanzleimäßigen« Titel *dux Suevorum* (so der Editor H. Appelt) wörtlich zu nehmen und Friedrich Barbarossa in Ulm zugleich als Herzog von Schwaben handelnd anzusehen, wie dies G. BAAKEN in seinem Vortrag über »Pfalz und Stadt« am 23. IV. 1977 in Stuttgart getan hat (vgl. künftig G. BAAKEN, Pfalz und Stadt, in: Südwestdeutsche Städte im Zeitalter der Staufer, hg. von E. Maschke und J. Sydow, 1979). Auch wenn H. APPELT – P. Scheffer-Boichorst folgend – für die Echtheit der Urkunde eintritt, bemerkt er dennoch: »Man wird daher den Titel *dux Suevorum* aus der Verfasserschaft eines kanzleifremden Notars und aus der einzigartigen Rechtslage erklären dürfen...« Irgendwelche Rückschlüsse auf eine tatsächliche Doppelfunktion Friedrich Barbarossas als König und als Herzog sind damit hinfällig.

252 Zur Identifizierung jetzt J. KERKHOFF, Grafen von Altshausen-Veringen, wie Anm. 160, S. 82 f., und ihm zustimmend H. JÄNICHEN, Zur Genealogie der älteren Grafen von Veringen, in: ZWLG 27/1968, S. 1–30, hier 26.

253 Über die schwäbischen »Landeshoftage« zu Ulm und Konstanz und ihren Teilnehmerkreis in staufischer Zeit vgl. FICKER, Reichsfürstenstand, wie Anm. 240, II/2, S. 123 ff., und vor allem K. SCHMID, Graf Rudolf von Pfullendorf, wie Anm. 169, S. 72 ff.

254 Zu ca. 1140 vgl. Cod. Dipl. Salem. I, S. 1 f., Nr. 1.

255 Zu 1185 vgl. ebd., S. 57 f., Nr. 35.

Die Fürsten, die sich um die »Ehre« ihres Herzogtums sorgten, waren demnach offensichtlich dieselben, die auch dem Herzog auf dem Herzogslandtag gegenüberzustehen und gemeinsam mit ihm zu beraten pflegten. Sie waren die Fürsten des Herzogtums Schwaben, dem sie, wie sie selbst sagen, zugehörten, so wie auch die Grafschaft Chiavenna dem Herzogtum zugehörte. Aber sie gehörten nicht nur dem *ducatus*, sie gehörten auch dem König an, und sie folgten dem König zu seinem Reichshoftag nicht anders als sie dem Ruf des Herzogs zu dessen Herzogslandtag Folge leisteten; überdies waren sie mit dem König in dem gleichen Ulm zusammen, in dem nicht nur der König, sondern auch der Herzog Hof zu halten pflegte [256].

Von neuem erkennen wir das enge Ineinander von Herrschaft des Königs und Herrschaft des Herzogs, von staufischem Königtum und staufischem Herzogtum während der zweiten Hälfte des 12. Jahrhunderts in Schwaben und zugleich die Identität von Fürsten des Reiches und von Fürsten des Herzogtums in Schwaben.

Was aber ließ die Fürsten dieses Landes sowohl dem Reiche wie dem Herzogtum angehören, was veranlaßte sie, sich um die Zugehörigkeit der Grafschaft Chiavenna zum Herzogtum zu kümmern, ja sich um den Zustand des Herzogtums insgesamt Sorgen zu machen? Sie taten beides, weil auch sie sich selbst, – nicht anders als jene entfremdete Grafschaft – als dem Herzogtum zugehörig betrachteten, einem Herzogtum, das, wie wir gesehen haben, für das 12. Jahrhundert nicht mehr in erster Linie als ein räumliches Gebilde, sondern zuallererst als Institution angesehen und beschrieben werden muß. Einem Herzogtum als Institution vermögen die Fürsten Schwabens freilich nur zuzugehören, wenn sie gleichfalls institutionell mit dem Herzogtum verbunden sind. Dies aber sind sie am ehesten dann, wenn sie Lehen des Herzogtums innehaben. Und so werden wir denn in den dem Herzogtum Schwaben angehörenden Fürsten des 12. Jahrhunderts mit einiger Gewißheit Lehensleute des Herzogtums [257] und zugleich Lehensleute, genauer wohl Aftervasallen des Reiches sehen dürfen. Wir werden in ihnen den gleichen Personenkreis zu erkennen vermögen, den eine Urkunde des frühen 13. Jahrhunderts als *feuda regni vel ducatus Suevie habentes* anspricht [258]. Die in Ulm auf dem Hoftag Friedrich Barbarossas versammelten Fürsten bildeten demnach nichts anderes als eine Lehenskurie, eine Lehenskurie sowohl des Reiches als auch des Herzogtums Schwaben [258a].

Als Träger von Lehen des Reiches und des Herzogtums mußten sich die zum *ducatus* gehörenden Fürsten Schwabens sehr wohl aufgerufen fühlen, wenn eben diesem Herzog-

---

256 Vgl. die Urkunde Ulmer Urkundenbuch I, Nr. LXXIII zu 1255: *quando imperator, rex vel dux Swevie curiam Ulme celebraturus est.* Dies als Antwort auf die 1956 von H. Dannenbauer gestellte Frage (vgl. oben S. 24 f.).
257 Diese Feststellung entspricht auch den Erkenntnissen, die man über die Rechtsgrundlage des sog. Reichsfürstenstandes gewonnen hat. Auch die Zugehörigkeit zum jüngeren Reichsfürstenstande wird vorzugsweise durch lehenrechtliche Momente bestimmt; vgl. dazu F. Schönherr, Die Lehre vom Reichsfürstenstande des Mittelalters, 1914, S. 150 ff., insbes. S. 153: »Auch die Bezeichnung des Reichsfürstenstandes als einer lehnrechtlichen Genossenschaft ... wird die Berechtigung behalten«, u. G. Droege, Landrecht und Lehnrecht, wie Anm. 55, S. 78, 83, 143 ff.
258 Vgl. dazu das Diplom Heinrichs (VII.) von 1220 für Ottobeuren, MGSS XXIII, S. 624.
258a So werden denn auch von K.-F. Krieger, Die königliche Lehngerichtsbarkeit im Zeitalter der Staufer, in: DA 26/1970, S. 400-433, auf S. 404 mit Anm. 16, die Hoftage Friedrichs I., die sich mit der Chiavenna-Frage befassen, als königliches Lehngericht gedeutet, das in diesem Falle Streitigkeiten zwischen Kronvasallen um Rechte am Reichslehngut schlichtet.

tum Besitzungen und Rechte entfremdet werden sollten. Und so trägt schon allein diese Überlegung nicht unwesentlich zum Verständnis jenes in der Urkunde von 1157/1158 enthaltenen Begriffes bei, der, zur gleichen Zeit in anderer, aber absolut vergleichbarer Wortverbindung, nämlich als *honor imperii* [259] hervortretend, soviel Aufmerksamkeit und so viele Erklärungsversuche erfahren hat: zum Verständnis des *honor ducatus Suevie*, der »Ehre« des Herzogtums Schwaben, die die Fürsten dieses Herzogtums durch die vom König unmittelbar vorgenommene Weiterverleihung der zum *ducatus Suevie* gehörenden Grafschaft Chiavenna gemindert sehen. Die mediävistische Forschung ist sich heute weitgehend darüber einig [260], daß der Begriff *honor* unmittelbar auf den Besitz, auf die Regalien, kurzum auf ganz konkret-materielle Rechte zielt, die mit der Ehre einer Institution, sei es des Reiches, etwa einer Grafschaft [261], oder sei es – in unserem Falle – des Herzogtums Schwaben, in unmittelbarer Verbindung stehen [262].

Mit einer solchen Definition dieses Begriffes, der offenbar im Mittelpunkt der zu Ulm gepflogenen Beratungen stand, sind aber – nimmt man die Ergebnisse unserer vorausgegangenen Überlegungen hinzu – bereits einige ganz entscheidende Einsichten in Wesen und Eigenart des schwäbischen Herzogtums in staufischer Zeit gewonnen: Im Gegensatz zu dem *ducatus Alemannicus* des 10. und 11. Jahrhunderts, der die Amtsge-

---

259 Vgl. P. Rassow, Honor Imperii. Die neue Politik Friedrich Barbarossas 1152–1159, Neuausgabe, 1961.
260 Vgl. dazu vor allem H. Hoffmann, Die Krone im hochmittelalterlichen Staatsdenken, in: FS Harald Keller, 1963, S. 71–85, insbes. 77 ff., und jetzt G. Koch, Auf dem Weg zum Sacrum Imperium, 1972, S. 140 ff., 198 f., 247 ff. – Darüber hinaus sind zum Verständnis des Begriffes heranzuziehen G. Waitz, Verfassungsgeschichte II/2, S. 120 f. mit Anm. 1; H. Mitteis, Lehnrecht und Staatsgewalt, 1933, S. 202 f.; H. G. Krause, Das Papstwahldekret von 1059 und seine Rolle im Investiturstreit (= Studi Gregoriani VII), 1960, hier 88 ff.; P. Rassow, Honor Imperii, wie Anm. 259, S. 60 ff.; F. L. Ganshof, Was ist das Lehnswesen? 1961, S. 54 ff., 126; P. Classen, Corona Imperii, in: FS Percy Ernst Schramm, Bd. I/1964, S. 90–101, hier 97 f.; W. Stürner, Salvo debito honore et reverentia, in: ZRG/KA 85, 1968, S. 1–56, hier 8 ff., 12, 18; G. Wolf, Der »honor imperii« als Spannungsfeld von Lex und Sacramentum im Hochmittelalter, in: Miscellanea mediaevalia 6/1969, S. 189–207; J. Deér, Papsttum und Normannen (= Studien und Quellen zur Welt Kaiser Friedrichs II) I, 1972, S. 205 f., 245, Anm. 1105. Den in diesen Arbeiten getroffenen Feststellungen steht neuerdings – meines Erachtens zu Unrecht – ablehnend gegenüber D. von der Nahmer, Zur Herrschaft Friedrich Barbarossas in Italien, in: Studi Medievali, Serie Terza, XV/1974, S. 587–703, hier 672–703; hier 699: »Wir lehnten so die Übersetzung mit einem rechtlich eindeutigen Terminus ab, bleiben also bei der Grundbedeutung Ehre...« – Grundlegend jetzt aber auch F. Zunkel, Artikel »Ehre«, in: Geschichtliche Grundbegriffe, hg. von O. Brunner, W. Conze u. R. Kosellek Bd. II/1975, S. 1–63, hier S. 7 f.
261 Vgl. z. B. MGDF I 54 von 1153 IV 23, S. 94: *Comitatum Clavenne cum honore et districto suo episcopo et Cumane ecclesiae adiudicavit...* – Zum *honor* eines *comes* vgl. K. Brunner, Der fränkische Fürstentitel im 9. u. 10. Jh., in: Intitulatio II, hg. von H. Wolfram (= MIÖG, Erg.-Bd. XXIV), 1973, S. 179–340, hier 218, Anm. 12, S. 220, Anm. 31, S. 225, Anm. 65, S. 226, Anm. 74.
262 Bemerkenswert in diesem Zusammenhang auch noch die Formulierung Friedrichs III. in seinem Mandat vom Oktober 1487: *... so seyen wir unß ... schuldig, daßelb Land zu Schwaben in seinen Ern und Wirden ... zu handhaben.* Vgl. dazu A. Laufs, Der schwäbische Kreis (= Untersuchungen zur deutschen Staats- und Rechtsgeschichte, NF 16), 1971, S. 80. – Zu beachten ist auch die Stelle im Schreiben Papst Alexanders IV. an die Großen Schwabens vom 4. II. 1255: *nos, vestrum in hoc procurari honorem et eiusdem ducatus statum prosperum attendentes...* (MG Ep. Pont. III, Nr. 372).

walt meinte [263], die der Herzog innerhalb der *provincia* Schwaben ausübte, läßt sich der *ducatus Sueviae* des 12. Jahrhunderts nicht mehr als die Amtsgewalt des Herzogs innerhalb seines Landes verstehen. Er muß vielmehr als eine vom Raum und offenbar auch von der Person des Herzogs abstrahierbare Institution verstanden werden, als eine Institution, die sich weitgehend aus Rechten und Besitzungen des Reiches zusammensetzt. Diese sind dem Herzog von Schwaben vom König überwiesen worden und lassen damit das Herzogtum selbst als eine Institution des Reiches erscheinen. Bei einer solch engen Verbindung dieser Institution mit Königtum und Reich kann es dann aber nicht nur allein Sache des Herzogs sein, sich um den Zustand seines Herzogtums zu kümmern, sondern durchaus auch Aufgabe und Verpflichtung des Königs, selbst um den *status* des Herzogtums besorgt zu sein.

Getragen wurde der *ducatus* und überwacht wurde der die »Ehre« des Herzogtums ausmachende Bestand an Besitzungen und Rechten jedoch durch die dem Herzogtum angehörenden, d. h. mit Lehen des Herzogtums begabten Fürsten [264]. So, wie die Fürsten des Reiches über die Unveräußerlichkeit der Kronrechte und damit über den *honor imperii* wachten [265], so wachten die Fürsten des Herzogtums über die Unveräußerlichkeit der Rechte eben dieses ihres Herzogtums und über den *honor* ihres *ducatus*.

Einerseits ist demnach aus der im 10. und 11. Jahrhundert noch persönlich vom Herzog ausgeübten Amtsgewalt eine feste, aus ganz konkreten Besitzungen und Rechten bestehende Institution geworden, deren transpersonaler Charakter [266] schon allein darin zum Ausdruck kommt, daß über ihren *status* und ihren *honor* von König und Fürsten auch ohne Beisein des Herzogs verhandelt werden kann. Dann aber wird dieser ihr transpersonaler Charakter auch dadurch unterstrichen, daß die Fürsten nicht mehr dem Herzog, sondern dem *ducatus* »zugehören« und daß überdies eine Grafschaft nicht mehr vom Herzog, sondern vom Herzogtum, nicht mehr vom *dux*, sondern vom *ducatus* zu Lehen gehen kann. Zudem aber stehen der Institution des Herzogtums die Fürsten des

---

263 Vgl. dazu Th. Mayer, Fürsten und Staat, 1950, S. 282 f.
264 Dazu vor allem H. Hoffmann, Krone, wie Anm. 260, S. 78 f. am Beispiel Flanderns, und G. Koch, Sacrum Imperium, wie Anm. 260, S. 145, 251 f., und am Beispiel des »Privilegium minus« K. J. Heilig, Ostrom und das deutsche Reich um die Mitte des 12. Jhs., in: Kaisertum und Herzogsgewalt, wie Anm. 58, S. 1–271, hier S. 190, und jetzt H. Appelt, Privilegium minus, 1973, S. 49 ff.
265 Hierzu jetzt im besonderen H. Hoffmann, Die Unveräußerlichkeit der Kronrechte im Mittelalter, in: DA 20/1964, S. 389–474, insbes. 391 ff., 399, 407, und früher schon M. Stimming, Das deutsche Königsgut im 11. und 12. Jh., 1. Tl.: Die Salierzeit (= Historische Studien 149), 1922, S. 17 f., mit dem Hinweis auf Gerhochs von Reichersberg Äußerungen über das Konsensrecht der Fürsten. Darüber P. Classen, Gerhoch von Reichersberg, 1960, S. 43. – Vgl. jetzt auch allg. H. G. Walther, Imperiales Königtum, Konziliarismus und Volkssouveränität, 1976, S. 119 ff. mit Angabe der älteren Literatur S. 121, Anm. 19. – Über den Zusammenhang zwischen fürstlichem Konsensrecht und Reichsgut vgl. auch E. Wadle, Reichsgut und Königsherrschaft, 1969, S. 121 f. mit Anm. 85; H.-C. Faussner, Die Verfügungsgewalt des deutschen Königs über weltliches Reichsgut im Hochmittelalter, in: DA 29/1973, S. 345–449, passim, und noch immer J. Ficker, Reichsfürstenstand, II/2, S. 30 ff.
266 Zu den transpersonalen Staatsideen vgl. allg. vor allem H. Beumann, Zur Entwicklung transpersonaler Staatsvorstellungen, in: Ders.: Wissenschaft vom Mittelalter, 1972, S. 135–174, und neuestens – unter Angabe der älteren Literatur – H. G. Walther, Imperiales Königtum, wie Anm. 265, S. 52 f., 56, 118.

Herzogtums gegenüber. Sie sind, wenn es um die Belange des Herzogtums geht, zur Mitsprache berechtigt; sie fungieren als Teilhaber des Herzogtums und als Wächter über seinen *honor*.

Dieses Mitspracherecht der Fürsten kommt auch dreißig Jahre später, zwischen 1185 und 1187, noch einmal zum Ausdruck, als Herzog Friedrich VI. von Schwaben seinen Ministerialen Burchard, Heinrich und Konrad von Hohenburg erlaubt, Güter an das Kloster St. Ulrich und Afra in Augsburg zu verkaufen [267]. Die über diesen Verkauf ausgestellte Herzogsurkunde wendet sich in erster Linie an die Fürsten Schwabens *(et precipue tocius Suevie principibus)*. Und die Fürsten – und jetzt bezeichnenderweise außerdem auch die Ministerialen des Herzogs – sind es auch, die über diese Gütertransaktion im Gericht ihr Urteil sprechen.

Wiederum also war es um die Wahrung der – diesmal freilich – nicht ausdrücklich angesprochenen Ehre des Herzogtums Schwaben gegangen; denn die Besitzungen, die an das Kloster St. Ulrich und Afra verkauft wurden, waren zwar Eigenbesitz der Ministerialen gewesen; aber es hatte sich eben doch um Besitz von Ministerialen des Herzogtums gehandelt, und insofern mußten sich Fürsten und Ministerialen des Herzogtums zur Mitsprache aufgerufen fühlen.

Eine solche Rolle eignete den Fürsten Schwabens bereits um die Mitte des 12. Jahrhunderts nicht von ungefähr. Zu einer selbständigen Stellung gegenüber dem Herzog von Schwaben waren sie vielmehr bereits gelangt, als sie sich in den Kämpfen des Investiturstreits – freilich zumeist unter Beteiligung des Herzogs, aber nicht auf seinen Befehl hin – auf Fürstentagen zusammenfanden [268]. Dies aber mußte das Selbstbewußtsein, mußte das Bewußtsein der schwäbischen *principes*, auch ohne Führung durch den Herzog als Genossenschaft, als »Personenverband« eine selbständige politische Größe darzustellen, ungemein stärken. Standen sie indessen damals – so etwa im Jahre 1093 in Ulm, als sie sich aufgrund der *Lex Alemannorum* dem Herzog zu Gehorsam verpflichteten [269] – noch allein der Persönlichkeit des Herzogs gegenüber, so hatte sich dieses Verhältnis im Laufe der nächsten Jahrzehnte offenbar wesentlich verändert. Die schwäbischen Fürsten sahen sich jetzt nicht mehr allein dem Herzog als Person gegenübergestellt; sie sahen sich vielmehr überdies als Träger eines eigenständig neben die Person des Herzogs getretenen Herzogtums, dem sie sich zugleich als »zugehörig« betrachteten.

Und die Rechtsgrundlage dieses Herzogtums bildete nicht mehr wie noch zu Ende des 11. Jahrhunderts die Lex Alemannorum, das vom Herzog ebenso wie von den Fürsten als verbindlich angesehene schwäbische Gewohnheitsrecht; jetzt, im 12. Jahrhundert, sah sich der König vielmehr veranlaßt, die Grafschaft Chiavenna dem Herzogtum Schwaben, d. h. die eine Institution der anderen Institution, aufgrund der Autorität der Rechte dieses Landes – *legum terre illius auctoritate* – zuzusprechen. So war denn –

---

267 Vgl. MB XXIII, Nr. 2 = HIPPER, Urkunden St. Ulrich und Afra Nr. 13. Zur S a c h e vgl. F. L. BAUMANN, Der Alpgau, seine Grafen und freien Bauern, in: DERS., Forschungen zur schwäbischen Geschichte, 1899, S. 186–256, hier 205 ff.
268 Vgl. oben S. 209 ff.
269 Vgl. Bernoldi Chronicon, MGSS V, S. 457, und zur Sache J. HÖSS, Die deutschen Stämme im Investiturstreit. Diss. phil. Masch., Jena, 1945, S. 121, und im Hinblick auf den eben dort von Herzog und Fürsten beschworenen Landfrieden vgl. J. GERNHUBER, Die Landfriedensbewegung in Deutschland bis zum Mainzer Reichslandfrieden von 1235, 1952, S. 74, 76.

und dies unterstreicht noch unsere Erkenntnisse über den völligen Wandel von Wesen und Inhalt des Begriffs »Herzogtum« seit dem 11. Jahrhundert –, an die Stelle des Personen einander verpflichtenden schwäbischen Volksrechtes das Institutionen ebenso wie Personen an eine andere Institution bindende Recht des Landes [270], der *terra* [271], ein gleichfalls transpersonales, überpersönlich gewordenes Recht also, getreten [272].

Der Weg von der personal geführten Amtsgewalt des Herzogs zum werdenden transpersonalen Herzogtum liegt deutlich vor unseren Augen. Wesen und Eigenart staufischer Herzogsherrschaft in Schwaben zeichnen sich zumindest in entscheidenden Umrissen ab.

DAS STAUFISCHE HERZOGTUM SCHWABEN SEIT DER MITTE DES 12. JAHRHUNDERTS

Dieser wesentliche Wandel in der Rechtsgestalt schwäbischer Herzogsherrschaft, den wir um die Mitte des 12. Jahrhunderts mit einem Male deutlich wahrzunehmen vermögen, kann freilich kaum von heute auf morgen vor sich gegangen sein. Wir werden vielmehr annehmen dürfen, daß uns lediglich in die schon weit fortgeschrittene Phase einer Entwicklung Einblick gewährt worden ist, die bereits wesentlich früher eingesetzt haben muß.

Die Vermutung liegt nahe, daß der Weg von der durch den Herzog innerhalb der *provincia* Schwaben ausgeübten Amtsgewalt zum Herzogtum Schwaben als verfestigter Institution schon im Jahre 1098 gebahnt worden ist, als das schwäbische »Herzogsamt« seiner volksrechtlichen Grundlagen weitgehend entkleidet und ganz auf das Lehnrecht verwiesen worden war. Erst durch diesen Übergang von der Lex Alemannorum zum Lehnrecht als alleiniger Rechtsgrundlage herzoglicher Herrschaftsausübung konnte aus dem ganz an die Person des Herzogs gebundenen *ducatus* im Sinne einer herzoglichen Amtsgewalt ein *ducatus*, ein »Herzogtum«, im Sinne einer von der Person des Herzogs jederzeit ablösbaren Institution werden. Jetzt erst, d. h. spätestens seit der Mitte des 12. Jahrhunderts, können wir mit gutem Gewissen von einem Herzogtum Schwaben sprechen, können wir uns eines Begriffs bedienen, den man so gerne auch schon für das 10. und 11. Jahrhundert anwenden würde, liefe man nicht Gefahr, mit einem solchen Begriff für diesen Zeitraum völlig unzutreffende Vorstellungen zu erwecken. Von nun an hindert uns jedoch nichts mehr daran, dem Herzog von Schwaben ein Herzogtum Schwaben zur Seite zu stellen.

Um die Mitte des 12. Jahrhunderts tritt uns freilich das Herzogtum Schwaben nicht nur erstmals als transpersonale Institution entgegen. Das Jahr 1152, das Jahr des Übergangs der deutschen Königswürde von Konrad III. auf dessen Neffen, Herzog Friedrich III. von Schwaben, gibt vielmehr überdies zum ersten Male deutlich zu erkennen,

---

270 Zum Übergang vom Volksrecht zum Landrecht und zur Bedeutung des Landrechts im 12. Jh. vgl. G. KÖBLER, Land und Landrecht im Frühmittelalter, in: ZRG/GA 86/1969, S. 1–40, hier 35 ff., und K. KROESCHELL, Recht und Rechtsbegriff im 12. Jh., in: Probleme des 12. Jhs., (= VuF XII) 1968, S. 309–335, hier 323, sowie allgemein L. GUTERMANN, The Transition from Personality to Territoriality of Law in Feudalism, in: DERS., From personal to territorial Law. Metuchen, N. J., 1972, S. 215–232, u. oben Anm. 54 u. 55.
271 Zum Begriff *terra* und dem ihm eigenenden transpersonalen Moment vgl. H. BEUMANN, Transpersonale Staatsvorstellungen, wie Anm. 266, S. 157, 163 f.
272 In diesem Sinne auch O. BRUNNER, Land und Herrschaft, ⁵1965, S. 234 ff.

daß die schwäbische Herzogswürde – wenn auch neben und nach der seit dem Jahre 1138 dem staufischen Hause zukommenden Königswürde – als zweithöchstes Amt weiterhin innerhalb des staufischen Hauses vererbt werden sollte. An die Stelle des zum König aufgestiegenen bisherigen Schwabenherzogs Friedrich III., des künftigen Königs und späteren Kaisers Friedrich I. Barbarossa, tritt nun dessen vorerst freilich noch minderjähriger Vetter Friedrich, der Sohn Konrads III.[273]. Er trägt als vierter staufischer Herzog den für die staufischen Inhaber dieser Würde nun geradezu schon charakteristischen Vornamen Friedrich. Damit wird eine Tendenz bekräftigt, die sich gleichfalls schon seit einigen Jahrzehnten angekündigt hatte, die Tendenz nämlich, das schwäbische Herzogsamt, das schwäbische Herzogtum, als vererbliches Lehen fest an ein Adelshaus zu binden, an ein Haus, das sich bis zum Jahre 1138 einzig und allein eben an diese Würde hatte klammern können und gerade dadurch wohl auch überhaupt erst zum »Adelshaus« geworden war[274]; seit 1138 ist dieses adelige Haus allerdings zugleich zum Königshaus, zum Königs- und Herzogshaus aufgestiegen. Und in der Tat ist die Würde eines Herzogs von Schwaben bis zum Jahre 1268, bis zum schrecklichen Tode König Konradins, der sich zugleich Herzog von Schwaben nannte, stets innerhalb des staufischen Hauses weiter vererbt worden. Wie sehr das »Herzogtum Schwaben« im 12. und 13. Jahrhundert zu einem s t a u f i s c h e n Herzogtum geworden ist, wie untrennbar schwäbisches Herzogtum und staufisches Haus sich künftig darstellen, erhellt nicht nur daraus, daß insgesamt elf Mitglieder des Staufergeschlechtes – von den wenigen Unterbrechungen abgesehen, da Könige selbst das Herzogsamt mitverwalteten – hintereinander die schwäbische Herzogswürde innehatten. Das enge In- und Miteinander von »Herzogtum« und »staufischem Haus«, ja geradezu ihre Identität gibt sich vielmehr auch darin zu erkennen, daß im 13. Jahrhundert zwei Nichtstaufer, nämlich Otto IV. und Alfons von Kastilien, deswegen auf die schwäbische Herzogswürde glaubten Anspruch erheben zu können, weil das »Herzogtum Schwaben« ihnen über Staufertöchter als Erbe zugefallen sei[275]. Und wenn dann das »Herzogtum Schwaben« in dem Augenblick nominell zu existieren aufhörte[276], als der letzte staufische Träger der schwäbischen Herzogswürde im Jahre 1268 zu Neapel auf dem Schafott endete, dann wird in dieser Abhängigkeit des »Amtes« von einem einzigen Geschlecht offenbar, daß seit dem frühen 12. Jahrhundert das schwäbische Herzogsamt, das »Herzogtum Schwaben«, erstmals nicht mehr von der Gesamtgeschichte eines adeligen Hauses ablösbar ist, daß es vielmehr nur noch verstanden werden kann als Teil der Gesamtgeschichte eines adeligen Hauses

---

[273] Dazu W. BERNHARDI, Jbb. Konrad III., S. 924; H. SIMONSFELD, Jbb. Friedrich I., S. 20, S. 559 f. mit Anm. 125; sowie zuletzt W. SCHLESINGER, Gedanken zur Datierung des Verzeichnisses der Höfe, die zur Tafel des Königs der Römer gehören, in: Jb. für Fränkische Landesforschung 34/35, 1975 = FS G. Pfeifer, S. 185–202, hier 191.

[274] Zu dieser Frage nach O. ENGELS, Beiträge zur Geschichte der Staufer im 12. Jh. (I.), in: DA 27/1971, S. 373–456, jetzt H. SCHWARZMAIER, Die Heimat der Staufer, 1976, insbes. S. 16 ff., sowie DERS., Das staufische Königshaus, in: Beitrr. zur Landeskunde, Regelmäßige Beilage zum Staatsanzeiger für Baden-Württemberg 2/April 1977, S. 1–10; H. DECKER-HAUFF, Das staufische Haus, in: Die Zeit der Staufer, IV/1977, S. 339–374 und K. SCHMID, De regia stirpe Waiblingensium; Bemerkungen zum Selbstverständnis der Staufer, in: ZGO 124/1976, S. 63–73.

[275] Vgl. dazu grundsätzlich G. VAN DER VEN, Die Entwicklung der weiblichen Erbfolge im deutschen Lehenrecht. Diss. phil. Masch., (Marburg) Lahn, 1949, S. 11 ff.

[276] S. dazu die Bemerkungen bei W. GOEZ, Leihezwang, wie Anm. 26, S. 199.

und als Teil des Gesamtkomplexes der Besitzungen und Rechte eben dieses Hauses, das – durch die generationenlange Innehabung des Herzogtums Schwaben selbst von diesem Amt »ergriffen« [277] – zum Herzogshaus werden konnte [278]. Wie sehr die Vererbung der Herzogswürde innerhalb des staufischen Geschlechts dieses Haus überhaupt erst begründet und ihm fortan als Haus der Herzöge von Schwaben die entscheidende Prägung verliehen hat, erhellt nicht nur daraus, daß Otto von Freising das Staufergeschlecht in seinen *Gesta* mit Friedrich, dem ersten Träger des schwäbischen Herzogtitels, beginnen läßt [279] und daß Wibald von Stablo in seiner bekannten Verwandtschaftstafel [280] dem Zähringer Berthold den Herzogstitel vorenthält, dagegen aber Friedrich I. sowohl als Gründer des Herrschaftssitzes auf dem Staufen, als Schwiegersohn König Heinrichs IV. und als Herzog und damit als Inhaber eines Amtes kennzeichnet [281].

Ja, der Herzogstitel, der im vierten Jahrzehnt des 12. Jahrhunderts nicht nur vom Herzog von Schwaben selbst, sondern für kurze Zeit daneben auch von dessen Bruder Konrad, dem späteren König Konrad III., getragen worden ist [282], verbindet sich schon um die Mitte des 12. Jahrhunderts auch in Urkunden Friedrich Barbarossas mit dem auf den Stammsitz bezogenen Namen des Geschlechts [283] und läßt damit eben diesen »Stammsitz« selbst für Jahrzehnte zur »Herzogsburg« werden [283a]. So, wie Friedrich IV. von seinem Onkel hin und wieder als Herzog Friedrich von Staufen bezeichnet wird [284], so konnte sich der Herzogstitel auch mit anderen Sitzen eines jeweiligen staufischen Schwabenherzogs verbinden und den Herzog nicht nur als Herzog von Schwaben, sondern auch als Herzog von Rothenburg oder als Herzog von Weinsberg erscheinen lassen [285].

---

277 Darüber grundsätzlich K. SCHMID, Zur Problematik von Familie, Sippe und Geschlecht, Haus und Dynastie beim mittelalterlichen Adel, in: ZGO 105/1957, S. 1–62, insbes. 31, 34, 52; DERS., Über die Struktur des Adels im frühen Mittelalter, in: Jahrbuch für Fränkische Landesforschung 19/1959, S. 1–23, hier 13 f., 23, sowie neuestens DERS., Adel und Reform in Schwaben, wie Anm. 2, insbes. S. 302 ff.
278 Dazu vor allem O. ENGELS, Beiträge, wie Anm. 274, S. 442, und jetzt K. SCHREINER, Die Staufer als Herzöge von Schwaben, in: Die Zeit der Staufer III/1977, S. 7–19.
279 Vgl. O. ENGELS, ebd., und bereits K. HAUCK, Haus- und sippengebundene Literatur mittelalterlicher Adelsgeschlechter, in: MIÖG 62/1954, S. 121–145, hier 126.
280 PH. JAFFÉ, Bibliotheca rerum Germanicarum I/1864, Nr. 408, S. 547.
281 Dazu vorerst K. SCHMID, Der Aufstieg alemannischer Geschlechter im hohen Mittelalter (Protokoll über die auf der Jahrestagung der Kommission für geschichtliche Landeskunde in Baden-Württemberg am 24. VI. 1976 zu Lahr gehaltenen Vorträge).
282 Vgl. dazu H. WERLE, Staufische Hausmachtpolitik am Rhein im 12. Jh., in: ZGO 110/1962, S. 241–370, hier S. 258, Anm. 58, und O. ENGELS, Beiträge, wie Anm. 274, S. 446, Anm. 276.
283 S. H. SCHREIBMÜLLER, Herzog Friedrich IV. von Schwaben und Rothenburg, in: ZBLG 18/1955, S. 213–242, hier 226, und W. KIENAST, Herzogstitel, wie Anm. 21, S. 334 ff., 369 ff., 414 ff.
283a Vgl. dazu H.-M. MAURER, Der Hohenstaufen, wie Anm. 79, S. 20, 25 f., 29, wo (S. 25) dem Hohenstaufen gar die »Rolle einer herzoglichen Amtsburg« zugesprochen wird. Mit dem »Herzogsamt« hat sie aber eben gerade nichts zu tun.
284 S. O. ENGELS, Beiträge, wie Anm. 274, S. 446; W. KIENAST, Herzogstitel, wie Anm. 21, S. 371, Anm. 78, und zuvor schon E. ROSENSTOCK, Königshaus und Stämme, 1914, S. 17, sowie jetzt H. SCHWARZMAIER, Königshaus, wie Anm. 274, S. 7 ff., und vor allem H.-M. MAURER, Der Hohenstaufen, wie Anm. 79, S. 25 ff.
285 Vgl. H. SCHREIBMÜLLER, Herzog Friedrich IV., wie Anm. 283, S. 226 f.; K. BOSL, Rothenburg im Stauferstaat, 1947, S. 17, und H. WERLE, Hausmachtpolitik, wie Anm. 282, S. 259.

Ja, die Herzogswürde bestimmt so sehr ihre jeweiligen Inhaber, daß sich noch Herzog Konrad, der 1191 vor Akkon gefallene Sohn Friedrich Barbarossas, in Friedrich VI. umbenennt [286], um sich auch durch diesen, den Schwabenherzog innerhalb des staufischen Hauses charakterisierenden Vornamen als neuen Herzog ausweisen und in die Reihe seiner Vorgänger im Amte einreihen zu können. Was Wunder, wenn ein Fälscher um die Wende zum 13. Jahrhundert die Vogtei über das staufische Hauskloster Schlettstadt im Elsaß nur demjenigen zukommen lassen möchte, der sowohl den Stammsitz Staufen als auch das Herzogtum innehat [287], und wenn schließlich im 13. Jahrhundert die Staufer wiederholt als *domus ducum Suevie* [288] oder gar als *domus ducatus Suevie* [289], als Haus der Herzöge von Schwaben bzw. als Haus des Herzogtums Schwaben, apostrophiert werden. Das Herzogsamt, die Herzogswürde, haben die Familie zu einem Haus, zu einem Herzogshaus werden und bis zu ihrem Ende als s c h w ä b i s c h e s Herzogshaus erscheinen lassen.

Angesichts eines solch unauflösbaren Ineinanders von Herzogsamt und Herzogshaus ist es dann aber auch müßig, danach fragen zu wollen, ob das von den staufischen Herzögen – erstmals für Herzog Friedrich VI. seit 1181 belegte – Löwenwappen [290] (Abb. 27) mehr als Wappen des Herzogsamtes oder mehr als Wappen des Herzogshauses verstanden werden kann und soll [291]. Ebenso wie Amt und Haus sind vielmehr auch Amtswappen und Hauswappen in staufischer Zeit nicht mehr voneinander zu trennen, und so kann es dann ohne weiteres geschehen, daß das schließlich drei schreitende schwarze Löwen im gelben Felde aufweisende Wappen nach dem Ende des »Herzogtums Schwaben« bei allen danach immer wieder unternommenen Versuchen, das schwäbische Herzogtum wiederherzustellen, stets als Symbol für das Herzogtum verwendet worden ist [292].

Alle diese Erkenntnisse können und dürfen allerdings hier, wo es uns allein um die Aufhellung der Rechtsgestalt des »Herzogs von Schwaben« zu tun ist, nicht dazu verführen, staufische Hausgeschichte und staufische Hausmachtgeschichte, staufische Territorialgeschichte also, zu schreiben. Es kann an dieser Stelle vielmehr nur darum gehen, in vollem Wissen um den Gesamtzusammenhang das eigentlich Herzogliche im Wirken

---

286 Vgl. G. BAAKEN, Die Altersfolge der Söhne Friedrich Barbarossas und die Königserhebung Heinrichs VI., in: DA 24/1968, S. 46–78, hier S. 77, sowie O. ENGELS, Beiträge, wie Anm. 274, S. 447, Anm. 280, S. 454.
287 Vgl. WÜRDTWEIN, Nova subsidia VI, Nr. CXXIII zu 1105 Juli 22: *Sed ad quem eius progeniei Stoufa ac omnis ducatus spectaret, ille advocatus de Schlettstat existeret.* – Zur Echtheitsfrage vgl. zusammenfassend E. C. SCHERER, Die Straßburger Bischöfe im Investiturstreit (= Schriften des wissenschaftlichen Instituts der Elsaß-Lothringer im Reich 3), 1923, S. 106 f.
288 Vgl. F. KEMPF, Regestum Innocentii III. papae super negotio Romani imperii, 1947, Nr. 62 zu 1202 III ca. 26, und dazu F. KERN, Gottesgnadentum und Widerstandsrecht, ³1962, S. 58 f.
289 Vgl. MG Const. II, S. 461 zu 1250 III 18.
290 Vgl. E. GÖNNER, Das Wappen des Herzogtums Schwaben und des schwäbischen Kreises, in: ZWLG XXVI/1967, S. 18–45, insbes. 29 ff., und jetzt H. DECKER-HAUFF, Die drei Löwen. Anmerkungen zum schwäbischen Wappen, in: Baden-Württemberg, Bücherangebot 380 vom Januar 1977 des Antiquariats Müller u. Gräff, Stuttgart.
291 Vgl. dazu E. GÖNNER, wie Anm. 290, insbes. S. 32, und zuvor schon M. BACH, Zur Geschichte des schwäbischen Wappens, in: Der deutsche Herold 34/1903, S. 180–182.
292 Darüber neuestens H. DECKER-HAUFF, wie Anm. 290.

der staufischen Herzöge und das spezifisch Herzogliche an den Rechten und Besitzungen der staufischen Herzöge von Schwaben kenntlich zu machen, eine Absicht, die jedoch wegen der engen Verflechtung von »Amt« und Familie nicht eben leicht zu verwirklichen sein dürfte.

Die Bedeutung, die die Staufer – auch seit Konrads III. Krönung – der schwäbischen Herzogswürde noch immer beigemessen haben, wird darin offenbar, daß das »Herzogtum Schwaben« bis zur Königserhebung Philipps von Schwaben im Jahre 1198 stets von Königtum und Reich getrennt gehalten worden ist [293]. Die Eigenständigkeit des schwäbischen Herzogtums neben oder genauer: nach der deutschen Königswürde blieb dadurch deutlich gewahrt. Zwar sah sich Friedrich Barbarossa mehrmals veranlaßt, die Verwaltung des Herzogtums Schwaben während der Unmündigkeit seiner nacheinander mit der Herzogswürde begabten Söhne als Vormund selbst in die Hand zu nehmen und eben während solcher Vormundschaften – erstmals zwischen 1173 und 1178 – für die Verwaltung des Herzogtums und seiner Besitzungen ebenso wie für die Betreuung des Reichsgutes in Schwaben einen oder gar mehrere gemeinsame Prokuratoren zu bestellen [294]. Aber diese gemeinsame Verwaltung während der Unmündigkeit von Herzögen änderte nichts an dem Brauch, bis Philipp von Schwaben Herzogtum und Königtum als zwei zwar im gleichen Hause vererbbare, aber dennoch bis zum Jahre 1198 nie in einer Hand zu vereinende Ämter und Würden anzusehen.

Diese Aufrechterhaltung des Grundsatzes einer Trennung von deutschem Königtum und schwäbischem Herzogtum war denn auch für das staufische Haus von zwingender Notwendigkeit. Denn das Verfügenkönnen über die schwäbische Herzogswürde ebenso wie über weitere vergleichbare »Ämter« und Herrschaftskomplexe – etwa über das eigens zu diesem Zwecke aus dem staufischen Besitz in Ostfranken geschaffene Titularherzogtum Rothenburg [295] – erlaubte es dem König, der dennoch über die verschiedenen »Vermögensmassen« ein ungeteiltes *dominium* innehatte [296], immer wieder von neuem, Söhne, Brüder oder Vettern mit dem neben und nach dem Königtum ältesten und

---

[293] Vgl. die wichtigen Beobachtungen bei F. GÜTERBOCK, Barbarossas ältester Sohn und die Thronfolge des Zweitgeborenen, in: H. Vjs. 29/1935, S. 509–540, hier 538 ff.

[294] Zu der Vormundschaft Friedrichs I. über seine Söhne vgl. grundsätzlich W. GOEZ, Leihezwang, wie Anm. 26, S. 142 f. – Zu den ersten Prokuratoren bzw. Prokurationen vgl. noch immer H. NIESE, Verwaltung, wie Anm. 91, S. 22, 268, 287 ff.; H. FRICKE, Reichsvikare, Reichsregenten und Reichsstatthalter des deutschen Mittelalters, Diss. phil. Masch., Göttingen, 1949, S. 86, und F. X. VOLLMER, Reichs- und Territorialpolitik, wie Anm. 28, S. 102.

[295] Über das »Herzogtum Rothenburg« vgl. H. NIESE, Verwaltung, wie Anm. 91, S. 8 ff.; H. HEUERMANN, Hausmachtpolitik, wie Anm. 5, S. 50 ff., 101; K. BOSL, Rothenburg, wie Anm. 285, passim; H. WERLE, Titelherzogtum, wie Anm. 6, S. 287–293; DERS., Erbe, wie Anm. 28, S. 146 ff., 302 ff.; DERS., Hausmachtpolitik, wie Anm. 282, S. 258 f.; DERS., Die Aufgaben und die Bedeutung der Pfalzgrafschaft bei Rhein in der staufischen Hausmachtpolitik, in: Mitt. des Histor. Vereins der Pfalz 57/1959, S. 137–153, hier 152; H. SCHREIBMÜLLER, Herzog Friedrich IV., wie Anm. 283, passim; W. GOEZ, Leihezwang, wie Anm. 26, S. 194; G. ZIMMERMANN, Vergebliche Ansätze zu Stammes- und Territorialherzogtum in Franken, in: Jb. für fränk. Landesforschung 23/1963, S. 379–408, insbes. 396 ff.; E. WADLE, Reichsgut, wie Anm. 65, S. 85 f.

[296] So die Formulierung von W. EBEL, Über den Leihegedanken in der deutschen Rechtsgeschichte, in: Studien zum mittelalterlichen Lehenswesen (= VuF V), 1960, S. 11–36, hier 31; vgl. auch schon TH. TOECHE, Jbb. Heinrich VI., S. 20.

vornehmsten »Fürstentum« auszustatten und zu versorgen. Das im staufischen Hause erblich gewordene Herzogtum Schwaben war innerhalb dieses staufischen Hauses und innerhalb des gesamten staufischen Herrschaftskomplexes zu so etwas wie einem »Sekundogeniturfürstentum« geworden [297]. Das zeigte sich schon, als Friedrich Barbarossa nach seiner Königskrönung – der Bitte und Empfehlung seines Onkels Konrad III. folgend – dessen Sohn Friedrich IV., dem bisher das von den Staufern geschaffene, aber auf keinen alten herzoglichen Grundlagen beruhende »Herzogtum Rothenburg« [298] mit den staufischen Besitzungen und Rechten in Ostfranken zugeteilt gewesen war, zum Herzog von Schwaben ernannte [299]. Und diese Funktion des Herzogtums Schwaben innerhalb des staufischen Hauses zeigte sich erst recht dann, als nach dem Tode eben dieses Friedrichs IV. im Jahre 1167 hintereinander Söhne Friedrich Barbarossas mit dem Herzogtum Schwaben belehnt wurden [300]; zunächst – obgleich erstgeboren, aber seiner körperlichen Schwächlichkeit wegen – Friedrich V. und dann, nach dessen Tode, Konrad, der nach seiner Ernennung zum Herzog bemerkenswerterweise den für die staufischen Schwabenherzöge bereits vertrauten Vornamen Friedrich annahm [301]. Und Heinrich VI. bediente sich – zum König geworden – derselben Möglichkeiten, um seine Brüder zufriedenzustellen. Hatte er – nach seines Bruders Friedrich VI. (Konrad) Tod vor Akkon im Jahre 1191 – das schwäbische Herzogtum ein Jahr lang unbesetzt gelassen [302], so entschloß er sich im Jahre 1192, wiederum einen seiner Brüder, den jüngeren Konrad, dem ebenso wie früher Herzog Friedrich IV. ein erneuertes »Herzogtum Rothenburg« zugeteilt worden war [303], mit dem Herzogtum Schwaben zu belehnen. Und nach dessen Tode im Jahre 1196 hat Heinrich VI. dann noch einmal einem Bruder, nämlich Philipp, das Herzogtum Schwaben übertragen [304]. Erst als dieser im Jahre 1198 die deutsche Königswürde hinzugewann, wurde mit dem Brauch der bewußten Trennung von schwäbischem Herzogtum und deutschem Königtum erstmals deutlich gebrochen. Mochte schon bisher die Ausübung der Vormundschaft über unmündige Herzöge durch Friedrich Barbarossa und die ein Jahr dauernde Nicht-Weiterverleihung des Herzogtums durch Heinrich VI. zu einer zeitweise engen Verschränkung und Vermischung von Herzogtum und Königtum, von Herzogsgut und Königsgut geführt haben, – jetzt, im Jahre 1198, wurde die Vereinigung von deutscher Königswürde und schwäbischer Herzogswürde in der Person des bisherigen Schwabenherzogs, des jetzigen Königs Philipp, nicht nur mehr

---

297 So schon H. NIESE, Verwaltung, wie Anm. 91, S. 21; daß diese Kennzeichnung freilich nicht wörtlich zu nehmen ist, zeigen die Ausführungen von G. BAAKEN, Altersfolge, wie Anm. 286, S. 57 f., 69, 78.
298 Das freilich nie unter dieser Bezeichnung in den Quellen vorkommt; der Herzogtitel ist vielmehr stets nur an den Inhaber gebunden (vgl. die Lit. oben unter Anm. 295). Es ist ein »territoriales Gebilde mit Herzogsrang« (so G. ZIMMERMANN, Vergebliche Ansätze, wie Anm. 295, S. 397).
299 Darüber zuletzt W. SCHLESINGER, Gedanken, wie Anm. 273, S. 191.
300 Zum folgenden vgl. G. BAAKEN, Altersfolge, wie Anm. 286, S. 57 ff.
301 Wie Anm. 286.
302 Vgl. dazu vorläufig noch TH. TOECHE, Jbb. Heinrich VI., S. 210, 242.
303 Vgl. dazu P. RASSOW, Der Prinzgemahl, 1950, S. 21 ff.; H. WERLE, wie Anm. 282, S. 259.
304 Dazu TH. TOECHE, Jbb. Heinrich VI., S. 440; E. WINKELMANN, Jbb. Philipp von Schwaben und Otto IV., Bd. I, S. 18.

praktisch, sondern auch theoretisch wirksam [305]. Und so ist es denn auch nach Philipps Tode geblieben. Otto IV. nicht anders als Friedrich II. – wenigstens in seinen ersten Regierungsjahren – haben sich, wenn sie sich auch nie ausdrücklich den Herzogstitel beilegten, zugleich als Herzöge von Schwaben verstanden [306] und das Herzogtum nicht mehr als eigenständiges Fürstentum ausgetan [307]. Aber bis hin zu Philipp stellt sich die Geschichte des Herzogtums Schwaben innerhalb der Geschichte des staufischen Hauses im Grunde dar als die Geschichte einer Folge von Zuweisungen der wenigstens dem Namen nach immer gleich bleibenden Herzogswürde durch den König an seine Vettern, Söhne oder Brüder.

Ja, selbst Philipp von Schwaben hat im Jahre 1207 einmal wenigstens daran gedacht, das Herzogtum Schwaben von neuem zu verselbständigen, indem er es – zusammen mit der Hand seiner Tochter Beatrix – Otto IV. unter der Voraussetzung anbot, daß dieser auf die Krone Verzicht leisten würde [308]. Und als es sich im 13. Jahrhundert wiederum als notwendig erwies, Königssöhne mit einem eigenen Fürstentum zufriedenzustellen, mußte sich der Gedanke, das »Herzogtum Schwaben« als Lehen auszutun, erneut anbieten. Indem Friedrich II. Ende 1216 oder Anfang 1217 seinen älteren, noch minderjährigen Sohn Heinrich (VII.) zum Herzog von Schwaben ernannte, hat er erstmals seit dem Jahre 1198 wiederum ein nominell selbständiges Herzogtum Schwaben geschaffen und damit zugleich eine Würde erneuert, die bereits der Vergessenheit anheimgefallen zu sein schien [309]. Als dann jedoch Heinrich (VII.) bereits drei oder vier Jahre später, im April des Jahres 1220, auch noch zum römischen König gewählt worden ist, waren deutsche Königswürde und schwäbische Herzogswürde bereits von neuem in einer Person vereint [310]; ja, Heinrich (VII.), der zunächst noch den Herzogstitel neben dem Königstitel beibehielt (Abb. 31), ließ bereits gegen Ende des Jahres 1220 den Titel eines *dux Suevie* ganz fallen, wie er auch auf die Weiterverwendung des herzoglichen Siegels verzichtete. Allerdings hat er, volljährig geworden, wenigstens in seinem Siegel gegen Ende des Jahres 1229 den Titel eines Herzogs von Schwaben doch wieder aufgenommen [311].

305 Wie Anm. 293.
306 Für Otto IV. vgl. K. WELLER, Die staufische Städtegründung in Schwaben, in: Wttbg. Vjh., 36/1930, S. 145–268, hier 194. – Für Friedrich II. vgl. HUILLARD-BRÉHOLLES I/1, S. 198 zu 1211, und ebd. S. 302 zu 1214 VI 23: *de bonis nostris patrimonialibus vel etiam ducatui Suavie attinentibus*; WINKELMANN, Acta Imperii Nr. 133 zu 1216 VII 25: *Universibus comitibus baronibus et ministerialibus tam suis quam universis in ducatu Sueviae constitutis*, sowie MGSS XVIII/ S. 471 zu 1235 (36?): *de ducatu nostro Sueviae concurrentibus*. Und dazu E. WINKELMANN, Philipp von Schwaben und Otto IV., wie Anm. 304, Bd. I, S. 473, und Bd. II, S. 143, Anm. 11, S. 231; F. SCHNEIDER, Kaiser Friedrich II. und seine Bedeutung für das Elsaß, jetzt in: DERS., Ausgewählte Aufsätze zur Geschichte und Diplomatik des Mittelalters, 1974, S. 431–458, hier 437, Anm. 24.
307 Dazu grundsätzlich W. GOEZ, Leihezwang, wie Anm. 26, S. 199 f.
308 Ebd.
309 Vgl. dazu E. WINKELMANN, Jbb. Philipp von Schwaben und Otto IV., Bd. II, S. 440, und E. FRANZEL, König Heinrich VII. von Hohenstaufen (= Quellen und Forschungen aus dem Gebiet der Geschichte 7), 1929, S. 31.
310 Vgl. dazu F. BECKER, Das Königtum der Thronfolger im Deutschen Reich des Mittelalters (= Quellen und Studien zur Verfassungsgeschichte des Deutschen Reiches V/3), 1913, S. 61 ff., u. E. FRANZEL, wie Anm. 309, passim.
311 S. E. WINKELMANN, Jbb. Friedrich II., Bd. I, S. 49, Bd. II, S. 221, 500.

Für die Abhängigkeit des einen, zweitrangigen Amtes vom höheren, vom Königtum nämlich, ist es im übrigen charakteristisch, daß Heinrich (VII.) im Jahre 1235 nach seiner mißlungenen Rebellion gegen den Vater nicht nur seine deutsche Königswürde, sondern auch seine schwäbische Herzogswürde verlor [312].

Noch einmal hat Friedrich II. für zwei Jahre das Herzogtum Schwaben unbesetzt gelassen. Erst 1237 wurde sein achtjähriger Sohn, Konrad IV., mit der Wahl zum König wohl gleichzeitig auch zum Herzog von Schwaben bestimmt [313]. Daß er das Herzogtum innehatte, gab Konrad IV. zwar – ganz im Gegensatz zu seinem Bruder Heinrich (VII.) – nie ausdrücklich in seinem Titel zu erkennen; seine tatsächliche Verfügung über das Herzogtum erhellt aber daraus, daß ihm im Jahre 1246 auf einem Reichstag Heinrich Raspes zu Frankfurt am Main erstmals das Herzogtum Schwaben abgesprochen worden ist [314], eine Maßnahme, die im Jahre 1252 ein Reichstag Wilhelms von Holland erneuerte [315]. Wie sehr Konrads Königtum und seine schwäbische Herzogswürde ineinanderflossen, gibt der Titel kund, den ihm vor allem Aussteller schwäbischer Urkunden wiederholt beizulegen pflegten: Sie bezeichneten ihn als *rex Suevie* bzw. *rex Alamannie* [316]. Deutlicher kann – trotz nomineller Weiterexistenz eines Herzogtums Schwaben – das völlige In- und Miteinander von deutscher Königswürde und schwäbischer Herzogswürde wohl kaum mehr dokumentiert werden.

Auch wenn Konrads IV. Witwe Elisabeth durch die zusätzliche Führung der Bezeichnung *Ducissa Suevie* zu dem Titel einer *Hierusalem et Sicilie regina* in ihren Urkunden [317] und in ihren Siegeln von 1258 bis 1266 [318] (Abb. 33) ähnlich wie Heinrich (VII.) die Eigenständigkeit der schwäbischen Herzogswürde unterstrich und ihr Sohn Konradin – als letzter Träger des schwäbischen Herzogstitels überhaupt – ihr in seiner Titelführung seit 1255 in ganz gleicher Weise folgte [319] (Abb. 32), so kann doch nicht übersehen werden, daß Konradin trotz der ihm sowohl von Papst Innozenz IV. [320] als auch von Papst Alexander IV. [321], ja sogar von Richard von Cornwall [322] gemachten

---

312 Er gebraucht den Zusatztitel *dux Suevie* noch in seinem an einer Urkunde von 1235 hängenden Siegel (vgl. Huillard-Bréholles IV/2, S. 715 mit Anm. 1); dazu O. Posse, Die Siegel der deutschen Kaiser u. Könige I/1909, Tafel 31/5.
313 Hierzu und zum folgenden K. Weller, Städtegründung, wie Anm. 306, S. 237, und schon früher Ders., König Konrad IV. u. die Schwaben, ebd. VI/1897, S. 113-160; vgl. auch F. Bekker, Königtum, wie Anm. 310, S. 97 ff., und jetzt O. H. Becker, Kaisertum, deutsche Königswahl und Legitimitätsprinzip in der Auffassung der späteren Staufer und ihres Umkreises (= Europ. Hochschulschriften III/51), 1975, insbes. S. 11 ff.
314 Vgl. RI V Nr. 4872 a.
315 Vgl. K. Weller, Konrad IV., wie Anm. 313, S. 121.
316 Vgl. BUB II, Nr. 787 zu 1241; ZUB II, Nr. 569 zu 1242; ZUB II Nr. 592 zu 1243 und dazu auch H. Bloch, Die staufischen Kaiserwahlen und die Entstehung des Kurfürstentums, 1911, S. 147, Anm. 1.
317 Vgl. etwa R. Dertsch, Die Urkunden der Stadt Kaufbeuren, 1955, S. 3, Nr. 7 zu 1256 V 15. *Jerusalem et Sycilie regina, ducissa Suevie*.
318 Vgl. O. Posse, Die Siegel der deutschen Könige und Kaiser, I/1909, Tafel 33, Nr. 2.
319 Ebd., Tafel 33, Nr. 4; vgl. auch die Urkunde Böhmer, Acta Imp. Nr. 972, S. 677/678, zu 1255 IV 20: *Conradus Secundus... regnorum Jerusalem et Sicilie rex ac dux Suevie*.
320 Vgl. RI V 4770 l zu 1254 IX 12.
321 Vgl. RI V 8922 zu 1255 I 23.
322 Vgl. RI V* 4772 b zu 1256 XI 26, RI V * 4772 c zu 1257 I 25.

Versprechungen nie von König Richard mit dem Herzogtum Schwaben belehnt worden und demnach weder deutscher König noch rechtmäßig belehnter Herzog von Schwaben gewesen ist [323]. Die von ihm zum letzten Male getragene Würde beruhte demnach auf eigenem Machtanspruch.

Wir sahen bereits: das Herzogtum Schwaben ist, da es ganz an das staufische Haus gebunden war, mit in den Kampf um das Reich hineingezogen worden, der seit Philipp und erst recht seit Friedrich II. Deutschland erschütterte. Ganz folgerichtig mußten auch die Gegenkönige darauf aus sein, es den Staufern gleichzutun und die schwäbische Herzogswürde, auf die sie mit oder ohne Berufung auf das Frauenerbrecht Anspruch erhoben [324], mit ihrer Königswürde zu vereinen.

So tat es Wilhelm von Holland, als er im Jahre 1255 die Vogtei über das Reichskloster Petershausen des Herzogtums Schwaben wegen für sich beanspruchte [325], und so tat es Alfons von Kastilien, als er 1257 in einem Schreiben an den Senat und das Volk von Rom seinem Königstitel den Titel eines *dux Sueviae* beifügte [326]. Und es ist dann nur die letzte Konsequenz jahrzehntelanger Verquickung von deutscher Königswürde und schwäbischer Herzogwürde, die auch für Wilhelm von Holland und Alfons von Kastilien selbstverständlich war, wenn Richard von Cornwall im Jahre 1262 Konradin gegenüber betonte, daß das Herzogtum Schwaben schon lange dem Reiche inkorporiert sei [327].

So hat das Herzogtum Schwaben im Grunde nicht erst mit dem Tode des letzten Trägers des Titels eines Herzogs von Schwaben, mit dem Tode Konradins im Jahre 1268, sein Ende gefunden; es hatte vielmehr bereits in dem Augenblick seine selbständige Existenz immer mehr einzubüßen begonnen, als die Würde eines deutschen Königs und die Würde eines Herzogs von Schwaben erstmals in der Person Philipps von Schwaben im Jahre 1198 miteinander vereint worden waren [328].

Wir werden nach alledem vermuten dürfen: So, wie die erbliche Bindung der schwäbischen Herzogswürde an das staufische Haus eben dieses adelige Haus ganz entscheidend verändert hat, ja zu einem Herzogshaus hat werden lassen, so muß umgekehrt eben dieses Erblichwerden innerhalb eines Hauses, muß die Art und Weise der Vererbung, der Zuweisung des Herzogtums an einzelne Mitglieder der Familie und muß endlich die im Jahre 1198 weitgehend Wirklichkeit gewordene Verbindung von Königswürde und Herzogswürde seit der zweiten Hälfte des 12. Jahrhunderts auch Wesen und Eigenart der schwäbischen Herzogswürde und des Herzogtums Schwaben ganz wesentlich beein-

---

323 So mit Recht betont von F. GELDNER, Konradin, das Opfer eines großen Traumes, 1970, S. 34 f., 51.
324 Vgl. oben S. 269.
325 Vgl. RI V Nr. 5219 zu 1255.
326 Vgl. RI V Nr. *5492; vgl. dazu zuletzt B. MEYER, Ende des Herzogtums Schwaben, wie Anm. 12, S. 82 mit Anm. 49.
327 Vgl. RI V Nr. 5415 zu 1262 XI 20 und RI V Nr. 4783 a; vgl. dazu auch B. MEYER, Ende des Herzogtums Schwaben, wie Anm. 12, S. 96, und W. GOEZ, Leihezwang, wie Anm. 26, S. 199 mit Anm. 46. Zur rechtlichen Bedeutung dieser Formulierung vgl. aber vor allem H. SANMANN-VON BÜLOW, Die Inkorporationen Karls IV. (= Marburger Studien zur älteren deutschen Geschichte II/8), 1942, S. 31 f.
328 Vgl. dazu auch die Beobachtungen bei H. BÜTTNER, Staufer und Welfen, wie Anm. 87, S. 391.

flußt, ja müssen alle diese Elemente das Herzogtum als Institution, als eine Institution des Reiches ganz grundlegend verändert haben.

Es ist sogar anzunehmen, daß wir es – beginnend mit Friedrich Barbarossas Übernahme der Königswürde bis hin zu Philipp von Schwaben – bereits nicht mehr mit einem in seinem Gefüge im wesentlichen gleichbleibenden, sondern statt dessen mit einem immer wieder für jeden Königssohn oder Königsbruder neu begründeten und neu zusammengesetzten Herzogtum, daß wir es also, überspitzt gesagt, mit mehreren aufeinanderfolgenden Herzogtümern zu tun haben. Und es läßt sich überdies vermuten, daß wir es schon in eben dieser Periode, erst recht aber seit Philipp von Schwaben, mit einer – durch diese ständigen Neubildungen und schließlich durch die beinahe unauflösliche Verquickung von Königtum und Herzogtum nicht mehr zu entwirrenden – Vermischung von Rechten und Besitzungen des Herzogtums, des Reiches, aber auch des staufischen Hauses zu tun haben werden, – und dies, obwohl sich am Titel eines Herzogs von Schwaben und am Begriff eines Herzogtums Schwaben rein äußerlich bis hin zu Konradin nicht das geringste geändert zu haben scheint. Besteht diese Vermutung zu recht, dann wird es uns schwerfallen, für die Zeit seit der Mitte des 12. Jahrhunderts noch spezifisch herzogliche Rechte, Besitzungen und Funktionen kenntlich zu machen, so wie uns dies für die frühstaufische Zeit noch einigermaßen gelungen war. Aber trotz der sich durch all diese neuen Entwicklungen abzeichnenden Schwierigkeiten für das Verständnis einer im Wandel begriffenen Institution sei dennoch der Versuch unternommen, das »Herzogtum Schwaben« auch in der zweiten Hälfte des 12. Jahrhunderts und in der ersten Hälfte des 13. Jahrhunderts zu beschreiben und das herauszuarbeiten, was den »Herzog von Schwaben« in dieser letzten Periode seiner Existenz ausmachte. Dies alles ist zu tun, ohne der naheliegenden Versuchung zu erliegen, neuerlich eine Geschichte des staufischen Königsterritoriums im deutschen Südwesten zu verfassen.

Wenn man Otto von St. Blasien und dem Fortsetzer der Weingartner Chronik Glauben schenken wollte, dann wäre bei den zahlreichen Aufteilungen von Besitzungen und Rechten, die Friedrich Barbarossa unter und für seine(n) Söhne(n) sowie später Heinrich VI. unter und für seine(n) Brüder(n) vorgenommen hat [329], dem jeweils zum Herzog von Schwaben bestimmten Sohne oder Bruder das Herzogtum Schwaben zusammen mit zusätzlichen, klar vom Herzogtum getrennt und wiederum klar untereinander getrennt gehaltenen Herrschaftskomplexen zugewiesen worden. Beide Quellen, die freilich erst zu Beginn des 13. Jahrhunderts entstanden sind [330], wissen für diese, einem Herzog zusätzlich übergebenen Herrschaftskomplexe genau ihre jeweiligen Provenienzen zu nennen. Und solche staufischen Herrschaftskomplexe konnten seit der Mitte des 12. Jahr-

---

329 Otto von St. Blasien (MGSS rer. germ. in us. schol.), S. 30 (zu 1179; zur Datierung vgl. F. WOLTMANN, Pfalzgraf Otto von Burgund, Diss. phil., Halle, 1913, S. 30): *Nam Friderico ... ducatu Swevie cum hereditate Welfoni et prediis Rôdolfi comitis Phullendorf concesso ...* Hugo Cont. Weingart. (MGSS XXI, S. 478): [Friedrich I.] *Friderico cum ducatu Suevorum omne patrimonium Altorfensium quam Roudolfi comitis de Phullindorf concessit ...* (zu 1189); ebd.: [Heinrich VI.] *Sicque tam ducatus Swevorum quam omne patrimonium Altorfensium per suos ad tempus disponens, tandem fratri suo Counrado ipsum ducatum cum supradicto patrimonio concessit* (zu 1191).
330 Vgl. W. WATTENBACH-F. J. SCHMALE, Deutschlands Geschichtsquellen im Mittelalter I/1976, S. 303 ff.

hunderts in der Tat von sehr verschiedener Provenienz sein. Denn seitdem war es Friedrich Barbarossa gelungen, vor allem nach Süden, über die Donau hinweg, bis hin zum Bodensee das staufische »Territorium«, das in diesen Landschaften bis dahin allenfalls über einige wenige Ansatzpunkte verfügt hatte [331], wesentlich zu erweitern, zu erweitern vor allem dadurch, daß er sich in jenen unmittelbar an das nordostschwäbische Hausgut und an die auf Reichsgut ruhenden Vororte des Herzogtums anschließenden Landstriche des heutigen »Oberschwaben« zum einen die Besitzungen und Rechte des ihm treu ergebenen Grafen Rudolf von Pfullendorf [332], daß er sich zum andern vor allem das welfische »Herzogtum« durch Herzog Welf VI. [333] – auf den Tod des einen wie des andern – überschreiben ließ. Graf Rudolf von Pfullendorf ist im Jahre 1181 gestorben [333a]; Welf VI. hingegen verstarb erst im Jahre 1191. Aber der Welfe hatte Friedrich Barbarossa offenbar schon viele Jahre vor seinem Ableben erlaubt, Teile des ihm in Aussicht gestellten Erbes in Besitz zu nehmen, und so ist es zu verstehen, daß noch zu Lebzeiten Welfs VI. Friedrich Barbarossa über Besitzungen und Rechte des Welfen verfügen konnte [334]. Und gerade diese neu erworbenen Herrschaftskomplexe zwischen Donau und Bodensee – einschließlich des im östlichen Schwaben gelegenen Erbes der Herren von Schwabegg, der bisherigen Augsburger Hochstiftsvögte [335] – sind es

---

331 Vgl. dazu F. X. VOLLMER, Reichs- und Territorialpolitik, wie Anm. 28, S. 112, 116, sowie die von DEMS. bearbeitete Karte samt Beiwort (vgl. Anm. 78); K. SCHMID, Probleme um den Grafen »Kuno von Öhningen«, in: Dorf und Stift Öhningen, hg. von H. Berner, 1966, S. 43–94, hier 71 ff. Hierzu und zum folgenden auch F. HEIMBERGER, Die Innenpolitik Kaiser Friedrich Barbarossas vornehmlich nach 1177. Diss. phil. Masch., Tübingen, 1956, insbes. S. 5 ff.; s. auch H. SCHWARZMAIER, Emerkingen, in: ZWLG XXV/1966, S. 182–213, hier 197 mit Anm. 64.
332 Dazu ausführlich K. SCHMID, Graf Rudolf von Pfullendorf, wie Anm. 169, S. 169 ff.
333 Vgl. dazu F. X. VOLLMER, Reichs- und Territorialpolitik, wie Anm. 28, S. 120 ff., 124 ff.; H. WERLE, Erbe, wie Anm. 28, S. 268 ff.–276 f., und jetzt K. FELDMANN, Welf VI., wie Anm. 153. – Zum welfischen Herzogtum vgl. oben S. 246 ff.
333a Zu seinem Todesjahr jetzt M.-L. FAVREAU, Zur Pilgerfahrt des Grafen Rudolf von Pfullendorf. Ein unbeachteter Originalbrief aus dem Jahre 1180, in: ZGO 123/1975, S. 31–45.
334 Vgl. dazu F. X. VOLLMER, Reichs- und Territorialpolitik, wie Anm. 28, S. 135 ff.; H. SCHWARZMAIER, Königtum, Adel u. Klöster, wie Anm. 160, S. 106 ff., und jetzt vor allem K. FELDMANN, Welf VI., wie Anm. 153, S. 86 ff. mit Anm. 138, 142 und 144 zu Kap. IV.
334a An dieser Stelle ist – entgegen der von O. ENGELS, Beiträge, wie Anm. 274, S. 443, und von K. SCHREINER, Die Staufer als Herzöge von Schwaben, in: Die Zeit der Staufer III/1977, S. 7–19, hier 8, vertretenen Meinung – darauf hinzuweisen, daß es für herzogliche »Verfügungsrechte über herrenloses Gut ausgestorbener Adelsfamilien« keinerlei Anhaltspunkte in den Quellen gibt. Man wird vielmehr TH. MAYERS Äußerung unterstreichen müssen: »Im schwäbischen Raum hat Barbarossa das Heimfallrecht rechtlich für das Reich, praktisch für das staufische Haus in Anspruch genommen, aber nicht schlechthin für das schwäbische Herzogtum ... Viele Häuser sind ausgestorben, ihre Besitzungen sind eingezogen worden; es war nicht immer klar, ob für das Reich oder für die Staufer, jedenfalls nicht für eine Herzogsgewalt; das war für das Weiterleben, besser gesagt für den Untergang des schwäbischen Herzogtums entscheidend.« (Protokoll des Konstanzer Arbeitskreises vom 12. XII. 1959, Nr. 74, S. 9).
335 Über dessen Gewinn vgl. F. X. VOLLMER, Reichs- u. Territorialpolitik, wie Anm. 28, S. 129 ff.; H. WERLE, Erbe, wie Anm. 28, S. 276 ff. Über die Herrschaft Schwabegg vgl. jetzt R. VOGEL, Mindelheim (= Histor. Atlas von Bayern, Teil Schwaben) Heft 7, 1970, S. 1 f. – Über die staufische Territorialpolitik in Ostschwaben vgl. jetzt den Gesamtüberblick bei P. FRIED, Die Staufer in Ostschwaben und am Lechrain, in: Die Staufer in Augsburg, Schwaben und im Reich, hg. von der Stadt Augsburg, 1977, S. 7–42.

offensichtlich, die dem jeweiligen Herzog von Schwaben zusammen mit dem Herzogtum zugewiesen wurden, und zwar im klaren Wissen um ihre jeweils völlig andersgeartete Herkunft und um ihre Eigenständigkeit [336].

Hatte – nach dem Bericht des Weingartner Fortsetzers – Konrad III. im Jahre 1152 dem neuen König, Friedrich Barbarossa, seinen Sohn Friedrich mit dem Herzogtum Schwaben und seinem ganzen Patrimonium, seinem ganzen Erbgut, zur Obhut anvertraut [337], so weiß Otto von St. Blasien die Besitzmasse, die Friedrich Barbarossa seinem Sohne Friedrich VI. (Konrad) um das Jahr 1179 zugewiesen hat, noch präziser zu bestimmen: Außer dem Herzogtum Schwaben habe er ihm das welfische Erbe und die Güter des Grafen Rudolf von Pfullendorf überlassen [338]. Und genau dieselbe Dreiheit von Herrschaftskomplexen ist es, die – diesmal nach dem Zeugnis des Weingartner Fortsetzers – Friedrich Barbarossa vor seinem Aufbruch ins Heilige Land von neuem für den gleichen Herzog bestimmt habe: das Herzogtum Schwaben, das Patrimonium Altdorf, d. h. das welfische Erbe, wie auch das Patrimonium des Grafen Rudolf von Pfullendorf [339]. Und derselbe Weingartner Chronist läßt schließlich auch Heinrich VI., nach dem endgültigen Zerfall des Welfenerbes im Jahre 1191, in ähnlicher Weise gegenüber dessen Bruder, Herzog Konrad (von Rothenburg), verfahren [340]. Wiederum erhält der Herzog das Herzogtum Schwaben mit dem Patrimonium des Welfen; vom Pfullendorfer Besitztum ist hier schon nicht mehr eigens die Rede.

Dem zu Beginn des 13. Jahrhunderts schreibenden Chronisten ist es demnach vollauf bewußt, daß den als Herzögen von Schwaben fungierenden Königssöhnen und Königsbrüdern nicht nur das Herzogtum Schwaben, sondern zusätzlich auch noch neugewonnener Hausbesitz, bestehend vor allem aus Besitzungen und Rechten der Grafen von Pfullendorf und aus dem Patrimonium, dem »Herzogtum« Welfs VI. zur Innehabung und Nutzung zugewiesen worden ist, oder anders: daß die staufischen Herzöge von Schwaben auch Herrschaftskomplexe zugewiesen erhalten hatten, die von ihrer Provenienz her keinerlei Zusammenhang mit dem Herzogtum besaßen. Sie sollten offenbar auch jetzt nichts mit dem Herzogtum zu tun haben, sondern lediglich in der Person des Herzogs

---

336 Vgl. dazu schon die Beobachtungen bei H. WERLE, Erbe, wie Anm. 28, S. 272, bei K. SCHMID, Welfisches Selbstverständnis, wie Anm. 161, S. 415, und bei G. BRADLER, Studien, wie Anm. 160, S. 427 f.

337 Hugo. Cont. Weingart. (MGSS XXI, S. 474): *filiumque suum Fridericum adhuc puerum cum ducatu Sweviae et omni suo patrimonio fidei illius commendavit*... und dazu S. HAIDER, Die Wahlversprechungen der römisch-deutschen Könige bis zum Ende des 12. Jhs., 1968, S. 65 f.

338 Wie Anm. 329. Vgl. zur Sache H. NIESE, Reichsgut, wie Anm. 91, S. 12; F. WOLTMANN, Pfalzgraf Otto, wie Anm. 329, S. 30; H. WERLE, Erbe, wie Anm. 28, S. 278; K. SCHMID, Welfisches Selbstverständnis, wie Anm. 161, S. 415, u. jetzt K. FELDMANN, Welf VI., wie Anm. 153, S. 88.

339 Wie Anm. 329. Zur Sache vgl. TH. TOECHE, Jbb. Heinrich VI. S. 110; H. DANNENBAUER, Das Verzeichnis der Tafelgüter des römischen Königs, jetzt in: DERS., Grundlagen der mittelalterlichen Welt, 1958, S. 354–431, hier 423, u. zuvor schon F. GÜTERBOCK, Zur Geschichte Burgunds im Zeitalter Barbarossas, in: ZSG 17/1937, S. 145–229, hier 154.

340 Wie Anm. 329. Zur Sache vgl. TH. TOECHE, Jbb. Heinrich VI., S. 242, sowie K. W. HUG, Die Kinder Friedrich Barbarossas, Diss. phil., Heidelberg, 1890, S. 52, u. H. NIESE, Reichsgut, wie Anm. 91, S. 13.

zu einer gewissen Einheit zusammengefaßt werden³⁴¹. Und den gleichen Eindruck, daß König und Herzöge das Herzogtum Schwaben und die Patrimonialgüter stets streng zu scheiden wußten³⁴², vermitteln auch deren eigene Urkunden: So läßt Friedrich II. in einer Urkunde des Jahres 1214 seine Eigengüter, seine *bona patrimoniales*, von den Gütern, die dem Herzogtum Schwaben zugehören, geschieden sein³⁴³, und in ähnlicher Weise unterscheidet er im Jahre 1218 zwischen Gütern, die dem Reiche und solchen, die dem Herzogtum Schwaben gehören³⁴⁴. Ja, Herzog Heinrich, der Sohn Friedrichs II., spricht im Jahre 1220 gar von Leuten, die Lehen des Reiches oder Lehen des Herzogtums besitzen³⁴⁵, und noch klarer – bereits als König – im Jahre 1229 von Leuten des Reiches, des Herzogtums oder seines Patrimonium³⁴⁶.

Nach solch präzisen Aussagen wäre zu erwarten, daß sich einzelne Besitzungen und Rechte, die ein staufischer Schwabenherzog innehatte, genau den einzelnen von ihm verwalteten Herrschaftskomplexen zuweisen lassen würden, daß also einigermaßen genau zu bestimmen sein würde, was ihm als Güter und Rechte des Herzogtums, was ihm als Güter und Rechte des Reiches und was ihm als Güter und Rechte seines Patrimonium, seines Erbes und Eigen also, d. h. seines im wesentlichen aus pfullendorfischem und welfischem Besitz stammenden Hausgutes, zugehörte. Wenn dies gelingen sollte, dann müßte es relativ leicht fallen, Wesen, Eigenart und inneres Gefüge des Herzogtums Schwaben oder besser: der in den Händen der Königssöhne und Königsbrüder aufeinanderfolgenden »schwäbischen Herzogtümer« zu definieren.

Sobald man indessen Zeugnisse für die Zugehörigkeit genau bezeichneter Besitzungen und Rechte zum Herzogtum Schwaben unter die Lupe nimmt, wächst der Zweifel, ob das Herzogtum Schwaben von den anderen in der Hand des Herzogs zusammengefaßten Herrschaftskomplexen tatsächlich dauerhaft und klar geschieden worden ist, zusehends, und es wächst damit auch der Zweifel in die Möglichkeit, ein Herzogtum Schwaben aus dem Gesamtkomplex herzoglicher Herrschaft überhaupt noch herausdestillieren zu können.

Ohne weiteres verständlich ist es bei einer Institution des Reiches, daß – wie wir es am Beispiel der Grafschaften Chiavenna und der über den *honor* des Herzogtums entscheidenden schwäbischen Fürsten gesehen haben – Reichsrechte und Reichsvasallen dem Herzog vom König als Pertinenzen des Herzogtums überwiesen worden sind, ja

---

341 Für eine zumindest ideelle Trennung von Reichsgut (und damit auch Herzogsgut) und Hausgut zur Zeit Friedrich Barbarossas vgl. E. WADLE, Reichsgut, wie Anm. 65, und H. H. KAMINSKY, Das »Tafelgüterverzeichnis des römischen Königs«: eine Bestandsaufnahme für Lothar III. in: DA 29/1973, S. 163–196, hier 169, und grundsätzlich W. EBEL, Leihegedanke, S. 30 f. Dagegen jedoch W. SCHLESINGER, Gedanken, wie Anm. 273, S. 190.
342 So auch W. METZ, Staufische Güterverzeichnisse, 1964, S. 10.
343 ... *de bonis nostris patrimonialibus vel etiam ducatui Swevie attinentibus* ... (Huillard-Bréholles I/1, S. 309 zu 1214 VI 23).
344 ... *quocumque nomine ad culmen imperiale sint spectantia aut ad ducatum Swevie* ... (WUB III, Nr. 607 zu 1218 V 17).
345 *ut liceat ministerialibus et feuda regni vel ducatus Suevie habentibus* (MGSS XXIII, S. 624 zu 1220 [I 4.]).
346 ... *ut quicunque homines imperii, ducatus sive patrimonii nostri* (Huillard-Bréholles III, S. 503/504 zu 1229 V 18).

daß – wie die Aussparung Schwabens im sog. Tafelgüterverzeichnis Friedrich Barbarossas zeigen dürfte – das gesamte in Schwaben gelegene Reichsgut zum Herzogtum Friedrichs IV. in Schwaben gerechnet haben mochte [347]. Nicht mehr in Einklang zu bringen mit der klaren Definition, die die Historiographie und die Urkunden des beginnenden 13. Jahrhunderts für die verschiedenen Herrschaftskomplexe der Herzöge von Schwaben bereithalten, ist es aber, wenn Friedrich Barbarossa im Jahre 1181 die Ministerialen von Waldsee im heutigen Oberschwaben, die aus der Ministerialität Welfs VI. stammten [348] und die damit eindeutig zu dem angeblich vom Herzogtum getrennten Patrimonium Welfs VI. gezählt werden müssen, als Zubehör des Herzogtums, des *ducatus* Schwaben, bezeichnet [349], oder wenn Herzog Friedrich um das Jahr 1185 ein Urteil der Fürsten und Ministerialen seines Herzogtums einholt, einerseits von Fürsten, deren Namen uns als Teilnehmer der am Königsstuhl abgehaltenen Landtage durchaus vertraut sind, andererseits aber auch von Ministerialen, die eindeutig erst aus welfischem Erbe oder aus Schwabegger Erbe an den Herzog gekommen sein können [350].

Oder wie soll man es erklären, daß Herzog Konrad das von Welf VI. gegründete Kloster Steingaden [351], das im übrigen bereits östlich des Lechs und damit auf bayerischem Stammesboden gelegen ist, im Jahre 1194 in seines und seines Herzogtums besonderen Schutz aufnimmt [352], daß er also wiederum eine dem welfischen Patrimonium entstammende Befugnis seinem Herzogtum verbindet, oder daß Philipp von Schwaben noch als Herzog im Jahre 1197 einen herzoglichen Hoftag mit den Fürsten Schwabens nicht etwa auf dem Königsstuhl oder zu Ulm, sondern auf dem Gunzenlee, an dem Vorort einstiger welfischer Herzogsherrschaft, auf altem welfischem Hausgut also, in feierlicher Weise begeht [353]?

Ähnlich unverständlich muß uns – angesichts der von anderen Quellen nahegelegten klaren Trennung von Herzogtum und staufischem Patrimonium – der Inhalt jener Urkunde erscheinen, derzufolge König Philipp von Schwaben im Jahre 1199 den Verkauf eines vom Herzogtum Schwaben zu Lehen gehenden Gutes zu Ormsheim im Wormsgau

---

347 So schon W. METZ, Güterverzeichnisse, wie Anm. 342, S. 11, und ebenso jetzt W. SCHLESINGER, Gedanken, wie Anm. 273, S. 190, 192, 202, der das Tafelgüterverzeichnis ins Jahr 1152 datiert. Gegen Metz – und damit auch gegen Schlesinger –, freilich wenig überzeugend, M. WEIKMANN, Königsdienst und Königsgastung in der Stauferzeit, in: ZBLG 30/1967, S. 314–332, hier 314 ff.
348 Vgl. H. WERLE, Erbe, wie Anm. 28, S. 270, und jetzt G. BRADLER, Studien, wie Anm. 160, S. 413.
349 WUB II, Nr. 426 = St. 4321 zu 1181 V 12: *...quod ministeriales de Waltze ad ducatum pertinent et conditioni sui iuris nulli nisi duci Suevorum respondere debent...* – Vgl. dazu auch E. F. OTTO, Adel und Freiheit im deutschen Staat des frühen Mittelalters, 1937, S. 391.
350 MB XXIII, Nr. 2 = Hipper, Urkunden St. Ulrich und Afra, Nr. 13: *...a principibus et ministerialibus ducatus nostri sub iuris iurandi pactione diiudicatum est.* Vgl. dazu oben S. 267 mit Anm. 267. Die Ministerialen der Zeugenreihe: *Pertholdus de Walse, Burichardus et Heinricus et Kuonradus fratres de Hohenburch, Ebirhardus de Tanne, Eberhardus filius fratris eiusdem, Perchtolt de Moufwisshoven, Heinricus de Tietrichishoven.*
351 Zur Gründung durch Welf VI. vgl. K. FELDMANN, Welf VI., wie Anm. 153, S. 23.
352 MB VI, Nr. XVI zu 1194...*in nostram et ducatus nostri specialem recepimus protectionem...*
353 Vgl. oben S. 244.

durch seinen Dienstmann Ludwig von Nicastel bestätigt [354], eines Gutes also, das auf der linken Rheinseite gelegen war und damit am ehesten salischem Erbe, das heißt staufischem Hausgut, zugerechnet werden muß.

Es kann danach kein Zweifel mehr bestehen: eine Trennung von Herzogtum und Patrimonium bestand – trotz gegenteiliger Aussagen historiographischer Quellen – seit der zweiten Hälfte des 12. Jahrhunderts allenfalls noch in der Theorie [355]. In Wirklichkeit waren auch die den schwäbischen Herzögen immer wieder von neuem zugewiesenen Patrimonialgüter aus ehedem welfischem oder pfullendorfischem Besitz vom König und vom Herzog als integrierende Bestandteile eben dieses Herzogtums selbst betrachtet worden [356], hatte eine völlige Vermischung von wohl ursprünglich weitgehend auf Reichsgut und Reichsrechten beruhenden herzoglichen Besitzungen und Rechten mit staufischem Hausgut, vor allem erst jüngst zwischen Donau und Bodensee neu hinzugewonnenem staufischem Hausgut, stattgefunden [357].

Angesichts dessen, daß Haus und Amt, daß staufisches Haus und schwäbisches Herzogtum zu einer unlösbaren Einheit zusammengewachsen sind, kann es dann aber kaum sonderlich überraschen, daß sich auch der Landschaftsbegriff Schwaben, dem, wie wir sahen, seit der Wende zum 12. Jahrhundert jede rechtliche Bedeutung abging [358], mit dem staufischen Herzogtum und den ihm angehörenden Besitzungen aufs engste verband. Nachdem dieser Landschaftsbegriff durch die Spaltung der alten *provincia* in zwei herzogliche Herrschaftssphären [359] nur noch in jenem Teil der einstigen *provincia* Schwaben gebraucht wurde, wo der staufische Herzog von Schwaben allenfalls noch Herzogsherrschaft auszuüben vermochte [360], findet nun, seitdem das staufische »Herzogtum Schwaben« mit seinen Besitzungen und Rechten die alten Provinz- oder »Stammes-«Grenzen zu überschreiten und damit zu ignorieren beginnt, der Landschaftsbegriff Schwaben überall da Verwendung, wo staufisches »Herzogsgut« und »staufisches

---

354 ... *eo quod bona eadem ratione ducatus Suevie ad nos pertinentia* ... (Böhmer, A. I. Nr. 213 zu 1199 II 22). Vgl. dazu R. KRAFT, Reichsgut, wie Anm. 243, S. 153. Zur Herkunft der im Wormsgau gelegenen Besitzungen staufischer Schwabenherzöge vgl. grundsätzlich H. NIESE, Reichsgut, wie Anm. 91, S. 19 f.
355 So auch schon H. BÜTTNER, Staufer und Welfen, wie Anm. 87, S. 391.
356 Ähnlich schon H. NIESE, Reichsgut, wie Anm. 91, S. 17.
357 Vgl. dazu auch die Beobachtungen bei C. FREY, Die Schicksale des königlichen Guts in Deutschland unter den letzten Staufern seit König Philipp, 1881, S. 6; K. WELLER, Zur Organisation des Reichsguts in der späteren Stauferzeit, in: Forschungen und Versuche zur Geschichte des Mittelalters und der Neuzeit. FS Dietrich Schäfer, 1915, S. 211–221, insbes. 211 f.; H. NIESE, Reichsgut, wie Anm. 91, S. 22 ff., 30; K. BOSL, Reichsministerialität, wie Anm. 78, Bd. II, S. 613; M. WEIKMANN, Königsdienst, wie Anm. 347, S. 315; G. BRADLER, Studien, wie Anm. 160, S. 427, insbes. S. 429.
358 Vgl. oben S. 226 u. 260 ff.
359 Hierzu und zum folgenden s. oben S. 222 ff.
360 Besonders deutlich in der Urkunde Papst Innozenz' II. für Gengenbach von 1139 II 28 (WUB II, Nr. CCCX): *In Mortenagia* (= Ortenau) – *In Suevia*. Vgl. außerdem die Lagebezeichnungen im Pactum matrimoniale von 1188: *in Suevia et inter Rhenum et Suevia* (MGSS I, Nr. 319) u. dazu P. RASSOW, Der Prinzgemahl, 1950, S. 22 f.; und allg. F. L. BAUMANN, Schwaben u. Alemannen, wie Anm. 56, S. 555 ff.

Reichsgut« gelegen sind [361]. Folgerichtig dehnt er sich bis in die an das alte Schwaben anstoßenden ostfränkischen Landstriche aus, werden Markgröningen [362] und Hall [363] ebenso als in Schwaben gelegen bezeichnet wie (Donau-)Wörth [364], gibt es, weil beide Orte den Staufern gehören, dementsprechend ein S c h w ä b i s c h Hall und ein S c h w ä b i s c h Werd, bleibt der Name Schwaben vor allem an jener Landschaft haften, die seit dem Anfall des welfischen Erbes zu einem territorialen staufischen Herzogtum wird [365], bleibt er vor allem haften an dem Land zwischen Donau und Bodensee, wenn auch der Begriff Oberschwaben als *Suevia superior* erst nach dem Tode Konradins, im Jahre 1275, erstmals erscheint [366].

Und dieser Verlagerung des Landschaftsbegriffes Schwaben nach Norden und Osten entspricht es durchaus, daß andererseits der Landschaftsbegriff Burgund von Südwesten über die Aare hinweg nach Nordosten bis an den Hochrhein hin vordringt [367], so daß im Jahre 1254 eine Urkunde Graf Hartmanns von Kiburg das Land südlich des Hochrheins, in dem sich während des 12. Jahrhunderts noch Grafen – einschließlich der Kiburger – zum »Herzogtum Schwaben« gehörig fühlten [368] und wo Illnau im Zürichgau noch im Jahre 1127 zu Schwaben gezählt wurde [369], zu Burgund, das nördlich des Hochrheins gelegene Gebiet jedoch zum Herzogtum Schwaben rechnet [370]. Es kann freilich mit dem *ducatus seu districtus Suevie*, dem die *terra districtus Burgundie* gegenübergestellt wird, nicht das Herzogtum als Institution oder als werdendes staufisches Territorium gemeint sein. Hier hat sich der Begriff Herzogtum vielmehr so sehr mit dem Landschaftsbegriff verbunden, daß das »Herzogtum Schwaben« vor allem für den außerhalb des staufischen Bereiches Seßhaften insgesamt selbst zum Landschaftsbegriff geworden ist, so, wie denn auch die Nennung von Vasallen, die die Markgrafen von Baden im Jahre 1205 im Herzogtum Schwaben besitzen [371], und die Nachricht, daß im Jahre 1208 Kaufleute aus Piacenza im Herzogtum Schwaben durch Graf Hugo von Montfort aus-

---

361 Dazu F. L. BAUMANN, Schwaben u. Alamannen, wie Anm. 56, S. 555 ff.; K. WELLER, Die staufische Städtegründung in Schwaben, in: Wttbg. Vjh., NF 36/1930, S. 145–268, hier S. 160 f.; H. SCHREIBMÜLLER, Herzog Konrad IV., wie Anm. 283, S. 227.
362 Vgl. K. WELLER, Städtegründung, wie Anm. 361, S. 157, Anm. 42.
363 Ebd., S. 182 ff.
364 Ebd., S. 179 f.
365 Vgl. dazu unten S. 287 ff.
366 Darüber zuletzt G. BRADLER, Die Landschaftsnamen Allgäu und Oberschwaben, 1973, S. 117 f.
367 Zu dieser Ausdehnung des Landschaftsbegriffes Burgund vgl. schon G. VON WYSS, Abtei Zürich, S. 18, Anm. 90; W. GISI, Comitatus Burgundiae in der Schweiz, in: Anzeiger für Schweizerische Geschichte 17/1886, S. 73–79, hier 79; K. H. FLATT, Die Errichtung der bernischen Landeshoheit über den Oberaargau, in: Archiv des Historischen Vereins des Kantons Bern 53/1969, S. 1–413, Exkurs 2, S. 355–364: »Zum Begriff Burgund«; und vor allem B. MEYER, Ende des Herzogtums Schwaben, wie Anm. 12, S. 69, Anm. 14, die Skizze S. 74, 108.
368 Vgl. oben S. 242 ff.
369 Baumann AH, Nr. 64 zu 1127 IX 21: *quoddam predium Illinôwa dictum, apud Sueviam in pago Zurichouwa situm.*
370 ZUB II, Nr. 882 zu 1254 II 21: *... exceptis duabus areis ... una videlicet in ducatu seu districtu Suevie Mure dicta, prope opidum Owe super ripam Reni sita, altera in terra districtus Burgundie, in villa, que dicitur Glatevelt, sita ...*
371 Salemer Urbar zu 1205 (ZGO 1/1850, S. 344): *et quidquid vasalli ipsorum in feuda habuerunt in ducatu Suevie.*

geraubt worden seien [372], nur zu verstehen sind, wenn man dem hier verwandten Begriff eines Herzogtums Schwaben eine rein landschaftliche Bedeutung unterlegt.

Doch kehren wir nach diesem Exkurs zu unseren verfassungsgeschichtlichen Beobachtungen zurück. Was uns bereits der Blick auf die äußere Geschichte des Herzogtums Schwaben, auf die Geschichte seiner Verbindung mit dem staufischen Haus und seiner Vererbung innerhalb des staufischen Hauses vermuten ließ, ist in der Tat eingetreten: Das »Herzogtum Schwaben«, das noch bis zur Mitte des 12. Jahrhunderts, bis zur Übernahme der Königsherrschaft durch den bisherigen Herzog Friedrich III. von Schwaben, als Institution des Reiches hatte gelten können, als eine Institution, die noch viele Züge aufwies, die für das Herzogsamt des 10. und 11. Jahrhunderts charakteristisch gewesen waren, als eine Institution zudem, die noch weitgehend von dem damals auf den Nordosten Schwabens beschränkten staufischen Hausmachtkomplex getrennt gehalten worden war, – diese Institution des Reiches ist in der zweiten Hälfte des 12. Jahrhunderts immer mehr »verherrschaftlicht« worden [373], ist – trotz der noch immer bestehenden lehnrechtlichen Bindung des Herzogs an das Reich – zu einer alle nur denkbaren Besitzungen und Rechte des Herzogs ohne Rücksicht auf ihre Herkunft umschließenden staufischen Hausherrschaft geworden.

Ja, man wird zusammenfassend sagen dürfen, daß all das, was seit der zweiten Hälfte des 12. Jahrhunderts im Besitz des Herzogs von Schwaben oder besser der Herzöge von Schwaben auftaucht, ohne von den Quellen ausdrücklich dem Herzogtum Schwaben, dem *ducatus Sueviae* zugerechnet zu werden, daß all das den in ihrem jeweiligen Bestand und in ihrem jeweiligen Umfang gewiß variierenden Herzogtümern der einander ablösenden Herzogssöhne und Herzogsbrüder zugezählt werden darf. Dem » H e r z o g t u m Schwaben« als einer Herzogs- bzw. Reichsgut ebenso wie staufisches Patrimonialgut umfassenden Institution werden demnach die nachfolgenden Typen von Einzelinstitutionen [374] zugerechnet werden dürfen [375]: Einmal Kirchenlehen [376] und

372 Vgl. UB Südl. St. Gallen I, Nr. 234 nach 1208 VI 30.
373 Zum Problem der Verherrschaftlichung grundsätzlich immer noch wichtig G. TELLENBACH, Vom karolingischen Reichsadel zum deutschen Reichsfürstenstand, in: Adel und Bauern im deutschen Staat des Mittelalters, hg. von TH. MAYER, 1943, S. 22–73, hier 55, 57, 59, 62, und über die Parallelität des Vorgangs von »Verherrschaftlichung« und »Gründung eines adeligen Hauses« jetzt K. SCHMID, Adel und Reform, wie Anm. 2, S. 302. Der Prozeß der »Verherrschaftlichung« des Herzogtums Schwaben läßt sich sehr anschaulich an der von H.-M. MAURER, Der Hohenstaufen, wie Anm. 79, herausgearbeiteten Rolle der Burg Hohenstaufen für die schwäbischen Herzöge aus staufischem Hause verfolgen; vgl. ebd., S. 25 ff.
374 Es geht uns im folgenden – das sei ausdrücklich betont – nicht um eine Aufzählung sämtlicher Besitzungen und Rechte, die sich jemals in Händen staufischer Schwabenherzöge nachweisen lassen, es geht uns also nicht um eine annähernd vollständige Beschreibung des staufischen »Herzogsterritoriums«, sondern – unserer verfassungsgeschichtlichen Fragestellung entsprechend – einzig und allein um die Anführung von Beispielen für die das staufische »Herzogtum« Schwaben der Spätzeit ausmachenden Typen von Einzelinstitutionen.
375 Vgl. zum folgenden immer noch hilfreich den Überblick bei K. WELLER, Städtegründung, wie Anm. 361, S. 148 ff.
376 Über die staufischen Kirchenlehen grundsätzlich J. FICKER, Vom Heerschilde, 1862, S. 81 f., 89; A. BOSS, Die Kirchenlehen der staufischen Kaiser, Diss. phil., München, 1886, insbes. S. 53 f.; C. FREY, Schicksale, wie Anm. 357, S. 106, 230 f.; H. NIESE, Reichsgut, wie Anm. 91, S. 17, 230 und die Liste der staufischen Klostervogteien, S. 235–238; K. BOSL, Reichsministerialität, wie Anm. 78, Bd. I, S. 151 ff.

unter ihnen etwa der Virgundawald, den Herzog Friedrich V. im Jahre 1168 als Lehen des Abtes von Ellwangen innehatte [377]; die Vogtei über die Churer Bischofskirche, die der gleiche Herzog im Jahre 1170 vom Bischof zu Lehen erhielt [378]; die aus dem gleichfalls von Friedrich Barbarossa erworbenen Erbe der Herren von Schwabegg [379] stammende Vogtei über das Hochstift Augsburg, die Herzog Friedrich VI. – zusammen mit den Vogteien über die Kirchen St. Georg und St. Ulrich und Afra in Augsburg – zugewiesen worden ist [380]; dann aber auch die aus welfischem Besitz stammende Vogtei über Orte des Stiftes Kreuzlingen in Oberschwaben [381] und vor allem die ehemaligen welfischen Vogteien über oberschwäbische Klöster, von Weingarten im Westen bis Kempten im Osten [382]. Und zu diesen Kirchenlehen gehören etwa auch jene zahlreichen Lehen, die Herzog Friedrich VI. von der Abtei Reichenau gleichfalls in Oberschwaben entgegennehmen durfte und mit denen er bemerkenswerterweise Grafen, z. B. den Grafen von Heiligenberg oder den Grafen von Rohrdorf, belehnte und deren Untervasallen dann wiederum (ehedem) welfische Ministeriale gewesen sind [383].

Und es werden dem Herzogtum Schwaben bzw. den einander ablösenden schwäbischen »Herzogtümern« der zweiten Hälfte des 12. Jahrhunderts zuzurechnen sein die Ministerialen der Herzöge von Schwaben, die gleichfalls durchweg aus pfullendorfischem oder welfischem Erbe stammten [384], und überdies jene herzogliche Eigenleute und unter dem »Patronat« des Herzogs stehenden Freien, denen Herzog Konrad zwischen 1191 und 1196 gestattet, sich dem Kloster Churwalden zu übertragen, und zwar ohne Behinderung durch ihn oder seine *officiales*, seine Beamten also [385]. Und es gehört

---

377 Vgl. WUB II, Nr. 389 = St. 4097 zu 1168 IX 29.
378 Vgl. WUB I, Nr. 373 = St. 4113 zu 1170 V 15 u. die nach 1170 V 15 datierte Urkunde Herzog Friedrichs (BUB I, Nr. 374). – Darüber zuletzt U. AFFENTRANGER, Die Bischöfe von Chur in der Zeit von 1122 bis 1250. Diss. phil., Salzburg, 1975, S. 77.
379 Vgl. oben S. 278.
380 Vgl. dazu F. X. VOLLMER, Reichs- und Territorialpolitik, wie Anm. 28, S. 129 ff.; H. WERLE, Erbe, wie Anm. 28, S. 276 ff.; vor allem: J. ZELLER, Das Augsburger Burggrafenamt, in: Archiv für Geschichte des Hochstifts Augsburg V/1916–19, S. 321–410, hier 324 ff., 351 ff.; STEICHELE-SCHRÖDER, Bistum Augsburg, S. 131 ff., 156 f.
381 TUB II, Nr. 56 zu 1179 XII 25; vgl. dazu K. FELDMANN, Welf VI., wie Anm. 153; s. auch E. MARTHALER, Die Diplome Kaiser Friedrichs I. und Heinrichs VI. für Kreuzlingen, in: Thurg. Beitrr. 77/1941, S. 10–34, hier 21 ff.
382 Vgl. dazu die Überblicke bei F. X. VOLLMER, Reichs- u. Territorialpolitik, wie Anm. 28, S. 137 ff.; H. WERLE, Erbe, wie Anm. 28, S. 278 ff., sowie jetzt die Einzelartikel in Germania Benedictina II u. V, wie Anm. 215.
383 Vgl. Cod. Dipl. Salem. I, Nr. 40 zu 1187. Grundsätzlich zu den mit Kirchenlehen belehnten staufischen Herzogsvasallen jetzt K. SCHMID, Eberhardus comes de Potamo, in: Bodman, Bd. I, hg. von H. Berner, 1977, S. 317–344, hier 339 f.
384 Vgl. grundlegend K. BOSL, Reichsministerialität, wie Anm. 78, Bd. II, S. 410 ff.; F. X. VOLLMER, Reichs- u. Territorialpolitik, wie Anm. 28, S. 137 ff.; J. LATZKE, Hofamt, Erzamt und Erbamt im mittelalterlichen deutschen Reich, Diss. phil., Frankfurt am Main, 1970, S. 208 ff., 228 ff., sowie jetzt vor allem G. BRADLER, Studien, wie Anm. 160, S. 429 ff.
385 BUB I, Nr. 478: ... *omnibus mihi quocumque modo subditis scilicet fidelibus ministerialibus seu propriis hominibus sive etiam eis, qui sub patronatu nostro sunt* ... Vgl. dazu H. BÜTTNER Churrätien im 12. Jh., jetzt in: DERS., Schwaben und Schweiz im frühen und hohen Mittelalter (= VuF XV), 1972, S. 241–263, hier 261: »Damit [mit patronatus] ist ein allgemeiner Schutz- und Herrschaftsbegriff verwandt ... Im weltlichen Bereich ... soll dieser Ausdruck das allgemei-

zu diesen Beamten des Herzogtums der 1191 genannte *minister* Herzog Konrads in Überlingen, Ulrich von Reischach, ein ehemals pfullendorfischer Ministeriale, der als Schultheiß in einer ehedem pfullendorfischen Stadt eingesetzt ist [386]. Ja, die Vielfalt ständischer Qualitäten der vom Herzog »belehnten« Personen erhellt vielleicht am deutlichsten aus einer Urkunde Herzog Friedrichs VI. vom Jahre 1187, mit der er u. a. einem jeden seiner Ministerialen, einem jeden Kaufmann *(mercator)* und einem jeden Bauern *(rusticus)* und einem jeden Menschen, gleich welchen Standes und welchen Geschlechtes, erlaubt, sich selbst oder seine Güter dem Kloster Bebenhausen bei Tübingen zu übereignen [386a].

Und es werden dann dem Herzogtum Schwaben zugerechnet worden sein auch all die aus pfullendorfischem wie aus welfischem »Erbe« stammenden Städte in Oberschwaben, die eine zwar gefälschte, aber auf einen echten Kern zurückgehende Urkunde Herzog Philipps vom Jahre 1197 sogar ausdrücklich als *civitates nostri ducatus* anspricht [387], alle jene Städte also, beginnend mit Ravensburg im Westen und endend mit Memmingen im Osten, die im 13. Jahrhundert bereits hin und wieder auch als Reichsstädte in den Quellen erscheinen [388]. Gerade dieser Wechsel ihrer Eigenschaft von Städten des Herzogtums zu Städten des Reiches gibt einen deutlichen Hinweis darauf, daß aus einstigem Patrimonialgut zunächst Herzogsgut und aus Herzogsgut danach, vor allem im 13. Jahrhundert, Reichsgut geworden ist, ein Vorgang, wie er uns auch aus der Besitzgeschichte der 1170 Herzog Friedrich V. zugewiesenen Vogtei Chur entgegentritt, die Heinrich VI. nach des Herzogs Tode nicht mehr seinen herzoglichen Brüdern überlassen, sondern beim Reiche behalten hat [389].

Als Bestandteile des Herzogtums Schwaben mochten dann schließlich aber auch etwa jene Nutzungsrechte betrachtet worden sein, die Herzog Friedrich VI. in den Jahren 1187 und 1185 *auctoritate ... patris nostri nostra quoque auctoritate et potestate* am Walde Schönbuch innehatte [390].

---

ne Verhältnis des Herzogs zu dem weiten Personenkreis der seiner Fürsorge und Obhut Anvertrauten umschreiben, eine Art herrschaftlicher Bezogenheit des Herzogtums zum Ausdruck bringen.«
386 Cod. Dipl. Salem. I, Nr. 44 zu 1191; vgl. dazu H. Büttner, Staufer u. Welfen, wie Anm. 87, S. 389.
386a Vgl. WUB II, Nr. 449 zu 1187 VI 1.
387 WUB II, Nr. 503 = RI V 13 zu 1197 IX 9. Zu dieser Urkunde vgl. P. Zinsmaier, Die Urkunden Philipps von Schwaben und Ottos IV. (= Veröff. der Kommission für geschichtl. Landeskunde in Baden-Württemberg B 53), 1969, S. 4, vor allem 126 f. Vgl. in diesem Zusammenhang auch die Nennung von *universa fora nostra* in einer Urkunde Herzog Friedrichs V. von 1186 (WUB II, Nr. 448).
388 Über diese oberschwäbischen Städte noch immer grundlegend K. O. Müller, Die Oberschwäbischen Reichsstädte, 1912, passim; K. Weller, Städtegründung, wie Anm. 361, passim; H. Werle, Erbe, wie Anm. 28, S. 278 ff.; und jetzt die Bemerkungen bei G. Bradler, Landschaftsnamen, wie Anm. 366, S. 105 ff.
389 Vgl. dazu H. Werle, Erbe, wie Anm. 361, S. 175, 274: »Damit beginnt der Übergang der von Friedrich gemachten Erwerbungen für das Hausgut in das Reichsgut.« – Darüber zuletzt U. Affentranger, Bischöfe von Chur, wie Anm. 378, S. 77 ff.
390 Vgl. WUB II, Nr. 449 zu 1187 VI 1 u. WUB II, Nr. 459 zu 1189 IV 25, und zur Sache H. Jänichen, Zur Geschichte des Schönbuchs, in: Der Schönbuch, hg. von H. Grees (= Veröff. des Alem. Instituts 27), 1969, S. 49–64, hier 54.

Ja, all dies und noch vieles mehr, was im einzelnen aufzuzählen müßig wäre, da eine solche Aufzählung weitgehend einer Beschreibung des werdenden staufischen Territoriums von der oberen Donau bis hinein ins Churer Rheintal gleichkäme, alle diese, nach einzelnen Typen geordneten Beispiele für Rechte und Besitzungen des Herzogs, die nach unseren bisherigen Erfahrungen ohne weiteres auch dem Herzogtum Schwaben des endenden 12. und des beginnenden 13. Jahrhunderts zugerechnet werden dürfen, mögen bereits zur Genüge gezeigt haben, als was sich das Herzogtum Schwaben vor allem seit dem Anfall der pfullendorfischen und der welfischen Besitzungen und Herrschaftsrechte darstellte: Es war innerhalb des staufischen »Staates« zu einem Besitzungen und Rechte jeglicher Provenienz zusammenschließenden »Sondergut« oder besser »Sondervermögen« geworden [391], das dem jeweiligen Herzog von Schwaben vom König immer wieder von neuem zugewiesen wurde. Und das innere Gefüge dieses »Herzogtums Schwaben« unterschied sich in nichts von jenen zahlreichen anderen werdenden Territorien, die auch andernorts innerhalb der Grenzen der einstigen *provincia* Schwaben emporwuchsen, und deren Herren sich der gleichen Mittel des Herrschaftsaufbaus bedienten, wie sie auch von den Welfen und den Pfullendorfern, die die Grundlagen zu der »herzoglichen Landesherrschaft« der Staufer in Oberschwaben gelegt hatten, eingesetzt worden waren: der Ministerialität, der Beamtenschaft [392], der Städtegründungen, des Bürgertums [393], der Kirchenvogteien, der Forstrechte und neugebildeter »Freier Pürschen« als besonderer staufischer Organisationsform von Reichsgut [394] und vieler anderer Mittel mehr.

Man wird sogar sagen dürfen, daß das im später so genannten Oberschwaben territorialisierte staufische Herzogtum Schwaben des ausgehenden 12. und des beginnenden 13. Jahrhunderts im Grunde vor allem auf jenem »Fürstentum« aufbaute und es fortsetzte, das die Welfen hier zwischen Donau und Bodensee um die Mittelpunkte Altdorf und Ravensburg errichtet hatten [395]. Charakteristika dieses welfischen Fürstentums, das die staufischen Herzöge übernahmen, fortführten und zugleich zur territorialen Grundlage

---

391 Vgl. dazu schon H. NIESE, Reichsgut, wie Anm. 91, S. 21 ff.; DANNENBAUER, Verzeichnis der Tafelgüter, wie Anm. 339, S. 422 ff.; W. METZ, Güterverzeichnisse, wie Anm. 342, S. 44; W. SCHLESINGER, Gedanken, wie Anm. 273; E. WADLE, Reichsgut, wie Anm. 65, S. 100 ff., 128 f. Dagegen jedoch – mich freilich nicht überzeugend – M. WEIKMANN, Königsdienst, wie Anm. 374, S. 315; H. H. KAMINSKY, Tafelgüterverzeichnis, wie Anm. 341, S. 167 ff.
392 *officiales nostri*, vgl. die Urkunde Herzog Konrads von 1191–96 (BUB I, Nr. 478).
393 Vgl. die Urkunde Herzog Friedrichs (V.) von 1167–1191 *dilectis urbanis suis in Augusta* (Chr. Meyer, UB Augsburg I/1, Nr. 2) und dazu allgemein K. WELLER, Städtegründung, wie Anm. 361, passim. So auch die Urkunde Herzog Friedrichs VI. von 1187 V 1 (WUB II, Nr. 449) mit der Erwähnung des *mercator*.
394 Vgl. dazu R. KIESS, Zur Frage der Freien Pürsch, in ZWLG XXII/1963, S. 57–90, hier 90, und DERS., Forste in Oberschwaben während des Mittelalters, in: Ulm und Oberschwaben 40/41, 1973, S. 69–122, hier 78.
395 Zu diesem welfischen Herrschaftsgebilde vgl. vor allem K. BOSL, Reichsministerialität, wie Anm. 78, Bd. II, S. 412 ff.; F. X. VOLLMER, Reichs- und Territorialpolitik, wie Anm. 28, S. 134 ff.; H. WERLE, Erbe, wie Anm. 28, S. 278 ff.; DERS., Titelherzogtum, wie Anm. 6, S. 268 ff.; R. GOES, Hausmacht, wie Anm. 160, S. 159 ff.; G. BRADLER, Studien, wie Anm. 160, S. 331 ff., und nicht zuletzt die Bemerkungen bei H. SCHWARZMAIER, Gebiet zwischen Iller und Lech, wie Anm. 160; vgl. auch die von F. X. VOLLMER bearbeitete Karte des »Historischen Atlas« von Baden-Wttbg., Nr. V, 4 (vgl. oben, Anm. 78) u. im Beiwort die Detailkarte »Raum Ravensburg«, S. 10.

ihres schwäbischen Herzogtums ausgestalteten, waren nicht nur das Vorhandensein der ein »Fürstentum« des 12. Jahrhunderts kennzeichnenden Hofämter, die durch Grafen und Grafengleiche versehen wurden, das Vorhandensein auch von *consiliarii*, Kaplänen, Notaren und Kanzlern, waren nicht nur die überdies umfangreiche Dienstmannschaft [396] und »die Geschlossenheit und Flächenhaftigkeit« dieses welfischen Herrschaftsgebildes [397], derentwegen das Weißenauer Traditionsbuch sagen konnte: *dux Welfo* (= Welf VI.) *habuit dominium totius terre tam super ministeriales, quam super castra et predia* [398]. Seine Charakteristika waren auch nicht nur die Existenz von Märkten und Städten wie Buchhorn, Ravensburg, Schongau, Mindelheim und Memmingen und die Übernahme der Vogteien über zahlreiche oberschwäbische Klöster [399].

Entscheidend für die Qualität des welfischen Herrschaftsgebildes als »Fürstentum«, als (Titel-)Herzogtum, war vielmehr noch die Herrschaft über Grafen und Edelfreie auf der Grundlage der Vasallität, auf der gleichen Grundlage also, auf der auch die Herrschaft des staufischen Herzogs von Schwaben über Grafen und Edelfreie beruhte. Zur welfischen Vasallität – ganz gleich ob Welfs VI. oder Heinrichs des Löwen [400] – gehörte etwa Adalbert von Calw, gehörten vor allem aber auch die Grafen und späteren Markgrafen von Ronsberg, die Grafen von Veringen, von Zollern und von Kirchberg und viele andere Grafen und Edelfreie mehr [401], die Welf VI. – in ganz ähnlicher Weise wie der Herzog von Schwaben – zu einem *generale colloquium* [402] nach Altenburg aufbieten konnte [403]. In ihnen dürfen wir auch jene *optimates tam Bawariae quam Sueviae* sehen, mit denen zusammen der gleiche Herzog im Jahre 1175 auf dem Gunzenlee das Pfingstfest beging [404]. Ja, wir wissen sogar, daß Herzog Welf VI. – nicht anders als der staufische Herzog von Schwaben – Grafschaften verleihen konnte [405], und so werden wir denn auch jene Grafschaften, von denen sich die Titel einiger der im welfi-

---

396 Vgl. dazu K. BOSL, Reichsministerialität, wie Anm. 78, Bd. II, S. 417; H. SCHWARZMAIER, Königtum, Adel und Klöster, wie Anm. 160, S. 78; J. KERKHOFF, Grafen von Altshausen-Veringen, wie Anm. 252, S. 98; R. GOES, Hausmacht, wie Anm. 160, S. 155 ff.; K. SCHMID, Welfisches Selbstverständnis, wie Anm. 161, S. 403 ff., insbes. 411; K. FELDMANN, Welf VI., wie Anm. 153, S. 100 f.; G. BRADLER, Studien, wie Anm. 160, S. 334 f. – Vgl. auch oben S. 285 f.
397 So H. WERLE, Titelherzogtum, wie Anm. 6, S. 273 f.
398 Vgl. ZGO 29, S. 19, und dazu R. GOES, Hausmacht, wie Anm. 160, S. 159 f.
399 Vgl. den Überblick bei R. GOES, Hausmacht, wie Anm. 160, S. 159 ff., und jetzt die Einzelbelege in Germania Benedictina II u. V., wie Anm. 215.
400 Zu diesem Problem vgl. H. SCHWARZMAIER, Königtum, Adel und Klöster, wie Anm. 160, S. 104.
401 Vgl. dazu oben S. 247 ff. und grundsätzlich R. GOES, Hausmacht, wie Anm. 160, S. 32, 140, 145; K. FELDMANN, Welf VI., wie Anm. 153, S. 8, 11, 64, 65 und die Anm. 133 und 143 zu Kapitel IV; G. BRADLER, Studien, wie Anm. 160, S. 331 ff. und vor allem die Liste S. 347 ff.
402 Vgl. dazu K. FELDMANN, Welf VI., wie Anm. 153, Regest Nr. 132.
403 Darüber schon J. FICKER, Reichsfürstenstand, wie Anm. 28, Bd. II/3, S. 168 ff.
404 Vgl. K. FELDMANN, Welf VI., wie Anm. 153, Regest Nr. 139, und Historia Welforum, ed. E. König, S. 70.
405 Vgl. dazu etwa H. SCHWARZMAIER, Königtum, Adel und Klöster, wie Anm. 160, S. 111 mit Anm. 70, S. 112 (dort S. 111, Anm. 70: Gottfried von Ronsberg als welfischer Lehengraf bezeichnet); K. FELDMANN, Welf VI., wie Anm. 153, S. 64 u. Anm. 63 zu Kap. I, wo auch die Verleihung einer Grafschaft durch die Welfen an die Pfalzgrafen von Tübingen angenommen wird. Vgl. demgegenüber zuletzt J. SYDOW, Tübingen, wie Anm. 127, S. 102.

schen Gefolge erscheinenden Grafen herleiten, als von den Welfen zu Lehen gehend auffassen dürfen.

Dieses welfische »Fürstentum«, dieses welfische »Herzogtum« bildete nun also – zusammen mit der Herrschaft der Grafen von Pfullendorf und anderen kleineren Herrschaftsgebilden – den Grundstock des zum Territorium gewordenen staufischen Herzogtums Schwaben [406]. Und dementsprechend stehen in den beiden letzten Jahrzehnten des 12. Jahrhunderts und während des 13. Jahrhunderts nicht mehr die auf altem Reichsgut ruhenden Vororte schwäbischer Herzogsherrschaft, stehen nicht mehr Ulm, Rottweil und der Königsstuhl im Mittelpunkt des Itinerars staufischer Schwabenherzöge; es treten vielmehr jetzt herzogliche Aufenthaltsorte in den Vordergrund, die ganz im einst welfischen oder pfullendorfischen Herrschaftsbereich liegen und mit dem alten Herzogsamt nicht das geringste zu tun haben: So etwa Altdorf [407] und Ravensburg [408], Memmingen [409] und Schongau [410], Steingaden [411] oder die Burgen in Schweinhausen bei Biberach [412] an der Riß oder zu Hausen im Churer Rheintal [413].

Angesichts eines derart unmittelbaren Eintretens der staufischen Schwabenherzöge in die Herrschaftsrechte der Welfen und der Grafen von Pfullendorf ist auch ohne weiteres zu erwarten, daß die Münzstätten, die sie in deren Herrschaftsbereichen vorfanden [414], und die einzige ältere staufische Münzstätte, nämlich die zu Ulm [415], fortan einander zu ergänzen vermochten, daß also die Münzstätten zu Überlingen, Ravensburg, Memmingen, Biberach und Lindau, deren Prägungen wir seit dem endenden 12. bzw. seit dem beginnenden 13. Jahrhundert kennen [416], zunächst zu herzoglichen und erst seit Beginn des 13. Jahrhunderts, seit der weitgehenden Vermischung von Rechten des Herzogtums mit Rechten des Reiches, zu königlichen Münzstätten geworden sind. Da eine genaue

---

406 Zu dessen hier nicht mehr im einzelnen zu untersuchenden »inneren Gefüge« während des 13. Jhs. vgl. etwa H. NIESE, Reichsgut, wie Anm. 91, passim; K. O. MÜLLER, Oberschwäbische Reichsstädte, wie Anm. 388, passim; K. WELLER, Stadtgründung, wie Anm. 361, passim; K. BOSL, Reichsministerialität, wie Anm. 78, Bd. II, S. 410 ff.; A. DREHER, Geschichte der Reichsstadt Ravensburg I, 1972, S. 80 ff.; G. BRADLER, Studien, wie Anm. 160, S. 331 ff., 421 ff. Daß das staufische Herzogtum Schwaben in der Tat zu einem Territorium geworden war, lehrt auch jene Notiz bei Matthäus Parisiensis, derzufolge Papst Innozenz IV. zwei schwäbischen Grafen jeweils die Hälfte des Herzogtums Schwaben versprochen habe (MGSS XXVIII, S. 284/285).
407 Vgl. K. FELDMANN, Welf VI., wie Anm. 153, Regest Nr. 157 zu 1178 XII 25.
408 Vgl. WUB II, Nr. 492 zu 1195 IV 11 und grundsätzlich K. O. MÜLLER, wie Anm. 388, S. 47, Anm. 3.
409 S. WUB II, Nr. 470 zu 1192 II 22.
410 S. WUB II, Nr. 444 zu 1185 XII 27.
411 MB VI, Nr. XVI zu 1194 VIII 28.
412 WUB II, Nr. 502, zu 1197 VII 30.
413 MB VI, Nr. XIV zu 1183-89; vgl. dazu K. FELDMANN, Welf VI., wie Anm. 153, Regest Nr. 172.
414 Zu den Münzstätten der Welfen und der Pfullendorfer vgl. zuletzt E. NAU, (Katalog) Die Zeit der Staufer I/1977, S. 166 ff.
415 Zur Ulmer Münzstätte zuletzt ebd., S. 169 ff.
416 Vgl. dazu den wichtigen Überblick bei N. KAMP, Moneta Regis. Beiträge zur Geschichte der Königlichen Münzstätten und der Königlichen Münzpolitik in der Stauferzeit. Diss. phil. Masch., Göttingen, 1957, S. 228 ff., 285 ff., und D. M. METCALF, The coinage of South Germany in the thirteenth Century, London 1961, S. 36 ff., und jetzt E. NAU, wie Anm. 414.

Datierung der – nach Konstanzer Vorbild [417] – erfolgenden Gepräge indessen kaum möglich ist, wird es schwerfallen, ja, wird es letztlich kaum gelingen zu sagen, welche der Ravensburger Pfennige mit dem burgähnlichen Gebäude im Münzbild oder welcher der Überlinger Pfennige mit der Darstellung eines vorwärtsschreitenden Löwen noch als herzogliche oder bereits als königliche Pfennige betrachtet werden können.

Eine Zuweisung an Herzöge von Schwaben gelingt bei diesen immerhin weitgehend genau zu lokalisierenden Münzen ebensowenig wie bei jenen nicht zu lokalisierenden Münzen, deren Bild jedoch mit einiger Wahrscheinlichkeit einen Herzog darstellen dürfte und deren Fundort den Bezug zu einer der staufischen Münzstätten Oberschwabens immerhin vermuten läßt. Und so hat man denn geglaubt, sowohl Herzog Friedrich IV. als auch den Herzögen Friedrich V. (bzw. VI.), Konrad oder Philipp Denare mit einiger Bestimmtheit zuweisen zu können [418], ja, hat man sogar in einem der zu Holzburg gefundenen Pfennige den frühesten staufischen Herzogspfennig aus der ersten Hälfte des 12. Jahrhunderts erkennen wollen [419]. Aber keines der für eine solche Zuweisung vorgebrachten Argumente vermag zu überzeugen [420]. Münzen der staufischen Herzöge von Schwaben kennen wir – wenigstens vorerst – noch immer nicht [421].

Überblicken wir das Ganze, so zeigt sich dies: Aus der Herzogsherrschaft als Institution des Reiches war eine staufische Landesherrschaft, war ein staufisches Fürstentum [422] mit einer eigenen herzoglichen Hofhaltung, mit den vier nur einem Fürstentum

---

417 Vgl. darüber künftig in neuer Schau E. NAU, Der Münzschatz aus der Martinskirche in Sindelfingen.
418 Vgl. dazu etwa die Zuschreibungen bei J. CAHN, Münz- und Geldgeschichte von Konstanz und des Bodenseegebiets im Mittelalter, 1911, S. 449 f.; DERS., Unbekannte und seltene süd- und westdeutsche Mittelaltermünzen, in: Frankfurter Münzzeitung 1, Nr. 12/1930, S. 177 ff.; H. GEBHART, Die Münzen und Medaillen der Stadt Donauwörth, 1924, S. 17 u. 71; H. BUCHENAU, Augsburger Pfennigfund der mittleren Stauferzeit, in: Bll. für Münzfreunde 1909, Sp. 4279 f.; DERS., Schwäbisch-Alemannische Pfennige, in: Bll. für Münzfreunde 10/1911, Sp. 4846-4847; A. E. CAHN, Auktionskatalog 78 vom 15. IX. 1932, S. 76, Nr. 1145; J. CAHN, Katalog Cahn 41/1920, Nr. 869.
419 Vgl. H. BUCHENAU, Der Brakteatenfund von Holzburg, in: Mitt. der Bayerischen Numismatischen Gesellschaft XXVII/1909, S. 141-146.
420 Die Leiterin des Münzkabinetts innerhalb des Württembergischen Landesmuseums, Frau Dr. Elisabeth Nau, der ich für ihre freundliche Hilfestellung auch an dieser Stelle herzlich danke, bestätigte mich mit ihrem Brief vom 18. II. 1977 in meinen Zweifeln. Sie schreibt: »Ich kann Ihnen auf alle Fälle und aus ganzem Herzen beipflichten, daß die bisher von numismatischer Seite vorgetragenen Mutmaßungen über staufisch-schwäbische Herzogspfennige in gar keiner Weise überzeugen... Nach meinen Beobachtungen spielt der Herzog in Schwaben – ganz im Gegensatz zu den diesbezüglichen lebhaften herzoglichen Aktivitäten in Sachsen und Bayern – in der Münzprägung kaum eine Rolle. ... Eine eindeutig herzogliche Münzstätte vermag ich nicht zu nennen.«
421 Dementsprechend fehlen denn auch in der von E. NAU, Münzen der Stauferzeit, in: Die Zeit der Staufer I/1977, S. 108-188, insbes. 166, gebotenen Übersicht Münzen staufischer Schwabenherzöge völlig.
422 Zum Übergang von Herzogtum und Herzogsamt zum Fürstentum vgl. F. SCHÖNHERR, Reichsfürstenstand, wie Anm. 24, S. 155 ff.; zum Begriff des Fürstentums jetzt auch H.-G. KRAUSE, Sachsenspiegel, wie Anm. 26, S. 94/95.

zustehenden [423] Hofämtern [424] geworden, ein Fürstentum, das freilich dadurch, daß seine Inhaber seit der Wende zum 13. Jahrhundert häufig zugleich deutsche Könige waren, während des 13. Jahrhunderts in seiner Gesamtheit selbst wiederum zu Reichsgut, zu einem Territorium des Reiches werden konnte.

Eine solche Entwicklung hin zu Reichsgut, zum Territorium des Reiches, kündigte sich bereits an, als Friedrich I. während der Unmündigkeit seines Sohnes, Herzog Friedrichs VI., zwischen 1173 und 1178 den Edlen Degenhard von Hellenstein zum *procurator per omnia regalia predia Sueviae* [425] ernannte und sich damit einer Form der Verwaltung bediente, die auch das Herzogtum Schwaben mit einbezogen haben dürfte [426]. Denn mit dieser neuen Form der Verwaltung sowohl von Reichsgut als auch des Herzogs- und Patrimonialgut umfassenden Herzogtums Schwaben dürfte auch gemeint sein, was der Weingartner Chronist über die Schicksale des Herzogtums Schwaben vor der Einsetzung Herzog Konrads durch Heinrich VI. im Jahre 1192 zu berichten weiß: daß der König nämlich bis dahin das Herzogtum Schwaben durch seine Leute habe verwalten lassen [427]. Und so wird man zur Charakterisierung all dieser während des 13. Jahrhunderts, zu Zeiten der Unmündigkeit von Herzögen, im Land zwischen Donau und Bodensee immer wieder wirksam werdenden, aus der herzoglichen Hofamtsministerialität hervorgegangenen Prokuratoren *in terra ista, regie dignitatis, terre et regalium negotiorum* oder *gubernationem terre ex parte regis... tenentes,* oder *procuratores* bzw. *prefecti Suevie* [428] jenes Urteil wiederholen dürfen, das vor langem Hans Niese in erwünschter Kürze und Klarheit abgegeben hat: »Ursprünglich als eine den Herzog erset-

---

423 Vgl. dazu die Bemerkungen bei E. F. OTTO, Adel und Freiheit, wie Anm. 349, S. 308 ff., 385 ff.
424 Zu den vier Hofämtern der staufischen Herzöge bzw. des staufischen Herzogtums Schwaben vgl. J. FICKER, Die Reichshofbeamten der staufischen Periode, 1863, S. 17, 21, 32 ff., 49 ff., 83 u. insbes. 86 ff.; H. NIESE, Reichsgut, wie Anm. 91, S. 22 f.; J. LATZKE, Hofamt, wie Anm. 384, S. 209 ff., 228 ff.; G. BRADLER, Studien, wie Anm. 160, S. 429, 583; und jetzt H.-M. MAURER, Der Hohenstaufen, S. 53.
424a Vgl. dazu die Bemerkungen bei A. SCHMID, Zur Überlieferung der schwäbischen und elsässischen Privaturkunde im Hochmittelalter, in: Festgabe Hans Nabholz zum 70. Geburtstag, 1944, S. 45-77, hier 59. Die Frage bedürfte eingehender Behandlung durch die Diplomatiker. Vgl. etwa für Philipp von Schwaben P. ZINSMAIER, Die Urkunden Philipps von Schwaben und Ottos IV. (= Veröff. Kommission für geschichtl. Landeskunde in Baden-Württ., B 53), 1969, oder für Herzog Friedrich IV. P. JOHANEK, Die Frühzeit der Siegelurkunde im Bistum Würzburg (= Quellen u. Forschungen zur Geschichte des Bistums u. des Hochstifts Würzburg XX), 1969, S. 156 ff. – Zur Herzogskanzlei in staufischer Zeit vgl. jetzt auch Katalog »Stauferzeit« I, 1977, Nr. 9: Urkunde Herzog Konrads für Kloster Weißenau: »vermutlich Kanzlei des schwäbischen Herzogs«.
425 Vgl. Chron. Ursperg. (MGSS XXIV, S. 371); dazu H. NIESE, Reichsgut, wie Anm. 91, S. 268; K. WELLER, Städtegründung, wie Anm. 361, S. 224 f.
426 Wie Anm. 425.
427 *Sicque tam ducatum Swevorum quam omne patrimonium Altorfensium per suos ad tempus disponens...* (Cont. Weingart, MGSS XXI, S. 478).
428 Vgl. dazu außer NIESE und WELLER, (s. Anm. 425) H. HARTMANN, Die Urkunden Konrads IV., in: AUF XVIII/1944, S. 38-163, hier S. 79 ff.; H. FRICKE, Reichsvikare, Reichsregenten und Reichsstatthalter des deutschen Mittelalters. Diss. phil. Masch., Göttingen, 1949, S. 86; W. METZ, Güterverzeichnisse, wie Anm. 342, S. 105 ff.; J. LATZKE, Hofamt, wie Anm. 384, S. 230 f.; A. DREHER, Über die Herkunft zweier Güterverzeichnisse der späteren Stauferzeit, in: ZWLG XXIX/1970, S. 321-325; G. BRADLER, Studien, wie Anm. 160, S. 431 ff.

zende Beamtung für das schwäbische Hausgut gedacht, umfaßte sie auch das Reichsgut. Sie bestand nur dann, wenn es keinen wirklichen Herzog von Schwaben gab«[429]. So erweist im übrigen auch diese Form gemeinsamer Verwaltung von Besitzungen und Rechten verschiedener Provenienz, was uns bereits die Betrachtung der äußeren Geschichte des Herzogtums Schwaben während des 13. Jahrhunderts hatte vermuten lassen: daß nämlich nicht anders als Königtum, schwäbisches Herzogtum und staufisches Haus ganz entsprechend auch Reichsgut, Herzogsgut und staufisches Hausgut in nicht mehr zu entwirrender Weise miteinander zu einem alle diese Einzelelemente in sich einschließenden neuartigen »Herzogtum Schwaben« im Sinne eines werdenden Territoriums des Reichs verbunden worden sind.

Die Herzöge von Schwaben des 13. Jahrhunderts aber hatten damit ihre Eigenständigkeit, ihre besonderen Eigenschaften, die sie vom König einerseits und von benachbarten Landesherren andererseits unterschieden, weitgehend verloren, und sie mußten sie erst recht dann verlieren, als sie – wie so häufig im 13. Jahrhundert – Königswürde und Herzogswürde in einer Hand vereinigten[430]. So verbanden sich denn in der Person des letzten Trägers des schwäbischen Herzogtitels, in Konradin, der Anspruch auf das deutsche Königtum und der Anspruch auf das schwäbische Herzogtum so eng miteinander, daß es müßig wäre, wollte man versuchen, nach dem spezifisch Herzoglichen der von ihm beanspruchten Befugnisse und Funktionen zu fahnden. Sein Itinerar[431] (TA 16), sein Wirkungsbereich verweist deutlich darauf, daß das staufische Territorium im südöstlichen Schwaben, dessen Mittelpunkt für Konradin immer mehr das unter seiner Vogtei stehende Augsburg wurde[432], daß dieses zu einem Territorium des Reiches umgeformte Herzogtum Schwaben die Grundlage seiner Herrschaft bildete. Die Hoftage aber, die Konradin zu Beginn seines Herrschaftsantritts im Jahre 1262 in Ulm, Rottweil, in St. Gallen und Konstanz abhielt[433], zeigen ebensosehr die Anlehnung Konradins an die Rechte des Herzogs in Schwaben wie sie andererseits – vor allem im Hinblick auf Konradins Erscheinen an einem Bischofssitz und in einem Reichskloster – den Bezug auf Rechte des Königs deutlich werden lassen. Und nicht anders als mit dem völligen In- und Miteinander königlicher und herzoglicher Befugnisse läßt sich jene der Zeit Konradins entstammende Bestimmung erklären, die für den alten schwäbischen Herzogsvorort Ulm in gleicher Weise Hoftage des Kaisers, des Königs wie des Herzogs von Schwaben für möglich hält[434], oder läßt sich jene von Konradin vorgenommene Übertragung des bislang in der Herzogssphäre unbekannten Ehrenamts eines Marschalls, »das

---

429 Vgl. H. NIESE, Reichsgut, wie Anm. 91, S. 268 f.
430 Das wird besonders deutlich, wenn man etwa das »Herzogliche« an Konrads IV. Herzogsherrschaft in Schwaben zu bestimmen versuchen wollte. Vgl. K. WELLER, König Konrad IV. und Schwaben, in: Wttbg. Vjh. NF VI/1897, S. 113-160, und auch schon J. FICKER, Reichsfürstenstand, wie Anm. 28, II/3, S. 154.
431 Vgl. Katalog »Staufisches Erbe im Bayerischen Herzogtum« 1968, S. 63, Nr. 70 mit Tafel VI, u. K. HAMPE, Konradin, wie Anm. 433, S. 37 ff.
432 Vgl. ebd., S. 63, Nr. 70, und zuletzt W. GROOS, Beiträge zur Frühgeschichte Augsburgs, 1973, S. 84 ff.; vgl. dazu auch K. HAMPE, Konradin, wie Anm. 433, S. 48 ff., 98 ff.
433 Vgl. zu den Einzelheiten noch immer K. HAMPE, Geschichte Konradins von Hohenstaufen, hg. von H. Kämpf, 1940, und hier insbes. S. 32 f.
434 Vgl. oben S. 102.

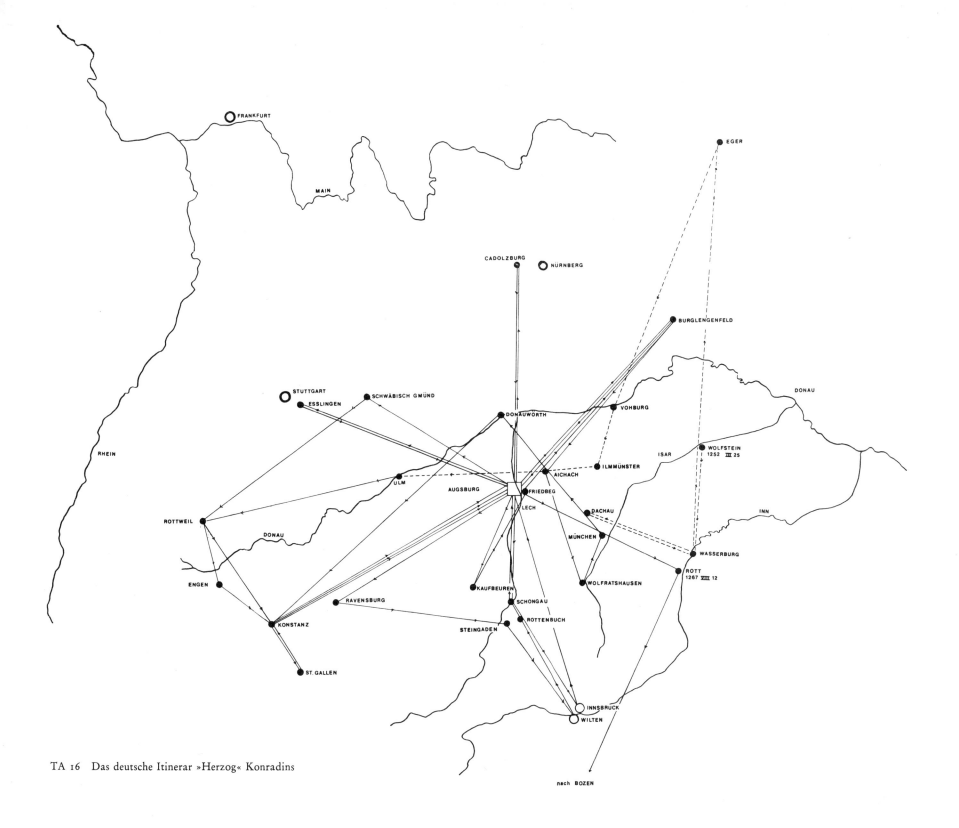

TA 16   Das deutsche Itinerar »Herzog« Konradins

zum Herzogtum für ganz Schwaben« gehöre, im Jahre 1259 an Graf Ulrich von Wirtemberg verstehen [435]. Ja, die Hoftage, die Konradin abhält, unterscheiden sich, obgleich auch sie noch einmal die Fürsten Schwabens zusammenführen, doch wesentlich von den Herzogslandtagen des 12. Jahrhunderts, deren letzten wir für die Zeit Herzog Philipps kennengelernt haben: Die Hoftage Konradins sind nicht mehr nur von den weltlichen, sondern genauso wie die Hoftage des Königs seit eh und je auch von den geistlichen Fürsten Schwabens besucht worden [436], wie es auch – ganz im Gegensatz zu dem Teilnehmerkreis staufischer Herzogslandtage des 12. Jahrhunderts [437] – weltliche u n d geistliche Fürsten Schwabens gewesen sind, die im Jahre 1254 auf einem Treffen in Urach mit Herzog Ludwig dem Bayern zusammenkamen [438] und dort angeblich dem Knaben Konradin das Herzogtum versprochen haben [439]. Die Teilnahme der Bischöfe von Straßburg und Basel sowie des Electen von Speyer neben dem Bischof von Konstanz weist indessen weit über den Bereich des eigentlichen staufischen Herzogtums Schwaben hinaus und läßt deswegen auch diese Uracher Versammlung selbst nicht als eine Versammlung der zum Herzogtum Schwaben gehörenden Fürsten, sondern als ein Treffen der im Südwesten Deutschlands ansässigen Reichsfürsten erscheinen. Ihnen ging es dann letztlich auch nicht so sehr um Konradins Rechte auf das Herzogtum Schwaben, sondern um Konradins Ansprüche auf das deutsche Königtum [440].

Und wenn Konradin im Jahre 1262 über die Bürger der seit dem Aussterben der Zähringer im Jahre 1218 unmittelbar unter dem Reiche stehenden Stadt Zürich die Acht verhängt [441], weil die Zürcher ihm offenbar den Einzug in die Stadt durch Zerstörung der Pfalz auf dem Lindenhof unmöglich gemacht hatten [442], dann kann er sich dabei nicht auf seine Rechte als Herzog von Schwaben, sondern allenfalls auf seinen Anspruch auf die Thronfolge im Reiche berufen [443]. Am eindrücklichsten zeigt vielleicht der Titel

---

[435] WUB V, Nr. 1522 zu 1259 I 4. Zur Deutung als Ehrenamt vgl. W. KRAFT, Das Reichsmarschallamt in seiner geschichtlichen Entwicklung, in: Jb. des historischen Vereins für Mittelfranken 78/1959, S. 1–37, hier 23.

[436] Vgl. dazu vor allem die Überlieferung zum Konstanzer Hoftag Konradins vom 16. VIII. 1262 (MB 31/1 Nr. CCCXVI): *Huius rei testes sunt Eberhardus Dei gratia Constantiensis episcopus, Hartmannus Dei gratia Augustensis episcopus,...* Und dementsprechend hat denn auch schon J. FICKER, Reichsfürstenstand, wie Anm. 28, II/3, S. 156, den hier zutagetretenden Anspruch Konradins über die schwäbischen Fürsten als Anspruch eines Königs und nicht als Anspruch eines Herzogs aufgefaßt. Noch entschiedener für die Deutung von Konradins Handlungen als die eines Thronerben und nicht als die eines Herzogs – trotz nominellem Bezug auf das Herzogtum – H. NIESE, Reichsgut, wie Anm. 91, S. 31. Vgl. auch K. HAMPE, Konradin, wie Anm. 433, S. 32 f.

[437] Vgl. oben S. 237 ff.

[438] Vgl. FUB I, Nr. 435 von 1254 IV 19 und Nr. 436 von 1254 IV 26.

[439] Vgl. dazu K. WELLER, Städtegründung, wie Anm. 361, S. 253.

[440] So grundsätzlich auch die Sicht von H. NIESE, Reichsgut, wie Anm. 91, S. 31. – Dies gegen die neuerlich von K. SCHREINER, Die Staufer als Herzöge von Schwaben, in: Die Zeit der Staufer III/1977, S. 7–19, hier S. 16 f., allein unter dem Aspekt des Ringens um die Herzogsgewalt unternommene Deutung der Uracher Versammlung und der Ansprüche und Handlungen Konradins. – Zur Wertung der Uracher Tage auch K. HAMPE, Konradin, wie Anm. 433, S. 19.

[441] Vgl. dazu ZUB III, Nr. 1196 zu 1262 XI 20 und RI V 4783ᵃ und 5415.

[442] Vgl. dazu B. MEYER, Ende des Herzogtums Schwaben, wie Anm. 12, S. 97 f.

[443] So mit H. NIESE, Reichsgut, wie Anm. 91, S. 31 f., gegen die Deutung dieser Vorgänge bei B. MEYER, Ende des Herzogtums Schwaben, wie Anm. 12, S. 96 ff., der, obgleich er, S. 97, betont,

des Reichsministerialen Heinrich von Pappenheim, wie unmöglich es ist und wie müßig es wäre, Konradins, ja im Grund auch die seiner Vorgänger, Konrads (IV.) und Heinrichs (VII.) Funktionen und Befugnisse allein als diejenigen eines Herzogs von Schwaben beurteilen zu wollen: Heinrich von Pappenheim bezeichnet sich im Jahre 1263, ein Jahr nach Konradins Herrschaftsantritt in Schwaben, in einer das Ende eines eigenständigen Herzogtums Schwaben eindrücklich widerspiegelnden Weise als *imperialis aule ac ducatus Swevie marschalcus* ... 444.

Der Blick auf die Befugnisse und Funktionen des letzten jener staufischen »Königsherzöge« des 13. Jahrhunderts hat bestätigt, was die Verbindung beider Würden, der königlichen wie der herzoglichen, in einer Person von vornherein vermuten ließ: Ein Herzog von Schwaben und ein Herzogtum Schwaben haben seit Philipp von Schwaben nur noch dem Namen nach existiert.

Die zweite Hälfte des 12. Jahrhunderts hatte aus einer Institution, aus einem Amt des Reiches eine staufische Hausherrschaft, ein staufisches Territorium werden lassen; das 13. Jahrhundert aber machte aus diesem noch immer den Namen »Herzogtum Schwaben« tragenden staufischen Territorium, das sich in Händen von Königen, von »Königsherzögen« befand, schließlich ein Territorium des Königs, ein Territorium des Reiches. Und so nimmt es nicht wunder, daß nach dem Ende Konradins und damit nach dem Ende eines Herzogtums Schwaben überhaupt aus Herrschaftsgebieten des Herzogtums Reichslandvogteien, aus Städten des Herzogtums Reichsstädte 445 und aus Herzogsministerialen Reichsministerialen 446 haben werden können. Das Herzogtum Schwaben war in der Tat längst dem Reiche inkorporiert worden 447.

Bis zum Ende seiner Existenz aber hatte das innerhalb von einem Jahrhundert so grundlegend und tiefgreifend verwandelte »Herzogtum Schwaben« trotz seiner »Verherrschaftlichung« und der ihr folgenden Umwandlung in ein Territorium des Reiches Züge zu bewahren vermocht 448, die noch immer daran erinnerten, daß diese Institution letztlich auf ein Amt des Königs zurückging: Stets ist das Herzogtum Schwaben auch im 12. und 13. Jahrhundert einem jeden Herzog noch immer vom König übertragen worden 449. Stets ist die schwäbische Herzogswürde – wie es für ein Amt, für ein Amtsle-

---

daß Zürich seit 1218 in unmittelbarer königlicher Verwaltung gestanden hatte, dennoch einen Rückgriff auf die Zürcher Herzogserinnerungen des 10. und frühen 11. Jhs. postulieren möchte. – Vgl. auch K. HAMPE, Konradin, wie Anm. 433, S. 477.
444 Vgl. Die Urkunden des Reichsstiftes Kaisheim, bearb. von H. Hoffmann, 1972, Nr. 183 von 1263 IX 1. Dazu W. KRAFT, Das Urbar der Reichsmarschälle von Pappenheim, 1929, S. 27. Vgl. dazu auch E. MAYER, Der stellvertretende Oberbefehl des Reichsmarschalls, in: ZBLG 1/1928. S. 358–361, insbes. S. 359 und 361.
445 Vgl. dazu neuestens die Bemerkungen bei G. BRADLER, Landschaftsnamen, wie Anm. 366, S. 106 ff.
446 Darüber jetzt J. LATZKE, Hofamt, wie Anm. 384, S. 209 ff., 228 ff.; G. BRADLER, Studien, wie Anm. 160, S. 429.
447 Vgl. die von König Richard in seiner Urkunde von 1262 XI 20 gegenüber Konradin vertretene These (ZUB IV, Nr. 1196) ... *ducatum Swevie iam diu incorporatum imperio et ad ius et proprietatem ipsius legitime devolutum* ... und dazu oben Anm. 327.
448 Das Herzogtum Schwaben als Relikt aus älterer Zeit angesehen auch von K. BOSL, Reichsministerialität, wie Anm. 78, Bd. I, S. 143 f.
449 Vgl. oben S. 234.

hen charakteristisch ist [450] –, innerhalb des staufischen Hauses ungeteilt in Individualsukzession vererbt worden [451], stets hat der staufische Herzog von Schwaben an den alten Vororten der Herzogsherrschaft, an Ulm und Rottweil, hat er damit an altem, ihm vom König überlassenem Amtsgut festgehalten, und stets hat auch der staufische Herzog von Schwaben Herrschaft über edelfreien Adel, vor allem über schwäbische Grafen, ja sogar über Herzog Welf und den schwäbischen Pfalzgrafen auszuüben vermocht, indem er diese Fürsten Schwabens in seine Vasallität einreihte und sie in der zweiten Hälfte des 12. Jahrhunderts – wie wir am Beispiel der Reichenauer Herzogslehen gesehen haben [452] – nicht nur aus eigentlichem Herzogsgut, d. h. aus Reichsgut, sondern auch aus ihm überlassenen Kirchenlehen belehnte.

Die auf Vasallität beruhende Herrschaft über edelfreien Adel innerhalb der einstigen Provinz Schwaben war im Grunde dasjenige Vorrecht, das den Herzog von Schwaben noch immer von anderen Fürsten Schwabens, von anderen Landesherren Schwabens abhob, indem es ihn über sie erhob.

Und so konnte denn Herzog Philipp von Schwaben im Jahre 1198 bei seiner Wahl zum König vor allem der Zustimmung des größten Teiles der schwäbischen Fürsten [453], der bislang seinem Herzogtum zugehörenden *Swevie barones, principes et comites* [454] sicher sein, da er ja, wie die Pegauer Annalen sagen, Herzog von Schwaben war.

Das staufische Herzogtum Schwaben stellt sich seit der zweiten Hälfte des 12. Jahrhunderts im Grunde als ein Gebilde zwiefachen Charakters dar: einmal als eine werdende Landesherrschaft, als ein werdendes Territorium wie andere werdende Territorien auch; dann aber noch immer als eine auf letztlich amtsrechtlichen Grundlagen ruhende Institution, die – zwischen Königtum und Adel stehend – einen beträchtlichen Teil der schwäbischen Grafen und Edelfreien auch jetzt noch zu erfassen, an sich zu binden und zu beherrschen vermochte. Und gerade dieses Vorrecht – viel eher als das in das Herzogtum integrierte Territorium des Herzogs – mußte es dem Königtum als erstrebenswert erscheinen lassen, das Herzogtum Schwaben, die schwäbische Herzogswürde zumindest mit dem königlichen Hause, wenn nicht gar mit dem Königtum selbst zu verbinden. Denn mit und durch das Herzogtum Schwaben ließ sich der schwäbische Adel oder genauer: ließ sich ein Teil des schwäbischen Adels viel unmittelbarer und nachhaltiger beherrschen als dies mit einer direkten, aber doch wohl letztlich lockereren und weniger wirksamen Lehensbindung an den König allein möglich gewesen wäre, vermochte etwa Friedrich II. im Jahre 1216 die Grafen, Edelleute und – jetzt auch schon – die Ministerialen aufgrund ihrer Zugehörigkeit zum Herzogtum Schwaben anzusprechen [455].

---

450 Vgl. dazu grundsätzlich F. KERN, Gottesgnadentum und Widerstandsrecht, ³1962, S. 36 mit Anm. 80.
451 Zur Unteilbarkeit der Amtslehen innerhalb eines Hauses und zur Individualsukzession vgl. grundsätzlich H. J. F. SCHULZE, Das Recht der Erstgeburt in den deutschen Fürstenhäusern, 1851, insbes. S. 95 ff.; DERS., Das Erb- und Familienrecht der deutschen Dynastien des Mittelalters, 1871, insbes. S. 28 ff. und vor allem 41 f.; in neuerer Zeit B. MEYER, Studien zum habsburgischen Hausrecht II, in: ZSG 27/1947, S. 36–60, hier 36 f., 43 f.
452 Vgl. oben S. 285.
453 Vgl. Annales Pegav. (MGSS XVI, S. 268).
454 Vgl. Conr. de Fabaria Contin. cas., cap. 9, S. 150 f.
455 Vgl. 1216 VII 25 (Winkelmann, Acta Imperii, Nr. 133).

Wie lästig den schwäbischen Grafen diese Bindung an den Herzog allerdings geworden war, wie sehr gerade diese Befugnisse des Herzogs gegenüber dem Adel in Schwaben noch immer als Spezifika der Herzogsherrschaft galten, zeigt nichts deutlicher als der zu Zeiten Konrads IV. immer wieder erneuerte Versuch eines Teiles der schwäbischen Fürsten, allen voran der Grafen von Dillingen, von Wirtemberg, von Grüningen und von Calw [456], zunächst Heinrich Raspe und danach Wilhelm von Holland zur Aberkennung von Konrads Herzogswürde und Papst Innozenz IV. zu dem Versprechen zu bewegen, die Nachkommen Friedrichs II. niemals mit Billigung der Kirche in den Besitz des Herzogtums Schwaben gelangen zu lassen [457].

So ist, schauen wir auf den Raum, das »Herzogtum Schwaben« – im Sinne eines im südlichen und östlichen Schwaben räumliche Geschlossenheit anstrebenden, wenn auch noch lange nicht erreichenden Territoriums – umgeben gewesen von Grafschaften und Herrschaften, deren Inhaber durch Lehnrecht an den Herzog von Schwaben gebunden waren. Auch sie gehörten, wie wir wiederholt gesehen haben, z u m Herzogtum Schwaben als Institution, aber ihre Herrschaften lagen nicht i m Herzogtum Schwaben, sie lagen nicht innerhalb des gleichfalls Herzogtum Schwaben genannten Territoriums, das einem jeweiligen Herzog als Sondervermögen zugeteilt war. Das bedeutet aber zugleich dies: Auch wenn die südlich von Bodensee und Hochrhein beheimateten Grafen von Lenzburg oder Kiburg dem Herzogtum Schwaben als Vasallen oder die Grafschaft Chiavenna dem Herzogtum als Lehen zugehörten, – das Herzogtum Schwaben als Territorium, als erst in der zweiten Hälfte des 12. Jahrhunderts wieder räumliche Dimensionen annehmendes Gebilde reichte trotzdem nie mehr in jene Landschaften im Süden der alten *provincia* Schwaben, geschweige denn nach Oberitalien hinein.

Die schwäbische Herzogsherrschaft vor 1098 hatte noch diese ganze schwäbische »Stammes-«Provinz zu beherrschen vermocht, indem sie sich des gleichen schwäbischen Volksrechts bediente, auf dem auch die Ausdehnung der *provincia* Schwaben beruhte.

Das Herzogtum Schwaben des 12. und 13. Jahrhunderts aber hatte – zunächst allein auf das Lehnrecht und damit allein auf die Herrschaft über Personen verwiesen – Herrschaft über eine Fläche erst dadurch hinzugewinnen vermocht, daß es in der zweiten Hälfte des 12. Jahrhunderts ausgebildete Adelsherrschaften im Sinne »institutioneller Flächenstaaten« in sich aufnahm. So existierten künftig beide herzoglichen Herrschaftsformen, die auf Lehnwesen und die auf dem *ius terrae*, auf Landrecht beruhende, nebeneinander, und gerade dieser doppelte rechtliche Charakter des Herzogtums Schwaben in staufischer Zeit hat es der Forschung bisher so schwer gemacht, dieses staatliche Gebilde zu beurteilen, zumal da es ihr nicht gelungen war, den Wandel deutlich zu machen, dem die rechtlichen Grundlagen der Herzogsherrschaft kurz vor der Wende zum 12. Jahrhundert durch die Ereignisse des Jahres 1098 unterworfen worden sind, und der den Zusammenhang der staufischen Herzogsherrschaft mit der Herzogsherrschaft des 10. und 11. Jahrhunderts so schwer erkennen ließ.

---

456 Vgl. die Urkunde Innozenz' IV. von 1248 II 5 (WUB VI, Nachtrag Nr. XXVI) und grundsätzlich G. EGELHAAF, Die Schlacht bei Frankfurt am 5. VIII. 1246, in: Wttbg. Vjh. XXXI/ 1922–24 (1925) S. 45–53, insbes. 49 f.
457 Dazu ausführlich K. WELLER, König Konrad IV., wie Anm. 430, S. 121 mit Anm. 1, S. 144 ff. u. insbes. 153 ff.

Dieses Herzogtum Schwaben, das in staufischer Zeit so entscheidende Wandlungen durchgemacht hatte, ist mit der Hinrichtung Konradins im Jahre 1268 für immer erloschen [458], wenngleich in den Jahren unmittelbar nach Konradins Tod Rechte des einstigen Herzogs von Schwaben und des einstigen Herzogtums Schwaben durchaus noch als weitergeltend betrachtet worden sind: Das gibt sich darin zu erkennen, daß Bischof Eberhard von Konstanz noch im März des Jahres 1270 unter Berufung auf die ihm von Herzog Konradin übertragene Vollmacht [459] ein von einem Ministerialen des Herzogtums Schwaben *(fidelis et devotus ducatus Suevie)* an Stift St. Johann in Konstanz verkauftes Gut diesem Stift übereignet [460]; und es tut sich des weiteren darin kund, daß noch im April des Jahres 1271 die Grafen Rudolf von Habsburg und Kiburg, Gottfried von Habsburg und Hugo von Werdenberg bei der Teilung von Passivlehen der jüngeren Herrschaft Kiburg zwischen Reichslehen und Lehen des »Herzogtums Schwaben« unterscheiden [461], ja, daß noch im Jahre 1282 Bischof Konrad von Chur bezeugt, Herzog Meinhard von Tirol habe niemals zum Herzogtum Baiern oder Schwaben gehört [462].

Dennoch ist dies – und manches andere [463] – lediglich noch als rechtliche Nachwirkung einer Institution aufzufassen, die 350 Jahre hindurch in »Schwaben« Bestand gehabt hatte. Diese Institution selbst aber hatte trotz allem endgültig zu existieren aufgehört.

Ob indessen wirklich erst das Erlöschen dieses spätstaufischen, nur noch Teile Schwabens erfassenden Herzogtums entscheidend zur geradezu sprichwörtlich gewordenen staatlichen Zersplitterung Schwabens im Spätmittelalter beigetragen hat [464] und ob die Wurzeln für diese Entwicklung nicht viel eher bereits im Jahre 1098 gesucht werden sollten, wird nach all dem, was wir über Grundlagen und Wirkungen staufischer Herzogsherrschaft auszusagen vermochten, neuerlicher Prüfung bedürfen. Eine solche Überprüfung liegt jedoch bereits außerhalb unseres Themas.

Außerhalb unserer Aufgabe, die Verfassungsgeschichte des »Herzogs von Schwaben« bzw. des »Herzogtums Schwaben« zu untersuchen und darzustellen, liegt aber auch die Nachzeichnung der Geschichte jener zahlreichen, bis in die Zeiten Maximilians I. dauernden Versuche, das Herzogtum Schwaben wiederzuerrichten, es zu erneuern [465].

Was uns jedoch an diesen wiederholten Versuchen, das Herzogtum Schwaben wieder zu begründen, auch für unsere Fragestellung der Aufmerksamkeit wert sein muß, sind eventuelle Äußerungen, die es erlauben könnten, auch aus dieser Nachgeschichte noch

---

[458] Vgl. dazu grundsätzlich F. ERNST, Zur Geschichte Schwabens im späteren Mittelalter, in: Festgabe für Karl Bohnenberger, 1938, S. 76-81, und K. S. BADER, Der deutsche Südwesten in seiner territorialstaatlichen Entwicklung, 1950, S. 45 ff.
[459] *potestate super hiis casibus ab illustri domino Conradino duce Suevie nobis concessa.*
[460] WUB VII, Nr. 2141.
[461] ZUB IV, Nr. 1464: *diu lehen, diu in der jungen herschaft von Kiburch sint und von dem riche darruerent alder von dem herzogenduome von Swaben...*
[462] THOMMEN, Urkunden zur Schweizer Geschichte aus österreichischen Archiven I, Nr. 97.
[463] Vgl. auch die Selbstbezeichnung Heinrichs von Kemnat als *camerarius ducis Suevie* noch in den Jahren 1295 und 1299 (vgl. DERTSCH, Urkunden Kaufbeuren Nr. 24 und MB 33/1, Nr. CCXXVIII).
[464] So statt vieler anderer K. S. BADER, Südwesten, wie Anm. 458.
[465] Vgl. grundsätzlich F. ERNST, Zur Geschichte, wie Anm. 458, S. 79 ff. Die »Nachgeschichte« des Herzogtums Schwaben hätte eine umfassende Behandlung dringend verdient.

einmal – gewissermaßen im Rückspiegel – die entscheidenden Grundlagen und Wirkungen der Herzogsherrschaft oder zumindest das, was man im Spätmittelalter als entscheidende Grundlagen und Wirkungen des Herzogtums Schwaben vor dem Jahre 1268 glaubte ansehen zu können, hervortreten zu lassen.

Bezeichnend für alle diese Versuche, das »Herzogtum Schwaben« wiederzubegründen, ist dies, daß sie, gehen sie vom König aus, am Widerstand des schwäbischen Adels scheitern und daß sie, gehen sie von einem anderen Fürsten aus, am Widerstand des Herrschers u n d des schwäbischen Adels zunichte werden.

Schon bei König Rudolfs von Habsburg erstem Versuch in den achtziger Jahren des 13. Jahrhunderts ist es der Adel unter Führung des Grafen Eberhard von Wirtemberg, der sich diesem Unterfangen mit Gewalt widersetzt [466]; und nicht anders verhält es sich mit den neuerlichen Bestrebungen König Ludwigs des Bayern [467] und Herzog Rudolfs IV. von Österreich, der sich sogar den Titel eines Herzogs von Schwaben und Elsaß beizulegen wagt [468]. Was der Adel offensichtlich fürchtet, ist gerade das, was unmittelbar nach 1268, für kurze Zeit wenigstens, die Herzogsherrschaft noch immer rechtlich nachwirken läßt: Er fürchtet die lehensrechtliche Abhängigkeit nicht nur vom Reich, sondern dazu auch noch von einem Herzogtum Schwaben.

Es ist also nicht so sehr und zumindest nicht in erster Linie die Gefahr einer Erneuerung des Herzogtums Schwaben im Sinne eines Territoriums des Reiches, was den schwäbischen Adel, was allen voran die Grafen opponieren läßt; es ist vielmehr die Angst eines gewissen Kreises der im alten Schwaben ansässigen edelfreien und vor allem gräflichen Häuser vor einer neuerlichen Mediatisierung, vor der neuerlichen Begründung einer »Zwischengewalt« zwischen Adel und Reich, eine Angst, deren Folgen bereits Konradin bei seinen Bestrebungen zur Gewinnung der schwäbischen Herzogsgewalt zu spüren bekommen hatte [469].

Und nicht anders wird auch der Widerstand eines Karls IV. oder noch im späten 15. Jahrhundert eines Friedrichs III. begründet: Immer wieder betonen die Herrscher, daß Schwaben unmittelbar [470], *on alles mittel* [471], dem Reiche zugehöre, daß es keinen

---

[466] Vgl. zuletzt K. COLBERG, Reichsreform und Reichsgut im Spätmittelalter, Diss. phil. Masch., Göttingen, 1966, S. 172 f., und immer noch wichtig K. WELLER, Die Grafschaft Wirtemberg und das Reich bis zum Ende des 14. Jhs., in: Wttbg. Vjh., NF. 38, 1932, S. 113 ff., hier 147; DERS. in: ZWLG IV, 1940, S. 18 ff., sowie O. REDLICH, Rudolf von Habsburg, 1903, S. 444, 556, 562.

[467] Dazu U. BEGRICH, Die fürstliche Majestät Herzog Rudolfs IV. von Österreich, Diss. phil., Wien, 1965, S. 53.

[468] Darüber ausführlich U. BEGRICH, ebd., S. 51 ff., u. K. COLBERG, Reichsreform, wie Anm. 466, S. 438 ff. und jetzt H. MAURER, Karl IV. und die Erneuerung des Herzogtums Schwaben, in: Beitrr. zur Geschichte Karls IV., hg. von H. Patze (= Bll. für dte. Landesgeschichte 114) 1978.

[469] Dazu B. MEYER, Ende des Herzogtums Schwaben, wie Anm. 12, S. 65–109, hier 96 ff.

[470] Karl IV. 1358 III 1, RI VIII, Nr. 2756, u. dazu W. GOEZ, Der Leihezwang, 1962, S. 200 = *Ducatus Sueviae et eius utile dominium coniunctum directo a longe retroactis temporibus ad sacrum imperium devolutus noscitur.* Vgl. H. MAURER, Karl IV., wie Anm. 468.

[471] Vgl. dazu für Friedrich III. zu 1487/88 E. BOCK, Der Schwäbische Bund und seine Verfassungen 1488–1534, ²1968, S. XXXVI u. S. 6, sowie H. OBENAUS, Recht und Verfassung der Gesellschaft mit St. Jörgenschild in Schwaben (= Veröff. des MPI für Geschichte 7), 1961, S. 223, u. A. LAUFS, Der schwäbische Kreis (= Untersuchungen zur deutschen Staats- und Rechtsgeschichte, NF 16), 1971, S. 80.

eigenen Fürsten aufweise. Auch die Herrscher also wollten nicht dulden, daß sich zwischen sie und den Adel, ja, die »Stände« insgesamt, eine Zwischengewalt schiebe.

Daß aber für denjenigen Fürsten, der eben eine solche Zwischengewalt, der das »Herzogtum Schwaben« wiederbegründen wollte, die lehnsrechtliche Bindung von Edelfreien, vorab von Grafen, das entscheidende Merkmal der angestrebten Würde bedeutet haben dürfte, zeigt nicht nur das auf die Erlangung der Herzogswürde, und zwar im Grunde der schwäbischen, gerichtete Streben des Grafen Eberhard im Barte von Wirtemberg, der letztlich »die ihm tatsächlich gewordene Vormacht über die anderen Familien des Hochadels auf die Dauer befestigen wollte«[472]; die lehnsrechtliche Bindung von Grafen als vornehmstes Ziel eines jeden Prätendenten auf die Herzogswürde kommt vielmehr am deutlichsten in einem Schreiben Herzog Sigmunds von Österreich an seinen Vetter, Kaiser Friedrich III., vom 10. August des Jahres 1474 zum Ausdruck[473]. Unter dem Hinweis darauf, daß die Grafen von Tierstein und Tübingen, der Markgraf von Hachberg und die Grafen von Werdenberg, Sulz, Kirchberg und Lupfen ohnedies schon seiner Herrschaft eng verbunden seien, beklagt er, daß demgegenüber die Grafen von Zollern, von Fürstenberg und von Montfort sich *iren graffschaft halben ettwas eusserlichen hielten, wann sy vermainen, an mittel under das heilig Römisch Reich zu gehören.* Seine Bitte an den Kaiser, dafür zu sorgen, daß auch diese Grafen *mir und unserm háws Osterreich mer verpunden werden*, gipfelt bezeichnenderweise in der Forderung, *daz eur gnad mir das hertzogtum in Swaben mit seiner zugehörung in lehensweis verlihen möge, dadurch sy und ettlich freyherrn unserm haws Osterreich mer gehorsam sein müsten und verpunden wern...* Deutlicher läßt sich wohl kaum ausdrücken, was man im Spätmittelalter einem wiederzuerrichtenden Herzogtum Schwaben und damit letztlich auch dem seit langem erloschenen Herzogtum Schwaben als wesentlichste Grundlagen und Wirkungen zuzusprechen geneigt war.

---

472 F. Ernst, Eberhard im Bart, 1933, S. 232.
473 FUB VII, Nr. 49, und dazu H. Obenaus, Recht u. Verfassung, wie Anm. 471, S. 209, Anm. 22, u. H. Hesslinger, Die Anfänge des Schwäbischen Bundes (= Forschungen zur Geschichte der Stadt Ulm 9), 1970, S. 102.

III

DAS WESEN DER HERZOGSHERRSCHAFT
Zusammenfassung und Würdigung

Während dreieinhalb Jahrhunderten hat es Herzöge von Schwaben, hat es jeweils einen Träger des schwäbischen Herzogstitels und jeweils einen »Herzog von Schwaben« gegeben. Viel mehr als der im wesentlichen gleichbleibende Titel schien es freilich nicht zu sein, was den Herzog von Schwaben des frühen 10. Jahrhunderts mit demjenigen verband, der um die Mitte des 13. Jahrhunderts diesen Titel trug. Und dennoch standen die staufischen Herzöge von Schwaben unbestreitbar in der unmittelbaren Nachfolge der *duces Suevorum* des 10. Jahrhunderts, hatte diese Würde bis in die zweite Hälfte des 13. Jahrhunderts Kontinuität zu bewahren vermocht.

Gab es also während dreihundertundfünfzig Jahren in der Tat einen »Herzog von Schwaben«, so gab es trotz alldem nie *den* »Herzog von Schwaben« als eine in allen ihren einzelnen Äußerungen stets gleichbleibende Rechtsfigur. Aber sicher ist dennoch dies: Der Herzog von Schwaben hat seit dem Jahre 919 [1] stets in königlichem Auftrag gehandelt, hat den König in Schwaben vertreten, war vom König in Schwaben mit einem »Amt«, mit einer Art Zwischengewalt [1a], betraut worden. Das im wesentlichen vom schwäbischen »Stamm« besiedelte Land, in etwa zwischen den Alpen im Süden und dem mittleren Neckar im Norden und zwischen dem Oberrhein bzw. den Vogesen im Westen und dem Lech im Osten, diese *provincia* oder *regio* Schwaben, in der der Herzog im Auftrag des Königs wirkte, hatte zwar klare Grenzen aufzuweisen, aber diese Grenzen waren nicht für alle Zeiten feststehend. Sie waren vielmehr veränderbar durch eigenmächtige, wenn auch vom Königtum gebilligte Handlungen der Herzöge ebenso wie durch Eingriffe des Königtums selbst [2].

---

1 Zur Bedeutung der Ereignisse des Jahres 919 für das Wesen der schwäbischen Herzogsherrschaft vgl. oben S. 135 ff.
1a Über das Problem der »Zwischengewalt« vgl. neuerdings paradigmatisch D. GERHARD, Amtsträger zwischen Krongewalt und Ständen – ein europäisches Problem, in: Alteuropa und die moderne Gesellschaft. Festschrift für Otto Brunner, 1963, S. 230–247, und K. S. BADER, Historische Gebilde im Rechtsraum zwischen Staat und Gemeinde, in: Gedächtnisschrift Hans Peters, hg. von H. Conrad u. a., 1967, S. 8–20.
2 Dazu vgl. oben S. 184 ff.

Obgleich gerade diese Veränderbarkeit der Grenzen der herzoglichen *provincia* ohne Rücksicht auf das Volkstum genügend deutlich erweist, daß zumindest seit 919 von einem »Stammesherzogtum« Schwaben keine Rede mehr sein kann, so ist dennoch nicht zu übersehen, daß der nur in Krisenzeiten des Königtums von den Fürsten Schwabens gewählte [3], ansonsten aber regelmäßig vom König eingesetzte [4] Herzog sein Amt nicht ohne Zustimmung und Mitwirkung der schwäbischen Großen, der schwäbischen Fürsten, d. h. der Grafen und übrigen Edelfreien Schwabens, auszuüben in der Lage war [5]. Soweit die stets veränderlichen und sich damit als politisch ausweisenden Grenzen der herzoglichen Provinz und das durch diese Grenzen in seinem Geltungsbereich bestimmte schwäbische Volksrecht reichten [6], waren diese schwäbischen Fürsten, war der schwäbische »Stamm« im Sinne eines politischen Verbandes dem Herzog eben auf Grund der Lex Alemannorum zum Gehorsam verpflichtet [7], konnte der Herzog sie, die Fürsten, zum Erscheinen auf seinen an verschiedenen Orten im Lande abgehaltenen Hoftagen verpflichten, mußten diese sich dem Spruch seines Gerichts unterwerfen [8].

Aber das war nur die eine Seite des Verhältnisses zwischen dem vom Königtum mit seiner Stellvertretung in Schwaben beauftragten Herzog und dem »Stamme« als einer im wesentlichen vom Adel geprägten Gruppe, zu der im Laufe des 11. Jahrhunderts dann freilich immer mehr auch weitere Bevölkerungsschichten, so etwa die »freien Bauern« und der neu aufkommende Stand der Bürger königlicher Städte in Schwaben, traten [9].

Die andere Seite des Verhältnisses erhielt demgegenüber ihre Prägung durch das Miteinander von Herzog und *principes*, von Herzog und *primates*, von Herzog und *patrioti* Schwabens, und sie erhielt ihre Prägung durch das Eingebundensein des Herzogs und seiner in königlichem Auftrag ausgeübten Herzogsherrschaft in die »Genossenschaft« dieser adeligen Mitlandleute, seiner *conprovinciales* [10].

Auf den gleichen Land- und Hoftagen des Herzogs, die ihm dazu dienten, über diese seine *conprovinciales* Recht zu sprechen, zwischen ihnen Streit zu schlichten und mit ihnen für die ihnen allen gemeinsame *provincia* einen Frieden zu errichten, versicherte sich der Herzog aber auch der Zustimmung und des Rates seiner adeligen Mitlandleute [11].

War die Herrschaft, die dem Herzog vom König übertragen wurde, während des 10. und 11. Jahrhunderts, vor allem aber während des sog. Investiturstreites [12] in entscheidendem Maße von Zustimmung und Mitwirkung der in der politischen *provincia* Schwaben ansässigen Fürsten, der adeligen Mitlandleute, geprägt, ohne indessen, wie gesagt, ein »Stammesherzogtum« gewesen zu sein, so stellt sie dennoch zuallererst ein »Amt«, eine Beauftragung durch das Königtum dar [13], wurde der Herzog – sei es in-

3 S. oben S. 129 ff.
4 Vgl. ebd.
5 Darüber s. S. 204 ff.
6 Vgl. S. 184 ff.
7 S. S. 206.
8 Vgl. oben S. 209 f.
9 Darüber oben S. 215 ff.
10 Vgl. S. 204 ff.
11 Dazu oben S. 209 ff.
12 S. S. 134.
13 Zur Definition des mittelalterlichen Amtes vgl. allg. M. RINTELEN, Amt, in: Beiträge zum Wörterbuch der deutschen Rechtssprache. Richard Schröder zum 70. Geburtstage, 1908,

nerhalb, sei es außerhalb Schwabens – vom König eingesetzt, wurden keineswegs Einheimische, sondern bis zur Mitte des 11. Jahrhunderts zumeist Landfremde [14], wenn auch unter Beachtung verwandtschaftlicher Bindungen zu Vorgängerherzögen [15], mit der schwäbischen Herzogswürde betraut, wurden Handlungen des Herzogs vom König legitimiert, handelte der Herzog in Stellvertretung *(vice)* des Königs [16], der denn auch – wie die sich in seinem Umritt spiegelnde Notwendigkeit der Herrschaftsübernahme auch in Schwaben zeigt – letztlich als der eigentliche Herzog auch dieser Provinz aufzufassen ist [17].

In seiner Eigenschaft als Stellvertreter des Königs [18] herrschte der Herzog nicht nur über die Fürsten, über den Adel im Lande, sondern – bis zu einem gewissen Grade – auch über die Reichskirche in Schwaben [19], d. h. über die Bischofskirchen – in freilich unterschiedlicher Intensität – und über die Reichsklöster. Ebenso herrschte er über Teile des schwäbischen Reichsgutes einschließlich einiger dem Herzog vom König eingeräumten Pfalzen und Königshöfe [20]. Der Herzog verfügte aber auch über die Grafenämter im Lande [21] und nicht zuletzt über die Vasallen des Königs in Schwaben, unter denen die Grafen die hervorragendste Gruppe darstellten [22]. All dies und dazu noch zahlreiche Rechte, wie etwa das der Münzprägung an bestimmten, ihm vom Reiche überlassenen Orten [23], wurden ihm vom König zusammen mit dem *ducatus,* der herzoglichen Gewalt im Lande, sowohl als Objekt der Beherrschung als auch als Grundlage seiner Herrschaft zu Lehnrecht übertragen [24], und zwar offenbar mit der Fahne zu Lehnrecht übertragen [25]. Und das Lehnrecht war es auch, mit dessen Hilfe der Herzog selbst wiederum diejenigen seiner ihm durch das alemannische Volksrecht verpflichteten Mitlandleute, die zugleich Vasallen des Königs waren, in besonders intensiver Weise beherrschen und

Sp. 168–181; R. SCHEYHING, Eide, Amtsgewalt und Bannleihe (= Forschungen zur deutschen Rechtsgeschichte 2), 1960, insbes. 63 ff.; K. KROESCHELL, Amt, in: HRG I/1971, Sp. 150–154, und vor allem R. WENSKUS, Amt, in: J. Hoops, Reallexikon der Germanischen Altertumskunde, Bd. I, ²1973, S. 257–264, und zuletzt H.-G. KRAUSE, Der Sachsenspiegel und das Problem des sogenannten Leihezwangs, in: ZRG/GA 93/1976, S. 21–99, hier 93 ff.
14 Darüber oben S. 132 ff.
15 Hierüber zuletzt S. 132 ff.
16 S. oben S. 136.
17 Vgl. TH. MAYER, Mittelalterliche Studien, 1958, S. 486, und vor allem R. SCHMIDT, Königsumritt und Huldigung in ottonisch-salischer Zeit (= VuF VI), 1961, S. 97–233, hier 110, 168.
18 Zur Stellvertretung des Königs grundsätzlich H. FRICKE, Reichsvikare, Reichsregenten und Reichsstatthalter des deutschen Mittelalters, Diss. phil. Masch., Göttingen, 1949, insbes. S. 73 ff.
19 Dazu oben S. 153 ff.
20 Vgl. S. 139 ff.
21 S. S. 143 ff.
22 Vgl. oben S. 146 ff.
23 Vgl. oben S. 57 ff., 75 ff., 82 ff.
24 Zum Verhältnis von Amt und Lehen und vor allem über die Wahrung des Amtscharakters auch bei Übertragung des Amtes in lehnrechtlichen Formen vgl. schon F. KEUTGEN, Der deutsche Staat des Mittelalters, 1918, S. 52 f., 106, 114; H. MITTEIS, Lehnrecht und Staatsgewalt, 1933, S. 201 f., 473 f.; G. TELLENBACH, Vom karolingischen Reichsadel zum deutschen Reichsfürstenstand, in: Adel und Bauern im deutschen Staat des Mittelalters, hg. von TH. MAYER, 1943, S. 22–73, hier 55 f., sowie W. EBEL, Über den Leihegedanken in der deutschen Rechtsgeschichte, in: Studien zum mittelalterlichen Lehenswesen (= VuF V), 1960, S. 11–36, hier 12, 21 ff., 28 f., und vor allem R. SCHEYHING, Eide, wie Anm. 13, S. 48, 54 ff., 63 ff., 80 ff.
25 Vgl. S. 143 ff. – Zur Bedeutung der Fahnenlanze vgl. unten S. 310 f.

vor allem zum Kriegszug, sei es für die Belange der Herzogsherrschaft, sei es für die Belange des Reiches, heranziehen konnte [26].

Dieser das 10. und 11. Jahrhundert prägende Doppelcharakter schwäbischer Herzogsherrschaft, wurzelnd einerseits in königlicher Beauftragung, in der Stellvertreterschaft des Königs im Lande, wurzelnd andererseits in der Herrschaft über die Mitlandleute und der Zustimmung durch die Mitlandleute Schwabens auf Grund der Lex Alemannorum, erfuhr indessen in der zweiten Hälfte des 11. Jahrhunderts eine grundlegende Wandlung in zweierlei Hinsicht: Zum einen verlor der Herzog von Schwaben die auf dem schwäbischen Volksrecht als Gewohnheitsrecht beruhende Bindung an seine adeligen Mitlandleute, wie diese nicht anders ihrer volksrechtlich begründeten Verpflichtung gegenüber dem Herzog enthoben wurden [27]. Das Volksrecht als die eine wesentliche Komponente, auf der Herzogsherrschaft bis dahin beruht hatte, verlor seine Wirkung vollständig zugunsten des Lehnrechts. Das bedeutet, daß die Herrschaft des Herzogs von Schwaben klar festgelegter Grenzen, die letztlich Grenzen von Volksrechten, von »Stammesrechten« gewesen waren, künftig entbehren mußte und daß sie sich demgemäß auch nicht mehr alle Bewohner der bisherigen Provinz Schwaben »unterwerfen« konnte [28].

Nachdem das Volksrecht als eine der Rechtsgrundlagen schwäbischer Herzogsherrschaft seine Wirkungen verloren und nachdem damit zugleich auch eine Provinz, ein Land Schwaben als politisch-rechtliches Gebilde zu existieren aufgehört hatte [29], verblieb dem freilich noch immer im Auftrage und in der Vertretung des Königs als Zwischengewalt wirkenden Herzog lediglich das Lehnrecht als Rechtsgrundlage seiner Herrschaft. Mit Hilfe des Lehnrechts vermochte er nicht mehr einen Raum, vermochte er nicht mehr die einstige Provinz Schwaben, sondern nur noch die ihm zu Lehnrecht unterstellten Vasallen des Königs an sich zu binden [30]. Das waren im 12. und 13. Jahrhundert freilich nicht mehr alle königlichen Lehensleute in Schwaben, sondern – nachdem ein bedeutender Teil von ihnen der vom Königtum in Schwaben neu begründeten Herzogsherrschaft der Zähringer unterstellt und damit einem unmittelbaren Zugriff durch den Herzog von Schwaben entzogen worden war –, lediglich noch eine gewisse Zahl der schwäbischen Fürsten vor allem aus Gebieten östlich des Schwarzwaldes. Aus den volksrechtlichen Hof- und Landtagen, die der Herzog mit seinen Mitlandleuten abgehalten hatte, waren Lehentage geworden, die der Herzog nur noch mit seinen Vasallen abhielt [31].

Darf man in der Beendigung der volksrechtlich begründeten Herrschaft des Herzogs und in deren alleiniger Begründung auf das Lehnrecht und zugleich in der Exemtion eines wesentlichen Teiles der königlichen Vasallen in Schwaben von dieser lehnrechtlichen »Zwischenherrschaft« [32] die e i n e bedeutende Wandlung sehen, der das Wesen schwäbischer Herzogsherrschaft gegen Ende des 11. Jahrhunderts unterworfen worden war, so stellte sich die andere Veränderung ihres Wesens als nicht weniger einschneidend dar:

---

26 S. oben S. 145.
27 Darüber oben S. 219 ff.
28 Vgl. oben S. 226 ff.
29 S. S. 226 ff.
30 Vgl. S. 242 ff.
31 Vgl. oben S. 245.
32 S. dazu oben S. 245.

Der Herzog war nämlich schon um die Mitte des 11. Jahrhunderts und erst recht durch die Ereignisse des Investiturstreites der Herrschaft über die Reichskirche in Schwaben verlustig gegangen [33]. Damit mußte er für die Zukunft nicht nur eines wesentlichen Objektes, sondern zugleich auch einer wesentlichen Grundlage seiner Herrschaft entbehren.

Nimmt man hinzu, daß auch Reichsgut und Grafschaften nicht mehr in dem Umfange dem staufischen Herzog von Schwaben zu Gebote standen, wie sie während des 10. und 11. Jahrhunderts seinen Vorgängern zur Verfügung gestanden hatten, dann kann man nicht umhin, die Herrschaft der staufischen Herzöge von Schwaben lediglich noch als eine Restherrschaft, als eine auf weitgehend zusammengeschmolzenen und zusammengeschrumpften Grundlagen und Berechtigungen beruhende Herzogsherrschaft zu bezeichnen. Und da sie nur noch einen Abglanz einstiger Bedeutung darstellte, mußte die Herzogsherrschaft in einer Zeit, da der Adel und vorab die Herzogsfamilien eigene Territorien, eigene flächenstaatliche Herrschaftsgebilde, Landesherrschaften also, auszubilden begannen, in eine Nebenrolle abgleiten, wurde aus der Herzogsherrschaft lediglich eine, wenn auch höchst willkommene Ergänzung der »herzoglichen« Landesherrschaft, des »herzoglichen« Territoriums [34]. Und diese Nebenrolle mußte noch sichtbarer werden, seitdem das Adelshaus, innerhalb dessen die Herzogswürde für beinahe zwei Jahrhunderte bis zu ihrem Ende vererbt werden sollte, die Königswürde hinzugewann.

So, wie bis zum Ende des 11. Jahrhunderts die Herrschaft des Herzogs in Schwaben im Spannungsfeld von König und »Stamm«, von Reich und schwäbischen Mitlandleuten des Herzogs gestanden hatte, so geriet die staufische Herzogsherrschaft von nun an in das Spannungsfeld von königlicher Beauftragung und staufischer Territorialbildung [35]. Und trotz dieser zunehmenden Verherrschaftlichung einer von Hause aus königlichen Beauftragung, die man – mit allen Vorbehalten – mit dem Begriff »Amt« wird umschreiben dürfen [36], war dennoch auch in das staufische 12. Jahrhundert viel von jenen Eigenschaften hinübergerettet worden, die eben diesen Amtscharakter ausgemacht hatten. Noch immer wurde dem Herzog der *ducatus* durch den König zu Lehnrecht übertragen [37]; noch immer war dem Herzog als »Amtsausstattung« – gleichfalls wohl zu Lehnrecht – Königsgut, zumal die beiden Pfalzen bzw. Königshöfe Ulm und Rottweil [38] mit den sich in ihrem Umkreis entwickelnden Städten, vom König eingeräumt [39]; war dem Herzog von Schwaben ein Teil der schwäbischen Königsvasallen unterstellt [40]; war der Herzog zumindest noch einigen der schwäbischen Grafen übergeordnet [41]; hatten die Gerichte dieser Grafen das mit den Königsvasallen besetzte Herzogsgericht als höhere Instanz anzuerkennen [42]; hatte der Herzog noch immer die Befugnis, einen Teil der königlichen Lehnsleute in Schwaben zur Reichsheerfahrt aufzugebieten [43].

33 Vgl. darüber oben S. 236 f.
34 Vgl. dazu oben S. 231 ff.
35 S. darüber 231 ff.
36 Wie Anm. 13.
37 Vgl. S. 234 f.
38 Dazu S. 91 ff., 104 ff.
39 S. S. 234 ff.
40 Vgl. oben S. 239 ff.
41 S. S. 239 ff.
42 Dazu S. 239.
43 Darüber oben S. 252 f.

Kurzum, auch der schwäbische Herzog des 12. Jahrhunderts galt im Grunde noch immer als Stellvertreter des Königs für dessen Herrschaft über Reichsgut, Vasallen des Reiches und Grafschaften in einem Teil des alten Schwabens, galt noch immer als Zwischengewalt zwischen diesen und dem Herrscher. Der *ducatus Sueviae*, den der Herzog auch im 12. Jahrhundert noch immer vom König zu Lehen übertragen erhielt, stellte indessen nicht mehr die sich über eine Provinz Schwaben erstreckende Amtsgewalt des Herzogs dar; der *ducatus Sueviae* der staufischen Zeit war vielmehr zu einer vom einzelnen Träger der Herzogswürde weitgehend unabhängigen, zu einer transpersonalen Institution [44], zu einem für sich selbst stehenden echten »Amt« geworden [45], das Reichsgut, Reichsvasallen und Grafschaften, soweit sie dem Herzog von Schwaben unterstellt waren, unabhängig davon in sich einschloß, ob diese Pertinenzen des Herzogtums Schwaben – wie wir dieses transpersonale Amt nun endlich guten Gewissens benennen dürfen [46] – noch im Bereich der alten Provinz Schwaben lagen oder nicht, ob sie etwa auf bayerischer »Erde« lagen oder links des Rheins oder gar in Reichsitalien [47]. Und da das Herzogtum auch noch während des 12. Jahrhunderts ein »Amt« darstellte, war es nur folgerichtig, daß trotz des immer unauflöslicher gewordenen Ineinanders von Herzogswürde und Herzogshaus, das inzwischen zugleich zum Königshaus aufgestiegen war, das Herzogtum Schwaben stets in Individualsukzession vererbt [48] und daß es streng getrennt von der Königswürde [49] innerhalb des staufischen Hauses vererbt wurde. Zwar ist in der zweiten Hälfte des 12. Jahrhunderts nicht mehr genau zu unterscheiden gewesen, was als Herzogsgut und Herzogsrechte zu gelten hätte und was als staufischer Hausbesitz anzusprechen sein würde [50]. Aber die Vasallen des Reiches konnten vom staufischen Herzog von Schwaben auch jetzt noch allein auf Grund seines Herzogsamtes, seiner königlichen Stellvertreterschaft, erfaßt werden; und diese, auf Vasallität beruhende Herrschaft über edelfreien Adel innerhalb Schwabens, diese Zwischengewalt zwischen Vasallen des Reiches und dem Königtum war es letztlich, was die ansonsten zu einem herzoglichen Territorium umgewandelte Herzogsherrschaft [51] dem staufischen Herzog von Schwaben noch immer als eine begehrenswerte Würde erscheinen lassen mußte und was den Herzog noch immer von den meisten der schwäbischen Fürsten abhob, indem es ihn über sie erhob.

Mit dieser Amtsbefugnis, ja mit dem trotz allen Wandlungen – zumindest theoretisch – noch immer existierenden Amt eines Herzogs von Schwaben hatte es freilich nicht erst im Jahre 1268, mit dem Tode Konradins, der als letzter Staufer die schwäbische Herzogswürde beansprucht hatte, sein Ende. Das Herzogtum Schwaben als Amt, als königliche Beauftragung hatte vielmehr bereits in dem Augenblick als selbständige Institution zu existieren aufgehört, als im Jahre 1198 erstmals Herzogswürde und Königs-

---

44 Hierzu oben S. 266 ff.
45 Im Sinne von R. WENSKUS, Amt, wie Anm. 13, S. 259: »Erst wenn das Amt getrennt vom Inhaber gedacht werden kann, können wir von einem solchen sprechen.«
46 S. S. 260 f.
47 Dazu oben S. 280 ff.
48 Darüber oben S. 268 ff.
49 Vgl. S. 272 f.
50 S. S. 280 ff.
51 Vgl. oben S. 287 ff.

würde in einer Person, nämlich in der Philipps von Schwaben, vereinigt wurden [52]. Befugnisse des Königs in Schwaben und Befugnisse des Herzogs von Schwaben in Schwaben blieben künftig trotz Weiterführung des Herzogstitels im staufischen Hause untrennbar miteinander verbunden. Und aus dem Herzogsterritorium, aus dem territorialisierten Herzogtum Schwaben, war – trotz seiner nominellen Weiterexistenz – um die Wende zum 13. Jahrhundert ein Territorium des Reiches geworden.

Läßt sich das Wesen des »Herzogs von Schwaben«, das Wesen schwäbischer Herzogsherrschaft trotz allen Wandlungen von Grundlagen und Wirkungen für alle Jahrhunderte ihrer Existenz am ehesten als königliche Beauftragung, als königliches Amt, als Stellvertretung des Königs, als Zwischengewalt also kennzeichnen, so ist die äußere Form, in der der Herzog von Schwaben dieses seines zunächst mehr an Zustimmung und Mitwirkung seiner adeligen Mitlandleute und danach mehr an seine eigene Landesherrschaft gebundenen Amtes waltete, letztlich als eine fürstliche, als eine die Selbstdarstellung des Königtums nachahmende Verhaltensweise zu bestimmen [53]. Eine solche Kennzeichnung mag weniger überraschen für die staufische Zeit, für die man seit Julius Ficker von »Reichsfürsten« und von einem »Reichsfürstenstand« [54] zu sprechen gewohnt ist

---

[52] Vgl. S. 272.
[53] In unserem Sinne gebrauchen die Begriffe »Fürst« und »fürstlich« ebenfalls schon für das 10. und 11. Jh. E. ROSENSTOCK, Königshaus und Stämme, 1914, insbes. S. 120 ff., und vor allem E. F. OTTO, Adel und Freiheit im deutschen Staat des frühen Mittelalters, 1937, S. 308, 385 ff., und jetzt besonders H. HOFFMANN, Französische Fürstenweihen des Hochmittelalters, in: DA 18/1962, S. 93–119, und daran anschließend G. TELLENBACH, Zur Erforschung des mittelalterlichen Adels (9.–12. Jh.), in: XIIe congrès international des sciences historiques. Rapports I/1965, S. 318–337, hier S. 330. Vgl. vor allem auch K. F. WERNER, Königtum und Fürstentum im französischen 12. Jh., in: Probleme des 12. Jhs. (= VuF XII), 1968, S. 177–225, hier grundsätzlich S. 182 ff., und neuestens DERS., in: Handbuch der europäischen Geschichte, hg. von Th. Schieder, Bd. 1 (hg. von TH. SCHIEFFER), 1976, S. 776 ff., und nicht zuletzt K. BRUNNER, Der fränkische Fürstentitel im neunten und zehnten Jahrhundert, in: Intitulatio II, hg. von H. WOLFRAM (= MIÖG, Erg.-Bd. XXIV), 1973, passim, und die in Anm. 523 zu Kapitel II/1 gegebene Literatur. Anders, freilich ohne die von E. F. OTTO und K. F. WERNER und im folgenden von mir herangezogenen Äußerungen fürstlicher Stellung zu berücksichtigen, über den Herzog als »Fürst« jüngst H.-W. GOETZ, »Dux« und »Ducatus«, 1977, S. 62 ff. und vor allem 407 ff. – Über einen Herzog des 10. Jhs. als Fürsten vgl. beispielhaft M.-L. DITTRICH, De Heinrico, in: ZdA 83/1951, S. 274–308, insbes. 276 ff., und dazu L. BORNSCHEUER, Miseriae Regum (= Arbeiten zur Frühmittelalterforschung 4), 1968, S. 81 ff., und für einen Herzog des 12. Jhs. J. FRIED, Königsgedanken Heinrichs des Löwen, in: AKG 55/1973, S. 312–351. Allg. jetzt G. THEUERKAUF, Fürst, in: HRG I/1971, Sp. 1337–1351.
[54] Zur Problematik dieses sog. Reichsfürstenstandes zuletzt H. PATZE, Herrschaft und Territorium, in: Die Zeit der Staufer III/1977, S. 35–49, hier 41 ff. und insbes. 49. – Die beste Zusammenfassung der Fickerschen Lehre von der »Abschließung« eines (jüngeren) Reichsfürstenstandes noch immer bei F. SCHÖNHERR, Die Lehre vom Reichsfürstenstande des Mittelalters, 1914, insbes. S. 133 ff. und hier 150 ff. über den Zusammenhang zwischen Herzogtum und »jüngerem Reichsfürstenstand« und S. 156 mit der Forderung, das Verhältnis zwischen Herzogtum und Fürstenamt »in erster Linie im Auge zu behalten« sowie den Wandel des Herzogsamtes systematisch zu untersuchen in der Erwartung, daß dadurch »sehr Wesentliches zur Klärung der Frage nach dem Wesen des Reichsfürstenamtes« beigetragen werden könne. – Vgl. auch die Beobachtungen zur Abschichtung einer Gemeinschaft der reichsrechtlichen Fürsten von den lediglich im Stammesrecht wurzelnden *principes* bei E. F. OTTO, Adel und Freiheit, wie Anm. 53, S. 389 f. und für Schwaben insbes. 391 ff.

und für die man den Herzog von Schwaben ganz selbstverständlich diesem Stande zuzuzählen pflegt. In staufischer Zeit gehört der Herzog von Schwaben ohnedies einem königlichen Hause an, in dem fürstliche Lebensführung und fürstliche Repräsentation eine Selbstverständlichkeit bedeuten. Die Kennzeichnung der äußeren Form herzoglicher Amtsausübung als einer fürstlichen, quasiköniglichen mag demgegenüber viel ungewohnter klingen für die vorstaufische Zeit [55].

Und doch war gerade die Epoche vor dem Investiturstreit, da dem Herzog außer den Institutionen des Reiches in Schwaben in gewissem Umfang auch noch die Reichskirchen zur Verfügung standen, wie keine andere geeignet, königliche Selbstdarstellung nachzuahmen. Schon daß der Herzog zu gewissen Zeiten – in einer der Wahl des Königs vergleichbaren Weise – durch die »Fürsten« Schwabens gewählt worden ist [56] und daß er – zusammen mit und neben dem König – über königliche Pfalzen und königliche Höfe verfügen durfte [57], gibt die Ähnlichkeit herzoglicher Selbstdarstellung mit derjenigen des Königs deutlich zu erkennen. Noch mehr aber kommt das fürstliche Selbstgefühl in der Ausgestaltung königlicher Pfalzorte wie Zürich und Ulm und sogar eines Bischofssitzes wie Straßburg, zu Vororten der Herzogsherrschaft [58], ja geradezu zu »Residenzen« zum Ausdruck: Diese Orte erhielten durch das Zusammenspiel von Pfalz, Kirchen, Markt und Münze und später durch das ihnen zugewachsene städtische Wesen insgesamt ihre Prägung. Die Innehabung derartiger Vororte, mehr noch aber deren besondere Gestalt und Qualität hoben die »Lebensführung« des Herzogs sehr deutlich von derjenigen seiner adeligen Mitlandleute in Schwaben ab. Der Herzog gab durch diese äußere Form seiner Herrschaftsausübung zu erkennen, daß er mehr war als sie, daß er sich als einen Statthalter des Königs in der Provinz Schwaben und daß er sich gewissermaßen als Vizekönig im Lande fühlte. Und dieser Anspruch wurde denn auch vom Lande selbst anerkannt: Hermann der Lahme gesteht Herzog Hermann I. zu, daß er »der Kultur, dem Ansehen, den Sitten und den Einrichtungen des ihm anvertrauten Landes ... viel Ehre verschafft habe« [59], und betont, daß Hermanns Schwiegersohn und Nachfolger im Herzogsamte »vor allen Männern seiner Zeit der beliebteste beim Volk« gewesen sei [60]. Und von Herzog Hermann III. weiß der gleiche Hermann von Reichenau zu berichten, daß er »beim ganzen Volke beliebt« gewesen sei [61]. Ja, das Sankt Galler Nekrolog bezeichnet gar den im Jahre 1030 gefallenen »Empörer« Ernst II. als *dux*

---

55 Indessen hat bereits E. F. OTTO, Adel und Freiheit, wie Anm. 53, S. 386, mit Recht geschrieben: »Schon vor dem Auftreten eines Reichsfürsten s t a n d e s muß es ein ›Fürstentum‹ gegeben haben...« – Zum Aufkommen der Bezeichnung »Fürst« vgl. E. SCHRÖDER, »Herzog« und »Fürst«, in: ZRG/GA 44/1924, S. 1–29, insbes. 9 ff., und jetzt allg. auch G. THEUERKAUF, Fürst, wie Anm. 53.
56 Vgl. oben S. 134 f. – Zum Verhältnis von »Fürst« und »Fürsten« vgl. G. THEUERKAUF, Fürst, wie Anm. 53.
57 Dazu oben S. 139 ff.
58 Darüber oben S. 57 ff., 87 ff., 91 ff.
59 Hermann der Lahme (= Ausgew. Quellen XI), S. 638 zu 948: *Herimannus dux Alamanniae, qui provinciae sibi creditae cultum, habitum, mores et instituta multum ut fertur, honestaverat...*
60 Ebd.: *Liutolfus..., vir omnium sui temporis universo populo acceptissimus...*
61 Ebd., S. 656 zu 1004: *Herimannus puer, omni populo acceptabilis, in ducatu successit...*

et decus Alamannorum[62]. Angesichts eines solchen Selbstgefühls und einer solchen Einschätzung durch Volk und Land nimmt es nicht wunder, daß der Herzog von Schwaben in seinen Münzstätten nicht nur Denare prägen ließ, die seinen, des Herzogs Namen, mit dem des Königs verbanden[63], sondern auch Denare, die nur seinen eigenen Namen nannten[64] (Abb. 1–19). Ja, auch wenn der auf Zürcher Münzen des 10. und frühen 11. Jahrhunderts vorkommende flabellum-artige Stab mit Blättern oder Zweigen (Abb. 4 u. 9), den man auch als Palme ansehen könnte, letztlich auf ein angelsächsisches Vorbild zurückgehen sollte[65], so ist die Übernahme gerade dieser Zeichen auf das Bild der Herzogsmünzen für die Selbsteinschätzung der Herzöge dennoch bemerkenswert: Denn sowohl das Flabellum, der Wedel, als auch der Palmzweig, der gleichfalls als Wedel Verwendung finden konnte, sind alte Herrschaftszeichen des Königtums[66]. Bei einem derart hohen, königsgleichen Anspruch überrascht es dann auch nicht zu sehen, daß der Herzog von Schwaben – nicht anders als der König – bei seinen Besuchen in schwäbischen Reichsklöstern mit einem feierlichen Zeremoniell begrüßt und wieder entlassen worden ist[67], ja, daß – ganz ähnlich wie der König von den einzelnen deutschen Stammesländern durch Umritt Besitz ergreifen mußte – offenbar auch der Herzog von Schwaben durch einen, bestimmte schwäbische Reichsklöster berührenden Umritt von der ihm eben als Herrschaftsbereich übertragenen herzoglichen *provincia* Besitz zu ergreifen hatte[68].

Und in eine solche fürstliche, königsgleiche Art und Weise der Amtsausübung[69] fügt sich dann aufs beste ein, daß schwäbische Herzöge in Bischofskirchen und Kirchen von Reichsklöstern ihre Grablege suchten[70], daß sich der Herzog von Schwaben – ähnlich wie sich der König seiner Hofkapelle bediente – eines eigenen Presbyters bediente[71] und daß er – nicht anders als der König, der seine Königsboten gebrauchte – eigene *nuntii* einsetzte[72]. Dazu paßt aber auch, daß sich die älteste von einem schwäbischen Herzog ausgestellte Urkunde, die uns noch im Original überliefert ist, nämlich die Herzog Burchards II. von 924 (Abb. 20), »eng dem Muster der Königsurkunden« an-

---

62 M G Necrol. I, S. 479 zu August 17.
63 Vgl. oben S. 64 ff. u. 77 ff.
64 S. S. 64 ff. u. 77 ff.
65 Darüber oben S. 65 f.
66 Zu den betreffenden Münzen vgl. Abschnitt »Zürich« oben S. 65 mit Anm. 164. – Zum Flabellum vgl. P. E. SCHRAMM, Der Schirm, in: Festschrift für Hermann Heimpel, Bd. III/1972, S. 567–593, hier 593 = Anhang. Zum Palmzweig bzw. Palmwedel vgl. DERS., Herrschaftszeichen und Staatssymbolik, Bd. II (= Schriften der MGH 13/II), 1955, S. 410 ff., und jetzt N. GUSSONE und N. STAUBACH, Zu Motivkreis und Sinngehalt der Cathedra Petri, in: FMSt 9/1975, S. 334–358, hier 352/353.
67 Hierzu vgl. oben S. 172 ff.
68 S. oben S. 171 f.
69 Das Wesen des Fürstentums als »Königsgleichheit«, als »Vizekönigtum« verstanden schon von E. F. OTTO, Adel und Freiheit, wie Anm. 53, und von K. F. WERNER, wie Anm. 53. Vgl. dazu auch, ausgehend vom Titel, H. WOLFRAM, in: Intitulatio II, wie Anm. 54, S. 550, und K. BRUNNER, Fränkische Fürstentitel, ebd., S. 212 f., 319.
70 Vgl. oben S. 170 f.
71 Darüber oben S. 67 und Anm. 178 zu Teil I.
72 Vgl. S. 70 und dazu vor allem B. MEYER, Die Sorge für den Landfrieden im Gebiet der werdenden Eidgenossenschaft, 1935, S. 30 f.

schließt ⁷³ und zudem die Königsähnlichkeit des Herzogs allein schon durch die Intitulatio zum Ausdruck bringt, in der sich Burchard als *Purchardus divina annuente gratia dux Alamannorum* bezeichnet. Damit soll offensichtlich die Legitimität dieser königsgleichen Herzogsherrschaft unterstrichen werden ⁷⁴.

Von allen diesen Zeichen und Äußerungen königsgleicher Herzogsherrschaft ist zwar nach dem einschneidenden Wandel der rechtlichen Grundlagen des »Amtes« gegen Ende des 11. Jahrhunderts nur noch wenig verblieben, ist vor allem deswegen wenig verblieben, weil die Reichskirchen nicht mehr zur Selbstdarstellung der Herzogsherrschaft herangezogen werden konnten. Statt dessen aber scheint in staufischer Zeit ein neues Merkmal fürstlichen Selbstverständnisses des Herzogs von Schwaben auf, das freilich – und dies ist der entscheidende Unterschied zur vorstaufischen Zeit – auch anderen »Reichsfürsten« des 12. Jahrhunderts in Schwaben, etwa den Zähringern und den Welfen, zu eigen ist: Wir meinen das Wirksamwerden von vier durch Edelfreie besetzten Hofämtern, über die wir erstmals die schwäbischen Herzöge aus staufischem Hause verfügen sehen ⁷⁵.

Zumindest von frühsalischer Zeit an ist jedoch für den »Herzog von Schwaben« bis zu seinem Ende gleichgeblieben als d a s Zeichen der Herzogsherrschaft, des Herzogtums, des Herzogsamtes und zugleich auch des »Fürstentums« ⁷⁶ die Fahnenlanze, mit der offenbar schon Herzog Hermann II. von Schwaben sein Herzogsamt bzw. die sein Herzogsamt mitbegründeten Grafschaften übertragen bekommen hat ⁷⁷. Die Fahnenlanze er-

---

73 ZUB I, Nr. 188; vgl. hierzu W. KIENAST, Der Herzogstitel in Frankreich und Deutschland, 1968, S. 368, und H. STINGL, Die Entstehung der deutschen Stammesherzogtümer (= Untersuchungen zur deutschen Staats- und Rechtsgeschichte NF. 19), 1974, S. 134. Vgl. außerdem jetzt die einläßliche Interpretation bei W. HAUBRICHS, Hero Sancte Gorio. Georgslied und Georgskult im frühen Mittelalter. Studien zu Herkunft, Überlieferung und Rezeption eines spätkarolingischen Heiligenliedes (Ms.), S. 644 ff., wo u. a. darauf hingewiesen wird, daß die »Promulgatio« der Urkunde an Epiphanie geschehen sei. Und dazu S. 645: »Die Ausstellung dieser Urkunde an diesem Tag kann bedeuten, daß der Aussteller seine herrschaftlichen Maßnahmen, seine Kirchenpolitik unter dem Zeichen des priesterlichen und des königlichen Amtes des Erlösers vollziehen möchte.«
74 Vgl. dazu H. BÜTTNER, Heinrichs I. Südwest- und Westpolitik, 1964, S. 43, und K. F. WERNER, Königtum und Fürstentum, wie Anm. 53, S. 184 mit Anm. 22, und vor allem K. BRUNNER, Fürstentitel, wie Anm. 64, S. 318 (dort S. 203 allg. zur sog. Legitimationsformel). Dagegen aber, freilich kaum überzeugend, C. RICHTER, Der Sinn der Dei Gratia-Formel in den französischen und deutschen Dynastenurkunden bis zum Jahre 1000 ..., Diss. phil., Frankfurt a. M., 1974, S. 124 ff., der dieser Formel eine »politische« Bedeutung abspricht.
75 Vgl. dazu oben S. 290 f. Über die Ausbildung dieser vier Hofämter als Merkmal der Fürstenwürde vgl. neben und nach J. FICKER, Reichsfürstenstand II/1, S. 241 ff. und insbes. S. 253, vor allem E. F. OTTO, Adel und Freiheit, wie Anm. 53, S. 308, 385 ff., und E. KLEBEL, Vom Herzogtum zum Territorium, in: Aus Verfassungs- und Landesgeschichte, FS Th. Mayer, Bd. I/1954, S. 205-222, hier 220 f.
76 Vgl. E. E. STENGEL, Land- und lehnrechtliche Grundlagen des Reichsfürstenstandes, jetzt in: DERS., Abhandlungen und Untersuchungen zur mittelalterlichen Geschichte, 1960, S. 133-137, hier 140 f.: »Es sind immer nur Herzoge oder herzogähnliche Gewalten, die mit der Fahne belehnt werden, Fürsten. Diejenigen haben also unzweifelhaft Recht, die Fahnlehen und Fürsten für reziproke Größen, die das Fahnlehen ›für eine andere Vokabel zur Bezeichnung der weltlichen Fürstentümer‹ halten.«
77 Vgl. dazu oben S. 143 f.

scheint erstmals in der zweiten Hälfte des 11. Jahrhunderts im Bilde eines Siegels Herzog Rudolfs von Rheinfelden [78] (Abb. 23 u. 24), dessen von Herzog Wratislaw von Böhmen im Jahre 1080 in der Schlacht von Flarchheim eroberte *regalis lancea* durchaus mit seiner einstigen Herzogslanze identisch gewesen sein könnte. Ihre Weiterverwendung als Insignie des böhmischen Herzogtums ließe ohne weiteres an eine solche Identität denken [79]. Die Fahnenlanze fehlt danach auch nie mehr auf den herzoglichen Siegelbildern des 12. Jahrhunderts [80] (Abb. 25-30) und kommt endlich auch in anderen bildlichen Darstellungen schwäbischer Herzöge – wie etwa in denjenigen auf den Stammtafeln des hl. Bruno (Abb. 40 u. 41) oder im Bildnis Herzog Friedrichs II. auf dem Armreliquiar Karls des Großen (Abb. 42) – offensichtlich als d a s Herrschaftszeichen des Herzogs immer wieder vor [81]. Ja, zur Führung dieses herzoglichen Herrschaftszeichens bediente sich der Schwabenherzog Berthold (aus dem Hause Zähringen) eines eigenen Fahnenträgers [82]. Und man wird bei den *signa*, die Herzog Ernst I. nach Hermanns III. Tode neben den *res* zum Zeichen der Herrschaftsübernahme ergreift, zuallererst eben an diese Fahnenlanze denken dürfen [83].

Indem der Herzog die Fahnenlanze, die Lehnsfahne, ein Investitursymbol als ständiges Abzeichen seiner Würde führte, ließ er zugleich deutlich erkennen, daß diese seine fürstliche Würde trotz ihrer königsgleichen Präsentation nicht auf eigener Machtvollkommenheit beruhte, daß sie sich vielmehr vom König herleitete und stets ein Reichslehen war und blieb [84].

So wird am Beispiel der Fahnenlanze als des spezifischen herzoglichen Herrschaftsabzeichens noch einmal sichtbar, was auch in Schwaben Herzogsherrschaft im Grunde

---

[78] Vgl. dazu Abb. 23/24 und Text in Abbildungskatalog.
[79] Vgl. dazu P. E. Schramm, Herrschaftszeichen, wie Anm. 66, Bd. II, S. 521, und W. Wegener, Die Lanze des heiligen Wenzel, in: ZRG/GA 72/1955, S. 56-82, hier 65 f. S. dazu auch H. Patze, Die Pegauer Annalen, die Königserhebung Wratislaws von Böhmen und die Anfänge der Stadt Pegau, in: Jb. für die Geschichte Mittel- und Ostdeutschlands 12/1963, S. 1-62, hier 18.
[80] Vgl. dazu die Abb. Nr. 25-30.
[81] Vgl. dazu die Abb. Nr. 40-42.
[82] Über Berthold von Sperberseck als erwählten Bannerträger Herzog Bertholds vgl. H.-M. Maurer, Die hochadligen Herren von Neuffen und von Sperberseck im 12. Jh., in: ZWLG XXV/1966, S. 59-130, hier S. 74 f.
[83] Vgl. Ann. Sangall. mai., ed. C. Henking (= Mitt. zur Vaterländ. Geschichte XIX), 1884, S. 304 zu 1012: *Dux puer en patribus apponitur hic Hermannus; Signa capit tum res vir huicque sororius Ernest.*
[84] Über die Fahnenlanze als d a s Zeichen des Herzogs und der Herzogsherrschaft vgl. etwa J. Bruckauf, Fahnlehen und Fahnenbelehnung im alten deutschen Reiche (= Leipziger Histor. Abhh. III), 1907, S. 18/19, 47; S. Rietschel, Zur Lehre vom Fahnlehn, in: HZ 107/1911, S. 353-360, hier 359; E. Rosenstock, Königshaus und Stämme in Deutschland zwischen 911 und 1250, 1914, S. 153 ff.; F. Keutgen, Der deutsche Staat des Mittelalters, 1918, S. 109 ff. und vor allem S. 112, sowie C. Erdmann, Kaiserliche und päpstliche Fahnen im hohen Mittelalter, in: QuFJtAB XXV/1933/34, S. 1-48, hier 4, und jüngst vor allem die höchst instruktiven Ausführungen von J. Deér, Papsttum und Normannen, 1972, S. 20 ff. mit Tafel I. Vgl. auch die Bildbeispiele bei P. E. Schramm, Die deutschen Kaiser und Könige in Bildern ihrer Zeit, 1928, Textband S. 191, Nr. 64 und S. 192 f., Nr. 67; vgl. ebd. S. 83, 85, 217.

bedeutet hatte: Sie war ein Amt gewesen, das vom König als Lehen – mit eben dieser Fahne – verliehen und von dem in dieser Weise beliehenen Herzog in den äußeren Formen eines »Fürstentums« versehen worden ist.

An dieser hervorstechendsten Eigenschaft herzoglicher Herrschaft in Schwaben hat sich letztlich – trotz ihrer latenten Abhängigkeit von der Zustimmung der Mitlandleute und trotz den ständigen und teilweise tiefgreifenden Wandlungen, denen die Grundlagen und Wirkungen dieses Herzogsamtes unterworfen waren – während ihrer mehr als dreihundert Jahre dauernden Existenz kaum etwas geändert.

1
Denar Herzog Hermanns I.
aus Zürich

2
Denar Herzog Liutolfs
aus Zürich

3
Denar Herzog Burchards III.
aus Zürich

4
Denar Herzog Burchards III.
aus Zürich

5
Denar Herzog Burchards III.
aus Zürich

6
Denar Kaiser Ottos II. und
Herzog Ottos aus Zürich

7
Denar Herzog Ernsts I.
aus Zürich

8
Denar Herzog Ernsts I. oder
Ernsts II. aus Zürich

9
Denar Herzog Ernsts I. oder
Ernsts II. aus Zürich

10
Denar König Ottos I.
und Herzog Hermanns I.
aus Breisach

11
Denar König Ottos I.
und Herzog Hermanns I.
aus Breisach

12
Denar König Ottos I.
und Herzog Hermanns I.
aus Breisach

13
Denar Herzog Hermanns I.
aus Breisach

14
Denar Herzog Liutolfs
aus Breisach

15
Denar Kaiser Ottos I. und
Herzog Liutolfs aus Breisach

16
Denar Herzog Burchards III.
aus Breisach

17
Denar Kaiser Ottos I.
und Herzog Burchards III.
(aus Breisach?)

18
Denar
Herzog Heinrichs des Zänkers
aus Breisach

19
Denar Herzog Liutolfs
aus Esslingen

In nomine scéae et indiuiduae trinitatis. Purchard. diuina annuente gratia dux Alamannor. omnibus manifestum ee populis uolumus qd ab eo uero die sicut ds omps sup nos suam magnā ostendit misericordiam & omia in istis locis consistencia loca omisq. nros inimicos innuam sub tecit potestate teplis dni illi seruentib. Inquantum potuimus magis cupientes ut illoru haberent rectitudine qua ulla haberent in quaeudine. Unde an ris caute scisceta bamur fidelibus qualit ab initio. moniales isto in loco dno famulantes in uerant. & cuiusmodi sua haberent annonam. Tunc cuncta illa congregatio in nram uenientes psentia reclamat se tale ordine annone non habere sicut regula illarum denunciat. & sicut Ludouuicus imp. & filius eius illis concedebant. & constituebant Eptam uero qua psati reges illis scribe re pcurauerunt. hanc audientes legere omia q. intellegentes quae ad illaru ptinebant puenda existimantes nullomodo hoc nonposse impleuisse cū omi uero diligencia an ris sciscitantes fidelibus qd exinde agere debuimus. commune inter nos consiliu habentes placuit nob ex utraq. parte ut cuncta loca que tunc in illaru potestate inuenimus. Ide in zurich curte i. & in Murae. in Rumelanch. in Vuibechinga. & in Loz uuila & quicqd ad ipsis ptinet. Ide terris pratis siluis pascuis aquis aquaru ue decursibus cultis & incultis. & xii uectilibus censibus de isto monte cū omi integritate ad sua haberent annoria. N o uero hanc eptam pdictor locoru firmationis cū licencia Heinrichi regis scribere iussimus. ut nec nos nec ullus inuistus iudex habeat potestate aliqua molestia in istis locis illis facere sed cū omi securitate. & firmitate habeant. & possideant. & usq. in euu utantur. Actū ut uiro ego psentibus episcopis comitibus aliisq. nris fidelibus quoru nomina hic notantur. S. Purchardi ducis qui hanc eptam firmacionis fieri iussimus. S. Notingi epi. S. Vualtonu epi. S. Vuodalrich. Kérolt. Liuto. Vnruoch. Perinker. Perecker.

Adalhart. Kerhart. Adalperen. Vuipr. té. Vuipr. Thiedolt. Landerich. Vuelioz.
Vueren prt.

Ego itaq. Liutingus scripsi SSS Nota in die xii. nalis dni. IDE pr̃ non Ian. regni serenissimi regis Heinrichi. Anno viii. sub comite Liuto ni.

Data domicę incarnationis. Anno. DCCCC xx iiii. feliciter AMEN

Quoniam gesta imperatorum siue quorumlibet principum monumentis litterarum credita difficilius labuntur a memoria cunctis successio-
nibus notum fore uolumus qualiter ego Fredulfus Sueuorum dux quoddam negocium iussione imperiali diligencie mee commissum
cum quibusdam de numero principum terminaui. Residente enim domino henrico romanorum imperatore augusto in urbe
herbipoli plurimo principum collegio ibidem collecto prostrata regni quedam graui querimonia nuribus principum reputis illa-
ta ab incolis prouinciarum urame et clisone est exorta. Ciues enim urame proclamabant se iuxta terminos facultatum quarum rex Lodesoreus monasterio sanctorum martirum Felicis et Regule indotem contulerat et diu legitime possederat uiolenter
a conciuibus clisone fuisse mulctas. Clisonenses quoque culpam inique transgressionis firmas possessiones sue prouincie
terminaueum et admonasterium sancti hilarii usque pertinencium urame incolis obiciebant. Post longum igitur regis et
principum super hac controuersia habitam deliberationem quoniam imperialis sublimitas maximis regni negociis occupata fuit
et ad assistendas prouincias prefatas uiator nonpotuit michi hoc officium uice sua imperator iniunxit et eadem potestate
qua ipse utebatur super hac lite dirimenda consilio principum consensu et peticione predictarum pareum michi indulsit et
ad maiorem certitudinem et auctoritatem quosdam de principibus testes et cooperatores michi adhibuit. Burchardum comitem de nellenburch Ebronem comitem de wuluelingen arnoldum comitem de lenzeburch qui tunc utriusque monasterii aduocatus extitit. Nos igitur regio edicto obedientes partes predictas adiuuimus et consilio predictorum principum uentes et prudentissimorum uirorum prefate prouincie uisitatis possessionibus utriusque monasterii certis et legitimis
finibus discreuimus. quos etiam terminos subscribi fecimus. quorum unus est amonte qui stantonstem uulgo dicitur usque admonte
qui grapelnon uocatur. et abhinc usque ad fluuium qui spitzse tunst nominatur. et abhinc usque ad torrentem qui uerta uocat.
et abhinc usque ad meatum fluminis linte scilicet. et abhinc usque ad impetum tempetis qui lemerta nuncupatur. que pro-
gressu instituto murna terminatur. In hunc igitur modum utriusque partis terminatione distincta et firma pace compo-
sita. imperiali auctoritate hoc promulgauimus. quod siquis hos terminos aliqua temeritate mutaret presentem regis
regie censure subiaceret. Actum est autem anno dominice incarnationis millesimo tercio. anno regni eiusdem imperatoris VIIII. II. non. mai. F F ELI CITER AMEN

... diuina fauente clementia dux ſweuie omnibus principibus 7 qbuſq: nob'r ſub ducatu n̄ro degentib'. pſentib'z futuris in pe͛tuu͛. Cu͛ uſtu͛ sit
cauſas a maioribus ī stitutas. 7 iudiciario ordi͛e diffinitas. a ſucceſſorib' n̄ ſolu͛ īmutari n̄ debere. nec caſſari. ſed magis inuiolabiliter oſeruari
7 cofirmari. notu͛ facimus cunctis ta͛ futuris qm̄ pſentib'. nobis in publico placito loco q̄ d͛r͛ chunegeſtol. cu͛ uniuſis principibus n̄ri ſweuie
coſedentibus. X. alberno 7 ſale ſuprali quamve͛ q̄rela de poſuiſſe. qd͛ Conrad' comes d͛ ſc̄o gonrē. pdictū duoꝝ liberoꝝ hominu͛. Eberhardi 7 Ulrici q͛
pſentes erant 7 libera werſchaft cora͛ omib' abb'i ferebant. uiolent' abſtuliſſet. aſſerens n̄ eſſe poteſtatis eoꝝ. ut ipſi ꝉ aliqs liboꝝ in ſua comitia
ſine coſenſu eˊ. ulli cenobio ꝉ ecctˊe. ſua coferre ualeret. Vnde ſentētia poſtulata. uniuſaliter ab omib' diiudicatu͛ ē. libis hominibus licere ꝑdia ſua
qb' libet eccti͛s. ut cu͛ uellēt. dare poſſe. Nos itaqꝫ pdicti abbis 7 fr͛m ſuoꝝ quieti cōſul͛ tales calu͛nias in poſteru͛ puidentes. ad cfirmatione͛ omniu͛
q̄cu͛qꝫ pſato cenobio in pſentiaru͛ ut in futuru͛ a quolibet hōie libo collata fuˉt. ſedm forma͛ dure ſententie. paginā iſtā ſigilli n̄ri impſſione
roborata͛. uenabili abb'i aduſus quosli͛bet iudicu͛ temaria͛ in talib' pſu͛ptione donam'. Et ut pſentis carte tenor n̄ ſolu͛ ip͛e antiqe iſtitutiois
auctoritate. ſ3 n̄e cfirmationis tenore. ip͛ etia͛ apud poſteros robur obtineant. pmiſſe ſententie executores ſubnotare dignu͛ duxim'. Welfo dux.
Otto. hartmanni. 7 Rodolf' comites d͛ achelſpe. Otto palatin' comes d͛ witehſpach. Ludewic' comes d͛ ſigemeringen. Henric' marchio d͛ ronesbe.
henric' comes d͛ warteſtan. Manegold' 7 henric' comites 7 fr͛es d͛ ueringen. Hebhard' 7 Wolfrad' fratres filii comitis Manegoldi. Alb'tus 7 Ulric' comites
d͛ chiburch. Goteſrid' 7 Manegold' fili' eˊ comites d͛ rordorf. Burchard' com' d͛ hohenberc. 7 fr͛ eˊ comes frideric'. Bertold' 7 frideric' comites d͛ zolren.
Egeno comes d͛ urach. Bertold' comes d͛ berge. Conrad' comes d͛ ſc̄o gonrē. Erneſt d͛ ſtuzelingen. Manegold' d͛ wolfſwanc. Berng͛ d͛ ſchuzenria.
Goteſrid' d͛ ſweinhuſen. Conrad' d͛ teggenhuſen. Burchard' 7 Alb'tus fr͛es d͛ friechingen. Hartmann' 7 Conrad' d͛ mimenhuſen. 7 alii qm̄ plures.
Acta ē hec dnice incarnationis anno M. C. LXXX. V. Indictione. III. Epacta. XVII. Concurrente. VII. Imp͛ante Friderico rom' imp͛atore
auguſto. anno au͛ impˊ eˊ XXX.I. anno u͛ ducat' n̄ri.

22 Urkunde Herzog Friedrichs VI. von 1185

DE RUDOLPHO SUEVICO
COMITE DE RHINFELDEN, DUCE, REGE
DEQUE EIUS INLUSTRI FAMILIA
EX
AUGUSTA DUCUM LOTHARINGIÆ
PROSAPIA
APUD D. BLASII SEPULTA
CRYPTÆ HUIC ANTIQUÆ NOVA AUSTRIACORUM PRINCIPUM ADIUNCTA

PER

MARTINUM GERBERTUM
MONASTERII ET CONGREG. S. BLASII IN SILVA NIGRA ABBATEM
S. Q. R. I. P.

TYPIS SAN-BLASIANIS MDCCLXXXV.

◁ 23 Siegel Herzog Rudolfs
(von Rheinfelden)
auf dem Titelblatt von
Martin GERBERT,
De Rudolpho Suevico, 1785

24 Siegel Herzog Rudolfs
(von Rheinfelden)

25 Siegel Herzog Friedrichs IV.
von 1166

26 Siegel Herzog Friedrichs VI. von 1179

27 Siegel Herzog Friedrichs VI. von 1181

28 Siegel Herzog Friedrichs VI. von 1188

29 Siegel Herzog Konrads II. (zw. 1192 u. 1196)

30 Siegel Herzog Heinrichs von 1220

31 Siegel König Heinrichs (VII.) von 1231   32 Siegel König bzw. Herzog Konradins von 1266

33 Siegel der Königin Elisabeth von 1266

IN NOMINE DOMINE

ANO AB INCARNATIONE DNI
nongentesimo xxvi Ind·et· xiiii·iii·
k ma· pyrchardus fortissimus dux
alamannorum italia dolose occidit
eius commemorationem sicut p uno
quoq nro· In uigiliis & psalmodiis a·
missarum oblationibus agi sola· Ita
uiam p illo & posteros nros deinceps
ex integro acturos fore om nis genero
sitas firm uno sensu decreuimus hoc
q in tira regula placuit nobis conscri
bi ut nulla umquam uel obliuione
uel neglegentia ualeat ptermitti
Anno ab incarnatione dni dccc lxxxv
Indictione· iiii· uenit ratpolt· nobilis
simus alemannorum treuerensis ecclę
pontifex ad monasterium sti galli ad di
positionis eius festiuitatem cum ipsa
congregatione iocundissime celebra
uit· Quem uenerabilis tunc abba

34 Notiz über die Aufnahme Herzog Burchards II. in das Gebetsgedächtnis der Mönche von St. Gallen

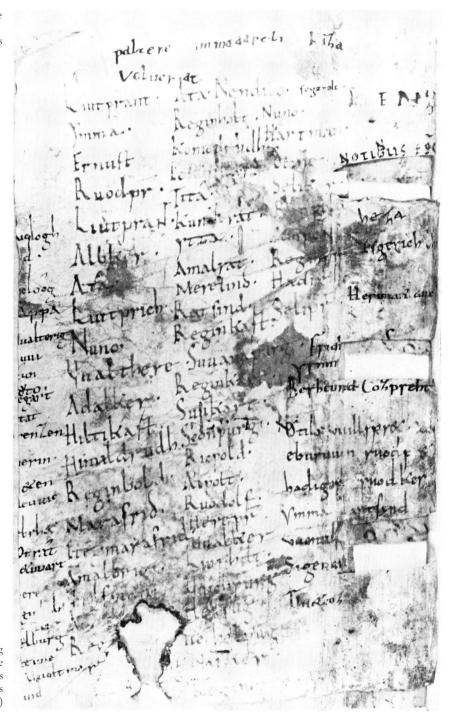

35 Herzog Hermanns I. Name auf fol. 1r eines Gedenkbuchfragments (Fulda Aa 13)

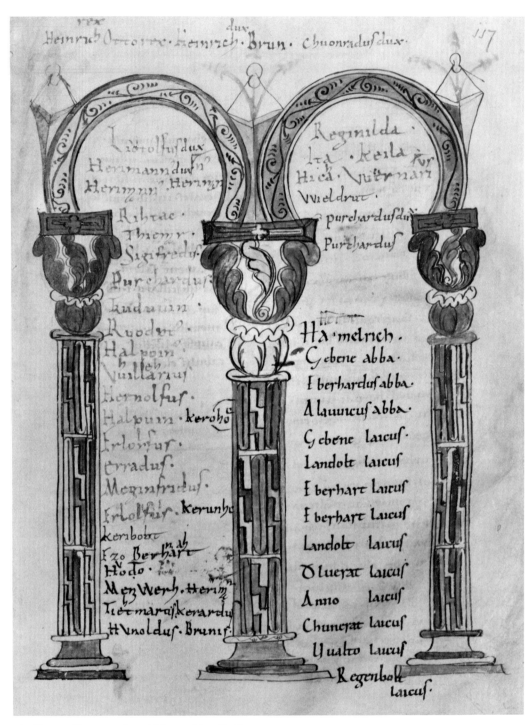

36 Herzog Hermanns I. und Herzog Liutolfs Namen
auf p. CXVII des Liber Viventium der Abtei Pfäfers

C	k̄	xviii k		sumptio s. Mariæ.
D		lxvii k		
E		xvi k	Oct sci Laurentii.	Chunigunt mon ob.
F		xv k	Agapiti mart.	Solimniigino
G		xiiii k		Domna Reginlinda ⸱
A	P	xiii k		Chuonradus dux ⸱
B		xii k		
C	R	xi k	Tymothei ⸱ Symphoriani m.	
D	S	x k	Vigil. s. Bartholomei apli.	Autumñ oritur
E	T	viiii k	Bartholomei apli.	
F	A	viii k		Sandaradus abba ⸱
G	B	vii k		Adelbertus abba ⸱
A	C	vi k		Gebehardus eps ⸱
B	D	v k	Ermetis ⸱ Augustini ⸱ Pelagii m.	Lothardus eps ⸱
C	E	iiii k	Decoll. s. Iohann. bapt. Sabinę virg.	
D	F	iii k	Felicis ⸱ Audacti.	
E	G	ii k		

Sidere virgo tuo bachum septemb op mixt ⸱
Sept hab xxx. Lunā xxx.

F	H	KL SEPT.	Verene virg.	Wirdiga m.	s. Egidius.
G	I	iiii non.		Rihlint Ogd u. emb. vi anno	
A	k	iii n			
B	L	ii n			
C	M	non sep		Diefcamet fimiif.	
D	N	viii id	Magni conf.		
E	O	vii id		Tietericus eps ⸱	
F	P	vi id	Nat. virg. s. Mariæ. Adriani m.	Hemitio ⸱	

37 (Herzogin) Reginlindes und Herzog Konrads I. Namen
auf pag. 12 des Kalendar-Nekrologs von Einsiedeln

38 Herzog Otto I. und seine Schwester Mathilde, Äbtissin von Essen, auf der Zellenschmelztafel des Essener Mathildenkreuzes I

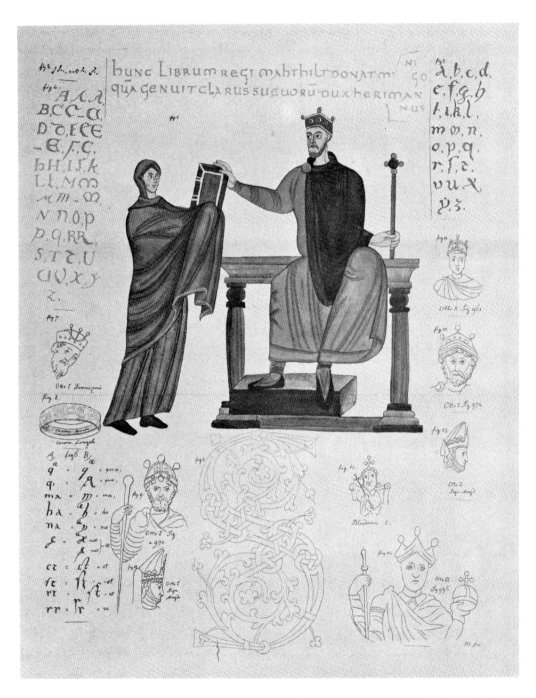

39 Mathilde, Tochter Herzog Hermanns II., im Dedikationsbild
    einer verschollenen Handschrift aus Kloster Neuzelle

40 Herzog Friedrich I. und ein weiterer Herzog Friedrich auf einer Stammtafel des hl. Bruno aus Kloster St. Pantaleon in Köln

41 Zwei Herzöge Friedrich auf einer Stammtafel des hl. Bruno aus Kloster St. Pantaleon in Köln

42 Herzog Friedrich II. auf dem Aachener Armreliquiar Karls des Großen

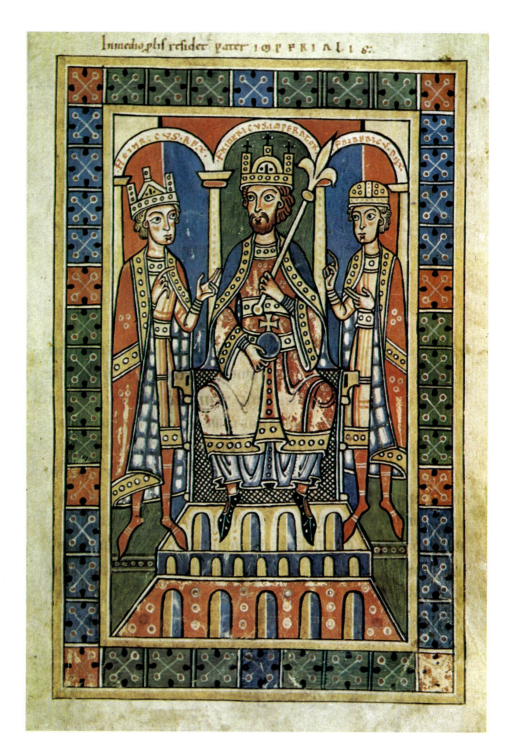

◁ 43 Herzog Friedrich VI. (rechts im Bilde)
auf dem Repräsentationsbild
der Weingartener Welfenchronik

44 Herzog Friedrich VI. auf S. 49
der »Acta ecclesiae S. Petri in Augia«

45 Herzog Konrad II. auf S. 52
der »Acta ecclesiae S. Petri in Augia«

Erläuternder Katalog zu den Abbildungen

VORBEMERKUNG [1]

Die unter die *Textabbildungen* aufgenommenen Karten und Pläne haben vor allem die Aufgabe, die topographische Situation eines jeden einzelnen Herzogsvorortes verständlich zu machen. Die Vorlagen dazu sind durchweg bereits früher erschienenen Werken entnommen und beruhen demnach auf Entwürfen und Forschungsergebnissen anderer. Dagegen versuchen die Karten-TA Nr. 1 und Nr. 13-15 die bei der eigenen Arbeit erzielten Resultate zu den räumlichen Grundlagen und Wirkungen schwäbischer Herzogsherrschaft vom 10. bis zum 13. Jahrhundert in kartographischer Form wiederzugeben.

Den im *Tafelteil* vereinigten Abbildungen ist die Funktion zugedacht, an ausgewählten Beispielen Selbstverständnis und Selbstdarstellung ebenso wie »Fremdverständnis« und »Fremddarstellung« schwäbischer Herzogsherrschaft deutlich werden zu lassen.

Zur Abbildung kommen einerseits dingliche »Überreste« der Herzogsherrschaft, als da sind Herzogsmünzen, Herzogsurkunden und die zur Bekräftigung des Urkundeninhalts verwendeten Herzogssiegel; zum andern aber gelangen zur Abbildung schriftliche, und zwar liturgische Quellen und bildliche Darstellungen, in denen sich einzelne Herzogsgestalten als Repräsentanten des von ihnen geführten Amtes und der von ihnen ausgeübten Herrschaft spiegeln.

Als selbstverständliches Kriterium für die Auswahl gerade der bildlichen Quellen hatte zu gelten, daß diese der Lebenszeit des oder der Dargestellten möglichst nahe stehen sollten, wobei uns freilich diese bildlichen Darstellungen nicht als »Zeugnisse für den Charakter der dargestellten Person«, sondern als »Zeugnisse für soziale und rechtliche Bezüge, in denen die abgebildete Person gesehen werden soll« [2], dienen mögen. Angesichts derartiger Absichten bei der Auswahl und Wiedergabe von Herzogsdarstellungen, ließ es sich nicht umgehen, die »in verdrießlicher Regelmäßigkeit immer wieder abgebildete Fuldaer Miniatur« [3] (= Abb. 43) von neuem vorzuweisen; sie kann und darf hier, wo es uns um die Aufhellung des Wesens schwäbischer Herzogsherrschaft auch im 12. Jahrhundert zu tun ist, nicht fehlen. Dieser »Schönheitsfehler« mag indessen wettgemacht werden durch die Wiedergabe einiger wenigerbekannter Herzogsdarstellungen. Einer gewissen Rechtfertigung bedarf vielleicht noch die Abbildung jenes Dedikationsbildes aus einer heute verschollenen Handschrift des 11. Jahrhunderts, das Mathilde, die Tochter Herzog Hermanns II., als Schenkerin eines Buches an König Miesko II. von Polen zeigt (= Abb. 39). Es schien mir vor allem bemerkenswert im Hinblick auf seine Beischrift, die Mathilde nicht etwa als Gattin eines Herzogs (von Kärnten bzw. von Oberlothringen), sondern allein als Tochter eines Herzogs von Schwaben, nämlich des »clarus Suevorum dux Herimannus«, ausweist und damit dessen hohe Geltung zum Ausdruck kommen läßt.

1 Zur Illustrierung von wissenschaftlichen Werken zur mittelalterlichen Geschichte vgl. grundsätzlich P. E. Schramm, Über Illustrationen zur mittelalterlichen Kulturgeschichte, in: HZ 137/1928, S. 425-441; S. H. Steinberg, Die Illustrierung historischer Bücher, in: Vergangenheit und Gegenwart 22/1932, S. 662-672, sowie vor allem H. Boockmann, Über den Aussagewert von Bildquellen zur Geschichte des Mittelalters, in: Wissenschaft, Wirtschaft und Technik. (FS Wilhelm Treue), hg. von K.-H. Manegold, 1969, S. 29-37.
2 So H. Boockmann, S. 32.
3 H. Boockmann, ebd.

I. TEXTABBILDUNGEN (TA)

TA 1   *Grundlagen und Wirkungen der Herzogsherrschaft im 10., 11. und 12. Jahrhundert*

Die Belege für die einzelnen Eintragungen dieser Karte finden sich im Text bzw. in den Anmerkungen der Teile I und II/1.

TA 2   *»Grundriß der Burg Stammheim (2. Plateau)«*

aus: A. FARNER: Geschichte der Kirchengemeinde Stammheim, Zürich, 1911, S. 35, Fig. 17. Vgl. die Beschreibung oben S. 43 ff. und die in Anm. 48 u. 49 angegebene Literatur.

TA 3   *Zürich im Hochmittelalter*

entworfen von Wolfgang Erdmann auf der Grundlage der Planskizzen bei H. C. PEYER, Zürich im Früh- und Hochmittelalter, in: Zürich von der Urzeit zum Mittelalter, 1971, S. 165–227, hier Abb. 67, S. 175; bei S. WIDMER, Zürich, eine Kulturgeschichte II/1976, S. 58 und in ZAK 33/1976, Heft 1, S. 2, Abb. 1. – Vgl. zur Erklärung oben S. 57 ff.

TA 4   *»Zürich. Lindenhof. Ausgrabungen«*

aus: Die Kunstdenkmäler des Kantons Zürich, Bd. VI/1952 (= Die Kunstdenkmäler der Schweiz), S. 426, Abb. 330. Zur Erklärung des Grundrisses vgl. die Bemerkungen oben S. 58

TA 5   *Plan der Insel Ufenau im Zürichsee*

aus: F. KELLER, Geschichte der Inseln Ufenau und Lützelau im Zürichsee (= Mitt. der Antiquarischen Gesellschaft in Zürich 2) 1844. Zur Erklärung der Situation vgl. die Bemerkungen oben S. 73 f.

TA 6   *»Breisach-Münsterberg, Lageplan und schematische Ergänzung des spätrömischen Kastells«*

aus: Badische Fundberichte 16/1940, S. 95, Abb. 1 (entworfen von R. Nierhaus). Zur Erklärung der topographischen Situation vgl. die Bemerkungen oben S. 75 ff.

TA 7   *»Topographie religieuse de Strasbourg et environs vers la fin du X e Siècle«*

aus: Revue d'Alsace 93/1954, Pl. V. Zur topographischen Situation vgl. die Bemerkungen auf S. 87 ff.

TA 8   *»Ulm vor der Zerstörung 1134«*

aus: Ulm und Oberschwaben. Mitt. des Vereins für Kunst und Altertum in Ulm und Oberschwaben 30/1937, zwischen S. 26 und S. 27 (entworfen von M. Ernst). Zur topographischen Situation vgl. die Erläuterungen auf S. 91 ff.

TA 9   *»Die Pfalzkapelle im ummauerten Ulm nach 1140«*

aus: A. RIEBER und K. REUTTER: Die Pfalzkapelle in Ulm, Tl. II, Anton H. Konrad Verlag, Weißenhorn 1974, Plan I, M 1:1250.

TA 10   *»Rottweil mit Umgebung im Mittelalter (Planzeichnung)«*

aus: Schwäbische Heimat, Heft 2/1969, S. 95, Abb. 6 (entworfen von C. Meckseper), bzw. aus: C. MECKSEPER, Rottweil. Untersuchungen zur Stadtbaugeschichte im Hochmittelalter. Diss. Ing. Masch. Stuttgart, 1969. Zur topographischen Situation vgl. die Erläuterungen oben S. 104 ff.

TA 11 »*Die Landgerichte an der Donau zwischen Sigmaringen und Ulm im Hoch- und Spätmittelalter*«
aus: Alemannisches Jahrbuch 1958, S. 171 (entworfen von H. Jänichen). Zu Rottenacker und Königsstuhl vgl. die Erörterungen oben S. 112 ff., 117 ff.

TA 12 *Macht- und Einflußbereiche der Staufer, Welfen und Zähringer im 12. Jahrhundert*
aus: H. SCHWARZMAIER, Die Heimat der Staufer, 1976, S. 52, Karte »Die Territorialpolitik der Staufer in Schwaben, Bayern und Franken«.

TA 13 *Die Teilnehmer des schwäbischen Fürstentages zu Rottenacker von 1116*
Die Eintragungen beruhen auf der Zeugenreihe der Urkunde Baumann AH Nr. 15/2 von 1116, S. 33/34.

TA 14 *Die Teilnehmer des Herzogslandtages am Königsstuhl von ca. 1140*
Die Eintragungen beruhen auf der Zeugenreihe der Notitia in Cod. Dipl. Sal. I, Nr. 1, S. 2.

TA 15 *Die Teilnehmer des Herzogslandtages am Königsstuhl von 1185*
Die Eintragungen beruhen auf der Zeugenreihe der Urkunde Cod. Dipl. Sal. I, Nr. 35, S. 57/58 (s. Abb. 22).

TA 16 *Deutsches Itinerar »Herzog« Konradins*
aus: »Staufisches Erbe im bayerischen Herzogtum«. Katalog der Ausstellung, München, vom 29. X. bis 8. III. 1968, Tafel VI.

II. TAFELN (Abb.)

HERZOGSMÜNZEN

(in doppelter Originalgröße wiedergegeben)

Prägestätte Zürich

Abb. 1 *Denar Herzog Hermanns I. aus Zürich*
Vs.: + HERIMANNVS
in doppeltem Perlkreis. Kreuz
Rs.: TV-RE-CV- DC.
Die vier Buchstabenpaare mit den acht Enden eines monogrammartigen Gabelkreuzes verbunden, in dessen Kreuzwinkeln je eine Kugel eingelegt ist.
Württemberg. Landesmuseum Stuttgart. Münzkabinett.
Lit.: Dbg. 989; Schwarz S. 17/18 u. Nr. 4; Hürlimann Nr. 4; P. VOLZ, Königliche Münzhoheit u. Münzprivilegien im karolingischen Reich und die Entwicklung in der sächsischen u. fränkischen Zeit. Diss. iur. Heidelberg, 1967. S. 60.

Abb. 2 *Denar Herzog Liutolfs aus Zürich*
Vs.: + I I VTOLFVS DVX
Kreuz in Perl- und Strichkreis
Rs.: TV-RE/CVM
lilienartiges Kreuz
Schweizerisches Landesmuseum Zürich. Münzkabinett.
Lit.: Dbg. 991; Schwarz Nr. 7; Hürlimann Nr. 6.

Abb. 3　*Denar Herzog Burchards III. aus Zürich*

Vs.: BVRCHARDVS
　　　Kreuz im Perlkreis

Rs.: T Ⓥ Ǝ　　[= TVRECUM]
(mit q über V und M darunter)

Schweizerisches Landesmuseum Zürich. Münzkabinett.
Lit.: L. MILDENBERG, Zürcher Münzen u. Medaillen (Ausstellungskatalog) 1969, S. 15, Nr. 11.

Abb. 4　*Denar Herzog Burchards III. aus Zürich*

Vs.: + PVRCHARDVS
　　　in doppeltem Perlkreis. Kreuz.
Rs.: COMES mit darunterliegender Rosette
　　　unter Pflanzenbild bzw. palmenartiger Verzierung oder Stab mit Blättern = Flabellum oder Caduceus.
Schweizerisches Landesmuseum Zürich. Münzkabinett.
Lit.: Dbg. 992; Schwarz S. 26 u. Nr. 6; Hürlimann Nr. 7; G. HATZ, Anmerkungen zu einigen deutschen Münzen des 11. Jhs., in: Hamburger Beitrr. zur Numismatik 18/19 (Bd. VI), 1964–65, S. 52.

Abb. 5　*Denar Herzog Burchards III. aus Zürich*

Vs.: + RVRCHARDVS
　　　in doppeltem Perlkreis. Kreuz mit vier Kugeln.
Rs.: TVREG
　　　zwischen zwei horizontalen Linien, darüber Palmbaum (?) (S. Nr. 4).
Schweizerisches Landesmuseum Zürich. Münzkabinett.
Lit.: Dbg. 993; Schwarz Nr. 9; Hürlimann Nr. 8; HATZ (wie zu Nr. 4).

Abb. 6　*Denar Kaiser Ottos II. und Herzog Ottos aus Zürich*

Vs.: OTTO IMPMAT
　　　Kreuz schwebend im Strichkreis
Rs.: + OTITA DVX
　　　Kreuz wie oben
Schweizerisches Landesmuseum Zürich. Münzkabinett.
Lit.: Dbg. 902; Schwarz, S. 18/19 u. Nr. 10; Hürlimann Nr. 16.

Abb. 7　*Denar Herzog Ernsts I. aus Zürich*

Vs.: DVX ERNST
　　　in zwei Perlkreisen. Kreuz.
Rs.: + TVRECVM
　　　Kirche im Perlkreis.
Schweizerisches Landesmuseum Zürich. Münzkabinett.
Lit.: Dbg. 1923; Hürlimann Nr. 19.

Abb. 8　*Denar Herzog Ernsts I. oder Ernsts II. aus Zürich*

Vs.: E.[RN] / / / DVX.
　　　Zwischen zwei Perlkreisen. Turmartiges Gebäude mit spitzem Giebel.
Rs.: T./ / E[C]. V.M
　　　Zwischen zwei Perlkreisen kleines Kreuz mit Kugel in jedem Winkel.
Kungl. Myntkabinettet statens Museum för Mynt Medalj och Penninghistoria Stockholm.
Lit.: G. HATZ, Anmerkungen zu einigen deutschen Münzen des 11. Jhs., in: Hamburger Beitrr. zur Numismatik, 18/19 (Bd. VI) 1964–65, S. 50, Nr. 2 u. S. 51.

Abb. 9   *Denar Herzog Ernsts I. oder Ernsts II. aus Zürich*
        Vs.: / E / N. OST DVX
           Zwischen zwei Perlkreisen. (Dreiblättrige) Pflanze (oder Gebäude?), in der Mitte schmaler, oben dreigeteilt.
        Rs.: T. V / . E. C. V [M]
           Zwischen zwei Perlkreisen. Anker-Kreuz, an den vier Kreuzenden je ein Punkt.
        Kungl. Myntkabinettet statens Museum för Mynt Medalj och Penninghistoria Stockholm.
        Lit.: G. Hatz (wie zu Nr. 8), S. 50, Nr. 3 u. S. 51 ff.

Prägestätte Breisach

Abb. 10   *Denar König Ottos I. und Herzog Hermanns I. aus Breisach*
        Vs.: OTTO PIVS Rex
           Gekröntes Brustbild rechts
        Rs.: HRMANN PRI SC
           (von oben nach unten aufgereiht) mit rankenartigen Verzierungen in der oberen Bildhälfte.
        Badisches Landesmuseum Karlsruhe. Münzkabinett.
        Lit.: Dbg. 890; Th. Zotz, Der Breisgau und das alemannische Herzogtum, 1974, S. 111.

Abb. 11   *Denar König Ottos I. und Herzog Hermanns I. aus Breisach*
        Vs.: + OTTO PIVS REX
           Kreuz im Perlreif.
        Rs.: PSC HRI – MA – N2
           um szepterartiges Gebilde
        Württembergisches Landesmuseum Stuttgart. Münzkabinett. Lit.: Dbg. 891.

Abb. 12   *Denar König Ottos I. und Herzog Hermanns I. aus Breisach*
        Vs.: HERIMAN DVX, im Feld O$\overset{T}{\underset{\bullet}{}}$O
        Rs.: PRISACHA
           Langes Kreuz, in der Mitte ein aus Halbmonden gebildeter Vierpaß.
        Württembergisches Landesmuseum Stuttgart. Münzkabinett.
        Lit.: Dbg. 893; A. E. Cahn, Auktionskatalog 78 vom 15. XI. 1932. (Frankfurt) S. 71, Nr. 1367.

Abb. 13   *Denar Herzog Hermanns I. aus Breisach*
        Vs.: + HERIMANNIS
           Kreuz mit vier Kugeln
        Rs.: PRI – SIAC
           neben einem vierstöckigen Turm (Kirche?)
        Museum für Hamburgische Geschichte. Münzkabinett.
        Lit.: Dbg. 894, F. Wielandt, Die Basler Münzprägung von der Merowingerzeit bis 1373, 1971, S. 12 u. 13.

Abb. 14   *Denar Herzog Liutolfs aus Breisach*
        Vs.: LIVTOLFVS +
           Kreuz
        Rs.: m   SAH (?)
           an den Enden eines in der Mitte von einer Raute durchbrochenen Kreuzes
        Württembergisches Landesmuseum Stuttgart. Münzkabinett.
        Lit. Dbg. 897.

Abb. 15 *Denar Kaiser Ottos I. und Herzog Liutolfs aus Breisach*
Vs.: OTTO LIVTOLF D.
Kreuz in der Mitte von Ring durchbrochen.
Rs.: PRISACHA
um ein in der Mitte von einem Ring durchbrochenes, in jedem Winkel von einer Kugel gefülltes Kreuz, dessen vier Arme sich mit den Buchstaben R, S, A und H verbinden.
Württembergisches Landesmuseum Stuttgart. Münzkabinett.
Lit.: Dbg. 895.

Abb. 16 *Denar Herzog Burchards III. aus Breisach*
Vs.: IH [S X] PCRX.
thronender Heiland
Rs.: BVRCHVPDVS VX
vierstöckiger Turm (Kirche?) daneben 2 und o
Württembergisches Landesmuseum Stuttgart. Münzkabinett.
Lit.: Dbg. 901; A. SUHLE, Byzantinischer Einfluß auf Münzen des 10.–12. Jhs., in: Aus der byzantinistischen Arbeit der DDR II (= Berliner Byzantinistische Arbeiten 6, Tl. II), 1957, S. 282–292, hier S. 286, u. DERS.: Deutsche Münz- und Geldgeschichte von den Anfängen bis zum 15. Jh., ²1964, S. 53, mit Hinweis auf das byzantinische Vorbild der Christusdarstellung.

Abb. 17 *Denar Kaiser Ottos I. und Herzog Burchards III. (aus Breisach?)*
Vs.: O – T – T – O – I – 1 – P. A
Mit Strahlenkrone bekrönter Kopf nach rechts
Rs.: + DVRICHARD DV
kleines, gleicharmiges Kreuz, frei im Felde stehend.
Württembergisches Landesmuseum. Münzkabinett.
Lit.: Nachrichtenblatt der Denkmalpflege in Baden-Württemberg 13/1970, S. 72, mit Abb. 9; E. NAU, Kaiser Otto I. und Herzog Burkhard II. von Schwaben, in: Beiträge zur südwestdeutschen Münzgeschichte, 1976, S. 53–57, mit Abb. 1 u. noch immer: J. CAHN, Zwei frühe, schwäbische Denare, in: Beitrr. zur süddeutschen Münzgeschichte, hg. von P. Goessler, 1927, S. 63–66.

Abb. 18 *Denar Herzog Heinrich des Zänkers aus Breisach*
Vs.: + . HINPICV ~ + ꭓV
Kreuz mit Ringeln in den Winkeln
Rs.: PRISΛHΛ
Kreuz mit Ringeln im 1. u. 3. Winkel
Staatliche Museen zu Berlin DDR. Münzkabinett.
Lit.: Dbg. 1374, TH. L. ZOTZ, Der Breisgau und das alemannische Herzogtum, 1974, S. 160 ff.

Prägestätte Esslingen

Abb. 19 *Denar Herzog Liutolfs aus Esslingen*
Vs.: LIVTOLFVS
gleichseitiges Kreuz im Perlkreis
Rs.: ESZERIEE +
kreuzbekröntes und mit zwei Kugeln gefülltes Kirchengebäude
Württembergisches Landesmuseum Stuttgart, Münzkabinett.
Lit.: Dbg. 1062 u. 1062a; E. NAU, Esslinger Münzen, in: Esslinger Studien 6/1960, S. 58–73, hier S. 60 mit Abb. 1 auf der Tafel zw. S. 48 u. 49, sowie in: Jb. für Numismatik u. Geldgeschichte 11/1961, S. 53–73, hier S. 58 u. Abb. Tafel IV, 1.

Herzogsurkunden

Abb. 20 *Urkunde Herzog Burchards II.*
für die Klosterfrauen von Zürich, Zürich, 924 I 6
Herzog Burchard bestimmt den Klosterfrauen von Zürich die in ihrer Gewalt stehenden Güter zu ihrem Unterhalt.
Perg. Original: Staatsarchiv Zürich, Abtei 7, Abmessungen: 28 x 23,8 cm. Druck: ZUB I, Nr. 188, S. 79/80.
Zur Frage, ob es sich hierbei um das Original oder um eine Abschrift handelt, vgl. zuletzt BUB I (1948), Nr. 98, S. 80: »Das Zürcher UB erklärt diese Urkunde für eine gleichzeitige Abschrift, da die Unterschriften nicht mehr eigenhändig sind; es handelt sich jedoch um ein Original der Übergangszeit zum bloßen Zeugenvermerk, wie sich aus äußeren und inneren Merkmalen der Urkunden dieser Zeit einwandfrei ergibt.«

Abb. 21 *Urkunde Herzog Rudolfs* (von Rheinfelden)
(1063) V 6
Herzog Rudolf entscheidet im Auftrag König Heinrichs IV. einen Streit zwischen den Einwohnern von Uri und Glarus.
Perg. »Fälschung 1. Viertel 12. Jh.«, Staatsarchiv Zürich, Abtei 13ª. »Einfluß einer Urkunde des 11. Jhs.« (nach Urteil von Br. Meyer, s. oben S. 137, Anm. 42).
Zum Siegel vgl. unten Nr. 24. Abmessungen: 47 x 37 cm.
Druck: zuletzt Qu. W. Eidg. I/1, Nr. 83, S. 41/42.
Lit.: s. S. 136 f., Anm. 42.

Abb. 22 *Urkunde Herzog Friedrichs VI.*
1185
Herzog Friedrich VI. beurkundet einen Rechtsspruch für Kloster Salem.
Perg. Original in Generallandesarchiv Karlsruhe, Abt. C, Nr. 85. Abmessungen: 35 x 27,5 cm.
Druck: Cod. Dipl. Sal. I, Nr. 35, S. 57/58.

Herzogssiegel

Abb. 23 *Siegel Herzog Rudolfs* (von Rheinfelden)
von der Urkunde Staatsarchiv Zürich, Abtei Nr. 13ª (vgl. moderne Aufnahme Abb. 24), auf dem Titelblatt von Martin Gerbert, De Rudolpho Suevico, 1785.
Daneben Abbildung der Vorder- und Rückseite des von König Rudolf II. von Hochburgund um 919 in Zürich geprägten Denars (Schwarz, S. 14/15 u. Nr. 2), von Gerbert offenbar auf Rudolf von Rheinfelden bezogen.

Abb. 24 *Siegel Herzog Rudolfs* (von Rheinfelden)
von seiner 1063 (?) ausgestellten Urkunde (Fälschung) (vgl. Abb. 21). Herzog mit Spitzhelm und Fahnenlanze in der Rechten.
Umschrift: RODOLFVS . SVE[VORVM] . DVX
Staatsarchiv Zürich, Urkunde Abtei Nr. 13ª. Vgl. dazu brieflichen Kommentar Bruno Meyers (Frauenfeld) vom 28. X. 1976: »Der Befund lautet: 1. Die Reiterfigur ist deutlich älter als zweite Hälfte 12. Jh. Es handelt sich um einen Herzog. Der Helm ist ein Spitzhelm und kein Topfhelm, wie das Zürcher UB sagt. 2. Die Schrift gehört nicht ursprünglich zum Siegelstempel. Sie war auf einem Ring angebracht, der mit dem Siegelstempel zusammen in das Wachs eingedrückt wurde. 3. Die Schrift des Siegels dürfte am ehesten aus der 2. Hälfte des 11. Jhs. stammen, ist aber möglich bis ca. 1150.«

Abb. 25 *Siegel Herzog Friedrichs IV. von 1166*

Herzog mit Spitzhelm, Nasenschiene und Helmbrünne, Dreiecksschild und Fahnenlanze in der Rechten.
Umschrift: DVX FRIDERICVS
Wachssiegel, Durchm. 7,5 cm, auf Urkunde Bayer. Hauptstaatsarchiv München, Abt. I, HU Bamberg U 305 von 1166.
Lit.: E. GÖNNER, S. 41, Nr. 1, u. Die Zeit der Staufer I, 1977, S. 43, Nr. 64.

Abb. 26 *Siegel Herzog Friedrichs VI. von 1179*

Herzog mit Schild in der Linken und Fahnenlanze in der Rechten.
Umschrift: [F] RIDERICVS.DEI GRA[CIA DVX SWEVORVM]
Wachssiegel, anhängend an Urkunde Herzog Friedrichs VI. für Stift Kreuzlingen von 1179 XII 25, Staatsarchiv Frauenfeld.
Lit.: GÖNNER, S. 41, Nr. 2.

Abb. 27 *Siegel Herzog Friedrichs VI. von 1181*

Herzog mit einem zur Hälfte sichtbaren, von einem steigenden Löwen belegten Schild in der Linken und mit einer Speerfahne in der Rechten.
Umschrift: + FRIDERICVS.DEI .GRACIA. SVEVORVM.DVX
Ursprünglich an Urkunde für Truttenhausen (Elsaß) von 1181 IV 18. Dép. Archiv Straßburg (Siegel heute verschollen). Überliefert bei G. F. WOELKER, Genealogia familiae augustae Stauffensis, Altdorf 1727.
Lit.: GÖNNER, S. 41, Nr. 3, und W. GLÄSSNER, Das Königsgut Waiblingen und die mittelalterlichen Kaisergeschlechter der Karolinger, Salier und Staufer, 1977, S. 96.

Abb. 28 *Siegel Herzog Friedrichs VI. von 1188*

Herzog mit Löwenschild in der Rechten und Speerfahne in der Linken.
Umschrift: + FRIDERIC[VS DEI GRACIA SVE]VORVM DVX
Ursprünglich an der Urkunde des Herzogs von 1188 IV 2 für Kloster Steingaden, HStA München, Kloster Steingaden, Urk. 14, heute abgegangen. Siegelbild überliefert durch Abb. Monumenta Boica 6, Tab. 1, Nr. IV.
Lit.: GÖNNER, S. 42, Nr. 6.

Abb. 29 *Siegel Herzog Konrads II. (zwischen 1192 u. 1196).*

Herzog mit Speerfahne in der Rechten und Löwenschild in der Linken.
Umschrift: + CVNRADVS DEI GRACIA SWEVORVM DVX
Wachssiegel, Durchm. 7,5 cm, anhängend an Urkunde des Herzogs für Kloster Weissenau, H.ST.A. Stuttgart B 523, Urk. Nr. 4.
Lit.: GÖNNER, S. 42, Nr. 8.

Abb. 30 *Siegel Herzog Heinrichs von 1220*

Der Herzog hält in der Rechten eine mit drei Löwen (Leoparden?) belegte Speerfahne und in der Linken einen mit drei Löwen (Leoparden?) belegten Schild.
Umschrift: + HENRICVS DEI GRACIA DVX SWEVIE
Wachssiegel, Durchm. 7,3 cm, an Urkunde des Herzogs von 1220 für Kloster Wald, Fürstl. Hohenzollernsches Haus- und Domänenarchiv Sigmaringen, Kloster Wald, U 6.
Lit.: GÖNNER, S. 44, Nr. 15, u. Die Zeit der Staufer, I, 1977, S. 48/49, Nr. 73.

Abb. 31 *Siegel König Heinrichs (VII.) von 1231*

Der König sitzt auf einem verzierten Thron mit Rückenlehne, in der Rechten das belaubte Kreuzszepter, in der Linken den Reichsapfel mit Kreuz.
Umschrift: + HENRICVS DI.GR-A ROMANORVM REX ⌐ (= et) SEMP AVGVSTVS

Zu beiden Seiten des Thrones die kleine Inschrift:
⁊ (= et) DVX SVEVIE
Wachssiegel an Urkunde des Königs von 1231 V 1 (BF 4195), HSTA. München, Bestand Kaiserselekt 924.
Lit.: O. Posse, Die Siegel der deutschen Kaiser und Könige, Bd. 1, 1909, Tafel 31, Nr. 4, und dazu Bd. 5, S. 29/30.

Abb. 32 *Siegel König bzw. Herzog Konradins von 1266*
Der König und Herzog sitzt auf einem Thron ohne Rückenlehne, in der Rechten das Lilienzepter, in der Linken den Reichsapfel mit Kreuz.
Umschrift: + CHVNRADUS DEI .GR(ATIA).HIEROSOLE M(IE). ET.SICILIE. REX.
Rechts und links vom König im Siegelfeld ein mit Querleisten abgeteiltes Spruchband mit dem Titel
DVX SWEVIE.
Wachssiegel an Urkunde von 1266 XI 6 (BF 4817), Haus-, Hof- und Staatsarchiv Wien, Allg. Urkundenreihe.
Lit.: O. Posse, Die Siegel der deutschen Kaiser und Könige, Bd. 1/1909, Tafel 33, Nr. 4, und Bd. 5, S. 31; »Freie Nachahmung des Siegels des Königs Wilhelm«; B. Schwineköper, Das Siegel des letzten staufischen Herzogs von Schwaben, König Konrad(in) von Sizilien, in: Nachrichtenblatt der Denkmalpflege in Baden-Württemberg 11/Heft 4/1968, S. 89–91.

Abb. 33 *Siegel der Königin Elisabeth von 1266*
Gemahlin König Konrads IV. und Mutter Konradins († 1273)
Die Königin, auf Thron mit Rückenlehne sitzend, hält in der Rechten eine Lilie, in der Linken den Reichsapfel an die Brust gedrückt.
Umschrift: + ELISABETH DEI GR(ATI)A HIERVSALEM(IE) ET SICILIE REGINA
Im Siegelfeld, rechts und links von der Königin:
DVCISSA SWEVIE
Wachssiegel an Urkunde von 1266 XI 6 (BF 5571), Haus-, Hof- und Staatsarchiv Wien, Allg. Urkundenreihe.
Lit.: O. Posse, Die Siegel der deutschen Kaiser und Könige, Bd. 1/1909, Tafel 33, Nr. 2, und Bd. 5, S. 30.

Herzogsnamen in liturgischen Büchern

Abb. 34 *Notiz über die Aufnahme Herzog Burchards II. in das Gebetsgedächtnis der Mönche von St. Gallen*
Zu 926 in Abschrift des 11. Jhs. eingetragen im Codex Sangallensis 915 = Kapiteloffiziumsbuch, p. 1–p. 3 [hier nur Teilabbildung]. Stiftsbibliothek St. Gallen, Cod. 915.
Druck: MG Lib. confrat. S. 136.
Lit.: Zuletzt J. Autenrieth, Der Codex Sangallensis 915, in: Landesgeschichte u. Geistesgeschichte. FS Otto Herding, 1977, S. 42–55, hier S. 44 ff. u. S. 53.

Abb. 35 *Herzog Hermann I.*
(rechts außen, in der 4. Kolumne) eingetragen auf einer Seite (fol 1r) eines von zwei Fragmenten, die 1922 im alten Einband der ursprünglich aus der Konstanzer Domkapitels-Bibliothek stammenden Hs. Fulda Aa 13 gefunden worden sind (über diesen Codex vgl. P. Lehmann: Neue Bruchstücke aus »Weingartner« Itala-Handschriften

(= SB der Bayer. Akad. d. Wiss., Phil.-Hist. Kl. 1908, 4. Abh., S. 10–11); jetzt als Fragment II dem Text vorgebunden.
Hessische Landesbibliothek Fulda, Hs. Aa 13.
Lit.: s. P. LEHMANN (wie oben).

Abb. 36 *Herzog Hermann I. und Herzog Liutolf*

unter der linken Arkade von p. CXVII des Liber viventium der Abtei Pfäfers eingetragen (zu 948). Stiftsarchiv St. Gallen, Fonds Pfäfers, Codex 1.

Druck: MG Lib. confrat. S. 383; vgl. auch Liber Viventium Fabariensis I: Faksimile-Edition, hg. von A. Bruckner u. H. R. Sennhauser in Verbindung mit F. Perret, 1973, pag. CXVII.

Abb. 37 *(Herzogin) Reginlinde († ca. 958)*

zum 19. VIII. und *Herzog Konrad I.* († 997) zum 20. VIII. auf pag. 12, oben rechts, des Kalendar-Nekrologs des Klosters Einsiedeln um das Jahr 1000 eingetragen.
Stiftsbibliothek Einsiedeln, Cod. 319.
Lit.: H. KELLER, Kloster Einsiedeln im ottonischen Schwaben, 1964, S. 62 f., mit Tafel IV vor S. 57, 165 u. 167, und A. BRUCKNER, Zur Datierung annalistischer Aufzeichnungen aus Einsiedeln, in: Corolla Heremitana = FS Linus Birchler, 1964, S. 81–100, hier S. 92 ff.

BILDLICHE DARSTELLUNGEN VON HERZÖGEN UND MITGLIEDERN EINES »HERZOGSHAUSES«

Abb. 38 *Herzog Otto I.*

und seine Schwester Mathilde, Äbtissin von Essen (973–1011), dargestellt auf der am Fuß befestigten Zellenschmelztafel des Essener Mathildenkreuzes I, geschaffen zwischen 973 und 982:

»Mathild und Otto stehen einander zugewandt. Zwischen ihnen ragt das Vortragskreuz über sie hinaus, dessen Stange Otto mit der rechten, Mathild mit der linken Hand umfaßt. Die linke Hand Ottos liegt flach an der Stange und weist zu Mathild. Die erhebt die Rechte ... Auf bezeugten Dedikationsbildern sieht man entsprechenden Gebärden des Gebens und Empfangens, so daß man vielleicht annehmen darf, daß das Kreuz ein Geschenk des Herzogs Otto an seine Schwester ... ist.« (So R. MESSERER, Ottonische Goldschmiedewerke im Essener Münsterschatz. Diss. phil. Masch., München 1950, S. 38).
Beischriften: MATHILD ABBA[TISSA]
               OTTO DVX
Essen Münsterschatz.
Lit.: R. MESSERER (wie oben), S. 37–42; H. KÖHN, Der Essener Münsterschatz, 1953, S. 10 f.

Abb. 39 *Mathilde († zwischen 1030 und 1034), Tochter Herzog Hermanns II.,*

Schwester der Kaiserin Gisela, Gattin Herzog Konrads von Kärnten und danach Herzog Friedrichs II. von Oberlothringen, und König Miesko II. von Polen im Dedikationsbild, fol. 3ᵛ einer aus Kloster Neuzelle bei Frankfurt an der Oder stammenden, seit 1857 verschollenen Handschrift von Pseudo-Alkuins »Liber de divinis officiis« von ca. 1026/27. Die Handschrift war ein Geschenk Mathildes an Miesko.

»Mathilde trägt ein grünes Kleid und einen weiten, über den Kopf und über die das Buch darbietenden Hände gezogenen blauen Mantel mit weißem Saum sowie geschlossene braune Schuhe« (so F. MÜTHERICH, Epistola Mathildis Sueviae. Zu einer verschollenen Handschrift aus dem 11. Jh., in: Studien zur Buchmalerei und Goldschmiedekunst des Mittelalters. Fs. K. H. Usener, 1967, S. 137–142, hier S. 138).

Beischrift des Bildes: Hunc librum regi Mahthilt donat Misegoni quam genuit clarus Suevorum dux Herimannus.
Das Bild ist überliefert durch P. A. DETHIER, Epistola inedita Mathildis Suevae ... Berlin, 1842 (Farbtafel).
Lit.: außer DETHIER und MÜTHERICH M. PERLBACH, Zur Geschichte einer verlorenen Handschrift, in: Zentralblatt für Bibliothekswesen XXXII, Heft 3, 1915, S. 69–85.

Abb. 40 *Herzog Friedrich I.*
bekleidet mit dem Herzogshut und ein *Herzog Friedrich* (welcher?) mit Topfhelm und Schwert in den Medaillons einer nach 1250 entstandenen Stammtafel des hl. Bruno.
Düsseldorf, Staatsarchiv Hs. G. V. Nr. 2 (A 18) = Miscellan-Codex des Klosters St. Pantaleon in Köln (XI.–XIII. Jh.), fol. 148ᵛ (im Zweiten Weltkrieg verbrannt).
Lit.: H. SWARZENSKI: Die lateinischen illuminierten Handschriften des XIII. Jhs. in den Ländern an Rhein, Main und Donau, 1936, S. 86/87, Nr. 2.

Abb. 41 *Zwei Herzöge Friedrich* (welche?),
der eine ohne Kopfbedeckung, der andere mit Spitzhelm und Lanze in den Medaillons einer im 12. Jh. entstandenen Stammtafel des hl. Bruno.
Düsseldorf, Staatsarchiv, Hs. G. V. Nr. 2 (A 18) = Miscellancodex des Klosters St. Pantaleon in Köln (XI.–XIII. Jh.), fol. 150ᵛ.
Lit.: H. SWARZENSKI, Die lateinischen illuminierten Handschriften des XIII. Jhs. in den Ländern an Rhein, Main und Donau, 1936, S. 86/87, Nr. 2.

Abb. 42 *Herzog Friedrich II.*
mit Helm und bewimpelter Fahnenlanze auf dem Aachener Armreliquiar Karls des Großen von der Hand eines maasländischen Künstlers, Lüttich, 1166–1170.
Umschrift: FRIDERICVS . DVX . SVAVORVM
Paris. Musée du Louvre, Département des objets d'Art, Inv. Nr. Orf. 26.
Lit. (speziell zur Darstellung Herzog Friedrichs): P. E. SCHRAMM, Die deutschen Kaiser und Könige in Bildern ihrer Zeit, 1928, S. 222, Nr. 134, u. S. 153; J. DEÉR, Die abendländische Kaiserkrone des Hochmittelalters, in: Schweizer Beitrr. zur allgemeinen Geschichte 7/1949, S. 53–86, hier S. 80/81, u. DERS.: Die Siegel Kaiser Friedrichs I. und Heinrichs VI. in der Kunst u. Politik ihrer Zeit, jetzt in DERS.: Byzanz und das abendländische Herrschertum (= Vorträge u. Forschungen XXI) 1977, S. 196–234, hier S. 202 mit dem Hinweis auf »jene feierlich-zeremonielle und kultisch repräsentative Haltung, welche die Darstellungen unseres Armreliquiars in ihrer Zeit und Umgebung derart alleinstehend kennzeichnet ...«

Abb. 43 *Herzog Friedrich VI.*
bekleidet mit dem Herzogshut, zur Linken seines Vaters, Kaiser Friedrichs I., stehend; zur Rechten des Herzogs Bruder König Heinrich (Heinrich VI.). Repräsentationsbild auf fol. 14ʳ der Weingartner Welfenchronik von ca. 1184–1190 = »gleichsam als Zeichen des Übergangs des schwäbischen Welfenbesitzes an die Hohenstaufer« neben der Darstellung des Welfenstammbaumes (fol. 13ᵛ) stehend (so R. KAHN, Hochromanische Handschriften aus Kloster Weingarten in Schwaben, in: Städel-Jahrbuch 1/1921, S. 55).
Hess. Landesbibliothek Fulda, MsD 11, fol. 14ʳ.
Lit.: R. KAHN (wie oben); S. H. STEINBERG u. CH. STEINBERG-VON PAPE, Die Bildnisse geistlicher u. weltlicher Fürsten u. Herren, 1931, S. 81; H. SWARZENSKI, The Berthold Missal, 1943, S. 12 u. 14; K. F. A. MANN, Das Herrscherbild der Hohenstauferzeit, Diss. phil. Masch., FU Berlin, 1952, S. 36–38; K. SCHMID, Welfisches Selbstverständnis, in: Adel u. Kirche, Fs. Gerd Tellenbach, 1968, S. 389–416, hier S. 416, u. künftig

O. G. Oexle, Welfische u. staufische Hausüberlieferung in der Handschrift Fulda D 11 aus Weingarten, in: Von der Klosterbibliothek zur Landesbibliothek, hg. von A. Brall. 1978.

Abb. 44 *Herzog Friedrich VI.*

bekleidet mit dem Herzogshut am linken Rande von S. 49 der »Acta ecclesiae S. Petri in Augia« aus der Mitte des 13. Jhs.

Stadtbibliothek Vadiana St. Gallen Cod. 321, S. 49.

Lit.: G. Scherer, Verzeichnis der Manuskripte u. Incunabeln der Vadianischen Bibliothek in St. Gallen, 1864, S. 87–89, hier S. 88, u. F. L. Baumann, Acta S. Petri in Augia, in: ZGO 29/1877, S. 1–128, hier S. 4. – Vgl. dazu auch A. Knoepfli, Kunstgeschichte des Bodenseeraumes 1/1961, S. 98, wo von den »vergnügt lebendigen Fürsten- u. Prälaten-Vignetten« des Cod. Vad. 321 gesprochen wird.

Abb. 45 *Herzog Konrad II. von Schwaben*

bekleidet mit dem Herzogshut und das Schwert in der Linken haltend am linken Rande von S. 52 der »Acta ecclesiae S. Petri in Augia« aus der Mitte des 13. Jhs.

Stadtbibliothek Vadiana St. Gallen, Cod. 321 S. 52.
Lit.: s. bei Abb. 44.

ABBILDUNGSNACHWEIS

Badisches Landesmuseum Karlsruhe, Münzkabinett: 10; Bayerisches Hauptstaatsarchiv München: 25; Fürstlich Hohenzollernsches Haus- und Domänenarchiv Sigmaringen: 30; Generallandesarchiv Karlsruhe: 22; Hauptstaatsarchiv Düsseldorf: 40; Hauptstaatsarchiv Stuttgart: 29; Hessische Landesbibliothek Fulda: 35, 43; Karl Künzler, St. Gallen: 44, 45; Landesgirokasse Stuttgart: 38; Kungl Myntkabinettet Statens Museum för Mynt Medalj och Penninghistoria, Stockholm: 8, 9; Ann Münchow, Aachen: 42; Schweizerisches Landesmuseum Zürich, Münzkabinett: 2–7; Carsten Seltrecht, St. Gallen: 34, 36; Staatliche Museen zu Berlin DDR, Münzkabinett: 18; Staatsarchiv des Kantons Thurgau, Frauenfeld: 26; Staatsarchiv des Kantons Zürich, Zürich: 20, 21, 24; Stiftsbibliothek Einsiedeln: 37; Württembergisches Landesmuseum Stuttgart, Münzkabinett: 1, 11–17, 19.

Verzeichnis der Abkürzungen

AASS	Acta Sanctorum
Abhh.	Abhandlungen
AKG	Archiv für Kulturgeschichte
Alemann. Jb.	Alemannisches Jahrbuch
AUF	Archiv für Urkundenforschung
Ausgew. Quellen	Ausgewählte Quellen zur deutschen Geschichte des Mittelalters (Freiherr-vom-Stein-Gedächtnisausgabe)
Baaken	Die Regesten des Kaiserreiches unter Heinrich VI., neubearbeitet von G. Baaken (= RI IV/3) 1972
Baumann AH	Das Kloster Allerheiligen in Schaffhausen, hg. von F. L. Baumann (= Quellen zur Schweizer Geschichte III/1) 1883
Beitrr.	Beiträge
Bll.	Blätter
Böhmer, Acta Imp.	Acta Imperii selecta, ges. von J. Böhmer, hg. von J. Ficker, 1870
BUB	Bündner Urkundenbuch
Cod. Dipl. Salem.	Codex Diplomaticus Salemitanus, ed. F. von Weech, Bd. I–III, 1883–1895
Conr. de Fabaria Contin. cas.	Conradi de Fabaria continuatio casuum Sancti Galli, ed. G. Meyer von Knonau (= Mitt. St. Gallen 17) 1879
DA	Deutsches Archiv für Geschichte des Mittelalters
Dbg.	Hermann Dannenberg, Die deutschen Münzen der sächsischen und fränkischen Zeit, Bd. I–IV 1876–1905
Dertsch, Urkunden Kaufbeuren	Die Urkunden der Stadt Kaufbeuren, bearb. von R. Dertsch, 1955
Diss.	Dissertation
Ekkeharti casus, ed. Meyer von Knonau	Ekkeharti (IV) casus sancti Galli, hg. von G. Meyer von Knonau (Mitt. zur vaterländischen Geschichte, hg. vom Historischen Verein in St. Gallen XV/XVI) 1877
FDA	Freiburger Diözesanarchiv
FOLG	Forschungen zur oberrheinischen Landesgeschichte
FMSt	Frühmittelalterliche Studien
Ficker	J. Ficker, Vom Reichsfürstenstande, hg. von P. Puntschart, Bd. I–II/3, 1861–1923
FS	Festschrift
FUB	Fürstenbergisches Urkundenbuch
Gönner	E. GÖNNER, Das Wappen des Herzogtums Schwaben und des schwäbischen Kreises, in: ZWLG XXV/1967 (= Festgabe Walter Grube), S. 18–45
GP	Germania Pontificia
GWU	Geschichte in Wissenschaft und Unterricht
H.Jb.	Historisches Jahrbuch der Görresgesellschaft
HRG	Handwörterbuch zur deutschen Rechtsgeschichte
Hs.	Handschrift
H.Vjs.	Historische Vierteljahrschrift
HZ	Historische Zeitschrift
Hürlimann	H. HÜRLIMANN, Zürcher Münzgeschichte, 1966
Huillard-Bréholles	A. Huillard-Bréholles, Historia diplomatica Friderici Secundi, Bd. 1–6, 1852–1861
Jb.	Jahrbuch
Jbb.	Jahrbücher der deutschen Geschichte
Jgg.	Jahrgang
Masch.	Maschinenschrift
MB	Monumenta Boica

MG bzw. MGH	Monumenta Germaniae Historica
MPI	Max-Planck-Institut
MIÖG	Mitteilungen des Instituts für österreichische Geschichtsforschung
Mitt.	Mitteilungen
NA	Neues Archiv der Gesellschaft für ältere Deutsche Geschichtskunde
NDB	Neue Deutsche Biographie
NF	Neue Folge
Qu. u. E.	Quellen und Erörterungen zur bayerischen (und deutschen) Geschichte
Qu F It AB	Quellen und Forschungen aus italienischen Archiven und Bibliotheken
Qu. W. Eidg.	Quellenwerk zur Entstehung der Schweizerischen Eidgenossenschaft. Abt. I/1 = Urkunden, 1933
REC	Regesta Episcoporum Constantiensium
Reg.	Regesten
Rh. Vjbll.	Rheinische Vierteljahrsblätter
RI	Regesta Imperii
SB	Sitzungsberichte
Schöpflin: HZB	J. D. Schöpflin, Historia Zaringo-Badensis, Bd. I–VII, 1763–1766
Schwarz	D. W. H. Schwarz, Münz- und Geldgeschichte Zürichs im Mittelalter, 1940
St.	Die Kaiserurkunden des X., XI. u. XII. Jhs., von K. F. Stumpf, 1865
St. MGBO	Studien und Mitteilungen zur Geschichte des Benediktinerordens und seiner Zweige
SVG Bodensee	Schriften des Vereins für Geschichte des Bodensees und seiner Umgebung
SZG	Schweizerische Zeitschrift für Geschichte
Thommen	Urkunden zur Schweizer Geschichte aus österreichischen Archiven, hg. von R. Thommen, Bd. I–IV, 1899–1932
Thurg. Beitrr.	Thurgauer Beiträge zur vaterländischen Geschichte
TUB	Thurgauer Urkundenbuch
UB	Urkundenbuch
UB Südl. St. Gallen	Urkundenbuch der südlichen Teile des Kantons St. Gallen
UUB	Ulmisches Urkundenbuch
Volkert/Zoepfl	Die Regesten der Bischöfe und des Domkapitels von Augsburg, bearb. von F. Zoepfl u. W. Volkert, 1955 ff.
Veröff.	Veröffentlichungen
VSWG	Vierteljahrschrift für Sozial- und Wirtschaftsgeschichte
VuF	Vorträge und Forschungen
WaG	Welt als Geschichte
G. Waitz	G. Waitz, Deutsche Verfassungsgeschichte 4 I–VIII, 1953–1955
WUB	Württembergisches Urkundenbuch
Wttbg. Vjh.	Württembergische Vierteljahreshefte für Landesgeschichte
ZAK	Zeitschrift für schweizerische Archäologie und Kunstgeschichte
Wartmann	H. Wartmann, Urkundenbuch der Abtei Sanct Gallen, Tl. I–III, 1863–1882
ZBLG	Zeitschrift für bayerische Landesgeschichte
ZdA	Zeitschrift für deutsches Altertum und deutsche Literatur
ZfO	Zeitschrift für Ortsnamenforschung
ZGO	Zeitschrift für die Geschichte des Oberrheins
ZRG/GA	Zeitschrift der Savigny-Stiftung für Rechtsgeschichte. Germanistische Abteilung
ZRG/KA	Zeitschrift der Savigny-Stiftung für Rechtsgeschichte. Kanonistische Abteilung
ZSG	Zeitschrift für Schweizerische Geschichte
ZSKG	Zeitschrift für schweizerische Kirchengeschichte
ZUB	Urkundenbuch der Stadt und Landschaft Zürich
ZWLG	Zeitschrift für württembergische Landesgeschichte

Register der Personen- und Ortsnamen

Aare 123, 149, 243, 283
Aargau 201, 202, 203
Aarwangen (zwischen Wangen und Aarburg an der Aare) 197
Aasen (bei Donaueschingen) 104, 140, 161, 183, 215–217
Achalm, Grafen von 122
Adalbero, Herzog von Kärnten 94
Adalbert, Herzog vom Elsaß 90
Adalbert, Pfalzgraf von Lauterburg 240
Adalbert, Graf von Calw 288
Adalbert von Entringen 225
Adalbold 139
Adelheid, Gemahlin Kaiser Ottos I. 55
Adelheid, Königin von Ungarn 168
Adelheid, Gemahlin Rudolfs von Rheinfelden 168
Adelheid von Sulz 255
Agnes, Gemahlin Kaiser Heinrichs III. 138
Akkon 271, 273
Albert, Graf von Dillingen 102
Albert, Graf von Kiburg 243, 259
Albtal 167
Aldingen (= Ötlingen, Gem. Kirchheim/Teck?) 46
Alexander IV., Papst 275
Alfons X., König von Kastilien, deutscher König 31, 269, 276
Allgäu 196
Almut, Herren von 224, 225
Alpen 194, 198, 203, 253, 301
Alpgau 224
Alpirsbach, Kloster 183, 210
Altdorf (= Weingarten) 250, 279, 287, 289
Altenburg 249, 288
Altshausen, Grafen von 114
Alwig, Graf von Sulz 208
Andernach 77
Anhausen, Kloster (bei Heidenheim) 240
Anno, Abt von St. Gallen 179
Anshelm, Graf 147
Ardicio, Bischof von Como 259
Arnold von Heiligenberg, Bischof von Konstanz 161

Arnold, Graf von Lenzburg 203, 207
Arnulf von Kärnten, Kaiser 92
Arnulf, Herzog von Bayern 196
Arnulfinger 20
Asperg (bei Ludwigsburg) 180, 201
Attala, Äbtissin von St. Stephan in Straßburg 90
Aufhofen (wüst bei Rottenacker) 116
Aufhofen (Gem. Leutkirch) 116
Augsburg 28, 149, 157–160, 162, 187–189, 193, 207, 227, 244, 278, 292
–, Bischöfe von 228, 231
   s. auch Heinrich, Konrad, Siegfried, Ulrich
–, Hochstift 285
–, Kloster St. Ulrich u. Afra 267, 285

Baar 28, 93, 105, 140, 161, 215, 217
Babenberger 30, 133
Babo 48
Baden, Grafen von (s. auch unter Werner) 122, 242, 245
Baden, Markgrafen von 283
Bader, Karl Siegfried 19, 20
Balm, Herren von 224
Bamberg 165, 259
–, Bischof von 254
Basel 82, 167, 188, 197, 201, 294
–, Diözese 162
Baumann, Franz Ludwig 16
Bayern 19, 20, 23, 26, 27, 157, 158, 187–190, 193, 196, 203, 298
–, Herzöge, s. Arnulf, Heinrich I., Heinrich IV., Heinrich der Löwe, Heinrich der Schwarze, Heinrich der Stolze, Heinrich der Zänker, Ludwig II., Welf IV., Welf V.
Beatrix, Tochter Philipps von Schwaben 274
Bebenhausen, Kloster 286
Berau (bei Waldshut-Tiengen) 192
Berchtold 46
Berengar, Markgraf von Ivrea 194
Berg, Grafen von 24, 116, 122, 242, 245, 248, 249, 251, 253
   s. auch unter Bertold und Ulrich
Beringer von Albeck 254

Bernold von St. Blasien 214
Berold, Presbyter 62
Berta, Tochter Ludwigs des Deutschen 61, 67
Berthold 37, 38, 42, 44
Berthold I. von Rheinfelden, Herzog von Schwaben 31, 92, 98, 112, 134, 141, 160, 168, 182, 183, 219
Berthold I., Herzog von Zähringen 147
Berthold II. von Zähringen, Herzog von Schwaben 27, 31, 99, 104, 108, 112, 113, 114, 134, 138–141, 160, 161, 168, 208, 209, 210, 215, 217, 219, 220, 221, 225, 226, 237, 270, 311
Berthold III., Herzog von Zähringen 113
Berthold V., Herzog von Zähringen 221
Berthold, Sohn Herzog Hermanns II. von Schwaben 166, 167
Berthold, Graf (von Zähringen) 205
Berthold von Bussnang, Bischof von Konstanz 255
Berthold, Graf von Zollern 250, 251
Berthold, Graf von Berg 250
Bertoldsbaar 104
Beyerle, Franz 21
Blau 93, 94
Blaubeuren, Kloster 115
Bock, Hans 108
Bodenburg (bei Bodman) 42
Bodensee 21, 22, 40, 47–49, 122, 125, 126, 131–134, 191, 192, 242, 243, 257, 278, 282, 283, 287, 291, 297
Bodman 36–39, 41–49, 52, 54, 55, 57–58, 63, 124, 130, 141, 191, 208
–, Herren von 54
Bregenz, Grafen von 242, 245, 248
  s. auch unter Rudolf
Breisach 64, 75, 84, 87, 92, 97, 98, 124–126, 140, 198
–, Stephanskirche 78
Breisgau 28, 47, 144, 147, 187, 188, 193, 194, 198, 199, 203, 210, 223
Brisigavi 76
Bruchsal 82, 137, 139, 159
Bruno, Hl. 311
Buchhorn (= Friedrichshafen) 288
Büraberg (bei Fritzlar) 107
Büttner, Heinrich 21, 26, 27, 257
Burchard I., Herzog von Schwaben 26, 30, 36, 38, 46, 48, 129, 144, 156, 211
Burchard II., Herzog von Schwaben 25, 26, 30, 40, 44, 47–50, 57, 58, 62–64, 67, 68, 70, 98, 129, 131, 132, 133, 135–137, 139, 140, 142, 144–146, 148, 150, 151, 153, 154, 157, 163, 169, 170, 172, 175–181, 184, 191–196, 198, 201, 204, 208, 210–212, 309

Burchard III., Herzog von Schwaben 25, 30, 49–53, 55, 64, 65, 67, 70, 80, 81, 142, 144, 145, 151, 154, 157, 164, 165, 169, 171, 174, 177, 184, 192, 193, 195, 213
Burchard, Graf von Nellenburg 203, 207
Burchard von Hohenburg 267
Burchardinger 130, 133, 191, 198
Burchardus dux dictus de Nagelton 67
Burgund 150, 188, 202, 203, 283 (s. auch unter Hochburgund)
–, Könige 58
  (s. auch unter Konrad, Rudolf II.)
Burgunder 151, 203

Calw, Grafen von 25
  (s. auch unter Adalbert und Gottfried)
Cannstatt 85
Chiavenna 14, 101, 258–265, 267, 280, 297
Christenberg (bei Marburg, Lahn) 107
Chur 68, 70, 110, 155, 156–158, 159, 162, 191, 192, 207, 210–212, 286, 287
–, Bischöfe s. Egino, Hartbert, Konrad, Ulrich, Waldo
Churrätien 157
Churwalchen 15
Churwalden, Kloster 285
Comer See 262
Como 259, 261
–, Bistum 262
–, Bischöfe, s. Ardicio
Corvey, Kloster 107, 164
Craloh, Abt von St. Gallen 179
Cyrillus, Hl. 49, 164

Dannenbauer, Heinrich 24
Daugendorf (bei Saulgau) 232
Decker-Hauff, Hansmartin 84, 85
Degenhard von Hellenstein 291
Dillingen, Grafen von 17, 103, 297
  (s. auch unter Albert)
Dionysius, Hl. 84, 86
Disentis, Kloster 69, 162, 192
Donau 22, 76, 93, 94, 112–114, 116, 120, 122, 123, 126, 167, 229, 232, 235, 253, 257, 278, 282, 283, 287, 291
Donauwörth 283

Eberhard, Herzog von Franken 77
–, Bischof von Konstanz 298
Eberhard, Graf von Wirtemberg 299
Eberhard im Barte, Graf von Wirtemberg 300
Eberhard 165
Eberstein, Herren von 242
Egbert, Erzbischof von Trier 69
Egino, Bischof von Chur 110
Egino, Graf von Urach 249

Eichstätt 188, 189, 228, 231
-, Bistum 232
Einsiedeln, Kloster 49, 67, 69, 72, 73, 75, 149, 162, 165–167, 169, 171, 174, 176, 177
Ekkehard von Aura 138
Ekkehart II. von St. Gallen 179
Ekkehart IV. von St. Gallen 37, 38, 51, 53, 54, 56, 142, 173, 177, 213
Elisabeth, Gemahlin König Konrads IV. 275
Ellwangen, Kloster 162, 163, 179, 188, 193, 205, 285
Elsaß 14, 15, 19, 21, 76, 77, 81, 87, 88, 90, 126, 130, 144, 147, 150, 159, 180, 185, 187, 198, 199, 200, 202, 203, 233, 234
-, Grafen und Herzöge s. unter Adalbert, Gerhard, Udo (II.)
Elztal 187, 198, 199
Engelbert, Abt von St. Gallen 179
Engels, Odilo 27
Epfendorf (bei Oberndorf/Neckar) 143, 174
Erchanger, Pfalzgraf, Herzog von Schwaben 30, 36–48, 53, 54, 130, 131, 141, 149, 154, 156, 208
Ernst I., Herzog von Schwaben 30, 166, 176, 311
Ernst (I. oder II.), Herzöge von Schwaben 65, 67, 169
Ernst II., Herzog von Schwaben 18, 22, 30, 64, 66, 71, 72, 75, 85, 91, 94, 125, 135, 138–140, 147, 149, 150, 155, 163, 170, 176, 178, 180, 181, 193, 202, 205, 213, 308
Ernst von Steußlingen 247
Esslingen 78, 82, 90, 124–126, 140, 143, 180, 201
Etichonen 76
Ettenheimmünster, Kloster 177, 187, 189, 194, 210
Ezzonen 30

Feger, Otto 25
Ficker, Julius 24, 25, 307
Fils 231
Flarchheim (bei Mühlhausen/Thüringen) 311
Florinus, Hl. 67
Franken 18, 188, 189, 190, 201, 203
-, Herzöge s. unter Eberhard
Freiburg i. Br. 223
Friedrich I. Barbarossa, Kaiser 14, 27, 29, 101, 102, 189, 222, 245, 249–252, 256, 258–260, 262–264, 269–273, 277–279, 285, 291
(s. auch unter Friedrich III. von Staufen, Herzog von Schwaben)
Friedrich II., Kaiser 31, 101, 256, 274–276, 280, 296, 297
Friedrich III., Kaiser 300

Friedrich I. von Staufen, Herzog von Schwaben 22, 26, 28, 29, 86, 87, 91, 92, 99, 134, 141, 150, 219, 220, 228, 231, 234, 235, 270
Friedrich II. von Staufen, Herzog von Schwaben 17, 31, 86, 99, 100, 109, 113, 114, 141, 185, 222, 226, 232, 233, 236, 237, 240, 245–247, 249, 252, 253–255, 257, 259, 263, 311
Friedrich III. von Staufen, Herzog von Schwaben (= Friedrich I. Barbarossa) 31, 86, 222, 252, 268, 269, 284, 299
Friedrich IV. von Staufen (von Rothenburg), Herzog von Schwaben 31, 102, 119, 247, 261, 262, 269, 270, 273, 279, 281, 290
Friedrich V. von Staufen, Herzog von Schwaben 31, 110, 250, 257, 273, 285, 286, 290
Friedrich VI. (Konrad) von Staufen, Herzog von Schwaben 31, 119, 239, 250, 251, 255, 256, 261, 263, 267, 271, 273, 279, 281, 285, 286, 290, 291
Friedrich, Erzbischof von Mainz 80
Friedrich, Graf von Zollern 208, 250, 251
Friedrich von Büren 233
Friedrich, Graf 147
Fritzlar 107
Fürstenberg, Graf von 300
Füssen, Kloster St. Mang 193
Fulrad, Abt von St. Denis 83

Gallus, Hl. 104, 105, 171
Gammertingen, Grafen von 114
Gebhard, Bischof von Konstanz 99, 139, 160
Gebhard III. von Zähringen, Bischof von Konstanz 160, 161, 182, 183
Georg, Hl. 49–52, 99, 164, 285
Gerberga, Gemahlin Herzog Hermanns II. von Schwaben 167, 170, 175
Gerhard, Graf vom Elsaß 143
Gerhausen, Grafen von 114
Gisela 38
Gisela, Tochter Herzog Burchards II. von Schwaben 164, 178
Glarus 203, 208, 212
Glatt 61
Gottfried, Graf 70, 213
Gottfried, Graf von Calw 208
Gottfried, Graf von Habsburg 298
Gottfried, Graf von Zollern 248, 260, 263
Gregor VII., Papst 182, 183
Grüningen, Graf 297
Günzburg 116
Gundelfingen, Herren von 114
Guntram von Adelsreute 117, 118, 239
Gunzenlee (bei Augsburg) 244, 245, 249, 281, 288

Habsburg, Grafen von 122, 243
  s. auch unter Gottfried und Rudolf
Hachberg, Markgraf von 300
Hadwig, Herzogin von Schwaben 30, 49-53, 55, 56, 67, 81, 125, 136, 141, 143, 154, 164, 165, 169, 173, 174, 176, 177, 179, 198, 212, 213
Harlungen 76
Hartbert, Bischof von Chur 67-69, 156
Hartmann, Graf von Kiburg 283
Hartmann, Graf von Kirchberg 249, 250
Hausen (St. Galler Rheintal) 289
Hegau 36, 40, 43, 47-49, 57, 125, 146, 191
Heilbronn 16
Heiligenberg, Grafen von 119, 122, 248, 249, 251, 285
  s. auch unter Heinrich und Konrad
Heimsheim (bei Leonberg) 188
Heinrich I., König 17, 45, 47, 48, 64, 70, 107, 132, 136, 137, 139, 145, 146, 153, 157, 179, 196, 197, 201, 203
Heinrich II., Kaiser 50, 52, 56, 65, 71, 82, 84, 86, 89, 125, 140, 143, 147, 154-156, 159, 165, 186, 188, 192, 193, 200, 205, 213
Heinrich III., Herzog von Schwaben, Kaiser 30, 71, 72, 81, 94, 96, 98, 105, 133, 134, 138, 156, 182, 188, 203, 214
Heinrich IV., Kaiser 17, 28, 86, 91, 97, 99, 101, 134, 138, 140, 178, 181, 219, 220, 234, 235, 240, 246, 270
Heinrich V., Kaiser 246
Heinrich VI., Kaiser 232, 261, 262, 273, 277, 286
Heinrich (VIII.), Herzog von Schwaben, König 31, 101, 256, 274, 275, 280, 295
Heinrich Raspe, Landgraf von Thüringen, Gegenkönig 275
Heinrich, Bruder Ottos des Großen 20
Heinrich I., Herzog von Bayern 186
Heinrich IV., Herzog von Bayern 88, 173
Heinrich der Löwe, Herzog von Bayern 25, 227, 246, 247, 250, 251, 288
Heinrich der Schwarze (von Ravensburg), Herzog von Bayern 246
Heinrich der Stolze, Herzog von Bayern 200, 232, 245, 247
Heinrich der Zänker, Herzog von Bayern 81, 193
Heinrich, Bischof von Augsburg 157-159
Heinrich, Graf von Heiligenberg 118, 239, 249, 250
Heinrich, Graf bzw. Markgraf von Ronsberg 243, 249, 250
Heinrich, Graf von Veringen 248-251
Heinrich von Hohenburg 267

Heinrich von Pappenheim 295
Hemmingen (bei Leonberg) 201
Heribert, Abt der Reichenau 179
Hermann I., Herzog von Schwaben 30, 48, 49, 64, 67, 69, 70, 72, 73, 77-80, 132, 142, 144, 149, 156, 157, 162, 165, 166, 169, 171, 175, 176, 184, 191, 193, 194, 198, 308
Hermann II., Herzog von Schwaben 30, 65, 82, 88-90, 125, 126, 135, 137-141, 144, 145, 147, 150, 154-157, 159, 160, 163, 165-167, 170, 171, 175, 180, 192, 200, 201, 205, 213, 234, 310
Hermann III., Herzog von Schwaben 30, 94, 135, 308, 311
Hermann IV., Herzog von Schwaben 30, 151, 155, 163, 176, 177, 181
Hermann von Friedingen, Bischof von Konstanz 255
Hermann der Lahme 38, 131, 135, 308
Heuneburg (bei Saulgau) 76
Hezelo 225
Hildegard, Tochter Ludwigs des Deutschen 61, 62, 67
Hildegard, Gemahlin Friedrichs von Büren 233
Hiltensweiler, Zelle (bei Wangen/Allgäu) 246, 255
Hirsau, Kloster 215
Hochburgund 66, 75, 126, 197, 201-203
  (s. auch unter Burgund)
Hochrhein 42, 122, 126, 203, 224, 242, 243, 261, 283, 297
Hohenaltheim (bei Nördlingen) 46, 47
Hohenberg, Grafen von 251
Hohentwiel 13, 15, 36, 41-43, 48-53, 55-57, 63, 75, 78, 124, 125, 140, 141, 143, 146, 150, 164-167, 174, 191
Hugo von der Provence 194
Hugo, Pfalzgraf von Tübingen 115, 240, 248, 249
Hugo, Graf von Egisheim 150, 202
Hugo, Graf von Montfort 283
Hugo, Graf von Werdenberg 298
Hunfridinger 30, 47-49, 130
Huttwil (Kanton Bern) 197

Iller 151
Illnau (Kanton Zürich) 283
Innozenz IV., Papst 275, 297
Ita, Gemahlin Herzog Liutolfs von Schwaben 49, 142
Italien 83, 175, 186, 188, 194, 195, 213, 244, 258

Judith, Gemahlin Heinrichs, des Bruders König Ottos I. 20

Kärnten 147, 219
–, Herzöge s. Adalbero
Kaiserstuhl 143, 174
Karl der Große, Kaiser 61, 83, 311
Karl der Kahle, Kaiser 130, 185
Karl III., der Dicke, Kaiser 61, 67, 92, 105, 169, 171, 185
Karl IV., Kaiser 299
Karolinger 58, 64, 66
Kempten 50, 149, 162, 178, 181, 183, 193, 196, 285
Kiburg, Grafen von 122, 242, 245, 251, 297, 298
s. auch unter Albert, Hartmann, Ulrich, Werner
Kinzigdorf (bei Offenburg) 198, 210–212
Kinzigtal 199
Kirchberg, Grafen von 114, 122, 242, 245, 248, 249, 251, 288, 300
s. auch unter Hartmann und Otto
Kirchen (bei Lörrach) 38
Klettgau 224
Klewitz, Hans-Walter 20, 21, 22
Koblenz 67
Königsstuhl 115, 117, 124, 125, 225, 236–241, 243–245, 247, 249, 251, 257, 263, 281, 289
Konrad I., König 37–40, 43, 45, 46, 48, 50, 92, 173, 199
Konrad II., Kaiser 66, 71, 85, 94, 125, 155, 188, 202, 213
Konrad III., König 99, 100, 101, 109, 110, 232, 235, 236, 241, 245, 252, 253, 254, 256, 257, 268–270, 272, 273, 279
Konrad IV., Herzog von Schwaben, König 31, 101, 102, 275, 295, 297
Konrad, König von (Hoch-)Burgund 79, 170
Konrad I., Herzog von Schwaben 30, 55, 65, 67, 81, 151, 169, 185, 193, 199, 200, 233, 234
Konrad II. von Staufen, Herzog von Schwaben 31, 80, 94, 273, 281, 290, 291
Konrad, Bischof von Augsburg 259
Konrad, Bischof von Chur 298
Konrad, Bischof von Konstanz 230
Konrad, Markgraf von Wettin 253
Konrad, Graf von Heiligenberg 239
Konrad von Hohenburg 267
Konrad von Rietfeld 254
Konradin, Herzog von Schwaben, König von Jerusalem und Sizilien 14, 15, 19, 31, 102–104, 110, 111, 173, 232, 235, 244, 269, 275–277, 283, 292, 294, 295, 298, 299, 306
Konradiner 30, 48, 50, 55, 81, 132, 133, 199
Konstanz 13, 15, 40, 53, 57, 63, 70, 94, 105, 131, 154–161, 170, 174–182, 183, 188, 189, 207, 212, 214, 229, 256, 259, 290, 292

–, Bischof von 294
s. auch unter Arnold, Berthold, Eberhard, Gebhard, Gebhard III., Hermann, Konrad, Lambert, Noting, Rumold, Salomo III., Warmann
–, Stift St. Johann 298
–, Rundkirche St. Mauritius 155
–, St. Stephanskirche 57
Krenkingen, Herren von 224
Kreuzlingen, Stift 255, 285
Krüger, K. H. 171
Küssenberg, Grafen von 224
Kuno, Graf von Wülflingen 203, 207

Lahn 50
Lambert, Bischof von Konstanz 154, 156, 192
Landold von Entringen 225, 226
Lech 189, 198, 301
Lechfeld 45, 94, 151, 244
Lenzburg, Grafen von 122, 220, 243, 245, 297
s. auch Arnold und Ulrich
Leustetten (bei Überlingen) 118, 239
Limmat 58, 61–63, 78
Lindau 289
Linzgau 120, 239
Lipporn 67
Liudolfinger 30, 55, 133
Liutfried 46
Liuthard, Propst der Reichenau 179
Liutingus 68
Liutolf, Herzog von Schwaben 22, 30, 48, 49, 64, 80, 82, 84, 85, 133, 137, 139, 144, 146, 149, 151, 156, 158, 166, 171, 172, 173, 176, 179, 180, 186, 192, 195, 201
Liutprand von Cremona 187, 194, 196
Lothar III., Kaiser 100, 109, 110, 221, 236, 245, 252
Lothar, König von Frankreich 81, 151
Ludwig der Deutsche, König 61, 62, 63, 83, 89
Ludwig der Fromme, Kaiser 83
Ludwig IV., der Bayer, König 299
Ludwig IV., das Kind, König 37, 63, 64, 92, 105
Ludwig IV., König von Frankreich 77
Ludwig V., König von Frankreich 81, 151
Ludwig VII., König von Frankreich 86
Ludwig II., Herzog von Bayern 249
Ludwig, Graf von Helfenstein 250
Ludwig von Nicastel 282
Lupfen, Herren und Grafen von 114, 224, 300

Mainz, Erzbischöfe s. unter Friedrich
–, Kloster St. Alban 164
Mangold, Graf von Veringen 250, 251
Marburg an der Lahn 107

Marchtal, Kloster 115, 167, 174
Markgröningen (bei Ludwigsburg) 232, 283
Marquard, Graf von Veringen 260, 263
Mathilde, Gemahlin König Konrads von Burgund 170
Mathilde, Gemahlin Herzog Rudolfs von Schwaben 156
Mathilde, Äbtissin von Quedlinburg 56
Mauritius, Hl. 73, 108, 166
Mayer, Theodor 18, 19, 20, 22, 23, 24, 26, 223, 230
Meersen 89
Meinhard, Herzog von Tirol 298
Meinhard von Bamberg 202
Memmingen 247, 286, 288, 289
Mendlishausen (bei Überlingen) 247
Mengen (an der Donau) 116
Meyer, Bruno 24
Mezzola, See von 262
Mindelheim 288
Mommenheim (Elsaß) 233
Montfort, Grafen von 300
s. auch unter Hugo
Moos (bei Wahlwies) 54
Munderkingen (an der Donau) 120
Murbach, Kloster 162, 200
Murrhardt, Kloster 188

Nagoldgau 201
Neapel 269
Neckar 22, 39, 86, 104, 105, 109, 111, 112, 120, 121, 123, 126, 143, 174, 194, 210, 235–236, 240, 301
Neckargau 201
Neidingen (= Neudingen bei Donaueschingen) 38, 93
Nellenburg, Grafen von 25, 183, 242, 245
s. auch unter Burchard
Nendingen (bei Tuttlingen) 119
Neresheim, Kloster 255
Nibelgau 116
Niese, Hans 291
Nimburg, Grafen von 114, 223
Noting, Bischof von Konstanz 154, 156
Novara 195

Oberitalien 151, 194, 195, 259, 297
Oberrätien 69, 191
Oberrhein 81, 82, 147, 200, 301
Oberschwaben 28, 100, 113, 114, 118, 120, 235, 250, 253, 278, 281, 283, 285, 286, 287, 290
Obertheuringen (bei Friedrichshafen) 250
Oferdingen (bei Reutlingen) 40
Olonio 262
Ormsheim (bei Worms) 260, 281

Ortenau 87, 147, 187, 198, 199, 200, 210, 212
Österreich 300
–, Herzöge s. unter Rudolf IV. und Sigmund
Ostfranken 185, 187, 253, 256, 257, 272, 273
Ottobeuren, Kloster 162, 178, 193
Otto I., Kaiser 15, 20, 45, 65, 67, 68, 75, 77–80, 84, 94, 108, 142, 154, 156, 157, 165, 178, 179, 188, 192–194 198
Otto II., Kaiser 65, 81, 158, 159, 188, 192, 198, 199
Otto III., Kaiser 52, 56, 65, 82, 89, 141, 143, 164, 193, 199, 200, 205
Otto IV., Kaiser 31, 101, 269, 274
Otto I., Herzog von Schwaben 30, 55, 144, 149, 157, 158, 180, 191, 192, 193, 195, 201
Otto II., Herzog von Schwaben 30
Otto von Freising 72, 138, 220, 222, 232, 270
Otto von Schweinfurt, Herzog von Schwaben 30, 96, 98, 138, 180, 200
Otto, Pfalzgraf von Wittelsbach 243
Otto, Graf von Kirchberg 114, 250
Otto von Rheinfelden 168
Otto von St. Blasien 277, 279
Ottonen 48

Paul von Bernried 189
Pavia 156
Pegau 296
Pelagius, Hl. 105, 108, 155
Petershausen, Kloster (bei Konstanz) 143, 174, 256
Pfäfers, Kloster 156, 166, 171, 175, 177, 210
Pfullendorf, Grafen von 18, 245, 248, 249, 287, 289
s. auch unter Rudolf und Ulrich
Pfullichgau 144
Philipp, Herzog von Schwaben, König 31, 101, 110, 244, 252, 253, 260, 262, 272–274, 276, 277, 281, 286, 290, 294–296
Piacenza 283
Pirs, die (bei Ulm) 103
Placidus, Hl. 69
Pürsch, die (bei Rottweil) 111
Purchard, Mönch der Reichenau 152

Rätien 130, 144, 191, 192, 196, 199
s. auch Oberrätien, Unterrätien
Ramosch (Graubünden) 156
Randen 142, 174
Rankweil (Vorarlberg) 156, 177, 210–212
Rapperswil, Grafen von 224
Ratpoto, Graf 150
Ravenna, Geograph von 76
Ravensburg 29, 286–290
Regensburg 20, 21, 82, 92, 252

Regensberg, Herren von 224
Reginlinde, Gemahlin der Herzöge Hermann I. und Burchard von Schwaben 49, 55, 67, 72, 73, 132, 162–166, 169, 170, 178, 193, 198
Reichenau, Kloster 13, 15, 47, 49, 53, 92, 94, 96, 142, 154, 162, 164, 169–171, 174–177, 180, 212, 255, 285, 296
–, Äbte, s. Heribert
–, Erasmuskapelle 171
–, Kilianskapelle 171, 175
Rems 231
Reuß 197
Rhein 75, 76, 78, 108, 174, 198, 232
Rheinau, Kloster 68, 162, 167
Rheinfelden, Grafen bzw. Herzöge von 30, 31, 183, 210, 219
s. auch unter Berthold, Otto u. Rudolf
Riade (Schlachtfeld) 45
Richard, Graf von Cornwall, deutscher König 14, 24, 275, 276
Richardis, Gemahlin Kaiser Karls III. 61, 67, 169
Riesgau 188, 189, 231
Rohrdorf, Grafen von 122, 251, 285
Ronsberg, Grafen bzw. Markgrafen von 245, 251, 288
s. auch unter Heinrich
Rösener, Werner 257
Rötteln, Herren von 224
Rothenburg ob der Tauber 272, 273
Rottenacker (bei Ehingen an der Donau) 15, 112 ff., 119, 120, 123–125, 225, 229, 236–238, 244, 245
–, »Heerstraße« 116
–, Frau-Hiltgartenstraße 116
–, im Hohen Ring 116
–, Mittelösch 116
–, Ried 116
Rottweil 15, 38, 86, 87, 104 ff., 112, 117, 120–125, 140, 174, 183, 208, 210, 235, 236, 240, 244, 289, 292, 296, 305
–, Altstadt 108, 109, 111
–, Hochmauren 104, 105, 111, 121, 240
–, Königsbreite 108, 121
–, Königshof 121
Rudolf von Rheinfelden, Herzog von Schwaben, Gegenkönig 17, 30, 86, 91, 92, 97, 134, 136, 138, 140, 151, 152, 153, 156, 166–168, 178, 181–183, 202, 203, 208, 209, 212, 219, 220, 311
Rudolf von Habsburg, König 48, 299
Rudolf II., König von (Hoch-)Burgund 47, 57, 63, 64, 136, 192, 194, 196, 202
Rudolf IV., Herzog von Österreich 299
Rudolf, Graf von Bregenz 99

Rudolf, Graf von Habsburg 298
Rudolf, Graf von Pfullendorf 250, 252, 278, 279
Rumold, Bischof von Konstanz 156
Ruprecht, König 108

Sachsen 26, 56, 253
Säckingen, Kloster 179
Saint Denis, Kloster 83, 84, 86, 180, 201
–, Äbte, s. Fulrad
Salem, Kloster 117, 118, 119, 120, 239, 255, 256–258
Salier 30, 94
Salome, Herzogin von Polen 253
Salomo III., Bischof von Konstanz 40, 57, 105, 131, 154
Sasbach (am Kaiserstuhl) 143, 174
Selz, Kloster 162, 180, 200
Sent (Graubünden) 156, 196
Siebeneich, Burg 150
Siegfried, Bischof von Augsburg 150
Sigisbert, Hl. 69
Sigmaringen, Grafen von 251
Sigmund, Herzog von Österreich 300
Singen (am Hohentwiel) 41, 43, 48, 146
Söflingen (bei Ulm) 102
Solothurn 150, 202
Sorico 262
Speyer 87, 232, 294
St. Bernhard, Großer 194
St. Blasien, Kloster 119, 167, 168, 174, 247
–, Nikolaus-Kapelle 168
St. Gallen, Kloster 42, 43, 47, 49, 53, 68, 105, 148, 154, 156, 162, 166, 171–177, 179, 180, 210–212, 292, 308
–, Äbte, s. Anno, Craloh, Engelbert
St. Georgen, Kloster 113, 183, 215, 217, 225
St. Maurice (im Wallis), Kloster 73
Sualafeld, Gau 188, 189, 232
Sulmetingen, Herren von 114
Sulz, Grafen von 224, 300
s. auch Adelheid u. Alwig
Swanila 67

Schaffhausen, Allerheiligenkloster 114, 183, 255
Scheffer-Boichorst, Paul 258
Schleitheim (bei Schaffhausen) 142, 174
Schlesinger, Walter 45
Schlettstadt 233, 271
Schmid, Karl 248
Schönbuch, Wald (bei Tübingen) 286
Schongau 288, 289
Schramm, Percy Ernst 36
Schreiner, Klaus 28, 29

Schubiger, Anselm 173
Schuttertal 199
Schwabegg, Herren von 278, 281, 285
Schwäbische Alb 122, 194, 198, 201, 232, 253
Schwäbisch Hall 16, 283
Schwarzach, Kloster 162, 200
Schwarzmaier, Hansmartin 28
Schwarzwald 22, 108, 109, 113, 114, 123, 126, 142, 167, 193, 194, 198, 210, 215, 217, 221, 223, 224, 242, 243
Schweinhausen (bei Biberach) 289
Schweiz 19, 21, 28
Schwenningen (am Neckar) 67

Stälin, Christoph Friedrich 13, 16, 20, 25, 33
Stälin, Paul Friedrich 14
Stammheim (Kanton Zürich) 42, 43, 141, 150, 191
Staufen, Burg 231, 232, 270, 271
Steige, Heinrich von 247
Stein am Rhein, Kloster 260, 281, 289
Stetten (bei Regensburg) 252
Steußlingen, Herren von 114
   s. auch unter Ernst
Straßburg 82, 87 ff., 124–126, 140, 141, 150, 159, 162, 187, 188, 200, 294, 308
–, Bischöfe, s. Werner
–, St. Stephan, Kloster 89, 90, 159, 200
Stuttgart 82 ff., 125, 126, 201
–, St. Leonhardskapelle 85

Tannegg, Herren von 114, 224
Tegerfelden, Herren von 224
Tegernsee, Kloster 173
Tellenbach, Gerd 22, 45
Theophanu, Gemahlin Kaiser Ottos II. 55
Thietmar von Merseburg 88, 139, 143, 186
Thietpold 149, 180
Thurgau 57, 144, 191, 203
Tierstein, Grafen von 300
Trient 155
Trossingen (Baar) 142
Truchtelfingen (bei Balingen) 142
Tübingen 248
–, Grafen bzw. Pfalzgrafen von 115, 116, 122, 245, 247, 249, 300
   s. auch unter Hugo

Udo (II.), Herzog vom Elsaß 199
Überlingen 289, 290
Ufnau (Insel im Zürichsee) 72 ff., 75, 166
–, Martinskirche 73
–, Peterskirche 75
Uhland, Ludwig 54

Ulm 15, 28, 38, 39, 86, 87, 91 ff., 92, 109–117, 120, 121, 123–125, 134, 140, 141, 149, 161, 174, 206, 208, 209, 214, 215, 225, 226, 235–238, 240, 241, 244, 245, 247, 249, 259, 260, 262–264, 267, 281, 289, 292, 296, 305, 308
–, Pfalzkapelle zum Hl. Kreuz 102
–, Pfarrkirche St. Marien 92, 94
–, Schwaighof 94, 102
–, Stadelhof 63, 94
Ulrich, Bischof von Augsburg 157
Ulrich, Bischof von Chur 154, 156, 192
Ulrich, Graf von Berg 250
Ulrich, Graf von Kiburg 243
Ulrich, Graf von Lenzburg 252
Ulrich, Graf von Pfullendorf 260, 263
Ulrich, Graf von Wirtemberg 103, 294
Ulrich von Hirrlingen 113
Ungarn 45
–, Könige, s. Adelheid
Unstrut 151
Unterengadin 196
Unterrätien 144, 156, 191, 192, 210, 212
Untersee 42
Urach 294
–, Grafen von 224, 251
   s. auch unter Egino
Urban II., Papst 113, 139, 160, 161, 182, 183
Uri 61, 203, 208, 212
Urslingen, Herzöge von 224

Valentinian I., Kaiser 76
Verena, Hl. 49, 169, 170, 180
Veringen, Grafen von 24, 25, 122, 242, 243, 245, 248, 249, 263, 288
   s. auch unter Heinrich, Mangold, Marquard
Villingen 104, 205
Vintschgau 191, 194
Vinzenz, Hl. 67
Virgundawald 285
Vitalis, Hl. 83, 84, 86
Vogesen 301
Vollmer, Franz X. 27, 257

Wahlwies 36 ff., 38, 44–47, 53–57, 75, 124–125, 131, 141, 149, 154, 191, 208, 212, 213
–, »Pfalz« 54, 55
Waiblingen 38, 39, 87
Wald, Kloster 256
Wald (= Königseggwald) 113
Waldkirch, Kloster St. Margarethen 47, 163, 166, 167, 174, 177, 178, 193, 194, 198, 210
–, Kirche St. Walpurgis 163

Waldo, Bischof von Chur 154, 156
Waldsee 281
Walpurgis, Hl. 166, 168
Walter, Bischof von Verona 96
Waltharius 150
Warmann, Bischof von Konstanz 155
Wart, Herren von 224
Wartenberg, Herren von 224
Wartstein, Grafen von 251
Wein, Gerhard 85
Weingarten, Kloster 277, 279, 285, 291
Weinsberg, Burg 270
Weißenau, Kloster 255, 257, 288
Weißenburg, Kloster 176, 177, 180, 185, 201
Welf IV., Herzog von Bayern 17, 92, 98, 99, 113, 114, 134, 160, 208, 210, 219
Welf V., Herzog von Bayern 114, 237
Welf VI., Graf, Markgraf von Tuszien, Herzog von Spoleto 118, 122, 225, 243, 244, 246–251, 278, 279, 281, 288, 296
Welf VII., Graf 248
Welfen 14, 18, 28, 29, 110, 120, 183, 219, 244, 248, 249, 255, 279, 287, 289, 310
Weller, Karl 16, 17, 18, 20, 21, 22
Werden, Abtei 159
Werdenberg, Grafen von 300
s. auch unter Hugo
Werla, Pfalz 21
Werle, Hans 27
Werner, Bischof von Straßburg 88
Werner, Graf von Baden 252
Werner, Graf von Kiburg 149
Werner von Kirchheim 114
Wibald, Abt von Stablo 270
Widukind von Corvey 45, 146, 150
Wilhelm, Graf von Holland, deutscher König 31, 256, 275, 276
Wilhelm, Sohn König Ottos I. 188
Winterthur 47, 57, 58, 63, 192
Wipo 139, 151, 188, 202

Wirtemberg, Grafen von 122, 242, 245, 248, 249, 297
s. auch unter Eberhard u. Ulrich
Wörnitz 232
Worms 86, 132, 196, 260
Wormsgau 281
Wratislaw, Herzog von Böhmen 311
Würzburg, Bischof von 253
Wutach 142

Zähringen, Burg (bei Freiburg) 220, 222
–, Herzöge von 14, 17, 18, 26–29, 31, 99, 113, 183, 210, 219, 221–225, 230, 235, 243, 245, 246, 249, 294, 304, 310
s. auch unter Berthold
Zeno, Hl. 96
Zimmern, Herren von 224
Zollern, Grafen von 24, 25, 122, 224, 242, 245, 248–250, 288, 300
s. auch unter Berthold, Friedrich u. Gottfried
Zotz, Thomas L. 27, 55
Zürich 18, 28, 47, 49, 57 ff., 75, 77, 78, 80, 82, 84, 87, 90, 92–94, 97, 98, 117, 124–126, 140, 143, 145, 150, 154, 156, 157, 162, 165, 168, 169, 174, 176, 177, 191, 192, 197, 203, 212, 213, 220–222, 224, 235, 308, 309
–, Chorherrenstift 213
–, Fraumünster 63, 70, 177
–, Großmünster 69, 70
–, Lindenhof (Pfalz) 58, 66, 71, 72, 84, 150, 168, 294
–, St. Felix u. Regula, Kirche u. Kloster 61, 62, 67, 69, 73, 162, 163, 166, 168, 169, 179
–, St. Peter, Kirche 62, 63, 68, 69, 168, 169
–, Wasserkirche 62, 168
Zürichgau 283
Zürichsee 73
Zurzach, Kloster 47, 49, 149, 150, 169, 170, 180
Zwiefalten, Kloster 113, 246, 253, 255

Hansmartin Schwarzmaier

Die Heimat der Staufer
Bilder und Dokumente aus einhundert Jahren staufischer Geschichte in Südwestdeutschland

2. Auflage 1977. 148 Seiten, davon 84 Seiten Text mit 10 Textabbildungen und 64 Seiten Abbildungen, darunter 11 farbige.

In 14 Abschnitten versucht der Autor, die Aktivitäten der Staufer in ihrem Ursprungsgebiet – in Schwaben, Franken, der Pfalz und dem Elsaß – herauszustellen und damit ein Jahrhundert (1079–1180) staufischer Geschichte in Südwestdeutschland zu umreißen. Jedes Kapitel enthält zeitgenössische literarische Dokumente (in deutscher Übersetzung), die interpretiert und durch zahlreiche Abbildungen angereichert werden.

Inhalt: Einleitung; Das Zeitalter der Staufer; Das Herzogtum Schwaben; Zwischen Rems und Fils. Die Anfänge der Staufer; Das Bildnis der Staufer; Der erste staufische Herzog; Am Schweif des Rosses eine Burg; Das salische Erbe. Die Staufer als Gegner des Königs; Staufische Klostergründungen; Das Königtum der Staufer; Das welfische Erbe in Süddeutschland; Die Staufer als Städtegründer; Honor imperii. Friedrich I. als Kaiser; Staufische Kunst – Kunst der Stauferzeit; Die Vielgestalt des 12. Jahrhunderts. Zeittafel. Stammtafel. Register.

Hansmartin Schwarzmaier

Staufisches Land und staufische Welt im Übergang
Bilder und Dokumente aus Schwaben, Franken und dem Alpenland am Ende der staufischen Herrschaft

1978. 152 Seiten mit 80 Abbildungen, darunter 17 farbige, und 3 Kartenzeichnungen.

Das Buch besitzt einen auf den Text bezogenen Bildteil und läßt Geschichte in zeitgenössischen Quellen lebendig werden. Es geht darin um das Ende der Stauferzeit vom Tode Friedrich Barbarossas bis zum gewaltsamen Ende König Konradins im Jahr 1268, eine Periode größter Machtentfaltung, aber auch schwerster Kämpfe der Staufer um die deutsche Königsherrschaft und das abendländische Kaisertum. Schwaben war zu jener Zeit ein Kernland der Staufer, Basis ihrer Unternehmungen. Der Frage, was Schwaben für die Staufer bedeutete, folgt die Gegenfrage, was es durch sie gewonnen hat und wie sich die letzten einhundert Jahre staufischer Herrschaft für das Ursprungsland der Staufer auswirkten.

Inhalt: Einleitung; Das Herzogtum Schwaben – Verkehrsbrücke und Paßland; Die neue Ordnung im Reich. Barbarossa und seine Söhne; Der Gefangene auf dem Trifels; Der Bamberger Königsmord; Der Knabe aus Apulien; Vom Staat der Zähringer zum Stauferstaat; Die neuen Männer und die Staatsverwaltung; Der Prinzregent als Rebell; Der Ketzer und die Heilige; Macht und Armut; Die Gegenkönige der letzten Staufer; Konradin und das Ende; Ausblick; Zeittafel; Stammtafel; Register.

 Jan Thorbecke Verlag Sigmaringen